GERMANISCH-ROMANISCHE
MONATSSCHRIFT

Begründet von Heinrich Schröder
Fortgeführt von Franz Rolf Schröder

Herausgegeben von
RENATE STAUF

in Verbindung mit
CORD-FRIEDRICH BERGHAHN
BERNHARD HUSS
ANSGAR NÜNNING
PETER STROHSCHNEIDER

GRM-Beiheft 73

Ästhetische Emotion

Formen und Figurationen
zur Zeit des Umbruchs
der Medien und Gattungen
(1880–1939)

Herausgegeben von
SUSANNE KNALLER
RITA RIEGER

Universitätsverlag
WINTER
Heidelberg

Bibliografische Information der Deutschen Nationalbibliothek

Die Deutsche Nationalbibliothek verzeichnet diese Publikation
in der Deutschen Nationalbibliografie;
detaillierte bibliografische Daten sind im Internet
über *http://dnb.d-nb.de* abrufbar.

Gedruckt mit freundlicher Unterstützung von:
Land Steiermark (Abteilung Wissenschaft und Forschung)
und Karl-Franzens-Universität Graz.

UMSCHLAGBILD
Man Ray, *Les Larmes*, 1932
© Man Ray Trust / Bildrecht, Wien 2016

ISBN 978-3-8253-6556-1
ISSN 0178-4390

Dieses Werk einschließlich aller seiner Teile ist urheberrechtlich geschützt. Jede
Verwertung außerhalb der engen Grenzen des Urheberrechtsgesetzes ist ohne
Zustimmung des Verlages unzulässig und strafbar. Das gilt insbesondere für
Vervielfältigungen, Übersetzungen, Mikroverfilmungen und die Einspeicherung
und Verarbeitung in elektronischen Systemen.

© 2016 Universitätsverlag Winter GmbH Heidelberg
Imprimé en Allemagne · Printed in Germany
Druck: Memminger MedienCentrum, 87700 Memmingen

Gedruckt auf umweltfreundlichem, chlorfrei gebleichtem
und alterungsbeständigem Papier

Den Verlag erreichen Sie im Internet unter:
www.winter-verlag.de

Inhaltsverzeichnis

SUSANNE KNALLER UND RITA RIEGER
Ästhetische Emotion. Modelle und Paradigmen in Zeiten des Umbruchs der
Künste und Wissenschaften. Eine Einleitung.. 7

1 Theoretisierung ästhetischer Emotion

NICOLA GESS
Poetiken des Staunens im frühen 20. Jahrhundert:
Brecht, Šklovskij und Benjamin, ihre Theorien der Verfremdung
und ein Ausgangspunkt bei Descartes... 25

GÜNTHER A. HÖFLER
»In allem ästhetischen Verhalten spüren wir uns in besonderem
Grade lebendig« – Zu Aspekten von Johannes Volkelts Ästhetik
des Tragischen und seiner Gefühlstheorie... 57

HARRO MÜLLER
Lust und Schrecken: Beobachtungen zu Friedrich Nietzsches
Die Geburt der Tragödie.. 75

JÖRG PAULUS
Gefühlsphänomenologie und Affekthandwerk: Emotionalität in
philologischen Programmschriften der 1920er Jahre...................................... 93

HANS-GEORG POTT
Zur philosophischen Anthropologie der Gefühle.. 115

2 Emotion als Movens und Medium des Schreibens

RENATE STAUF
»Du bist über mein Herz geschritten«: Das Schreiben der Liebe
bei Karl Kraus und Sidonie Nádherný von Borutin.. 133

TONI THOLEN
Essayismus des Gefühls: Anmerkungen zum *Liebe Schreiben*
bei Musil und Kafka.. 161

SUSANNE KNALLER
Die Lust am Recht. Emotion, Recht und Literatur um 1900.................... 179

RITA RIEGER
Gegen die Langeweile: Tanz und Sprachhandlungen
in Paul Valérys *L'Âme et la Danse*... 201

MANDY BECKER
Im Wartesaal: Zu einer epochenspezifischen Stimmung der
Weimarer Republik... 219

3 Zur Reziprozität von Kunstformen, technischen Medien und Emotion

HERMANN KAPPELHOFF UND MATTHIAS GROTKOPP
Das Kino und die ästhetische Refiguration gesellschaftlicher
Austauschprozesse: Medienästhetische Neuordnungen des Verhältnisses
von Affektivität und sozialer Lebenswelt bei Eisenstein und Vertov........... 251

SABINE FLACH
»Die Welt, das sind unsere Empfindungen, sie besteht aus unseren
Empfindungen«. Fühlen, Wahrnehmen, Denken – Avantgarde als
Laboratorium der Wahrnehmung... 275

ELISABETH FRITZ
La volonté de chance: Schockierende Bilder in der
Zeitschrift *Documents* und das Erkenntnispotenzial des Zufalls.................. 299

ANKE HENNIG
Die Kinoidee Osip Briks und das ›emotionale Szenarium‹....................... 327

Beiträgerinnen und Beiträger.. 349

Auswahlbibliografie.. 355

Register.. 365

SUSANNE KNALLER UND RITA RIEGER

Ästhetische Emotion. Modelle und Paradigmen in Zeiten des Umbruchs der Künste und Wissenschaften. Eine Einleitung

1   Emotion im Spannungsfeld von Leben, Kunst und Kommunikation

Das Emotionsthema findet sich seit einigen Jahren allerorts in den Literatur-, Kultur- und Kunstwissenschaften. Zurückgehend auf eine immer komplexer und vielfältiger werdende Emotionsforschung in den Neurowissenschaften, der Psychologie, der Biologie, der Linguistik und der Philosophie (um nur einige wichtige zu nennen) interessiert sich die Literaturwissenschaft verstärkt für einen Problembereich, der die Literatur im Grunde aber immer schon beschäftigt hat: Gefühle. Literarische Figuren handeln und kommunizieren wie lebensweltliche auch aus Lust, Hass, Schuld, Liebe, Eifersucht, Angst. Schwieriger als Emotionen literarischer Figuren zu erkennen und zu verstehen, gestaltet sich die Dechiffrierung von Emotionen, wenn diese als rhetorische Bilder, Topoi oder Denkfiguren zum Einsatz kommen. Gefühle bilden dann allegorische, metaphorische und symbolische Formen, die psycho-physische wie kognitive Momente als Vorlage verwenden und ästhetisch wie epistemologisch verarbeiten. Das ist in Texten der Vormoderne – etwa in den mittelalterlichen Liebesmotiven – ebenso der Fall wie im 20. Jahrhundert – Kafkas Angst- und Schuldmotive als Beispiel. Während man sich in der Beschreibung konkreter Motive und rhetorischer Verfahren auf empirische Gegebenheiten (die Texteinheiten) und in deren Auslegung auf hermeneutische Argumente (die Zusammenhänge von Wissen, Kontext, Poetiken) stützen kann, stellen Gefühle auf der Ebene der Textproduktion die Literaturwissenschaft vor noch größere Herausforderungen. Sicherlich können sich in Selbstbeschreibungen und dezidierten poetologischen Stellungnahmen Hinweise darauf finden, ob und wie Emotionen die künstlerische Entscheidung beeinflusst haben. Die Frage nach der Relevanz wird jedoch höchst kontrovers behandelt. Dazu bedarf es nicht einmal einer Entmachtung der tradierten Autorfigur, wie von Roland Barthes oder Michel Foucault vorgeschlagen. Vor ähnlichen Problemen steht man schließlich auch in der literaturwissenschaftlichen Auseinandersetzung mit Gefühlen auf rezeptionsästhetischer Seite. Hier finden sich verstärkt empirisch orientierte Arbeiten, in denen auf Ansätze der experimentellen Psychologie und der Neurowissenschaften zurückgegriffen wird, wie von der Biologie inspirierte Modelle, die ein Reiz-Reaktions-Schema zum Ausgangspunkt nehmen und an Evolutionsargumente, Notwendigkeiten des

Alltags und psycho-physische Bedingtheiten anschließen.[1] Aufgrund dieser interdisziplinären Ausweitung in die Naturwissenschaften bleiben rezeptive Emotionen im offenen Spannungsfeld zwischen Artefakt (also medial, rhetorisch und durch Motive gelenkte textuelle Auslöser) und lebensweltlichen Gefühlshandlungen und Kommunikationsvorgängen. Und schließlich wäre da noch die wichtige Frage nach dem möglichen oder notwendigen Zusammenhang von Emotionen, die im Text explizit oder implizit zum Ausdruck kommen, produktionsrelevanten Emotionen, die den Autorinnen und Autoren zugeschrieben werden können, und jenen im Verlauf der Rezeption generierten. Im Folgenden wird ein kurzer Überblick über einige wichtige Arbeiten und Positionen gegeben.

2 Schnittstellen und Wenden ästhetischer Emotionsforschung

Aufgrund der seit den 1990er Jahren erstarkten Erforschung von kulturell, medial und ästhetisch generierten und dargestellten Emotionen als interdisziplinärer Wissenschaftsbereich wird auch von einem »emotional turn«[2] gesprochen. Allerdings kann das aktuelle große Interesse am Thema auch als »affective (re)turn«[3] gewertet werden, ist doch die Auseinandersetzung mit Emotionen in jeweils unterschiedlichen Verwendungsweisen seit der Antike immer wieder geführt worden und insbesondere in ästhetischen Fragestellungen des frühen 20. Jahrhunderts wieder aufgenommen worden[4]. Gegenwärtig nähert man sich aus unterschiedlichen und stark interdisziplinären Perspektiven in Geschichte, Sprachwissenschaft, Soziologie, Kulturanthropologie, Philosophie, Psychologie, Gender Studies, Neurowissenschaften, Filmwissenschaften, Pädagogik, Tanz-, Theater-, Kunst-, Literatur- und Kulturwissenschaft der Thematik an.

---

[1] Vgl. dazu besonders Mellmann, Katja (2006): *Emotionalisierung. Von der Nebenstundenpoesie zum Buch als Freund. Eine emotionspsychologische Analyse der Literatur der Aufklärungsepoche*, Paderborn.
[2] Vgl. Anz, Thomas (2006): *Emotional Turn? Beobachtungen zur Gefühlsforschung*, in: literaturkritik.de, Schwerpunkt Emotionen 12, http://www.literaturkritik.de/public/rezension.php?rez_id=10267&ausgabe=200612, [19.10.2015]. Zum epistemischen Potential von Emotionen vgl. De Sousa, Ronald (1987): *The Rationality of Emotion*, Cambridge, MA/London; Anz, Thomas (2004): *Erkenntnistheorie als Erlebnis- und Einfühlungstheorie in Wissenschaft, Philosophie und Ästhetik um 1900. Hinweise zu einem vernachlässigten Phänomen*, in: Maillard, Christine (Hg.): *Littérature et théorie de la connaissance 1890–1935/Literatur und Erkenntnistheorie 1890–1935*, Strasbourg, 161–166.
[3] Vgl. Keen, Suzanne (Hg.) (2011): *Narrative and the Emotions I. Special issue of Poetics Today*, 32.1.
[4] Vgl. ebd.

In der literaturwissenschaftlichen Emotionsforschung des deutschsprachigen Raums wurde lange das Hauptaugenmerk auf die sozio-kulturelle Funktion der dargestellten Gefühle und Emotionen gelegt.[5] Doch fehlen auch Arbeiten zu narratologischen Fragen wie Gefühl und Gefühllosigkeit von Erzählern[6] oder zum Verhältnis von paradoxen Erzählformen und Emotionsgenerierung[7] nicht. Immer deutlicher wird eine ästhetische Zugangsweise in der Emotionsforschung gefordert, insbesondere die Erstellung von Analysekategorien ästhetisch generierter Emotionen.[8] Diese wurden bislang vorwiegend im Feld der Rezeptionsästhetik als literarische Hedonistik[9], Empathie[10] oder aus produktions- bzw. textästhetischen Perspektiven erforscht.[11] Neuere Ansätze untersuchen Emotionen auch in

---

[5] Siehe dazu die Analysen von Tebben, Karin (2011): *Von der Unsterblichkeit des Eros und den Wirklichkeiten der Liebe. Geschlechterbeziehungen – Realismus – Erzählkunst*, Heidelberg; Illmer, Susanne (2007): *Die Machtder Verführer. Liebe, Geld, Wissen, Kunst und Religion in Verführungsszenarien des 18. und 19. Jahrhunderts*, Dresden; Jahraus, Oliver (2004): *Amour fou. Die Erzählung der Amour fou in Literatur, Oper, Film: zum Verhältnis von Liebe, Diskurs und Gesellschaft im Zeichen ihrer sexuellen Infragestellung*, Tübingen.

[6] Vgl. Koppenfels, Martin von (2007): *Immune Erzähler: Flaubert und die Affektpolitik des modernen Romans*, München.

[7] Vgl. Palmier, Jean-Pierre (2014): *Gefühlte Geschichten. Unentscheidbares Erzählen und emotionales Erleben*, München.

[8] Vgl. Wennerscheid, Sophie (Hg.) (2011): *Sentimentalität und Grausamkeit. Ambivalente Gefühle in der skandinavischen und deutschen Literatur der Moderne*, Berlin; sowie auch Keen, *Narrative and the Emotions*.

[9] Vgl. Anz, Thomas (1998): *Literatur und Lust. Glück und Unglück beim Lesen*, München.

[10] Siehe dazu Breithaupt, Fritz (2009): *Kulturen der Empathie*, Frankfurt a.M.; Breger, Claudia/Breithaupt, Fritz (Hg.) (2010): *Empathie und Erzählung*, Freiburg i.Br./Wien/Berlin; sowie Keen, *Narrative and the Emotions*.

[11] Etwa bei Thomas Anz, Konrad Paul Liessmann, Burkhard Meyer-Sickendieck und Simone Winko. Vgl. Anz, Thomas (2008): *Literaturwissenschaftliche Text- und Emotionsanalyse. Beobachtungen und Vorschläge zur Gefühlsforschung*, in: Gockel, Heinz/ Schöll, Julia (Hg.): *Literatur und Ästhetik. Texte von und für Heinz Gockel*, Würzburg, 39–66; Liessmann, Konrad Paul (2011): *Leidenschaft und Kälte. Über ästhetische Empfindungen und das Pathos der Distanz*, in: Wennerscheid, Sophie (Hg.): *Sentimentalität und Grausamkeit. Ambivalente Gefühle in der skandinavischen und deutschen Literatur der Moderne*, Berlin, 22–36; sowie ders. (2008): *Ästhetische Empfindungen. Eine Einführung*, Wien; Hoffmann, Torsten (2006): *Konfigurationen des Erhabenen. Zur Produktivität einer ästhetischen Kategorie in der Literatur des ausgehenden 20. Jahrhunderts (Handke, Ransmayr, Schrott, Strauß)*, Berlin/New York, NY; Meyer-Sickendiek, Burkhard (2005): *Affektpoetik. Eine Kulturgeschichte literarischer Emotionen*, Würzburg; oder Winko, Simone (2003): *Kodierte Gefühle. Zu einer Poetik der Emotionen in lyrischen und poetologischen Texten um 1900*, Berlin.

ihrem Verhältnis zu Dingen[12] oder als Bewegung[13], wobei es durch die Berücksichtigung des Körpers in der Literatur zu einer Neupositionierung der Avantgardeliteratur[14] kommt. Einen Beitrag zur Emotionsforschung liefern auch aktuelle Ansätze in der Narrationstheorie, die unter dem Begriff ›affective narratology‹ kognitionswissenschaftliche Erkenntnisse mit narratologischen Fragestellungen verknüpfen.[15] Sowohl die (post)klassische als auch die kulturwissenschaftlich orientierte Erzählforschung nimmt sich des Themas an.[16] Ebenso können kommunikationstheoretische Überlegungen zur Analyse von Emotionen – etwa das Verhältnis von Sprache und Emotion[17] – für literarische Textanalysen fruchtbar gemacht werden. Arbeiten über den metaphorischen Ausdruck von Emotionen[18], Studien zu Emotionswörtern[19] oder rhetorischen Strukturen[20] bieten eine weitere Basis für die Analyse literarischer Texte.

Ergebnisse der Biologie, der Kognitions- und Neurowissenschaften werden für ästhetische Fragestellungen interessant, wenn sie neben der Interdependenz von Körper und mentalen Prozessen auch den Einflussbereich des Medialen berücksichtigen.[21] Die Filmwissenschaften interessieren dabei auch Neubewertun-

[12] Vgl. Adamowsky, Natascha/u.a. (2011): *Affektive Dinge. Objektberührungen in Wissenschaft und Kunst*, Göttingen.
[13] Vgl. Hennig, Anke/u.a. (Hg.) (2008): *Bewegte Erfahrungen. Zwischen Emotionalität und Ästhetik*, Zürich.
[14] Vgl. Brandstetter, Gabriele (1995): *Tanz-Lektüren. Körperbilder und Raumfiguren der Avantgarde*, Frankfurt a.M.
[15] Vgl. Hogan, Patrick Colm (2011): *Affective Narratology. The Emotional Structure of Stories*, Lincoln, NE.
[16] Vgl. Schneider, Ralf (2013): *New Narrative Dynamics? How the Order of a Text and the Reader's Cognition and Emotion Create its Meanings*, in: *Germanisch-Romanische Monatsschrift* 63/1, 47–67; sowie auch Keen, *Narrative and the Emotions I*.
[17] Vgl. Kerbrat-Orecchioni, Catherine (2000): *Quelle place pour les émotions dans la linguistique du XXe siècle? Remarques et aperçus*, in: Plantin, Christian/Doury, Marianne/Traverso, Véronique (Hg.): *Les émotions dans les interactions*, Lyon, 33–74.
[18] Vgl. Kövecses, Zoltán (1988): *The Language of Love. The Semantics of Passion in Conversational English*, London/Toronto.
[19] Vgl. Wierzbicka, Anna (1995): *Everyday Conceptions of Emotion: A Semantic Perspective*, in: Russel James A./u.a. (Hg.): *Everyday Conceptions of Emotion. An Introduction to the Psychology, Anthropology and Linguistics of Emotion*, Dordrecht/Boston, MA/London, 17–47.
[20] Vgl. Anz, *Emotional Turn*; sowie Plantin, Christian (1999): *La construction rhétorique des émotions*, in: Rigotti, Eddo (Hg.) (1997): *Rhetoric and Argumentation. Proceedings of the International Conference Lugano, April 22-23*, Tübingen, 203–219; Eggs, Ekkehard (2000): *Logos, ethos, pathos. L'actualité de la rhétorique des passions chez Aristote*, in: Plantin/Doury/Traverso, *Les émotions dans les interactions*, 15–31.
[21] Vgl. Jäger, Ludwig (2004): *Wieviel Sprache braucht der Geist? Mediale Konstitutionsbedingungen des Mentalen*, in: ders./Linz, Erika (Hg.): *Medialität und Mentalität. Theoretische und empirische Studien zum Verhältnis von Sprache, Subjektivität und Kogni-*

gen gattungsbezogener Fragen (Melodram, Dokumentarfilm) und Aktualisierungen der Mimesis- und Realismuszuschreibung des Mediums.[22] Hier setzen auch fototheoretische Arbeiten an, allen voran Roland Barthes[23], wobei die Frage nach grenzüberschreitenden Darstellungen von Gewalt und Grausamkeit, Wut und Hass[24] ein aktuelles Thema ist.

3 Zum Bestimmungsverhältnis von ästhetischer und alltagspsychologischer Emotion

Wie schon an dieser Skizze zu gegenwärtigen Fragen der Literaturwissenschaft im Hinblick auf Emotionsbegriffe deutlich wird, ist das Fach einem interdisziplinären Ansatz geradezu verpflichtet: Emotionen, so eine erste einfache Definition, sind stets an Wissen, lebensweltliche wie lebenspraktische Handlungen und Bestimmtheiten gebunden. Sie haben eine konzeptuell-abstrakte Grundlage wie praktische Wirksamkeit. Diese Konstellation zeigt sich auch in der Differenz bzw. im Zusammenspiel von Emotion und Gefühl. Während mit Emotion ein Komplex benannt wird, der neurologisch, biologisch, psychologisch und kognitiv, kulturell, medial usw. (vor)bestimmt sein muss, sind Gefühle Reaktionen, reflektierte Zustände und Ereignisse von Emotionen.[25] Im Kontext von Kunst und Literatur sind sie durchdachte Versprachlichungen/Medialisierungen von Emoti-

tion, München, 15–42; Angerer, Marie-Luise (2007): *Vom Begehren nach dem Affekt*, Zürich/Berlin; Stauf, Renate/Simonis, Annette/Paulus, Jörg (Hg.) (2008): *Der Liebesbrief. Schriftkultur und Medienwechsel vom 18. Jahrhundert bis zur Gegenwart*, Berlin/New York, NY; Poppe, Sandra (Hg.) (2012): *Emotionen in Literatur und Film*, Würzburg.

[22] Vgl. Kappelhoff, Hermann (2004): *Matrix der Gefühle. Das Kino, das Melodrama und das Theater der Empfindsamkeit*, Berlin; sowie Mikunda, Christian/Vesely, Alexander (2002): *Kino spüren: Strategien der emotionalen Filmgestaltung*, Red. d. Neuaufl. Alexander Vesely, Wien.

[23] Vgl. Barthes, Roland (1995a): *La chambre claire. Note sur la photographie*, in: ders.: *Œuvres complètes. Tome III: 1974-1980*, hg. von Eric Marty, Paris, 1105–1200; sowie ders.: (1995b): *Roland Barthes par Roland Barthes*, Paris.

[24] Vgl. Sontag, Susan (2003): *Regarding the pain of others*, New York, NY; Butler, Judith (2004): *Precarious life: the powers of mourning and violence*, London; Fauth, Søren R./ Green Krejberg, Kasper/Süselbeck, Jan (Hg.) (2012): *Repräsentationen des Krieges. Emotionalisierungsstrategien in der Literatur und den audio-visuellen Medien vom 18. bis zum 21. Jahrhundert*, Göttingen; Pott, Hans-Georg (2013): *Kontingenz und Gefühl. Studien mit/zu Robert Musil*, München; Süselbeck, Jan (2013): *Im Angesicht der Grausamkeit. Emotionale Effekte literarischer und audiovisueller Kriegsdarstellungen vom 19. bis zum 21. Jahrhundert*, Göttingen.

[25] Vgl. dazu Damasio, Antonio R. (2011): *Selbst ist der Mensch. Körper, Geist und die Entstehung des menschlichen Bewusstseins*, München.

onsmodellen. Zudem gilt die Annahme, dass literarisch präsentierten Emotionen stets ein starkes rezeptionslenkendes Potential inhärent ist, Differenzierungen zwischen fiktiven/textinternen und erfahrenen/rezeptiven Emotionen nicht immer streng zu ziehen sind. Von besonderem Interesse sind daher die jeweiligen Funktionen von Emotionen im Kontext ihrer potentiellen Rezeption und damit ein reziprokes Verhältnis zwischen ästhetischen und nicht-ästhetischen Bestimmungsgründen. Ästhetische Emotionen werden auf Basis nicht-ästhetischer Emotionscodes, -formeln und -muster aufgebaut, bilden diese mit aus, wie sie ihnen entgegenstehen und zu einer Neubestimmung von Emotionen und den damit verbundenen Diskursen führen können. Emotionen lassen sich aus dieser Sichtweise als Verhaltensmuster bestimmen, die innerhalb einer Gemeinschaft eng an den Erwerb von kommunikativen Kompetenzen gebunden sind, da Emotionsäußerungen durch die Ausdrucksfähigkeit einer Subjektpsyche wie durch reglementierende soziale Rahmen bestimmt werden.[26]

Für die Literaturwissenschaft bedeutet das Verstricktheiten in psychophysische, epistemologische, praktische wie formale Bedingtheiten von Emotionsbegriffen und deren literarischer Behandlung.

4 Emotionsparadigmen im Austausch mit Wissenschaft und Kunst

Diese Vorstellungen haben ihren Ausgangspunkt in den wissenschaftlichen, philosophischen und künstlerischen Entwicklungen seit den 1880er Jahren. Der Umstand, dass Emotionen in kognitive und physische, alltägliche und ästhetische Wahrnehmungs- und Wirkungsbereiche eingebunden sind, impliziert Funktionen und eine damit verbundene Bedeutungsvielfalt, die aber schon seit dem 18. Jahrhundert für Literatur und Kunst wesentliche Momente darstellt. Für die Literatur ist dabei zunächst das Verhältnis von Sprache und Emotionsausdruck von Relevanz. Sprache und im Besonderen poetische Sprache gilt im 18. Jahrhundert für viele als höchstes Erkenntnis- und Erfahrungsmedium. Ihr werden die Generierung von komplexen Affekten und Emotionen, wie sie allgemein für die Künste gefordert werden, zugeschrieben. Literatur im modernen Verständnis ist daher seit Beginn an Emotionspostulate gebunden. Fast gleichzeitig mit diesen Tendenzen und in Zusammenhang mit der Ausdifferenzierung der Systeme, veränderten Realitätsbegriffen, dem Bedeutungswandel der Medien sowie gesellschaftskulturellen Bedingungen wird das Verhältnis von Sprache und Referenten prekär oder zumindest neu bestimmbar. Der Blick auf die Relevanz und Funktion von Emotionsfigurationen ermöglicht dabei neue Zugänge zu einem der produktivsten Ambivalenzphänomene der Moderne: Das seit der Frühromantik un-

---

[26] Vgl. dazu Voss, Christiane (2004): *Narrative Emotionen. Eine Untersuchung über Möglichkeiten und Grenzen philosophischer Emotionstheorien*, Berlin/New York, NY.

sichere Vermögen der Sprache, einen authentischen Ausdruck der Wirklichkeit, der Gefühle und des Selbst zu gewährleisten, setzt zugleich ein innovatives Potential im Hinblick auf Funktion, Form und Inhalte von Literatur frei. Seit Rousseau wird das Ungenügen der sprachlichen Ausdrucksmöglichkeiten als immer wieder aufs Neue zu überwindender Mangel diskutiert – ein Krisenbewusstsein, das gerade über Emotionsdarstellungen als Reflexionsform ästhetisch produktiv wird. Sprachliche Emotionen werden auf Basis dieser reflexiven Gestaltbarkeit ab Ende des 19. Jahrhunderts radikal neu akzentuiert, da sich mit den Medien Fotografie und Film sowie den Avantgarden starke mediale Veränderungen in den Sprach- und Bildkünsten konstatieren lassen. Nach der großen Empfindsamkeitswende im 18. Jahrhundert lässt sich um 1900 eine Phase an Emotionsdiskursen ausmachen, die bis in die 1930er Jahre reicht und erst durch die Faschismen und ihre Vernichtungsmaschinerien unterbrochen wird. Es ist – und das wird in der Forschung vielfach übersehen – sozusagen nach der Empfindsamkeit der zweite große ›emotional turn‹.[27] Dafür sind zum einen die Avantgarden verantwortlich. Mediale Entgrenzungen und das ästhetische Moment der Provokation oder des Schocks erweitern Emotionsfigurationen auf noch nie dagewesene Weise und finden bis heute ihren Niederschlag. Der heteronome Ansatz der Avantgarden in Nachfolge des modernen Realismus, Kunst und Leben eng zu führen, bewirkt wiederum eine Zunahme der Relevanz von Alltagsphänomenen und eine verstärkte Interdependenz von diesen mit Kunst/Literatur. Emotionen werden nicht mehr als moralische Anliegen regulierende und lenkende Mittel eingesetzt, auch nicht als Kultur und Gesellschaft abbildend, sondern als Wirklichkeit verändernd wie starke Individualisierung bewirkend erfasst. Das Emotionen auf produktiver und rezeptiver Seite zugestandene Potential zeigt zu-

---

[27] Die Emotionsforschung im literaturwissenschaftlichen wie wissenschaftsgeschichtlichen Kontext hat generell auf die Vernachlässigung der Bedeutung von Emotionsdiskursen bzw. des Zusammenhangs von Wissenschaften, Künsten und Emotionsmodellen in der hier untersuchten Zeit hingewiesen. Simone Winko und Thomas Anz haben sich dazu geäußert und in ihren Arbeiten auch viel Abhilfe geleistet. (Vgl. Winko, *Kodierte Gefühle*; sowie Anz, *Emotional Turn?*; und ders. (2007): *Kulturtechniken der Emotionalisierung. Beobachtungen, Reflexionen, und Vorschläge zur literaturwissenschaftlichen Gefühlsforschung*, in: Eibl, Karl/Mellmann, Katja/Zymner, Rüdiger (Hg.): *Im Rücken der Kulturen*, Paderborn, 207–239). Der Sammelband von Curtis und Koch widmet sich im Kontext von Kino einem heute vernachlässigten Begriff, nämlich Einfühlung (vgl. Curtis, Robin/Koch, Gertrud (Hg.) (2009): *Einfühlung. Zu Geschichte und Gegenwart eines ästhetischen Konzepts*, München). Jensen und Morat untersuchen mit einem geschichtswissenschaftlichen Schwerpunkt das Verhältnis von Emotionen und Wissenschaft, Sabine Mainberger (2010) berücksichtigt diese Verbindung aus kunsthistorischer Perspektive. Vgl. Jensen, Uffa/Morat, Daniel (Hg.) (2008): *Rationalisierungen des Gefühls. Zum Verhältnis von Wissenschaft und Emotionen 1880–1930*, München; sowie Mainberger, Sabine (2010): *Experiment Linie. Künste und ihre Wissenschaften um 1900*, Berlin.

dem den Einfluss der neuen Wahrnehmungs- und Erfahrungstheorien, die das Ereignis, das Erleben, die Erfahrung vor rationale Sinnbildungen und Mimesis stellen. Auf formaler Ebene können daher die Auslöser von Emotionen nicht mehr nur über bestimmte Motivfelder sowie rhetorische Bilder und Topoi bzw. besondere narrative Formationen gebildet werden, sondern auch radikal über neu formierte Konstellationen, die mit Gattungs- und Medien-Entgrenzungen einhergehen. Die konkrete Materialität gewinnt an Bedeutung, da Farbe, Ton, Linie, Schrift, Zeichen, physischer Ausdruck/Bewegung und Atmosphäre per se als emotionsgenerierend bewertet werden. Schließlich bedeuten gezielte Provokationen von negativen Emotionen ein radikales Verständnis von kathartischer Funktion der Kunst und Literatur.

Für den hier interessierenden Zeitraum der langen Jahrhundertwende um 1900 sind neben den Umbrüchen im Kunstsystem auch die Erneuerungen in Wissenschaft und Wissensdiskursen von Bedeutung. Emotionsmodelle bilden in diesem Zusammenhang eine Schnittstelle zwischen Künsten und Wissenschaften (mit allen sozialen Implikationen, die damit einhergehen). Als wichtige Entwicklungen lassen sich die mit der zweiten Hälfte des 19. Jahrhunderts durchgreifende, massive Ausdifferenzierung der Wissenschaftssysteme mit ihrer Konstituierung bzw. Festigung jüngerer und neuer naturwissenschaftlicher Disziplinen wie Physik, Chemie, Soziologie, Anthropologie und Psychologie und die damit verbundenen Selbstlegitimationsdiskurse der geisteswissenschaftlichen Fächer wie Ästhetik, (Lebens)Philosophie, Kunstgeschichte, Literaturgeschichte, Geschichte nennen. In den genannten Verhältnissen spielen Emotions- und Gefühlsparadigmen/-modelle eine wesentliche Rolle. Sei es zur ›Abwehr‹ eines übermäßigen Szientismus und zur Stärkung der Geisteswissenschaften, sei es zur Anbindung an die neuen naturwissenschaftlichen Erkenntnisse im psychophysiologischen, wahrnehmungsorientierten Erklärungskontext.

An dieser Stelle soll eine wichtige Differenz vorgestellt werden, nämlich die zwischen den Gefühlsphilosophien und -ästhetiken im Kontext des Einfühlungsbegriffs (etwa Lipps, Wundt, Volkelt, Vischer, Endell, Dilthey) und den Emotionsästhetiken der Avantgarden und Formalisten bzw. der Soziologen (Fleck, Simmel, Weber) und Wahrnehmungstheoretiker (Bergson, Warburg). Erstere beschreiben Einfühlung als einen Prozess emotionaler und psychologischer Projektion, als leibliche Reaktionen auf ein Bild, ein Objekt oder einen architektonischen Raum. ›Einfühlung‹ ist haptisch wie visuell, physisch, psychologisch und emotional intensives Erleben und Wahrnehmen.[28] Für den vorliegenden Sammelband sind diese Thesen als tradierte Folie relevant. Aber während die Einfühlungstheoretiker bei allen großen Differenzen untereinander von einem verallge-

---

[28] Vgl. Koss, Juliet (2009): *Über die Grenzen der Einfühlung*, in: Curtis/Koch: *Einfühlung. Zu Geschichte und Gegenwart eines ästhetischen Konzepts*, München, 105–126, hier 106.

meinerbaren und gleichzeitig einzigartigen Subjekt ausgehen, Kunst als besonderen Ort des Erlebens und des Erfahrens in Absetzung zu Nicht-Kunst verstehen, öffnen sich die ästhetischen Theorien und Kunstbegriffe ab 1900 auch verstärkt den vom Realismus initiierten Entdifferenzierungsprozessen zwischen Wissenschaften, Kunst und Nicht-Kunst sowie einem Menschenbegriff, der auch Leben als Prozess einbezieht.[29] Dahinter steht eine Verabschiedung des idealistisch-platonischen wie kosmologischen Naturbegriffs zugunsten von Welt und Leben als physische und psychisch bewohnte Räume des Handelns und Kommunizierens.

Zusammenfassend kann man sagen, dass die Besonderheiten der neuen Emotions- und Gefühlsdiskurse in der untersuchten Zeit darin liegen, vor einem breiten Traditionshintergrund lebensweltliche Bezüge zu ermöglichen, das neue Menschenbild der Soziologie, Psychologie und Medizin sowie die neue Säkularisierung zu bedienen. Emotionsmodelle helfen jene Ästhetiken zu formieren, die die neuen Wissensformationen aufnehmen, die Massenkultur von Kino und Fotografie, Zeitschriften und Unterhaltungsprogramme stützen/diskutieren. Winko hält für die Zeit um 1900 folgende relevante Aspekte von Emotionen fest: Garantie für Gleichheit, intersubjektive Verständigung, ganzheitliche Erfassungsweisen der Welt, Einheitserlebnisse, Allgemeinheit bei Individualität (und umgekehrt).[30] Gefühle sind nunmehr ›komplexe Einheiten‹, die sich aus kognitiven Vorgängen, Wahrnehmungen, physischem Empfinden, Selbst- und Fremderfahrungen, Kommunikations- und Übertragungsleistungen zusammensetzen können.

5   Beiträge und thematische Schwerpunkte

Bei diesen Emotionsbegriffen setzt der Sammelband an. Wie schon skizziert, sind im engeren poetologischen Feld der Moderne seit dem 18. Jahrhundert ästhetische Emotionen wesentlich und wurden durch folgende Anschlussbegriffe markiert: Empfindung, Affekt, Pathos (aus der Rhetoriktradition), Einfühlung, Erlebnis (Dilthey), Erfahrung. Sie werden in den Ästhetik- und Wahrnehmungstheorien weiterhin verwendet. Aber gerade in den neuen Emotions-Diskussionen der ersten Jahrzehnte des 20. Jahrhunderts zeigt sich, dass die Frage nach dem Verhältnis von Künsten und Emotionen verschieden gestellt werden kann. So finden sich neben den pädagogisch-pragmatischen Ansätzen eines John Dewey[31]

---

[29] Vgl. dazu den Unterschied zu Diltheys Einbeziehung von Leben in Thomä, Dieter/Kaufmann, Vincent/Schmid, Ulrich (Hg.) (2015): *Der Einfall des Lebens. Theorie als geheime Autobiographie*, München, 12.
[30] Winko, *Kodierte Gefühle*, 159.
[31] Vgl. Dewey, John (2005): *Art as experience*, New York, NY; sowie ders.: (2008): *The Theory of Emotion*, in: Boydston, Jo Ann (Hg.): *The Early Works of John Dewey 1882-1898, Bd. 4*, Carbondale, 152–188.

die avantgardistischen Programmatiken der Provokation. Der von Dewey als Störungen definierte Charakter von Emotionen, die dann auftreten würden, wenn ziel- und zweckgerichtete Handlungen unterbrochen werden müssen, dient den Avantgarden als Grundlage ihrer Kunst- und rezeptionsästhetischen Funktionszuschreibungen. Sie sehen das lebensweltliche Potential von produktionsästhetischen und rezeptiven Emotionen gerade darin, gegen die konventionellen Erwartungen in Kunst wie in Nicht-Kunst wirksam zu sein. In diesem Sinn werden die tradierten, darstellungsorientierten Emotionen wie Liebe, Angst, Schuld, Neid usw. und deren Effekte von Aufklärung, Bildung, Moralisierung, Erbauung, Erkenntnis, Kontemplation ergänzt durch stark rezeptionsorientierte emotionale Effekte wie etwa Hass, Wut, Zorn, Ärger, Ekel, die in Revolutionslust, Enthemmung, Aggression, Exaltation, Erregung umschlagen können. Während das 18. Jahrhundert aufgrund der oftmals expliziten emotionsästhetischen Ansätze stark im Interesse der kunst- und literaturwissenschaftlichen Emotionsforschung steht, geraten im Gegensatz dazu die avantgardistischen und modernistischen Programme mit ihren innovativen, politisch geleiteten Emotionspoetiken vielfach aus dem Blickfeld.

Der vorliegende Sammelband stellt sich diesem Forschungsdesiderat und legt dafür den Schwerpunkt auf die Besonderheiten ästhetischer Emotionen – also auf Emotionsmodelle in poetologischer Einbettung auf produktiver, medialer wie rezeptiver Seite. Das auch deshalb, da sich – wie schon oben angedeutet – ästhetische Emotionsmodelle um 1900 radikal ändern. Es geht in den innovativen Modellen nicht mehr um moralische, kontemplative, aufklärerische, erkenntnistheoretische Besonderheiten der Künste, sondern um einen lebensweltlichen Zugang, um Entdifferenzierungen von Kunst und Nicht-Kunst, der Medien und im Besonderen von guten und schlechten Emotionen und Gefühlen. Das Emotionsthema ermöglicht damit einen Blick auf besondere Diskursverhältnisse in ihrem Zusammenwirken mit den Künsten wie auf die Künste selbst. Denn die Künste sind Beobachtungen dieser Verhältnisse und unterliegen ihrerseits Bedingungen für ihre Beobachtungen. Insofern haben wir es nicht nur mit Emotionen aus lebensweltlichen und kulturellen Schlüsselszenarien zu tun, sondern auch mit ästhetischen Paradigmen. Auch geht es in den Künsten nicht nur um Emotionen als körperliche oder kognitive Erfahrungen und Urteile oder um selbst- und fremdreferentielle Reaktionen. Ästhetische Emotionen müssen auch stets eine besondere Form, einen besonderen Modus einnehmen und sich in ein Verhältnis zu bestehenden und möglichen ästhetischen (Emotions)paradigmen setzen. Ästhetische Emotionen dienen ja nicht wie lebensweltliche und kulturelle vor allem der Kommunikation, der Fremd- oder Selbsteinsicht, der Bewältigung einer und der Reaktion auf eine Situation, dem Urteil usw. Sie beobachten vielmehr Szenarien und deren Vokabular – die legitimierenden Diskurse wie auch die aus diesem Netzwerk resultierenden kulturellen, ökonomischen, politischen, machtvollen, wissenssteuernden Verhältnisse sowie den ästhetischen Umgang damit. Die Künste positionieren sich mit Emotions- und Gefühlsdarstellungen sowohl epistemologisch wie poetologisch. Zugrunde liegt der Auseinandersetzung jedenfalls eine wie auch immer geartete qualitativ starke oder schwache Wiedererkennung des ›Normalen‹/Vertrauten, die von einer zustimmenden oder ablehnenden Haltung getragen wird. Gleichzeitig sind ästhetisch generierte Gefühle in Kunst und Literatur niemals Widerspiegelungen oder Abbildungen lebensweltlicher Gefühle, vielmehr entsteht aus der Konfrontation beider die besondere Qualität ästhetischer Emotionen. In diesem Sinn vermitteln die Künste Zustimmung oder Ablehnung, Neuordnung oder Rekonstruktionen der mit Emotionsbegriffen relationierten Diskurse und ihres Vokabulars.

Die große Tragweite und Wirkungskraft von Emotionen in der Literatur wird anhand von mehreren kulturellen Ausdrucks- und Kommunikationsmedien untersucht, die auf die Literatur Einfluss nehmen: Brief, Malerei, Fotografie, Szenario, Film, Tanz, Recht können als Vergleichs- und Anschlussmedien dienen. Diese Gattungen und Medien bilden ästhetische, literarische und narrative Strukturen mit aus, wie sie auf inhaltlicher Ebene semantische Felder schaffen können (Motive, Symbole, Allegorien). Gleichzeitig sind Brief, Malerei, Fotografie, Szenario, Film, Tanz und Recht an die Alltagskultur gebunden, also in der Lebenswelt wirksam.

Die Beiträge des Bandes reflektieren die unterschiedlichen Ansätze im Hinblick auf die Frage der ästhetischen Emotion und ihre künstlerischen Ausformungen. Neben Analysen von Emotionen, Leidenschaften oder Affekten in ihren ästhetischen Dimensionierungen finden sich Untersuchungen speziell literarischer Emotionsfigurationen. Das Verhältnis von Sprache und Emotionsausdruck in seinen kontextuell bedingten Relationen zu anderen Medien ist dabei von besonderem Interesse.

1. *Theoretisierung ästhetischer Emotion*

In der langen Jahrhundertwende konfrontieren sich neue Emotionsparadigen mit der Ästhetik der Empfindsamkeit und rollen Fragen der Innerlichkeit im Kontext unterschiedlicher Künste wieder auf. Emotionskomplexe wie Hass und Ressentiment (Hans-Georg Pott), Schock und Staunen (Nicola Gess), Lust und Schrecken (Harro Müller) oder das tragische Gefühl (Günther A. Höfler) werden in unterschiedlichen ästhetischen/philologischen Texten (Jörg Paulus) reformuliert. Verbunden mit sozialhistorischen und politischen Implikationen erfolgt die Ausverhandlung von Emotion im kunst- und kulturkritischen Umfeld. Sie befragt den Realitätsstatus, die Handlungsmacht, das epistemische Potential und die ästhetische Funktion von Emotion sowie die Bedeutung von Leiblichkeit und Vorstellung für ästhetisches Fühlen. Effekte der theoretischen Beschäftigung mit Emotion liegen darin, neue Kunstformen und Rezeptionsmodi zu generieren sowie die Konstellation von Kultur, Moral, Wissenschaft und Wissen neu zu strukturieren.

2. Emotion als Movens und Medium des Schreibens

Konkrete literaturwissenschaftliche Beiträge veranschaulichen die Besonderheiten textgestalterischer Verfahren in der Emotionsgenerierung, die durch ein Spannungsverhältnis von Rationalität und Emotionalität, von Fühlen und Gefühllosigkeit, Schreibweise und Textsorte neu etablierte Gefühlsprogrammatiken differenzieren. Für den Schreibprozess kann dies eine Distanzierung der Schreibenden zu den jeweils ausgedrückten bzw. den in den Lesenden hervorgerufenen Emotionen bedeuten und somit Anschlusspunkte für die Vorstellung einer Entemotionalisierung der künstlerischen Moderne bieten. Zugleich wirkt die implizit oder explizit diskursivierte Beschäftigung mit Emotionalisierungstechniken auf die Frage nach ästhetischen bzw. nicht-ästhetischen Textsorten sowie auf unterschiedliche Gattungsdifferenzierungen zurück. So zeigt sich der private Brief beispielsweise nicht länger als authentische, unmittelbar zum Ausdruck gebrachte ›Aufwallung des Herzens‹, vielmehr stellt auch diese Textsorte seine künstlerische Gemachtheit gegen eine tradierte Kultur der Empfindsamkeit zur Schau (Renate Stauf). Diese Reziprozität von rhetorischen Strategien und Emotionen führt vice versa zu Neukonzeptionen bekannter Emotionen wie der Liebe als Suche im Essay (Toni Tholen). Der Wartesaal wird zum Topos für die emotionale Befindlichkeit einer ganzen Kultur (Mandy Becker) wie der Tanz zum Gegenstück existenzieller Langeweile (Rita Rieger). Das wirklichkeitskonstituierende Moment ästhetischer Emotion lässt sich auch anhand der Konfrontation von Literatur und Rechtsdiskursen exemplifizieren, die starke Emotionsszenarien bilden und zur Darstellung bringen (Susanne Knaller). Vor allem auch deshalb, da sie im Recht nicht offengelegt werden und einen Platz nur in der kritisch formierten literarischen Manifestation finden.

3. Zur Reziprozität von Kunstformen, technischen Medien und Emotion

Letztlich führen neben transmedialen Übersetzungen menschlicher Affekte wie beispielsweise von ›emotionalen Filmszenarien‹ in ›emotionale Drehbücher‹ (Anke Hennig) auch die technischen Errungenschaften in der Bewegung von Bildern zu einer Revision von Emotionalisierung (Hermann Kappelhoff/Matthias Grotkopp). Vorstellungen einer objektiven, repräsentationalen oder illusionistischen Medienfunktion werden in Kontrast zu technisch manipulierbarer Gestaltung menschlicher Gefühle gesetzt. Ästhetische Emotionen werden somit von alltagspsychologischen differenzierbar wahrgenommen, bestimmt durch ihre historische Kontingenz sowie durch ihre soziale und mediale Konstitution. Diese Form der Affektivität führt zu einer Neuordnung von Sprache und anderen Symboltechniken, da die Arbeit an affektiven und intellektuellen Prozessen als unmittelbarer Eingriff in das soziale Leben gesehen wird. Der mit dem Bewegungsbild einhergehende neue Gefühlsmodus wird als ein kollektiver und politischer verstanden, wobei der ästhetische wie moralische Normbruch durch Momente des Störens, Erschreckens oder der Konfrontation erfolgt (Elisabeth Fritz). Als

Ergebnis einer neuen Aisthesis werden ästhetische Emotionen in ein Kunstverständnis eingebettet, das sich als Labor für Wahrnehmungs- und Empfindungsexperimente sowie Analysen solcher versteht (Sabine Flach). Das Instrumentarium hierzu kann die jeweilige Kunstform selbst bereitstellen.

Die Herausgeberinnen danken Elisabeth Spirk für die unermüdliche Unterstützung bei der Korrektur der Manuskripte und Katharina Bantleon für die professionelle Erstellung des Layouts. Unser Dank geht auch an unsere Fördergeber, die Karl-Franzens-Universität Graz und das Land Steiermark.

Graz, Dezember 2015

Bibliografie

Adamowsky, Natascha/u.a. (2011): *Affektive Dinge. Objektberührungen in Wissenschaft und Kunst*, Göttingen.
Angerer, Marie-Luise (2007): *Vom Begehren nach dem Affekt*, Zürich/Berlin.
Anz, Thomas (1998): *Literatur und Lust. Glück und Unglück beim Lesen*, München.
— (2004): *Erkenntnistheorie als Erlebnis- und Einfühlungstheorie in Wissenschaft, Philosophie und Ästhetik um 1900. Hinweise zu einem vernachlässigten Phänomen*, in: Maillard, Christine (Hg.): *Littérature et théorie de la connaissance 1890–1935/Literatur und Erkenntnistheorie 1890–1935*, Strasbourg, 161–166.
— (2006): *Emotional Turn? Beobachtungen zur Gefühlsforschung*, in: literaturkritik.de, Schwerpunkt Emotionen 12, http://www.literaturkritik.de/public/rezension.php?rez_id=10267&ausgabe=200612, [19.10.2015].
— (2007): *Kulturtechniken der Emotionalisierung. Beobachtungen, Reflexionen, und Vorschläge zur literaturwissenschaftlichen Gefühlsforschung*, in: Eibl, Karl/Mellmann, Katja/Zymner, Rüdiger (Hg.): *Im Rücken der Kulturen*, Paderborn, 207–239.
— (2008): *Literaturwissenschaftliche Text- und Emotionsanalyse. Beobachtungen und Vorschläge zur Gefühlsforschung*, in: Gockel, Heinz/Schöll, Julia (Hg.): *Literatur und Ästhetik. Texte von und für Heinz Gockel*, Würzburg, 39–66.
Barthes, Roland (1995a): *La chambre claire. Note sur la photographie*, in: ders.: *Œuvres complètes. Tome III: 1974-1980*, hg. von Eric Marty, Paris, 1105–1200.
— (1995b): *Roland Barthes par Roland Barthes*, Paris.
Brandstetter, Gabriele (1995): *Tanz-Lektüren. Körperbilder und Raumfiguren der Avantgarde*, Frankfurt a.M.
Breger, Claudia/Breithaupt, Fritz (Hg.) (2010): *Empathie und Erzählung*, Freiburg i.Br./Wien/Berlin.
Breithaupt, Fritz (2009): *Kulturen der Empathie*, Frankfurt a.M.
Butler, Judith (2004): *Precarious life: the powers of mourning and violence*, London.
Curtis, Robin/Koch, Gertrud (Hg.) (2009): *Einfühlung. Zu Geschichte und Gegenwart eines ästhetischen Konzepts*, München.
Damasio, Antonio R. (2011): *Selbst ist der Mensch. Körper, Geist und die Entstehung des menschlichen Bewusstseins*, München.

De Sousa, Ronald (1987): *The Rationality of Emotion*, Cambridge, MA/London.
Dewey, John (2005): *Art as experience*, New York, NY.
— (2008): *The Theory of Emotion*, in: Boydston, Jo Ann (Hg.): *The Early Works of John Dewey 1882-1898*, Bd. 4, Carbondale, 152–188.
Eggs, Ekkehard (2000): *Logos, ethos, pathos. L'actualité de la rhétorique des passions chez Aristote*, in: Plantin, Christian/Doury, Marianne/Traverso, Véronique (Hg.): *Les émotions dans les interactions*, Lyon, 15–31.
Fauth, Søren R./Green Krejberg, Kasper/Süselbeck, Jan (Hg.) (2012): *Repräsentationen des Krieges. Emotionalisierungsstrategien in der Literatur und den audio-visuellen Medien vom 18. bis zum 21. Jahrhundert*, Göttingen.
Hennig, Anke/u.a. (Hg.) (2008): *Bewegte Erfahrungen. Zwischen Emotionalität und Ästhetik*, Zürich.
Hoffmann, Torsten (2006): *Konfigurationen des Erhabenen. Zur Produktivität einer ästhetischen Kategorie in der Literatur des ausgehenden 20. Jahrhunderts (Handke, Ransmayr, Schrott, Strauß)*, Berlin/New York, NY.
Hogan, Patrick Colm (2011): *Affective Narratology. The Emotional Structure of Stories*, Lincoln, NE.
Illmer, Susanne (2007): *Die Macht der Verführer. Liebe, Geld, Wissen, Kunst und Religion in Verführungsszenarien des 18. und 19. Jahrhunderts*, Dresden.
Jäger, Ludwig (2004): *Wieviel Sprache braucht der Geist? Mediale Konstitutionsbedingungen des Mentalen*, in: ders./Linz, Erika (Hg.): *Medialität und Mentalität. Theoretische und empirische Studien zum Verhältnis von Sprache, Subjektivität und Kognition*, München, 15–42.
Jahraus, Oliver (2004): *Amour fou. Die Erzählung der Amour fou in Literatur, Oper, Film: zum Verhältnis von Liebe, Diskurs und Gesellschaft im Zeichen ihrer sexuellen Infragestellung*, Tübingen.
Jensen, Uffa/Morat, Daniel (Hg.) (2008): *Rationalisierungen des Gefühls. Zum Verhältnis von Wissenschaft und Emotionen 1880–1930*, München.
Kappelhoff, Hermann (2004): *Matrix der Gefühle. Das Kino, das Melodrama und das Theater der Empfindsamkeit*, Berlin.
Keen, Suzanne (Hg.) (2011): *Narrative and the Emotions I*. Special Issue of *Poetics Today*, 32.1.
Kerbrat-Orecchioni, Catherine (2000): *Quelle place pour les émotions dans la linguistique du XXe siècle? Remarques et aperçus*, in: Plantin, Christian/Doury, Marianne/Traverso, Véronique (Hg.): *Les émotions dans les interactions*, Lyon, 33–74.
Kövecses, Zoltán (1988): *The Language of Love. The Semantics of Passion in Conversational English*, London/Toronto.
Koppenfels, Martin von (2007): *Immune Erzähler: Flaubert und die Affektpolitik des modernen Romans*, München.
Koss, Juliet (2009): *Über die Grenzen der Einfühlung*, in: Curtis, Robin/Koch, Gertrud (Hg.): *Einfühlung. Zu Geschichte und Gegenwart eines ästhetischen Konzepts*, München, 105–126.
Liessmann, Konrad Paul (2008): *Ästhetische Empfindungen. Eine Einführung*, Wien.
— (2011): *Leidenschaft und Kälte. Über ästhetische Empfindungen und das Pathos der Distanz*, in: Wennerscheid, Sophie (Hg.): *Sentimentalität und Grausamkeit. Ambivalente Gefühle in der skandinavischen und deutschen Literatur der Moderne*, Berlin, 22–36.

Maillard, Christine (Hg.) (2004): *Littérature et théorie de la connaissance 1890–1935/Literatur und Erkenntnistheorie 1890-1935*, Strasbourg.
Mainberger, Sabine (2010): *Experiment Linie. Künste und ihre Wissenschaften um 1900*, Berlin.
Mellmann, Katja (2006): *Emotionalisierung. Von der Nebenstundenpoesie zum Buch als Freund. Eine emotionspsychologische Analyse der Literatur der Aufklärungsepoche*, Paderborn.
Meyer-Sickendiek, Burkhard (2005): *Affektpoetik. Eine Kulturgeschichte literarischer Emotionen*, Würzburg.
Mikunda, Christian (2002): *Kino spüren: Strategien der emotionalen Filmgestaltung*, Red. Der Neufaufl. Alexander Vesely, Wien.
Palmier, Jean-Pierre (2014): *Gefühlte Geschichten. Unentscheidbares Erzählen und emotionales Erleben*, München.
Plantin, Christian (1999): *La construction rhétorique des émotions*, in: Rigotti, Eddo (Hg.): *Rhetoric and Argumentation. Proceedings of the International Conference Lugano, April 22-23, 1997*, Tübingen, 203–219.
Poppe, Sandra (Hg.) (2012): *Emotionen in Literatur und Film*, Würzburg.
Pott, Hans-Georg (2013): *Kontingenz und Gefühl. Studien mit/zu Robert Musil*, München.
Schneider, Ralf (2013): *New Narrative Dynamics? How the Order of a Text and the Reader's Cognition and Emotion Create its Meanings*, in: Germanisch-Romanische Monatsschrift, 63/1, 47–67.
Sontag, Susan (2003): *Regarding the pain of others*, New York, NY.
Stauf, Renate /Simonis, Annette/Paulus, Jörg (Hg.) (2008): *Der Liebesbrief. Schriftkultur und Medienwechsel vom 18. Jahrhundert bis zur Gegenwart*, Berlin/New York, NY.
Süselbeck, Jan (2013): *Im Angesicht der Grausamkeit. Emotionale Effekte literarischer und audiovisueller Kriegsdarstellungen vom 19. bis zum 21. Jahrhundert*, Göttingen.
Tebben, Karin (2011): *Von der Unsterblichkeit des Eros und den Wirklichkeiten der Liebe. Geschlechterbeziehungen – Realismus – Erzählkunst*, Heidelberg.
Thomä, Dieter/Kaufmann, Vincent/Schmid, Ulrich (Hg.) (2015): *Der Einfall des Lebens. Theorie als geheime Autobiographie*, München.
Voss, Christiane (2004): *Narrative Emotionen. Eine Untersuchung über Möglichkeiten und Grenzen philosophischer Emotionstheorien*, Berlin/New York, NY.
Wennerscheid, Sophie (Hg.) (2011): *Sentimentalität und Grausamkeit. Ambivalente Gefühle in der skandinavischen und deutschen Literatur der Moderne*, Berlin.
Winko, Simone (2003): *Kodierte Gefühle. Zu einer Poetik der Emotionen in lyrischen und poetologischen Texten um 1900*, Berlin.
Wierzbicka, Anna (1995): *Everyday Conceptions of Emotion: A Semantic Perspective*, in: Russell James A./u.a. (Hg.): *Everyday Conceptions of Emotion. An Introduction to the Psychology, Anthropology and Linguistics of Emotion*, Dordrecht/Boston, MA/ London, 17–47.

1 Theoretisierung ästhetischer Emotion

NICOLA GESS

Poetiken des Staunens im frühen 20. Jahrhundert: Brecht, Šklovskij und Benjamin, ihre Theorien der Verfremdung und ein Ausgangspunkt bei Descartes

»[Das Staunen] ist der Fels«, schreibt Walter Benjamin, an dem sich »der Strom der Dinge [bricht]«.[1] In der literarischen Moderne erlebt das Staunen als ästhetische Emotion eine Renaissance, die man mit der Abwendung vom Paradigma der Einfühlung und der Hinwendung zu einer Ästhetik der Unterbrechung, der Irritation und des Schocks begründen kann, wie sie unter anderem die literarischen Avantgarden, aber auch schon Baudelaires Lyrik prägt. Besonders deutlich wird diese Ausrichtung auf das Staunen in literarischen Theorien der Verfremdung: Die Verfremdung fungiert dort als derjenige ästhetische Reiz, auf den mit Staunen reagiert werden soll. Anhand von Aufsätzen Brechts, Šklovskijs und Benjamins möchte ich im Folgenden drei Verfahren der literarischen Verfremdung – die Kommentierung, die Abweichung und die Unterbrechung – vorstellen, die Staunen als ästhetische Emotion jeweils unterschiedlich auslegen.[2] Während es bei Brecht vor allem um das Staunen als distanzierende, einen Erkenntnisprozess auslösende ästhetische Emotion geht, zielt Šklovskij weniger auf einen kognitiven Prozess als auf einen Zustand sensueller Erregung ab, in dem ein ›Fühlen der Dinge‹ wieder möglich werden soll. Auch Benjamin geht es um eine neue Beziehung zum ästhetischen Gegenstand, der im Staunen ›die Augen aufschlagen‹ soll, jedoch reflektiert er zugleich auf die besondere Zeitstruktur des ästhetischen Staunens und bettet seine Überlegungen in eine Theorie des Gedächtnisses ein.

Der Begriff der ästhetischen Emotion, der titelgebend für den vorliegenden Band ist, wirft Fragen auf. Er impliziert, dass zwischen ästhetischen und alltäglichen Emotionen zu differenzieren sei. Ist das so? Handelt es sich dann bei ästhe-

---

[1] Benjamin, Walter (1991b): *Was ist das epische Theater?* (1), in: ders.: *Gesammelte Schriften*, hg. von Rolf Tiedemann u. Hermann Schweppenhäuser, Frankfurt a.M., Bd. II.2, 519–531, hier 531.

[2] Vgl. zur Geschichte des Verfremdungsbegriffs die Sammlung: Helmers, Hermann (Hg.) (1984): *Verfremdung in der Literatur*, Darmstadt, die u.a. die wichtigen Aufsätze von Helmers selbst (*Einleitung*), Reinhold Grimm (*Verfremdung. Beiträge zu Wesen und Ursprung eines Begriffs*), Renate Lachmann (*Die ›Verfremdung‹ und das ›Neue Sehen‹ bei Viktor Šklovskij*) und Aage Hansen-Löve (*Die Theorie der Verfremdung im russischen Formalismus*) enthält.

tischen Emotionen um eine eigene Kategorie von Emotionen oder vielmehr um verstärkte, abgeschwächte oder in ihrer Valenz modifizierte Alltagsemotionen? Und ist die ästhetische Emotion auf einen ästhetischen Gegenstand oder auf eine bestimmte Art der Wahrnehmung zurückzuführen? Mein Aufsatz kann keine Antwort auf diese sehr allgemeinen Fragen geben,[3] sondern ihnen nur exemplarisch nachgehen. Im ersten Teil möchte ich begriffliche Koordinaten für die Diskussion des ästhetischen Staunens gewinnen, indem ich Descartes' Einlassungen zum Staunen in seinem Traktat über die Passionen der Seele und einige Querverbindungen zu ästhetischen Diskussionen des späten 17. bis mittleren 18. Jahrhunderts diskutiere. Im Hauptteil des Aufsatzes werde ich mich dann, unter Bezugnahme auf das anhand von Descartes entwickelte Begriffsgerüst, vergleichend mit Brechts, Šklovskijs und Benjamins Theorien der Verfremdung beschäftigen und zeigen, inwiefern das Staunen als ästhetische Emotion für sie eine zentrale, wenngleich jeweils unterschiedlich besetzte Rolle spielt.

1

Descartes bestimmt 1649 die *admiration* (dt. Verwunderung) als »erste aller Leidenschaften«.[4] Er begründet dies damit, dass man auf die Konfrontation mit einem neuen Objekt zuallererst mit Verwunderung reagiere.[5] Erst danach folge die genauere Bestimmung und Bewertung des Objekts (z.B. als groß/klein, gut/böse, vor allem aber als angenehm/unangenehm), die dann einen der fünf anderen ursprünglichen Affekte auslöse: Liebe, Hass, Begehren, Freude, Trau-

---

[3] Vgl. dazu Gess, Nicola (2013): *Staunen als ästhetische Emotion. Zu einer Affektpoetik des Wunderbaren*, in: Baisch, Martin/Degen, Andreas/Lüdtke, Jana (Hg.): *Wie gebannt. Ästhetische Verfahren der affektiven Bindung von Aufmerksamkeit*, Freiburg, 115–132.

[4] Descartes, René (1984): *Die Leidenschaften der Seele*, hg. u. übers. von Klaus Hammacher, Hamburg, 95. Vgl. zu Descartes' Ausführungen über das Staunen: Edwards, Michael (2008): *De l'émerveillement*, Paris; Matuschek, Stefan (1991): *Über das Staunen. Eine ideengeschichtliche Analyse*, Tübingen, insb. 124–131; Thürlemann, Felix (1998): *Staunen als erste Leidenschaft. Descartes bei Poussin*, in: Nischik, Reingard M. (Hg.): *Leidenschaften literarisch*, Konstanz, 87–100.

[5] Genauer heißt es hier: »daß wir uns über es wundern und erstaunt sind« (Descartes, *Die Leidenschaften der Seele*, 95). Descartes Beobachtung findet sich in der heutigen Emotionstheorie zum Beispiel darin bestätigt, dass Emotionen immer durch einen *novelty factor* als *attention getting device* getriggert sind. Vgl. dazu Scherer, Klaus R./Fontaine, Johnny J.R. (2013): *The global meaning structure of the emotion domain: Investigating the complementarity of multiple perspectives on meaning*, in: dies./Soriano, Cristina (Hg.): *Components of emotional meaning. A Sourcebook*, Oxford, 106–125.

rigkeit.⁶ Während diese Affekte sich also aus der Valorisierung des Objekts ergeben und insofern eine positive oder negative Valenz haben, zeichnet sich die noch vor der Bewertung stehende Verwunderung durch eine neutrale Valenz aus:

> [...] diese Leidenschaft hat das ganz Besondere, daß sich nicht feststellen läßt, daß sie von irgendeiner Veränderung im Herzen oder im Blut begleitet ist, wie das bei den anderen Leidenschaften geschieht. Der Grund dafür ist, daß sie weder ein Gutes noch ein Übel zum Gegenstand hat, sondern nur die Erkenntnis der Sache, die man bewundert.⁷

Damit ist nicht gesagt, dass die Verwunderung kein Erregungszustand ist. Im Gegenteil handelt es sich bei ihr nach Descartes gerade um das Gegenteil eines erregungslosen Zustands.⁸ Er beschreibt eindrücklich die »große[...] Kraft«, mit der die »Lebensgeister« »zu *der* Stelle des Hirns [...] streben, wo er [der Eindruck des neuen Objekts, NG] stattfand«.⁹ Die Erregung bleibt aber gewissermaßen neutral und ist als solche auf das Gehirn beschränkt: »Sie hat deshalb keine Beziehung zum Herzen und zum Blut [...], sondern nur zum Hirn, in dem sich die beiden Sinnesorgane befinden, die zu einer solchen Erkenntnis dienen«.¹⁰

Im Hirn kann sie gleichwohl zum Problem werden. Wenn nämlich die Gewalt der *surprise* (dt.: Überraschung), welche nach Descartes ein wesentlicher Bestandteil der Verwunderung ist, so groß ist, dass die Lebensgeister alle an eine Stelle im Hirn »gestoßen« werden und dort, im Bemühen den Eindruck festzuhalten, verbleiben, wird der übrige Körper bewegungs- und handlungsunfähig.¹¹ Descartes bezeichnet diesen Zustand einer fehlgeleiteten, weil nicht zur Erkenntnis des Objekts weiterführenden Verwunderung als *étonnement* (dt. Erstaunen): »Das nennt man gewöhnlich erstaunt sein. So ist das Erstaunen eine Abart der Verwunderung, welche immer nur schlecht sein kann«.¹² Je stärker also das Überraschungsmoment, desto größer die Gefahr, im Erstaunen zu verharren.

Dieser Zustand scheint jedoch durchaus angenehm zu sein, fürchtet doch Descartes, dass sich daraus eine wahre Staunen-Sucht entwickeln könnte. Das

---

⁶ Descartes, *Die Leidenschaften der Seele*, 97, 109. »[Man] kann [...] leicht feststellen, daß es nur sechs dergleichen [ursprüngliche Affekte, NG] gibt, nämlich die Verwunderung, die Liebe, den Haß, das Begehren, die Freude und die Traurigkeit, und daß alle anderen aus diesen sechs zusammengesetzt sind oder Spezifizierungen von ihnen sind.« (Ebd., 109).
⁷ Ebd., 111.
⁸ Ebd., 95.
⁹ Ebd., 109.
¹⁰ Ebd., 111.
¹¹ Ebd., 109, sowie 115: »Das bewirkt, daß der ganze Körper unbeweglich wie eine Statue bleibt und daß man von dem Gegenstand nur den ersten Eindruck wahrnimmt, der sich darbietet, ohne darauf von ihm eine genauere Erkenntnis zu erhalten.« (Ebd., 115).
¹² Ebd.

Verharren im Erstaunen geht offenbar mit einer selbst-reflexiven Schleife einher, in der nicht das neue Objekt, sondern das Erstaunen selbst valorisiert und als lustvoll empfunden wird. Lustvoll daran sind gerade die rege Beschäftigung der Lebensgeister und die anhaltende Kraft ihrer Bewegung.[13] Descartes beschreibt ihre starke Wirkung als ein Kitzeln der »äußerst zart und weniger verfestigt[en]« Partien des Gehirns,[14] und es ist dieser ungewohnte Kitzel, die bloße Erregung der Denkorgane als solche, die das Erstaunen angenehm macht, auch wenn sie den restlichen Körper stillstellt. Spätere sensualistische Ästhetiken werden ganz ähnlich argumentieren, wenn sie zum Beispiel im Schreck-Staunen über das Erhabene eine Abhilfe gegen die Langeweile sehen.[15] Descartes befürchtet jedoch, dass diese Lust am Erstaunen zu einem gewohnheitsmäßigen Staunen führen könnte, das dazu verleitet, auch auf die »wenig neu(en)« Gegenstände mit Verwunderung zu reagieren, und das von ihm als Krankheit der »blinde[n] Neugier« (frz. *aveuglement curieux*) pathologisiert wird: »Das macht die Krankheit derjenigen aus, die von blinder Neugier besessen sind, d.h. die Seltsamkeiten nur suchen, um sich über sie zu wundern, und nicht um sie zu erkennen«.[16] Er warnt daher eindringlich davor, sich »unmäßig zu verwundern« (frz: *d'admirer avec exces*);[17] es gelte im Gegenteil, sich immer wieder »in der Betrachtung alles dessen zu üben, was besonders selten und fremdartig erscheint«[18] – nicht, um im Erstaunen zu verharren und diesen Zustand zu genießen, sondern um den Übergang von der Verwunderung zum Erkenntnisgewinn zu habitualisieren. Dieses Projekt verfolgt Descartes zum Beispiel in seiner Schrift *Les Météores*, in der er seinen Lesern das Zustandekommen scheinbar wunderbarer Naturphänomene, wie z.B. den Regenbogen, erklärt und damit die Hoffnung verbindet, ihnen nicht

---

[13] Ebd., 115 u. 113.
[14] Ebd., 113.
[15] Burke etwa empfiehlt zur Durchbrechung des »languid inactive state« einen »mode of terror [...] [as] [...] exercise of the finer parts of the [physical, NG] system« (Burke, Edmund (1759): *A philosophical enquiry into the origin of our ideas of the sublime and beautiful. The second edition. With an introductory discours concerning taste, and several other additions*, London, 254 u. 256). Mit dem Terror ist ein Hauptkennzeichen des Erhabenen angesprochen, das seinerseits auf das Staunen zielt: »Indeed terror is in all cases whatsoever (...) the ruling principle of the sublime« (ebd., 97). »The passion caused by the [...] sublime [...] is astonishment« (ebd., 95). Dabei beschreibt Burke die Wirkung des »astonishment« auf die Denkorgane in eben der Weise, in der Descartes das Erstaunen beschrieben hatte, nämlich als Arretierung durch den starken Reiz bzw. in der Emotion: »[A]stonishment is that state of the soul, in which all its motions are suspended, with some degree of horror. In this case the mind is so entirely filled with its object, that it cannot entertain any other, nor by consequence reason on that object which employs it« (ebd., 95–96).
[16] Descartes, *Die Leidenschaften der Seele*, 121.
[17] Ebd., 119.
[18] Ebd.

nur Wissen zu vermitteln, sondern dadurch auch ihre Disposition zum Staunen zu verringern:

> Denn ich hoffe, daß diejenigen, die alles verstanden haben, was in diesem Traktat gesagt wurde, zukünftig in den Wolken nur noch Dinge sehen werden, deren Ursachen sie leicht verstehen können, und nichts mehr, das ihnen Grund gibt zur Bewunderung [frz. *d'admiration*, NG].[19]

Aus Descartes Überlegungen lässt sich für die Diskussion ästhetischer Emotionen die Hypothese gewinnen, dass es sich beim Staunen um die erste ›ästhetische Emotion‹ handeln könnte, d.h. um die primäre emotionale Reaktion auf einen ästhetischen Gegenstand. Alle anderen ästhetischen Emotionen würden dann auf diesem primären Staunen aufsatteln und durch dieses in einen Prozess des ästhetischen Verstehens eingebunden. Zugleich hieße das aber auch: Ein Kunstwerk, über das man nicht staunt, löst auch keine anderen Emotionen aus, weshalb Kunst zuallererst erstaunlich sein sollte. In den Poetiken des frühen 18. Jahrhunderts findet sich diese Überzeugung in der Forderung wieder, dass der Dichter nicht nur der Wahrscheinlichkeit, sondern vor allem der Neuheit verpflichtet sei. So schreibt Breitinger in seiner *Critischen Dichtkunst* (1740):

> Also ist es nicht genug, daß die Schildereyen eines Poeten auf die Wahrheit gegründet seyn, wenn diese nicht mit einer ungemeinen und ungewohnten Neuheit gepaaret gehet. […] die Neuheit ist eine Mutter des Wunderbaren, und hiemit eine Quelle des Ergetzens. […] so begreiffe ich unter diesem Titel des Neuen alles […], was selten gefunden wird, […] und eben durch seinen fremden Aufzug die Sinnen kräftig einnimmt, und eine aufmercksame und angenehme Bewunderung in uns verursachet.[20]

In Baumgartens Ästhetik findet sich sogar ein ganzes Kapitel zur *thaumaturgia aesthetica*, also zur Kunst der Staunenserzeugung durch das Neue.[21] Dabei beziehen die Poetiken, anders als Descartes, das Staunen natürlich nicht auf Naturgegenstände, sondern auf die Dichtung und bringen so die Vermögen, die Descartes zur Naturerkenntnis vorsah, innerhalb symbolischer Ordnungen in Stellung. Ob das Staunen dann diejenige ästhetische Emotion ist, die aus der

---

[19] Descartes, René (2006): *Les Météores/Die Meteore*, Faksimile der Erstausgabe 1637, hg., übers., eingel. u. komm. von Claus Zittel, Frankfurt a.M., 304–305. Vgl. dazu Matuschek, *Über das Staunen*, 124–127.
[20] Breitinger, Johann Jacob (1966): *Critische Dichtkunst*, Faksimiledruck nach d. Ausgabe von 1740, mit einem Nachwort von Wolfgang Bender, 2 Bde., Stuttgart, Bd. 1, 110–111.
[21] Baumgarten, Alexander Gottlieb (2007): *Ästhetik*, übers., mit einer Einf., Anm. u. Reg. und hg. von Dagmar Mirbach, 2 Bde., Bd. 2, Hamburg, 821–848.

Sphäre der Kunst in die der Natur bzw. der Naturerkenntnis zurückzuführen vermag, bleibt ambivalent.

Produktiv ist auch Descartes' Unterscheidung von Verwunderung und Erstaunen. Denn Descartes' Vorstellung einer restlosen Erklärbarkeit außerordentlicher Phänomene und damit einer restlosen Überführung von Verwunderung in Wissen ist in Bezug auf ästhetische Gegenstände kaum haltbar. Zwar geht auch mit der ästhetischen Emotion des Staunens eine Ausrichtung auf den Erkenntnisgewinn (etwa auf die Bedeutung oder die Machart des Kunstwerks oder auch auf den Gegenstand der Darstellung) einher, jedoch zeichnet sich der ästhetische Gegenstand gegenüber alltäglichen zugleich dadurch aus, dass diese Erkenntnis immer lückenhaft bzw. unabgeschlossen bleibt. Das bedeutet, dass das Staunen als ästhetische Emotion durch die Ambivalenz gekennzeichnet ist, zwar ein Erkenntnisstreben anzustoßen,[22] zugleich aber zu einem anderen Teil im Erstaunen verharren zu müssen. Geht der Rezipient bereits mit der Erwartung der Unerklärbarkeit an ein Kunstwerk heran, ist er zum Erstaunen sogar geradezu prädisponiert.[23]

Des Weiteren lässt sich im Anschluss an Descartes' Unterscheidung die Hypothese formulieren, dass das alltägliche Staunen neue Objekte immer schon bzw. immer dann ästhetisiert, wenn im Erstaunen verharrt wird und somit keine Auflösung in pragmatische Erkenntnis erfolgt. Ästhetisierend wirkt das Erstaunen dann insofern, als es den Rezipienten beim »ersten Eindruck«[24] des Gegenstandes und dem durch diesen verursachten Reiz verharren lässt und die Reflexion von einer Erkenntnis des Gegenstandes auf seine lustspendende Wirkung verschiebt, so dass kein Erkenntnis-, sondern allenfalls ein Geschmacksurteil gefällt wird, das mit dem sinnlichen Genuss der intensiven Reizung einhergeht.[25]

---

[22] Insofern handelt es sich nie um ein interesseloses, sondern immer schon um ein interessegeleitetes Staunen; die Unterscheidung zwischen ästhetischer und epistemischer Emotion wird mit Bezug auf das Staunen hier hinfällig.

[23] Im späten 17. Jahrhundert findet sich diese Erwartung im Begriff des *je ne sais quoi* wieder, mit dem die Unmöglichkeit einer abschließenden Bestimmung und sprachlichen Festlegung derjenigen Qualität des ästhetischen Gegenstandes bezeichnet wird, die seine Wirkung ausmacht. Rameaus neuartige Opernkompositionen zum Beispiel, beginnend mit *Hippolyte et Aricie* (1733), scheinen regelrecht auf dieses aus dem *je ne sais quoi* resultierende Erstaunen zu zielen: »l'esprit étonné« (Klingsporn, Regine (1996): *Jean-Philippe Rameaus Opern im ästhetischen Diskurs ihrer Zeit. Opernkompositionen, Musikanschauung und Opernpublikum in Paris 1733-1753*, Stuttgart, 164) angesichts der neuartigen Schönheit dieser Musik und der von ihr hörbar gemachten wilden Natur, die bisherige kunsttheoretische Konzepte und Beschreibungstraditionen zu sprengen scheinen.

[24] Descartes, *Die Leidenschaften der Seele*, 115.

[25] Auch hier wird die Differenz von ästhetischem und ›alltäglichem‹ Staunen hinfällig, insofern Letzteres nicht auf Erkenntnis oder Nutzen aus ist, sondern auf genussvolle Kontemplation.

In diesem Sinne kommt dem Erstaunen dann auch das Vermögen zu, alltägliche Objekte auf neue Art und Weise, nämlich als ästhetische Gegenstände wahrzunehmen; mit einer gewissen Folgerichtigkeit richtet sich die von Descartes beklagte Staunen-Sucht darum gerade auf alltägliche Objekte, die gewissermaßen erst im Erstaunen zu neuen und »schönen«[26] Objekten werden.

Dem kommt auf Seiten der um Neuheit bemühten Poetiken das Bestreben entgegen, die »Macht der Gewohnheit« zu brechen, die den Menschen so abstumpft, dass er über nichts Alltägliches mehr staunen kann. So schreibt Breitinger:

> Die Macht dieser Gewohnheit ist so groß, daß sie die Sinnen bindet, uns aller Empfindung beraubet, und in eine achtlose Dummheit versenket; so gar, daß uns weder das Schöne noch das Grosse, weder das Lehrreiche, noch das Bewegende im geringsten rühren kan.[27]

Der Dichter muss also die Kunst beherrschen, wie Breitinger ein Kapitel seiner Poetik übertitelt, »gemeinen Dingen das Ansehen der Neuheit beyzulegen«,[28] so dass sie (wieder) »Verwunderung« hervorrufen können und damit erst zu einer »Quelle des poetischen Schönen« werden.[29] Descartes' Klage, dass zu viel gestaunt würde, selbst über alltägliche Dinge, wird bei Breitinger also die These entgegengesetzt, dass die Menschen zu wenig staunen würden, selbst über eigentlich ›große‹ Dinge, weil sie durch die Macht der Gewohnheit abgestumpft sind. Man mag Dastons und Parks These folgen und behaupten, dass sich in Breitingers Klage schon das Ausklingen des Zeitalters des Wunderbaren in der Aufklärung abzeichne.[30] Mit ihrem Bestreben, alles Wunderbare zu erklären, hätten Descartes und seine Kollegen dann nach und nach die Welt ihrer wunderbaren Phänomene beraubt, so dass der aufgeklärte Zeitgenosse kaum noch Grund zum Staunen habe. Allerdings widerspricht Breitinger dieser Ansicht selbst, indem er argumentiert, dass die Naturphilosophie ganz neue Sphären des Wunderbaren erschlossen habe, die der Dichter nun erkunden solle – an die Stelle des Wunderbaren der Mythen und des Aberglaubens sind hier die Wunder der Natur(wissenschaft) getreten.[31] Plausibler scheint mir darum die Erklärung zu sein, dass Breitingers andere Sicht der Dinge aus dem besagten Perspektivenwechsel (von der Naturphilosophie zur Poetik) resultiert. Was Descartes schon zu viel ist, ist Breitinger noch zu wenig, weil es ihm zwar auch um eine literarisch vermit-

---

[26] Vgl. dazu das bei Fußnote 29 folgende Zitat von Breitinger (»Quelle des poetischen Schönen«).
[27] Breitinger, *Critische Dichtkunst*, Bd. 1, 107–108.
[28] Ebd., 291.
[29] Ebd., 293.
[30] Daston, Lorraine/Park, Katharine (1998): *Wonders and the order of nature 1150–1750*, New York, NY.
[31] Breitinger, *Critische Dichtkunst*, Bd. 1, 113–118.

telte Aufklärung über den Trug der Sinne, der Affekte und des Aberglaubens zugunsten einer Wahrheit des Verstandes geht,[32] aber in der Hauptsache um die möglichst starke Wirkung der Dichtung auf den Rezipienten, die über den Reiz des Neuen erfolgt und sich in einem Staunen äußert, das immer auch ein Staunen über die intrikate Gemachtheit des ästhetischen Gegenstandes ist.

Für die folgenden Überlegungen sind nun vor allem vier Aspekte wichtig, die in Descartes' Beschäftigung mit dem Staunen reflektiert werden: zum einen das Staunen (Verwunderung) als Motor des Erkenntnisstrebens. Es ist zwischen einem falschen Verstehen, dem Aberglauben, und einem durch das Staunen motivierten, richtigen Verstehen, dem naturwissenschaftlichen Wissen, positioniert. Zum zweiten das Staunen (Erstaunen) als Verharren in einem Zustand intensiver sensueller Reizung der Denkorgane durch das neue Objekt, der als solcher als lustvoll empfunden wird und in dem das Erkenntnisstreben aussetzt. Zum dritten das Staunen als temporal zwiespältige Emotion, die einerseits (als Verwunderung) nur den auslösenden Moment in einem Prozess der Erkenntnis ausmacht, die aber andererseits (als Erstaunen) auch andauern, den Augenblick der ersten Reizung durch das neue Objekt im Genuss stillstellen kann. Zum vierten die Frage nach dem Verhältnis von erster Natur und symbolischer Ordnung, die sich erst durch die Verlagerung der Überlegungen zum Staunen auf das Feld der Poetik ergibt, in der sich das Staunen als ästhetische Emotion neu auf die Dichtung richtet.

2

Für klassizistische Tragödientheorien war es selbstverständlich, neben Schrecken und Mitleid, in das Wirkungskalkül der Tragödie auch die Verwunderung (häufig im Sinne von Bewunderung verstanden) aufzunehmen, mit der man auf die künstlerische Qualität des Stückes, die überraschenden Wendungen der Handlung und vor allem auf die Taten der Helden reagieren sollte.[33] Gottsched schreibt entsprechend:

---

[32] Ebd., 60–61, 299.

[33] Rekurriert wird hierin auch auf eine Stelle in Aristoteles' *Poetik* (Aristoteles [2012]: *Poetik*, Griechisch/Deutsch, Stuttgart, 33), nach der die Fabeln der Tragödie nicht nur Schaudererregendes und Jammervolles, sondern auch – im unerwarteten Gang der Ereignisse – Wunderbares zur Nachahmung bringen sollen. Matuschek weist darauf hin, dass schon Castelvetro daraus auf die primäre Funktion von Verwunderung/ Bewunderung in der Tragödienrezeption geschlossen hat (Matuschek, *Über das Staunen*, 141). Vgl. zu Aristoteles und Brecht, allerdings nicht zu dieser Stelle: Flashar, Hellmut (1987): *Aristoteles und Brecht*, in: ders.: *Eidola. Ausgewählte kleine Schriften*, Amsterdam, 179–200.

> [Das Trauerspiel] ist eine allegorische Fabel, die eine Hauptlehre zur Absicht hat und die stärksten Leidenschaften ihrer Zuhörer, als Verwunderung, Mitleiden und Schrecken, zu dem Ende erreget, damit sie dieselben in ihre gehörige Schranken bringen möge.[34]

In Corneilles Tragödientheorie kommt der *admiration* in diesem Reigen der Affekte sogar die führende Rolle zu. Erst mit Lessings Mitleidsästhetik wird das Staunen für das Trauerspiel zum Problem. Denn Lessing konstatiert, dass Verwunderung und Bewunderung immer eine Distanznahme implizieren, die mit dem Mitleid, das eine Identifizierung des Zuschauers mit den Personen auf der Bühne voraussetzt, nicht vereinbar ist.[35]

Wie einflussreich dieser Ausschluss des Staunens aus der Dramentheorie war, zeigt die folgende Frage Brechts aus seinem Aufsatz *Über experimentelles Theater* (1939):

> Ist Kunstgenuß überhaupt möglich ohne Einfühlung oder jedenfalls auf einer andern Basis als der Einfühlung? Was konnte eine solche neue Basis abgeben? Was konnte an die Stelle von Furcht und Mitleid gesetzt werden, des klassischen Zwiegespanns zur Herbeiführung der aristotelischen Katharsis?[36]

Dass es für das Drama auch einmal eine andere Basis als die Einfühlung gegeben haben könnte, nämlich die distanzierende *admiratio*, ist in Vergessenheit geraten. Brecht muss sich auf eine längst vergangene Tradition besinnen bzw. diese allererst neu erfinden,[37] um eine Antwort auf seine Frage geben zu können. An die Stelle von Furcht und Mitleid setzt er das Staunen, an die Stelle der Einfühlung die Befremdung, die via Verfremdung hervorgerufen werden sollen:

---

[34] Gottsched, Johann Christoph (1976): *Die Schauspiele, und besonders die Tragödien sind aus einer wohlbestellten Republik nicht zu verbannen*, in: ders.: *Ausgewählte Werke*, hg. von P.M. Mitchell, Berlin/New York, NY, Bd. 9.2, 492–500, hier 494.

[35] Lessing, Gotthold Ephraim (2003): *Briefwechsel über das Trauerspiel zwischen Lessing, Mendelssohn und Nicolai*, in: ders.: *Werke und Briefe*, Band 3: Werke 1754-1757, Frankfurt a.M., 662–703.

[36] Brecht, Bertolt (1967a): *Über experimentelles Theater*, in: ders.: *Gesammelte Werke*, Frankfurt a.M., Bd. 15, 285–305, hier 301.

[37] Damit sei nicht suggeriert, dass Brecht an die Tragödientheorien des 17. und frühen 18. Jahrhunderts anschließt. Zu den mannigfachen Herleitungen des Brecht'schen Konzeptes der Verfremdung vgl. vielmehr zusammenfassend Douglas, Robinson (2008): *Estrangement and the Somatics of Literature. Tolstoy, Shklovsky, Brecht*, Baltimore, MD, 167–168.

> Einen Vorgang oder einen Charakter verfremden, heißt zunächst einfach, dem Vorgang oder dem Charakter das Selbstverständliche, Bekannte, Einleuchtende zu nehmen und über ihn Staunen und Neugierde zu erzeugen.[38]

Indem ein Vorgang oder Charakter verfremdet wird, löst er beim Zuschauer die ästhetische Emotion des Staunens aus. Dabei besteht der Verfremdungseffekt, wie Brecht in *Neue Technik der Schauspielkunst* (1940) schreibt, darin,

> daß das Ding, [...] auf welches das Augenmerk gelenkt werden soll, aus einem gewöhnlichen, bekannten, unmittelbar vorliegenden Ding zu einem besonderen, auffälligen, unerwarteten Ding gemacht wird.[39]

Hierfür entwickelte Brecht bekanntlich spezifische Verfahren, die die Spielweise, die Inszenierung, die Sprache und die dramaturgische Struktur seiner Theaterstücke betreffen. Sie sollen dafür sorgen, dass der Zuschauer sich nicht in die Personen auf der Bühne einfühlt, sondern im Gegenteil von ihrem Verhalten befremdet ist und sich fragt, warum diese Personen so handeln, ob sie nicht auch anders hätten handeln können und inwiefern ihr Handeln historisch und gesellschaftlich determiniert ist. Das Geschehen auf der Bühne soll so im doppelten Sinne als gemachtes wahrgenommen werden: als bloßes Theater zum einen, als Darstellung gemachter, d.h. nicht einfach naturgegebener Verhältnisse zum anderen.

Die von Brecht entwickelten Verfremdungsverfahren haben gemeinsam, dass sie auf eine distanzierende Kommentierung (im Sinne eines Tuns und der gleichzeitigen Kommentierung dieses Tuns, das eine Distanzierung des Zuschauers vom Bühnengeschehen, des Schauspielers von seiner Rolle, der Theaterszene von der Wirklichkeit zur Folge hat) zielen, die aus einer umfassenden Episierung der Dramatik resultiert. Im Drama *Der kaukasische Kreidekreis* (1944), zum

---

[38] Brecht, *Über experimentelles Theater*, 301. – Tom Kuhn führt in seinem Artikel (Kuhn, Tom [2013]: Brecht reads Bruegel: Verfremdung, Gestic Realism and the Second Phase of Brechtian Theory, in: *Monatshefte* 105, 101–122, hier 110) aus, dass der Begriff der Verfremdung für Brecht zunächst (1936–38) noch keine feste Bedeutung hatte; erst ab 1940 wird das Konzept dann klarer. Ich beziehe mich im vorliegenden Aufsatz auch auf Texte aus dieser frühen Phase des Nachdenkens über die Verfremdung und deren Bezugnahme auf das Staunen.

[39] Brecht, Bertolt (1967b): *Neue Technik der Schauspielkunst*, in: ders.: *Gesammelte Werke*, Frankfurt a.M., Bd. 15, 341–379, 355. – Vgl. grundlegend zum Begriff der Verfremdung und seiner Herkunft bei Brecht: Flashar, *Aristoteles und Brecht*, 192–197; Grimm, *Verfremdung*; eine Vorgeschichte (der Slovskijschen) Verfremdung erzählt auch: Ginzburg, Carlo (1998): *Verfremdung. Vorgeschichte eines literarischen Verfahren*, in: ders.: *Holzaugen. Über Nähe und Distanz*, Berlin, 11–41. Zu lyrischen Verfremdungseffekten in Brechts (u.a. früher) Dichtung vgl. ergänzend: Hutchinson, Peter (2008): *Uncomfortable, Unsettling, Alienating. Brecht's Poetry of the Unexpected*, in: Gillett, Robert/Weiss-Sussex, Godela (Hg.): *Verwisch die Spuren*, Amsterdam, 33–48.

Beispiel, tritt ein auktorialer Erzähler auf, der die Vorgänge und Charaktere kommentiert und so eine andauernde Distanz zu ihnen schafft. Aber die Perspektive des Erzählers kann auch implizit bleiben bzw. als bloße dramaturgische Funktion realisiert werden. Hier ist beispielsweise an kommentierende Songs, Prologe und Epiloge zu denken oder an die Integration von Übertiteln, Plakaten und anderen Schriftstücken, die das Bühnengeschehen kontrapunktieren und den Zuschauer zu einer lesenden, d.h. kritisch philologischen Haltung animieren.[40] Auch die Demonstration (das »Zeigen«[41]) des doppelten Gemachtseins durch den Schauspieler wird dadurch gefördert, dass er jede seiner Aussagen als indirekte Rede innerhalb einer Erzählung denkt und ggf. sogar die Szenenanweisungen als erzählte Beschreibungen mitspricht:

> Das Setzen der Er-Form und der Vergangenheit ermöglicht dem Schauspieler die richtige distanzierte Haltung. Der Schauspieler sucht außerdem Spielanweisungen und kommentarische Äußerungen zu seinem Text und spricht sie auf der Probe mit [...]. Das Mitsprechen der Spielanweisungen in der dritten Person bewirkt, daß zwei Tonfälle aufeinanderstoßen, wodurch der zweite (also der eigentliche Text) verfremdet wird. [...] Das Setzen der Vergangenheit [...] stellt den Sprecher auf einen Punkt, von dem aus er auf den Satz zurücksieht. Damit wird der Satz ebenfalls verfremdet [...].[42]

Die Integration eines imaginären Erzählers in die dramatische Darstellung bewirkt hier eine grammatikalische Verfremdung, die eine Distanzierung vom Bühnengeschehen zum Ausdruck bringt: indirekte statt direkte Rede, Imperfekt statt Präsens, zwei Tonfälle statt einem. Durch diese und andere episierende Verfahren wird eine distanzierende Kommentierung des Bühnengeschehens schon auf der Bühne erreicht. Darum ist es auch nicht erst der Zuschauer, der über das verfremdete Bühnengeschehen ins Staunen geraten soll, sondern bereits der Schauspieler selbst soll seiner Rolle mit Staunen begegnen, soll selbst schon die distanzierende Kommentierung vornehmen, die dann zu seiner Verfremdung der Darstellung führt: »Der Schauspieler soll seine Rolle in der Haltung des Staunenden und Widersprechenden lesen«.[43]

Das Staunen des Zuschauers, auf das Brecht mit der distanzierenden Kommentierung zielt, funktioniert analog zu Descartes' Verwunderung; es geht we-

---

[40] Zum Zuschauer als kritischen Philologen zitiert z.B. Benjamin später Brechts Diktum, in «[die] Dramatik [sei] die Fußnote und das vergleichende Blättern einzuführen» (Benjamin, *Was ist das epische Theater?* (1), 525).
[41] »Die Voraussetzung für die Hervorbringung des V-Effekts ist, daß der Schauspieler das, was er zu zeigen hat, mit dem deutlichen Gestus des Zeigens versieht« (Brecht, *Neue Technik der Schauspielkunst*, 341).
[42] Ebd., 344–345.
[43] Ebd., 343.

niger um einen sensuellen, denn um einen kognitiven Prozess.[44] Descartes bettet das Staunen ein in einen Prozess, der vom Aberglauben zum naturwissenschaftlichen Wissen führt. Ähnlich positioniert auch Brecht das Staunen in einem Übergangsstadium zwischen einer früheren ideologischen Verblendung und einem späteren, auf Historisierung und kritischer Analyse basierenden, richtigen Verständnis der gesellschaftlichen Realität, auf die sich die Vorgänge auf der Bühne beziehen: »Verfremdung als ein Verstehen (verstehen – nicht verstehen – verstehen)«.[45] Dabei richtet sich das Staunen des Zuschauers zum einen auf die verfremdeten Vorgänge auf der Bühne, zum anderen auf seine bisherige falsche Sicht der Dinge bzw. auf die Täuschung, der er bislang unterlegen war. Sein Staunen ist darum kein naives, sondern im Staunen ist der ›Aha-Effekt‹ des darauf folgenden Verstehens schon enthalten:

> Vermittels der Verfremdungstechnik [...] stellt der Schauspieler diesen Learschen Zorn so dar, daß der Zuschauer über ihn staunen kann, daß er sich noch andere Reaktionen des Lear vorstellen kann als gerade die des Zornes. [...] Dieser Zorn ist menschlich, aber nicht allgemein menschlich, es gibt Menschen, die ihn nicht empfänden. Nicht bei allen Menschen und nicht zu allen Zeiten müssen die Erfahrungen, die Lear macht, Zorn auslösen.[46]

Über den Zorn Lears zu staunen, meint hier also nicht nur, diesen Zorn befremdlich zu finden, sondern auch, diesen Zorn ganz bewusst anders zu sehen als früher, nämlich nicht mehr als naturgegeben, sondern als historisch und gesellschaftlich determiniert. Im Unterschied zu Descartes' Modell, das ganz der (Erkenntnis der) ersten Natur verpflichtet bleibt, wird bei Brecht darum die Differenz zwischen erster Natur und symbolischer, hier vor allem gesellschaftlicher Ordnung zur Bedingung. Er reaktualisiert im Grunde genommen ein Verfahren Breitingers, das ein ästhetisches Staunen über den Betrug der Sinne, der Affekte und des Aberglaubens anstoßen wollte, indem die Dichtung diesen Betrug einerseits reproduziert, andererseits in der Reproduktion bereits als Täuschungen ausstellt, die auf eine »Wahrheit des Verstandes« hin transzendiert werden sollen. Anders als bei Breitinger steht bei Brecht jedoch nicht der Reiz des Neuen im Vordergrund; er strebt kein Theater des Genusses an, sondern sein Staunen bleibt

---

[44] Douglas dagegen möchte auch Brechts Verfremdungstheorie an eine »Somatics of Literature« anschließen, so spricht er z.B. von einer »nonmimetic somatics of drama« bei Brecht, in der »some kind of somatic guidance is being transferred from actors to audience« (Douglas, *Estrangement and the Somatics of Literature*, 212) oder, unter Verweis auf eine Beobachtung Brechts, von der »storage and participatory transmission of somatic ›structures of feeling‹ in and through literary classics« (ebd., 224) sowie von Brechts Gestentheorie, die auf Vorstellungen einer somatischen Transmission zurückgreife.
[45] Brecht, *Neue Technik der Schauspielkunst*, 360.
[46] Brecht, *Über experimentelles Theater*, 302.

von neutraler Valenz. Allein die antizipierte Erkenntnis, die sich über die der Gemachtheit des Theaters hinausgehend auf die Gemachtheit und ergo Veränderbarkeit der Gesellschaft richtet, verspricht Belohnung.[47]

3

Ob Brecht in seiner Theorie der Verfremdung durch Šklovskijs bereits 1916 in seinem Aufsatz *Kunst als Verfahren* (1917) entwickelte Theorie der *ostranenie* (dt: Verfremdung) beeinflusst wurde, ist umstritten.[48] Šklovskijs Beispiele lassen einerseits eine große Nähe zu Brechts gesellschaftskritischer Zielsetzung erkennen. So führt Šklovskij zahlreiche Verfremdungseffekte in Werken Tolstojs an, die ein Befremden gegenüber gesellschaftlichen Verhältnissen und bürgerlichen Institutionen auslösen, etwa gegenüber Eigentum, Prügelstrafe, Opernbesuch und Ehe. Andererseits folgt Šklovskijs Theorie der Verfremdung jedoch einem ganz anderen Impuls, der sie in Affinität zu lebensphilosophischen Strömungen der Zeit rückt.[49]

---

[47] Daher betont Flashar, dass Brecht im Unterschied zu Aristoteles »die Dichtung nicht nach ihren immanent-ästhetischen Gesetzen, sondern nach ihrem ontologischen Rang und ihrer didaktischen Qualität befrag[t]. Ausdruck dieser Auffassung ist z.B. auch der Satz Brechts: ›Die Abbildungen müssen nämlich zurücktreten vor dem Abgebildeten (…)‹ (*Kleines Organon*, § 77)« (Flashar, *Aristoteles und Brecht*, 183). Es ist nicht die symbolische Ordnung des Ästhetischen, sondern letztlich die der Gesellschaft, die Brecht interessiert: »Brecht [sucht] mit seiner Polemik gegen die aristotelische Dramaturgie die durch Aristoteles gewonnene ästhetische Dimension wieder rückgängig zu machen« (ebd., 184).

[48] Brecht könnte den Verfremdungsbegriff auf seiner Reise 1935 in die Sowjetunion kennengelernt haben. Vgl. dazu und zum Vergleich der Verfremdungstheorien Brechts und Šlovskijs: Mitchell, Stanley (1974): *From Shklovsky to Brecht: Some Preliminary Remarks Towards a History of the Politicisation of Russian Formalism*, in: Screen 15.2, 74–81; sowie Günther, Hans (2001): *Verfremdung: Brecht und Šklovskij*, in: Frank, Susi K. (Hg.): *Gedächtnis und Phantasma. Festschrift für Renate Lachmann*, München, 137–145; Di Tommaso, Luca (2008): *Ostrannenije / Verfremdung: eine vergleichende Studie*, in: *The Brecht Yearbook / Das Brecht-Jahrbuch* 33, 3–22; auch Douglas, *Estrangement and the Somatics of Literature*, 167–177.

[49] Vgl. zur Theorie der *ostranenie* beim frühen Šklovskij und seiner Nähe zu lebensphilosophischen oder auch symbolistischen Strömungen: Douglas, *Estrangement and the Somatics of Literature*; Tihanov, Galin (2005): *The Politics of Estrangement: The Case of the Early Shklovsky*, in: *Poetics Today* 26.4, 665–696; Lachmann, Renate (1970): *Die ›Verfremdung‹ und das ›Neue Sehen‹ bei Viktor Šklovskij*, in: Poetica 3, 226–249. Tihanov nennt Šklovskijs Orientierung in seinen frühen Jahren sogar »konservativ«, aufgrund einer »implict norm of authenticity« (Tihanov, *The Politics of Estrangement*, 672) in seinen Essays, aber auch aufgrund seiner ambivalenten (nämlich keineswegs

Ausgangspunkt von Šklovskijs Theorie ist die schon bei Breitinger konstatierte Macht der Gewohnheit.[50] Šklovskij argumentiert, dass sie zu einer ›Automatisierung‹ der Wahrnehmung führt, die die Menschen einen Großteil der Dinge, die ihnen begegnen, der Wörter, die sie sprechen und hören, der Bewegungen, die sie ausführen, nicht mehr wahrnehmen lässt:

> Der Gegenstand geht gleichsam verpackt an uns vorbei. Nach dem Platz, den er einnimmt, wissen wir, daß er da ist, aber wir sehen nur seine Oberfläche. Unter dem Einfluß einer solchen Wahrnehmung trocknet der Gegenstand aus, zuerst als Wahrnehmung, dann aber wirkt sich das auch auf die Hervorbringung des Gegenstandes aus; durch eben diese Wahrnehmung des prosaischen Wortes erklärt sich der Umstand, daß es nicht zu Ende gehört wird […], und weiterhin, daß es nicht zu Ende gesprochen wird (von daher kommen alle Versprecher).[51]

Šklovskij beschreibt die Automatisierung als einen Vorgang, der aus den »allgemeinen Gesetze(n) der Wahrnehmung« resultiert.[52] Er versteht sie also nicht als historisch und gesellschaftlich bedingtes Phänomen, sondern nimmt sie als anthropologische Konstante wahr, gegen die sich die Kunst mit Hilfe von Verfremdungsverfahren stemmen kann. Es geht ihm deswegen auch keineswegs darum, durch die Verfremdung die historische Verfasstheit der Dinge sichtbar zu machen, also zum Beispiel zu zeigen, inwiefern die Automatisierung als Resultat der von Marx konstatierten entfremdeten Arbeit zu begreifen ist. Das ›Gemachte‹ interessiert ihn gerade *nicht*.[53]

---

nur ablehnenden) Bewertung des Ersten Weltkrieges und seiner Skepsis gegenüber Demokratie und Modernisierung.

[50] Die Kritik an der Abstumpfung durch Gewohnheit ist natürlich auch in der späteren romantischen Poetik topisch, wie Šklovkij später selbst bemerkt (vgl. dazu Douglas, *Estrangement and the Somatics of Literature*, 80–81). Šklovskijs unmittelbare Modelle für sein Konzept der Verfremdung lagen jedoch zeitlich näher: »Shklovsky's models or mentors for the concept, however, stood closer to him in time and space: the poetic disruptions of the Russian Futurists, especially Khlebnikov and Mayakovsky, of the Russian Symbolists, especially Andrey Bely (whose 1909 essay ›Magiya slov,‹ ›The Magic of Words,‹ was of particular significance), and above all of Tolstoy, whose fiction struck Shklovsky as overwhelmingly estranging« (ebd., 81).

[51] Šklovskij, Viktor (1969): *Die Kunst als Verfahren*, in: Striedter, Jurij (Hg.): *Texte der russischen Formalisten*, Bd. I, 3–35, hier 13.

[52] Ebd., 11. Er bezieht sich dabei u.a. auf Bergson sowie auch auf William James und Broder Christiansen, vgl. zu diesen Bezügen: kurz Emerson, Caryl (2005): *Shklovsky's ostranenie, Bakhtin's vnenakhodimost' (How Distance Serves an Aesthetics of Arousal Differently from an Aesthetics Based on Pain)*, in: *Poetics Today* 26, 637–664, hier 645–647; Douglas, *Estrangement and the Somatics of Literature*, 79–132; Lachmann, *Die ›Verfremdung‹ und das ›Neue Sehen‹*, 236–238.

[53] Šklovskij, *Die Kunst als Verfahren*, 15. – Vgl. zu der Frage, ob die Verfremdung bereits beim jungen Šklovskij gesellschafts- und ideologiekritisch gemeint war u.a. die

Was in der automatisierten Wahrnehmung verloren geht und Šklovskij über die Verfremdung wieder wahrnehmbar machen will, sind vielmehr die Materialität und das ›Wesen‹ des ästhetischen Gegenstandes. Šklovskij geht es gewissermaßen um die Wiederherstellung einer intimen Beziehung zum Ding, aber auch zur Sprache, zu den eigenen Bewegungen, kurz: zum Leben.

> So kommt das Leben abhanden und verwandelt sich in nichts. Die Automatisierung frißt [alles] [...] Und gerade, um das Empfinden des Lebens wiederherzustellen [...], existiert das, was man Kunst nennt.[54]

Der Begriff des Lebens ist grundlegend für Šklovskijs Argumentation. Wenn Šklovskij, wie Douglas systematisiert, zwischen vier verschiedenen ›Dingen‹ unterscheidet, nämlich zwischen

> Thing 1: the stone as an experienced or felt or ›somatically seen‹ object [;] Thing 2: the stone as an algebraic or ›recognized‹ reduction of Thing 1 that in fact feels like no thing at all [;] Thing 3: the poetic image of a stone as a representation of Thing 1[;] Thing 4: the poem itself[55]

so ist mit ›Leben‹ die Ebene des ersten Dings, d.h. die somatische Erfahrung gemeint. Um das Leben wieder wahrnehmbar zu machen, setzt Šklovskij nicht auf die diskursive Erkenntnis, die im instrumentellen Gebrauch der Sprache von eben der Entfremdung betroffen ist, die er als Automatismus beklagt. Sondern die privilegierten Erkenntnismodi in Šklovskijs Argumentation sind Fühlen und Empfinden:

> [U]m das Empfinden des Lebens wiederherzustellen, um die Dinge zu fühlen, um den Stein steinern zu machen, existiert das, was man Kunst nennt. Ziel der Kunst ist es, ein Empfinden des Gegenstandes zu vermitteln, als Sehen, und nicht als Wiedererkennen.[56]

Durch die Kunst soll die sinnliche Wahrnehmung intensiviert werden und in den Mittelpunkt der Aufmerksamkeit rücken. Es geht daher darum, »die Schwierigkeit und Länge der Wahrnehmung [zu] steiger[n]«: »[D]enn der Wahrnehmungsprozeß ist in der Kunst Selbstzweck und muß verlängert werden«.[57] Douglas formuliert diese Zielsetzung wie folgt:

---

oben genannten Aufsätze zum Verhältnis von Brecht und Šklovskij, sowie auch Lachmann, die beschreibt, wie der späte Šklovskij seinen früheren Begriff der Verfremdung im Brecht'schen Sinne politisiert: Lachmann, *Die ›Verfremdung‹ und das ›Neue Sehen‹*, 243–249.

[54] Šklovskij, *Die Kunst als Verfahren*, 15.
[55] Douglas, *Estrangement and the Somatics of Literature*, 94.
[56] Šklovskij, *Die Kunst als Verfahren*, 15.
[57] Ebd.

For the younger Shklovsky this penetration [through to life] was the task of Thing 3, the poetic representation of Thing 1, which, by rendering perception of the thing difficult, by increasing the labor involved in coming or learning to see it somatically, kicks Thing 2 [...] [,] kick[s] our perceptual activity in the pants, to make us somatically regenerate the living experience that is Thing 1.[58]

Durch die mittels Verfremdung hervorgerufene Erschwerung und Verlängerung des Wahrnehmungsprozesses intensiviert sich sowohl die Wahrnehmung der eigenen (sinnlichen Wahrnehmungs-) Tätigkeit (»Empfinden des Lebens wiederherzustellen«), als auch die sinnliche Wahrnehmung des Dinges, das nun wieder in seinem ›eigentlichen Wesen‹ (»den Stein steinern zu machen«) erfahrbar wird – ein Wesen, das ihm allerdings erst im Prozess der ästhetischen Verfremdung zuwächst (»steinern zu *machen*« Herv. NG; »das *Machen* einer Sache zu erleben«, Herv. NG).[59]

Die Frage liegt nahe, warum Šklovskij eine Intensivierung der sinnlichen Wahrnehmung ausgerechnet über die Kunst, und hier ausgerechnet über die Literatur, anstrebt, die auf den ersten Blick am wenigsten mit einer direkten Affizierung der Sinne zu tun hat. Leben und Kunst werden bei Šklovskij jedoch nicht in Opposition zueinander gedacht, sondern sind immer schon aufeinander bezogen: Der Gegenstand der Wahrnehmung wird nur fühlbar durch/als Kunst; Kunstwerke wiederum sind »Dinge [...], die in besonderen Verfahren hergestellt wurden«.[60] Das Steinerne wächst dem Stein also nur als Resultat eines Kunstgriffs zu, und umgekehrt sind auch Kunstwerke für Šklovskij nichts als neue Dinge, die gefühlt werden sollen. Entsprechend kann Šklovskij auch vom »Leben eines dichterischen (künstlerischen) Werks«[61] sprechen. In seinem Aufsatz geht es in der Tat ganz wesentlich darum, die Sprache in ihrer Materialität, in ihren Worten, Klängen, Rhythmen wieder wahrnehmbar zu machen.[62] Darüber hinaus

---

[58] Douglas, *Estrangement and the Somatics of Literature*, 94.

[59] Šklovskij, *Die Kunst als Verfahren*, 15. – Douglas verfolgt sogar die These, dass es Šklovskij in dieser Betonung des »Machens« des Kunstwerks auch darum gehe, dass sich der Rezipient dem »machenden« Künstler mimetisch annähern, d.h. auf diese Weise somatische Erfahrungen mit dem Material machen könne (Douglas, *Estrangement and the Somatics of Literature*, 116–117).

[60] Šklovskij, *Die Kunst als Verfahren*, 7.

[61] Ebd., 15.

[62] Vgl. vertiefend zur Materialität der Sprache, insbesondere zu deren Klang, Brokoff, Jürgen (2012): *Literatur als heterotopischer Ort der Verfremdung oder: Sprachkunst als ein »anderer Raum«. Der russische Formalismus und Brecht*, in: Tafazoli, Hamid/ Gray, Richard (Hg.): *Außenraum – Mitraum – Innenraum. Heterotopien in Kultur und Gesellschaft*, Bielefeld, 61–77, hier 69–71. Brokoff weist auch auf eine Differenz zu Brecht hin, bei dem die Verfremdung dem Nützlichkeitsprinzip gehorcht und eine Verständlichkeit der Verfremdungskunst gewährleistet sein muss, während es bei den Formalisten um eine Suspendierung des Sinns und einen Verstoß gegen das Gebot der

ermöglichen es solche sprachimmanenten Dimensionen der Verfremdung aber auch, nichtsprachliche Gegenstände in »inadäquater Perspektive«[63] darzustellen und insofern auch auf der Ebene des Dargestellten für Irritationen zu sorgen: »Die gewohnte Auspeitschung wird verfremdet *sowohl durch die Beschreibung* [Herv. NG] als auch durch den Vorschlag, ihre Form zu ändern, ohne von ihrem Wesen abzugehen«.[64] Bei der Literatur wird also im doppelten Sinne angesetzt, um die sinnliche Wahrnehmung zu intensivieren: Literatur als Materialität der Sprache zum einen, als verfremdete Repräsentation der Lebenswelt zum anderen. Dabei interessiert Šklovskij die Dichtung nie als autonomes Kunstwerk, sondern immer nur als psychologischer Effekt, den sie auf die Wahrnehmung des Lesers hat, oder mit Douglas' Systematik gesprochen:

> Why is that thing [3] important and Thing 4 not? The answer, of course, is that Thing 3 is the poem as psychological effect, and Thing 4 is the poem as dead literary object, the object of literary study, […] the poem as algebraically reduced to ›form‹.[65]

Die Kunstgriffe, die Šklovskij in seinem Aufsatz präsentiert, lassen sich, wie Renate Lachmann vorgeschlagen hat, zusammenfassen im Begriff der Abweichung: Abweichung vom konventionellen Darstellungsmodus (z.B. inadäquate Perspektive), rhetorische Mittel als Abweichung vom *proprium* (z.B. Vergleich, Metapher, Enigma), Abweichung von der *consuetudo* in der Sprache (z.B. Fremdsprache, Archaismen), Abweichung vom Rhythmus der Prosa.[66] Dabei sind die letzten drei Abweichungen häufig grundlegend für die erste. Im Aufsatz nimmt nach den Einlassungen zu Tolstoj, die sich für die erste Variante der Abweichung interessieren, vor allem die zweite Variante großen Raum ein. Insbesondere interessiert sich Šklovskij dabei für bildhafte Sprache:

Praktikabilität gehe (ebd., 72–73). Erst durch diese Sperrung gegen Nützlichkeit und Verständlichkeit trete die Materialität der Sprache in den Vordergrund, werde sie spürbar und fühlbar. In dieser Weise tritt Šklovskij aus der auf Aufklärung ausgerichteten Tradition des poetologischen Nachdenkens über das Staunen heraus, in der noch/wieder Brecht steht. Bei Šklovskij ist das sensualistische Staunen nicht nur Bedingung, sondern auch Sinn des Kunstwerks. Diesen Unterschied bemerkt Brecht anlässlich der Verfremdungseffekte der Surrealisten: »Der Dadaismus und der Surrealismus benutzten Verfremdungseffekte extremster Art. Ihre Gegenstände kehren aus der Verfremdung nicht wieder zurück« (Brecht, *Neue Technik der Schauspielkunst*, 364).

[63] Lachmann, *Die ›Verfremdung‹ und das ›Neue Sehen‹*, 233.
[64] Šklovskij, *Die Kunst als Verfahren*, 17.
[65] Douglas, *Estrangement and the Somatics of Literature*, 95.
[66] Lachmann, *Die ›Verfremdung‹ und das ›Neue Sehen‹*, 234. Zur Rolle der *ostranenie* als Abweichung vgl. auch Kessler, dem es vor allem um eine Behandlung der Neoformalisten geht (Kessler, Frank [1996]: *Ostranenie. Zum Verfremdungsbegriff von Formalismus und Neoformalismus*, in: *New German Critique* 68, 51–63).

Ich persönlich bin der Meinung, daß es fast überall da Verfremdung gibt, wo es ein Bild gibt. [...] Ziel des Bildes ist nicht die Annäherung seiner Bedeutung an unser Verständnis, sondern die Herstellung einer besonderen Wahrnehmung des Gegenstandes.[67]

Da nicht die diskursive Erkenntnis, sondern Fühlen und Empfinden das Ziel der Verfremdung sind, ist diese figurative Abweichung nicht etwa auf größere Klarheit ausgerichtet, sondern auf eine Steigerung der Intensität:

Das dichterische Bild ist eines der Mittel zur Herstellung des stärksten Eindrucks. [...] [E]s ist gleichberechtigt mit all diesen Mitteln zur Verstärkung des Empfindens einer Sache (auch Wörter können Sachen sein, sogar die Laute eines Werks).[68]

Die Verfahren der Abweichung lassen sich also als eine Art sprachliches Vitalisierungsprogramm verstehen, das über die Maximierung der Intensität die sinnliche Wahrnehmung steigern und bewusst erlebbar machen soll: »[Das] Künstlerische [...] ist [...] ›künstlich‹ so gemacht [...], daß die Wahrnehmung bei ihm aufgehalten wird und ihre höchstmögliche Kraft und Dauer erreicht [...]. Diesen Bedingungen nun entspricht die dichterische Sprache«.[69] Dabei ist, wie Lachmann und Douglas mit Bezug auf Šklovskijs Lektüre von Broder Christiansen ausführen, Šklovskijs Setzen auf die Abweichung psycho-physiologisch begründet, insofern sie dem Leser eine intensive somatische Erfahrung (der Abweichung vom Kanonischen) ermöglichen soll:

With the help of Broder Christiansen, Shklovsky has [...] clarified how it is possible for us to feel literary form so intensely: because we are guided so complexly by the ideosomatics of our own everyday prosaic language, we feel every tiny poetic deviation from the ›active canon‹ of that language strongly. [T]his ›differential sensetion‹ sends powerful ripples through our ideosomatic transsubjectivity [...].[70]

---

[67] Šklovskij, *Die Kunst als Verfahren*, 23–25.
[68] Ebd., 9.
[69] Ebd., 31.
[70] Douglas, *Estrangement and the Somatics of Literature*, 128. Lachmann betont jedoch, dass sich Šklovskij bei aller Orientierung an Christiansen von ihm abgrenzt: »[Christiansens] These von den Differenzqualitäten wird von Šklovskij mit anderen Akzenten versehen: die Schaffung von Abweichungsfaktoren ist ein Prinzip der Kunst, die einer als Selbstzweck verstandenen Wahrnehmung gilt. Die Erzeugung von Abweichungsfaktoren ist das *ostranenie*, und die besondere Art der Wahrnehmung, die damit erreicht werden soll, nennt Šklovskij das ›videnie‹ (›Sehen‹) oder ›oscuscenie‹ (›Empfinden‹), das er dem bloßen Wiedererkennen des Gewohnten (›uznavanie‹) entgegensetzt« (Lachmann, *Die ›Verfremdung‹ und das ›Neue Sehen‹*, 237).

Anders als bei Brecht zielt die Verfremdung also nicht darauf, einen kognitiven Prozess anzustoßen und eine analytische Distanz zum Gegenstand zu provozieren, sondern sie legt es auf eine umfassende Somatisierung des Rezeptionsprozesses an.[71] Diese Somatisierung reaktualisiert eine sensualistische Ästhetik des Neuen, die mit dem Staunen einen intensiven sinnlich-kognitiven Reiz verband, sowohl als Auslöser des Staunens wie als Zustand des Staunens selbst. Šklovskij schreibt in seinem Aufsatz zwar kaum explizit über das Staunen; er rekurriert lediglich auf Aristoteles, wenn er konstatiert, dass die dichterische Sprache »den Charakter des Fremdländischen, Erstaunlichen haben« soll.[72] Aber der Begriff *ostranenie* leitet sich aus der Wurzel *stranno*, d.h. fremd, seltsam, wunderlich, und dem Präfix *o-* und dem Suffix *-enie* her (d.h. be/ver- und -ung), so dass er sich wörtlich als *Ver-wunderlich-ung* übersetzen ließe.[73] *Ostranenie* ließe sich in diesem Sinne also als ein Verfahren der Staunensproduktion verstehen. Ein späterer Text von Šklovskij bestätigt diese These. Dort rekurriert Šklovskij zur Verdeutlichung des älteren *ostranenie*-Begriffs auf den Begriff *udivlenie*, d.h. Erstaunen/Verwunderung, von dem Lachmann schreibt, dass er »ohne Mühe als Synonym für ostranenie gefaßt werden könnte«.[74] Šklovskij schreibt in die-

---

[71] Dazu schreibt Douglas, der Šklovskij in seine Theorie einer *Somatics of literature* einbetten will, die er vor allem anhand von Tolstoj entwickelt und dann auf Šklovskij und Brecht appliziert: »The second thing to notice is that this book review from Shklovsky's twenty-second year is a nascent somatics of literature, which he may even have learned from Tolstoy: a conception of literary works as able to infect readers with the sensation of life, with a feeling for matter. This conception lies at the heart of Shklovsky's formalism. [...] the somatic theory saturates all his writings of the teens, when he is in his twenties [...]. Above all, he carefully reads Broder Christiansen's 1909 *Philosophie der Kunst* in Fedotov's 1911 Russian translation, hears a good deal about William James's 1890 *Principles of Psychology* from his fellow formalists (and may even read James a little), and begins to develop a relatively detailed sense of how readers' somatic responses to literary works give shape to and take impetus from literary form« (Douglas, *Estrangement and the Somatics of Literature*, 87–88).
[72] Šklovskij, *Die Kunst als Verfahren*, 31. Vgl. für diese Bezugnahme auf Aristoteles und eine gleichzeitige Einordnung der Theorie Šklovskijs in den weiteren Kontext der russischen Formalisten: Hansen-Löve, Aage (1978): *Der russische Formalismus*, Wien, v.a.19–42.
[73] Fankhauser, Gertrud (1971): *Verfremdung als Stilmittel vor und bei Brecht*, Tübingen, 3.
[74] Lachmann, *Die ›Verfremdung‹ und das ›Neue Sehen‹*, 245. Dabei betont Lachmann, dass der spätere Šklovskij, u.a. unter Rekurs auf Brecht, eine Politisierung seines Verfremdungskonzeptes anstrebt: »Hinter der neuen Nomenklatur steht weiterhin der Gedanke von der Wahrnehmung und von der Durchbrechung des Automatismus. Weiterhin ist auch das Interesse für den Kunstgriff wach, der solches bewirkt. Aber ebensowenig, wie der Kunstgriff in Šklovskijs revidierter Konzeption Selbstzweck ist, ist die Wahrnehmung Selbstzweck. Vielmehr bekommt diese die Rolle des Bewußtmachens,

sem späteren Text über die *udivlenie*: »Das Erstaunen ist der Beginn der Bewußtmachung des Lebens«.[75] Damit interpretiert er Aristoteles' Formel vom Staunen als dem Anfang der Philosophie auf signifikante Weise neu: Ihm geht es auch schon beim *ostranenie* nicht um das Staunen als epistemische Emotion, also um ein Staunen, das zur Erkenntnissuche motiviert und insofern am Anfang der Philosophie steht,[76] sondern um das Staunen als aisthetische Emotion, das mit einer Intensivierung der sinnlichen Wahrnehmung, mit dem Fühlen und Empfinden des Lebens (des ästhetischen Gegenstandes wie des eigenen Lebens) einher geht und das insofern am Anfang der Ästhetik (als Aisthesis) steht. Mit Descartes' Begriffen gesprochen zielt Šklovskij mit den Verfahren der Abweichung also nicht auf die Verwunderung, sondern auf das Erstaunen. Denn das Erstaunen, wie Descartes es beschreibt, retardiert den Prozess der Wahrnehmung bis hin zum Stillstand. In dieser Arretierung, die auch für Šklovskij zentral ist, wenn er z.B. »Bremsung [und] Verzögerung« als »allgemeines Gesetz der Kunst« bezeichnet,[77] werden der »Kitzel« durch den äußeren Reiz und die Kraft und Bewegung der »Lebensgeister«[78] genossen; die Aufmerksamkeit wendet sich einerseits nach innen, auf die Reizung der eigenen Denkorgane, zugleich wird auch das neue Objekt auf eigentümliche Art und Weise, nämlich primär somatisch erfasst. Descartes spricht hier davon, dass nur der »erste [...] Ein-

---

des ›osoznanie‹, übertragen. [...] Die Dichtung erscheint als Bewußtmachung, und es ist keine Frage, daß diese Dimension des *ostranenie* ursprünglich in den aus Tolstoj gewählten Beispielen enthalten war, obgleich Šklovskij ihre gesellschaftskritische Bedeutung zunächst außer acht gelassen hatte« (ebd.).

[75] Viktor Šklovskij (1983): *Povesti o proze*, in: ders.: *Ausgewähltes in zwei Bänden*, Bd. 1, Moskau, 104–107, hier 105, übersetzt von Inna Schill.

[76] Allerdings legt Šklovskij hier zugleich, in dem Versuch einer Brecht'schen Umdeutung seines Verfremdungsbegriffs, nahe, dass das Staunen, auf das der Roman durch die Ausstellung von Widersprüchen zielt, doch auf die Erkenntnis gesellschaftlicher Missstände aus ist: »Der Schriftsteller [...] zeigt dem Leser das, was dieser manchmal nicht sehen kann. Die Kunst spitzt die Wahrnehmung des Lebens zu, in dem sie Widersprüche auftut und sie erneuert und damit Unterschiede im schon Unsichtbaren wiederherstellt. [...] Das Erstaunen ist der Beginn der Bewusstmachung des Lebens. Es ist gefährlich für Konservative. Die Verwunderung war den Bürgern der Stadt Coketown, die von Fieldings Schüler, Dickens, aus den Eigenschaften anderer Städte geschaffen wurde, verboten. [...] In dieser realen Stadt verbieten die Herrscher vor allem die Verwunderung. Das Staunen ist verboten, genauso wie die Liebe. Louisa Gradgrind wurde als eine Frau ohne Verwunderung erzogen. Das Erstaunen – es ist die Entdeckung der Differenz zwischen sich selbst und dem Phänomen, es ist die Kritik am Phänomen, seine Bewertung. Die Verwunderung ist eines der Ziele, die erreicht werden durch den Aufbau der Geschehnisse, ihrer Konsequenz und dem Widerspruch ihrer Wechselbeziehungen« (ebd., 105–106).

[77] Šklovskij, *Die Kunst als Verfahren*, 35.

[78] Descartes, *Die Leidenschaften der Seele*, 113 u. 109.

druck« von ihm wahrgenommen wird, d.h. nur dasjenige, was den starken Reiz auslöst.[79] Mit Šklovskij formuliert ist dies der Reiz der Abweichung, hervorgerufen durch die Dichtung der Verfremdung, die durch ihre Retardierung, Intensivierung und Bewusstmachung des Wahrnehmungsprozesses die Rückkehr vom anästhetischen ›Konzept-Ding‹ zum somatisch intensiv erfahrenen ›Natur-Ding‹ ermöglichen soll. Das sensualistische Erstaunen ist bei Šklovskij daher nicht nur Bedingung des Kunstwerks, sondern auch sein primärer Sinn: aus der Ordnung des Symbolischen (zu der auch die Kunst gehört) soll es wieder zur ersten Natur, vom Sema zum Soma zurückführen.

4

In seinem Aufsatz zum epischen Theater (1939) greift Benjamin Brechts Orientierung auf das Staunen auf:

> Die Kunst des epischen Theaters ist vielmehr, an der Stelle der Einfühlung das Staunen hervorzurufen. Formelhaft ausgedrückt: statt in den Helden sich einzufühlen, soll das Publikum vielmehr das Staunen über die Verhältnisse lernen, in denen er sich bewegt.[80]

In der früheren Fassung (1931) des Textes schreibt er analog:

> [Die Zustände] werden also dem Zuschauer nicht nahegebracht sondern von ihm entfernt. Er erkennt sie als die wirklichen Zustände [...] mit Staunen. Mit diesem Staunen bringt das epische Theater auf harte und keusche Art eine sokratische Praxis zu Ehren. Im Staunenden erwacht das Interesse; in ihm allein ist das Interesse an seinem Ursprung da.[81]

Auch bei Benjamin tritt also das Staunen an die Stelle der Einfühlung, wird auf die Verfremdung als ästhetisches Verfahren der Produktion von Staunen gesetzt, das ein Nachdenken über die dargestellten Verhältnisse auslösen soll.

Benjamin fokussiert jedoch auf ein anderes Verfahren der Verfremdung, das nicht diskursiv (wie die Kommentierung), sondern temporal gedacht ist: die Unterbrechung des Zeitflusses, den Stillstand des Bühnengeschehens im ›Tableau‹ oder, mit Benjamin gesprochen, im ›Zustand‹. Er schreibt: »Das epische Theater gibt also nicht Zustände wieder, es entdeckt sie vielmehr. Die Entdeckung der

---

[79] Ebd., 115.
[80] Benjamin, Walter (1991c): *Was ist das epische Theater?* (2), in: ders.: *Gesammelte Schriften*, hg. von Rolf Tiedemann und Hermann Schweppenhäuser, Frankfurt a.M., Bd. II.2, 532–539, hier 535.
[81] Benjamin, *Was ist das epische Theater?* (1), 522.

Zustände vollzieht sich mittels der Unterbrechung von Abläufen«.[82] Zugrunde liegt diesem Gedanken ein geschichtstheoretisches Konzept: Benjamin versteht Geschichte nicht als linearen Verlauf, sondern Geschichte kristallisiert sich ihm in Momenten der Überblendung zweier zeitlich weit auseinanderliegender Augenblicke, die aufgrund ihrer Distanz wenig miteinander zu tun zu haben scheinen, sich aber plötzlich in ihrer Ähnlichkeit, in ihrer Bezogenheit aufeinander offenbaren und so wechselseitig neu lesbar machen: Geschichte vollzieht sich sprunghaft, in Rupturen des Zeitkontinuums.[83] Entsprechend soll auch das Theater keine linearen Geschichten erzählen, sondern über die Unterbrechung für die Kristallisation von Zuständen sorgen, in denen sich weit Auseinanderliegendes, seien dies widersprüchliche Handlungen und Aussagen oder zwei Zeitebenen miteinander verschränken, wenn zum Beispiel eine alltägliche Handlung der Gegenwart eine historische Tiefendimension gewinnt, die sie de-naturalisiert und neu verstehbar macht. Durch die Unterbrechung, schreibt Benjamin, wird eine »Dialektik im Stillstand« freigelegt: »Immanent dialektisches Verhalten ist es, was im Zustand [...] blitzartig klargestellt wird. Der Zustand den das epische Theater aufdeckt, ist die Dialektik im Stillstand«[84] – und auf diese Dialektik richtet sich, wie Benjamin postuliert, die ästhetische Emotion des Staunens.

Denn Benjamin legt dem Staunen noch ein anderes Moment bei, das über seine Funktionalisierung bei Brecht hinaus geht und Anschluss an Šklovskijs Sehnsucht nach einer intensivierten Wahrnehmung und einer intimeren Beziehung zur Dingwelt findet. Er schreibt in der früheren Fassung des Aufsatzes zum epischen Theater:

> Die Stauung im realen Lebensfluß, der Augenblick, da sein Ablauf zum Stehen kommt, macht sich als Rückflut fühlbar: das Staunen ist diese Rückflut. Die Dialektik im Stillstand ist sein eigentlicher Gegenstand. Es ist der Fels, von dem her-

---

[82] Ebd. – Gleiches gilt für die Geste: »Gesten erhalten wir um so mehr, je häufiger wir einen Handelnden unterbrechen. Für das epische Theater steht daher die Unterbrechung der Handlung im Vordergrunde. [...] [S]eine Hauptfunktion [des epischen Theaters, NG] [...] besteht [darin], die Handlung – weit entfernt, sie zu illustrieren oder zu fördern – zu unterbrechen. [...] Der retardierende Charakter der Unterbrechung [...] [ist] es, welche[r] das gestische Theater zu einem epischen mach[t]« (ebd., 521).
[83] Vgl. zu Benjamins Geschichts- und Erinnerungskonzeption stellvertretend für eine Flut von Literatur: Pethes, Nicolas (1999): *Mnemographie. Poetiken der Erinnerung und Destruktion nach Walter Benjamin*, Tübingen; Menninghaus, Winfried (1986): *Schwellenkunde. Walter Benjamins Passage des Mythos*, Frankfurt a.M.; ders. (1991): *Walter Benjamins Diskurs der Destruktion*, in: *Studi germanici* 29, 293–312; vgl. außerdem, auch mit Bezug auf Benjamins u.a. an Brecht orientierter Gestentheorie: Gess, Nicola (2013): *Primitives Denken. Wilde, Kinder und Wahnsinnige in der literarischen Moderne (Müller, Musil, Benn, Benjamin)*, München, 412–421.
[84] Benjamin, *Was ist das epische Theater?* (1), 530.

ab der Blick in jenen Strom der Dinge sich senkt [...]. [D]er Strom der Dinge [bricht sich] an diesem Fels des Staunens.[85]

Um diese rätselhafte Passage besser zu verstehen, müssen wir auf zwei Texte Benjamins zurückgreifen, die im selben Jahr wie die zweite Fassung des Aufsatzes zum epischen Theater geschrieben wurden und einerseits seine Geschichtstheorie, andererseits seine Theorie des Gedächtnisses näher beleuchten.

In *Über den Begriff der Geschichte* beschreibt Benjamin die Dialektik im Stillstand als eine plötzliche Kristallisierung des Denkens zur »Monade«: »Wo das Denken in einer von Spannungen gesättigten Konstellation plötzlich einhält, da erteilt es derselben einen Chock, durch den es sich als Monade kristallisiert«.[86] Diese Denk-Monade, in der eine spannungsvolle Konstellation schockhaft stillgestellt wird, nennt Benjamin auch ein dialektisches Bild. Es zeichnet sich durch die bereits beschriebene zeitliche Struktur der Verschränkung aus:

> Das im Jetzt seiner Erkennbarkeit aufblitzende Bild der Vergangenheit ist seiner weiteren Bestimmung nach ein Erinnerungsbild. Es ähnelt den Bildern der eignen Vergangenheit, die den Menschen im Augenblick der Gefahr antreten. [...] Historie im strengen Sinn ist also ein Bild aus dem unwillkürlichen Eingedenken, ein Bild, das im Augenblick der Gefahr dem Subjekt der Geschichte sich plötzlich einstellt.[87]

Spannungsvoll ist die Konstellation, die im dialektischen Bild anschaulich wird, aufgrund dieser Verschränkung von Jetzt und Einst, von Plötzlichkeit und Ewigkeit: Das Jetzt der Erkennbarkeit (des Vergangenen) macht die Dialektik des dialektischen Bildes aus.

Mit dem Stichwort des ›unwillkürlichen Eingedenkens‹ ruft Benjamin seine Überlegungen zu Proust auf, die er zeitgleich in *Über einige Motive bei Baudelaire* anstellt. Zu Beginn dieses Textes beruft sich Benjamin auf die Lebensphilosophie, die

> [s]eit dem Ausgang des vorigen Jahrhunderts [...] eine Reihe von Versuchen an[gestellt habe], der ›wahren‹ Erfahrung im Gegensatze zu einer Erfahrung sich

---

[85] Ebd., 531.
[86] Benjamin, Walter (1974): *Über den Begriff der Geschichte*, in: ders.: *Gesammelte Schriften*, hg. von Rolf Tiedemann u. Hermann Schweppenhäuser, Frankfurt a.M., Bd. I.2, 691–704, hier 702–703.
[87] Ebd., 1243 (aus einem Manuskript für *Über den Begriff der Geschichte*, abgedruckt in den Anmerkungen (1223–1266) zum Aufsatz in Band I.3. der genannten Ausgabe).

zu bemächtigen, welche sich im genormten, denaturierten Dasein der zivilisierten Massen niederschlägt.[88]

Wenngleich Benjamin den meisten dieser Versuche kritisch gegenüber steht, lässt er doch eine grundsätzliche Sympathie mit ihnen erkennen, die ihn auch in die Nähe zu Šklovskij rückt. Auch Benjamin spricht zum Beispiel von ›Automaten-Menschen‹, die »nicht mehr anders als reflektorisch fungieren können. [...] Sie leben ihr Dasein als Automaten und ähneln den fiktiven Figuren Bergsons, die ihr Gedächtnis vollkommen liquidiert haben«.[89] Sie sind es auch, die die Schocks, die das moderne Leben dem Menschen in immer stärkerer Frequenz bereitet, so gekonnt abwehren, dass eigentlich kein Reiz, keine Situation, kein Gegenstand mehr wirklich nahe an sie heran kommt. Und wie Šklovskij zeigt sich auch Benjamin aus der Reihe der Lebensphilosophen vor allem von Bergson beeindruckt:[90] »Als weithin ragendes Monument erhebt sich Bergsons Frühwerk ›Matière et mémoire‹ über diese Literatur«.[91] Gegen die konstatierte Automatisierung führt Benjamin ebenfalls die Erfahrung ins Feld, weist aber mit Bergson darauf hin, dass diese sich aus »gehäuften, oft nicht bewußten Daten [bildet], die im Gedächtnis zusammenfließen«.[92] Über Bergson hinausgehend betont Benjamin dann, dass das Gedächtnis und damit auch die Erfahrung nicht willkürlich zugänglich seien, etwa im Sinne einer bewusst gewählten *vita contemplativa*. Vielmehr hebt er die Unwillkürlichkeit dieses Gedächtnisses hervor, das er mit Proust als *mémoire involontaire* bezeichnet. Unter Berufung auf die berühmte *madeleine*-Episode zitiert Benjamin Prousts Einsicht: »Umsonst, daß wir sie [die Vergangenheit] willentlich zu beschwören suchen; alle Bemühungen unserer Intelligenz sind dazu nichts nutze«.[93] Das Vergangene befinde sich vielmehr, wie Benjamin Proust zitierend schreibt,

---

[88] Benjamin, Walter (1974a): *Über einige Motive bei Baudelaire*, in: ders.: *Gesammelte Schriften*, hg. von Rolf Tiedemann u. Hermann Schweppenhäuser, Frankfurt a.M., Bd. I.2, 605–653, hier 608.
[89] Ebd., 634.
[90] »Shklovsky's conception of literature is often criticized as mechanical; in fact, it borders on the mystical, and bears comparison with Henri Bergson's concept of ›real‹ or ›living‹ time, *durée*, his quasimystical antidote to the automatizing effects of ›false‹ or ›mathematical‹ time« (Douglas, *Estrangement and the Somatics of Literature*, 112).
[91] Benjamin, *Über einige Motive bei Baudelaire*, 608.
[92] Ebd.
[93] Ebd., 610.

›außerhalb des Bereichs der Intelligenz und ihres Wirkungsfeldes in irgendeinem realen Gegenstand [...] In welchem wissen wir übrigens nicht. Und es ist eine Sache des Zufalls, ob wir auf ihn stoßen [...]‹.[94]

Benjamin baut diese Theorie eines unwillkürlichen Gedächtnisses weiter aus, indem er mit Freud betont, dass nicht alles im unwillkürlichen Gedächtnis gespeichert werde, sondern nur das, »was nicht [...] mit Bewußtsein [...] ›erlebt‹ worden«[95] sei und deshalb auch nicht willentlich wieder abgerufen werden könne. Es handelt sich dabei um vergangene, durch starke Reize ausgelöste Schocks, die nicht vom Bewusstsein pariert werden konnten. Sie sind als traumatische Erfahrungen ins Gedächtnis abgesunken und lagern nun dort, bis sie unwillkürlich, und zwar durch erneute, den Reizschutz des Bewusstseins abermals durchbrechende Schocks wieder wachgerufen werden. Es würde zu weit führen, diese Begrifflichkeiten Benjamins hier im Detail zu erläutern. Wichtig ist nur, dass die Struktur der Unterbrechung – hier des Schocks – für seine Konstitution des unwillkürlichen Gedächtnisses von großer Bedeutung ist, und dass mit ihr auch eine – wenngleich traumatische – intime, vom starken Reiz bestimmte Erfahrung der Gegenstände der Wahrnehmung verbunden ist.

Benjamin bettet also die lebensphilosophische Suche nach ›wahren Erfahrungen‹, nach einem Fühlen des Lebens, nach einer intimeren Beziehung zu den Dingen, nach einer Intensivierung der Wahrnehmung in eine Theorie des unwillkürlichen Gedächtnisses ein und verleiht dadurch Sklovkijs Gegenstand des Staunens eine historische und subjektive Tiefendimension. Was in der ›wahren Erfahrung‹ erfahren wird, ist die in einem gewöhnlichen Gegenstand oder einer alltäglichen Situation schockhaft wieder lebendig werdende traumatische (weil unparierte) Vergangenheit. Dass eine Situation »zu einer unvergleichlichen und aus der Folge der Tage herausgehoben[en]« wird, liegt daran, dass man in ihr »vom Atem der verlorenen Zeit angeweht« wird.[96] Wenn ein Gegenstand plötzlich aus der automatisierten Wahrnehmung herausgerissen, neu wahrgenommen wird und mit einer besonderen Bedeutung versehen ist – Benjamin beschreibt das als ein »Augen-Aufschlagen«, ein »Zurückblicken« des Gegenstandes, als seine »Aura«[97] – so liegt das daran, dass er zuvor durch die unwillkürliche Speicherung einer Schockerfahrung mit diesem Vermögen ausgestattet wurde: Die Wahrnehmbarkeit, nach der die Lebensphilosophie strebt, klärt Benjamin auf,

---

[94] Proust, Marcel: *À la recherche du temps perdu*. Bd. I: *Du côté de chez Swann*, Paris, 69; zitiert nach: Benjamin, Walter (1974): *Über einige Motive bei Baudelaire*, 610.
[95] Ebd., 613.
[96] Ebd., 646.
[97] Ebd., 646–647.

ist keine andere als die der Aura. [...] Die Aura einer Erscheinung erfahren, heißt, sie mit dem Vermögen belehnen, den Blick aufzuschlagen. Die Funde der mémoire involontaire entsprechen dem.[98]

Dabei sind in der *mémoire involontaire* zwei Zeitebenen miteinander verschränkt: die vergangene Erfahrung und der gegenwärtige Augenblick, in dem der vergangene starke Reiz aufgrund einer unvermuteten Korrespondenz schockhaft wieder gegenwärtig wird. Das unwillkürliche Gedächtnis unterbricht das Zeitkontinuum, um zwei weit auseinander liegende Erfahrungen unvermutet übereinander zu legen:

> Die Ewigkeit, in welche Proust Aspekte eröffnet, ist die verschränkte, nicht die grenzenlose Zeit. [...] [I]n ihr herrschen die ›Korrespondenzen‹ [...]. Wo das Gewesene im taufrischen ›Nu‹ sich spiegelt, rafft ein schmerzlicher Chock der Verjüngung es noch einmal so unaufhaltsam zusammen.[99]

Benjamin denkt diese Funde der *mémoire involontaire* als Bilder. Es sind Bilder der Vergangenheit, die in bestimmten, ihr überraschend korrespondierenden Momenten der Gegenwart schockhaft aufblitzen:

> es handelt sich [...] um Bilder, die wir nie sahen, ehe wir uns ihrer erinnerten. [...] Man könnte sagen, daß unsern tiefsten Augenblicken [...] ein kleines Bildchen [...] unsrer selbst [...] ist mitgegeben worden. Und jenes ›ganze Leben‹ das, wie wir oft hören, an Sterbenden [...] vorüberzieht, setzt sich genau aus diesen kleinen Bildchen zusammen.[100]

Das dialektische Bild nun, in dem die Dialektik im Stillstand anschaulich wird, ist ein eben solches Bild, in dem die Vergangenheit in einem ›Jetzt der Erkennbarkeit‹ plötzlich wieder gegenwärtig wird. Allerdings mit dem Unterschied, dass es sich beim dialektischen Bild, von dem Benjamin in den Thesen zur Geschichte spricht, nicht um Funde einer individuellen, sondern einer kollektiven *mémoire involontaire* handelt. Es ist das ›Subjekt der Geschichte‹, das in diesem Bild seiner Erfahrung habhaft wird und dadurch auch zu einer neuen Einsicht in die Gegenwart gelangt.[101]

---

[98] Ebd.
[99] Benjamin, Walter (1991a): *Zum Bilde Prousts*, in: ders.: *Gesammelte Schriften*, hg. von Rolf Tiedemann u. Hermann Schweppenhäuser, Frankfurt a.M., Bd. II.1, 310–324, hier 320.
[100] Benjamin, Walter (1991d): *Gesammelte Schriften*, hg. von Rolf Tiedemann u. Hermann Schweppenhäuser, Frankfurt a.M., Bd. II.3, 1064.
[101] Benjamin, Walter (1974b): *Gesammelte Schriften*, hg. von Rolf Tiedemann u. Hermann Schweppenhäuser, Frankfurt a.M., Bd. I.3, 1243.

5

Kommen wir von diesen Ausführungen zurück zum Staunen. Mit der Dialektik im Stillstand schreibt Benjamin dem Staunen einen Gegenstand zu, in dem Šklovskijs Bedürfnis nach Entautomatisierung der Wahrnehmung und Brechts Bemühen um historisierendes Verstehen miteinander verzahnt sind. Benjamin schließt an die lebensphilosophischen Bemühungen um »›echte‹ Erfahrung« an, klärt jedoch darüber auf, dass diese – wenn überhaupt[102] – nur in Abhängigkeit vom unwillkürlichen Gedächtnis zu haben ist. Wenn also auch Benjamin beschreibt, wie gewöhnliche Dinge plötzlich ganz neu wahrgenommen werden oder wie unbelebte Gegenstände plötzlich zurückzublicken beginnen, so führt er dies nicht auf eine Irritation der sinnlichen Wahrnehmung, sondern auf die schockhafte Freilegung ihrer historischen Tiefendimension zurück: Die Gegenstände geben unvermutet die in ihnen gespeicherte Erfahrung frei, und auf diese überraschende Verschränkung richtet sich das Staunen; es ist bei Benjamin nicht die Abweichung, wie bei Šklovskij, sondern die überraschende Ähnlichkeit zweier Elemente, die das Staunen nach sich zieht. Das passiert, wenn sich der »Strom der Dinge« am »Fels des Staunens« bricht.[103] Dabei spielt die Retardierung, bei Šklovskij als Effekt der Abweichung zentral, auch für Benjamins unvermutete Übereinstimmung eine wesentliche Rolle: Ein Ding bleibt auf dem »Kamm der Welle« stehen, in dem das »Nu« und ein vergangener Moment miteinander verschränkt sind. Der Einblick in diese Verschränkung erlaubt es dann, »[das Dasein] neu zu betten«,[104] d.h. (brechtisch) eine neue Perspektive auf die bestehenden Verhältnisse zu gewinnen. Zugleich generiert der Schock der Unterbrechung (šklovskijsch) eine neue Intimität mit dem Ding (d.h. bei Benjamin mit der in ihm gespeicherten Erfahrung in ihrer Konstellation mit der Gegenwart), so dass hier nicht von einem distanzierenden, sondern von einem partizipativen Staunen gesprochen werden muss. Dieses partizipative Moment konterkariert auf gewisse Weise die Frontstellung des Staunens gegen die Einfühlung, wie sie Benjamin von Brecht zunächst übernimmt. Wenn bei Šklovskij die intensive somatische Erfahrung der Abweichung mit einer körperlichen Mimesis an den wahrgenommenen Gegenstand einhergeht,[105] so ist auch bei Benjamin an eine

---

[102] Denn Benjamin zeigt eigentlich den »Verfall der Aura« seit/mit Baudelaire auf: »Baudelaire beschreibt Augen, von denen man sagen möchte, daß ihnen das Vermögen zu blicken verloren gegangen ist« (Benjamin, *Über einige Motive bei Baudelaire*, 648). »[Baudelaire] hat den Preis bezeichnet, um welchen die Sensation der Moderne zu haben ist: die Zertrümmerung der Aura im Chockerlebnis« (ebd., 653).

[103] Benjamin, *Was ist das epische Theater?* (1), 531.

[104] Ebd., 531.

[105] Douglas verfolgt die These, dass in der intensivierten Wahrnehmung des »Thing 1« auch eine Art Mimesis an das Wahrgenommene erfolgt. Die »belabored form« bewirkt ebenso ein Nacherleben des »making« (Douglas, *Estrangement and the Somatics of*

unvermutete Einfühlung in den Gegenstand gedacht, in der/als die die Übereinstimmung von Jetzt und Einst erfahren wird. Dass daran jedoch nichts Mystisches ist,[106] sondern es sich um die unwillkürliche Freisetzung archivierter Erfahrungen, um die Konstellation von Geschichte handelt, zeigt Benjamin deutlich auf.

Benjamin generiert aus der Struktur der *mémoire involontaire* ein Verfahren für die Kunst, das auf Verschränkung von Zeitebenen setzt. Wenn Šklovskij die Aufgabe der Kunst in einer Intensivierung des Lebens qua ästhetischer Abweichung erkennt, so sieht Benjamin im Belehnen mit Vergangenheit den »Quellpunkt der Poesie« und den Ausgangspunkt für »das Schöne (der Kunst)«:[107] Der Dichter muss »das Tier oder ein Unbeseeltes« mit Vergangenheit belehnen, damit es den Blick aufschlägt;[108] »[s]oweit die Kunst auf das Schöne ausgeht [...], holt sie es [...] aus der Tiefe der Zeit herauf«.[109] In der in der Schockabwehr bereits gut trainierten Moderne kann dieses Verfahren nur noch durch radikale Unterbrechungen realisiert werden: Sie geben den Blick auf die Identität in Differenz frei, die hier schockhaft zur Anschauung kommt, sei es im Sinne einer

Literature, 89) des Kunstwerks als auch der Bewegung des Gegenstandes der Betrachtung: »What Shklovsky is arguing is that art generates in its audience the impulse and the means by which they can relive or reexperience the shaping act, project themselves empathetically into the doing of the *work* by which the artwork was made. The made thing, the artwork itself, is insignificant, except as the empathetic channel through which readers and other audience members come to feel like artists themselves, come to feel not just the characters' emotions but the deautomatizing or ›fulgurating‹ effects of the artist's own body movements« (ebd., 117). »[...] Shklovsky is talking about empathy, embodied empathy, somatic mimeticism: mimetically simulating the body states of the thing or the person we're seeing. True seeing, bodily seeing, somatic seeing, gives us the *sensation* of a thing: it isn't a mere algebraic registering of the simplified facts, ›calculation and space‹ perceived as if ›under wraps‹. Just how that somatic seeing works, though, Shklovsky doesn't say« (ebd., 120).

[106] Über die partizipative Erfahrung eröffnet sich hier eine gewisse Nähe zum ›anderen Zustand‹ bei Musil, den dieser durchaus in einer mystischen Tradition sieht und für den interessanterweise auch unvermutete Ähnlichkeiten (z.B. in seiner Gleichniskonzeption) und Abweichungen (z.B. in der Sprengung des Normalerlebnisses) eine zentrale Rolle spielen (vgl. dazu Gess, *Primitives Denken*, 269–280); auch ein Bezug auf die intensivierte Erfahrung des Dings bei Rilke liegt hier nahe, die etwa im *Malte*-Roman auch über die unvermutete Aufrufung vergangener traumatischer Erfahrungen erklärt wird. Vgl. zu Musil und Rilke Dorothea Kimmichs Aufsatz *Kleine Dinge in Großaufnahme*, in dem sie in der Linie Šklovskij-Balász-Musil über das neue Sehen der kleinen Dinge nachdenkt (Kimmich, Dorothea [2000]: *Kleine Dinge in Großaufnahme. Bemerkungen zu Aufmerksamkeit und Dingwahrnehmung bei Robert Musil und Robert Walser*, in: *Jahrbuch der deutschen Schillergesellschaft* XLIV, 177–194.
[107] Benjamin, *Über einige Motive bei Baudelaire*, 646–647.
[108] Ebd., 647.
[109] Ebd., 646.

zeitlichen Differenz oder im Sinne eines Widerspruchs. Darum bestimmt Benjamin die Grundform des epischen Theaters auch als »die des Chocks, mit dem die einzelnen, wohlabgehobenen Situationen des Stücks aufeinandertreffen«.[110] Brecht bemühe sich dabei darum, die Reizabwehr, die die Bildung von Erfahrung verhindert hatte, rückgängig zu machen: Es gehe darum, »das Spektrum des ›Erlebnisses‹ zu zerlegen, um ihm die Farben der ›Erfahrung‹ abzugewinnen«.[111] Den Schock nicht abzuwehren, den starken Reiz vielmehr an sich heranzulassen, ist hier unmittelbar mit der Produktion von Staunen verbunden, das gleichwohl auf die Erlangung einer Einsicht in historische Zusammenhänge ausgerichtet bleibt, die Brecht durch Kommentierung, Benjamin aber in der Unterbrechung generieren will.

Mit der Dialektik im Stillstand schreibt Benjamin dem Staunen einen Gegenstand zu, der die intrikate zeitliche Struktur des Staunens, die bereits in Descartes' Traktat aufgefallen war, fruchtbar macht. Einerseits ist das Staunen bei Benjamin an die Plötzlichkeit der Unterbrechung gebunden und im Sinne von Descartes' Verwunderung immer schon auf die Transzendierung in Richtung einer historischen Erkenntnis gerichtet, wie sie auch Brecht anstrebt.[112] Andererseits ist das Staunen bei Benjamin aber auch mit einer Retardierung verbunden, die das dramatische Geschehen fast zum Stillstand bringt: Benjamin beschreibt das Staunen als Rückflut, ja sogar als den Felsen, der den Fluss des Geschehens ewig hemmt. Das Staunen erscheint bei Benjamin damit, wie das Erstaunen bei Descartes, als eine andauernde Lähmung des Augenblicks. Bei Descartes war dieser Augenblick der Moment der ersten Begegnung mit dem neuen Objekt, der im Erstaunen stillgestellt und in dem so, wie später bei Šklovskij, der Reiz perpetuiert wurde. Bei Benjamin ist es jedoch der Moment der Unterbrechung durch die unvermutete Konstellation, der sich zu einer andauernden Vergegenwärtigung dehnt. Wie Augenblick und Dauer sind im Übrigen auch Ursache und Konsequenz in Benjamins Bildlichkeit des Staunens ineinander verschränkt: Das Staunen ist sowohl die Rückflut, also Konsequenz der Unterbrechung des Flusses, als auch der Felsen selbst, der allererst die Unterbrechung verursacht. Angesichts dieser mehrfachen Aussetzungen linearer Zeitlichkeit lässt sich das ästhetische Staunen, analog zum dialektischen Bild, wohlmöglich als dialektische Emotion begreifen, als diejenige Emotion also, in der sich das Jetzt der Erkennbarkeit (des Vergangenen) realisiert.

---

[110] Benjamin, *Was ist das epische Theater?* (2), 537.
[111] Ebd.
[112] Diese wird bei Benjamin, im Unterschied zu Descartes und auch Brecht, allerdings nicht als diskursive, sondern als unwillkürliche, eher intuitive Erkenntnis gedacht.

Bibliografie

Aristoteles (2012): *Poetik*, Griechisch/Deutsch, Stuttgart.
Baumgarten, Alexander Gottlieb (2007): *Ästhetik*, übers., mit einer Einf., Anm. u. Reg. und hg. von Dagmar Mirbach, 2 Bde., Hamburg.
Benjamin, Walter (1974a): *Über einige Motive bei Baudelaire*, in: ders.: *Gesammelte Schriften*, hg. von Rolf Tiedemann/Hermann Schweppenhäuser, Frankfurt a.M., Bd. I.2, 605–653.
— (1974b): *Gesammelte Schriften*, hg. von Rolf Tiedemann/Hermann Schweppenhäuser, Frankfurt a.M., Bd. I.3.
— (1991a): *Zum Bilde Prousts*, in: ders.: *Gesammelte Schriften*, hg. von Rolf Tiedemann/ Hermann Schweppenhäuser, Frankfurt a.M., Bd. II.1, 310–324.
— (1991b): *Was ist das epische Theater?* (1), in: ders.: *Gesammelte Schriften*, hg. von Rolf Tiedemann/Hermann Schweppenhäuser, Frankfurt a.M., Bd. II.2, 519–531.
— (1991c): *Was ist das epische Theater?* (2), in: ders.: *Gesammelte Schriften*, hg. von Rolf Tiedemann/Hermann Schweppenhäuser, Frankfurt a.M., Bd. II.2, 532–539.
Brecht, Bertolt (1967a): *Über experimentelles Theater*, in: ders.: *Gesammelte Werke*, Frankfurt a.M., Bd. 15, 285–305.
— (1967b): *Neue Technik der Schauspielkunst*, in: ders.: *Gesammelte Werke*, Frankfurt a.M., Bd. 15, 341–379.
Breitinger, Johann Jacob (1966): *Critische Dichtkunst*, Faksimiledruck nach d. Ausgabe von 1740, mit einem Nachwort von Wolfgang Bender, 2 Bde., Stuttgart.
Brokoff, Jürgen (2012): *Literatur als heterotopischer Ort der Verfremdung oder: Sprachkunst als ein »anderer Raum«. Der russische Formalismus und Brecht*, in: Tafazoli, Hamid/Gray, Richard (Hg.): *Außenraum – Mitraum – Innenraum. Heterotopien in Kultur und Gesellschaft*, Bielefeld, 61–77.
Burke, Edmund (^{2}1759): *A philosophical enquiry into the origin of our ideas of the sublime and beautiful*, with an introductory discours concerning taste, and several other additions, London.
Daston, Lorraine/Park, Katharine (1998): *Wonders and the order of nature 1150–1750*, New York, NY.
Descartes, René (1984): *Die Leidenschaften der Seele*, hg. u. übers. von Klaus Hammacher, Hamburg.
— (2006): *Les Météores/Die Meteore*, Faksimile der Erstausgabe 1637, hg., übers., eingel. u. komm. von Claus Zittel, Frankfurt a.M.
Di Tommaso, Luca (2008): *Ostrannenije / Verfremdung: eine vergleichende Studie*, in: *The Brecht Yearbook / Das Brecht-Jahrbuch* 33, 3–22.
Douglas, Robinson (2008): *Estrangement and the Somatics of Literature. Tolstoy, Shklovsky, Brecht*, Baltimore, MD.
Edwards, Michael (2008): *De l'émerveillement*, Paris.
Emerson, Caryl (2005): *Shklovsky's ostranenie, Bakhtin's vnenakhodimost' (How Distance Serves an Aesthetics of Arousal Differently from an Aesthetics Based on Pain)*, in: *Poetics Today* 26, 637–664.
Fankhauser, Gertrud (1971): *Verfremdung als Stilmittel vor und bei Brecht*, Tübingen.
Flashar, Hellmut (1987): *Aristoteles und Brecht*, in: ders.: *Eidola. Ausgewählte kleine Schriften*, Amsterdam, 179–200.

Gess, Nicola (2013): *Staunen als ästhetische Emotion. Zu einer Affektpoetik des Wunderbaren*, in: Baisch, Martin/Degen, Andreas/Lüdtke, Jana (Hg.): *Wie gebannt. Ästhetische Verfahren der affektiven Bindung von Aufmerksamkeit*, Freiburg, 115–132.

— (2013): *Primitives Denken. Wilde, Kinder und Wahnsinnige in der literarischen Moderne (Müller, Musil, Benn, Benjamin)*, München.

Ginzburg, Carlo (1998): *Verfremdung. Vorgeschichte eines literarischen Verfahren*, in: ders.: *Holzaugen. Über Nähe und Distanz*, aus dem Italienischen von Renate Heimbucher, Berlin, 11–41.

Gottsched, Johann Christoph (1976): *Die Schauspiele, und besonders die Tragödien sind aus einer wohlbestellten Republik nicht zu verbannen*, in: ders.: *Ausgewählte Werke*, hg. von P. M. Mitchell, Berlin/New York, NY, Bd. 9.2, 492–500.

Grimm, Reinhold (1961): *Verfremdung. Beiträge zu Wesen und Ursprung eines Begriffs*, in: *Revue De Littérature Comparée* 35, 207–236.

Günther, Hans (2001): *Verfremdung: Brecht und Šklovskij*, in: Frank, Susi K. (Hg.): *Gedächtnis und Phantasma. Festschrift für Renate Lachmann*, München, 137–145.

Hansen-Löve, Aage (1978): *Der russische Formalismus*, Wien.

Helmers, Hermann (1984): *Verfremdung in der Literatur*, Darmstadt.

Hutchinson, Peter (2008): *Uncomfortable, Unsettling, Alienating. Brecht's Poetry of the Unexpected*, in: Gillett, Robert/Weiss-Sussex, Godela (Hg.): *Verwisch die Spuren*, Amsterdam, 33–48.

Kessler, Frank (1996): *Ostranenie. Zum Verfremdungsbegriff von Formalismus und Neoformalismus*, in: *New German Critique* 68, 51–63.

Kimmich, Dorothea (2000): *Kleine Dinge in Großaufnahme. Bemerkungen zu Aufmerksamkeit und Dingwahrnehmung bei Robert Musil und Robert Walser*, in: *Jahrbuch der deutschen Schillergesellschaft* XLIV, 177–194.

Klingsporn, Regine (1996): *Jean-Philippe Rameaus Opern im ästhetischen Diskurs ihrer Zeit. Opernkompositionen, Musikanschauung und Opernpublikum in Paris 1733–1753*, Stuttgart.

Kuhn, Tom (2013): *Brecht reads Bruegel: Verfremdung, Gestic Realism and the Second Phase of Brechtian Theory*, in: *Monatshefte* 105, 101–122.

Lachmann, Renate (1970): *Die ›Verfremdung‹ und das ›Neue Sehen‹ bei Viktor Šklovskij*, in: *Poetica* 3, 226–249.

Lessing, Gotthold Ephraim: *Briefwechsel über das Trauerspiel zwischen Lessing, Mendelssohn und Nicolai*, in: ders.: *Werke und Briefe, Bd. 3: Werke 1754–1757*, Frankfurt a.M., 662–703.

Matuschek, Stefan (1991): *Über das Staunen. Eine ideengeschichtliche Analyse*, Tübingen.

Mitchell, Stanley (1974): *From Shklovsky to Brecht: Some Preliminary Remarks Towards a History of the Politicisation of Russian Formalism*, in: *Screen* 15.2, 74–81.

Menninghaus, Winfried (1986): *Schwellenkunde. Walter Benjamins Passage des Mythos*, Frankfurt a.M.

— (1991): *Walter Benjamins Diskurs der Destruktion*, in: *Studi germanici* 29, 293–312.

Pethes, Nicolas (1999): *Mnemographie. Poetiken der Erinnerung und Destruktion nach Walter Benjamin*, Tübingen.

Proust, Marcel: *À la recherche du temps perdu. Bd. I: Du côté de chez Swann*, Paris.

Scherer, Klaus R./Fontaine, Johnny J. R. (2013): *The global meaning structure of the emotion domain: Investigating the complementarity of multiple perspectives on mean-*

ing, in: dies./Soriano, Cristina (Hg.): *Components of emotional meaning. A Sourcebook*, Oxford, 106–125.

Šklovskij, Viktor (1969): *Die Kunst als Verfahren*, in: Striedter, Jurij (Hg.): *Texte der russischen Formalisten*, Bd. I, München, 3–35.

Šklovskij, Viktor (1983): *Povesti o proze*, in: ders.: *Ausgewähltes in zwei Bänden*, Bd. 1, Moskau, 104–107.

Thürlemann, Felix (1998): *Staunen als erste Leidenschaft. Descartes bei Poussin*, in: Nischik, Reingard M. (Hg.): *Leidenschaften literarisch,* Konstanz, 87–100.

Tihanov, Galin (2005): *The Politics of Estrangement: The Case of the Early Shklovsky*, in: *Poetics Today* 26.4, 665–696.

GÜNTHER A. HÖFLER

»In allem ästhetischen Verhalten spüren wir uns in besonderem Grade lebendig« – Zu Aspekten von Johannes Volkelts Ästhetik des Tragischen und seiner Gefühlstheorie

1   Die Vorliebe für das Tragische

Es sind die polemischen Verwerfungen Walter Benjamins von Johannes Volkelts seinerzeit bedeutender und beispielreicher *Ästhetik des Tragischen*[1], die deren zentrale Ausrichtung herausstellen. Benjamin differenziert sein generelles Verdikt, dass »Volkelts Theorie des Tragischen mit einer grundsätzlichen Verleugnung aller echten Probleme ihres Gegenstandsbereiches«[2] einhergehe, nämlich insofern, als er ihre »vergebliche Bemühung« kritisiert, »das Tragische als allgemeinmenschlichen Gehalt zu vergegenwärtigen«, also die attische und die moderne Tragödie unter einer Gesetzmäßigkeit zusammenzuführen. Eine so geartete Philosophie sei »ohne alle Beziehung auf historische Sachgehalte in einem System von allgemeinen Sentiments«[3] entwickelt worden. Als besonders verdrießlich erscheint Benjamin in diesem Zusammenhang, dass eine solche Enthistorisierung noch vierzig Jahre nach Nietzsches *Geburt der Tragödie* statthabe, die gründlich mit der Idee, die moderne Bühne könne eine den Griechen ähnliche Tragödie aufweisen, aufgeräumt habe.[4] Dass sich Benjamin aus der Fülle der einschlägigen Studien gerade die Schrift von Volkelt herausgreift, mag neben deren Bekanntheitsgrad[5] darin begründet sein, dass diese nahezu musterhaft die von ihm abgelehnten Tendenzen repräsentiert, nämlich durch Psychologisierung und Ontologisierung zu einem allgemeinen Begriff des Tragischen zu gelangen. Denn in seinem Versuch der Identifizierung der Elemente des Tragischen ver-

---

[1] Volkelt, Johannes (⁴1923 [1897]): *Ästhetik des Tragischen*, München. In der Folge im Text zitiert als ÄT und einfacher Seitenzahl.
[2] Benjamin, Walter (1972): *Ursprung des deutschen Trauerspiels*, Frankfurt a.M., 137.
[3] Ebd., 102 u. 101.
[4] Vgl. ebd., 102.
[5] So bezeichnet etwa auch noch Benno von Wiese in seinem großen Tragödien-Buch Volkelts *Ästhetik des Tragischen* als »das bedeutsamste Werk in dieser Richtung«. Wiese, Benno von (1983): *Die deutsche Tragödie von Lessing bis Hebbel*, München, 655.

schreibt sich Volkelt zum einen einer entschieden psychologischen Vorgangsweise: »Nur auf psychologischer Grundlage kann die Ästhetik betrieben werden.« (ÄT 2) Und er begründet diese Setzung einigermaßen zirkelhaft auf folgende Weise: »Das Kunstwerk hängt als künstlerisch wirkendes Gebilde durchaus an den eigentümlichen Bedingungen menschlichen Empfindens, Wahrnehmens, inneren Anschauens, Fühlens.« (ÄT 2) Zum anderen unternimmt er über das Werk verstreut und besonders an dessen Schluss den Versuch, seinen Artbegriff nicht nur aus dem Allgemeinmenschlichen – aus einem »menschlich-charakteristischen und menschlich-wertvollen Gefühlstypus« (ÄT 40) – abzuleiten, sondern das Ganze auch in einem ontologischen Rahmen, also in der »Welttiefe und Weltstruktur« (ÄT 429) zu verankern, wonach das Wesen des Tragischen, das »allenthalben die Erfahrungswelt kennzeichne[t], sich bis in das Weltinnerste, bis in Gott hineinerstreck[t].« (ÄT 431) Gott kommt, am Rande bemerkt, in dieser Passage erst in der dritten Auflage ins Spiel.

Diese Ausdehnung der Idee des Tragischen hin zu einer Dimension des »Metaphysisch-Tragischen« (ÄT 439) bewegt sich durchaus im Trend des damaligen deutschen Zeitgeistes, der sich auffällig tragik-affin geriert. Die zahlreichen einschlägigen Theoretiker und Philosophen, die sich in erklecklicher Anzahl bei Volkelt zitiert und teils kritisiert finden, von seinem Lehrmeister Friedrich Theodor Vischer bis zu Max Scheler sowie zahlreiche nachrangige, stehen für diese Denkrichtung, sodass Peter Szondi angesichts des umfänglichen Tragödienschrifttums mit einiger Plausibilität feststellen kann, dass der »Begriff von Tragik und Tragischem im Grunde ein deutscher geblieben ist.«[6] Benjamins Trauerspiel-Buch sieht er sodann als Reaktion »auf die Krise, in welche die Beschäftigung mit dem Problem, bei Volkelt und Scheler, um die Jahrhundertwende geriet.«[7] Das Interesse gerade an diesem Thema ist aus weltanschauungshistorischer Sicht, so Günter Hartung[8], aus dem Umstand zu erklären, dass nach der Blütezeit des Liberalismus das deutsche Bürgertum seinen vormaligen Geschichtsoptimismus verloren hat und ihm das Tragische als Weltgefühl in Form eines Krisensymptoms zum leitenden Kulturparadigma wurde. Volkelt hat in diesem Rahmen eine Art *summum tragicum* verfasst, das diese Tendenz, nämlich im Tragischen eine stimmige Wirklichkeitsformel zu erkennen, bündelt und »die Nivellierung zum Allgemeinmenschlichen und die Angleichung an das Normal-

---

[6] Szondi, Peter (1978): *Versuch über das Tragische*, in: ders.: *Schriften I*, Frankfurt a.M., 152.

[7] Ebd., 201.

[8] Vgl. Hartung, Günter (2001): *Faschistische Tragiker im Verhältnis zu Schiller und Paul Ernst*, in: ders.: *Deutschfaschistische Literatur und Ästhetik. Gesammelte Studien*, Leipzig, 151–164, hier 153. Benjamin zufolge beruht Volkelts Schrift auf der Annahme, »das Tragische vermöge voraussetzungslos in gewissen faktischen Konstellationen, wie das Leben sie kennt, zur Gegebenheit gebracht werden.« Benjamin, *Trauerspiel*, 101.

verständnis systematisch durch[…]führt«,[9] wie Hartung – wohl mit Benjamins Kritik am Leipziger Philosophen im Hintergrund – darlegt. Daran knüpft sich natürlich implizit die Frage nach der Gewinnung einer heroischen Position für die Gegenwart, ohne Nietzsches Auftrag, ein neues ›tragisches Zeitalter‹ zu gebären, als solchen anzunehmen. Dass der den tragischen Gefühlstypus realisierende Mensch, mithin der bürgerlich-tragisch Empfindende, wenn schon nicht Protagonist, so doch der eingeweihte Proponent des heroischen Entwurfs der Gegenwart[10] ist, schwingt als ständige Suggestion in Volkelts Schrift mit.

2   »Stückwerk der Endlichkeit« – Volkelts Idee des Tragischen

Volkelts Grundauffassung des Tragischen, die er detailreich an diversen Figuren und dramatischen Konstellationen aufzeigt, findet in folgender Aussage ihre Verdichtung: »Das Tragische hat zu seinem Wesen Widerstreit und Kampf; je zwiespältiger die Charaktere sind, um so mehr sind sie auf starke Tragik angelegt.« (ÄT 431) Den Geltungsanspruch dieser Formel, die er induktiv in seinem Durchlauf durch die weltliterarische Motivgeschichte gewinnt, beschränkt er aber nicht auf die Dichtung bzw. deren Rezeptionsweisen, sondern erweitert ihn im Sinne einer Seinsformel: »Es ist die metaphysische Bedeutung des Tragischen, das Tragische als metaphysische Kategorie, das jetzt [nach der Analyse der ästhetischen Dimensionen, Anm. G.H.] in Frage steht.« (ÄT 429) Obwohl der Autor im Vorwort betont, dass die Ausführungen zur Metaphysik von den vorangehenden Darlegungen »gänzlich getrennt und unabhängig« (ÄT VI) sind, werden die diesbezüglichen Überlegungen, die bloß knapp ein Zwanzigstel des Buches umfassen, doch insofern als eigentlicher Fluchtpunkt des Ganzen erkenntlich, als sie die vorgeblich getrennten Bereiche des Ästhetischen und Metaphysischen zu einer Einheit verbinden. Mit oben zitiertem Desiderat nämlich hat Volkelt, wie Tomasz Kubalica erläutert, »betont, dass ein solches Bedürfnis nach metaphysischer Vertiefung des Tragischen nicht mehr in einer ästhetischen, sondern vielmehr in metaphysischer Weise befriedigt werden solle.«[11] Die Verbindung aber ist keine glatte, Volkelt stellt die Auffassung einer »einfachen Übertragung« dezidiert in Abrede, denn »im ästhetischen Begriff des Tragischen handelt es sich um menschliche Beziehungen.« (ÄT 429) Es verhält sich sodann auch so, dass »nur nach gewissen Seiten […] sich die Struktur des Tragischen

---

[9]   Hartung, *Faschistische Tragiker*, 153.
[10] Man müsse entschieden der »Selbstpreisgebung des deutschen Geistes […] entgegen[]-treten«, meint Volkelt, denn dass dieser »den Glauben an sich selbst verloren« habe, dränge sich als eine besonders schmerzvolle »Tragik unseres gegenwärtigen Daseins« auf. (ÄT 451).
[11] Kubalica, Tomasz (2014): *Johannes Volkelt und das Problem der Metaphysik*, Würzburg, 161.

ins Metaphysische steigern« lässt. (ÄT 430) Als Gegenstand seiner metaphysischen Überlegungen fokussiert der Philosoph eine Tragik, die dem Aufbau der Welt immanent ist. Diese wird im Sein mit bestimmten Qualitäten versehen und darin entwickelt.[12] Da aber naheliegender Weise diese Form der Tragik nicht wie jene der ästhetischen Art »seine Züge in sinnlicher und phantasiemäßiger Anschaulichkeit« entfaltet, sind es nun »rein gedankliche Zusammenhänge« (ÄT 429), die den tragischen Eindruck hervorrufen. Die Beglaubigung dieser unanschaulichen Erkenntnis ist letztlich Sache des (höheren tragischen) Gefühls, sie konstituiert sich folglich eigentlich als apriorische ›Gefühlsgewissheit‹[13]. In diesem Sinn etwa kann Kubalica mit einigem Grund davon sprechen, dass »Volkelt die Grundlage für eine Art der Gefühlsphilosophie beschrieben« hat.[14]

Will man das Verhältnis zwischen der psychologischen und der metaphysischen Dimension begrifflich fassen, so liegt es nahe, in Anbetracht der von Volkelt verneinten letztlichen Identität[15] zumindest von einer strukturellen Identität zu sprechen bzw. von einer Isomorphie. Denn das Erleben des Tragischen beruht ihm zufolge grundsätzlich auf dem (noch näher zu erläuternden) »Kontrastgefühl«, das aus dem Gegensatz des »Vernunftvollen und Vernunftwidrigen« (ÄT 63) hervorgeht. In ebensolcher Weise konstituiert sich das Metaphysisch-Tragische als ein Gegensatz zwischen der Weltvernunft und dem Irrationalen, wobei ihm hinsichtlich des »gebrochenen Charakter[s] des Seinsgrundes« das Irrationale Folgendes bedeutet, nämlich »den Gegensatz zu der Vernunft als dem Inbegriff der absoluten Werte [...], der sinnvollen Geltungen; es bedeutet also das Zweckwidrige, das Sinnlose.« (ÄT 431–432) Dieser Antagonismus zwischen dem Seinsollenden und dem Nichtseinsollenden ist in der metaphysischen Vorstellung Volkelts aber nichts Endgültiges, sondern wird in Form einer dialektischen Volte aufgehoben. Denn das Irrationale fungiert in dieser säkularisierten Theodizee bloß als produktivierendes Element, das gleichsam mephistophelisch agiert, »um auf diesem Wege die Weltvernunft in voller Tiefe zur Selbstverwirklichung zu bringen.« (ÄT 432) Das klingt ein wenig nach Hegels letztlichem Vollzug der Allvernunft, und Volkelt verabsäumt auch keineswegs, die Richtungen anzugeben, aus der er die Inspiration zu seiner Versöhnungsphilosophie bezieht: Es sind dies »Jakob Böhme, Hegel, der spätere Schelling, Franz Baader, Eduard Hartmann.« (ÄT 432) Angesichts dieser Versöhnungskonzeption ist Kubalica durchaus zuzustimmen, wenn er Volkelt nicht als radikalen, sondern »angemessene[n] Pessimist[en]«[16] bezeichnet, der sich

---

[12] Vgl. ebd.
[13] *Die Gefühlsgewissheit* heißt ein erkenntnistheoretisches Werk Volkelts aus dem Jahr 1922.
[14] Kubalica, *Metaphysik*, 162.
[15] An anderer Stelle wiederum spricht er davon, dass »die Tragik des Menschengeistes mit der Tragik des Weltgrundes zusammenhängt«, und zwar »wesenhaft.« (ÄT 440).
[16] Ebd., 166.

auch selbst öfters dezidiert vom »Pantragismus im Sinne Hebbels« (ÄT 439) abgrenzt. Das Tragische ist demnach eigentlich eine Größe, deren Sinn darin existiert, aufgehoben zu werden: »Sub specie aeternitatis besteht das Tragische nur insofern, als es einen ewigen Durchgangspunkt für den Sieg des Guten und Heilvollen bildet.« (ÄT 439) Im menschlichen Dasein hingegen bleibt die tragische Spannung unaufgelöst, zumal sie sich auch im Gegensatz zwischen dem Endlichen und dem Unendlichen manifestiert, ein Verhältnis, das sich im Erleben des Menschen folgendermaßen niederschlägt: »Indem wir über das Endliche hinausstreben, spüren wir doch allenthalben unser Gekettetsein an das Endliche, die einschränkende, lähmende, verunreinigende herabzerrende Macht des Endlichen.« (ÄT 441) Im Versuch des Menschen, das Endliche zu transzendieren, um dessen Mangel zu beheben, liegt dieser Auffassung zufolge ein wesentlicher Grund für das Tragische.

Ein Prinzip nun, das als Metaphysik interessant erscheint und einiges in Hinsicht auf die Ausleuchtung der literarischen Tragikdarstellungen beiträgt, wird problematisch dann, wenn es als Geschichtsprinzip genommen wird bzw. zur quietistischen Erklärung oder tendenziellen Billigung solch überindividuellen Geschehens wie des Weltkrieges dient. Dieser, »als äußerster Gegenstoß [!] des Irrationalen« gegen die »Vernunft in der Menschheitsentwicklung« erfährt im Lichte besagter metaphysischen Formel dann folgende Deutung: »Sollen die Kulturwerte wachsend hervortreten, so kann das nur geschehen, daß die Menschheit die Schule der Mißwerte durchmacht.« (ÄT 445) Die negative Haltung zum Irrationalen in mehrfacher Form indes bewahrt Volkelt davor, in eine literaturtheoretische Denkströmung zu geraten, an deren Ende eine Konvergenz mit der NS-Ideologie steht. Wo der germanistische Zeitgeist, mit den Gewährsmännern Hermann A. Korff, Friedrich Gundolf u.a., das Irrationale »zur Zauberformel« erhebt (bes. in Heinz Kindermanns *Durchbruch der Seele*, 1928) und sich im Rahmen eines »Natürlichkeits- und Echtheitstopos«[17] eine deutschnationale Tendenz ankündigt, bleibt Volkelt, dem als Vertreter einer getragenfeinsinnig bürgerlichen Geisteshaltung besonders die sublimen ästhetischen Dimensionen ein Anliegen sind, zu solchem Gefühlskult auf Distanz. Nahezu symptomatisch dafür ist, dass er einen der Heroen der Irrationalismus-Apologeten, nämlich den Sturm-und-Drang-Dichter J.M.R. Lenz, sowohl in seinem Tragik-Buch als auch in seinem dreibändigen *System der Ästhetik* (EA 1905–1915) keine Beachtung zukommen lässt. Ebenso geht er konsequent auf Distanz zu Dichtern, die auf eine dezidierte Ausdruckspoetik setzen: So zeichne Strindberg in manchen seiner Dramen »von Roheit, Haß und Bosheit

---

[17] Hiebel, Hans H. (1990): *Auktoriales und personales Drama. Eine wissenschaftsgeschichtliche Studie zur Theorie des Aufklärungs- und Sturm-und-Drang-Dramas mit besonderer Berücksichtigung Gottfried Zeißigs*, in: ders. (Hg.): *Gottfried Zeißig. Die Ueberwindung der Rede im Drama. Mit einer wissenschaftsgeschichtlichen Studie des Herausgebers*, Bielefeld, 117–197, hier 194.

vergiftete[] Scheusale«, die »ich überhaupt für dichterisch unzulässig [halte].« (ÄT 71) Diese Einschätzung wiederholt er an anderer Stelle, wo Strindbergs Gestalten sodann als »Ausgeburten eines tief erkrankten Genies« erscheinen und auch in Stücken von Fritz von Unruh »kommen solche konstruierte[n] Scheusale vor«.[18] Gleicherweise sieht er auch die Dramen von Ernst Toller, besonders dessen *Masse Mensch* als »wahrhaft überlastet mit unerträglichen Gräßlichkeiten« (ÄT 263) an. Dass Volkelt zufolge Schnitzler mit seinem *Reigen*, »diesem pornographischen Machwerk, seinen Dichternamen in unglaublicher Art befleckt«[19] habe, zeugt ebenso von dieser ästhetischen Werthaltung, die das »Jämmerliche und Entsetzliche« diskreditiert, weil es ihm an dem einzig tragikwürdigen »Menschlich-Bedeutungsvollen«[20] fehlt. Diese Einschätzungen sind allerdings eher markante Beispiele für die Volkelts normativ-ästhetischer Werttheorie zugrundeliegende Bestimmung, »das Ästhetische könne nur in einer besonderen menschlichen Form wiedergegeben werden«.[21]

3 »Gefühlsvorstellung«: Zu Volkelts Theorie des (ästhetischen) Gefühls

Volkelts »Beschreibung und Zergliederung eines [des tragischen] Gefühlstyps« (ÄT VII), der für ihn schlicht als solcher einmal feststeht, weil er »erfahrungsmäßig gegeben«[22] ist, ist aus gutem Grund schon von Zeitgenossen wie Max Dessoir dahingehend kritisiert worden, dass sie »in der Zerspaltung zu weit [gehe]«.[23] Diese Einschätzung trifft den Eindruck, den das Werk macht, ganz gut, denn der tragische Gefühlstyp, dessen wesentliche Konstituente der Untergang des Menschlich-Bedeutungsvollen ist und der als Träger ganz aristotelisch einen Menschen hat, der »über das Gewöhnliche hinausragt« (ÄT 87), erfährt verschiedenartige, kleinteilige Zergliederungen. So sondert der Autor neben hauptsächlich inhaltlich differenzierten Formen – wie etwa die Tragik des äußeren bzw. inneren Kampfes, das Tragische der berechtigten bzw. nichtigen Gegenmacht, jenes der individuell-menschlichen resp. der typisch-menschlichen Art, das schuldvolle bzw. schuldfreie oder das der widerspruchsvollen Größe sowie auch dasjenige der organischen, der notwendigen versus der zufälligen Art – von solchen Formen, die Folge der temporalen Plotstruktur sind, etwa das Tragische der langsamen bzw. der »raschen und jähen Art« (ÄT 366) u.a.m. Dane-

---

[18] Volkelt, Johannes (²1927): *System der Ästhetik*, Bd. I, München, 508.
[19] Volkelt, Johannes (²1925): *System der Ästhetik*, Bd. II, München, 327.
[20] Ebd., 326–327.
[21] Kubalica, *Metaphysik*, 175.
[22] Volkelt, *System II*, 305. »Den Gehalt des Tragischen bilden menschliche Kämpfe und Leiden.« Ebd., 206.
[23] Dessoir, Max (1919): *Johannes Volkelt. Ästhetik des Tragischen*, in: *Zeitschrift für Ästhetik und allgemeine Kunstwissenschaft* XIII, H. 2, 206–207, hier 206.

ben unterscheidet er noch eher rezipientenbezogene Ausformungen wie das Tragische der befreienden und der niederdrückenden Art, welch ersteres davon abhängt, »ob der Dichter ein derartiges Zusammenwirken erhebender Gefühle [...] herbeiführt, daß in dem Gemüte gegen den Druck des Tragischen eine fühlbare Gegenwirkung erzeugt wird.« (ÄT 232) Spätestens dann, wenn es um Merkmalkombinationen geht und psychologische Qualitäten, wie etwa die »Nebengefühle des Tragischen« (ÄT 275–292), ins Spiel gelangen, wird trotz (oder vielleicht auch wegen) der zahlreichen Beispiele die Kategorisierung etwas unübersichtlich.

Obwohl, wie oben angeführt, Volkelt seine Studie als eine psychologische versteht, ist grundsätzlich Tomasz Kubalicas Einschätzung zuzustimmen, dass er »die Gefühlsseite im Sinne der ästhetischen, nicht der persönlichen Gefühle betont«, dass in seiner Theorie also »das ästhetische Erleben keinen psychologischen, sondern geistigen Charakter habe«.[24] Wenngleich das Werk offenbar auf eine integrale Ästhetik des Tragischen angelegt ist und Volkelt sich demnach intensiv auch mit den psychologischen Theoretikern der Zeit, also auch mit allen namhaften Ansätzen zur Einfühlungstheorie auseinandersetzt, nimmt er eine emotionstheoretisch gesehen verhältnismäßig enge Bestimmung vor. Tragisch ist ihm zufolge ein Eindruck nämlich nur, wenn er in der Dimension des Ästhetischen stattfindet, für welches Argument er zwei Gründe anführt: »Soll ein Vorgang des Lebens uns tragisch ergreifen, so muß er [...] mit schauendem Fühlen, mit ›Einfühlung‹ ergriffen werden. [...] Das Zweite aber ist, dass wir uns von dem Vorgang, wenn er tragisch wirken soll, mit unseren individuellen Willensinteressen ablösen müssen.« (ÄT 22) Bei diesem Ästhetikverständnis ist der »verhältnismäßig willenlose Charakter der Kunst« maßgeblich, die Gefühle »erfahren im künstlerischen Anschauen eine Entstofflichung.« (ÄT 291) Diese an Kant gemahnende Beschreibung des ästhetischen Verhaltens, also die Favorisierung der sublimen Erlebnisebene, erfordert natürlich eine Differenzierung von jenen Erlebensdimensionen, die durch identifikatorische Einfühlung und affektive Teilnahme bis hin zu motorischen bzw. leiblichen Empfindungen generiert werden. Volkelt grenzt diese psychischen Phänomene insofern ab, als er sie als »tragische Gefühle außerästhetischer Art« (ÄT 278) klassifiziert, die nicht zum ästhetischen Eindruck des Tragischen gehören, ja diesen sogar stören, weil in diesem »außerästhetischen, stofflichen, unreinen, pathologischen Eindruck« (ÄT 284) das eigene Ich mit seinem Schicksal und seinen Interessen nicht außen vor bleibt. Vor diesem Hintergrund kann er konsequenterweise die aristotelische Katharsisidee als eine Indienstnahme der Tragödie zu fremden – d.h. außerästhetischen – Zwecken erledigen. Er ignoriert indes keineswegs den Effekt der »tragischen Entladung«, bei der neben der »Durchrüttelung der Seele« (ÄT 286) eine Ich-Erweiterung sich einstellen kann, wenn der/die RezipientIn die Kämpfe der

---

[24] Kubalica, *Metaphysik*, 175–176.

tragischen Personen mitlebt. Fraglos ist das jedoch nicht im angegebenen Sinn als ästhetische Rezeption zu werten, sondern als »grobstoffliche, aber psychologisch interessante Nebenwirkung.« (ÄT 291) Wo übrigens »Nervenaufpeitschung durch [...] Verbindung von perversen erotischen Gefühlen mit Freude an Blut und Mord« bewirkt wird, ist ohnehin »der Volkserzieher« (ÄT 279) gefragt, um diesen Gefahren entgegenzusteuern.

Volkelts heiklen Umgang mit den nichtsublimen Emotionsaspekten hat bereits der Zeitgenosse Robert Hartl insofern als diskrepant angesehen, als dieser »zwar den Widerspruch« erkenne, in welchem seine »Theorie der ästhetischen Willenlosigkeit zu den Tatsachen steht, wenn uns der Dichter Personen darstellt, die nicht nur von Stimmungen und Gemütsbewegungen erfüllt sind, sondern die auch in ›Wünschen, Begehrungen [...] leben‹ und die so den ästhetischen Genießer nötigen, auch ›Strebungen, die unmittelbar auf Verwirklichung losgehen, in sich zu vollziehen‹«.[25] In der Tat muten Volkelts Bemühungen, das ästhetische Gefühl ›rein‹ zu halten, d.h. es von anderen, stärker psychoenergetischen Gefühlskomponenten zu separieren und doch auch der Einfühlung (gemäßigt) Rechnung zu tragen, mitunter etwas gewollt an.[26] Der Widerspruch nötige ihn Hartl zufolge aber keineswegs, diese Theorie aufzugeben, sondern er löse die Schwierigkeit durch einen Kompromiss, nämlich insofern, als er »Strebungen, die sich im ästhetischen Genießer vollziehen« bloß als »Reproduktion«, gelten lasse, die er »außerdem noch in den ästhetischen Gegenstand projiziert«, sodass sie nicht mehr dem »praktischen Ich«[27] angehören. Hartl stellt sich mit dieser Kritik deutlich auf die Seite von Theodor Lipps, der den »allgemeinen Grund des ›Vergnügens an tragischen Gegenständen‹ im innigsten Miterleben der fremden Persönlichkeit«[28] erkenne, in dessen Verlauf das Objekt in das betrachtende Ich integriert werde.

3.1 »Das Ich als ein für sich Mittuendes«? Gegenständliche und persönliche Gefühle

Mit dieser Differenzierung nimmt Volkelt eine entscheidende (heuristische) Sonderung der ästhetischen Gefühle von anderen Gefühlsqualitäten vor. Während die gegenständlichen eine klare Beschreibung und Zuordnung zu den ästhetischen erfahren, ist die Handhabung des Begriffs der persönlichen Gefühle tendenziell unscharf, vor allem hinsichtlich des Grades der Zugehörigkeit zum ästhetischen Gefühlsbereich. Denn dieser Komplex umfasst vor allem die beiden Komponenten der »teilnehmenden« (Furcht, Mitleid, Abscheu, Wehe) und der

---

[25] Hartl, Robert (1924): *Versuch einer psychologischen Grundlegung der Dichtungsgattungen*, Wien, 65.
[26] Vgl. Volkelt, *System I*, 154–155 u.175–181.
[27] Hartl, *Versuch*, 65.
[28] Lipps, Theodor (1903): *Grundlegung der Ästhetik*, Hamburg/Leipzig, 565.

»zuständlichen Gefühle« (Erhebungs- bzw. Herabdrückungsgefühle) und bei ihnen werden auch verschiedene Grade der »subjektiv-betonte[n] Einfühlung«[29] geltungswirksam, was die Möglichkeit (im Sinne von Volkelts Reinhaltungsbestreben wohl eher eine Gefahr) der Beimischung von ›stofflichen‹ Bestandteilen eröffnet. Um die persönlichen Emotionen, die ein ästhetischer Eindruck im Rezipienten-Ich erweckt, begrifflich zu präzisieren, übernimmt er von Eduard von Hartmann den Terminus »reaktive Gefühle«,[30] die den gegenständlichen gegenüberstehen und im Unterschied zu diesen »wirkliche Gefühle«[31] sind, also gelebte und nicht vorgestellte. Seiner programmatischen Absicht zufolge, »die Gefühle von den erregenden Gegenständen her [zu] beschreiben« (ÄT 40), gelten ihm als ästhetische Gefühle in Reinform fraglos hauptsächlich die gegenständlichen, die sich dadurch charakterisieren, »daß sie nicht mir, sondern dem Gegenstande zugehören. Beim Haben dieser Gefühle überspringe ich sozusagen ihre Zugehörigkeit zu meinem Bewußtsein, ich fühle sie in den Gegenstand ein und habe sie so als eingefühlte, der gegenüberstehenden Person oder Sache einverleibte Gefühle.« (ÄT 249–250) Dieser Gefühlskategorie fehlt »die erlebte Ich-Zugehörigkeit. [...] Ich weise die Gefühle dem fremden Ich als seine Gefühle zu.«[32] Der Effekt dieser mentalen Operation besteht sodann darin, dass man am Ausdruck des Objekts (im Bereich des Ästhetischen zumeist dargestellte Menschen) Gefühlsqualitäten abliest, man also »mit dem Sehen der fremden Gebärde den fremden Gefühlszustand«[33] erfassen kann. Das Charakteristikum der gegenständlichen Gefühle besteht ergo folglich darin, dass ihre »Daseinsweise nicht im Fühlen besteht, sondern nur im Vorstellen von Gefühlen«.[34] Damit ist im Prinzip jene geistige Leistung erfasst, die heutzutage als ›Theory of Mind‹ firmiert, nämlich die menschliche Kompetenz, das Ausdrucksverhalten und Handeln anderer in Hinsicht auf deren emotionale Situation und intentionale Verfasstheit zu verstehen. Zu dieser mentalen Leistung gehört im Weiteren selbstredend auch die Fähigkeit zu erkennen, ob wir es mit dem Betragen realer Personen zu tun haben oder mit dargestellten Figuren, die ein bestimmtes Verhaltensrepertoire für uns simulieren, kurz: ob es sich um echten oder inszenierten Ausdruck handelt. Es kommt dabei also eine kognitiv-objektivierende Erkenntnisleistung hinzu, ein Sich-Verhalten zu einem Gefühlsgeschehen, das Volkelt zufolge an und für sich dem gegenständlichen Gefühlstypus zu eigen ist. (Vgl. ÄT 7) Die Tragfähigkeit von Volkelts Unterscheidung wird – ohne dass es sich empfiehlt seine Wertüberzeugungen bezüglich mancher reaktiven Gefühlsmischungen zu übernehmen – halbwegs nachvollziehbar, wenn man sich die Plausibilität eines damit ver-

---

[29] Volkelt, *System I*, 158.
[30] Ebd., 260.
[31] Ebd., 167.
[32] Ebd., 146.
[33] Ebd., 149.
[34] Ebd., 259.

gleichbaren aktuellen Modells vor Augen führt. Katja Mellman etwa trifft eine »konzeptionelle[...] Unterscheidung von Imaginationsprozessen einerseits und emotionalen Reaktionen auf die imaginäre ›Attrappe‹ andererseits«.[35] Mit Ersteren sind Vorstellungsbilder qua Perspektivenübernahme bzw. »mentale Repräsentationen fremder Absichten« gemeint, die von den »emotionalen Wirkungen dieser Vorstellungsbilder«[36] abzugrenzen sind. Eine solche mentale Repräsentation veranschaulicht Volkelt beispielhaft anhand der Beschreibung gegenständlicher Gefühle: »Die Entschlüsse, die mir beim Lesen von Shakespeares *Coriolan* als in dem Helden zum Ausdruck kommend bewußt werden, sind nicht wirkliche, sondern vorgestellte, und zudem in ein fremdes Ich projizierte Willensakte«.[37] Als illustrativ für die emotionalen Wirkungen von Vorstellungsbildern führt Mellmann die Gemütslagen Hoffen und Bangen an und verdeutlicht diese Gefühlsphänomene ebenfalls an einem Shakespeare-Stück: »Der Leser [...] wird nicht notwendig selbst verliebt in Romeo sein und hat auch selbst keine Zwangsvermählung zu fürchten. Trotzdem wird er mit Julia die bevorstehende Hochzeit fürchten und auf ein Wiedersehen mit Romeo hoffen – warum«?[38] Bei Volkelt rangiert das Bangen im Bereich der teilnehmenden Gefühle, speziell in jenem des »Tragischen der niederdrückenden Art.« (ÄT 260) Dass solche Kategorien in der Analyse des ästhetischen Gefühlsdickichts beachtlichen Wert haben, sei außer Frage gestellt, dass wir uns in der konkreten Rezeption nicht selten »in eine[r] gewisse[n] mittlere[n] Bewußtseinsstellung«[39] befinden, wir das Ganze demnach als graduelle Angelegenheit zu sehen haben, leuchtet ebenso ein.

Auf Aspekte der Evozierung der persönlichen Gefühlsqualitäten wird mit Bezug auf die Einfühlung noch einzugehen sein. Hier sei mit Volkelt indes noch ein phänomenologischer Blick gerichtet auf die besondere Weise der Bildung gegenständlich-ästhetischer Gefühle, die unserem Bewusstsein fürs Erste durch ein So-Sein der Gegenstände als objektiv gegeben scheinen. In dieser Sicht ist die sinnliche Wirkung des ästhetischen Gegenstands »mit dem Eindruck auf die Empfindung nicht immer abgeschlossen«, sondern wird durch »reproduzierte Empfindungen«[40] ergänzt. Zur Illustration führt Volkelt etwa das Sehen eines Felles an, wo zur Gesichtswahrnehmung des Objekts eine (niedere) Tastempfindung des Wohlig-Warmen sich einstellt. Er spricht hierbei von einem »Mit-Sehen [...] im Sinne des Als-Ob« und verwendet für diesen Empfindungsmodus den Terminus »Einempfindung«, die sich dadurch charakterisiert, dass »in ein

---

[35] Mellmann, Katja (2006): *Emotionalisierung – Von der Nebenstundenpoesie zum Buch als Freund. Eine emotionspsychologische Analyse der Literatur der Aufklärungsepoche*, Paderborn, 104.
[36] Ebd.
[37] Volkelt, *System I*, 458.
[38] Mellmann, *Emotionalisierung*, 114.
[39] Volkelt, *System I*, 155.
[40] Ebd., 117.

Gesehenes [...] eine dem niederen Sinnesgebiet angehörige vorgestellte Empfindung«[41] auf eine Weise einfließt, dass sie als zu dem Gesehenen gehörig gefühlt wird. Obwohl auch das gewöhnliche Sehen von Einempfindung geprägt ist, ist der Modus des Mit-Sehens Volkelt zufolge in der ästhetischen Sehweise stärker ausgeprägt.[42] Die erkenntnistheoretische Frage, die sich hier anschlösse, nämlich ob sinnliches Sehen ohne ein Mit-Sehen überhaupt möglich ist, sei dahingestellt. Im Rahmen des Volkelt'schen Entwurfs ist diese Auffassung immerhin eine nachvollziehbare Begründung dafür, wie ästhetische Qualitäten bzw. Poetisierungen zustande kommen, speziell etwa im Bereich des unmittelbar Gegenständlichen wie der Naturästhetik oder der Malerei.

3.2 Das Kontrastgefühl als tragisches Grundgefühl

Volkelts Ausführungen zu dieser Hauptkomponente des tragischen Gefühlstypus stehen in untrennbarem Zusammenhang mit der von ihm getroffenen Bestimmung, dass der Protagonist der Tragödie eine gewisse, nach irgendeiner Seite hin über dem Durchschnitt liegende menschliche Größe haben muss. Die Eigenart dieser emotionalen Spannung liegt »auf dem Gebiete der teilnehmenden Gefühle«, weswegen die Ausführungen dazu auch »unmittelbar psychologisch«[43] seien. Das Kontrastgefühl stellt sich ein, wenn wir wie folgt fühlen: »Vor der Größe sollte sich die Welt ebnen, sollten die Hindernisse weichen.« (ÄT 63) Die entsprechende Reaktion des/der RezipientIn auf das tragische Ereignis besteht also im Erleben einer Spannung, die aus dem »scharfen Widerstreit [resultiert] zwischen dem, worauf der große Mensch Anspruch hat und seinem tatsächlichen Geschick.« (ÄT 63) Darin manifestiert sich das Grundprinzip des Tragischen, weil in diesem Verhältnis der »Gegensatz des Vernunftwollens und des Vernunftwidrigen« (ÄT 64) eklatant zum Ausdruck kommt, weshalb Volkelt für diese tragische Spannungsemotion auch die synonyme Bezeichnung »Irrationalitätsgefühl« (ÄT 64) verwendet. Was mit diesem etwas pathetischen Begriff semantisiert wird, ist ein emotionales Reaktionsprinzip, das mit dem »homöostatische[n] Motivationsmodell«[44] gut verdeutlicht werden kann. Denn der Umstand, dass der Mensch grundsätzlich nach Spannungsausgleich strebt und alle seine Bewertungen sozialer und kultureller Art in Verbindung mit dem Homöostaseprinzip vornimmt, bedeutet für seinen Kunstbezug Folgendes: »Ein Hauptaspekt des Kunsterlebnisses besteht aus der Erregung und Auflösung der Spannung des Betrachters durch das Kunstwerk [...]. Jeder bemerkbar große Reiz unterbricht nicht nur die Homöostase, sondern ruft auch eine Orientierungsreak-

---

[41] Ebd., 118.
[42] Vgl. ebd., 119.
[43] Volkelt, *System II*, 312.
[44] Kreitler, Hans/Kreitler, Sulamith (1980): *Psychologie der Kunst*, Stuttgart, 28.

tion hervor«.⁴⁵ Die Orientierungsreaktion im Fall des Tragischen erfolgt demnach in die Richtung, dass das »Nichtseinsollende des dem großen Menschen widerfahrenden Leides [...] als wider die Vernunft gehend« (ÄT 65) gefühlt wird. Das Seinsollende hingegen, der Zustand, in dem ›die Welt geebnet‹ ist und der besondere Mensch eine seinen Tugenden äquivalente Anerkennung erfährt, ist jener der poetischen Gerechtigkeit. Das Unbehagen bzw. das ›Herabdrückende‹ im rezeptiven Mit- oder Nachvollzug von Tragischem zeigt sich somit als Folge einer Maßnorm, die uns in Karl Eibls evolutionspsychologischer Sicht als seelisches Erbe gegeben ist, sodass »die Erwartung poetischer Gerechtigkeit offenbar ein kaum vermeidbarer apriorischer Zugriff auf Texte ist«.⁴⁶ Wir halten, so Eibl, das Unglück von HeldInnen, die wir mit Sympathie verfolgt haben, »grundsätzlich für ungerecht«⁴⁷ aufgrund einer emotionalen Disposition, die unseren Wunsch nach einem Happy Ending generiert. Das Kontrastgefühl, ein bezeichnender Begriff, der es übrigens wert wäre, auch in heutigen Analysen des Tragischen wieder Platz zu finden, deckt sich also weitgehend mit dem ›Rechtsgefühl‹.⁴⁸ Schon die Dissertation von Maximilian Ahrem über Theordor Lipps und Volkelt aus dem Jahr 1909 fasst das Kontrastgefühl in einem ethischen Sinn: »Unser sittliches Gefühl von dem, was sein soll, wird verletzt von dem, was ist«, wenn der Held »einen Eingriff in sein Dasein [erfährt], der mit unserem Gefühl für Billigkeit, Gerechtigkeit und Sittlichkeit in so grellem Kontrast steht«.⁴⁹ Volkelts ›Gefühl der teilnehmenden Art‹, das uns für den HeldInnen »wünschen, hoffen, erwarten [lässt], daß er sich in der Welt durchsetzen werde« (ÄT 65) firmiert, in heutige analytische Begrifflichkeit gebracht, wesentlich unter der Bezeichnung »Planungsemotion«, genauer gesagt handelt es sich um eine Form des »prospektiven Begehrens«, die ausgelöst wird, »wenn eine je spezifische Ist-/Sollwert-Diskrepanz vorliegt, d.h. eine vorausgehende Präferenzsetzung verletzt wird«.⁵⁰

Die phänomenale Beschaffenheit des Kontrastgefühls ist auch schon Anlass einer zeitgenössischen Diskussion zwischen Volkelt und Lipps. Sie führt über Ahrem, der in seiner Arbeit den von Lipps geprägten Begriff der »psychischen

---

⁴⁵ Ebd., 36.
⁴⁶ Eibl, Karl (2012): *Poetische Gerechtigkeit als Sinngenerator*, in: Donat, Sebastian u.a. (Hg.): *Poetische Gerechtigkeit*, Düsseldorf, 215–240, hier 219.
⁴⁷ Ebd., 217.
⁴⁸ Die Verbindung des tragischen (Misch)Gefühls mit dem Rechtsaspekt hebt auch Müller-Freienfels hervor: »Wahre Tragik entsteht erst da, wo das (wenigstens subjektive) Recht verletzt ist.« Müller-Freienfels, Richard (1912): *Psychologie der Kunst. Eine Darstellung der Grundzüge*, Bd. I, Leipzig, 147.
⁴⁹ Ahrem, Maximilian (1909): *Das Problem des Tragischen bei Theodor Lipps und Johannes Volkelt*, Nürnberg, 23.
⁵⁰ Mellmann, *Emotionalisierung*, 114.

Stauung«⁵¹ mit dem Kontrastgefühl weitestgehend kongruent setzt: »Wir haben hier den psychologischen Ausdruck für das, was Volkelt bei Gelegenheit des Tragischen ›Kontrastgefühl‹ nennt«.⁵² Die Herstellung eines solchen Bezuges liegt in der Tat nahe, wenn man sich die Lipps'sche Beschreibung der psychischen Stauung und ihrer Wirkung vor Augen führt: »Ist ein psychisches Geschehen, ein Vorstellungszusammenhang etwa, in seinem natürlichen Ablauf gehemmt [...], so staut sich die psychische Bewegung«.⁵³ Das hat für unsere Befindlichkeit die Folge, dass das, was wir auf solche Art erleben, »nicht ganz« ist und dieses »Teilerlebnis [...] einem allgemeinen psychologischen Gesetz zufolge hinweist auf eine Ergänzung oder Vollendung«.⁵⁴ Hierin kann man sowohl das Homöostaseprinzip als implizit gefasst erkennen als auch das Theorem des prospektiven Begehrens. Volkelt freilich möchte die Ahremsche Gleichsetzung so nicht unterstreichen, er spricht lediglich von einer »Verwandtschaft« und begründet die Nichtherleitbarkeit aus dem »Staungsgesetz« damit, dass dieses »viel zu allgemein [sei] als daß die Besonderheit der Werturteile, die im Kontrastgefühl enthalten sind, aus jenem abgeleitet werden könnte«⁵⁵ – auch wenn er diese Besonderheit nicht konkret benennt. Es handelt sich aber offensichtlich um jene Vorstellungsgehalte, die im Begriff ›Irrationalitätsgefühl‹ verdichtet sind. Die Differenz in den Ansichten liegt aus heutiger Sicht einfach darin, dass Lipps hier stärker die Emotionsebene in den Vordergrund rückt, Volkelt hingegen die Gefühlsdimension. Der Unterschied besteht, mit einer prägnanten Kurzformel von Antonio Damasio zum Ausdruck gebracht, in Folgendem: »Die Emotionen treten auf der Bühne des Körpers auf, die Gefühle auf der Bühne des Geistes«.⁵⁶ Emotionen repräsentieren in dieser Modellierung leibliche Vorgänge (im vorliegenden Fall eine Stauung), sie sind die »Grundlage für Gefühle, für die mentalen Ereignisse, die das Fundament unseres Geistes bilden«, allerdings sind beide prozesshaft »so eng miteinander verknüpft, dass wir [...] dazu neigen, sie als ein einziges Phänomen wahrzunehmen«.⁵⁷ Volkelt vertritt in der ganzen Diskussion um ästhetische Gefühle eine ausgesprochen mentalistische Position. Denn obwohl seine Theorie, Simone Winko zufolge, als Prototyp der zeitgenössischen Strömung der »Umwandlung des ›cogito‹ in ein ›sentio ergo sum‹ gelten [kann]«, ist dieses »›sentio‹ explizit nicht sensualistisch oder physiologisch zu

---

⁵¹ Lipps, *Grundlegung*, 560.
⁵² Ahrem, *Problem des Tragischen*, 26.
⁵³ Lipps, *Grundlegung*, 560.
⁵⁴ Ebd., 561.
⁵⁵ Volkelt, *System II*, 313, vgl. auch ÄT 64.
⁵⁶ Damasio, Antonio (2003): *Der Spinoza-Effekt. Wie Gefühle unser Leben bestimmen*, München, 38.
⁵⁷ Ebd.

verstehen«.⁵⁸ Um seine Haltung zur Kunst auf den Punkt zu bringen, bietet sich demnach eine pointierte Gegenüberstellung von Moritz Geiger an: »Der Ästhet lebt in Außenkonzentration; er erfaßt die Welt in einer besonderen Weise, nicht sich selbst. Der Genießer dagegen erlebt seine eigenen Stimmungen in ästhetischer Betrachtung«.⁵⁹ Dass Volkelts theoretisches Gebaren mit seiner Akzentuierung des Gegenständlichen tendenziell dem des Ästheten entspricht, zeigt sich auch deutlich in Hinsicht auf seine Position in der Einfühlungsdebatte.

3.3 Ästhetisches Erleben und Einfühlung: Die Crux mit der Leiblichkeit der Gefühle

Die Einfühlungsästhetik hat Volkelt zufolge klar gemacht, »daß ein Gegenstand nur durch Verschmelzung seiner Sinnenform mit subjektiven, vor allem dem Bereich der Strebungen und Gefühle entnommenen Faktoren zum ästhetischen Gegenstande wird«,⁶⁰ und zwar so, dass in diesem Vorgang eine Einheit von sinnlicher Form und Ausdruck entsteht. In der Weise erfasst diese Behauptung einen breiten zeitgenössischen Konsens. Wenn er des Weiteren zwischen einer »einfache[n] oder unbetonten« und einer »subjektiv-betonte[n]«⁶¹ Einfühlung unterscheidet, tun sich hingegen zumindest hinsichtlich der Art und des Stellenwertes der letzteren Form Unterschiede zu anderen Ästhetikern seiner Zeit auf, die er teils eingehend kommentiert. Hinsichtlich des Tragischen impliziert diese subjektive Variante, die er auch als »gesteigerte Einfühlung«⁶² bezeichnet, dass zu den vergegenständlichten Gefühlen »tragische Gefühle außerästhetischer Art«, also solche, die dem Ich zugehören und damit »die Stofflichkeit und Grobheit der Gefühle des gewöhnlichen Lebens zeigen« (ÄT 278), hinzutreten, so beispielsweise Erleichterungs- und Entladungsgefühle. Letztere etwa können mit einer »materiale[n] Erweiterung des Ich« einhergehen, indem wir »auch material die äußeren und inneren Kämpfe […] der tragischen Personen« mitleben, ein »Mit-Leiden ähnlicher Schmerzen« (ÄT 287) fühlen. Da ihm die Unterscheidung zwischen Empathie, also dem Fühlen in Bezug auf das Gegenüber, und der emotionalen Ansteckung⁶³ nicht zuhanden ist, rubriziert er sowohl die empathischen Vorstellungen (die sich überdies teilweise mit seinen ›Gefühlsvorstellungen‹ decken) und die stärker adaptiven Komponenten unter das subjektiv-betonte Miter-

---

[58] Winko, Simone (2003): *Kodierte Gefühle. Zu einer Poetik der Emotionen in lyrischen und poetologischen Texten um 1900*, Berlin, 195.
[59] Geiger, Moritz (1913): *Beiträge zur Phänomenologie des ästhetischen Genusses*, in: *Jahrbuch für Philosophie und phänomenologische Forschung* I, H. 2, 567–684, hier 642.
[60] Volkelt, Johannes (1917): *Objektive Ästhetik*, in: *Zeitschrift für Ästhetik und allgemeine Kunstwissenschaft* XII, H. 4, 385–424, hier 394.
[61] Ebd., 396.
[62] Volkelt, *System I*, 179.
[63] Vgl. Mellmann, *Emotionalisierung*, 122 u. 125.

leben. Dieser Begriff des Miterlebens[64] ist es auch, der Volkelt zu Positionsklärungen veranlasst. Er wendet sich gegen Lipps, der die Einfühlung als ein »Hereinnehmen des Gegenstandes in das betrachtende Ich« versteht und nur »wirkliche Gefühle« (im Unterschied zu den gegenständlichen Gefühlsvorstellungen) als dabei relevant anerkennt. Hingegen besteht Volkelt auch beim Mit-Leiden von dem/der ProtagonistIn ähnlichen Schmerzen darauf, dass wir »sie in die fremden Gestalten hinein[projizieren]« und dabei »fühlen, wie sie abströmen« (ÄT 287–288); er vertritt also auch in diesem Zusammenhang ein Verständnis von Einfühlen, das in einem transitiven Hineinfühlen besteht. Lipps hingegen geht es, wie Volkelt zutreffend – allerdings kritisch – feststellt,[65] beim Akt des Einfühlens wesentlich um die Betonung des Sich-hinein-Versetzens in das Objekt und die Tätigkeit der ›inneren Nachahmung‹: »Die vollkommene Einfühlung ist eben ein vollkommenes Aufgehen meiner in dem optisch Wahrgenommenen und dem, was ich darin erlebe. – Solche vollkommene Einfühlung nun ist die ästhetische Einfühlung.«[66] Dieser Standpunkt macht, am Rande bemerkt, Lipps für die Immersionstheorie erheblich interessant,[67] denn die innere Nachahmung besteht für ihn letztlich in einem »innerlichen Vollzug der Bewegungen«,[68] also einer kinästhetischen (Mit-)Realisierung eines optisch wahrgenommenen Ausdrucks. Lipps verdeutlicht am Beispiel des Akrobaten, wie ein solcher Mitvollzug vor sich geht: »Ich vollziehe unmittelbar, nämlich innerlich [...] die Bewegungen des Akrobaten. Ich vollziehe die Bewegungen [...] in dem Akrobaten selbst. Ich bin nach Aussage meines Bewußtseins in ihm, ich bin also da oben«.[69] Aus heutiger Sicht, d.h. seit den neurologischen Erkenntnissen zur Empathie bzw. nach Entdeckung der Spiegelneuronen, ist fraglos Lipps zuzugestehen, dass er am psychologischen Kern des Einfühlungsprozesses dichter dran ist, als der die dem Bewusstsein näher gelegenen Gefühlsnuancen auslotende Volkelt. Besagte Neuronentypen nämlich »können im Gehirn eines Menschen die Bewegungen repräsentieren, die dieser an einem anderen Menschen wahrnimmt, und Signale an sensomotorische Strukturen schicken«,[70] woraufhin diese Bewe-

---

[64] Volkelts Verständnis von Nacherleben ist keines von »Erleben im eigentlichen Sinn. [...] Nacherleben ist Vorstellen mit Gefühlsinhalt. [...] Was wir im Nacherleben in uns erzeugen, sind nicht Gefühle, sondern Gefühlsvorstellungen.« Volkelt, Johannes (1922): *Die Gefühlsgewissheit. Eine erkenntnistheoretische Untersuchung*, München, 64–65.
[65] Vgl. ebd., 164.
[66] Lipps, *Grundlegung*, 125.
[67] Vgl. Voss, Christiane (2009): Fiktionale Immersion, in: Koch, Gertrud/dies. (Hg.): *»Es ist, als ob.« Fiktionalität in Philosophie, Film- und Medienwissenschaft*, München, 127–138, hier 129–130.
[68] Lipps, *Grundlegung*, 126.
[69] Ebd., 122.
[70] Damasio, *Spinoza-Effekt*, 139.

gungen simulativ oder tatsächlich ausgeführt werden. Gerade das markante Beispiel des Akrobaten wäre durchaus ergiebig für die Untersuchung analoger, vielleicht schwächerer Vorgänge im Zuge einer Tragödienrezeption gewesen. Denn eben die Literatur zeichnet Figurencharakteristiken oft mittels markanter Akzentuierung von ausdrucksstarken Bewegungen, inneren und äußeren, und Mimik- und Gestik stellen besondere Bewegungs- bzw. Hinweisreize dar, deren empathischer Nachvollzug ohne physiologischen Erregungshintergrund nicht (mehr) denkbar ist. Nun verkennt Volkelt zwar nicht, dass es neben dem vorstellungsreproduktiven auch den motorisch induzierten Weg der Einfühlung gibt, auf dem »der ästhetische Betrachter die gesehene Bewegung ansatzweise mitmacht«, indem dieser sich »als [...] bewegend in die Gebärde hinein[legt]« und es »spurweise zu[r] Mitbewegung«[71] kommt. Auch, dass »das Nachahmen bestimmter Gebärden [...] allein schon die Einfühlung bestimmter Gefühle ermöglichen [kann]«,[72] räumt er ohne Weiteres ein. Allerdings belässt er die Wirkung der motorischen Komponenten mit Bedacht im ›Kann-Modus‹ und funktionalisiert sie für seine projektionstheoretische Auffassung; zudem gibt er keine Hinweise auf den Stellenwert dieses Potentials. Dass er dieses nicht als allzu groß veranschlagt, kann man aber indirekt zum Beispiel daraus ableiten, dass er etwa an Karl Groos, dem er wie Lipps eine Überbetonung dieses spezifisch leiblichen Miterlebens ankreidet, unter mitschwingendem Reduktionismusvorwurf bemängelt, »die Bedeutung der motorischen Vorgänge für die ästhetische Einfühlung zu überschätzen«.[73] Dabei spricht sich Groos selbst gegen Theorien aus, die »unsere ästhetischen Gefühle einfach ohne Rest in Organempfindungen auflösen wollen«, hält jedoch auch fest, dass »das Lustgefühl des Schönen [...] eigenartige Bestandteile [enthält], die auf die Gefühlswirkung von Organempfindungen zurückzuführen sind« und dass »bei allen starken Gefühlsregungen das körperliche Ergriffensein von wesentlicher Bedeutung ist«.[74] Die Reserve Volkelts gegenüber dem Verständnis von Einfühlung als Miterleben und den physiologischen Implikationen dieser Theorie findet auch in einem seltsamen Ad-hominem-Argument in Bezug auf Lipps Ausdruck. Er suggeriert, dass dessen Auffassung daraus erklärbar sei, dass »Lipps ein hervorragend willensmäßig angelegter Mensch« gewesen sei. »Gestalt, Gebärde, Bewegung brachte seinen Tätigkeitstrieb, seine Strebungen, seinen Freiheitsdrang zu lebhaftester Entfaltung.« Und so habe »bei ihm die Einfühlung wohl mehr als bei den meisten anderen Menschen sofort den Charakter des Subjektiv-Betonten«[75] angenommen.

Volkelt, der über weitere Strecken eine phänomenologisch-zergliedernde Beschreibung von zuständlich-persönlichen und teilnehmenden Gefühlstönungen

---

[71] Volkelt, *System I*, 188.
[72] Ebd., 196.
[73] Ebd., 189.
[74] Groos, Karl (1902): *Der ästhetische Genuss*, Giessen, 59, 67 u. 197.
[75] Volkelt, *System I*, 164–165.

vorlegt, die bisweilen eng an der Leiblichkeit entlang verlaufen (vgl. ÄT 251–255), räumt an einer Stelle doch ein, dass sich an die »reaktiven und [...] teilnehmenden Gefühle überaus häufig Leiblichkeitsempfindungen innig anschließen« bzw. konstatiert er weniger einschränkend, dass »in allem Haben von Gefühlen und Affekten unser Leiblichkeitsgefühl tatsächlich [!!!] mit lebendig ist«.[76] Aber bei allem Lavieren in Bezug auf die körperlichen Segmente der Gefühlsqualitäten und den teilweisen Näherungskonstruktionen steht letztlich eines für ihn fest: »Doch wäre es töricht, von der Feststellung solcher leiblichen Ausklänge irgend etwas für die Aufklärung der ästhetischen Gefühle zu erwarten«.[77] Es müsse schon, so seine einschlägige Animosität, »eine so bäurisch grobe psychologische Anschauung, wie bei Karl Lange zu Grunde liegen, wenn der Glaube entstehen soll, daß die ästhetischen Gefühle etwa von den vasomotorischen Vorgängen aus studiert und aufgeklärt werden müßten«.[78]

Bei gebührendem Respekt vor dieser antireduktionistischen Haltung kann ein damit verbundenes anti-materialistisches, anti-stoffliches Ressentiment nicht übersehen werden, eine bürgerliche Antipathie gegen das nichtsublime Sinnliche bzw. das Dionysische. Denn mit dieser nahezu phobisch anmutenden Hintanstellung der körperlich-motorischen Komponenten der Tragödie drohen in Volkelts Theorie deren Wurzeln im und deren wirkungshistorischer Zusammenhang mit Fest bzw. Tanz völlig außer Blick zu geraten zugunsten eines von leiblichen Schlacken gereinigten tragischen Geistes und Gefühls.

Bibliografie

Ahrem, Maximilian (1909): *Das Problem des Tragischen bei Theodor Lipps und Johannes Volkelt*, Nürnberg.
Benjamin, Walter (1972): *Ursprung des deutschen Trauerspiels*, Frankfurt a.M.
Damasio, Antonio R. (2003): *Der Spinoza-Effekt. Wie Gefühle unser Leben bestimmen*, München.
Dessoir, Max (1919): *Johannes Volkelt. Ästhetik des Tragischen*, in: Zeitschrift für Ästhetik und allgemeine Kunstwissenschaft XIII, H. 2, 206–207.
Eibl, Karl (2012): *Poetische Gerechtigkeit als Sinngenerator*, in: Donat, Sebastian/u.a. (Hg.): *Poetische Gerechtigkeit*, Düsseldorf, 215–240.
Geiger, Moritz (1913): *Beiträge zur Phänomenologie des ästhetischen Genusses*, in: *Jahrbuch für Philosophie und phänomenologische Forschung I*, H. 2, 567–684.

---

[76] Ebd., 268 u. 201. Eine in etwa vergleichbare Position findet sich bei dem von Volkelt geschätzten Moritz Geiger, der von den Körperempfindungen sagt, dass von ihnen die »sinnliche Frische« stammt und sie »den Charakter der Zustandsgefühle als eines Ichzustandes noch besonders [betonen].« Geiger, *Phänomenologie*, 682.
[77] Volkelt, *System I*, 269.
[78] Ebd.

Hartl, Robert (1924): *Versuch einer psychologischen Grundlegung der Dichtungsgattungen*, Wien.
Hartung, Günter (2001): *Faschistische Tragiker im Verhältnis zu Schiller und Paul Ernst*, in: ders.: *Deutschfaschistische Literatur und Ästhetik. Gesammelte Studien*, Leipzig, 151–164.
Hiebel, Hans H. (1990): *Auktoriales und personales Drama. Eine wissenschaftsgeschichtliche Studie zur Theorie des Aufklärungs- und Sturm-und-Drang-Dramas mit besonderer Berücksichtigung Gottfried Zeißigs*, in: ders. (Hg.): *Gottfried Zeißig. Die Ueberwindung der Rede im Drama. Mit einer wissenschaftsgeschichtlichen Studie des Herausgebers*, Bielefeld, 117–197.
Kreitler, Hans/Kreitler, Shulamith (1980): *Psychologie der Kunst*, Stuttgart.
Kubalica, Tomasz (2014): *Johannes Volkelt und das Problem der Metaphysik*, Würzburg.
Lipps, Theodor (1903): *Grundlegung der Ästhetik*, Hamburg u. Leipzig.
Mellmann, Katja (2006): *Emotionalisierung – Von der Nebenstundenpoesie zum Buch als Freund. Eine emotionspsychologische Analyse der Literatur der Aufklärungsepoche*, Paderborn.
Müller-Freienfels, Richard (1912): *Psychologie der Kunst. Eine Darstellung der Grundzüge*, Bd. I, Leipzig.
Szondi, Peter (1978): *Versuch über das Tragische*, in: ders.: *Schriften I*, Frankfurt a.M., 149–260.
Volkelt, Johannes (1917): *Objektive Ästhetik*, in: *Zeitschrift für Ästhetik und allgemeine Kunstwissenschaft* XII, H. 4, 385–424.
— (1922): *Die Gefühlsgewissheit. Eine erkenntnistheoretische Untersuchung*, München.
— (^{4}1923 [1897]): *Ästhetik des Tragischen*, München.
— (^{2}1925): *System der Ästhetik*, Bd. II, München.
— (^{2}1927): *System der Ästhetik*, Bd. I, München.
Voss, Christiane (2009): *Fiktionale Immersion*, in: Koch, Gertrud/dies. (Hg.): *»Es ist, als ob.« Fiktionalität in Philosophie, Film- und Medienwissenschaft*, München, 127–138.
Wiese, Benno von (1983): *Die deutsche Tragödie von Lessing bis Hebbel*, München.
Winko, Simone (2003): *Kodierte Gefühle. Zu einer Poetik der Emotionen in lyrischen und poetologischen Texten um 1900*, Berlin.

HARRO MÜLLER

Lust und Schrecken: Beobachtungen zu Friedrich Nietzsches *Die Geburt der Tragödie*

Bei Nietzsche kommt der Terminus ›Emotion‹ allenfalls randständig vor. Er benutzt hingegen Affekt, Stimmung, Empfindung, Gefühl, Leidenschaft, die er von Leib/Körper, Instinkt, Trieb, Wunsch, Wille, Bewusstsein abgrenzt. Allerdings sind das keine genau definierten Begriffe, und von Definitionen in einem etwas strengeren Sinn hielt Nietzsche von Anfang bis Ende seiner Denkkarriere nicht sonderlich viel. Ein symptomatischer Beleg aus der *Genealogie der Moral*: »Alle Begriffe, in denen sich ein ganzer Prozess semiotisch zusammenfasst, entziehen sich der Definition; definierbar ist nur Das, was keine Geschichte hat« (5, 317)[1]. Auch ist es vielleicht nicht nur zufällig, dass er dem Affekt – als Metonymie für den gesamten Emotionshaushalt genommen – keinen Aufsatz, keine Abhandlung, keinen Essay gewidmet hat, obwohl ihn die gesamte emotionale Ausstattung der heutigen Menschen als Ergebnis der biologischen und kulturellen Evolution stets intensiv interessiert hat und ein beinahe obsessiv verfolgtes Leitthema seiner Schriften von der *Geburt der Tragödie* bis zu *Ecce homo* gewesen ist. Nicht umsonst hat sich Nietzsche als Psychologe begriffen, der nicht seinesgleichen hat. (Vgl. 6, 305) Dabei geht er stets davon aus, dass der Mensch als physiologisches, psychologisches und mentales Wesen mit seinen leiblichen, unbewussten, vorbewussten und bewussten Anteilen ein komplexes Ganzes, ein äußerst komplizierter Organismus ist, der nicht auf einen platonischen, Descartes'schen oder kantischen Dual heruntergebuchstabiert werden kann. Dieses Interesse Nietzsches am affektiven Bereich ist zugleich mit seinem kulturkritischen Engagement verknüpft. Von Anfang an versteht sich Nietzsche als Kulturrevolutionär, der z.B. in *Ecce homo* im Rückblick auf seine Sozialisation als Kind und Jugendlicher Folgendes schreibt: »Wir, die wir in der Sumpfluft der Fünfziger Jahre Kinder gewesen sind, sind mit Notwendigkeit Pessimisten für das Wort ›deutsch‹; wir können gar nichts anderes sein als Revolutionäre, – wir werden keinen Zustand der Dinge zugeben, wo der Mucker obenauf ist« (6, 288). Nietzsche begreift sich als Arzt der Kultur, der die äußerst desolate kulturelle Situation der Jetztzeit mit ihren nur barbarisch zu nennenden Zuständen diagnostizieren und als aktiv teilnehmender Beobachter zugleich Heilmittel empfehlen

[1] Im Fließtext wird mit Bandnummer und Seitenangabe nach folgender Ausgabe zitiert: Nietzsche, Friedrich (²1988): *Sämtliche Werke. Kritische Studienausgabe in 15 Bänden*, hg. von Giorgo Colli u. Mazzino Montinari, München.

will, damit der Stillosigkeit der Gegenwart ein Ende bereitet wird und kollektive oder individuelle Praktiken eines vornehmen, produktiven Lebens in die Wege geleitet werden können, die der durch und durch elitäre Friedrich Wilhelm Nietzsche stets nur einer auserwählten Minderheit zukommen lassen wollte. So schreibt er z.B. in *Der griechische Staat*, der dritten Vorrede zu fünf ungeschriebenen Büchern, Sätze, die bei dem streng auf Egalität achtenden Wilhelm Richard Wagner nur Kopfschütteln hervorgerufen haben können:

> Demgemäß müssen wir uns dazu verstehen, als grausam klingende Wahrheit hinzustellen, daß zum Wesen einer Kultur das Sklaventhum gehöre. [...] Das Elend der mühsam lebenden Menschen muß noch gesteigert werden, um einer geringen Anzahl olympischer Menschen die Produktion der Kunstwelt zu ermöglichen. (1, 767)[2]

Wenn sich die Voraussetzungen so stellen, könnte folgende Vorgehensweise sinnvoll sein. Da kein zentraler Text Nietzsches zum Thema Emotion vorliegt, wäre ein zusammenfassender Überblick nützlich, den allerdings Werner Stegmaier[3] auf erkenntnisfördernde Weise schon geliefert hat. Deshalb wähle ich einen anderen Zugriff. Ich konzentriere mich auf *Die Geburt der Tragödie* und versuche zu zeigen, wie Nietzsche das Feld des Affektiven in seiner Erstlingsschrift auslegt, und werde daran einige Schlussfolgerungen knüpfen. Insgesamt will ich demonstrieren, wie das tragische Gefühl (vgl. 6, 160) in diesem Text situiert wird, dabei ›interne‹ Rekonstruktion mit ›externen‹ Gesichtspunkten verbinden und Nietzsche zugleich von hinten nach vorne und von vorne nach hinten lesen. Die gewählte Vorgehensweise scheint mir auch deswegen angemessen zu sein, weil *Die Geburt der Tragödie* eine ›ästhetiktheoretische‹ Schrift ist – sie expliziert emotionale Probleme als ästhetische im Rahmen einer Reformulierung des Tragischen –, was in einem emphatischen Plädoyer für eine neue tragische, mythische, deutsche Kultur mündet. Insgesamt ist es meine Absicht, in diesem Essay eine Lesart der *Geburt der Tragödie* zu liefern, die zu produktiven Anschlusskommunikationen Anlass bieten könnte.

1

Die Geburt der Tragödie aus dem Geiste der Musik ist eine Abhandlung, die der Altphilologe Nietzsche als leidenschaftlicher Wagnerianer und begeisterter An-

---

[2] Vgl. Geuss, Raymond (2012): *Nietzsche: The Birth of Tragedy*, in: Pippin, Robert (Hg.): *Introductions to Nietzsche*, Cambridge, MA, 44–66, hier 52.
[3] Stegmaier, Werner (2012): *Nietzsches Umwertung (auch) der Affekte*, in: Landweer, Hilge/Renz, Ursula (Hg.): *Handbuch Klassische Emotionstheorien. Von Platon bis Wittgenstein*, Berlin, 525–546.

hänger Schopenhauers Anfang 1872 veröffentlicht hat. Als wissenschaftliche Schrift, als die sie Nietzsche auch verstanden haben wollte, trägt sie Züge, die befremden: keine Fußnoten, keine streng empirisch abgesicherten Argumentationslinien, viel Spekulation z.T. von großer Waghalsigkeit, großräumige Narrative, ungewöhnliche Epochenkonstruktionen, eigenwillige Typologisierungen, nicht nur interpretative, sondern auch evaluative und normative Stellungnahmen, aktives, performativ vorgetragenes Engagement im Hinblick auf die Jetztzeit und mögliche, wünschenswerte Zukunft, offensives Einbeziehen des Publikums. Es handelt sich um eine kulturkritische Interventionsschrift aus philosophischer Perspektive, die sich außerhalb der Wissenschaft situiert und zugleich mit Wissenschaft und Kunst verbunden und nicht verbunden ist. Da verwundert es nicht, dass Nietzsche mit dieser Abhandlung seinen Ruf als Fachwissenschaftler, indem er die Diskursregeln wissenschaftlichen Denkens und Schreibens für sich massiv außer Kraft gesetzt hat, kräftig und, zumindest für seine Lebenszeit, irreversibel ramponiert hat. Es war nicht nur sein Doktorvater Friedrich Wilhelm Ritschl, sondern auch der später berühmte Altphilologe Ulrich von Wilamowitz-Möllendorff, die im Rahmen ihres wissenschaftlichen Diskursregimes Friedrich Wilhelm Nietzsche privat oder öffentlich die rote Karte zeigten. Als zeit- und kulturkritische Schrift hatte sie nach Erscheinen besonders bei den Wagnerianern Erfolg; im 20. Jahrhundert ist sie eine der berühmtesten Schriften Nietzsches geworden, vielfach übersetzt, über die sich die Nietzsche-Industrie immer wieder beugt. Nietzsche selbst hat 1886 bei der dritten Auflage das Vorwort an Richard Wagner herausgenommen, den Titel zu *Die Geburt der Tragödie* verkürzt, einen Untertitel *Oder: Griechenthum und Pessimismus* hinzugefügt und nicht zuletzt eine neue Einleitung geschrieben mit dem Titel *Versuch einer Selbstkritik*, in der er harsch mit sich selbst zu Gericht geht: »Artistenmetaphysik, [...] ein Erstlingswerk auch in jedem schlimmen Sinne des Wortes. [...] ein unmögliches Buch, – [...] schlecht geschrieben, schwerfällig, peinlich bilderwüthig und bilderwirrig« (1, 13–14). Allerdings sollte man diese Selbstkritik nicht zu wörtlich nehmen; Nietzsche war seit *Menschliches Allzumenschliches* stets stolz auf seinen Perspektivismus, auf das von ihm verstärkt eingesetzte Verfahren der Perspektivenvariation. Im Rückblick auf seinen Erstling markiert er dann auch in *Ecce homo* eine ungebrochene Kontinuitätslinie, weil er sich in diesem Text als tragischer Philosoph präsentiert habe, der als Erster eine völlig neue, kognitiv extrem spannende, jenseits von Aristoteles und Lessing platzierte Lesart des Tragischen geboten habe, und er prognostiziert für die Zukunft: »Ich verspreche ein tragisches Zeitalter: die höchste Kunst im Jasagen zum Leben, die Tragödie wird wiedergeboren werden« (6, 312–313).

Die Geburt der Tragödie ist also der große Startpunkt für Nietzsche als Kulturrevolutionär, der kollektive und individuelle Lebenspraktiken qualitativ verändern möchte. Adressat ist zunächst in der *Geburt der Tragödie* in tiefer, fast schülerhafter Verbeugung vor dem Antisemiten und Nationalisten Richard Wagner die deutsche Nation, das deutsche Volk, deren unproduktive, stillose

Unkultur zur »Einheit des künstlerischen Stiles in allen Lebensäusserungen eines Volkes« (1, 274) verändert werden soll, dann seit *Menschliches Allzumenschliches* eine europäische Geisteselite, die sich von der uniformen Herde, von den gemeinen Arbeitssklaven absetzt und verstärkt auf Individualität, Singularität, auf produktive Einzigkeit (vgl. 1, 359) Gewicht legt gemäß der in *Also sprach Zarathustra* formulierten zwei Motti: »Man vergilt einem Lehrer schlecht, wenn man immer nur der Schüler bleibt« (4, 101); »›Das – ist mein Weg – wo ist der eure?‹ so antwortete ich Denen, welche mich ›nach dem Wege‹ fragten. Den Weg nämlich – den giebt es nicht«. (4, 245)

Von Anfang bis Ende seines bewussten Denk- und Schreiblebens hat Friedrich Nietzsche als philosophierender Artist oder artistischer Philosoph mit Blick auf unterschiedliche Wissenschaften, von der Philologie bis zur Physiologie, zwei eng miteinander zusammenhängende Probleme traktiert: Wie kann ich vergangene und heutige Kulturen analysieren und interpretieren im Hinblick auf ihre mögliche Umschreibfähigkeit? Und wie und wozu in der Moderne leben, nachdem besonders die christliche Religion und ihre weltlichen Surrogate ihre orientierende Kraft verloren haben und wissenschaftliche Absicherungen nicht halten? Besonders die zweite Frage hat massive existentielle Implikationen, auf ihr beruht u.a. Nietzsches große Wirkung, die er bis heute auf viele seiner Leser und Leserinnen ausübt.

2

Die Geburt der Tragödie hat keine Überschriften, sie besteht – in der Fassung von 1872 – aus dem Vorwort an Richard Wagner und aus 25 nummerierten Abschnitten. Die interne Gliederung des Textes ist leicht zu erkennen und umgreift drei große Textteile. Im ersten (1–10) beschreibt er die griechische Kultur zwischen Homer und Sokrates als Ergebnis der Auseinandersetzung zweier Triebe, den des apollinischen und den des dionysischen, die in der griechischen Tragödie als ritualisierte, in einen religiösen Rahmen eingebundene, ästhetische Kunst- und Kultform einen prekären Höhepunkt finden. Abgelöst wird diese ästhetische Kultur durch eine theoretische Kultur, die ihre Personifikation besonders in Sokrates findet. Davon handelt der zweite Abschnitt (11–15). Im dritten wird diese sokratische Linie bis zur außerordentlich krisenhaft verlaufenden Gegenwart gezogen, und es werden Zeichen gelesen (Luther, Bach Beethoven, Kant, Schopenhauer, Wagner), die darauf verweisen, dass die theoretisch-moralische Kultur sokratischer Provenienz wieder in eine ästhetische, tragische, mythische Kultur transformiert werden könnte, ohne allerdings das vormoderne griechische tragische Modell schlicht zu wiederholen (16–25).

3

Nietzsche startet seine *Geburt der Tragödie* mit einem binären Sortierungsvorschlag, der im 20. Jahrhundert z.B. bei der klassischen Moderne (George, Musil, Th. Mann, Benn, die Avantgardebewegungen linker und rechter Provenienz) und in gewisser Weise bis heute Karriere gemacht hat. Es ist die Unterscheidung zwischen dem Apollinischen und Dionysischen, die von den griechischen Göttergestalten Apollo und Dionysos abgeleitet ist und nicht nur in der Form des subjektivierten Adjektivs, sondern schlicht auch als Adjektiv benutzt wird (apollinisch/dionysisch). Nun ist es wichtig zu sehen, dass diese Unterscheidung nicht nur auf Kunst, sondern auch auf Menschen oder Institutionen bezogen werden kann. Es ist also eine quasi metahistorisch platzierte, typologisch konstruierte, binäre, anthropologisch angelegte Unterscheidung, mit der Nietzsche seine *Geburt der Tragödie* mit einem Paukenschlag eröffnet. Sie wird zunächst mit der Unterscheidung Traum/Rausch spezifiziert, und insofern ist jeder Mensch, sobald und solange er als soziales, kommunikatives Tier in einer kulturellen Formation lebt, apollinischer Traumkünstler und dionysischer Rauschkünstler zugleich. Er muss sich stets mit dieser Gegenüberstellung auseinandersetzen (vgl. 1, 30), um eine kollektiv oder individuell angelegte Form von Lebenskunst zu generieren, zu der auch die Produktion von Kunst, von Kunstwerken gehören kann, aber beileibe nicht gehören muss. Wie unterscheiden sich nun Traumkünstler und Rauschkünstler im engeren Sinn? Der apollinische Traumkünstler ist Bildner (vgl. 1, 25); er produziert aus dem schönen Schein der Traumwelten, »in deren Erzeugung jeder Mensch voller Künstler ist« (1, 26), durch Transfiguration den schönen Schein der Kunst, die maßvoll ist, Grenzen zieht, Begrenzungen schätzt und dem *principium individuationis* gehorcht. (Vgl. 1, 28) Apollinische Kunst ist notwendig schön und als maßvolle mit der kognitiven Forderung »Erkenne dich selbst« und dem moralisch-ethischen Postulat »nicht zu viel« (1, 40) verbunden. Sie verkörpert auf diese Weise eine Form apollinischer Weisheit, wobei Weisheit eine Form nicht propositionalen, nicht verallgemeinerungsfähigen und in gewisser Weise auch nicht diskursiven Wissens darstellt. (Vgl. 1, 28) Emotionale Effekte der sonnenhaften, apollinischen Kunst sind Lust (1, 28), Freude (1, 36) und Heiterkeit (1, 65). Deshalb lautet die Weisheit der apollinischen Menschen so: »Das Allerschlimmste sei für sie, bald zu sterben, das Zweitschlimmste, überhaupt einmal zu sterben« (1, 36).

Strikt konträr dagegen der Text der dionysischen Weisheit. Er geht so: »Das Allerbeste ist [...] gänzlich unerreichbar: nicht geboren zu sein. Das Zweitbeste aber ist [...] – bald zu sterben« (1, 35). Wie ist das zu verstehen? Dazu bedarf es einer Explikation des Dionysischen. Das Dionysische ist dem Rausch korreliert, der das apollinische *principium individuationis* zerbricht (vgl. 1, 28), Überschreitung, Entgrenzung, Übermaß und Exzess prämiert und hochgradig widersprüchliche emotionale Effekte erzielt, indem das Dionysische Entsetzen, Grausen, Schrecken mit wonnevoller Entzückung mischt. (Vgl. 1, 28–29) Es ermöglicht zudem extrem intensive, alle Formen der ›Entfremdung‹, ›Vereinzelung‹ und ›Verdinglichung‹ aufhebende, grandiose Verschmelzungserfahrungen: »Unter dem Zauber des Dionysischen schließt sich nicht nur der Bund zwischen Mensch und Mensch wieder zusammen: auch die entfremdete, feindliche oder unterjochte Natur feiert wieder ihr Versöhnungsfest mit ihrem verlorenen Sohne, dem Menschen« (1, 29). Das Dionysische ist also extrem ambivalent angelegt, weil es intensiven Schrecken mit intensiver Lust verknüpft. Schrecken wird deswegen hervorgerufen, weil das Dionysische Einblicke in die zutiefst katastrophenhafte Wirklichkeit bietet, nämlich in das furchtbare Vernichtungstreiben der Weltgeschichte und die Grausamkeit der Natur. (Vgl. 1, 56) Zudem ermöglicht es die Einsicht, dass Individuation Illusion ist und auf jeden Menschen die Katastrophe des Todes, die Dekomposition, die Dissolution, die Verwesung wartet. Zugleich ist mit dem Dionysischen eine weitere Gefahr verknüpft. Wird man aus der dionysischen Verzauberung, die ja auch massive Lusterfahrungen ermöglicht, in die Alltagswelt entlassen, dann erwartet einen der Ekel als emotives Syndrom: »eine asketische, willenverneinende Stimmung ist die Frucht jener Zustände« (1, 56). Der angeblich unverstellte Blick in »das Entsetzliche oder Absurde des Seins« (1, 57) führt zur Illusion der Illusionslosigkeit, hat als Ergebnis wie bei Hamlet Handlungs- und Lebensunfähigkeit. Der unheimlichste aller Gäste, der Nihilismus, klopft schon in der *Geburt der Tragödie* kräftig an die Tür des dionysischen Menschen, der in seiner Alltagsexistenz allerdings dem abgrundtiefen Pessimismus nicht zu verfallen braucht, weil er weiß, dass er nicht nur dionysischer, sondern auch apollinischer Mensch ist und dass es die tragische Kunst gibt, deren virtuelles Spiel zwischen dem Apollinischen und dem Dionysischen Lebensmöglichkeiten jenseits eines dogmatisch verfestigten und ontologisch aufgeladenen, passiven Nihilismus eröffnet.

Fragt man danach, welche theoretischen Beziehungen zwischen dem Apollinischen und dem Dionysischen bestehen, dann ist die Antwort: Zwischen dem Apollinischen und dem Dionysischen sind komplementäre Beziehungen anzunehmen. Zwar könnte man den Text so auslegen, dass das von Nietzsche beschworene Ureine das Dionysische sei und die Differenz dionysisch/apollinisch abkünftig vom Dionysischen zu denken wäre, doch ist diese genealogische Betrachtungsweise nicht sonderlich weiterführend, weil – strukturell und funktional gesehen – das Apollinische und das Dionysische nicht aufeinander zurückgeführt werden können, sich wechselseitig ausschließen und zugleich ergänzen. Das Komplementaritätstheorem erlaubt keine strenge Synthesis, sondern allenfalls prekäre, disjunktive Synthesen zwischen dem Apollinischen und Dionysischen, es fordert zugleich immer wieder dazu auf, sich auf Paradoxien einzulassen, sie zu behandeln und produktiv zu wenden, z.B. die Paradoxie, die zwischen apollinischer und dionysischer Weisheit besteht. Das Komplementaritätstheorem kann man sich mit einer weiteren Überlegung verdeutlichen. Wenn es Nietzsche um Praktiken des Lebens, um Lebenskunst geht, dann vermag diese nur Erfolg zu haben, wenn man Vernichtung und Schöpfung, Zersetzung und Setzung, Übertretung und Neuregelung, Übermaß und Maß, Destruktion und Konstruktion, Verflüssigung und Verfestigung, Dissonanz und Konsonanz so miteinander verknüpft, dass ein stilvolles, produktives, reichhaltiges, Widersprüche aushaltendes Leben sich ergibt. Das gelingt keinesfalls, wenn man das Dionysische oder das Apollinische verabsolutiert. Verabsolutiere ich das Dionysische, indem das fortwährende Apollinische praktisch außer Kraft gesetzt wird, ergibt es nicht den dionysischen Griechen, sondern den dionysischen Barbaren. (Vgl. 1, 31) Von Rom bis Babylon – und nicht nur in der alten, sondern auch in der neuen Welt (von Nietzsche nicht ausgeführt) – meint er dionysische Feste ausmachen zu können, die sich durch überschwängliche geschlechtliche Zuchtlosigkeit, durch eine abscheuliche Mischung von Wollust und Grausamkeit, durch fieberhafte Regungen auszeichnen, für die Nietzsche, der stets hohe Kultur vor niederer und vor der stets negativ konnotierten Zivilisation prämierte, nur Verachtung übrig hatte. (Vgl. 1, 32) Verabsolutiere ich das Apollinische, indem ich das fortwährende Dionysische massiv an den Rand drücke, ergibt sich als Entartungsform die sokratische, theoretisch-moralische Kultur, die kein Gefühl mehr für das Tragische besitzt.

4

Mit diesen Ausführungen habe ich versucht, Nietzsches anthropologisch und metahistorisch angelegten Typologisierungsvorschlag apollinisch/dionysisch generell zu charakterisieren. Er ist Voraussetzung für die anschließend von Nietzsche getätigte historische Spezifikation im Hinblick auf die griechische Kulturgeschichte von Homer bis Sokrates und für die knapp skizzierte Degenerationsgeschichte von Sokrates bis zur extrem krisenhaft eingeschätzten Jetztzeit.

Wie positioniert Nietzsche innerhalb seiner Rekonstruktion der griechischen Kulturgeschichte das Tragische innerhalb des apollinisch-dionysischen Doppels? Am Anfang steht Homer als träumender Grieche, als apollinischer, naiver Traumkünstler, der Traumbilder in schöne, anschauliche, Distanz ermöglichende, Selbstüberhebung und Übermaß vermeidende epische Kunst transformiert, die gemäß dem *principium individuationis* angeordnet ist. (Vgl. 1, 42) Dem Epiker korreliert der Plastiker, die beide in das reine Anschauen der Bilder versunken sind. (Vgl. 1, 44) Beide produzieren als Medien des Apollinischen schönen, ruhigen, Distanz ermöglichenden *Schein*, sie produzieren »Erlösung im Scheine« (1, 103). Die Grundzüge apollinischer Kunst fasst Nietzsche so zusammen: »[...] hier überwindet Apollo das Leiden des Individuums durch die leuchtende Verherrlichung der Ewigkeit der Erscheinung, hier siegt die Schönheit über das dem Leben inhärirende Leiden, der Schmerz wird in einem gewissen Sinne aus den Zügen der Natur hinweggelogen« (1, 108). Die apollinische Kunst erzeugt beim ästhetisch gestimmten Rezipienten Lust am Dasein, Freude, Heiterkeit (vgl. 1, 28, 36, 65), die in apollinische Weisheit transformiert werden können.

Vielleicht sollte man an dieser Stelle hinzufügen, dass das Apollinische nicht ohne einen Gran des Dionysischen zu denken ist, und das trifft auch auf das Dionysische zu, dem stets ein Moment des Apollinischen eignet. Nur auf diese Weise kann der Künstler als Medium des Apollinisch-Dionysischen verstanden werden, weil mit Notwendigkeit das Dionysische und das Apollinische sich zumindest faktisch ergänzen müssen, um nach Nietzsche dem Wesen der Kunst entsprechen zu können: »Denn in jenem Zustande ist er, wunderbarer Weise, dem unheimlichen Bild des Mährchens gleich, das die Augen drehn und sich selber anschaun kann; jetzt ist er zugleich Subject und Object, zugleich Dichter, Schauspieler und Zuschauer« (1, 48).

Archilochos ist der Prototyp des dionysischen Rauschkünstlers, der das »ganze Uebermass der Natur in Lust und Leid und Erkenntniss« (1, 40–41) im lyrischen Schreiben artikuliert, indem er die Sprachkunst Lyrik entschieden der Musik, der Melodie annähert, die Musik nachahmt; »sein eignes Wollen, Sehnen, Stöhnen, Jauchzen ist ihm ein Gleichnis, mit dem er die Musik sich deutet« (1, 51). Insofern ist der Lyriker mit dem Musiker identisch. (Vgl. 1, 43) Zugleich ist er jedoch von der Sprache abhängig, die als »Organ und Symbol der Erscheinungen [...] nie [...] das tiefste Innere der Musik nach Aussen kehren« (1, 51) kann. Insofern mag zwar Archilochos den Typ des dionysischen Rauschkünstlers zu präsentieren, die wirkliche Kunstform des Dionysischen ist nach Nietzsche, Schopenhauer und Wagner hingegen die sprach- und begriffslose Musik: »Der Weltsymbolik der Musik ist eben deshalb mit der Sprache auf keine Weise erschöpfend beizukommen, weil sie sich auf den Urwiderspruch und Urschmerz im Herzen des Ur-Einen symbolisch bezieht, somit eine Sphäre symbolisiert, die über alle Erscheinung und vor aller Erscheinung ist« (1, 51).

Daran lässt sich gut die genealogische These anschließen, dass die griechische Tragödie als gemeinsames Ziel des Apollinischen und Dionysischen aus dem tragischen Chor entstanden ist. (Vgl. 1, 52) Dabei gelingt es der Tragödie, dithyrambischen Chorgesang als Aufgeben des Individuums in eine fremde Natur in ihrer apollinischen Bilderwelt als ›Ursprung‹ wirksam zu halten (vgl. 1, 61):

> In mehreren auf einander folgenden Entladungen strahlt dieser Urgrund der Tragödie jene Vision des Dramas aus: die durchaus Traumerscheinung und insofern epischer Natur ist, andrerseits aber, als Objectivation eines dionysischen Zustandes, nicht die apollinische Erlösung im Scheine, sondern im Gegentheil das Zerbrechen des Individuums und sein Einswerden mit dem Ursein darstellt. Somit ist das Drama die apollinische Versinnlichung dionysischer Erkenntnisse und Wirkungen und dadurch wie eine ungeheure Kluft vom Epos abgeschieden. (1, 62)

Die griechische Tragödie ist also eine fragile, disjunktive, hochkomplexe Synthese zwischen dem Apollinischen und dem Dionysischen und produziert als Aufführungsform in ihrer Mischung von Musik, Tanz, Wort und körperlicher Präsenz durch ihre Simulationskünste einen ästhetischen *Schein*, der das Dasein

»wahrhaftiger, wirklicher, vollständiger abbildet« (1, 58), als ein stark dominierender apollinischer *Schein* mit seinen Verdrängungs-, Aus- und Abgrenzungsverfahren je leisten könnte. Für den im Zitat aufscheinenden Komparativ hat Nietzsche vielleicht nicht die hinreichende Begründung gefunden, obwohl ein großer Teil der existentiellen Faszination, des existentiellen Sogs nicht nur dieses Textes auf ihm beruht. Nach Nietzsche zwingt die griechische Tragödie also den ästhetischen Zuschauer »in die Schrecken der Individualexistenz hineinzublicken«; und er fühlt dabei zugleich »unbändige Daseinsgier und Daseinslust« (1, 109). Die griechische Tragödie erzeugt intensiven Schrecken und intensive Lust. Um sie als Kunstform erträglich zu machen, muss die nach wie vor sich zeigende Schönheit der Kunst durch das »Erhabene als die künstlerische Bändigung des Entsetzlichen und das Komische als die künstlerische Entladung vom Ekel des Absurden« (1, 57) ergänzt werden. Hier hat nicht nur das Erhabene, sondern auch das Komische in seiner Konzeption des Apollinisch/Dionysischen seinen systematischen Ort, der von Nietzsche aber nicht weiter thematisiert wird. Allerdings ist daran zu erinnern, dass in Athen beim Tragödienagon als großem Kulturereignis nach dem ersten religiös tingierten Eröffnungstag drei Tage hintereinander jeweils drei Tragödien und jeweils ein Satyrspiel aufgeführt wurden und insofern das Komische bei der vom Tragödienagon getätigten Affektformierung eine unverzichtbare und bedenkenswerte Rolle gespielt hat. Nietzsche erwähnt lediglich einmal, dass in der Komödie der betrunkene Satyr oder Halbmensch den Sprachcharakter bestimmt habe (vgl. 1, 77), diskutiert hat er die neuere attische Komödie des Euripides, die Nachfolgerin und Totengräberin der attischen Tragödie. (Vgl. 1, 76–88) Nietzsche selbst hat sich seit *Menschliches Allzumenschliches* um eine lachende Philosophie, um eine Philosophie des Lachens bemüht; das Motto seines Textes *Der Fall Wagner* lautet: »ridendo dicere severum« (6, 13), und nicht umsonst hat er in *Also sprach Zarathustra* dem höheren Menschen nicht nur das Tanzen, sondern auch das Lachen eindringlich anempfohlen:

> Wie vieles ist noch möglich! So lernt doch über euch hinweg lachen! Erhebt eure Herzen, ihr guten Tänzer, hoch! höher! Und vergesst mir auch das gute Lachen nicht! Diese Krone des Lachenden, diese Rosenkranz-Krone: euch, meinen Brüdern, werfe ich diese Krone zu! Das Lachen sprach ich heilig; ihr höheren Menschen, lernt mir – lachen! (4, 367–368)

Das Muster der Muster der antiken Tragödie ist seit Aristoteles *König Ödipus* von Sophokles: der tragische Held, der auf der Suche nach einem Mörder feststellen muss, dass er selbst der Mörder seines Vaters ist, seine eigene Mutter geheiratet und mit ihr Kinder gezeugt hat. Seine Frau/Mutter Jokaste erhängt sich. Ödipus erkennt, dass er sein Leben in Blindheit verbracht hat, deshalb sticht er sich beide Augen aus, um als Blinder ein sehendes Leben führen zu können, und begibt sich ins Exil. Welche besonderen emotionalen Effekte ruft nun die Aufführung, die Vorführung dieser wahrhaft katastrophalen Geschichte beim ästhetischen Zuschauer, Zuhörer hervor? Nietzsche nennt Grausen, Schaudern, Schrecken, Entsetzen, Gier, Qual, Schmerzen, Lust, Freude, Heiterkeit, wonnevolle Verzückung. Dieses in sich widersprüchliche und weit gespannte Emotionssyndrom trägt zugleich sadistische und masochistische Züge,[4] sadistische, weil »Freude an der Vernichtung des Individuums« (1, 108) hervorgerufen wird, masochistische, weil der Zuschauer zugleich daran erinnert wird, dass er selbst in den allgemeinen Vernichtungsprozess eingebunden ist, an dessen Ende der irreversible Tod steht. Die Tragödie als emotiv-existentielles Ereignis bewirkt, dass sich der Zuschauer als Teil des schöpferisch-vernichtenden Prozesses mit seinen Konstruktions- und Destruktionsbewegungen, mit seinen Formen der Individualisierung und Entindividualisierung erfährt und darüber tiefe Freude empfindet:

> Die metaphysische Freude am Tragischen ist eine Uebersetzung der instinktiv unbewussten dionysischen Weisheit in die Sprache des Bildes: der Held, die höchste Willenserscheinung, wird zu unserer Lust verneint, weil er doch nur Erscheinung ist, und das ewige Leben des Willens durch seine Vernichtung nicht berührt wird (1, 108).

Oder anders formuliert: Die Tragödie bietet metaphysischen Trost (vgl. 1, 109): Er bedeutet, »dass das Leben im Grunde der Dinge, trotz allem Wechsel der Erscheinungen unzerstörbar mächtig und lustvoll« (1, 56) ist. Der metaphysische Trost ermöglicht, dass der ästhetische Zuschauer den letztlich katastrophalen Prozess des Lebens mit seinen schönen und hässlichen, harmonischen und disharmonischen, konsonanten und dissonanten Zügen, in seiner auch emotiv ambivalenten Ausformung zwischen tiefem Schrecken und großer Lust als Ganzes freudig bejaht, nicht dem Ekel verfällt und aufgrund seiner Affirmation des Gesamtprozesses eine stilvolle, produktive und destruktive, kulturell ergiebige, reichhaltige, vornehme Existenz führen kann, welche die kulturelle Glanzzeit der Griechen besonders im 5. Jahrhundert vor Christi erklärbar und verständlich macht.[5]

Die auf Pathos und nicht auf Logos oder Ethos setzende griechische Tragödie ruft also die lustvolle Bejahung eines zutiefst zwiespältigen, paradoxen, agonalen und antagonistischen Prozesses hervor und ermöglicht auf diese Weise als pragmatischen und nicht logischen oder moralischen Effekt eine Lebensform, die man dionysisch-apollinischen oder tragischen Pessimismus nennen könnte, die allerdings die gängige, ontologisch aufgeladene Opposition Optimismus (anfänglich und letztlich gute Welt)/Pessimismus (anfänglich und letztlich schlechte, böse Welt) weit hinter sich lässt.

---

[4] Vgl. Geuss, *The Birth of Tragedy*, 54–55.
[5] Vgl. Müller, Enrico (2005): *Die Griechen im Denken Nietzsches*, Berlin, 47; und Meier, Christian (2012): *Athen. Ein Neubeginn der Weltgeschichte*, Berlin, 314–317.

Zugleich wird erkennbar, dass Nietzsche als tragischer Philosoph (vgl. 6, 312), der sich auf der Seite des Lebens postiert (vgl. 6, 313), sich von vorgängigen Konzeptionen des Tragischen absetzt. Furcht und Mitleid, Schrecken und Schauder im aristotelischen Sinne treffen die Wirkung der Tragödie nach Nietzsche in keiner Weise, ganz gleichgültig ob man eine medizinische oder eine moralische Lesart bevorzugt. (Vgl. 1, 142) Auch ist die von Lessing vertretene moralische Konzeption des Tragischen gründlich verkehrt, weil das Tragische nach Nietzsche eine ästhetische und keine moralische Kategorie ist; (vgl. 1, 142) und Nietzsche, der ja einerseits stets die Differenz zwischen Leben und Kunst zur Lebenskunst einebnen möchte, platziert andererseits interessanterweise Argumente für eine Autonomie des Ästhetischen, das keineswegs mit dem Moralischen oder Kognitiven verwechselt werden sollte. Insofern ist Nietzsche insgesamt recht zu geben, wenn er in der *Götzendämmerung* die ›Geburt der Tragödie‹, seine Konzeption des tragischen Gefühls, als »erste Umwerthung aller Werthe« charakterisiert (6, 160), und auch seine späteren Konzepte ›Ewige Wiederkehr des Gleichen‹ und ›amor fati‹ sind in der *Geburt der Tragödie* schon ›keimhaft‹ angelegt. Vielleicht sollte man hinzufügen, dass zwei wichtige Probleme, die Nietzsches Gefühls- und Affektkonzeption betreffen, in der *Geburt der Tragödie* nicht vorkommen: Das ist zum einen die von Nietzsche später bedachte Historizität von Gefühlen (3, 43–44), die ja deren Unmittelbarkeit als Schein entlarvt und prinzipiell die Formierung anderer neuer Gefühle ermöglichen könnte; und zum anderen die sprachliche Codierung von Gefühlen, die stets inadäquat ist, übertreibt, wenig Subtilitäten zulässt und häufig Einheit suggeriert, wo Vielheit anzusetzen wäre. (Vgl. 2, 35)

Zugleich eröffnet Nietzsche in der *Geburt der Tragödie* eine Perspektive, die zumeist nicht hinreichend bedacht wird: Die Tragödie, der tragische Mythus bewirken intensive ästhetische Lust und intensiven ästhetischen Schrecken, insofern ist das Ästhetische – wie gezeigt – prioritär und kann weder auf das Moralische noch auf das Kognitive reduziert werden. Zugleich weiß Nietzsche auch, »dass viele dieser Bilder ausserdem mitunter noch eine moralische Ergetzung, etwa unter der Form des Mitleides oder eines sittlichen Triumpfes, erzeugen können« (1, 152). Folgt man Nietzsches Konzeption des Tragischen, des tragischen Gefühls, dann ist der ästhetische Code (schön/hässlich) der Erstcode, der moralische Code (gut/schlecht, böse) der Zweitcode, der kognitive Code (wahr/falsch) wäre ebenfalls als Zweitcode einzuführen. Diesen Zusammenhängen ist Nietzsche in der *Geburt der Tragödie* nicht weiter nachgegangen. Daran hindert ihn zunächst die Überlegung, dass er entschiedene Reservationen gegenüber Stilmischungen, gegenüber hybriden Texten hat (vgl. 1, 125–126), sich sein ganzes bewusstes Leben lang für einen organischen Werkbegriff einsetzt, die platonischen Dialoge als dekadente Mischformen charakterisiert (vgl. 1, 93–94) und nie die Unterscheidung rein/unrein, schmutzig in der Weise verwendet, dass er ein Plädoyer für unreine, schmutzige Kunst gestartet hätte. Viel mehr ins Gewicht fällt folgende Beobachtung: Zu sehr ist er als Parteimann des Ästhetischen daran interessiert, die Kunst als die höchste Aufgabe und die eigentlich metaphysische Tätigkeit des Lebens zu markieren (vgl. 1, 24), und, was die generelle Legitimierung seines Rechtfertigungsdiskurses betrifft, jene vollmundige Behauptung aufzustellen und zu verteidigen, die nicht umsonst das Wort ›ewig‹ bemüht: »Denn nur als ästhetisches Phänomen ist das Dasein und die Welt ewig gerechtfertigt« (1, 47 u. 152).

5

Wo Natalität, da auch Mortalität. Die griechische Tragödie als Höchstform griechischer Kultur stirbt gegen Ende des 5. vorchristlichen Jahrhunderts. Wer ermordet, wer beerdigt sie? Es sind der Komödiendichter Euripides und der Philosoph Sokrates, die das kulturell dominante Regime des tragischen Pessimismus ablösen und durch eine Formation ersetzen, die man theoretischen Optimismus nennen könnte. Sie sind der Startpunkt für eine Verfallsgeschichte, die bei Nietzsches generöser Epochenkonstruktion bis zur Schreibzeit dauert. Die Vorherrschaft des ästhetischen Dispositivs wird also an die Vorherrschaft eines moralisch/kognitiven Dispositivs abgegeben.

Zunächst zu Euripides, dem Erfinder der neueren attischen Komödie, in welcher die entartete Gestalt der Tragödie fortlebt »zum Denkmale ihres überaus mühseligen und gewaltsamen Hinscheidens« (1, 76). Euripides ist der erste Realist der Dramengeschichte, weil er »die treue Maske der Wirklichkeit« (1, 76) auf die Bühne bringt, bürgerliche Mittelmäßigkeit auf dem Theater präsentiert und damit den Halbgöttern der Tragödie in ihrer schön-erhabenen Stilisierung den Todesstoß versetzt. Er zeigt nicht mehr Inkommensurables wie die Tragödie, sondern appelliert an den Verstand und suggeriert damit, dass die auf der Bühne vorgeführten Probleme prinzipiell lösbar sind, auch wenn am Ende der Komödien häufig genug der *deus ex machina* die Sachlage bereinigt. (vgl. 1, 80–82) Statt apollinischer Anschaulichkeit vermittelt er in Begrifflichkeit überführbares Wissen und verrät so das Apollinische; statt dionysischer Entzückungen, dionysischer Schrecken bietet er feurige Affekte, die er höchst realistisch nachahmt, und verrät so das Dionysische. (vgl. 1, 84) Sein Leitsatz lautet: »Alles muss verständig sein, um schön zu sein« (1, 85); deshalb setzt er nicht auf Pathos, sondern auf Logos und Ethos, verabschiedet das tragische Gefühl und bietet eine rational auflösbare Handlung. Beim nicht mehr ästhetisch-tragisch gestimmten, unterhaltungsbedürftigen Zuschauer erzeugt er oberflächliche Heiterkeit, die von der schönen Heiterkeit des Apollinischen und der tiefen Heiterkeit des Dionysischen massiv geschieden ist. In Nietzsches Worten: Aristophanes zielt auf »die Heiterkeit des Sclaven, der nichts Schweres zu verantworten, nichts Grosses zu erstreben, nichts Vergangenes oder Zukünftiges höher zu schätzen weiss als das Gegenwärtige« (1, 78). Mit dieser flachen, augenblickshaften, punktuellen Heiterkeit ist »Sichgenügenlassen am bequemen Genuss« (1, 78), »Ergetzung«

durch äußere Analogien (1, 112) und nicht zuletzt unproduktive Daseinslust (vgl. 1, 114) verknüpft, die sich von der in der Tragödie erzeugten produktiven, lebenssteigernden Lust qualitativ unterscheidet.

Während ein weiterer Leitsatz des Euripides lautet: »Alles muss bewusst sein, um schön zu sein« (1, 87), ist für Sokrates folgender Parallelsatz gültig: »Alles muss bewusst sein, um gut zu sein« (1, 87), der noch durch die Hauptsatzreihe ergänzt werden kann: »Tugend ist Wissen; es wird nur gesündigt aus Unwissenheit; der Tugendhafte ist der Glückliche« (1, 94). An die Stelle des tragischen Pessimismus setzt Sokrates als »Wendepunkt und Wirbel der sogenannten Weltgeschichte« (1, 100) auf einen radikalen theoretischen Optimismus, der Logik, Dialektik und Rationalität hervorhebt (vgl. 1, 94). Mit anderen Worten er prämiert Wissen und Moral, wobei Moral eine Form des Wissens ist; auf diese Weise wird tragische, apollinisch-dionysische Weisheit, die ihre Paradoxie stets neu behandeln müsste, endgültig verabschiedet. Sokratisches Wissen enthebt den Menschen der Todesfurcht, das Dasein ist begreiflich und letztlich in Begriffen fassbar, Wissen und Glück sind korrelierbar. Verallgemeinerbares, universales Wissen tritt also an die Stelle des tragischen Gefühls. Insofern ist Sokrates der Paradefall des theoretischen Menschen (vgl. 1, 98), der mythenunbedürftig und in alexandrinischer Heiterkeit befangen eines metaphysischen Trostes nicht bedarf; er setzt auf irdische Konsonanz, weiß, dass die Welt durch Wissen korrigiert und das menschliche Leben durch Wissenschaft geleitet werden kann (vgl. 1, 115)

Dieser theoretische Optimismus Sokratischer Provenienz ist allerdings aus der Perspektive von Nietzsche ein Glaube, eine Illusion, ein Wahn, der vergeblich meint, »die ewige Wunde des Daseins heilen zu können« (1, 115). Um das Wahnhafte seiner Theorie weiß letztlich auch Sokrates, der nicht umsonst am Ende seines Lebens sich als musiktreibender Sokrates präsentiert und sein Leben als Krankheit begreift. (Vgl. 1, 102 u. 111) Damit eröffnet Sokrates die Möglichkeit, darüber nachzudenken, wie theoretischer Optimismus und tragischer Pessimismus auf produktive, wenn auch nicht streng theoretische Weise zusammengeführt werden könnten.

6

Für Nietzsche beginnt die kulturelle Moderne mit Sokrates. Er ist das Urbild und der Stammvater des theoretischen Menschen, der die gesamte moderne Welt dominiert. Hier zeigt sich Nietzsche erneut als großer Liebhaber typologischer Argumentation, auf die er ja nicht verzichten kann, wenn er in die prozessförmig ablaufende Diachronie der Geschichte(n) durchlaufende, quasi achrone, strukturelle Muster einzeichnen will. Diese Form der Argumentation ist also für Nietzsche strikt notwendig, ohne dass er je hinreichend den Zusammenhang zwischen irreversiblem Prozessbegriff, den er insgesamt stark favorisiert, und reversiblem Strukturbegriff diskutiert hätte.[6] Wie angeführt, stilisiert er Sokrates zum Wendepunkt der Weltgeschichte, der den Grund, den Urgrund gelegt hat, für die erstaunlich hohe Wissenspyramide der Gegenwart. (Vgl. 1, 100) Nietzsche zieht also mit großem spekulativen Schwung eine Kontinuitätslinie von Sokrates bis zur Jetztzeit. Deshalb ist auch die aktuelle Gegenwart noch die Zeit eines kräftig dominierenden theoretischen Optimismus, der allerdings massiv in die Krise geraten ist. Diagnostiker dieser Krise ist also der Philosoph und Kulturarzt Nietzsche, der deshalb als Unzeitgemäßer Chancen für eine neue tragische Kultur sieht. Die sokratische moderne Kultur kann nämlich immer weniger verbergen, dass sie entgegen ihrer Prunkworte »Würde des Menschen« und »Würde der Arbeit« eine Gesellschaft ist, die auf Sklaverei basiert und allmählich ihrer grauenvollen Vernichtung entgegengeht. (1, 117) Neben dieser ›objektiven‹ Krisentendenz gibt es ›subjektive‹, welche die theoretische Unhaltbarkeit des optimistischen Wahns des Sokratismus anzeigen. Nietzsche nennt Kant und Schopenhauer, die beide auf unterschiedliche Weise mit Hilfe transzendentaler Argumentation darauf hinweisen, dass die Anschauungsformen/Kategorien Raum, Zeit und Kausalität nur auf Erscheinungen zutreffen, keine Welträtsel lösen, keinen Blick auf das Ding an sich eröffnen. (Vgl. 1, 118) Auf diese Weise verabschieden sie die sokratische Wissenskonzeption und leiten eine neue tragische Kultur ein, die an die Stelle von Wissenschaft als höchstes Ziel *Weisheit* setzt.

In *Vom Nutzen und Nachteil der Historie für das Leben* schreibt Nietzsche, dass der Mensch »ein nie zu vollendendes Imperfectum« (1, 249) sei, insofern kann auch Nietzsche als Krisendiagnostiker und Arzt der Kultur nicht bei Null beginnen, sondern er ist darauf verwiesen, dass er in der Moderne Zeichen, Symptome lesen kann, die seine Prognose einer kommenden neuen tragischen, deutschen Kultur bestärken. Das sind nicht nur Kant und Schopenhauer als Philosophen, sondern besonders die Musiker Bach, Beethoven und Wagner, in deren Kompositionen der dionysische Geist erneut erwacht ist. (Vgl. 1, 127) Startpunkt dieser dionysischen Wieder- und Neugeburt ist die deutsche Reformation, in deren Chorälen der erste dionysische Lockruf ertönte. (Vgl. 1, 147) Dieser Lockruf wurde aufgenommen von Bach, von Beethoven und besonders von Wagner, den Nietzsche nicht umsonst in der ersten Auflage der *Geburt der Tragödie* zum erhabenen Vorkämpfer für die kommende tragische, ästhetische, mythische, deutsche Kultur ernannte. (Vgl. 1, 24) Der Meister Richard Wagner ist Revolutionär, weil er die Operngeschichte radikal umschreibt, die ja im 17. Jahrhundert ganz im sokratisch-alexandrinischen Geist – Opernkunst als folgenlose Unterhaltungsware für Augenblickslegionäre – begonnen hatte. Ähnlich wie die grie-

---

[6] Vgl. Müller, Harro (2013): *Genealogie als Herausforderung. Anmerkungen zu Friedrich Nietzsche und ein Seitenblick auf Michel Foucault*, in: Knaller, Susanne/ Pichler, Doris (Hg.): *Literaturwissenschaft heute. Gegenstand, Positionen, Relevanz*, Göttingen, 125–143, hier 142.

chische Tragödie verbindet hingegen Wagner Dionysisches mit Apollinischem, indem er Musik, Tanz, Sprache, Bild und szenische Präsentation so verknüpft, dass sich in dem von ihm produzierten Gesamtkunstwerk machtvoll das Tragische zeigt, indem er Schönes und Hässliches, Harmonisches und Disharmonisches, Konsonantes und Dissonantes zusammenwebt. (Vgl. 1, 152) Das ist zugleich die Wieder-, die Neugeburt des tragischen Mythus, der notwendig ist, um als zusammengezogenes Weltbild, als Abbreviatur der Erscheinung den kulturellen Horizont abzuschließen, damit aktives, schöpferisches Handeln ermöglicht wird. (Vgl. 1, 145) Opernkunst Wagnerscher Provenienz ist zudem die Neugeburt des ästhetischen Zuschauers, der ästhetischen Zuschauerin, die es ja bekanntlich in der griechischen Antike nicht gab, denn zum Tragödienagon wurden nur – wie zur Volksversammlung – Männer zugelassen. Der Zuschauer, die Zuschauerin des Wagnerschen Gesamtkunstwerks – exemplarisch dafür *Tristan und Isolde* – nehmen es also ästhetisch wahr und nicht kognitiv oder moralisch. Das von Wagner inszenierte Spiel zwischen dem Dionysischen und dem Apollinischen ruft tiefen Schrecken und intensive Lust hervor, indem das Aufbauen und Zertrümmern der Individualwelt als Ausfluss der Urlust gezeigt wird. (Vgl. 1, 153) Dieses Ineinander von Lust und Schrecken wird nun nicht als tiefe Belastung empfunden, sondern innerlich in der Weise affirmiert, dass man sich als Teil des tragischen Lebenszusammenhangs begreift und das tragische Gefühl in seiner großen Ambivalenz positiv wendet zur Produktion einer aktiven Lebenskunst, die sich ihrer eigenen Unerschöpflichkeit bewusst ist. Für diesen Schritt vom tragischen Gefühl zu unterschiedlichen, individuellen Formen der Lebenskunst gibt es in der Moderne keine schematische Lösung, und Nietzsche ist ja in seiner Negation des sokratischen Optimismus – zur Ergötzlichkeit herabgesunkene Kunst, ein vom Begriff geleitetes Leben (vgl. 1, 153) – klarer und eindeutiger als in der Präzisierung dessen, was er unter modernen Bedingungen unter tragischer Kultur, unter tragischem Mythus versteht. Bei seinem Versuch, die Rezipienten seines Buches einzufangen und auf seine Seite zu ziehen, hilft ihm sehr das sich im Text zeigende existentielle Engagement, das er auch direkt seinem Leser, seiner Leserin vermittelt, die so angesprochen werden: »Seht hin! Seht genau hin! Dies ist euer Leben! Dies ist der Stundenzeiger an eurer Daseinsuhr« (1, 151). Es hilft ihm vielleicht auch folgende Überlegung: Nietzsche wendet sich zurück in die griechische Antike und präsentiert die vorsokratische Zeit als Höhepunkt einer ästhetischen, artistischen Kultur, die abstirbt und durch eine wissenschaftlich-moralische Kultur ersetzt wird. Den Zusammenhang zwischen griechischer Tragödienkultur und griechischer Demokratie, die um den Begriff Isonomie zentriert ist, diskutiert er nicht. Diese griechische Tragödienkultur gibt ein Beispiel für die Moderne, ist allerdings nicht im strengen Sinn exemplarisch und bildet auch kein Paradigma, in das sich die Moderne erneut einschreiben könnte. Vielmehr muss sie im Rückblick auf die griechische vorsokratische Antike ein *neues* tragisches Paradigma produzieren und sich unter das Bild des musiktreibenden Sokrates stellen, um eine moderne Verhältnisbestimmung zwischen dem Apollinischen und Dionysischen vornehmen zu können. Einen diskutablen Lösungsansatz liefert Nietzsche nach seiner Verabschiedung von der ›Artistenmetaphysik‹ in *Menschliches Allzumenschliches*:

> Deshalb muss eine höhere Cultur dem Menschen ein Doppelgehirn, gleichsam zwei Hirnkammern geben, einmal um Wissenschaft, sodann um Nicht-Wissenschaft zu empfinden: neben einander liegend, ohne Verwirrung, trennbar, abschliessbar; es ist diess eine Forderung der Gesundheit. In einem Bereich liegt die Kraftquelle, im anderen der Regulator: mit Illusionen, Einseitigkeiten, Leidenschaften muss geheizt werden, mit Hülfe der erkennenden Wissenschaft muss den bösartigen und gefährlichen Folgen einer Ueberheizung vorgebeugt werden. (2, 209)

Letztlich ist *Die Geburt der Tragödie* ein dezidiert nichtwissenschaftlicher Text, der geneigte Leser und Leserinnen dazu anregen möchte, von außen über das Verhältnis von Kunst, Moral und Wissenschaft nachzudenken, wohl wissend, dass wissenschaftliche Formen des Wissens das Leben allenfalls begleiten, aber nicht leiten können und eine im strengen Sinn universale Moral nicht zur Verfügung steht. Darum sind der esoterische Adressat seines Erstlings nicht das deutsche Volk oder die deutsche Nation, sondern im O-Ton des häufig sehr androzentrischen Friedrich Nietzsche »meine Freunde« (1, 135), welche die Unterscheidungen stilvoll/stillos, esoterisch/exoterisch und vor allem Herr/Sklave in seinen unterschiedlichen Lesarten gut kennen. Er möchte sein auserwähltes, elitäres Publikum dazu ermuntern als leibgebundene, auch emotional nicht festgestellte, interpretierende, wertschätzende, sterbliche, um diese Sachverhalte wissende Tiere[7] sich auf die Frage einzulassen: Wie und wozu leben in der kulturellen Moderne? Darauf sind unterschiedliche Antworten möglich eingedenk des für Nietzsche konstitutiven Sachverhalts, dass die Frage nach der Relation zwischen Singularität, Einzigkeit, Individualität, die irreduzible *Vielheit* präsupponieren und nicht typologisch oder exemplarisch/paradigmatisch homogenisiert werden können, und einer wie auch immer zu denkenden Allgemeinheit, die stets *Einheit* voraussetzt und Homogenisierungen erlaubt, ein nicht auflösbares Paradox ist, das immer wieder neu, aktiv und produktiv entparadoxiert werden muss: »Den Weg nämlich – den giebt es nicht« (4, 245).

Bibliografie

Nietzsche, Friedrich (²1988): *Sämtliche Werke. Kritische Studienausgabe in 15 Bänden*, hg. von Giorgo Colli u. Mazzino Montinari, München.
Geuss, Raymond (2012): *Nietzsche: The Birth of Tragedy*, in: Pippin, Robert (Hg.): *Introductions to Nietzsche*, Cambridge, MA, 44–66.

[7] Vgl. Müller, *Genealogie als Herausforderung*, 130.

Meier, Christian (2012): *Athen. Ein Neubeginn der Weltgeschichte*, Berlin.
Müller, Enrico (2005): *Die Griechen im Denken Nietzsches*, Berlin.
Müller, Harro (2013): *Genealogie als Herausforderung. Anmerkungen zu Friedrich Nietzsche und ein Seitenblick auf Michel Foucault*, in: Knaller, Susanne/Pichler, Doris (Hg.): *Literaturwissenschaft heute. Gegenstand, Positionen, Relevanz*, Göttingen, 125–143.
Stegmaier, Werner (2012): *Nietzsches Umwertung (auch) der Affekte*, in: Landweer, Hilge/Renz, Ursula (Hg.): *Handbuch Klassische Emotionstheorien: Von Platon bis Wittgenstein*, Berlin, 525–546.

JÖRG PAULUS

Gefühlsphänomenologie und Affekthandwerk: Emotionalität in philologischen Programmschriften der 1920er Jahre

1

Fragt man nach den Möglichkeitsbedingungen einer philologischen Repräsentation und Operationalisierung von Emotionen, dann scheinen Programmschriften der Philologie aus der Zwischenkriegszeit auf den ersten Blick nicht unbedingt die idealen Kandidaten zu sein. Als Thema taucht Emotionalität dort kaum auf. Fast möchte man meinen, Emotionen seien vielmehr das Anti-Thema dieser Studien, die von sehr Vielem sprechen, kaum aber von Gefühlen, Affekten oder emotionalen Aspekten. Darin unterscheiden sie sich durchaus von philologischen Programmen aus anderen Zeitabschnitten der Geschichte der Germanistik,[1] und es ist somit wohl auch kein Zufall, dass in wissenschaftlichen Arbeiten, die sich aus germanistischer Perspektive dem Zusammenhang von Philologie und Emotionalität widmen, die Zeit der 1920er Jahre in den Hintergrund gerückt ist.[2]

Meine These ist, dass der Schein einer konsequenten emotionalen Abstinenz in den vor mir untersuchten Schriften trügt. Neuere Emotionalitätsdiskurse sind vielmehr durchaus anschlussfähig an die Argumentationslinien dieser Texte. Die Spuren solcher Anschlusslinien werde ich nicht erst am Ende des kursorischen Durchgangs durch die Quellen aufnehmen, sondern bereits bei den sich aus dem Stoff heraus anbietenden Gelegenheiten thematisieren. Von einem möglichen Anschlussdiskurs geht die Untersuchung indes bereits aus und bezieht ihn (mit philologischer Zurückhaltung) in die Analyse der Texte ein: In einer offenen Recherche im Feld der sachlichen Umgangsformen mit Manuskripten, Materialien und Publikationsformen lässt sich Emotionalität als Element wechselseitiger

---

[1] Der Beitrag konzentriert sich im Feld der akademischen Disziplinen auf Beiträge aus germanistischen Kontexten.
[2] So interpretiert zum Beispiel Steffen Martus die »gefühlsfundierte« Philologie Emil Staigers vor der Folie der Germanistik des späten 19. Jahrhunderts (Michael Bernays, Wilhelm Scherer) und zwar – im Anschluss an Staiger selbst – in einem theoretischen Horizont, der von Schleiermacher und Heidegger abgesteckt wird – Martus, Steffen (2007): *Emil Staiger und die Emotionsgeschichte der Philologie*, in: Rickes, Joachim/Ladenthin, Volker/Baum, Michael (Hg.): *1955-2005. Emil Staiger und »Die Kunst der Interpretation« heute*, Bern/u.a., 111–134.

Übertragungsverhältnisse begreifen, in der sie Handlungsmacht (agency) auch dort entfaltet, wo sie diskursiv nicht thematisiert wird.[3] Die Konzentration auf gedruckte Programmschriften legt es nahe, Spuren solcher Handlungsmacht von Emotionalität in Netzwerken von Akteuren vor allem in den Gestaltungsspielräumen des Drucks zu verorten.[4] Zumindest als Subtext wird daher der Blick auf die äußere Gestalt und die publizistischen Kontexte, auf Praktiken einer druckrhetorischen Emotionalität, die ihrerseits als Formen einer typografischen Narration begriffen werden können,[5] meine Untersuchung begleiten.

2

In den Jahren 1923 und 1924 erscheinen an publizistisch exponierten Erscheinungsorten zwei grundlegende Publikationen zur philologischen Theorie und Praxis: die erste in der renommierten Heidelberger Universitätsbuchhandlung Winter, bei der in diesem Jahr u.a. auch Victor Goldschmidts *Atlas der Krystallformen*, eine *Neudänische Syntax* sowie Hermann Wolfs *Versuch einer Geschichte des Geniebegriffs in der deutschen Ästhetik des 18. Jahrhunderts* im Verlagsprogramm stehen, die zweite im Leipziger Haessel-Verlag, der 1924 u.a. die 13. und 14. Auflage von Ricarda Huchs Romantik-Buch, einige Bände der Conrad-Ferdinand-Meyer-Ausgabe, aber auch zahlreiche heute vergessene belletristische Titel veröffentlicht. Der philologietheoretische Beitrag des Heidelberger Verlages sind die *Kritischen Studien über philologische Methode* des noch jungen, jedoch schon mit einer sprachwissenschaftlichen, gleichfalls bei Winter erschienenen Studie promovierten Niederländers Hendrik Josephus Pos.[6] Das Leipziger Verlagshaus hingegen veröffentlicht die Schrift *Textkritik und*

---

[3] Vgl. Cuntz, Michael (2012): *Agency*, in: Bartz, Christina/u.a. (Hg.): *Handbuch der Mediologie. Signaturen des Medialen*, München, 28–40; zum vergleichbaren Vorschlag, Affekte als *agency*-Formationen zu begreifen vgl. Bal, Mieke (2006): *Affekte als kulturelle Kraft*, in: Krause-Wahl, Antje/Oelschlägel, Heike/Wiemer, Serjoscha (Hg.): *Affekte. Analysen ästhetisch-medialer Prozesse*, Bielefeld, 7–19, hier 8; die Tatsache, dass Bal diese Zurechenbarkeit von Handlungsmacht eher durch den Begriff des Affekts als den der Emotion abgedeckt sieht, muss nicht dagegen sprechen, ihr Argument im Sinne eines *a fortiori* auch für emotionale Ereignisse in Anspruch zu nehmen.
[4] Eine Betrachtung des Buchdrucks aus der Sicht von Akteur-Netzwerk-Prozessen wird skizziert in: Schüttpelz, Erhard (2013): *Elemente einer Akteur-Medien-Theorie*, in: ders./Thielmann, Tristan (Hg.): *Akteur-Medien-Theorien*, Bielefeld, 9–67, hier 33–37.
[5] Zur Annahme einer narrativen Funktion von Emotionen vgl. Voss, Christiane (2004): *Narrative Emotionen. Eine Untersuchung über Möglichkeiten und Grenzen philosophischer Emotionstheorien*, Berlin/New York, NY.
[6] Pos, H[endrik] J[osephus] (1923): *Kritischen Studien über philologische Methode*, Heidelberg; ders. (1922): *Zur Logik der Sprachwissenschaft*, Heidelberg.

Editionstechnik neuerer Schriftwerke. Ein methodologischer Versuch des arrivierten Goethe-Philologen Georg Witkowski.[7]

So unterschiedlich im Profil die Verlagshäuser sind, so bemerkenswert auch die abweichende äußere Gestalt und der methodisch-stilistische Unterschied zwischen den thematisch eng verwandten Schriften. Vorab mag ein kulturhistorisches Denkbild in einer literarhistorischen Retrospektive die Ungleichzeitigkeit im Gleichzeitigen der Beiträge verdeutlichen: Legt man den Rhythmus der Epochenjahre zu Grunde, der in der von David W. Wellbery, Judith Ryan und Hans Ulrich Gumbrecht (u.a.) herausgegebenen Literaturgeschichte den Takt einer *New History of German Literature* vorgibt, dann ergibt sich im Widerhall der philologischen Zeugnisse eine markante Überkreuzfigur: Das Jahr 1923 wird in dieser Literaturgeschichte durch die Neuausrichtung des Bauhauses repräsentiert – Walter Gropius lanciert im Sommer dieses Jahres die Pläne zur Reorganisation der Hochschule –,[8] das Jahr 1924 durch die Veröffentlichung von Arthur Schnitzlers *Fräulein Else*.[9] In der Philologiegeschichte des neusachlichen Jahrzehnts stehen demgegenüber die Pos'schen *Studien* des Jahrgangs 1923 Schnitzlers unausgesetzt experimenteller Introspektion von 1924 entschieden näher als Witkowskis nüchternes Abtasten der philologischen Handlungsabläufe, das vom Geist eines neuen, nüchternen Gestaltungsideals geprägt ist. Dass Witkowski wenige Jahre zuvor als Gutachter im Berliner Prozess um Schnitzlers *Reigen* tätig war, ändert an diesem Befund nichts: hatte Witkowski doch auch in diesem Zusammenhang eine bewusst sachliche Strategie der Literatur-Apologie eingeschlagen: »Mit vorurteilslos willig der Kunst sich hingebenden Menschen muß man es zu tun haben, um zu prüfen, ob die Handlung so war, daß man mit Recht. Ärgernis daran nehmen könnte«, so hatte er damals die habituellen Bedingungen eines angemessenen Urteilens statuiert.[10]

---

[7] Witkowski, Georg (1924): *Textkritik und Editionstechnik neuerer Schriftwerke. Ein methodologischer Versuch*, Leipzig.
[8] Wellbery David E./u.a. (2004): *A New History of German Literature*, Cambridge, MA; Belege nachfolgend aus d. deutschen Übersetzung: Doherty, Brigid (2007): *Photographie, Typographie und die Modernisierung des Lesens*, in: Wellbery, David E./u.a. (Hg.): *Eine neue Geschichte der deutschen Literatur*, übers. von Christian Döring/u.a., Berlin, 905–911.
[9] Bronfen, Elisabeth (2007): *Modernismus und Hysterie*, in: Wellbery, *Geschichte der deutschen Literatur*, 911–917.
[10] Pfoser, Alfred/Pfoser-Schewig, Kristina/Renner, Gerhard (1993): *Schnitzlers Reigen*, Bd. 2: Die Prozesse, Analysen und Dokumente, Frankfurt a.M., 251.

3

Folgt man den Argumenten der beiden Schriften im Einzelnen, dann verkomplizieren sich freilich die Verhältnisse. So plädiert auch die Schrift des Rickert- und Husserl-Schülers Pos, der sich im auf Niederländisch verfassten Vorwort, auch bei den »Privaat-Docenten Dr. M. Heidegger« und »Dr. H. Amann« (d.i. Hermann Ammann, gleichfalls ein Husserl-Schüler) bedankt, für »strenge Sachlichkeit«.[11] Pos gesteht aber im gleichen Zuge zu, dass die Form, in der Sachlichkeit in seiner Schrift zu Tage tritt, »vielleicht dem empirisch eingestellten Blick zunächst geradezu unsachlich vorkommen werde«.[12] Ein Ausweg aus diesem Fehlschluss einer auf empirische Tatsachen fixierten Anschauung zeigt sich, wenn Pos die Möglichkeitsbedingungen einer Begrenzung und Erweiterung des disziplinären Horizontes von Philologie sondiert:

> Erweiterung des philologischen Betriebes ist möglich nach der Seite des in der Untersuchung mit-Gesetzten in Beziehung auf die Subjektivität hin, und zwar nach zwei Richtungen: einerseits nach der Art, wie die empirische Subjektivität sich eines Gegenständlichen bemächtigt, es in sich und gleichsam in seinen schon vorhandenen Inhalt hineinzieht, andererseits nach der letzten Rechtfertigung des so und nicht anders Sich-Gebens des Gegenstandes in seiner vollen Strukturfülle, also in der Richtung einer letzten Fundierung des So-Seins der Objektivität.[13]

Die phänomenologische Wahrung einer Äquidistanz zwischen Subjektivität und Objektivität bleibt auch in den nachfolgenden Überlegungen für Pos entscheidend. Das erste Hauptkapitel ist dem »Begriff des Textes« gewidmet, wobei der Verfasser unter Verweis auf das »Selbst-Redende« der Sache, um die es ihm geht, bei aller Konsequenz in der philosophisch-phänomenologischen Denkweise ein dezidiert philologisches und zugleich nicht-philosophisches Erkenntnis-

---

[11] Pos, *Kritischen Studien*, VIII.
[12] Ebd.; die Sperrung als Textauszeichnung wird in allen Zitaten originalgetreu beibehalten, um den druckrhetorischen Gestus des in Antiqua-Lettern gesetzten Textes zu bewahren; in dieser Hinsicht stimmt die Publikation mit der Druck-Rhetorik der in der Gestaltung freilich avancierteren Bauhaus-Publikationen dieser Jahre überein, wo gleichfalls die Sperrung als Modus der Emphatisierung gegenüber der Kursivierung beibehalten wird (vgl. z.B. das erste Heft der Zeitschrift *bauhaus*, auf die Brigid Doherty sich bezieht: http://www.baunet-info.com/media/documents/news/2015/02/ 11/01._Walter_Gropius_-_Internationale_Architektur_small_size.pdf [letzter Zugriff 05.08.2015], wohingegen Schnitzlers *Fräulein Else* (wie auch Witkowskis Programmschrift) sich durch eine druckrhetorisch virtuose Inszenierung der Kursivierung profiliert: http://www. deutschestextarchiv.de/schnitzler_else_1924 [letzter Zugriff 05.08. 2015].
[13] Pos, *Kritischen Studien*, 1.

interesse für sich reklamiert.[14] Der Gegenstand der Erkenntnis selbst diktiert diese Abgrenzung, die ihrerseits eine Entgrenzung generiert: Im »Autographon«, der eigenhändigen Niederschrift, scheint der Philologe zwar dem Selbst-Ausdruck der Sache denkbar nahe zu sein, doch auch und gerade dort gilt für Pos, dass die philologische Untersuchung »[d]er Natur des Gegenstandes gemäß [...] in endlicher Form niemals zum Abschluss gebracht werden« könne.[15] So sehr dies zunächst an die ein Jahrhundert zuvor geprägten approximativen Bestimmungen der Philologie bei August Böckh und seinen Zeitgenossen erinnert,[16] so fern von den Vorstellungen aus den Gründungszeiten der akademischen Philologie liegen doch die epistemischen Konsequenzen dieser Unabgeschlossenheit: Auch wenn wir, so Pos, in »Streichungen und selbstangebrachte[n] Verbesserungen, Interpolationen, vielleicht auch Differenzen in der Art des Schreibens selber« Hinweise auf die »geistige Aktivität dessen, an den sich der Text als Gegenstand der Untersuchung auch jetzt noch [...] anlehnt«, vermuten,[17] so bleibe doch die Handschrift als Träger eines solcherart personifizierten Inhalts unterdeterminiert im Verhältnis zur »Peripherie« eines den Inhalt und dessen Zeichenträger »in seinem Zustandekommen überall umflutenden und umstauenden Stromes der Erlebniskomplexion«.[18] Die Komplexität der dabei statuierten Erlebnismodi weist freilich – an dieser Stelle erstmals mit der Metapher des Stroms bzw. der Strömung assoziiert – weit auch noch über Dilthey'sche Bestimmungen hinaus. Geht es Pos doch darum, »das ganze Reale, soweit dies durch den Gesichtspunkt einer historischen Untersuchung abgegrenzt wird, zu erfassen«, wozu dann eben auch »alle die unterbrechenden, nebensächlichen, störenden, jedenfalls begleitenden Momente im Bewußtsein [...]«, das »Innere-Äußere Ganze« dazugehören müssten, wodurch die philologische Aufgabe jedoch gleichwohl nichts von ihrer Unabschließbarkeit verlieren kann.[19]

Im Kalkül des phänomenologischen Gedanken-Experimentalsystems bildet konsequenterweise der Abschnitt über den *Bewusstseinsstrom des schöpferischen Autors* ein erstes Reflexions-Ziel, das sich jedoch im Moment seines Erreicht-Seins seinerseits bereits wieder verschiebt:

---

[14] Ebd., 3–5.
[15] Ebd., 12.
[16] Vgl. Böckh, August (1966): *Enzyklopädie und Methodenlehre der philologischen Wissenschaften*, repr. Nachdr. der 2. von Rudolf Klussmann bes. Aufl., Leipzig 1886, Darmstadt; vgl. Steinfeld, Thomas (2009): *Skepsis. Über August Böckh, die Wissenschaft der unendlichen Approximation und das Glück der mangelnden Vollendung*, in: Schwindt, Jürgen-Paul (Hg.): *Was ist eine philologische Frage? Beiträge zur Erkundung einer theoretischen Einstellung*, Frankfurt a.M., 211–226.
[17] Pos, *Kritischen Studien*, 14.
[18] Ebd. Herv. JP.
[19] Ebd., 14–15.

> Nehmen wir aber einmal an, wir hätten den »Strom«, durch die sich mitteilende intuitive Introspektion des Verfassers sei er uns zugänglich geworden. Wir hören ihn erzählen von seinem Werk, er deskribiert uns das Werden in seiner Wiedererinnerung adäquat. Eine Beziehung aber möchten wir dabei loswerden, die doch gerade wesentlich ist: daß der Betreffende in retrospektiver Wiedererinnerung steht während des Beschreibens. Auch er ist nicht mehr unmittelbar »dabei«, auch er hat es schon hinter sich, was er erfaßt, er repräsentiert es, er kann es nur nach, nicht neuerleben.[20]

Es wird also immer wieder neu unmöglich bleiben, »den Gehalt der im Darstellen begriffenen Subjektivität zu beschreiben«, da sich »das Zentrum, woraus der Akt des Darstellens selber hervorgeht« immer entzieht.[21] Damit steht dann auch – hier erstmals in der Studie explizit – die epistemische Zugänglichkeit von emotionalen Fakten auf dem Spiel, zumindest in jener Modifikation, die nach traditioneller Vorstellung die äußerlichen Erscheinungsformen von Emotionalität prägt,[22] nämlich den affektiven:

> Zwar wird uns die Subjektivität erst im Werk gegeben, d.h. mit-, gewissermaßen aufgegeben; sie wird aber nie mit ihrem Werk eins, auch dort nicht, wo der Zusammenhang ein sehr inniger ist wie in der lyrischen Äußerung. Übrigens ist es wohl eine Einseitigkeit, die Unmittelbarkeit der psychischen Lage nur im Affekt wiederfinden zu wollen; hinter der ruhigen, objektiven Dialektik des Wissenschaftlers, ja hinter der dürren Aufzählung eines durch Katalogisierung zu verarbeitenden Materials kann sich eine Intensität des Erlebens verraten oder vielmehr verbergen, die für den nur auf Sinnliches, Erstarrtes, Äußerliches eingestellten Blick unaufgemerkt bleibt.[23]

4

Mit dem zuletzt zitierten Plädoyer für eine Ethik und Ästhetik der philologischen Intensität endet das dem ›Text‹ als dem philologischen Fundamentalobjekt gewidmete Kapitel der Pos'schen Studie. Ihr Fortschreiten im Sinne der zu Beginn statuierten ›Erweiterung‹ der philologischen Auto-Reflexion wird dann zunächst durch einen *Erkenntnistheoretischen Exkurs* unterbrochen. Spätestens dieser Teil macht heutigen LeserInnen auch die diskursiven Anschlussmöglichkeiten deutlich, die in Pos' später kaum rezipierter Arbeit liegen: Anschlussoptionen sowohl im Bereich der Philologie als auch der Emotionsforschung.

---

[20] Ebd., 49.
[21] Ebd., 52.
[22] Vgl. Grimm, Hartmut (2010): *Affekt*, in: Barck, Karlheinz/u.a. (Hg.): *Ästhetische Grundbegriffe. Studienausgabe*, Bd. 1, Stuttgart, 16–49, hier 17.
[23] Ebd., 52.

Der an dieser Stelle relevant werdende Zusammenhang zwischen Emotionsforschung und Phänomenologie wurde zuletzt von Íngrid Vendrell Ferran thematisiert, die anhand der Argumente der frühen Phänomenologie gezeigt hat, dass Gefühle phänomenal beschreibbar sind ohne die transzendentale Reduktion des späteren Husserl (der *Ideen zu einer reinen Phänomenologie*) mitvollziehen zu müssen.[24] Die Zweistufigkeit der »phänomenologischen Einstellung«,[25] den theoretischen Schritt von den Sachverhalten zum ›Wesen‹ dieser Tatsachen,[26] vollzieht in der Tat auch Pos in Gestalt eben jenes erkenntnistheoretischen Zurücktretens in den autormarkierten Modus des Exkurses. In diesem Modus kommt der emotionale Zustand des sprechenden (bzw. schreibenden) Phänomenologen selbst zur Sprache: »Die Ruhe«, die in der Zuwendung zum Einzelgegenstand vom Objekt auf den Betrachter übergeht, ist zugleich »Gewähr dafür, daß er [der Gegenstand, JP] nicht nur etwas *in* uns, in unserem vorübergehenden Bewußtseinsstrom, sondern noch mehr ist.«[27] In diesem Sinne lässt sich auch von den *Studien über philologische Methode* sagen, dass sie in sich die »methodologische Strategie einer phänomenologischen Untersuchung der Emotionen« widerspiegeln.[28]

Diese Selbstbezüglichkeit der phänomenologischen Methode nimmt Pos dann auch in Anspruch, um sich von dem, was er die »Methode des rationalisierenden Idealismus« nennt, abzugrenzen.[29] Als wichtigster Repräsentant dieser Position rückt hier Heinrich Rickert, neben dessen Freiburger Nachfolger Husserl Pos' wichtigster akademischer Lehrer, ins Zentrum der Kritik. Durch die »grundsätzliche Scheidung zwischen dem realitätsseligen Einzelwissenschaftler und dem diesem Schein entrückten Philosophen«, zwischen der Sphäre des »Seins« und den »Werten«, die »dem Leben auch theoretischen Sinn verleihen«, bleibe die »Windelband-Rickertsche Schule« (die sogenannte ›Südwestdeutsche Schule des Neukantianismus‹) gerade jenem Naturalismus verhaftet, gegen den sie sich in ihrer Abgrenzung von den explanatorischen Ansprüchen der Naturwissenschaften gewandt hatte.[30] Rickerts emphatischer Rekurs auf den Begriff des Lebens[31] kann somit gerade nichts daran ändern, dass »das Verständnis der Wissenschaft als Leben« Schaden nehme.[32]

---

[24] Vendrell Ferran, Íngrid (2008): *Die Emotionen. Gefühle in der realistischen Phänomenologie*, Berlin, bes. 71–78.
[25] Vendrell Ferran, *Die Emotionen*, 71.
[26] Ebd., 73.
[27] Pos, *Kritischen Studien*, 54, Herv.i.O.
[28] Vendrell Ferran, *Die Emotionen*, 21.
[29] Pos, *Kritischen Studien*, 57.
[30] Ebd., 61–62.
[31] Rickert, Heinrich (1920): *Die Philosophie des Lebens. Darstellung und Kritik der philosophischen Modeströmungen unserer Zeit*, Tübingen.
[32] Pos, *Kritischen Studien*, 57.

Pos' Stellungnahme zur Rolle der Wissenschaft (und namentlich der Philologie) in der modernen, naturwissenschaftlich geprägten Welt und im Verhältnis zum Leben bietet über die zeitgenössischen Bezüge – zum Beispiel Max Webers Rede über *Wissenschaft als Beruf*[33] – hinaus weitere theoretische Anschlussoptionen. Namentlich dem Einspruch Ottmar Ettes gegen die wissenschaftliche Usurpation des Lebensbegriffs durch die sogenannten *life sciences* begegnet in Pos' Auseinandersetzung mit dem südwestdeutschen Kantiannismus ein vorauseilender Vorbehalt. Als »Horizontbegriff« stellt Lebenswissen für Ette »disziplinäre Grenzziehungen« in Frage; er fordere uns auf, als integralen epistemologischen Bestandteil auch das literarische Wissen einzubeziehen.[34] Bereits Pos plädierte für die Möglichkeiten wechselseitiger Bereicherung von Wissenschaftskulturen. Dabei modifiziert er den traditionellen Rekurs der Geisteswissenschaften auf die Idee des »Ganzen« in einer vermutlich ihrerseits vom theoretisch-biologischen Systemdenken der Zeit beeinflussten Weise – Jakob Johann von Uexküll als der Avantgardist einer Umgebungs-Innwelt-Relation in der Biologie stand bekanntlich im engen Austausch mit Husserl:[35] »Die Beziehung zum Ganzen«, so schreibt Pos in einem den Exkurs beschließenden Abschnitt über die *Bedeutung des erkenntnistheoretischen Exkurses für die Philologie*,

> [...] die zunächst eine Beziehung zur »Umgebung« ist, soll die Gewähr dafür abgeben, daß dieser bestimmte, reale Gegenstand, den ich den philologischen Text nenne, in der Gesamtsynthesis nicht verloren gehe und nicht »vergessen« werde. Das Merkwürdige ist eben, daß das Verlorengehen des eigentlichen Gegenstandes besonders dann am meisten droht, wenn ... die Wissenschaft anfängt, sich seiner zu bemächtigen. Dennoch liegt andererseits in der theoretischen Erfassung eine Bereicherung des Gegenstandes selbst. Denn sein aktualisierter »Aspekt« erweckt ihn zu neuem »Leben«, in einer Weise, wie es vorher nicht da war.[36]

---

[33] Weber, Max ([11]2011): *Wissenschaft als Beruf*, Berlin; im Rahmen seiner Studie über »Verhaltenslehren der Kälte« hat Helmut Lethen Webers Rede bekanntlich als »Gründungsdokument neusachlicher Verhaltenslehren« interpretiert (Lethen, H. [1994]: *Verhaltenslehren der Kälte. Lebensversuche zwischen den Kriegen*, Frankfurt a.M., 64); bei Pos als einem Niederländer mit deutscher akademischer Ausbildung wäre in diesem Kontext – vor dem Hintergrund der von Lethen vorausgesetzten historischen Devianz der deutschen Intellektuellen – ein Sonder-Habitus im akademischen Feld zu unterstellen.

[34] Ette, Ottmar (2004): *ÜberLebenswissen. Die Aufgabe der Philologie*, Berlin, 14–20.

[35] Vgl. Köhnen, Ralph (2010): *Wahrnehmung wahrnehmen. Die Poetik der »Neuen Gedichte« zwischen Biologie und Phänomenologie: von Uexküll, Husserl, Rilke*, in: Unglaub, Erich/Paulus, Jörg (Hg.): *Rilkes Paris. 1920-1925 / Neue Gedichte*, Göttingen, 196–211.

[36] Pos, *Kritischen Studien*, 63–64. Toni Tholen hat in seinem Beitrag *Philologie im Zeichen des Lebens* in ähnlicher Weise eine wissenschaftliche Vermittlerfunktion der Philologie auf der Basis ihres »ungeheuer vielfältige[n] und breite[n]« Lebenswissens ins

Aktualisierten Aspekten des Gegenstandes ist dann auch das dritte Hauptkapitel der Untersuchung gewidmet. Unter diesen aus der phänomenologischen Gegenstands-Besinnung heraus generierten Aspekten ist das »Sein der ›Oberfläche‹ des Mannigfaltigen« besonders bemerkenswert, das laut Pos als »ein eigenes Moment« und »seinem eigenen Aspekt nach« anerkannt werden sollte.[37] Diese Anerkennung der Oberfläche, die er erneut kritisch von Rickerts *Philosophie des Lebens* abgrenzt,[38] führt Pos dann dazu, den Begriff des Realen erneut auf Phänomene zu erweitern, die sich jenseits dessen bilden, was »momentan im Strome ›da ist‹«: das »Typische«, bzw. der »Stil«.[39] In einer solchen, an die Anerkennung der Oberfläche geknüpften Gestalt wird den traditionsreichen ästhetischen Kategorien eine zeittypische Nüchternheit attribuiert, wodurch sich der Text denn auch an dieser Stelle wohl am engsten mit der zu dieser Zeit noch nicht publizierten Studie von Witkowski berührt. Die Orientierung an der Oberfläche erschließt dabei auch mediale Aspekte der Kultur einer phänomenologischen Betrachtung, zum Beispiel im Vergleich von Schriftlichkeit und Mündlichkeit als kulturellen Dispositiven:

> In einem nur hörbaren Text bliebe die Beibehaltung des Zusammenhangs wieder ganz und gar dem Gedächtnis überlassen. Ein eventuelles Zurückkommen und Vorgreifen wäre ausgeschlossen. Im Geschriebenen dagegen liegt mehr als momentan Lesbares »bereit«, und zwar läßt sich die richtige Folge auch als umgekehrte Folge durch Zurückgehen auf Voriges lesen. Wie aber noch mehr als das momentan Gehörte als Hörbares bereit liegen könnte, und wie man in »umgekehrter« Folge den Sinneszusammenhang heraushören könnte, ist nicht einzusehen; es müßte denn sein, daß ein anderes Organ uns das nicht geradezu momentan Vorgeführte vermitteln würde. Da nun sogar als Hörbar-Vorgeführtes, wenn nicht irgendwie materiell verfestigt, nicht wohl denkbar ist, so würde uns dann doch wieder das Nicht-aktualisierte nur durch das Auge oder die Tastempfindung zugänglich sein, etwa so, wie sich eine Grammophonplatte nicht nur abspielen, sondern auch mit dem Auge oder den Fingern lesen läßt.[40]

Auf den hier sich abzeichnenden Erweiterungs-Spielraum in Richtung einer solchen Figuration philologischer Erkenntnis, die heute unter dem Label einer

---

Spiel gebracht und dabei dezidiert auf den Beitrag der Affekte und Emotionen verwiesen, vgl. Tholen, Toni (2009): *Philologie im Zeichen des Lebens*, in: Stauf, Renate/ Berghahn, Cord-Friedrich (Hg.): *Philologie und Kultur. 100 Jahre ›Germanisch-Romanische Monatsschrift‹* (= Germanisch-Romanische Monatsschrift NF 59.1), 51–64.
[37] Pos, *Kritischen Studien*, 73.
[38] Ebd., 74.
[39] Ebd., 75–76.
[40] Ebd., 91.

»Medienphilologie« erschlossen wird,[41] greift Pos dann aber doch nicht zu. Die »Lesekultur« als »eine Sphäre für sich«[42] betrachtend, behält er jedoch auch in dieser von ihm philologisch privilegierten Kulturtechnik Modernitäts-Optionen im Blick: »Die Symbolik der Sprache, besonders diejenige der Sondergebiete des bewußten Lebens, wie die mathematische Formelsprache und die graphische Darstellung« stellten »auf der Höhe eines in technischer Hinsicht so weit fortgeschrittenen Kulturlebens nicht nur einen Ersatz für das Gedächtnis, sondern eine eigene Form der Bewältigung von Inhalten dar [...].«[43] Freilich: Auch hier bricht Pos den sich aufdrängenden Gedanken an spezifisch moderne Schreibpraktiken, der auf eine phänomenologisch informierte »Systematik aller in Buchform möglichen Werkarten« zielen könnte, mit knapper rhetorischer Geste ab: »uns interessieren zunächst andere Fragen«, statuiert er in der traditionellen akademischen Defensivhaltung des *pluralis scientificus*.

Dennoch ist damit der Weg zur Anerkennung von emotionalen Sachverhalten in den sprichwörtlichen ›Bleiwüsten‹ der Philologie gebahnt. *Die ersten Schritte*: so lautet in phänomenologisch-ironischer Inversion das Schlusskapitel der *Studien*; im Zentrum dieses Kapitels steht eine ganz andere als die idealistische Version des ›theoretischen Lesens‹, nämlich eine, die ein philologisches »Lesen der Oberfläche« aktiviert,[44] das seine Aufmerksamkeit auf Äußerlichkeiten wie die »Mehrmaligkeit des Vorkommens« richtet.[45] Im Wahrnehmungsraum eines solcherart philologisch-statistisch objektivierten Bewusstseins kann dann schließlich auch auf Emotionales zugegriffen werden: Dem »›Lieblingswort‹ als Charakteristikum« ist das letzte Wort der methodologischen Studie vorbehalten, wobei Bewusstseinsstrom und Emotionalität in phänomenologisch ›letzter‹ Instanz korreliert werden. Stil und Statistik als Parameter der phänomenologischen Strömungsmechanik erlauben es, Konzepte wie Leidenschaft und Vorliebe als Verdichtungsfunktionen »objektive[n] Erkennens« zuzulassen, ja sogar als das einzig »Sichere [...] im aller Begrenzung zunächst spottenden Strom, den das schöpferische Bewußtsein des Autors im Zustandekommen des Werkes bildet«, als »Festhaltbares, Fixierbares«, zu begreifen.[46] Aber auch auf dieser »Insel« geretteter Phänomene wächst eine Gefahr:[47]

---

[41] Vgl. Maye, Harun (2015): *Braucht die Medienwissenschaft eine Philologie der Medien?*, in: *Zeitschrift für Medienwissenschaft* 12.1, 158–164.
[42] Pos, *Kritischen Studien*, 90–92.
[43] Ebd.
[44] Ebd., 120.
[45] Ebd., 128–133.
[46] Ebd., 133–134.
[47] Ebd.; zur Denkfigur einer ›Rettung der Phänomene‹ vgl. Mittelstraß, Jürgen: *Die Rettung der Phänomene. Ursprung und Geschichte eines antiken Forschungsprinzips*, Berlin 1962.

Das Auge ruht mit Wohlgefallen auf dem einen hervorgehobenen Punkt und ›vergißt‹ um seinetwillen das Ganze. Darum, je gelungener die Isolierung und Fixierung einer bestimmten Eigentümlichkeit des Schriftstellers ist, um so gefährlicher ist sie auch.[48]

Eine Verklärung der Gefahr und die Mystifizierung einer philologisch diagnostizierten ›Seinsvergessenheit‹ spricht aus diesen Zeilen gleichwohl nicht. Gefahr und Gelingen bilden für Pos einen labilen Gleichgewichtszustand, der sich philosophisch gerade nicht fixieren beziehungsweise ruhigstellen lässt.

5

Schon in dem »Leipzig, den 7. Februar 1924«[49] datierten Vorwort zu seiner dem Verleger Anton Kippenberg zugeeigneten Schrift *Textkritik und Editionstechnik neuerer Schriftwerke* nimmt Georg Witkowski die Heidelberger Programmschrift seines deutlich jüngeren Kollegen Pos mit Respekt zur Kenntnis. Der Gegenstand seiner Schrift könne, so schreibt der Verfasser, durchaus auch »von einer höheren erkenntnistheoretischen Warte aus erfaßt und demgemäß mit anderer Systematik behandelt werden«, wie dies soeben von Pos unternommen wurde; »nicht so unmittelbar« freilich »wäre dann der angestrebte Nutzen zu erhoffen.«[50] »[B]rauchbare Richtlinien und feste Anhaltspunkte« sollten also von Leipzig aus (nicht zuletzt in Richtung Heidelberg) vermittelt werden.[51] Schon typografisch wird die Abgrenzung deutlich, nicht zuletzt in der Verwendung der modernen Gestaltungsform der Hervorhebung durch Kursivierung anstelle der älteren Satztechnik der Sperrung bei Pos. Das akademisch-disziplinäre Abgrenzungsbedürfnis der Philologie bezieht sich für Witkowski nicht wie bei Pos auf die Frage einer zu klärenden Nachbarschaft zur Philosophie, sondern auf das Verhältnis zur Literaturwissenschaft, der im philologischen Prozess »vielfältige Hilfsdienste« zugemutet werden.[52] Wurde die Philologie in der Tradition als Magd, *ancilla*, der Theologie personifiziert, so steht ihr nun in akademisch-säkularer Postfiguration eine eigene literaturwissenschaftliche Hilfskraft zur Seite. Der philologische Positivismus des späten 19. Jahrhunderts verbrüdert sich dabei mit neuer Sachlichkeit: »Alle Herausgebertätigkeit hat mit der Herstellung eines zuverlässigen Wortlauts zu beginnen«, so lautet die Grundbedingung, die

---

[48] Pos, *Kritischen Studien*, 134.
[49] Witkowski, *Textkritik und Editionstechnik*, Vorwort (o.S.).
[50] Ebd.
[51] Ebd.
[52] Ebd., *Vorwort* (o.S.).

Witkowski mitteilt.[53] Unter »Herausgeben« ist zunächst die Konstituierung und Edition eines kritisch geprüften Textes zu verstehen, womit die »erste ein für allemal gesicherte Grundlage *jeder* Ausgabe [eines] Werkes gewonnen« wird.[54]

Sehr viel deutlicher als im phänomenologischen Realismus bei Pos weist Witkowskis handwerklicher Pragmatismus, der philologische Solidität auf standardisierte Formate von Karteikästen und den Neigungswinkel von Lesepulten gründet, zurück auf romantische Konzepte philologischer Praxis. Lief doch der Versuch, eine spezifische Form von philologischer Wissenschaftlichkeit zu begründen, von Anfang an zuallererst auf einen *zugleich* handwerklichen und rituellen »Werkherstellungsprozess« hinaus, »der mittels textkritischer Verfahren eine vielfach disparate und immer schon korrupte Überlieferung sondierte und in der Edition eines gereinigten, in sich möglichst homogenen Textes gipfelte«.[55] Bei Pos war die Instanz der Kritik dezidiert gegen den szientifischen Positivismus aktiviert worden: Der Gegenstand der Philologie sei nun einmal kein »indifferentes Material, sondern wertvolle Realitäten, denen die Subjektivität strukturgemäß nur wertend gegenüberstehen kann.«[56] Auch hier gelte es, so hatte Pos statuiert, »in kritischer Weise das Feld der Realität zu erweitern, [...] nicht im Gegensatz zum Humanismus vom alten Schlag, sondern gegen die Verflachung, die droht von der Wissenschaftslehre der Neuzeit.«[57] Die Wertungsrelation wird in zweiter Lesung dann aber einer weiteren phänomenologischen ›Verschiebung‹ unterworfen, die der spezifischen *conditio* der Moderne Rechnung trägt: Wertung hat sich nämlich gleichwohl in einer Welt zu behaupten, in der »Mode und Äußerlichkeiten« eine »sehr große und mächtige Rolle« spielen.[58] Mit Verweis auf Georg Simmels vieldiskutiertes Rembrandt-Buch reklamiert Pos einen kulturgeschichtlich integralen Begriff der Wertung jenseits der Unterscheidung ›Werk versus Person‹ für sein phänomenologisches Projekt.[59]

---

[53] Ebd., 16; zur wissenschaftsgeschichtlichen Stellung der Studie Witkowskis im Rahmen einer theoretischen Philologie und zu den emotionsphilologischen Implikationen der Schreibweise Witkowski vgl. bereits die entsprechenden (teilweise mit den vorliegenden Überlegungen sich überschneidenden) Abschnitte in: Paulus, Jörg (2013): *Philologie der Intimität. Liebeskorrespondenz im Jean-Paul-Kreis*, Berlin, 4–53, die hier nun mit Blick auf Pos erweitert werden.
[54] Witkowski, *Textkritik und Editionstechnik*, 65, Herv.i.O.
[55] Fohrmann, Jürgen (1994): *Von den deutschen Studien zur Literaturwissenschaft*, in: ders./Voßkamp, Wilhelm (Hg.): *Wissenschaftsgeschichte der Germanistik im 19. Jahrhundert*, Stuttgart/Weimar, 1–14, hier 4.
[56] Pos, *Kritischen Studien*, 11.
[57] Ebd.
[58] Ebd., 69–70.
[59] Ebd., 70–71; vgl. Simmel, Georg (1916): *Rembrandt. Ein kunstphilosophischer Versuch*, Leipzig.

Auch Witkowski wendet sich gegen die »Mechanisierung der Textkritik über jedes innere Prinzip und alle persönliche Entscheidung.«[60] Im Unterschied zu Pos' Orientierung an einem gedachten Bewusstseinsstrom des Autors, um die sich die philologische Reflexion dreht, bleiben Witkowskis Bezugspunkte die zur Edition anstehende Werkgestalt selbst im Medium der Techniken ihrer sachgemäß editorischen Konstitution. Seine Vorgehensweise, das allmähliche Vorrücken zur editorischen Konstruktion, ist induktiv-approximativ, ausgehend von den »Materialien«, deren »umfassende Kenntnis« jede Textkritik vorauszusetzen habe.[61] Die handwerkliche Materialkenntnis setzt sich für Witkowski zusammen aus Kenntnissen der Handschriften und Drucke, dem »vollen *Verständnis der Sprache*« sowie dem »*restlose[n] Verständnis des Inhalts*«; ein philosophisches, geschichtliches, naturwissenschaftliches Werk erfordere »zur Prüfung seines Wortlautes eingehende Kenntnis der betreffenden Wissenschaft in der Entstehungszeit, der damals üblichen Fachausdrücke und des Geltungsbereichs dieser Terminologie«.[62] Die ergänzenden Hilfsmittel, die Witkowski anführt, beziehen sich dabei auf geografische, historische und publizistische Kontexte.[63]

Die virtuelle philologische »Werkbank«, auf der diese Materialien bearbeitet werden, ist nach Maßgabe der Physiologie eingerichtet: »[u]m dem Auge möglichste Erleichterung zu gewähren«, hat der Editor »den Text auf ein links vom Arbeitenden befindliches schräges Lesepult« zu stellen, die zu vergleichende Textfassung ist »unmittelbar darunter« zu legen; die körperlosen philologischen Materialien finden ihren Anhaltspunkt in soliden philologischen Werkzeugen: »Auf dieser [Textfassung] mag ein Holz- oder Pappstück unter der zu vergleichenden Zeile den übrigen Teil der Seite bedecken und so den Blick leichter zu der gesuchten Stelle zurückkehren lassen.«[64] Das editionspraktische Lesen vollzieht sich auf einer handfesten Grundlage, was freilich gleichfalls auf romantische Konzepte eines theoretischen Lesens aus dem Geiste der Aufmerksamkeit zurückgeführt werden kann: Der Philologe als höherer Lese-Handwerker.[65]

Der systematische Ort des Emotionalen liegt in all diesen Ausführungen allein im Gegenstand, dem Objekt des textkritischen Prozesses. Ebenso wie Pos

---

[60] Witkowski, *Textkritik und Editionstechnik*, 14.
[61] Ebd., 20.
[62] Ebd., 21, Herv.i.O.
[63] Ebd., 21–22.
[64] Ebd., 28–29.
[65] Vgl. Martus, Steffen (2004): *Romantische Aufmerksamkeit. Sinn und Unsinn der Philologie bei Ludwig Tieck*, in: Markert, Heidrun (Hg.): »*lasst uns, da es uns vergönnt ist, vernünftig seyn! –* « *Ludwig Tieck (1773–1853)*, Bern/u.a., 199–224, hier 205; vgl. auch Möller, Melanie (2009): *Rhetorik und Philologie. Fußnoten zu einer Theorie der Aufmerksamkeit*, in: Schwindt, Jürgen Paul (Hg.): *Was ist eine philologische Frage? – Beiträge zur Erkundung einer theoretischen Einstellung*, Frankfurt a.M., 137–159.

entscheidet sich Witkowski für den Terminus ›Affekt‹, um die Erscheinungsform emotionaler Ereignisse in Textgestalt zu markieren:

> Satzbau und Sprachrhythmus, Eigenart der Apperzeptionen, Überwiegen visueller und akustischer Begabung, Einfluß der Affekte und der affektbetonten Vorstellungen, kurz alles, was im Schriftwerk als Persönlichkeitskennzeichen erscheint, kann und soll in den Dienst der Kritik treten [...].[66]

Gefühlstatsachen, die aus der operationalen Rekonstruktion des editionsphilologischen Prozesses ausgeklammert sind, finden also zumindest an den Rändern der Rekonstruktion von Philologie-Praktiken Anerkennung als Entitäten der zu edierenden Texte.

6

In der Forschung, die den Überschneidungsbereich von Emotions- und Philologietheorie ergründet, findet Witkowskis distanziert objektorientierter Zugang zur philologischen Theorie und Praxis ein anderes Echo als die theoretisch-phänomenologische Verfahrensweise von Pos. Lagen bei diesem die theoretischen Anschlussstellen in einer Philologie, die ihre ›lebenswissenschaftliche‹ Kompetenz deklariert, sowie in einem neuen phänomenologischen Interesse am Realitätsstatus von Emotionen, so steht im Horizont von Witkowskis Schrift konsequenterweise vor allem ein epistemischer Schauplatz im Fokus, auf dem Emotion und Philologie gemeinsam verhandelt werden können: die Welt der emotionalen Entitäten, von denen Philologie ›handelt‹ und mit der sie umgeht. Witkowski, obgleich er just in einer solchen Passage seiner Schrift auf Affekte zu sprechen kommt, die nun gleichfalls den philologischen *Gegenstandsbereich* betrifft (nämlich die sprachliche Eigenart von Texten und deren affektive Prägung), macht durch die systematisch-neusachliche Aussparung von Emotionalität am editionsphilologischen *Prozess* bewusst, dass auch auf dieser Seite des philologischen Handwerks Emotionalität zu bedenken wäre. Dieser Aspekt findet einen Bezugspunkt in aktuellen Studien, die nach den »Emotionen der Philologen« im Rahmen der von ihnen entwickelten »Textumgangsformen« fragen.[67] Philologische Emotionen begegnen uns hier wesentlich in der Gestalt von subjektiven wissenschaftlichen Motivationen, die, wenn sie im Sinne der Fragestel-

---

[66] Witkowski, *Textkritik und Editionstechnik*, 62.
[67] Vgl. Klausnitzer, Ralf (2007): »*... keine Ausflucht als die Liebe«. Die Emotionen der Philologen*, in: Bohnenkamp-Renken, Anne/Regener, Ursula (Hg.): *Eichendorff wieder finden. Joseph von Eichendorff 1788–1857*, Katalog des Freien Deutschen Hochstifts und des Frankfurter Goethe-Museum, Frankfurt a.M., 163–173, hier 164.

lung signifikant sind, mit spezifischen kulturhistorischen Kontexten assoziiert und somit objektiviert werden können.[68]

Durchs Nadelöhr der Kontexte strömt nun aber erneut auch der ganze Gegenstandsbereich in den Prozess der Philologie zurück:[69] Das editionstechnische Pendant dazu findet sich traditionellerweise im Übergang von der basalen Textkritik (der objektivierenden Reduktion) zur »höheren« Kritik, in dem das ganze Kontextwissen des Philologen aufgeboten wird – plus ein ›x‹, dessen emotionaler Status theoretisch auf einer weiten Skala zwischen ›Divination‹ und Medienrecherchekompetenz bestimmt werden kann. Bei Witkowski wird dieser Übergang betont beiläufig mitgeteilt, nämlich in direkter Überleitung vom Reich der Kritik zum Reich der Beispiele: »Zunächst dient das alles *nur* der Kritik, d.h. der Gewinnung eines gesicherten Wortlautes [...]. Zur Erläuterung der Verfahren der höheren Kritik sollen wieder Beispiele dienen.«[70] Die epistemologische Kluft, die dieser Satz überbrückt, erkennt man, wenn man Witkowskis Darstellung in Analogie zu derjenigen von Pos als eine Form der theoretischen Fortschreitung in der Wiederholung begreift. In der Tat wiederholen seine Ausführungen zur »höheren Kritik« die Rituale der »niederen« Textkritik, deren Ergebnisse überall vorausgesetzt werden müssen, da »nur das [...] für die höhere Kritik verwertbar [ist], was als gesichertes Eigentum des Autors nach Abzug der von anderen geänderten und hinzugefügten Bestandteile der Überlieferung erschlossen ist.«[71] Die »geschulte Einfühlung«, so Witkowski, müsse nun jedoch »bei jeder einzelnen Entscheidung mitwirken«, daneben aber auch »statistische Zusammenstellungen der Fehlerzahlen, der echten und der interpolierten Partien« etc.[72] Dem produktionsphilologischen Gefühl werden dabei erneut nüchtern Grenzen gesetzt: »Unbedingt abzuweisen«, so Witkowski, seien »die früher beliebten Emendationen auf Grund gefühlsmäßiger Einstellung des Kritikers«; denn »[w]as ein Autor geschrieben haben könne oder nicht geschrieben haben könne, das ist deshalb unmöglich zu sagen, weil niemand die inneren und äußeren Voraussetzungen einer verflossenen Zeit und einer anderen Persönlichkeit gleichwertig in sich zu erneuern vermag.«[73] Damit gelangt Witkowski in zweiter Lesung des textkritischen Prozesses letztlich zum Ausgangspunkt der Studie von Pos. Aber wohl erst in der neuesten Engführung von editionspraktischer und philosophisch-theoretischer Perspektive konnte dieses Problem der Synchroni-

---

[68] Vgl. Martus, *Emil Staiger*.
[69] Vgl. zur Praxis des Kontext-Problems: King, Martina/Reiling, Jesko (2014): *Das Text-Kontext-Problem in der literaturwissenschaftlichen Praxis. Zugänge und Perspektiven*, in: *Journal of Literary Theory* 8.1, 2–30, sowie zur Theorie: Kovala, Urpo (2014): *Theories of Context, Theorizing Context*, in: *Journal of Literary Theory* 8.1., 158–177.
[70] Witkowski, *Textkritik und Editionstechnik*, 41, Herv.i.O.
[71] Ebd., 63.
[72] Ebd., 40.
[73] Ebd., 52–53.

sierung von Schrift- und Gefühlsströmen, der Übersetzbarkeit oder Unübersetzbarkeit von Intentionen, sprachlichen Figurationen und philologischen Faktenbeschreibungen, der Fragekomplexe nach den Bedingungen des Übergangs von Möglichkeits- zu Wirklichkeitszuschreibungen, in der aktuellen Selbstreflexion der Philologie zu einer Schaltstelle methodischer Pluralität entwickelt werden.[74]

7

In der weiter oben zitierten *New History of German Literature* folgt auf die Epochenjahre 1923 und 1924 eine Lücke von zwei Jahren – so als müsste nach dieser Generalpause das nachfolgende kulturgeschichtliche Dreifachereignis von 1927 – das Erscheinen von Martin Heideggers *Sein und Zeit*, Walter Benjamins und Franz Hessels Übersetzung von Prousts *A l'ombre des jeunes filles en fleurs* sowie die Publikation von Hermann Hesses *Der Steppenwolf* – eine zusätzliche Bekräftigung erhalten.[75] Ihr philologisches Gegenstück finden diese publizistischen Ereignisse im Rahmen der hier nur skizzierten virtuellen Geschichte der Philologie in drei erneut zugleich gegensätzlichen wie koinzidierenden Publikationen: 1927 erscheint in der Elwert'schen Verlagsbuchhandlung in Marburg eine *Geschichte der deutschen Philologie in Bildern* als »Ergänzung zu dem Deutschen Literatur-Atlas«; im Vorwort des Herausgebers Fritz Behrendt verbindet sich Lebens-Pathos mit Wander-Ideologie, beides zusammen aber generiert im Text eine Gefühlsevidenz, die von den brüchigen Evidenzmustern, die die Flaneure Benjamin und Hessel erschreiben, Lichtjahre entfernt ist: »Ist unsere Wissenschaft auch manche Umwege gegangen, das redliche Bemühen ist auch dann dem Ganzen zugute gekommen. Ein Gefühl des Stolzes ist beim Durchwandern dieser Ahnengalerie gewiß berechtigt.«[76]

Ein weiteres Ereignis des Philologie-Jahrgangs 1927 stellen die (allerdings mit Erscheinungsjahr 1928 gedruckten) *Prolegomena zur Historisch-kritischen*

---

[74] Vgl. den besonders instruktiven und sachhaltigen Band: Bohnenkamp-Renken, Anne/ u.a. (Hg.) (2010): *Konjektur und Krux. Zur Methodenpolitik der Philologie*, Göttingen, sowie meinen Vorschlag zur disziplinären Verortung dieser Diskurse: Paulus, Jörg (2009): *Theoretische Philologie. Annäherung an eine disziplinäre und methodische Leerstelle*, in: Stauf, Renate/Berghahn, Cord-Friedrich (Hg.): *Philologie und Kultur*, Heidelberg, 33–50.

[75] Sluga, Hans (2007): *Die Grenzen des Historismus*, in: Wellbery, David E./u.a. (Hg.): *Eine neue Geschichte der deutschen Literatur*, 917–922; Hamilton, John T. (2007): *Die Aufgabe des Flaneurs*, in: ebd., 922–929; Ward, Janet (2007): *Die Urform des Magischen Theaters*, in: ebd., 929–935.

[76] Behrendt, Fritz (1927): *Geschichte der deutschen Philologie in Bildern. Eine Ergänzung zu dem Deutschen Literatur-Atlas von Könnecke – Behrendt. Aus Anlaß des 50jährigen Bestehens der Gesellschaft für Deutsche Philologie*, Marburg, xii.

Gesamtausgabe von Jean Pauls Werken von Eduard Berend dar. Sie sind so etwas wie die Summe der editorischen und editionspraktischen Bemühungen seit Beginn des philologischen Positivismus, von dem sich Berends Programm bewusst pragmatisch abgrenzt. Als Gewährsmann wird dabei wie zum Zwecke einer editionspraktischen Rahmenbildung zu Beginn und abschließend Georg Witkwoski erwähnt,[77] als Fürsprecher in der außerakademischen Welt »namentlich [der Jean-Paul-Enthusiast] Hermann Hesse« aufgerufen.[78] Emotionalität wird von Berend im Sinne Witkowskis weitgehend ausgeklammert, die relevante mentale Einstellung des Editors, die dem Text durchgängig als Kriterium zu Grunde gelegt wird, ist die jeden »Dilettantismus« abweisende »Strenge« bzw. logische »Schärfe«.[79] »[S]ubjektive Interessen« werden hingegen entschieden verworfen,[80] zugestanden werden allenfalls momentane Haltungen der Mühe,[81] des Bedauerns,[82] des Ärgers.[83] Im Idealfall aber folgen die vorgeschlagenen philologischen Entscheidungen dem logisch-philologischen Kalkül eines ›(genau)-dann,-wenn‹-Schemas.[84]

Umso bemerkenswerter aber sind die editorischen und emotionalen Freiheitsoptionen, die dennoch in Berends Text ins Spiel kommen und dabei doch nicht einem subjektiven philologischen Dezisionismus zugerechnet werden können. Zwar gibt es keinen konkreten Hinweis darauf, dass Berend den Hinweis Witkowskis auf die Pos'sche theoretisch-philologische Parallelaktion weiterverfolgt hätte; einige der wichtigen Konzepte aus dessen *Studien* tauchen aber doch in bemerkenswerter Weise genau dort im Berend'schen Text auf, wo eine Entscheidung für scheinbar subjektive Positionen gefordert wäre, die dann aber doch ganz offensichtlich nicht reiner Subjektivität überantwortet werden sollen: Dies ist der Fall im Zusammenhang mit Fragen der philologischen Wertung, für deren Aporien für Berend einzig integrale Repräsentation, nicht Selektion eine Lösung darstellen kann;[85] wo solche aber unumgänglich ist, gelten hier wie bei Pos Kriterien, die jenseits der Unterscheidung Werk *versus* Person liegen.[86] Vor allem aber weist Berends Insistieren auf das Prinzip der *lectio difficilior* auf eine Ebene *zwischen* statistischer Objektivität und subjektiver Einstellung hin, wie sie auch

---

[77] Berend, Eduard (1927/1928): *Prolegomena zur Historisch-kritischen Gesamtausgabe von Jean Pauls Werken*, in: *Abhandlungen der Preußischen Akademie der Wissenschaften, Philosophisch-historische Klasse*, Berlin, 3 u. 43.
[78] Berend, *Prolegomena*, 4.
[79] Ebd., 4, 15, 23, 24, 25, 30.
[80] Ebd., 19.
[81] Ebd., 4.
[82] Ebd., 8.
[83] Ebd., 11.
[84] Ebd., 29.
[85] Ebd., 22.
[86] Ebd., 24.

der niederländische Philosoph in seiner Schrift gefordert hatte. So können dann auch »Modewörter« der modernen Dichtung des 20. Jahrhunderts (Berend erwähnt repräsentativ für die modernen Strömungen den Expressionismus) mit »Lieblingswörtern« Jean Pauls zusammengestellt werden,[87] ganz so wie Pos dies gefordert hatte.[88] Ein in den Texten vorausgesetztes »Gefühl« steht zwar einerseits auf dem Prüfstand der Statistik, ist aber zugleich in einen emotionalen »Strom« einzurechnen, der nun auch jenseits der »Strenge« des Editors Anerkennung findet.[89]

Als drittes philologisches Ereignis des Jahres 1927 eröffnet der Romanist Victor Klemperer den dritten Band des *Jahrbuchs für Philologie*, das in diesem Jahr erstmals unter dem Titel *Idealistische Philologie* erscheint, mit einer programmatischen Notiz, in der »ein Gefühl zugleich der Unentrinnbarkeit und des Trotzes«[90] für den neuen (auf Klemperers Lehrer Karl Vossler zurückgehenden) Titel in Anspruch genommen wird, das in zweiter Lesung wieder verworfen wird. In der Auseinandersetzung mit den (positivistischen) Kritikern des Konzepts einer ›idealistischen‹ Philologie können Gefühlsargumente eben nur *als* Argumente relevant werden, nicht als Parolen: »Ein Gefühl der Rancune wäre ein schlechter Ausgangspunkt für die Betitelung einer wissenschaftlichen Zeitschrift.«[91] Die von Pos formulierten Vorbehalte gegen einen rationalisierenden Idealismus sind hier zur autoreflexiven Gedankenfigur geworden: Idealismus und Gefühlsevidenz verstärken sich nicht, sondern heben sich gegenseitig auf. In einem grundlegenden Aufsatz mit dem Titel *Verstehen und Deuten, ein Beitrag zur Theorie der Hermeneutik* nimmt dann Klemperers Dresdner Kollege Walter Blumenfeld die hier akzentuierte Aporie philologischer Evidenz, ihre gefühlte »Unentrinnbarkeit« bei gleichzeitiger Herausforderung durch Postulate der empirischen Beweisbarkeit auf.[92] Heideggers Umpolung des phänomenologischen Ansatzes vom theoretischen Begreifen hin zum »hantierende[n], gebrauchende[n] Besorgen«[93] taucht in Blumenfelds Darstellung noch nicht auf, doch drängt

---

[87] Ebd., 30.
[88] Pos, *Kritischen Studien*, 133–134.
[89] Berend, *Prolegomena*, 36–37.
[90] Klemperer, Victor (1927): *Idealistische Philologie*, in: *Idealistische Philologie, Jahrbuch für Philologie*, 1.3, hg. von Victor Klemperer u. Eugen Lerch, 1–4, hier 3.
[91] Ebd., 3; ausdrücklich hat sich die für eine lebenswissenschaftliche Positionierung plädierende Literaturwissenschaft auf Positionen der idealistischen Philologie der ersten Jahrhunderthälfte berufen, vgl. hierzu Nonnenmacher, Kai (2015): *Form und Leben zwischen Positivismus und Idealismus*, in: romanische studien (http://www.romanischestudien.de/index.php/rst/article/view/19/87, letzter Zugriff 01.06.2015).
[92] Blumenfeld, Walter (1927): *Verstehen und Deuten, ein Beitrag zur Theorie der Hermeneutik*, in: *Idealistische Philologie, Jahrbuch für Philologie*, 1.3, hg. von Victor Klemperer und Eugen Lerch, 18–34, 81–115, 145–170.
[93] Heidegger, Martin (1927): *Sein und Zeit*, Halle a.d.S., 67.

sie sich zugleich fast zwingend auf, wenn er das spezifische Verstehen (von Texten, Bildern, psychischen und außerpsychischen Zeichen) immer wieder an die durch die jeweils zuständigen Disziplinen gesetzten Grenzen führt und zuletzt doch dafür plädiert, diese »bestehenden Grenzen zu erkennen und zu achten.«[94] Auch die eingangs proklamierte Idee einer Selbstreflexion der Philologie im Sinne von vielfach vernetzten Handlungsformen findet hier somit eine Anschlussoption.

Bibliografie

Bal, Mieke (2006): *Affekte als kulturelle Kraft*, in: Krause-Wahl, Antje/Oelschlägel, Heike/Wiemer, Serjoscha (Hg.): *Affekte. Analysen ästhetisch-medialer Prozesse*, Bielefeld, 7–19.
Berend, Eduard (1927/1928): *Prolegomena zur Historisch-kritischen Gesamtausgabe von Jean Pauls Werken*, in: *Abhandlungen der Preußischen Akademie der Wissenschaften, Philosophisch-historische Klasse*, Nr. 1, Berlin.
Behrendt, Fritz (1927): *Geschichte der deutschen Philologie in Bildern. Eine Ergänzung zu dem Deutschen Literatur-Atlas von Könnecke – Behrendt. Aus Anlaß des 50jährigen Bestehens der Gesellschaft für Deutsche Philologie*, Marburg.
Böckh, August (1966): *Enzyklopädie und Methodenlehre der philologischen Wissenschaften*, repr. Nachdr. der 2. von Rudolf Klussmann bes. Aufl., Leipzig 1886, Darmstadt.
Bohnenkamp-Renken, Anne/u.a. (Hg.) (2010): *Konjektur und Krux. Zur Methodenpolitik der Philologie*, Göttingen.
Bronfen, Elisabeth (2007): *Modernismus und Hysterie*, in: Wellbery, David E./u.a. (Hg.): *Eine neue Geschichte der deutschen Literatur*, Berlin, 911–917.
Cuntz, Michael (2012): *Agency*, in: Bartz, Christina/u.a. (Hg.): *Handbuch der Mediologie. Signaturen des Medialen*, München, 28–40.
Doherty, Brigid (2007): *Photographie, Typographie und die Modernisierung des Lesens*, in: Wellbery, David E./u.a. (Hg.): *Eine neue Geschichte der deutschen Literatur*, Berlin, 905–911.
Ette, Ottmar (2004): *ÜberLebenswissen. Die Aufgabe der Philologie*, Berlin.
Fohrmann, Jürgen (1994): *Von den deutschen Studien zur Literaturwissenschaft*, in: ders./Voßkamp, Wilhelm (Hg.): *Wissenschaftsgeschichte der Germanistik im 19. Jahrhundert*, Stuttgart/Weimar, 1–14.
Grimm, Hartmut (2010): *Affekt*, in: Barck, Karlheinz/u.a., *Ästhetische Grundbegriffe. Studienausgabe*, Bd. 1, Stuttgart, 16–49.
Gropius, Walter (Hg.) ([2]1925): *Internationale Architektur*, München; Digitalisat: http://www.baunet-info.com/media/documents/news/2015/02/11/01._Walter_Gropius_-_Internationale_Architektur_small_size.pdf [letzter Zugriff 05.08.2015].
Hamilton, John T. (2007): *Die Aufgabe des Flaneurs*, in: Wellbery, David E./u.a.: *Eine neue Geschichte der deutschen Literatur*, Berlin, 922–929.
Heidegger, Martin (1927): *Sein und Zeit*, Halle a.d.S.

---

[94] Blumenfeld, *Verstehen und Denken*, 170.

King, Martina/Reiling, Jesko (2014): *Das Text-Kontext-Problem in der literaturwissenschaftlichen Praxis. Zugänge und Perspektiven*, in: *Journal of Literary Theory* 8.1, 2–30.
Klausnitzer, Ralf (2007): *»... keine Ausflucht als die Liebe«. Die Emotionen der Philologen*, in: Bohnenkamp, Anne/Regener, Ursula (Hg.): *Eichendorff wieder finden. Joseph von Eichendorff 1788–1857*, Katalog des Freien Deutschen Hochstifts und des Frankfurter Goethe-Museum, Frankfurt a.M., 163–173.
Klemperer, Victor (1927): *Idealistische Philologie*, in: *Idealistische Philologie, Jahrbuch für Philologie*, 1.3, hg. von Victor Klemperer und Eugen Lerch, 1–4.
Köhnen, Ralph (2010): *Wahrnehmung wahrnehmen. Die Poetik der »Neuen Gedichte« zwischen Biologie und Phänomenologie: von Uexküll, Husserl, Rilke*, in: Paulus, Jörg/Unglaub, Erich (Hg.): *Rilkes Paris. 1920-1925 / Neue Gedichte*, Göttingen, 196–211.
Kovala, Urpo (2014): *Theories of Context, Theorizing Context*, in: *Journal of Literary Theory* 8.1, 158–177.
Lethen, Helmut (1994): *Verhaltenslehren der Kälte. Lebensversuche zwischen den Kriegen*, Frankfurt a.M.
Martus, Steffen (2004): *Romantische Aufmerksamkeit. Sinn und Unsinn der Philologie bei Ludwig Tieck*, in: Markert, Heidrun (Hg.): *»lasst uns, da es uns vergönnt ist, vernünftig seyn! – « Ludwig Tieck (1773–1853)*, Berlin/u.a., 199–224.
Martus, Steffen (2007): *Emil Staiger und die Emotionsgeschichte der Philologie*, in: Rickes, Joachim/Ladenthin, Volker/Baum, Michael (Hg.): *1955–2005. Emil Staiger und »Die Kunst der Interpretation« heute*, Bern/u.a., 111–134.
Maye, Harun (2015): *Braucht die Medienwissenschaft eine Philologie der Medien?*, in: *Zeitschrift für Medienwissenschaft* 12.1, 158–164.
Mittelstraß, Jürgen (1962): *Die Rettung der Phänomene. Ursprung und Geschichte eines antiken Forschungsprinzips*, Berlin.
Möller, Melanie (2009): *Rhetorik und Philologie. Fußnoten zu einer Theorie der Aufmerksamkeit*, in: Schwindt, Jürgen-Paul (Hg.): *Was ist eine philologische Frage? Beiträge zur Erkundung einer theoretischen Einstellung*, Frankfurt a.M., 137–159.
Nonnenmacher, Kai (2015): *Form und Leben zwischen Positivismus und Idealismus*, in: *romanische studien*, http://www. romanische studien.de/index.php/rst/article/view/ 19/87, [letzter Zugriff 01.06.2015].
Paulus, Jörg (2009): *Theoretische Philologie. Annäherung an eine disziplinäre und methodische Leerstelle*, in: Stauf, Renate/Berghahn, Cord-Friedrich (Hg.): *Philologie und Kultur. 100 Jahre ›Germanisch-Romanische Monatsschrift‹* (= *Germanisch-Romanische Monatsschrift* NF 59.1), 33–50.
— (2013): *Philologie der Intimität. Liebeskorrespondenz im Jean-Paul-Kreis*, Berlin.
Pfoser, Alfred/Pfoser-Schewig, Kristina/Renner, Gerhard (1993): *Schnitzlers Reigen, Bd. 2: Die Prozesse. Analysen und Dokumente*, Frankfurt a.M.
Pos, H[endrik] J[osephus] (1922): *Zur Logik der Sprachwissenschaft*, Heidelberg.
— (1923): *Kritischen Studien über philologische Methode*, Heidelberg.
Rickert, Heinrich (1920): *Die Philosophie des Lebens. Darstellung und Kritik der philosophischen Modeströmungen unserer Zeit*, Tübingen.
Schnitzler, Arthur (1924): *Fräulein Else. Novelle*, Berlin/Wien/Leipzig, Digitalisat: http://www.deutschestextarchiv.de/schnitzler_else_1924 [letzter Zugriff 05.08.2015].

Schüttpelz, Erhard (2013): *Elemente einer Akteur-Medien-Theorie*, in: ders./Thielmann, Tristan (Hg.): *Akteur-Medien-Theorien*, Bielefeld, 9–67.
Simmel, Georg (1916): *Rembrandt. Ein kunstphilosophischer Versuch*, Leipzig.
Sluga, Hans (2007): *Die Grenzen des Historismus*, in: Wellbery, David E./u.a. (Hg.): *Eine neue Geschichte der deutschen Literatur*, 917–922.
Tholen, Toni (2009): *Philologie im Zeichen des Lebens*, in: Stauf, Renate/Berghahn, Cord-Friedrich (Hg.): *Philologie und Kultur. 100 Jahre ›Germanisch-Romanische Monatsschrift‹* (= Germanisch-Romanische Monatsschrift NF 59.1), 51–64.
Vendrell Ferran, Íngrid (2008): *Die Emotionen. Gefühle in der realistischen Phänomenologie. Philosophische Anthropologie*, Bd. 6, Berlin.
Voss, Christiane (2004): *Narrative Emotionen. Eine Untersuchung über Möglichkeiten und Grenzen philosophischer Emotionstheorien*, Berlin/New York, NY.
Ward, Janet (2007): *Die Urform des Magischen Theaters*, in: Wellbery, David E./u.a. (Hg.): *Eine neue Geschichte der deutschen Literatur*, 929–935.
Weber, Max (^{11}2011): *Wissenschaft als Beruf*, Berlin.
Wellbery, David E./u.a. (Hg.) (2004): *A New History of German Literature*, Cambridge, MA; dt.: *Eine neue Geschichte der deutschen Literatur*, übers. von Christian Döring/u.a., Berlin.
Witkowski, Georg (1924): *Textkritik und Editionstechnik neuerer Schriftwerke. Ein methodologischer Versuch*, Leipzig.

HANS-GEORG POTT

Zur philosophischen Anthropologie der Gefühle

Gefühle bewegen im Großen und im Kleinen die Geschichte und die Geschichten – und, obwohl die jeweiligen Anteile noch niemand vermessen hat, anscheinend sehr viel eindringlicher und nachhaltiger als Vernunft und Rationalität, die dann oftmals noch für ideologische Legitimationen emotional motivierter Handlungen missbraucht werden. Die allgemeine Erregungskultur der *Realität der Massenmedien* (Luhmann) verstärkt zudem noch den subjektiven Eindruck einer hoffnungslos unterlegenen Vernunft im Leben der Menschen. Insofern ist es erstaunlich, dass den Emotionen und der Emotionsforschung in den Kulturwissenschaften – mit Ausnahme der jüngsten Entwicklungen – vergleichsweise wenig Beachtung geschenkt wurde. Aber dieser Eindruck ergibt sich nur, wenn man einzig den Hauptstrom des Diskurses, etwa seit den 1960ger Jahren, beobachtet. Dicht daneben und zuvor findet man wichtige und aufschlussreiche Forschungen. Die anthropologische und sozialpsychologische Infrastruktur von politischen Bewegungen wurde durchaus untersucht. Ich erinnere nur an Sartres großes Werk *Critique de la raison dialectique I: Théorie des ensembles pratiques* (1960) oder Wilhelm E. Mühlmanns *Chiliasmus und Nativismus. Studien zur Psychologie, Soziologie und historischen Kasuistik der Umsturzbewegungen* (Berlin 1961), aber auch an die Forschungen zur philosophischen Anthropologie des 20. Jahrhunderts (Scheler, Plessner, Gehlen, Cassirer, um nur die bekannteren Namen zu nennen).

Mein Beitrag möchte das Werk Max Schelers in die hauptsächliche ›Denkweise‹ (Hegel) wieder einspeisen, in der er bis zum Zweiten Weltkrieg hervorragend präsent war. Das ist gegenüber dem Forschungsfeld, das sich damit auftut, recht bescheiden. Es kann hier nur um *ein* Thema und damit einen kleinen Ausschnitt aus seinem Werk gehen, ohne das allerdings Phänomene wie Fremdenfeindlichkeit, Antisemitismus, Terrorismus, ein aggressiver Nationalismus und andere ›Ismen‹ nicht zu verstehen sind. Dabei ergeben sich durchaus Ausblicke auf genuin *ästhetische* Emotionsfigurationen und Ansatzpunkte zu ihrer Erforschung. Zuerst sind einige anthropologische Grundtatsachen in Erinnerung zu bringen, wie sie sich aus den phänomenologischen und philosophisch-anthropologischen Arbeiten Max Schelers und Helmuth Plessners ergeben, insbesondere aus Schelers 1912 erschienener Schrift *Das Ressentiment im Aufbau der Moralen*.

Schelers phänomenologische Forschungen gelten vor allem den *Sinngesetzen des menschlichen Gefühlslebens*.

Daß es neben Kausalgesetzen und psychophysischen Abhängigkeiten des emotionalen Lebens vom Körpergeschehen auch selbständige *Sinngesetze* der von den Gefühlsempfindungen verschiedenen sog. ›höheren‹ emotionalen Akte und Funktionen gäbe, war lange vergessen worden. Die intentionale und wertkognitive Natur unseres ›höheren‹ Gefühlslebens ist erst von H. Lotze wieder aufgefunden worden, trotzdem aber […] nur wenig beachtet worden.[1]

Der phänomenologischen Methode entsprechend, geht es um die verstehend nachvollziehbare Beschreibung von »Erlebnis- und Sinneinheiten«, die »im Lebenszusammenhang der Menschen selbst enthalten sind«.[2] Ob die Rede von der *intentionalen und wertkognitiven Natur unseres ›höheren‹ Gefühlslebens* im gegenwärtigen Diskurs Sinn macht, zum Beispiel gegen den Naturalismus der *Kausalgesetze und psychophysischen Abhängigkeiten des emotionalen Lebens vom Körpergeschehen*, soll im Folgenden beleuchtet werden.

Emotionen sind sowohl biologische als auch zugleich kulturelle Tatsachen. Am Beispiel der Liebe wurden die historisch-kulturell geprägten Formen dieser starken Emotion eingehend untersucht; ihre Codierung und Programmierung im systemtheoretischen Theorierahmen beispielsweise seit dem berühmten Buch von Niklas Luhmann *Liebe als Passion* (1982). Über die starke Emotion des Hasses gibt es deutlich weniger kulturhistorische Studien.[3]

Ich möchte im Folgenden zunächst den Emotions*komplex* des Ressentiments betrachten, in dem unter anderem der Hass eine signifikante Rolle spielt. »Das Ressentiment vermag uns große Gesamtvorgänge in der Geschichte der sittlichen Anschauungen ebenso verständlich zu machen, als Vorgänge, die wir im kleinen täglichen Leben vor uns sehen.«[4] Es zu erforschen, bedeutet zu der sozialpsychologischen Infrastruktur, das heißt zu den treibenden affektiven Kräften vorzudringen, die der öffentliche und teilweise auch der wissenschaftliche Diskurs nicht kennen oder nicht beachten.

Das Ressentiment erwächst aus starken Gefühlen, in denen wir den oft verborgenen Antrieb finden, der gewaltlegitimierende Ideen ausbrütet und die verschiedensten Weltanschauungen und Wertesysteme speist, die ganz unterschiedlichen Kulturen und Traditionen entspringen können. Dass alle Kulturen dafür

---

[1] Scheler, Max (⁶1973): *Wesen und Formen der Sympathie. Gesammelte Werke*, Bd. 7, Bern/München, 10, Herv.i.O.
[2] Scheler, Max (1978): *Das Ressentiment im Aufbau der Moralen*, hg. von Manfred S. Frings, Frankfurt a.M., 1.
[3] Vgl. aber die Arbeiten von Jan Assmann zur vergleichenden Religionsforschung. Zum Zorn Gottes: Assmann, Jan (1992): *Politische Theologie zwischen Ägypten und Israel*, München. Ders.: (2000) *Herrschaft und Heil. Politische Theologie in Altägypten, Israel und Europa*, München. Ferner Sloterdijk, Peter (2006): *Zorn und Zeit*, Frankfurt a.M. Krüger, Hans Peter (2006): *Hassbewegungen. Im Anschluss an Max Schelers sinngemäße Grammatik des Gefühlslebens*, in: DZPhil 54, 6, 867–883.
[4] Scheler, *Ressentiment*, 29.

anfällig sind, weist es als universalen anthropologischen Faktor aus. Die grundsätzliche Frage, warum Menschen sehr schnell vom Zustand der Zivilgesellschaft, also der Identifikation mit allgemein anzuerkennenden Normen und Wertüberzeugungen (den Menschenrechten), in den der Barbarei übergehen können, also zum Beispiel den der ethnischen Säuberungen, Massenerschießungen, Entrechtung und Vertreibung einzelner Bevölkerungsgruppen, ist nicht ohne eine (Er-)Kenntnis des »psychosozialen Binnengefüges«[5] zu beantworten. Dieses Binnengefüge weist erstaunliche strukturelle Ähnlichkeiten bei geografisch und historisch weit auseinanderliegenden Gesellschaften auf wie dem NS-Staat, den Ereignissen in Vietnam, Kambodscha, Ruanda, Jugoslawien, um nur einige Stationen einer Geografie der Verbrechen gegen die Menschheit im 20. Jahrhundert mit Stichworten zu benennen. Das Buch von Harald Welzer zeigt das im Einzelnen. Wir können das leicht ins 21. Jahrhundert fortsetzen. Zu den psychosozialen Determinanten gehört ein *Gefühlszustand* als Reaktion auf eine Situation, die als bedrohlich, verletzend oder erniedrigend empfunden wird. Dabei spielt es keine Rolle, ob die Situation real gegeben ist oder imaginär gefühlt wird. Die emotionale Befindlichkeit wird in ein kulturelles Narrativ eingefügt und gedeutet, woraus dann folgen kann, dass bestehende Normen und Wertgefüge verändert, umgedeutet oder neu erfunden werden. Die eigene Gemeinschaft wird durch die Ausgrenzung und Verfolgung der ›Anderen‹ stabilisiert. Wie die Vorgänge im Einzelnen ablaufen, dazu sind zahlreiche Forschungen gerade zur NS-Zeit erschienen.

Unter dem Titel des Ressentiments werden zahlreiche Gefühle mit den daraus resultierenden Handlungsfolgen erfasst, also Ursachen für Handlungen aufgedeckt. Die Erforschung der ästhetischen Repräsentationen, wie literarischer Darstellungen, gäbe den Blick frei auf emotionale Tiefenschichten, auf Gründe und Abgründe menschlichen Tuns. Um nur ein Beispiel zu nennen: Wenn man eine gravierende Ausformung des Ressentiments wie die Verleumdung betrachtet, womit immerhin einer der meisterforschten Romane der Weltliteratur, der *Prozeß* von Franz Kafka, beginnt (»Jemand musste Josef K. verleumdet haben«), trifft man auf eine weitgehend nicht beachtete handlungserklärende Schicht des zugrunde liegenden Ressentiments und zwar – nach meiner Deutung – gegenüber bestimmten Formen abweichender Sexualität. Scheler selbst verweist auf die Darstellungen zahlreicher ressentimentgeladener Helden in russischen Romanen von Tolstoi, Gogol und Dostojewski.[6]

Das Wissen der Literatur ermöglicht es, Formen und Funktionen des Ressentiments und der zugrundeliegenden Emotionen anhand von Figuren- und Handlungsanalysen zu studieren und so vertieft zu verstehen. Die literarischen (und

---

[5] Welzer, Harald (³2005): *Täter. Wie aus ganz normalen Menschen Massenmörder werden*, Frankfurt a.M., 15.
[6] Ebd., 25.

andere) Kunstwerke fordern aber nicht nur das Verstehen (heraus); es werden immer auch, oft primär, in jedem Fall gleichursprünglich, Gefühle erweckt, die den komplexen Akt des ästhetischen Erlebens zu einer ganzheitlichen Erfahrung machen, die dann von verschiedenen Disziplinen wiederum analysiert werden kann.

Die Seite der ästhetischen Repräsentationen muss für das Thema *Ästhetische Emotionen*, insbesondere um 1900, also ergänzt werden mit dem Hinweis auf Theorien der ästhetischen Erfahrung, die sich gegen Ende des 19. Jahrhunderts als Zweig einer sich ausdifferenzierenden Psychologie etablieren. Hier sind zum Beispiel Alexius Meinong, Theodor Fechner, Theodor Lipps, Johannes Volkelt zu nennen. Ich möchte an dieser Stelle auf den mehr in der Philosophie zu situierenden Herrmann Lotze und seine *Grundzüge der Ästhetik* (1884) hinweisen.[7] Ausgehend von Kants Grundlegung des ästhetischen Urteils im Gefühl der Lust und Unlust eröffnet Lotze den Blick auf die Gefühlsbereiche von Stimmungen und das ›Gemüt‹ als Voraussetzungen für jegliches ästhetische Urteil. Sie sind nicht wie in der Ästhetik Hegels zu überwindende Eingangsstufen einer Entwicklung zum ›Geist‹, also zu sprachlich geformten Gedanken (Kognitionen), sondern die stets mitpräsenten unmittelbaren lebendigen Gefühle, die jegliche ästhetische Ideen begleiten. Ästhetischer Sinn ergibt sich also nur, wenn Ideen mit Gefühlen verbunden bleiben. Sonst entstehen »inhaltsleere Abstraktionen«.[8] Man könnte geradezu in Anlehnung an Scheler von Sinngesetzen des ästhetischen Erlebens sprechen. Unter dieser Ägide werden die grundlegenden ästhetischen Kategorien wie das Erhabene, das Tragische, das Komische usw. zu Stimmungen oder Affektionen des Gemüts, die eine wie auch immer näher bestimmte ästhetische Kommunikation tragen, sei es als Geschmacksurteil, Stilbestimmung, Werturteil, Interpretation etc. Die Konsequenzen für die Ästhetik als einer Lehre der ästhetischen Erfahrung werden von Lotze allerdings, wie ich kritisch einwenden möchte, umgangen, wenn er den »wahren Kunstgenuß« als eine »Emotion zweiter Ordnung«[9] bestimmt, der sich erst in »der leidenschaftslosen Stimmung [einstellt, P.], welche bei *wiederholtem* Genuß [...] sich an der richtigen Kritik und Wertverteilung erfreut [...].«[10] Die Emotionen werden damit nebensächlich und der ›Gedanke‹ bestimmend; ganz im Gegensatz zu seiner im selben Kontext geäußerten Auffassung gegenüber einer »*unerhörten Überschätzung des Erkennens und Denkens*«:

---

[7] Zitiert nach Lotze, Herrmann (1990): *Grundzüge der Ästhetik*, Berlin. Ich beschränke mich auf allgemeine, grundlegende Überlegungen und verweise hier nur auf Lotzes Ausführungen zu den einzelnen Künsten, vgl. ebd., 38–72. Zur psychologischen Ästhetik vgl. auch die Bemerkungen am Schluss meines Beitrags.
[8] Ebd., 19.
[9] Ebd., 73.
[10] Ebd., 37, Herv.i.O.

> Nur in der unmittelbaren *Empfindung* lernen wir, was ›blau‹, was ›Liebe‹, was ›böse‹ heißt; das *Denken* macht für diese Erlebnisse bloß *Namen* und kombiniert die so bezeichneten gar nicht *denkbaren*, sondern nur *erlebbaren* Inhalte nach den allgemeinen Regeln, denen sie freilich entsprechen müssen, um *Teile einer und derselben Welt* zu sein; aber niemals enthüllt das ›Denken‹ die eigentliche innere Bedeutung des so Erlebten dem, der es *nicht* erlebt hat.[11]

Man kann das so nicht stehen lassen. Liebe, moralisches Empfinden usw. sind immer schon sprachlich und sozial vermittelt. Eine ›reine‹ Liebe, ein ›reines‹ moralisches Empfinden gibt es ebenso wenig wie ein ästhetisches Empfinden ohne Erkennen und Denken. Und wenn es ein unbenanntes Empfinden gäbe, wüsste ich ja nicht, ob es ein ästhetisches oder sonst etwas ist. Ganz abgesehen davon, ob der Ausdruck ›lernen‹ im Zitat angemessen ist, und was die »eigentliche innere Bedeutung« sein soll.

Schelers phänomenologischer Blick hingegen erfasst trennscharf im Ressentiment das Zusammenspiel von Emotionen und Werturteilen. Ein Beispiel für ein gängiges Ressentiment wäre die Verleumdung der Jugend durch die Alten. Wenn die Alten neidgesteuert die Werte der Jungen verleumden, weil sie von jenen nicht mehr zu verwirklichen sind, so legen sich die eigenen »Strebensinhalte wie trübende Medien über die Inhalte unseres Wertbewußtseins«.[12] Nietzsche begründet die Entstehung des Christentums bekanntlich aus dem Ressentiment, mit der Verleumdung des oder der Starken durch die Schwachen.[13] Dabei werden die Werte der Anderen geradezu intensiv ›erlebt‹. Aber sie werden verkehrt, herabgesetzt, verleumdet durch das, was Scheler die ›Täuschungswerte‹ nennt. Das geht bei Scheler mit der Annahme einer objektiven Werthierarchie von negativen und positiven Skalierungen einher, die fragwürdig, auf jeden Fall historisch und kulturell relativ ist. Werte werden nicht funktional betrachtet, was im Anschluss an Nietzsche möglich gewesen wäre, sondern sozusagen wertkonservativ: nützlich ist ein negativer, edel ein dem entgegengesetzter positiver Wert. Es fällt leicht, das eigene Ressentiment in den Wertetafeln Schelers zu entdecken. Es betrifft vor allem das Ressentiment gegen alles Nützliche versus das Edle und damit gegen die gesamte moderne Zivilisation der Arbeitsgesellschaft. Ein edles Gemüt lässt sich von der merkantilen Moral des Nützlichen nicht beeindrucken. Die Anachronie der vom Bürgertum des 19. Jahrhunderts übernommenen aristokratischen Werte ist augenfällig. Mit Flaubert könnte man sagen: »Cette volupté

---

[11] Ebd., 37–38, Herv.i.O.

[12] Ebd., 17. Hier öffnet sich natürlich ein weites Feld zur Untersuchung ästhetischer Repräsentationen. Scheler selbst verweist auf C. F. Meyers Novelle *Der Heilige* als einer Schilderung des »Werdens eines Ressentimentchristentums«. Ebd., 41.

[13] Ich werde weder Schelers gesellschaftliche Typologie der Ressentimentträger betrachten noch Schelers Widerspruch gegen Nietzsche und seine Darstellung des Christentums, die im Übrigen durchaus aktuell wäre.

d'aristocrate est de l'archéologie.«[14] Von Werten wie Nation, Gesundheit der Rasse, Landwirtschaft versus Industrie und Handel, Erhaltung und Pflege der Natur lässt sich heute wohl nur das Letztere ohne Probleme den gegenwärtig gültigen Wertetafeln zuordnen. Wir werden hier keine Ethik-Debatte eröffnen, schon gar nicht auf Schelers Kriegsschrift *Der Genius des Krieges und der deutsche Krieg* von 1915 zurückkommen.[15] Es geht hier einzig um die Funktionsweise der Ressentimentbildung. Die eingesetzten Werte und Unwerte sind dabei kontingent.

Selbstverständlich ist Nietzsche mit der *Genealogie der Moral* der einflussreiche Vorläufer der Erkenntnisse über das Ressentiment als einer Quelle von Werturteilen. So beginnt denn auch Schelers Schrift mit der ausführlichen Zitation aus diesem Werk Nietzsches.

Verkürzt gesagt, besteht das »ungemein kontagiöse«[16] Ressentiment im »Immer-wieder-Durch-und-Nachleben« einer »emotionalen Antwortreaktion«[17], die zu einem Wesensbestandteil der Persönlichkeit wird. Das führt zu einer Abwertung des Anderen, zur Fälschung seines Bildes und zur »seelischen Selbstvergiftung«.[18] Das Ressentiment ist die Rache der verletzten, gedemütigten, ohnmächtigen Persönlichkeit, das sich in verschiedenen negativen Gefühlen und Affekten Ausdruck verschafft. Eine ganze Gruppe von »Gemütsbewegungen« wird von Scheler dem Ressentiment zugeordnet: Hass, Neid, Eifersucht, Konkurrenzstreben, Missgunst, Argwohn, Ranküne, und die heute in Vergessenheit geratenen »Scheelsucht« und »Hämischkeit«.[19]

Mit der Bezeichnung negativ kommt ein Werturteil ins Spiel, über das noch zu reden sein wird. Entscheidend ist, und das gilt nicht nur für den Racheimpuls, dass eine Verletzung vorhergegangen sein und dass es zu einer Tathemmung und Nicht-Reaktion kommen muss. Der Impuls wird gleichsam gestaut und entlädt sich dann möglicherweise zu einem späteren Zeitpunkt umso grausamer. Die Metaphern »schleichendes Gift« und »seelisches Dynamit« sind durchaus angemessen. Entscheidend ist immer die Differenz zwischen (durchaus auch rechtlich-politisch garantiertem) Anspruch auf Geltung und (mangelnder) öffentlicher Anerkennung aufgrund bestehender Machtverhältnisse. Bekannt ist, dass nach dem Ersten Weltkrieg große Teile des deutschen Volkes aufgrund militärischer und ökonomischer Unterlegenheit und moralischer Ehrverletzung sowie dem Ge-

---

[14] Brief an Edma Roger des Genettes vom 27. Mai 1878. Flaubert, Gustave (2007): *Correspondance V*, Paris, 386. Flaubert bezieht sich auf die Wertschätzung von »une belle phrase«.
[15] Vgl. Scheler, *Ressentiment*, 92–94.
[16] Ebd., 7.
[17] Ebd., 2.
[18] Ebd., 10.
[19] Ebd., 6 u. 10.

fühl, Verlierer zu sein, »schon ihr Dasein und Sosein als etwas zu Rächendes«[20] empfanden. Ebenso bergen Gleichheitsansprüche, die faktisch nicht eingelöst werden können, ein gewaltiges Potential für die Entstehung von Ressentiment. Mit Hinweis auf Georg Simmels *Rosen* zeigt zudem Hans-Peter Müller, wie Neid und Ressentiment durch gesellschaftliche Ungleichheit *und* Gleichheit entstehen, weil mit wachsender Gleichheit die »Unterschiedssensitivität« steigt.[21]

Die »triebhafte Aufmerksamkeit« des Ressentiments verengt den Blick auf den anderen, da nur das wahrgenommen wird, was die Gefühle und Affekte des Ressentiments (Neid, Bosheit, usw.) bestätigt oder erfüllt.

> Darum ist der Ressentimentmensch wie magisch angezogen von Erscheinungen wie Lebensfreude, Glanz, Macht, Glück, Reichtum, Kraft [...]. So verleumdet er unwillkürlich Dasein und Welt zur Rechtfertigung seiner inneren Verfassung des Werterlebens.[22]

Da nicht alle Menschen gleichermaßen an den Sonnenseiten des Lebens partizipieren können, ist das Ressentiment unvermeidlich. Je universaler die Ansprüche an Freiheit, Gleichheit, Glück, Wohlstand etc., desto mehr Spannungen zwischen Anspruch und Ohnmacht, desto mehr Ressentiment und möglicherweise Hass werden entstehen. Findet der Hass kein konkretes Gegenüber, kann er ideologisch werden. Er richtet sich dann nicht gegen einen bestimmten Menschen sondern gegen die Existenz des ›Anderen‹ schlechthin, gegen *die* Juden, *die* Christen, *die* Moslems usw. Das Ideologische besteht dann darin, dass Legitimationen erfunden werden, wofür Aberglaube und Prophetenworte überaus dienlich sind.

Ich werde Schelers ›Logik der Gefühle‹ an dieser Stelle nicht weiter entfalten.[23] Vielmehr der Frage nachgehen, wie aus Gefühlen Werte geboren werden.

---

[20] Ebd., 9.
[21] Müller, Hans-Peter: (2004): *Soziale Ungleichheit und Ressentiment*, in: *Merkur*, 9/10. Sonderheft *Ressentiment!*, 885–894. In diesem Heft wird Scheler gebührend beachtet und man kann cum grano salis sagen, dass seine Erkenntnisse referiert, aber eigentlich nicht überschritten werden; allenfalls in verschiedenen Kontexten betrachtet. Dort befindet sich auch der beachtenswerte Hinweis auf Simmels *Rosen* (889–890), was einmal mehr anzeigt, dass Erkenntnisfortschritte über große Denker hinaus selten sind. Es ist daher notwendig, diese wieder und wieder zu studieren und den Vorwurf mangelnder Originalität auf sich zu nehmen. Im *Merkur*-Heft wird auch die Gefahr deutlich, unter Ressentiment Vieles und Beliebiges zu verstehen. Der Schluss ist dann folgerichtig, es gebe keine Position außerhalb des Ressentiments. Vgl. Schlak, Stephan (2004): *Moral als Beute*, in: *Merkur*, 9/10. Sonderheft *Ressentiment!*, 906–913, hier 908. Aber was ist damit gewonnen?
[22] Scheler, *Ressentiment*, 31.
[23] Vgl. Pott, Hans-Georg (2013): *Aufklärung über Religion. Max Scheler und die ›Logik des Herzens‹ – mit einem Ausblick auf Schleiermacher*, in: Feger, Hans (Hg.): *Das be-*

Wie entstehen aus Liebe oder Hass Wertbindungen? Scheler hat dazu ein umfangreiches Werk vorgelegt: *Der Formalismus in der Ethik und die materiale Wertethik* (1913–1916). Um kurz die anti-spinozistische Markierung zu bezeichnen: nicht das Begehren schafft Werte des Guten und Schlechten (Bösen), sondern ein »vorgängiges fundierendes *Wertbewußsein*«[24] erzeugt das Bewusstsein zu begehren. Dabei kann es freilich zu ›Wertblindheit‹ und ›Werttäuschung‹ kommen. Damit beginnen aber auch die Probleme mit Schelers Werttheorie; denn das Urteil ›Werttäuschung‹ setzt die Annahme von ›reinen‹ oder ›echten‹ Werten, ein ›sachlich sinnvolles Wertbewusstsein‹ voraus, die von den eigenen Begierden unabhängig sind. Ich kann die Probleme, die damit zusammenhängen, hier nur benennen.

Max Scheler widmet den ›höheren‹ emotionalen Akten und Funktionen *Mitgefühl, Liebe und Hass* sein großes Werk *Wesen und Formen der Sympathie* (1922, ursprünglich 1913 unter dem Titel *Zur Phänomenologie und Theorie der Sympathiegefühle und von Liebe und Haß*).[25] Ich möchte mich hier auf eine Darstellung des Zusammenhangs von Liebe und Hass mit dem ›Wertfühlen‹ beschränken, da der Hass als Kehrseite der Liebe eines der ursächlichen Gefühle der Ressentimentbildung darstellt. Liebe und Hass sind nach Scheler ursprüngliche Akte, die nicht auf andere Gefühle (zum Beispiel Mitgefühl) oder auf Werte zurückzuführen sind. Ich liebe nicht, weil etwas wertvoll ist, sondern die Liebe macht alles wertvoll. Ebenso: Ich hasse nicht, weil etwas hässlich ist, sondern der Hass macht alles hässlich.

> Liebe und Haß gehen eben notwendig auf einen individuellen Kern der Dinge, einen *Wertkern* – wenn ich so sagen darf –, der sich nie in beurteilbare Werte, ja nicht einmal in gesondert fühlbare vollständig auflösen läßt.[26]

Nach diesem Wertkern richten sich die abgeleiteten Werte »attributiv«. Die Liebe macht wertvoll(er), der Hass erniedrigt und wertet ab. Die Liebe ist im »ausgezeichneten und ursprünglichsten«[27] Sinn sittlich gut und nicht eine Liebe zum Guten. »Hier ist«, sagt Scheler, der »große Umkehrpunkt von der antiken zur christlichen Liebesidee.«[28] Hass also ist in einem ursprünglichen Sinn sittlich schlecht.[29]

---

sondere Schicksal der Vernunft – The Fate of Reason. Contemporary Understanding of Enlightenment, Würzburg, 115–130.

[24] Scheler, *Ressentiment*, 16.
[25] Zit. nach Scheler, Max (⁶1973): *Wesen und Formen der Sympathie. Gesammelte Werke*, Bd. 7, Bern/München. Zu Mitgefühl und Liebe resp. Haß vgl. 17–208.
[26] Ebd., 152, Herv.i.O.
[27] Ebd., 165.
[28] Ebd., 164.
[29] Ich kann hier nicht seine Idee des Christentums diskutieren, die ich für hochgradig aktuell halte. Ein kurzes Zitat möge das wenigstens andeuten: »Die höchste Form der

Auch seine Kritik des Naturalismus, ich wies schon eingangs darauf hin, erscheint mir beachtenswert angesichts des Vordringens der Neurowissenschaften in Fragen des Bewusstseins, des ›freien‹ Willens und der Ethik. Scheler stellt in diesem Zusammenhang die Frage nach *Erkenntnis und Interesse* (lange vor Habermas), speziell nach dem Erkenntnisinteresse der (empirischen) (Natur-) Wissenschaften. Anders als in seinem späteren Buch *Die Wissensformen und die Gesellschaft* (1926) beschränkt sich Scheler im Sympathiebuch darauf, die positivistischen Liebestheorien zu widerlegen, und zwar einschließlich der Theorie Freuds. Die Kritik beruht im Wesentlichen auf der phänomenologischen Evidenz der Erkenntnis ›echter Wesenheiten‹, die man teilen mag oder nicht. Kaum lässt sich leugnen, dass Liebe mehr ist und anderes als Geschlechtsliebe. Sie mag mit dieser zusammenhängen, sie ist aber nicht auf den Geschlechtstrieb oder das Mitgefühl oder auf Instinkte reduzierbar; somit eine ›echte Wesenheit‹. Daraus folgt, neuere Gender-Theorien vorwegnehmend, dass ›männlich‹ und ›weiblich‹ möglicherweise – Scheler formuliert das noch im Konjunktiv – keine echten Wesenheiten, sondern »bloß Erfahrungsbegriffe« sind.[30] Ebenso folgt, dass die »Idee der ›Monogamie‹ [...] aus den naturalistischen Voraussetzungen [...] nie abzuleiten« ist.[31] Denn Monogamie kann nur funktionieren, wenn die Geschlechtsliebe relativiert wird und seelische Komponenten hinzu treten oder überhaupt dominieren. Zusammenfassend:

> Liebe und Haß fundieren alles andersartige Wertbewußtsein (Fühlen, Vorziehen, Werturteil), und erst recht alles Streben und Tendieren, die selbst durch ein Werthaben fundiert sind. Ein jedes Wesen erstrebt, was es liebt, und widerstrebt dem, was es haßt. Und nicht liebt es das, was es erstrebt, und haßt das, dem es widerstrebt.[32]

Den Zusammenhang von (triebhaftem) Begehren und den ursprünglichen ›Wesenheiten‹ Liebe und Hass fasst Scheler in ein Bild: »die Triebregungen sind gleichsam die Fackeln, die ihren Schein auf die objektiv bestehenden Wertinhalte werfen, welche für die Gegenstände der Liebe bestimmend werden können.«[33] Auf die Problematik ›objektiv bestehender Wertinhalte‹ habe ich wiederholt hingewiesen. Aber auch die Bestimmung der ›Wesenheiten‹ Liebe und Hass als Beleuchtungsquellen der Wertinhalte sind sozusagen unterbelichtet. Diese ›Triebregungen‹ sind ja ›wesentlich‹ treibende Kräfte, Strebungen und Begierden und als solche empirische Tatsachen, die zu ›echten Wesenheiten‹ aufgewertet

---

Gottesliebe ist nicht die Liebe ›zu Gott‹ als dem Allgütigen, d.h. einer Sache, sondern der Mitvollzug seiner Liebe zur Welt (amare mundum in deo) und zu sich selbst (amare Deum in Deo) [...].« Ebd., 166.

[30] Ebd., 180.
[31] Ebd., 184.
[32] Ebd., 185–186.
[33] Ebd., 186.

werden. Darin steckt ein wahrer Kern, nämlich die Tatsache, dass die Triebkräfte kulturell kodiert sind, wie wir heute sagen würden. Liebe ist nicht identisch mit dem Triebschicksal der Sexualität. Aber man braucht kein Sonderreich der Wesenheiten, um den kulturellen Mehrwert der Liebe zu bestimmen.

Die philosophisch ausgezeichneten Wesenheiten hat Helmuth Plessner – bei aller Anerkennung der Leistungen Schelers[34] – verabschiedet, indem seine philosophische Anthropologie, anders als der phänomenologische Ansatz Schelers, die Erkenntnisse der Biologie und Verhaltensforschung seiner Zeit (die 50er bis 70er Jahre des vorigen Jahrhunderts) einbezieht. Beide gehen von Kants Theorem einer »ungeselligen Geselligkeit« aus: dass aus den Triebkräften »Ehrsucht, Herrschsucht, Habsucht«[35] durchaus gesellschaftliche Ordnung entstehen kann, die allerdings stets gefährdet bleibt. Sie sind nicht in jedermann in gleicher Weise wirksam. Aber ohne diese ›animalische Komponente‹, die Instinktmechanismen, die Menschen und Tieren gemeinsam sind, kann menschliches Handeln nicht verstanden werden – wobei der Mensch nur weniger instinktgebunden ist. Obgleich die Fähigkeiten der Sprache und damit zu Vergegenständlichung und Ich-Reflexion vorhanden sind, besteht vorherrschend der ›Antrieb des Gefühls‹ – Plessner spricht mit einer Metapher von »libidinösem Heizmaterial«[36] – »bis zum Selbstverlust« in gesteigerten Leidenschaften wie Machtgier, Geldgier, Ehrgeiz usw.[37] Leidenschaften bringen Fantasien und bis ins Irreale gehende Imaginationen sowohl hervor, als sie auch von ihnen gesteuert werden.

Die wichtigsten, sich zu Leidenschaften steigern könnenden, Triebpotenziale bergen Liebe und Hass. Beide sind von reinen Instinktimpulsen zu unterscheiden, da sie kulturellen Codierungen unterliegen, also dasjenige *libidinöse Heizmaterial*, das nicht rein instinktgebunden, sondern kulturell geprägt und bis zu einem gewissen Grad von Sprache und Bildung abhängig ist. Auch rationales Handeln ist »ein Stockwerk tiefer«[38] ohne diese »Bodennähe« nicht denkbar. Die soziokulturell-symbolischen Formen (Religionen, Wissenschaften, Künste usw.) beruhen also auf Triebimpulsen, die naturgeschichtlich geprägt sind. Darin be-

---

[34] Allerdings hat Plessner die metaphysischen Grundlagen Schelers scharf kritisiert. Vgl. Plessner, Helmuth (1979a [1938]): *Deutsches Philosophieren in der Epoche der Weltkriege*, in: ders.: *Zwischen Philosophie und Gesellschaft*, Frankfurt a.M., 9–42, hier 7; sowie ders. (1979b [1931]): *Abwandlungen des Ideologiegedankens*, in: ders.: *Zwischen Philosophie und Gesellschaft*, Frankfurt a.M., 249–275, hier 250.

[35] Kant, Immanuel (1966): *Ideen zu einer allgemeinen Geschichte in weltbürgerlicher Absicht (1784)*. Werke in sechs Bänden, hg. von Wilhelm Weischedel, Darmstadt, 37–38.

[36] Plessner, Helmuth (1976): *Die Frage nach der Conditio humana. Aufsätze zur philosophischen Anthropologie*, Frankfurt a.M., 163.

[37] Ebd., 130–131.

[38] Ebd., 159.

steht ihre »natürliche Künstlichkeit«.[39] Inwieweit es sich um Sublimationen handelt, muss hier offen bleiben. Das scheint mir weniger schwerwiegend als die Tatsache, dass die Triebimpulse »letztlich für das Verhalten des Menschen entscheidend« sind.[40]

Daraus formuliert Plessner ein Theorem, ohne das Politik und Gesellschaft nicht zu verstehen sind:

> Soziale Gefüge, die Interessen an Bedürfnissen erzeugen, können nur von den Interessen her verändert werden, d.h. von der sie erzeugenden Industrie und der von ihr verkörperten *und* verborgenen politischen Macht.[41]

Von diesem Theorem aus ließe sich ein Forschungsprogramm, wie es etwa Foucault durchgeführt hat, mit folgenden Prämissen starten: Es reicht nicht, die politischen und privaten Motive des Handelns auf ökonomische Interessen zurückzuführen. Eine Kritik der politischen Ökonomie muss die zugrunde liegende Triebstruktur freilegen – die offensichtlich auch die jüngst zurückliegende Finanzkrise enthüllt hat: die Gier, früher Habsucht geheißen. Demzufolge können Veränderungen im sozialen Gefüge nur von einer Ablenkung der Gier auf andere (bessere, vernünftigere) *Trieb*ziele erfolgen, zum Beispiel auf ökologische Zwecke; wobei immer die Gefahr der *ungeselligen Geselligkeit* besteht, nämlich der übertriebenen Leidenschaften auch für das *an sich* Gute: der fundamentalistische Abgrund. Fundamentalismus, welcher Couleur auch immer, ist die Folge der sozusagen feindlichen Übernahme von möglicherweise vernünftigen Handlungszielen durch eine übermächtige Triebstruktur. Damit soll nicht verleugnet werden, dass Fundamentalismus auch aus einer Verdrängung der Triebe entstehen kann. Ein klerikaler Keuschheitsfanatiker wäre ein Beispiel.

Die Leidenschaft ist eine spezifisch menschliche Antriebsform, die im Unterschied zu Sucht und Süchten oder zu der Instinkthandlung *Aggression* nicht ›organgebunden‹ ist. Der Ausdruck *organgebunden* ist missverständlich, da es ohne die natürlichen Organe selbst beim rationalen Denken nun mal nicht geht. Es handelt sich um den Unterschied von spezifisch menschlicher Leidenschaft zu denjenigen Eigenschaften, die wir mit der biologischen Natur der höheren Tierwelt gemeinsam haben – wie immer das neurophysiologisch verankert sein mag. Leidenschaften sind biologisch nicht fixiert und daher kulturell geformt wie Liebe und Hass. Liebe und Hass können sich zu Leidenschaften mit gefährlichen Folgen steigern. Das ist, wie bekannt, ein Hauptthema der Dichtungen aller Zeiten und Völker. Wie bei einem elektrischen Kurzschluss kommt es dabei zu einem unmittelbaren, jedenfalls zu engem Gefühlskontakt mit dem anderen, der vernichtend, aber auch beseligend und beglückend sein kann und nicht selten

---

[39] Ebd., 159.
[40] Ebd., 160.
[41] Ebd., Herv.i.O.

verheerende Folgen für die Gesellschaft hat. Der berühmte Fall von *Tristan und Isolde* ist aufschlussreich: Ihre Leidenschaft wird, da biologisch nicht fixiert, renaturalisiert; daher der Liebestrank! Und natürlich haben auch die biologisch nicht fixierten Leidenschaften eine organische, letztlich wohl chemische Grundlage. Goethes *Wahlverwandtschaften* deuten die Liebes-Leidenschaften, mehr noch, jegliche menschlich-intime Beziehung mit einem chemischen Gleichnis. Ich scheue mich nicht zu sagen: als reine Chemie. So sagt der Volksmund: Die Chemie muss stimmen. Das mag buchstäblich und nicht nur gleichnisweise so sein. Entscheidend ist, dass es sich um Gefühle handelt, die vom bewussten Willen, also einer Art ›freien‹ Intentionalität, nicht zu beherrschen sind. Hier hat die ›sittliche Person‹ nichts zu sagen – mit den bekannten Folgen für Person und Gesellschaft.

Die hypothetische Grenze, die Plessner zwischen Natur und Kultur, zwischen dem weltoffenen Menschen und dem Tier zieht, mag fragwürdig sein; sich in einer Passion an einen anderen Menschen oder an eine Sache zu verlieren, bezeichnet eine jedenfalls auch kulturell bedingte Antriebsform diesseits von allen Formen von Selbstbestimmung. In der Liebe spielt die rein naturhaft bedingte Antriebsform der Sexualität eine große Rolle; aber Liebe ist mehr als ›Brutpflegebeziehung‹, ebenso wie Aggression beim Hass eine wichtige Rolle spielen mag. Liebe und Hass sind auf diese Naturgegebenheiten nicht reduzierbar.

Die philosophische Anthropologie analysiert in erster Linie Formen und Funktionen von Emotionen auf einer allgemeinen und relativ abstrakten Ebene. Gleichwohl sind ihre Erkenntnisse für die einzelnen Disziplinen von Wichtigkeit. Plessner selbst nimmt das politische Handlungsfeld in seinem bedeutsamen Aufsatz *Macht und menschliche Natur* in den Blick.[42] Zweifellos beruht auch Politik »ein Stockwerk tiefer«[43] auf einer anthropologisch-biologischen Basis, auf Affekten und Gefühlen. Er ist der Auffassung, dass leidenschaftliche Gefühle wie die Liebe (zum Eigenen) und der Hass (gegenüber dem Anderen) das politische Handeln vor allem dann bestimmen, wenn »die Grundfesten der Geschichte bedroht werden, wenn das Ganze gespielter oder echter Überzeugung in Frage steht, [...].«[44] Oftmals sind die Ideologien der Machtpolitik nur Pseudorationalisierungen von Gefühlen, vor allem dem Gefühl der Angst. Die Angst vor dem

---

[42] Plessner, Helmuth (1979c [1931]): *Macht und menschliche Natur. Ein Versuch zur Anthropologie der geschichtlichen Weltansicht*, in: ders.: *Zwischen Philosophie und Gesellschaft*, Frankfurt a.M., 276–363. Plessner modifiziert das Freund-Feind-Theorem Carl Schmitts, das er ebenso aufgreift wie Nietzsches Willen zur Macht. Vgl. dazu Pott, Hans-Georg (2002): *Regionale Kulturen und Globalisierung*, in: Johanning, Antje/Lieser, Dietmar (Hg.): *StadtLandFluß. Urbanität und Regionalität in der Moderne*, Neuss, 21–38.
[43] Plessner, *Conditio humana*, 159.
[44] Ebd., 166.

Unbekannten, Fremden ist naturgeschichtlich tief verwurzelt.⁴⁵ Eine Verkennung der wesentlichen, nicht unterdrückbaren Triebkräfte des Menschen führt in der Politik zu einem höchst gefährlichen Illusionismus.

In den Darstellungsweisen der Künste werden die Erkenntnisse der philosophischen Anthropologie konkret, menschlich und gewissermaßen leibhaftig. Die Vielfalt der Gefühlswelten ist ihr ureigenes Terrain.

Wenig konkret und leibhaftig werden die Emotionen in der psychologischen Ästhetik, auch wenn sie im Zentrum der »Einfühlung« stehen, ihrem wesentlichen Operationsmodus, wenn man so sagen darf.⁴⁶ Nun erscheint aus heutiger Sicht der Begriff der Einfühlung methodisch fragwürdig. Auch mag die blumige Metaphorik abschrecken. Nur ein Beispiel: »das in das Kunstwerk eingegangene, ihm eingeschmolzene, ihm zu eigen gewordene Seelenleben«.⁴⁷ Dennoch liefern die Arbeiten zur phänomenologischen und psychologischen Ästhetik, beide Arten sind zwischen 1900 und 1930 nicht immer scharf zu trennen, wichtige Beiträge zum Thema der ästhetischen Emotionen.

Gerade die Tatsache, dass Scheler die *Sinngesetze* des menschlichen Gefühlslebens und die in ihm gründenden gesellschaftlichen (ethischen) Normen und Werte aufdeckt, bietet ein hervorragendes Analyseinstrumentarium zur Erforschung der ›ästhetischen Emotionen‹, das meines Wissens in den Kulturwissenschaften bisher kaum genutzt wurde. Mit ihm kann gezeigt werden, mit welchen fundierenden emotionalen Kräften das kulturelle und anthropologische Feld organisiert wird. Menschliche Handlungen lassen sich ›im Grunde‹ nur aus und mit ihren emotionalen Anteilen verstehen. Eine Ästhetik der Emotionen als die Untersuchung der ästhetischen Formen, mit denen und in denen Gefühle zum Ausdruck kommen, sollte auch die sozialgeschichtliche Dimension und die politischen Implikationen bedenken, also in mehrfacher Hinsicht interdisziplinär und nicht nur in Anlehnung an die Psychologie verfahren. Literaturwissenschaftlerinnen können dazu einen wie immer bescheidenen Beitrag liefern.⁴⁸

---

⁴⁵ Zur ausführlichen Analyse der Angst vgl. Plessner, *Macht und menschliche Natur*, 283–290. Nach Plessner gehört auch der Machttrieb zur menschlichen Grundsituation. Ebd., 284. Zweifellos bergen Emotionen Triebkräfte. Doch bleibt das Verhältnis von Trieben zu Gefühlen ungeklärt. Das Ausüben von Macht und das Erleiden von Ohnmacht sind sicherlich mit Lust- und Unlustgefühlen verbunden; ohne Zweifel gehört ein Machttrieb zum allgemeinen menschlichen ›Betriebssystem‹.
⁴⁶ Vgl. das 1. Kapitel: In Sachen der Einfühlung, in: Lipps, Theodor (1906): *Ästhetik. Psychologie des Schönen und der Kunst. Zweiter Teil: Die ästhetische Betrachtung und die bildende Kunst*, Hamburg/Leipzig, 1–31.
⁴⁷ Volkelt, Johannes (1920): *Das ästhetische Bewußtsein*, München, 12.
⁴⁸ Damit sind natürlich auch Männer gemeint. Versuche in diesem Sinn von mir: Pott, Hans-Georg (2010): *Heiliger Krieg. Charisma und Märtyrertum in Schillers romantischer Tragödie Die Jungfrau von Orleans*, in: *Athenäum. Jahrbuch der Friedrich-Schlegel-Gesellschaft* 20, 111–142.

Bibliografie

Assmann, Jan (1992): *Politische Theologie zwischen Ägypten und Israel*, München.
— (2000): *Herrschaft und Heil. Politische Theologie in Altägypten, Israel und Europa*, München.
Flaubert, Gustave (2007): *Correspondance V*, Paris.
Kant, Immanuel (1966 [1784]): *Ideen zu einer allgemeinen Geschichte in weltbürgerlicher Absicht*, in: *Werke in sechs Bänden*, Bd. 6, hg. von Wilhelm Weischedel, Darmstadt, 33–50.
Krüger, Hans Peter (2006): *Hassbewegungen. Im Anschluss an Max Schelers sinngemäße Grammatik des Gefühlslebens*, in: DZPhil 54, 867–883.
Lotze, Herrmann (1990): *Grundzüge der Ästhetik*, Berlin.
Mühlmanns, Wilhelm Emil (1961): *Chiliasmus und Nativismus. Studien zur Psychologie, Soziologie und historischen Kasuistik der Umsturzbewegungen*, Berlin.
Müller, Hans-Peter (2004): *Soziale Ungleichheit und Ressentiment*, in: *Merkur* 9/10, Sonderheft *Ressentiment!*, 885–894.
Nietzsche, Friedrich (1887): *Zur Genealogie der Moral*, Leipzig.
Plessner, Helmuth (1976): *Die Frage nach der Conditio humana. Aufsätze zur philosophischen Anthropologie*, Frankfurt a.M.
Plessner, Helmuth (1979a [1938]): *Deutsches Philosophieren in der Epoche der Weltkriege*, in: ders.: *Zwischen Philosophie und Gesellschaft*, Frankfurt a.M., 9–42.
— (1979b [1931]): *Abwandlungen des Ideologiegedankens*, in: ders.: *Zwischen Philosophie und Gesellschaft*, Frankfurt a.M., 249–275.
— (1979c [1931]): *Macht und menschliche Natur. Ein Versuch zur Anthropologie der geschichtlichen Weltansicht*, in: ders.: *Zwischen Philosophie und Gesellschaft*, Frankfurt a.M., 276–363.
Pott, Hans-Georg (2002): *Regionale Kulturen und Globalisierung*, in: Johanning, Antje/ Lieser, Dietmar (Hg.): *StadtLandFluß. Urbanität und Regionalität in der Moderne*, Neuss, 21–38.
— (2010): *Heiliger Krieg. Charisma und Märtyrertum in Schillers romantischer Tragödie Die Jungfrau von Orleans*, in: *Athenäum. Jahrbuch der Friedrich-Schlegel-Gesellschaft* 20, 111–142.
— (2013): *Aufklärung über Religion. Max Scheler und die ›Logik des Herzens‹ – mit einem Ausblick auf Schleiermacher*, in: Feger, Hans (Hg.): *Das besondere Schicksal der Vernunft – The Fate of Reason. Contemporary Understanding of Enlightenment*, Würzburg, 115–130.
Sartre, Jean Paul (1960): *Critique de la raison dialectique I: Théorie des ensembles pratiques*, Paris.
Scheler, Max (1960): *Die Wissensformen und die Gesellschaft. Gesammelte Werke*, Bd. 8, Bern/München.
— (^{5}1966): *Der Formalismus in der Ethik und die materiale Wertethik. Gesammelte Werke*, Bd. 2, Bern/München.
— (^{6}1973): *Wesen und Formen der Sympathie. Gesammelte Werke*, Bd. 7, Bern/München.
— (1978): *Das Ressentiment im Aufbau der Moralen*, hg. von Manfred S. Frings, Frankfurt a.M.
Schlak, Stephan (2004): *Moral als Beute*, in: *Merkur* 9/10, Sonderheft *Ressentiment!*, 906–913.

Sloterdijk, Peter (2006): *Zorn und Zeit*, Frankfurt a.M.
Welzer, Harald (^{3}2005): *Täter. Wie aus ganz normalen Menschen Massenmörder werden*, Frankfurt a.M.

2 Emotion als Movens und Medium des Schreibens

RENATE STAUF

»Du bist über mein Herz geschritten«: Das Schreiben der Liebe bei Karl Kraus und Sidonie Nádherný von Borutin

1 Der Satiriker als Liebender

Persönliche Korrespondenzen scheinen das Wahrnehmen und Erleben von Gefühlen auf authentische Weise zu spiegeln. Vor allem dem Liebesbrief des bürgerlichen Zeitalters wird ein unvermitteltes Offenlegen emotionaler Verfasstheit zugeschrieben. Nicht nur die großen Romanciers des 18. Jahrhunderts, Samuel Richardson (*Pamela*, *Clarissa*), Jean Jaques Rousseau (*Julie ou la Nouvelle Heloïse*) und Johann Wolfgang von Goethe (*Die Leiden des jungen Werther*), propagieren in und mit ihren Briefromanen die ästhetische Ideologie vom Brief als Abdruck der Seele. Auch in der Welt der realen Korrespondenzen erhebt der Liebesbrief den Anspruch, unmittelbarer Ausfluss von Affekten zu sein.[1] Schon für Goethe sind intime Korrespondenzen historische Quellen, die das »Unmittelbare des Daseins aufbewahren«,[2] womit ein Topos geboren ist, der die Entwicklung der Liebesbriefkultur seit dem 18. Jahrhundert begleitet. Auch die briefliche Liebesrede von Karl Kraus, die neben Tagebucheintragungen Sidonie Nádherný von Borutins im Zentrum der folgenden Überlegungen steht, wird als eine solche, unmittelbare Aufwallung des Herzens gelesen. Ihr Gegensatz zu der satirischen Rede, wie sie Kraus in seiner Zeitschrift *Die Fackel* (1899-1936) gebraucht, scheint diesen Eindruck noch zu unterstreichen. Entsprechend groß ist die Überraschung, als die mehr als tausend Briefe, Karten und Telegramme, die Kraus an Nádherný zwischen 1913 und 1936 schreibt[3], nach

---

[1] Die Briefromane üben diesen Diskurswechsel der Liebe ein. Sie verwerfen die höfisch-galante Liebessprache und propagieren den echten und wahrhaftigen Gefühlsausdruck, dem in der Regel ein Unsagbarkeitstopos als Beglaubigung beigegeben ist. »*Spricht* die Seele, so spricht, ach! schon die *Seele* nicht mehr« (Schiller, Friedrich (1943): *Musenalmanach für das Jahr 1797. Tabulae Votivae*, in: ders.: *Schillers Werke, Nationalausgabe, Bd. 1, Gedichte*, hg. von Julius Petersen und Friedrich Beißner, Weimar, 302).

[2] Goethe, Johann Wolfgang (1977): *Aus meinem Leben. Dichtung und Wahrheit. Aristeia der Mutter*, in: ders.: *Sämtliche Werke in 18 Bänden*, Bd. 10, hg. von Ernst Beutler, Zürich, 855.

[3] Vgl. Kraus, Karl (2005): *Briefe an Sidonie Nádherný von Borutin. 1913-1936*, 2 Bde. Auf der Grundlage der Ausgabe von Heinrich Fischer und Michael Lazarus neu hg. u. erg. von Friedrich Pfäfflin, Göttingen.

einer langen und komplizierten Editionsgeschichte 1975 erstmals publiziert werden.[4] Ein bisher verkannter, ›neuer‹ Karl Kraus scheint hier sichtbar zu werden, enthusiastisch ins Licht gerückt von Elias Canetti, einem der am besten ausgewiesenen Kenner von Person und Werk.[5] Canettis Begleittext zur Briefausgabe begründet die bis heute maßgebliche dualistische Sicht auf den Satiriker und den Liebenden. Nádhernýs Bedeutung für den Satiriker – so zum Beispiel für Kraus' realsatirisches Antikriegsdrama *Die letzten Tage der Menschheit* – steht für Canetti zwar außer Frage, dennoch trennt er strikt zwischen Leben und Werk:

> Es hat in diesem Krieg, wie er [Kraus] viel später einmal schreibt, 10 000 Galgen gegeben. Wenn er es nicht hinausschreit, muß er daran ersticken. Er will es aber nicht planlos hinausschreien, es muß ein Werk werden, und dazu fühlt er sich nur imstande, wenn es auch für den Menschen geschieht, für den er lebt, Sidi. [...] Es ist, um ein Bild Stendhals zu gebrauchen, der Augenblick der Kristallisation. *Diese* Kristallisation enthält Leidenschaft und Werk zugleich, aber es gelingt ihm, das Werk selbst, die *Letzten Tage der Menschheit*, von der Frau, ohne die es nicht entstanden wäre, vollkommen frei zu halten.[6]

Canetti versteht Kraus' Liebesbriefe als unmittelbare Zeugen eines verborgenen Innenlebens, von dem die öffentliche Sprache des Satirikers nichts preisgibt. Diesem behaupteten Verschließen eines ›Eigentlichen‹ vor dem ›Uneigentlichen‹ liegt die Vorstellung eines selbstmächtigen Subjekts zugrunde, das seinen Regungen und Gefühlen als rationaler Akteur souverän gegenüber steht. Als solcher – so auch die Annahme Edward Timms – bringt Kraus seine Liebe in seinen Briefen unmittelbar, ungeschützt und unzensiert zum Ausdruck, während er als Publizist eine willentliche Strategie ihres Verschweigens verfolgt:

> The most striking feature of his love relationship is that it made so *little* impression on Kraus's published writings. The private experience of tenderness is not allowed to impinge upon the public stance of satirical aggression. The satirist in love adopts a strategy of concealment.
> There is no significant change in the tone of *Die Fackel* between September 1913 and the outbreak of war in August 1914. Even the most discerning member of Kraus's audience would not have guessed that the satirist who addressed him from

---

[4] Vgl. Pfäfflin, Friedrich (2005): *Literaturgeschichte als Detektivgeschichte: die Entdeckung der Veröffentlichung der Briefe von Karl Kraus an Sidonie Nádherný*, in: *Librarium. Zeitschrift der Schweizerischen Bibliophilen-Gesellschaft* 48, 102–113.
[5] Vgl. Canetti, Elias (2005): *Der Neue Karl Kraus*, in: Kraus, Karl: *Briefe an Sidonie Nádherný von Borutin. 1913-1936*, 2 Bde., Bd. 2, Göttingen, 9–37, hier 33–34.
[6] Ebd., 34.

the printed page or the public platform had just fallen passionately in love. Nor was there any break in the rhythm of publication.[7]

Diese Sicht auf Briefe und Werk bedarf der Differenzierung. Zunächst in Hinblick auf die Gattung der Satire. Canetti und Timms' Konstruktionen des Liebenden und des Satirikers setzen voraus, dass die satirische Polemik im Erleben des Autors wurzelt, ihre emotionale Grundlage mithin, nicht anders als die Liebe, in der Psyche ihres Urhebers hat. Demnach hat Kraus als Schreibender über Jahrzehnte hinweg zwei einander widerstrebende Seelen in seiner Brust bewegt, denen er privat und öffentlich auf unterschiedliche Weise Ausdruck gegeben hat. Doch dieser Rückschluss ist auf zweifache Weise trügerisch. Kraus hat zum einen in Texten der *Fackel* Botschaften an die Geliebte verborgen, darin aus ihren Briefen zitiert[8] und Gedichte (auch öffentlich vorgetragene) direkt auf seine Liebe bezogen. Das ist inzwischen bekannt.[9] Man kann die gut fünfzig Gedichte aus der Sammlung *Worte in Versen*, in denen Kraus seine Liebe besingt,[10]

---

[7] Timms, Edward (1989): *Karl Kraus. Apocalyptic Satirist: Culture and Catastrophe in Habsburg Vienna*, New Haven, CT/London, 253.

[8] Vgl.: *Notizen*, in: *Die Fackel*. 8.4.1916, Heft 418–422, 41–52, hier 41, wo Kraus im Hinblick auf das Kriegsgeschehen einen Bezug herstellt zwischen dem »Schlachtfeld der Menschheit« und einer Stelle aus einem Brief Sidonies, den er hier, ohne namentliche Nennung, als »Bericht vom Schlachtfeld der Natur« überschrieben und veröffentlicht hat: »Eine entsetzliche Lawine ist von der Richtung Hahnensee niedergegangen. Wir hörten und sahen sie: eine riesengroße Schneewolke und großes Getöse. Sie hat einen breiten Streifen Waldes mitgenommen, glatt abgeschnitten. Unter dem gehäuften Schnee liegen aufeinandergetürmt und vergraben die schönen alten Bäume samt Wurzeln, und jeder Baum zerrissen, zerzaust, zerbrochen, und weiß Gott wie tief das geht. Der Schnee ist hart zusammengedrückt, man steigt darauf herum. Es sieht zu traurig aus, ein Bild der trostlosesten Verwüstung. Dazu ein süßer starker Coniferenduft, denn die Zweige sind frisch gebrochen, und aus den Stämmen fließt das Harz. Wohl das grausamste Blut.« »Ja«, kommentiert Kraus Sidonies Briefstelle, »dies Mitleid an einem süß duftenden Leichenfeld ist das wahre, größere. Denn das andere meint den einzelnen, der ihm nahe war und den es nun so verändert sieht. Mit allen aber leidet es nicht. Nur in einem geistigeren Sinn dann, wenn es erbarmungslos sagt: So und nicht anders hat die Menschheit gewollt.«

[9] Vgl. Rothe, Friedrich (2003): *Karl Kraus. Die Biographie*, München, 148–154.

[10] Der erste Band der *Worte in Versen* wird 1915 fertig. Bis 1930 kommen acht weitere Bände heraus. Die ersten sechs Bände sind Sidonie gewidmet. Sie selbst hat die an sie gerichteten und ihr persönlich zugedachten Gedichte der *Worte in Versen* in einem ›Blauen Heft‹ zusammengetragen, aus seinen Briefen und den Einträgen in den Buchdeckeln ihrer Gedichtausgaben die Anlässe erläutert und ihnen ein Bekenntnis zu ihrer Liebesgeschichte beigefügt, das auch eine Schilderung von Kraus' letzten Lebenstagen enthält. Die *Ausgewählten Gedichte* mit den Widmungen von Kraus waren das einzige Buch, das Sidonie Nádherný 1949 im Fluchtgepäck aus der Tschechoslowakei mitnahm. Friedrich Pfäfflin hat die zu Lebzeiten der beiden Liebenden nicht erschienene

als Liebesbriefe lesen und verstehen – was schon Sidonie selbst getan hat. Polemik und Satire haben zum anderen zwar mit Emotionen zu tun, können aber nicht ohne weiteres als Ausdruck eines emotionalen Erregungszustandes des polemischen Subjekts verstanden werden. Nicht selten werden sie strategisch eingesetzt, um einen bestimmten emotionalen Zustand des Schreibenden zu suggerieren oder beim Publikum Emotionen zu wecken. Der empirische Autor muss sich beim Verfassen seiner Satiren nicht selbst in Affektzuständen befinden.[11]

Auch in Liebesbriefen lassen sich solche Distanzen des Schreibenden gegenüber dem Schreibakt beobachten. Die dem Brief seit der Mitte des 18. Jahrhunderts zugeschriebene Natürlichkeit und Unmittelbarkeit gehen von Anfang an nicht bruchlos auf. Selbst in dem sich auf diese beiden Garanten der Echtheit berufenden empfindsamen Liebesbrief bleibt der ehemalige Kunstcharakter mehr oder weniger erhalten.[12] Der emotionale Briefstil ist daher weniger als Ausdruck von Gefühlen,[13] denn als Ausdifferenzierung der neu etablierten Gefühlspro-

Sammlung in einem wunderbar ausgestatteten Band 2004 erstmals veröffentlicht. Die Grundlage der von Pfäfflin besorgten Ausgabe bilden die am Anfang der *Worte in Versen* stehenden Manuskripte und Botschaften, die Kraus seinen Liebesbriefen beifügte oder der Adressatin persönlich überbrachte. Jene Gedichte, die für den Druck in der *Fackel* vorgesehen waren, wurden demgegenüber stark redigiert, alles vordergründig Persönliche zurückgenommen, andere Gedichte blieben aufgrund ihrer allzu privaten Anspielungen ungedruckt. Vgl. dazu das Nachwort von Friedrich Pfäfflin (2004): *Janowitz, die »Wunderwiege meiner Lyrik«* in: Karl Kraus: *Wiese im Park. Gedichte an Sidonie Nádherný*, hg. von Friedrich Pfäfflin, Frankfurt a.M./Leipzig, 95–101.

[11] Vgl. Dieckmann, Walther (2005): *Streiten über das Streiten: Normative Grundlagen polemischer Metakommunikation*, Tübingen, 42. Bei generellen Aussagen wird der Begriff ›Autor‹ in diesem Beitrag als generisches Maskulinum im geschlechtsneutralen Sinn verwendet.

[12] Vgl. insbesondere die Beiträge von Paulus, Jörg (2008): *»Simultanliebe« in »Schäfersekunden«. Liebesbriefkultur im Jean-Paul-Kreis* und Meier, Franz (2008): *Die Verschriftlichung des Gefühls im englischen Briefroman des 18. Jahrhunderts*, beide Aufsätze in: *Der Liebesbrief. Schriftkultur und Medienwechsel vom 18. Jahrhundert bis zur Gegenwart*, hg. von Stauf, Renate/Simonis, Annette/Paulus, Jörg, Berlin/New York, NY, 35–60 u. 273–292. Die neue Wertschätzung von Unmittelbarkeit und Natürlichkeit in der aufkommenden bürgerlichen Briefkultur beruft sich auf die auch in gegenwärtigen Theorien noch vertretene, m. E. vage Vorstellung eines inneren, von der Sprache unabhängigen Fühlens, dessen Authentizität man erst im Prozess der Verbalisierung einer Gefährdung ausgesetzt sieht. Vgl. Schwarz-Friesel, Monika (2013): *Sprache und Emotion*, Tübingen, 236–246.

[13] Die sich im Zuge der bürgerlichen Empfindsamkeit durchsetzende Auffassung, jeder Liebesbrief sei einmalig, unmittelbar und persönlich, verdankt sich dem Leipziger Rhetorik-Professor Johann Fürchtegott Gellert, der 1751 mit seiner *Anleitung zum Abfassen von Briefen* einer vorgeblich natürlichen Briefsprache zum Durchbruch verhilft und damit die Entwicklung des Liebesbriefs zu einem Kommunikationsmedium der Innerlichkeit befördert. Der damit einhergehende Authentizitätseffekt lässt den ursprüng-

grammatik zu verstehen.[14] Als programmatische Selbstinduktion ist die Sprache des Herzens kaum weniger rhetorisch kalkuliert als die des Rhetors. Liebesbriefe sind glaubhaft, wenn sie rhetorisch zu überzeugen vermögen oder »wenn sie in ihrem Natürlichkeit prätendierenden Mangel an Rhetorik glaubhaft geraten sind.«[15] Dies wird eindrucksvoll offenkundig in den *Liaisons dangereuses*, einem der raffiniertesten Brief- und Verführungsromane am Vorabend der Französischen Revolution.[16] In ihm wird in betrügerischer Absicht auf der Klaviatur der empfindsamen Briefsprache so erfolgreich gespielt und siegreich verführt, dass sich am Ende sogar der Verführer als ein durch seine eigene Rhetorik zu Fall Gebrachter erlebt – was wiederum dagegen spricht, die empfindsame Liebesrede dort, wo sie Merkmale des Inszenierten erkennen lässt, sofort unter Betrugsverdacht zu stellen.[17] Die Sache verhält sich komplizierter. Nicht immer wird die alte Rhetorik zugunsten einer neuen Rhetorik des Authentischen einfach ausgetauscht, nicht immer basieren die Natürlichkeits- und Empfindsamkeitseffekte, die mit »Echtheits- und Faktizitätssimulation erzielt werden sollen«,[18] auf konkreten Vorlagen oder Natürlichkeitsmustern. Weitaus öfter verdanken sie sich der Lust am experimentellen Gebrauch der Liebessprache. Diese Lust am Spielerischen pflegt einen Umgang mit Authentizitätseffekten, bei dem zwischen

lichen Kunstcharakter des Liebesbriefs in Vergessenheit geraten. In der Antike (bei Ovid, Horaz, Seneca), im Mittelalter (bei den Minnesängern), im Barock (bei den Dichtern des Petrarkismus) ist das Liebesbekenntnis an rhetorische Regeln gebunden, die auch für den Liebesbrief in den ›Briefstellern‹ der Zeit codiert werden. Auch den Brieflehren der Renaissance, des Humanismus und des Barockzeitalters zufolge ist der Liebesbrief noch nicht unmittelbarer Ausdruck einer Sprache des Herzens, sondern eine Kunstform, die das Unnatürliche, Gezierte und Formelhafte pflegt. Erst im Zusammenspiel mit dem Entstehen einer neuen Privatsphäre, dem Durchsetzen der Vorstellung von der Einmaligkeit der Person und der Liebe sowie der wachsenden Alphabetisierung und dem florierenden Brieftransport kann sich in der Liebesbriefkultur ein neuer Ton etablieren.

[14] Vgl. Schlich, Jutta (2002): *Literarische Authentizität. Prinzip und Geschichte*, Tübingen, 56.

[15] Liebrand, Claudia (2004): »*Maskencorrespondenz«. Die Briefintrige im* ›*Maler Nolten*‹, in: *Eduard Mörike. Ästhetik und Gesellschaft*, hg. von Wolfgang Braungart und Ralf Simon, Tübingen, 31–53, hier 39.

[16] de Laclos, Pierre Choderlos (2011): *Les Liaisons dangereuses*, Paris.

[17] Vgl. die einschlägigen Arbeiten von Wegmann und Koschorke: Wegmann, Nikolaus (1988): *Diskurse der Empfindsamkeit. Zur Geschichte eines Gefühls in der Literatur des 18. Jahrhunderts*, Stuttgart. Koschorke, Albrecht (1999): *Körperströme und Schriftverkehr. Mediologie des 18. Jahrhunderts*, München.

[18] Knaller, Susanne (2006): *Genealogie des ästhetischen Authentizitätsbegriffs*, in: dies./Müller, Harro (Hg.): *Authentizität. Diskussion eines ästhetischen Begriffs*, München, 17–36, hier 28.

Fiktion und Faktizität nicht unterschieden wird.[19] Der binäre Gegensatz von echt und unecht wird einschließlich seiner impliziten Hierarchien außer Kraft gesetzt[20] und das Authentische zwischen Essenz und Performanz in der Schwebe gehalten. Die briefliche Liebesrede der aufkommenden Moderne wird dadurch keineswegs unglaubwürdiger. Ganz im Gegenteil lässt sich, spätestens seit der Romantik, eine neue Form der Verständigung beobachten, die Intimität gerade mittels dieses kunstvollen Gebrauchs der Liebessprache herstellt und den privaten Kommunikationsraum gegenüber Zu- und Übergriffen der öffentlichen und gesellschaftlichen Rede wirksam abdichtet.

Die Liebesbriefe von Karl Kraus an Sidonie Nádherný sind als Lebens- und Alltagszeugnisse zugleich auch Dokumente einer solchen ästhetischen Exklusivität. Kraus' Liebesrede kann als ›Leben schreiben‹ charakterisiert werden.[21] Sie gestaltet, festigt und verändert die Beziehung, bahnt sie neu an oder verhandelt sie neu. Die affektive Briefsprache ist kein spontaner, unmittelbarer Ausdruck von Gefühlen, sondern ein hochartifizieller Akt, der auf das Hervorrufen und Manipulieren gleichgestimmter Affekte bei der Briefempfängerin zielt und diese Absicht nicht nur nicht verbirgt, sondern noch besonders betont und ausstellt. Sidonie empfängt Zeilen von so großer Suggestivkraft, dass sie einmal von ›elementarer Gewalt‹ spricht. Kraus wiederum lässt die Geliebte in einem virtuos inszenierten Sprachspiel von Herrschaftsgebaren und Unterwerfung als Muse, Autorin, Freundin, Lebensgefährtin, Liebesgöttin und damit als Gegenstand eines literarischen und sinnlichen Begehrens zugleich erscheinen:

> Wär's möglich, so müßte ich doch glauben, Du hättest über die Wirkung meines Briefes, dem Du elementare Gewalten zuerkennst, Dich oder mich getäuscht. [...] Mit einer noch nie erlebten Spannung warte ich, wie Du ariadnehaft den Faden führst. [...] Keiner kann mich befreien und belohnen wie Du! Du bist sie, die ich kennen will! Solange Du fern bist, werde ich jeden Vers genießen, aus dem mir Deine volle Natur zurückströmt, und diese festgehaltenen Konturen eines Luftgebildes, nein, eines Lustgebildes umarmen.

---

[19] Bezeichnend in dem Liebesbriefwechsel zwischen Friedrich Creuzer und Karoline von Günderrode. Vgl. Stauf, Renate (2013): *»[...] rette Dich, setze mich aus ans Ufer«. Aporien der romantischen Liebe im Briefwechsel zwischen Karoline von Günderrode und Friedrich Creuzer*, in: Stauf, Renate/Paulus, Jörg (Hg.): *SchreibLust. Der Liebesbrief im 18. und 19. Jahrhundert*, Heidelberg, 165–187.

[20] Zum Gegensatz von echt und unecht im Authentizitätsdiskurs vgl. auch: Funk, Wolfgang/Krämer, Lucia (2011): *Vorwort*, in: Funk, Wolfgang/Krämer, Lucia (Hg.): *Fiktionen von Wirklichkeit. Authentizität zwischen Materialität und Konstruktion*, Bielefeld, 7–25, hier 14.

[21] Zum Verständnis des Begriffs vgl. die grundlegende Arbeit von Bürger, Christa (1990): *Leben schreiben. Die Klassik, die Romantik und der Ort der Frauen*, Stuttgart/Weimar.

Und da ich von Deiner Lust lebe, muß ich sie mir aus der Zeit zurückholen, wo ich Dich nicht gekannt ----- denn da *warst Du sie.* Wie sehne ich mich, mit Dir *gewesen* zu sein! Uns könnte es gelingen, in die Zeit zurückzulaufen! Ich habe den unerschütterlichen Glauben, daß ich mit Dir zusammen einmal ein Wunder erlebe! Doch ist es ja schon die Kraft, die mir aus dem Bewußtsein Deiner heroischen Freuden ersteht (– nicht Deiner Unterwerfungen durch Liebe). Wenn ich nicht fürchten müßte, indem ich das denke und Dir sage, wahnsinnig zu werden vor Erregung, würde ich Dir keinen Brief, sondern ein Buch darüber schreiben. Oder soll ich das? Wir schreiben es zusammen! Wir denken und leben es zusammen! Und Du sagst mir jetzt schon etwas dazu, wofür, wenn die Welt es wüßte, sie Dich verdammen, ich aber Deinen Fuß über die Sterne Gottes erhöhen werde.

Als Landstreicherin von himmlischer Herkunft habe ich Dich gefunden. Wann gehen wir zusammen, wohin Du willst und *dorthin zurück?*[22]

Die Annahme, dass Kraus in seinen Liebesbriefen sein Inneres ungeschützt preisgebe, während er als Satiriker seine Liebesgefühle verberge,[23] lässt eine grundsätzliche Unterscheidung von Werk und Brief als geboten erscheinen, die auf tönernen Füßen steht. Kraus liebt es dort wie hier in literarische Rollen zu schlüpfen, als Satiriker in der *Fackel* wie auch als Liebender in seinen Briefen; dort in die Rolle des zornmütigen Zeitkritikers, hier in die eines modernen Minnesängers. Gelebtes Ich und Autoridentität erscheinen in dem Inszenierungsgeschehen seiner Liebesbriefe derart ineinander verschlungen, dass sich die Grenzen zwischen Schein und Sein verwischen. So wie in der folgenden Briefstelle, wo der Minnesänger in transparenter Entstellung dem Schreiben der Liebe eine für die Liebe existentielle Bedeutung zuerkennt. Die Geliebte wird herbeigewünscht, damit sie die durch ihre Liebesworte ausgelöste emotionale Erschütterung beobachten kann, die ihn beim Lesen ihres Briefes befallen hat, nicht um ihrer körperlichen Präsenz willen, die entbehrlich zu sein scheint. Wird doch die Abwesende in einer imaginären Umarmung genossen, ›wie noch nie‹. Mehr ersehnt als die persönliche Liebesbegegnung wird hier das geschriebene Liebeswort, wichtiger als sie ist die Verflechtung der brieflich mitgeteilten Gedanken, ist der Brief selbst, der in den Kasten fällt, auf eine fast magische Weise »›herbei gewacht‹ und ›herbei gezwungen‹«:

Wärst Du doch dabei gewesen, wie ich Deinen Brief gelesen habe. Und das wird der Nachteil des Zusammenseins mit Dir sein, daß keine Briefe von Dir kommen. So hast Du schon lange nicht zu mir gesprochen, und gesprochen vielleicht nie. Ich weinte über die Worte »Weil keiner ist wie Du und mich mehr entbehrt hast

---

[22] Kraus, *Briefe an Sidonie Nádherný*, Bd. 1, 606–607.
[23] Die Möglichkeit einer solchen Konstruktion und Abschließung seelischer Innenwelten wird in der neueren Forschung grundsätzlich bezweifelt. Vgl. Andermann, Kerstin/ Eberlein, Undine (Hg.) (2011): *Gefühle als Atmosphären. Neue Phänomenologie und philosophische Emotionstheorie*, Berlin.

als sie«, und während ich weinte, entbehrte ich Dich nicht, sondern genoß Dich wie noch nie, umarmte Dich wie es in der süßesten Minute Deiner Unerreichbarkeit noch nicht geschehen ist. Was um neun Uhr in den Kasten fiel, war wirklich der Brief, ich hatte ihn herbeigewacht und herbeigezwungen, und noch nie ist etwas so Schönes in dem Kasten gelegen. Und noch nie waren wir auch so in Gedanken verflochten. Vieles von dem, was drin steht, habe ich Dir ja gestern geschrieben und mein Brief beginnt, wie der Deine endet: mit Herzklopfen.[24]

Auch das Gedicht *Wollust* ist der Dialektik von Nähe und Distanz, von Sein und Schein gewidmet. Sein Vergleich mit der Briefstelle belegt, dass bei Kraus Brief und Gedicht als Medien für die Übermittlung derselben Botschaft dienen können. »Ach wäre fern, was ich liebe« – so könnte man die literarische Rolle umschreiben, die der moderne Minnesänger in beiden Texten einnimmt:

> O Unterschied im Liebesspiele!
> Wie kommt es aus ganz anderen Quellen:
> bei ihr zu sein,
> und sie sich vorzustellen!
> Denn sie ist nur Schein;
> Doch wenn sie fern erwachsen die Gefühle.
>
> Kurz ist die Gier,
> denn man ist bald am Ziel
> und fühlt nur eben, was man fühle;
> das ist nicht viel.
> Gern wär' man aus dem Spiele,
> ist man bei ihr.
>
> Wie bin ich anders aufgewühlt,
> wenn sie entrückt!
> Wie wird sie vielfach neu und nah
> und vielfach bleibe ich verzückt,
> denn nun ist sie leibhaftig da,
> und ich, ich fühle, was sie fühlt.[25]

Obgleich die theoriegeschichtliche Lage aus verschiedenen Gründen nicht so einfach ist, könnte eine Rückbesinnung auf die antike philosophische Theorie der Emotion bei Platon (bes. im *Phaidros* und im *Symposion*)[26] und bei Aristoteles

---

[24] Kraus, *Briefe an Sidonie Nádherný*, Bd. 1, 615–616.
[25] Kraus, *Wiese im Park*, 64.
[26] Vgl. Platon (1964): *Phaidros*, hg. und übers. von Wolfgang Buchwald, München, wo die Liebe als Wiedererinnerung an die transzendente Schönheit gefeiert und die Einheit der Seele als gefiedertes Gespann, als ›zwei pferdegestaltige Gebilde‹ einander widerstrebender, der Hand des Lenkers bedürfender Kräfte beschrieben wird. Vgl. auch im *Zweiten Dialog Sokrates-Agathon* des *Symposions* die Bestimmung des Eros als ein

(bes. in der *Nikomachischen Ethik* und in der Schrift *Über die Seele*)[27] im Rahmen einer ›Psychologie‹, die in verschiedener Weise nach dem Verhältnis des organischen Leibes, des affektiven Begehrens bzw. Strebens (und Liebens) und der vernünftigen Erkenntnis fragt, ein fruchtbarer Ansatzpunkt für eine nähere Bestimmung des Verhältnisses zwischen Satiriker und Liebendem sein. Dem kann hier nicht weiter nachgegangen werden. Angemerkt sei nur, dass es bei Platon den Gedanken gibt, dass das ›Begehren‹ (*epithymein*) als das Zentrum der Affekte einerseits suchend ist hinsichtlich dessen, was ihm als gut erscheint, andererseits aber ›zornmütig‹ hinsichtlich dessen, was ihm als bedrohlich erscheint und was es deshalb abzuwehren strebt. Wie sich diese Beobachtung mit der Rolle der Vernunft in der menschlichen Seele verträgt, ist in der antiken Psychologie und Ethik ein offenes Problem. Angewandt auf die Rollen von Karl Kraus als Satiriker und als Liebender könnte man aber doch vermuten, dass zwischen der Suche nach dem Glück der Liebesbegegnung mit Sidonie und der Schärfe der Satire in der *Fackel* ein tiefer innerer Zusammenhang besteht, gerade wenn man die Affekte nicht als Atmosphären,[28] sondern als Erleiden eines Hingezogen-Seins und Abgestoßen-Werdens im Zeichen des individuellen Selbstgefühls deutet.[29]

Streben nach dem Guten: Platon (⁶1969): *Symposion*, hg. u. übers. von Franz Boll, neu bearb. von Wolfgang Buchwald, München.

[27] Vgl. Aristoteles (1995): *Über die Seele*, mit Einleitung, Übersetzung (nach W. Theiler) und Kommentar, hg. von Horst Seidl, Hamburg, wo die psychologische Erforschung der Affekte unter dem Aspekt ihrer notwendig körpergebundenen Existenz in den Vordergrund tritt. Vgl. auch die zentrale Stelle in Aristoteles' *Nikomachischer Ethik*: »Hiernach müssen wir unterscheiden, was die Tugend ist. Da es dreierlei psychische Phänomene gibt: Affekte, Vermögen und jene dauernden Beschaffenheiten, die man Habitus nennt, so wird die Tugend von diesen dreien eines sein müssen. Als Affekte bezeichnen wir: Begierde, Zorn, Furcht, Zuversicht, Neid, Freude, Liebe, Haß, Sehnsucht, Eifersucht, Mitleid, überhaupt alles, was mit Lust oder Unlust verbunden ist; als Vermögen das, was uns z.B. befähigt, Zorn oder Trauer oder Mitleid zu empfinden; als Habitus endlich das, was macht, daß wir uns in bezug auf die Affekte richtig oder unrichtig verhalten, wie wir uns z.B. in bezug auf den Zorn unrichtig verhalten, wenn er zu stark oder zu schwach ist, richtig dagegen, wenn er die rechte Mitte hält, und ähnliches gilt für die übrigen Affekte.« Aristoteles (1985): *Nikomachische Ethik*, auf der Grundlage der Übersetzung von Eugen Rolfes, hg. von Günther Bien, Hamburg, 33.

[28] Vgl. Andermann/Eberlein (2011), *Gefühle als Atmosphären*.

[29] Vgl. Stock, Konrad (1995): *Die affektive Bestimmtheit des individuellen Selbstgefühls*, in: ders.: *Grundlegung der protestantischen Tugendlehre*, Gütersloh, 40–57.

2 Schreiben im Zeichen von Affektvergewisserung und Affektmodellierung

Im Zuge des wachsenden Interesses an einer literaturwissenschaftlichen Emotionsforschung, die den sogenannten *Emotional Turn*[30] in den unterschiedlichsten Wissenschaftsdisziplinen mit vollzieht, sind bislang vor allem die Kodierungen von Gefühlen in literarischen Werken und an fiktionalen Gestalten untersucht worden.[31] Diese Fixierung auf Texte, denen mit dem Werkcharakter nahezu selbstverständlich ästhetische Funktionen und Wirkungen zugeschrieben werden, verführt dazu, das ästhetische Potential des emotionalen Erlebens in nicht werkhaften Texten wie Briefen oder Tagebüchern entweder zu übersehen oder gering zu schätzen.[32] Insbesondere die notorische Nichtbeachtung des weiblichen Parts in der Editionsgeschichte der Liebesbriefkultur liefert dafür bis in die jüngste Zeit hinein beredte Beispiele. Sind die Frauen nicht selbst als Autorinnen von Werken hervorgetreten – wie etwa Ingeborg Bachmann oder Hannah Arendt – treten sie in ihren Briefwechseln auch nicht um ihrer selbst willen in das Bewusstsein von Wissenschaft und Kulturöffentlichkeit. Sie werden vornehmlich als Adressatinnen der Briefe berühmter Männer wahrgenommen und bekommen Rollen der Freundin, Lebensgefährtin, Geliebten oder Muse zugewiesen. Oft werden die Briefe von Frauen nur mit dem Ziel einer Erschließung und Erhellung der Lebensgeschichte des Mannes ausgewertet, auf die bezogen ihrer eigenen Existenz erst ein Sinn zuzukommen scheint.

Dieses Schicksal teilt auch Sidonie Nádherný, sowohl als Freundin von Rainer Maria Rilke wie als Geliebte von Karl Kraus.[33] In der 1973 veröffentlichten Ausgabe der Briefe Rilkes finden Nádhernýs über hundert Briefe an den Dichter nur als Datenquelle Beachtung. Vollständig abgedruckt werden sie erst 2007, in der sorgfältig edierten, separaten Ausgabe von Joachim W. Storck, aus deren Anhängen auch neue Erkenntnisse über Nádhernýs Beziehung zu Kraus

---

[30] Vgl. Anz, Thomas: *Emotional Turn? Beobachtungen zur Gefühlsforschung*, in: http://www.literaturkritik.de/public/rezension.php?rez_id=10267 [letzter Zugriff 26.03.2015].
[31] Vgl. Winko, Simone (2003): *Kodierte Gefühle. Zu einer Poetik der Emotionen* in lyrischen und poetologischen Texten um 1900, Berlin; Meyer-Sickendiek, Burkhard (2005): *Affektpoetik. Eine Kulturgeschichte literarischer Emotionen*, Würzburg.
[32] Erst in jüngster Zeit gibt es Versuche, Praktiken des Schreibens in der Alltagskultur für emotionsgeschichtliche Ansätze nutzbar zu machen. Vgl. Hämmerle, Christa: *»Mit Sehnsucht wartet [!]...«. Liebesbriefe im Ersten Weltkrieg – ein Plädoyer für einen erweiterten Genrebegriff*, in: https://www.history-of-emotions.mpg.de/de/texte/mit-sehnsucht-wartent-liebesbriefe-im-ersten-weltkrieg-ein-plaedoyer-fuer-einen-erweiterten-genrebegriff [letzter Zugriff 30.03.2015].
[33] Vgl. Wagnerová, Alena (2003): *Das Leben der Sidonie Nádherný. Eine Biographie*, Hamburg, 8–9.

hervorgehen.³⁴ Als Kraus' 1974 zuerst publizierten Briefe an die Geliebte 2005 in einer Neuausgabe erscheinen, ist die Reaktion darauf bezeichnend für das Bild, das sich die Nachwelt über diese Liebesgeschichte gemacht hat. Die neue Ausgabe, die immerhin, neben Auszügen aus Nádhernýs größtenteils in englischer Sprache verfasstem Tagebuch, um vierzig ihrer hier erstmals abgedruckten Karten, eine Chronik des heimatlichen Schlosses und den Rückblick auf die Beziehung zu Kraus bereichert wurde, bietet vorgeblich kaum Überraschendes:

> Die neu hinzugekommenen Schriftfunde der Baronesse sind leider wenig erhellend, kurze Botschaften im Stile von Allerweltsansichtskarten. [...] Die Frau selbst aber, die Kraus im Alter von vierzig Jahren zur Wiedergeburt verholfen und ihn erst zum Dichter gemacht hat, wird erst erkannt werden können, wenn ihre Briefe auftauchen.³⁵

Nádhernýs Bedeutung für Kraus wird auf den Musenstatus reduziert,³⁶ ihrem eigenen intellektuellen und künstlerischen Potential kaum Aufmerksamkeit zuteil. Während Kraus' Briefe als ›Schatzhaus‹ gerühmt werden (›wer hier nicht eintritt, macht sich ärmer‹), wird der Verlust der weiblichen Gegenstimme nicht einmal bedauert:

> Man müßte nahezu Sorgen haben, daß sie [die Briefe, d. Verf.] wirklich noch eines Tages auftauchen und vielleicht nicht das halten, was der überlieferte, einseitige Teil des Briefwechsels, nämlich die Briefe von Kraus, verspricht, denn eine Frau des Wortes war sie, wie die Zeugnisse des Bandes offenlegen, eindeutig nicht, eine Intellektuelle sicher auch nicht, wenn auch eine sehr selbstbewußte Frau, die an den Fesseln ihres Geschlechts und ihres Standes intensiv zerrte.³⁷

---

[34] Vgl. Rilke, Rainer Maria/Nádherný von Borutin, Sidonie (2007): *Briefwechsel. 1906-1926*, hg. und komm. von Joachim W. Storck unter Mitarbeit von Waltraud und Friedrich Pfäfflin, Göttingen.

[35] Hintermeier, Hannes: *Im Zweifel entscheide man sich für die Richtige. Sie hielt die »Fackel« am Leuchten: Karl Kraus schreibt Briefe an Sidonie Nádherný*, in: *FAZ*, 25.11.2005, Nr. 275, L8.

[36] Vgl. Pontzen, Alexandra: *Retuschen am Bild der Geliebten. Zur Neuausgabe von Karl Kraus' Briefen an Sidonie Nádherný von Borutin*, in: http://www.literaturkritik.de/public/rezension.php?rez_id=9202 [letzter Zugriff 16.03.2015].
Die neuere Forschung betont die enge Verflechtung zwischen dem Liebesverhältnis und den Landschaftsgedichten von Kraus, die neben der Schweiz den Park von Schloss Janowitz als geografisches Zentrum haben. Vgl. Stieg, Gerald (2004): *Karl Kraus als Landschaftslyriker*, in: Battiston-Zulianie, Régine (Hg.): *Funktion von Natur und Landschaft in der österreichischen Literatur*, Bern/u.a., 83–91, hier 87.

[37] Fischer, Jens Malte (2012): *Aus der »Liebestodesangst«. Die Briefe von Karl Kraus an Sidonie Nádherný von Borutin und die Geschichte ihrer Edition*, in: Joachim Kalka (Hg.): *Editionen*, Göttingen, 61–71, hier 65 u. 62–63.

Dass Kraus selbst seine Geliebte anders, nämlich als kongeniale geistige Partnerin wahrnimmt (»Du einzige Frau, die man noch in einem Gespräch über Literatur umarmen möchte, Du seltene Geliebte, zu der man sprechen kann, als hätte man sie umarmt«[38]), verweist auf die Problematik solcher Einschätzungen. Nádhernýs hinterlassene Schriften offenbaren, dass ihr literarischer Ehrgeiz sich keineswegs in der aktiven Mitwirkung an Kraus' Bild für die Nachwelt erschöpfte. Zwei Tagebuchnotizen (vom 25. April und 24. Mai 1911) bezeugen dies exemplarisch. Sie sind beide in Form von Briefen verfasst, die sich an einen fiktiven Adressaten richten. In emotional aufgeladenen Bildern wird hier der Kampf mit und die seelische Entfremdung von der Mutter beklagt (»Ich schrie manche Nächte hindurch, weil ich wusste, womit allein ich ihr Herz brechen kann. Ich fühlte einmal mehr, dass sich mein Herz aus meiner Brust herauszog.«[39]) und der erzwungene Verzicht auf institutionelle Bildung kritisiert:

> Es lag in meinem Blut, mich dort voll einzubringen, was ich tat. Mit achtzehn schien mir die Wissenschaft die heiligste Sache zu sein, Wissen das höchste Gut, Kunst die süsseste sublimierteste Essenz von allem um mich herum. Ich sehnte mich danach und empfand es als die wahre innere Kultur. Universität wurde mir nicht ermöglicht. Und das Gesellschaftsleben war für mich leer und triste.[40]

Als Nádherný im Sommer 1909 den Entschluss fasst, ein Tagebuch zu führen, ist dies zugleich der erste Versuch, die eigenen Gedanken Literatur werden zu lassen:

> Ich möchte gern ein Buch schreiben, doch weiss ich keinen Anfang und kein Ende. Unlängst während es so heiss war und der Himmel war blau und die Birken so weiss, so grün der Rasen, schrieb ich lange an Rilke über Bettina, über den Sommerabendsegen in Assisis Unterkirche, über Perrugias [!] Akazien und Umbriens Frühlingsweben – und während ich schrieb, wurde es dunkel und still und nichts war da, als der Wasserfall und Nebel, einem Hauche gleich, über Wiesen, in denen Heuschrecken sangen, ausgebreitet – Er antwortete gleich und sagte ›Alles um Sie hat mitgeschrieben‹ und er möchte zu mir schreiben, als sei ich die Natur selber.[41]

Wenn es Sidonie Nádherný auch nicht gelingt, sich als Autorin auf dem literarischen Markt zu etablieren und sie sich damit begnügt, bei Kraus den weiblichen Part einer Korrekturleserin und Kopistin zu übernehmen, hat jener dennoch nicht verkannt, dass sie ihre schriftstellerische Bestimmung womöglich verfehlt hat: »Ich glaube, Du könntest eine Künstlerin sein. Oft denke ich, daß Du einmal ein

---

[38] Kraus, *Briefe an Sidonie Nádherný*, Bd. 1, 308.
[39] Zitiert nach der Übersetzung von Wagnerová, *Das Leben der Sidonie Nádherný*, 57.
[40] Ebd., 42.
[41] Ebd., 60.

Buch schreiben wirst.«[42] Und an anderer Stelle: »Dein Brief ist schöner als mein Gedicht. Ich kann nicht antworten.«[43]

Das bisher Ausgeführte mag genügen, um deutlich zu machen, dass es durchaus lohnenswert ist, die Frage nach dem spezifisch Ästhetischen im Horizont von in ihrem Potential bisher nicht ausgeschöpften Texten und Lebenszeugnissen neu zu stellen. Für die hier untersuchten Briefe und Tagebuchaufzeichnungen ist zum einen die enge Beziehung von Literarisierung und Lebensnähe, zum anderen die Verfolgung und Behauptung individueller Schreibwege und Schreibpraktiken charakteristisch. Beides lenkt die Aufmerksamkeit auf einen experimentell offenen Zwischenraum, durch den sich die jeweils Schreibenden bewegen und dabei andersartige ästhetische Formen ausbilden, die als ästhetisch-kulturelle Praxis jenseits etablierter literatur- und kulturtheoretischer Konzepte sichtbar werden. Dabei darf der historische Abstand, der die Exegeten von heute und die Schreibenden von damals trennt, natürlich nicht aus den Augen gelassen werden. Die Liebesgeschichte von Sidonie und Karl aus den hinterlassenen Zeugnissen zu rekonstruieren, bedeutet, in eine aus heutiger Sicht fremde Welt einzutauchen. Es ist die Welt einer sprachsensiblen intellektuellen Schriftstellerelite, die mit der Welt des böhmischen Landadels in der Zeit vor dem Ersten Weltkrieg eine bemerkenswerte Verbindung eingeht. Karl Kraus kämpft bereits einige Jahre als ebenso gefürchteter wie bewunderter Herausgeber der *Fackel* an der publizistischen Front, als er sich neununddreißigjährig in die um elf Jahre jüngere Baronesse verliebt. Sidonie Nádherný führt das Leben einer standesbewussten Landedelfrau, die nach weiblicher Unabhängigkeit und erotischer Freizügigkeit strebt: Ist sie auf ihrem Schloss, widmet sie sich mit Hingabe der Pflege des schönen Schlossparks, ihren Gästen, Hunden und Pferden. Packt sie die Reiselust, unternimmt sie ausgedehnte Reisen. Eine dieser Reisen führt sie 1913 nach Unteritalien, Sizilien, Tunesien, Südfrankreich und Paris. Hier erfährt sie vom Freitod ihres Lieblingsbruders Johannes und lernt noch im September desselben Jahres, im Wiener Hotel Imperial, Karl Kraus kennen. Glaubt man den Brief- und Tagebuchzeugnissen, hat diese Begegnung in ihrer beider Leben wie ein Blitz eingeschlagen. Vorausgegangene Liebesbeziehungen – die von Kraus mit der früh verstorbenen Schauspielerin Annie Kalmar und die von Nádherný mit dem verheirateten Maler Max Svabinský – verblassen angesichts dieser Passion, die trotz Phasen vorübergehender Entfremdung und Trennung erst mit dem Tod von Kraus ein Ende findet. Wie schon Canetti erkennt, kann sich Kraus mit nichts weniger als mit dem Absoluten zufrieden geben, scheint ihm alles Mittlere fremd zu sein. Er kämpft um die Geliebte mit derselben Intensität, mit der er an der politischen Front streitet. Um ihrem Bewegungsdrang und ihrer Reiselust gerecht zu werden, legt er sich ein Auto nebst Chauffeur zu, Schloss Janowitz stilisiert er

---

[42] Kraus, *Briefe an Sidonie Nádherný*, Bd.1, 614.
[43] Ebd., 262.

zu seinem privaten Paradies. Hier findet er die Regeneration, die er für sein Schreiben und seine Auftritte in der Öffentlichkeit braucht. Nur hier konnten laut eigener Aussage *Die letzten Tage der Menschheit* niedergeschrieben werden. Man darf annehmen, dass das wiederholte Eintauchen in die weltabgewandte Schlossparkromantik auch mit verantwortlich ist für die Schreiblawine der Liebesbekundungen in Briefen, Telegrammen, Karten und Formen der lyrischen Anbetung. Das Sonett *Zuflucht* deutet an, wie sehr das lyrische Ich des aristokratischen Ambientes bedarf, damit die Geliebte, in der Imagination mit der Landschaft des Parks verschmelzend, zum Ohr für die Worte des Dichters werden kann:

> Hab' ich dein Ohr nur, find' ich schon mein Wort:
> wie sollte mir's dann an Gedanken fehlen?
> Von zwei einander zugewandten Seelen
> Ist meine flüchtig, deine ist der Hort.
>
> Ich komme aus dem Leben, jenem Ort,
> wo sie mit Leidenschaft das Leben quälen
> und sich die Menschen zu der Menschheit zählen,
> und technisch meistern sie den Tag zum Tort.
>
> So zwischen Schmach und Schönheit eingesetzt,
> rückwärts die Welt und vorwärts einen Garten
> ersehend, bleibt die Seele unverletzt.
>
> Fern zeigt das Leben seine blutigen Scharten,
> an mir hat es sich selber wundgehetzt.
> Öffne dein Ohr, um meines Worts zu warten![44]

Die Nádherný gewidmeten *Worte in Versen* sind voller Negationen, Paradoxien, Widersprüche.[45] Die Geliebte erscheint in ihnen nicht nur als dem Dichter zugewandte, heilbringende Göttin und Muse, sondern auch als das unerreichbar Begehrte (»Du bist sie, die ich nie gekannt, / die ich nicht nahm, die ich nicht hatte«[46]). Solches Leiden an einer unüberwindbaren Unerreichbarkeit grundiert auch den Ton der Liebesbriefe. Sidi, wie er Nádherný mit Kosenamen nennt, wird mit einer Wortgewalt angerufen, beschworen, betört, die nahezu jeden Brief zum Zeugen einer ›Liebestodesangst‹ werden lässt,[47] die eindrucksvoll beschworen wird:

---

[44] Kraus, *Wiese im Park*, 30.
[45] Vgl.: Lensing, Leo A. (2004): *Was weiß die Welt über Weiber? Als Gott gläubig wurde: Karl Kraus' Gedichte an Sidonie Nádherný*, in: *FAZ*, 01.11.2004, Nr. 255, 30.
[46] Kraus, *Wiese im Park*, 79.
[47] Kraus, Karl (1959): *Worte in Versen*, Bd. 7, in: ders.: *Werke*, 14 Bde., hg. von Heinrich Fischer, München, 55.

B [Wien,] Samstag abend [14./15.3.1914]

Geliebte!
Ich deute das Fallen eines Lorbeerblatts, starre die blaue Tasse an und erwarte überall ein Zeichen. Denn der Postbote hat heute keins gebracht. Willst Du von mir ausruhen?

B [Wien,] Dienstag [17.3.1914] 5 Uhr

Oh Sidi! Ich weiß jetzt, wie einem zum Tode Verurtheilten ist. In meinem Zimmer waren gestern hundert Galgen und heute, nach Deinem Briefe, noch immer etliche.
Ich habe den gestrigen Tag mit Warten verbracht. Lauern, ob in den Kasten ein Telegramm fällt. [...]
Dann saß ich die ganze Nacht, las *alle* Deine Briefe und holte mir aus jedem die Antwort. Dann lag ich von 7 bis 11 mit offenen Augen. Über zwanzig Mal lief ich ins Vorzimmer, wenn ich die Klappe fallen zu hören glaubte.
Immer war es nur das Geräusch des Elektrizitätsmessers.

B [Poststempel: Wien-Eger] Dienstag [17.3.1914] 9 ½ Uhr

Ich verbrenne. Fern Deiner Glut, Du Herrliche! [...] Ich hätte nie geglaubt, dass es so über mich hereinbrechen kann. Es ist Anfang oder Ende. [...]
Dann soll geschehen was will – aber jetzt muß ich Dich sehen.
Weißt Du noch, wie ich sehe?
Du Ewige – hilf mir![48]

Nádherný reagiert auf diese leidenschaftliche Unbedingtheit ambivalent. Sie möchte sie zum einen ohne Vorbehalte erwidern, auch deshalb, weil Kraus ihrem verstorbenen Bruder ähnelt. Zum anderen scheint sie vor einer dauerhaften Bindung zurückzuschrecken. Unter Anrufung des toten Bruders platziert sie in ihrem Tagebuch wiederholt die Klage, zu keiner wirklichen Beziehung mit einem Mann fähig zu sein.[49]

Mag es auch zutreffen, dass Nádherný die leidenschaftliche Absolutheit, mit der Kraus sie nahezu täglich brieflich umwirbt, nicht immer erträgt – ihre zeitweiligen Distanzierungen sind unübersehbar und werden von ihm als Liebesentzug beklagt – sollten ihre Tagebuchnotizen dennoch ebenso wenig als reine Herzensschrift verstanden werden wie seine Liebesbriefe. Dort, wo sie ihre Unfähigkeit reflektiert, immer bei ihm zu sein und zu bleiben, gefällt sie sich auch selbst in einer Rolle. Ihr Tagebuch kennt die Rollen der Minnedame und der Muse, der Retterin und der durch Liebe Geretteten, der liebeleeren Sünderin und der sich aufopfernden Heiligen. Oft finden sich – wie in dem folgenden Eintrag –

---

[48] Kraus, *Briefe an Sidonie Nádherný*, Bd. 1, 22–25, Herv.i.O.
[49] Vgl. ebd., Bd. 2, 726.

mehrere dieser Rollen kunstvoll ineinander verschränkt. Sidonie bekennt, dass Karls Liebe, die sie doch glücklich und stolz machen sollte, etwas Bedrückendes für sie habe. Sie fragt sich, ob es richtig sei, ihn auf Abstand zu halten. Sie schmeichelt sich, dass er nur für sie lebe, während sie sich zuweilen ganz leer fühle und ihr Herz schweige. Sie schilt sich feige, dass sie ihm eine schreckliche Komödie vorspiele, gesteht sich ein, dass ihre auf andere Partner gerichteten Heiratsabsichten weniger Standesrücksichten geschuldet seien, als dem Wunsch, sich seiner Umklammerung zu entziehen. Zugleich beschwört sie den Reichtum, den er in ihr Leben gebracht habe, fürchtet, dass er ohne sie verloren wäre, betet, dass er sie weniger lieben solle und richtet Durchhalteparolen an sich selbst:

> Eintrag: 2.9.1915
> [...] Was it wrong that I left him? But has love, that is not always at it's [!] h[e]ight, a right? Love, the most sacred, may never know a compromiss [!], except for a high purpose: The best, greatest, deepest man [KK] that ever lived, the most kind, the most noble, loves me – as man never yet loved. And this great, immense love has made him write beautiful thoughts & poems. He lives but for me & when once I wanted it to be otherwise all was quenched in his head; he was on the verge of madness. All this surely should make me proud & happy – but it makes me sad for even if he *deeply* touches me & makes my life so rich, richer than any life ever was, & even if I now & feel as noone [!] else, what all he is, yet my heart remains silent. Once all my being was disturbed through him & I loved him, but this is long ago. And the deepest truth, why I wanted to marry, was to withdraw myself from him. But this is mean cowardice. And I write it down here to remember it better, what my life's aim has to be – till I love again: Never to disappoint him, who has set his life on me, to play the dreadful comedy, that he is to me what I to him. This is mean, but the only thing I can do. For to leave him, I know it for *sure*, would perfectly destroy him, for he could never more take a pen in his hand. [...] to know, that really all his writes, comes to him through me, through his love & his thoughts of me (not that *I* have them first – that is not women's destiny). Sometimes I pray, that he may love me less, that the responsibility I bear may diminish, but his love only grows, even when I am so silent & quite & say nothing. But his love is such, that even if I'd be dumb, he'd love me. My heard is full of deep gratitude, & I know how poor my life would be without him – but oh – that *I* could love! – May I have always the strength to fullfill [!] my holy duty, and to hold out.[50]

Sidonies Aufmerksamkeit für Karl ist trotz aller Zweifel nicht minder intensiv als die seine für sie. Nicht nur er schreibt täglich, auch sie übermittelt ihm, wie verabredet, anfangs jeden Tag ein Zeichen ihrer Liebe. Häufig reist sie zu seinen Vorlesungen,[51] wo sie dann stets auf demselben Platz sitzt, vorne in der zweiten

---

[50] Ebd., 645–646, Herv.i.O.
[51] Zwischen 1910 und 1936 hält Kraus 700 Vorlesungen, die er ab Herbst 1925 *Theater der Dichtung* nennt.

Reihe. Alle seine Briefe, Karten, Telegramme bewahrt sie sorgfältig auf, fertigt im Laufe der Jahre mehrere Abschriften in Auszügen an und ausführliche Kommentare zu den ihr gewidmeten Liebesgedichten. Die erste Begegnung hält Sidonie in drei Tagebucheintragungen fest, die das gemeinsam Erlebte – eine Autofahrt durch die Sommerlandschaft bis nach Hainbach, die anschließende Teestunde, die Gespräche über Dichtung, über ihrer beider Wesen – in rhythmischen Stakkato-Sätzen präsentieren. Ihr semantisches Feld spiegelt affektive Ergriffenheit und Bereitschaft zur bedingungslosen Hingabe, aber auch Freiheitsdrang, Grenzüberschreitungswünsche und weiblichen Selbstbehauptungswillen.

> Einträge, 12.9.1913:
> Caféhaus, Gespr[äche] ü Dichter, wie St. George, Rilke, Dehmel, Hoffmannsthal [!] etc., m. Auto in die Adria Ausstell., K.K. allein zurück. Souper Bar Bristol – ü Wüste gesprochen, Wunsch mich allein zu sehen, u. doch dabei zu sein – wie es dann war im Heiligenkreuzhof [!] – Fiaker Praterallee, gleitende Sterne – nach 10 Min. gekannt – Helfen unmöglich – das Nichtheranlassen führt in Abgründe – wünschen, etwas wünschen – wohin blickt diese Frau, warum kann man nicht dort sein – der Blick – die Stimme, klagend, hell u. doch kaum vernehmbar, verschollen – Einfluss auf Rilke's Gedichte – nichts für Sie, ich werde jetzt arbeiten – schweigende Versprechen mit zitternder Hand – seit vielen Jahren hat mich keine Frau so berührt – erkennt m. Wesen, dass es Reisen, Freiheit braucht – ich soll da sein, wenn er arbeitet. W[iener-]Wald beschlossen. – 3 U. zurück.
> Nächster Tag Gabel b. [Adolf] Loos – um 4 Autofahrt nach Hainbach – weite Landschaft, Sommernachtswiese, Schönheit, Schweigen – Arbeitszimmer – Chaiselongue – Du Liebstes, sag, was hast du in der Wüste erlebt, warum hat man dich nicht erwürgt, das wolltest du doch – Thee i. grün. Glas – Souper b. [Hermann und Eugenie] Schwarzwald – i[m Lesezimmer und Hotel] Krantz 10–12 […].[52]

> Eintrag, 14.9.1913:
> Retten wollen – da wird Sünde u. Betrug nur Reinheit. Gut sein. Beides zu vermögen, muss man weiter, weiter – oh, da gibt es keine Grenzen, kein Genügen. Rücksichten, Denken, Feinheit, Treue – werden unmenschlich – menschlich nur die Besessenheit [!], die Sünde. Denn ich will die echte Versuchung, will tief erschüttert werden, um zu wissen, wie ich erlöst werden kann. – Warum gibt es Keinen, der *all* mein Schenken nehmen kann – der es begreift? Warum ist alles zu wenig! – K.K. steckt in meinem Blut; er macht mich leiden. Er gieng mein. Wesen nach, wie keiner noch. er [!] begriff, wie keiner noch. – Ich kann nichts tun, wenn ich ihn nicht vergesse.[53]

Textstellen wie diese verdienen besondere Beachtung. Durch ein scheinbar zusammenhangloses Aneinanderreihen der Sätze – das Abkürzen von Erinnerungs- und Gesprächsfetzen, die Einschübe des Gedachten und des Gehörten, das

---

[52] Ebd., 629.
[53] Ebd., 630.

Wahrnehmen von Landschaften, Tageszeiten, Gerüchen, Farben, des Interieurs, der Orte und Zeiten – entsteht die narrative Formation eines *stream of consciousness*. Große Romane der Weltliteratur (Leo Tolstoi, James Joyce, Virginia Woolf) zeugen von der ästhetischen Virtuosität dieser Erzählkunst, in Medien der Alltagskultur, wie Tagebüchern und Briefen, gilt es ihr Vorkommen erst noch zu entdecken. So auch bei Sidonie Nádherný, deren erzählerische Experimentierfreude sich aus einer breiten Literaturkenntnis speist.[54] Obgleich ihre bislang einzige Biografin diese Belesenheit bewundert, verkennt sie doch den innovativen Schreibstil, wenn sie Nádhernýs Bedürfnis, »dem Erlebten eine schriftliche Form zu geben«, als einen letztlich misslungenen Versuch authentischer Lebensbeschreibung versteht:

> Merkwürdig konventionell wirkt ihr Stil dort, wo sie eigene emotionale Stimmungen beschreibt, als fehlte es ihr an Mut oder Offenheit, sich außerhalb der Zeitklischees auf ein neues ›Sprachterrain‹ zu wagen.[55]

Wie sich zeigt, besitzt Nádherný durchaus diesen Mut und auch die Befähigung. Weder ist ihre Sprache konventionell, noch mangelt es ihr an emotionaler Offenheit, wenngleich diese auch nicht naiv, sondern narrativ anspruchsvoll in Erscheinung tritt. Sie kommentiert ihr widersprüchliches Begehren ohne Schonung ihrer selbst und legt ihr ›Komm-her-Gehweg‹-Verhalten[56] als raffinierte Liebesstrategie offen, im Verlauf der Beziehung mehr als einmal verwerfend und doch

---

[54] Wie ihre beiden Brüder pflegt sie, nicht ohne schriftstellerische Ambitionen, einen intensiven Umgang mit der Literatur. In der Liste ihrer Bücher finden sich neben Shakespeare, Goethe, Molière, Hegel, Kierkegaard, Nietzsche und Schopenhauer die großen Namen der Literatur um die Jahrhundertwende –, darunter Hofmannsthal, Schnitzler, Strindberg, Ibsen – aber auch Thomas Mann, Lou Andreas-Salomé, Stefan George und Ricarda Huch. Sie verfasst Porträtskizzen von Rodin und Rilke, schreibt Texte für italienische und jugoslawische Zeitschriften. Vgl. Wagnerová, *Das Leben der Sidonie Nádherný*, 44 u. 61. 1934 verfasst Nádherný ihre Geschichte der Janowitzer Schlossherrschaft, die das Schicksal ihrer Familie in Janowitz und die vielfältigen Bemühungen um die Gestaltung des Schlossparks mit einbegreift (vgl. Kraus, *Briefe an Sidonie Nádherný*, Bd. 2, 723).

[55] Wagnerová, *Das Leben der Sidonie Nádherný*, 61.

[56] Interessant sind in diesem Kontext Ergebnisse der neueren Emotionsforschung, die zeigen, dass in Liebesbeziehungen Emotionen seit dem späten 19. Jahrhundert »sowohl als Produzenten und Produkte von Nähe als auch als Produzenten und Produkte von Distanz« eine wichtige Rolle spielen können, und dass die Annahme, »dass Emotionen in zwischenmenschlichen Nahbeziehungen ihren eigentlichen Ort hätten« mithin historisch differenziert werden muss. Gammerl, Benno (2011): *Gefühlte Entfernungen*, in: Frevert, Ute/u.a. (Hg.): *Gefühlswissen. Eine lexikalische Spurensuche in der Moderne*, Frankfurt a.M., 179–200, hier 199.

wissend, dass sie das sich selbst gegebene Versprechen zur vorbehaltlosen Hingabe niemals einlösen kann und wird:

> Einträge, 19.09.1913:
> Es ist erniedrigend durch Unerreichbarkeit die Begierde des Mannes gross zu ziehen. Er soll mich besitzen, um zu erkennen, wie unerreichbar ich ihm bin. Dann erst soll seine Sehnsucht wachsen, dann erst gilt sie mir, dann erst darf ich mich ihm entziehen [...]. Wie leicht macht sich ein Liebender lächerlich, denn er muß sich exponieren, u. wie unedel ist das Weib, die dies zulässt, u. dem Begehrenden nichts gibt, weil sie fürchtet, dann weniger geliebt zu werden. – Ich aber will mich mitteilen, Vielen, will Genießer gross ziehen, will ihnen – Illusionen mit verschwenderischer Hand austeilen. – Wie niedrig ist die Frau, die mit dem Kuss was anderes meint, als mit dem Körper, u. mit ihren Lippen Sehnsucht entfacht, die sie dann nicht stillt. – Hier aber liegt der Grund zu meinem Verlorensein – u. zu meiner Einsamkeit. – Wo den finden, der alles Leiseste, alles Stillste, alles Fernste erkennt und gelten lässt? [...] K. K. hat mir ein neues Reich eröffnet, neue Möglichkeiten. Wie wunderbar hat er das getan.⁵⁷

Tagebucheintragungen wie diese deuten darauf hin, dass sich Nádherný in ihrer Beziehung zu Kraus nicht mit der ihr immer wieder zugeschriebenen Rolle einer bloßen Zuhörerin begnügt.⁵⁸ Sein einfühlsames Zuhörenkönnen hat für sie offenbar dieselbe große Bedeutung. Kraus gibt ihr das Gefühl, in ihrem wahren Wesen erkannt zu werden. Diesen Eindruck vermag er auch anderen Frauen gegenüber zu erwecken, wie die Schriftstellerin Gina Kaus berichtet, die ihre erste Begegnung mit Kraus gleichfalls als seelischen Dammbruch erlebt:

> Ich erzählte ihm, wie ein Patient einem Psychoanalytiker alles erzählt, nur – der Psychoanalytiker ist objektiv, Kraus dagegen war von meinen Erzählungen, von meinem ›Talent zur Aufrichtigkeit‹ begeistert. Für mich war es, als ob ein Staudamm gebrochen wäre, es verursachte mir eine wilde, beinahe sinnliche Freude, ihm alles zu erzählen.⁵⁹

Kraus spielt die Rolle des verständnisvollen Zuhörers auch gegen erhebliche innere Widerstände weiter. Als Nádherný, nachdem sie sich mehr als ein Jahr ihrer beiderseitigen Passion verschrieben hat, plötzlich eine Konvenienzehe mit einem italienischen Grafen eingehen will und Kraus' Einverständnis dafür fordert, erhält sie dieses auch. Dass die in Rom geplante Heirat wegen des Kriegseintritts Italiens dann doch nicht zustande kommt, ist für beide eine Erlösung. An dem grundsätzlichen Zurückweichen Nádhernýs vor einer Heirat mit dem Geliebten oder einem Zusammenleben mit ihm ändert dies indes nichts. Standesrücksichten

---

⁵⁷ Kraus, *Briefe an Sidonie Nádherný*, Bd. 2, 630–631.
⁵⁸ »Dieses Zuhörenkönnen und -wollen, das Unbeabsichtigte, wurde letztlich zu ihrer originären Leistung.« Wagnerová, *Das Leben der Sidonie Nádherný*, 62.
⁵⁹ Zitiert nach Rothe, *Karl Kraus*, 177.

und der Wunsch, dem jungen Adel der Familie gerecht zu werden, mögen dabei ins Gewicht gefallen sein, vielleicht auch Rilkes Abraten in einem seiner Briefe, der wegen seines vorgeblich – nicht wirklich nachweisbaren – antisemitischen Untertons viel unnötigen Staub aufgewirbelt hat.[60] Doch das sind vordergründige Hemmnisse. Neben ihren Tagebuchnotizen offenbaren gerade Nádhernýs Briefe an Rilke eine emotionale Gespaltenheit, ein Menschen- und Weltfluchtgebaren und eine tiefe Melancholie, die als Gründe für die wiederholten Zurückweisungen weitaus wahrscheinlicher anmuten. Auch Nádhernýs 1920 eingegangene Ehe mit einem ihr verwandten Grafen zerbricht kurz darauf nicht nur an dessem psychotischen Charakter. Am 30. Mai 1926 schreibt sie an Rilke:

> Seltsam, wie man sich mit zunehmenden Jahren der Menschen entwöhnt, u. immer weniger der Stütze bedarf. Der Grund mag auch darin sein, dass die Menschen versagen, u. man in der Einsamkeit am reichsten ist; in ihr kann die Seele fliegen, so weit u. hoch sie will, es gibt keine Hemmung, keine Beengung wie unter Menschen. [...] Wenn man so zurückblickt, wie viel Liebe man auch bekam, war es eigentlich Glück? Am beschwintesten [!] war man eigentlich immer, wo man einsam liebte, aus Unerschöpflichem schöpfte u. Unermessliches wünschte, wenn es sich auch nie erfüllte. Nicht in der Gesellschaft von Menschen, sei es auch nur eines einzigen, wird uns Gewinn; man bleibt doch stets allein. [...] Seit Monaten sehe ich kaum einen Menschen, lebe nur dem Park u. blicke nur nach innen – u. habe Trauriges erlebt u. bekämpft. Es wurde Grabesstille in mir. Man mag nicht zurücksehen, u. vor einem ist alles so dunkel.[61]

Kraus, diese melancholische Disposition aufgreifend, gesteht ihr, wie ihn ihre trüben Stimmungen belasten. »Ich werde einmal unter der Mühsal, mit der Du Dich belädst, zusammenbrechen« schreibt er im Februar 1922.[62] Und fünf Jahre später verrät der Ton eines Briefes, dass er ihren stets wiederkehrenden Rückrufen nicht mehr mit der alten Leidenschaft, Bereitwilligkeit und Vergebungsbereitschaft zu folgen vermag. Dem entsprechen auch ihre eher zufälligen Begegnungen bei Freunden und Bekannten, die in den folgenden Jahren bis hin zum Tod von Kraus, am 12. Juni 1936 in Wien, nicht mehr so häufig ausfallen. Was bleibt, ist auf beiden Seiten das (Auf)Schreiben ihrer Liebe. Kraus schreibt schon lange nicht mehr täglich. Dafür sind seine Briefe, die in dem täglichen Liebesverwirrspiel der ersten Jahre oft nur wenige Zeilen enthielten, jetzt länger und nachdenklicher. Ein Beispiel dafür ist ein Brief, den er ihr im April 1927, auf ihre Einsamkeit und offenbar auch auf ihre Bitte um ›Rettung‹ Bezug nehmend, schreibt:

---

[60] Vgl. die Briefzeugnisse in: Anhang 3. Ein Briefwechsel zwischen Clara Rilke-Westhoff, Rainer Maria Rilke und Sidonie Nádhernýs aus dem Februar 1914 über Karl Kraus. (Nádherný/Rilke, *Briefwechsel*, 591–599).
[61] Ebd., 408.
[62] Kraus, *Briefe an Sidonie Nádherný*, Bd. 1, 612.

Ich fühle aus ganzem Herzen mit Dir.

Es ist bereit, dem Bekenntnis der Leiden mehr zu glauben als einem der Liebe, und also bereit, zu helfen. Aber wie? Ein Einsamer ist es doch, der Dich aus Deiner Einsamkeit erlösen soll, einer, der sich das Glück der Liebe längst nicht mehr vorgestellt hat und könnte er seiner habhaft werden, es nie mehr mit Unruhe erkaufen dürfte. […] Einige von den tausend Gedanken, die da bei der ersten Wiederberührung entspringen, hätte ich Dir sonst in all der Zeit auf Deine wohlverstandenen und dankbar wie teilnehmend empfundenen Rufe mitgeteilt. Ich konnte es einfach nicht. Ob es auch so gekommen wäre, wenn Du mich nicht verlassen hättest, um verlassen zu sein: ich weiß es nicht. […] Kein anderer hätte, was seiner Liebe da durch Tat und Wort geschah, lebendig ertragen, aber – und nun das, was mir den Mut nimmt –: wenn geistige Arbeit retten kann, rettet sie so gründlich, daß nichts mehr für das Leben übrig bleibt. […] Wie sollte ich mich da aufraffen, so oft Du riefst, in das Ungewisse eines Wiedererlebens, mit der Gefahr des gegenseitigen Nichtwiedererkennens und des Verlustes wertvollster Erinnerung? Nun, auf dieses Dein Bekenntnis hin; nun, wo Du es fast ausspricht, daß Deine Lebenshoffnung meinen Namen hat, fühle ich eine Pflicht. Aber daß ich sie ganz erfülle, dazu, fürchte ich, müßtest Du das Größere leisten. Daß ein Untergegangener einen Ertrinkenden rette, dazu bedarf es schon des Wunders. Verfügst Du über das »Zauberwort«, mich in das Leben zurückzubringen, um Dir zu helfen? […] Du brauchst das Erlebnis, mir genügt immer mehr, es aufgeschrieben zu haben. Mit allen Radierungen, die da an seelischen Dingen vorgenommen sind.[63]

Was diese Zuordnung der Liebe zu Leben und Schreiben anbelangt, so irrt sich Kraus schließlich doch in seiner Geliebten. Das Erlebnis »aufgeschrieben zu haben« – das »Lieben schreiben«[64] wird nach seinem Tod auch für Sidonie Nádherný immer wichtiger. Warum sonst hätte sie sich der Mühe unterzogen – ein vergleichbarer Fall dieses Ausmaßes ist mir nicht bekannt – das riesige Konvolut seiner Briefe mit allergrößter Sorgfalt zu kopieren und ihrer Abschrift einen Begleittext in Form eines persönlichen Nachwortes (*Mein Nachwort*) mitzugeben. Nádherný eignet sich durch den *schreibenden* Nachvollzug seiner Liebesworte diese noch einmal auf eine sehr individuelle Weise an, nimmt sie sozusagen schreibend noch einmal in Besitz. Zugleich gibt sie – und das ist noch entscheidender – für die Briefe durch ihre Abschrift und ihr Nachwort eine Rezeptionshaltung vor, die – aufgrund der komplizierten Editionsgeschichte der Originalbriefe – nachhaltig gewirkt hat, wenn auch nicht immer im Sinne der Autorin. Auf Nádhernýs (Ab)Schreibakt trifft zu, was die neuere Editions-

---

[63] Ebd., 667–671.
[64] Der Begriff wird bei Toni Tholen treffend als Lebens- und Schreibraum bestimmt, der zum einen durch »die radikale Abtrennung von Leben und Schreiben konstituiert wird« und zum anderen als einer, »in dem Leben und Schreiben auf unzertrennliche Weise aufeinander bezogen sind.« Ders. (2015): *Männlichkeiten in der Literatur. Konzepte und Praktiken zwischen Wandel und Beharrung*, Bielefeld.

forschung als »semiologische Übersetzung« beschreibt. Demnach wird ein Text nicht nur von einer »Graphie (Objektbezug des Zeichens) in die andere« übertragen, »sondern auch von einem Textträger in den anderen und von einer ursprünglich konnotativen Position des Textes in eine andere, neue (Zeichenmittelbezug).«[65] Die Eigenart von Briefen und Tagebüchern besteht nun darin, dass sie noch enger an die Absicht des Zeugnisurhebers gebunden sind als andere Textformen. Als Texte werden sie jeweils in der äußeren grafischen und materialen Gestalt rezipiert, in der sie geschrieben wurden. Die Wahrnehmungsweise des Autors und dem von diesem bestimmten Lesenden sind also identisch. Papier, Schriftbild, Schreibmaterial und Schreibtechnik sind in diesem Produktions- und Rezeptionsvorgang kaum weniger bedeutsam als das, was die Textträger an Text übermitteln. »Der Zeugniswert ergibt sich hier aus der Einheit von ›message‹ und ›medium‹«.[66]

Vor diesem theoretischen Ansatz betrachtet, verhält sich Nádherný Kraus' Briefen gegenüber als semiologische Übersetzerin. Ihre Abschriften rekonstruieren einen Schreibprozess, der nicht linear, sondern alinear und diskontinuierlich verlaufen ist und gleichen dabei »die zweidimensionale Wahrnehmung des Schreibenden an die eindimensionale des kursorisch Lesenden an.«[67] Dieses Verfahren kann man als ein mittelbar literarisches bezeichnen. In der Regel haben Briefe ihren Zweck erfüllt, wenn die Adressaten Textträger und Text wahrgenommen und gelesen haben. In Liebesbriefen, die einen besonders starken Empfängerbezug haben und auch zu einer größeren Selbstwahrnehmung des Schreibenden im Schreibprozess neigen (»Ich schließe, aber leider ohne Siegellack; denn der ist mir ausgegangen.«[68]), kann der Autor als Schreibender durch die Wahl und Gestaltung des Schriftträger- und Schriftmediums auf den Empfänger unmittelbar einwirken. Die Herauslösung der Brieftexte aus ihrer ursprünglichen dokumentarischen Gestalt, die Nádherný mit den an sie gerichteten Liebesbriefen vornimmt, bedeutet also auch deren Transformation. Die einzelnen Briefe erscheinen in einer Folge, die ihr Verfasser so nicht vor Augen haben konnte. Sie werden nun – wenn wir die Abschrift von Nádherný als Vorstufe zu einer Edition verstehen – als Teile eines Zusammenhangs lesbar, der für den Briefschreiber so nicht existierte.[69] In diesem Kontext erhält Nádhernýs Bekenntnis von Reue und Schuld, aus dem ihr *Nachwort* zu den Briefabschriften fast ausschließlich besteht, ein besonderes Gewicht. Dass es sich auch hier – anders als bisher wahrgenommen – nicht um einen unmittelbaren Ausfluss von Reue- und Schuldgefühlen handelt, sondern um dieselbe emotionale Rezeptions-

---

[65] Hurlebusch, Klaus (1995): *Divergenzen des Schreibens vom Lesen. Besonderheiten der Tagebuch- und Briefedition*, in: *Editio* 9, 18–36, hier 19–20.
[66] Ebd., 22.
[67] Ebd., 20.
[68] Kraus, *Briefe an Sidonie Nádherný*, Bd. 1, 38.
[69] Vgl. ebd., 27.

lenkung wie in den untersuchten Brieftexten, soll abschließend noch kurz in den Blick genommen werden.[70] Im ersten Abschnitt von *Mein Nachwort* stellt Nádherný die Seelenverwandtschaft mit Kraus heraus und betont, die ganze Klaviatur emotionaler Sprachformeln abschreitend, ihre Versäumnisse ihm gegenüber, die sie indes nicht als persönliche Schuld aufgefasst wissen will, sondern in einer rhetorisch geschickten Wendung der ›Natur‹ des weiblichen Geschlechtscharakters überantwortet. Rhetorisch geschickt für den Lesenden der Briefe vor allem deshalb, weil Kraus selbst – sicher nicht unbeeinflusst von den Thesen Otto Weiningers[71] – an mehr als einer Stelle Nádhernýs Weiblichkeit so verstanden hat, verbunden mit der Beteuerung, dass er sie gerade deshalb begehre und liebe:

> Mit Stolz und Glück, mit Scham u. Trauer habe ich seine Worte – tiefer empfundene wurden wohl nie geschrieben – hier wiederholt. Oft war es, als schriebe ich mein Todesurteil. Oft schrieb ich mit Thränen bitterster Reue, mit grenzenlosem Abscheu vor mir selbst, die ich solch liebereiches, edles Herz verwunden und kränken konnte. Trost suchend in jedem seligen, huldigenden Wort frage ich mich dennoch tausend- u. tausendmal: war *ich* es, ich, die trotz Allem mein ganzes Herz ihm gab, wahrlich so »grenzenlos im Ungefühl« sein konnte? Wie war das nur möglich? Wohl kannten die letzten neun Jahre keinen Schatten, keine Entfremdung mehr, denn »Nie gab es tiefere Verwandtschaft zweier Seelen in dem All«, warum aber gab es Zeiten, in denen die Tragik es wollte, daß er erfahren mußte, wofür er das Weib heiligte: willenlose Sclavin ihrer räthselhaften Natur, die hemmungslos hinwegschreitet über das edelste Herz, treu- und reulos? Wie kann die Natur so unmenschlich grausam sein?

Der sie von persönlicher Schuld entlastende erste Abschnitt bereitet wirkungsvoll Nádhernýs Metamorphose von der reuigen Sünderin zum an sich selbst und an seiner weiblichen Natur leidenden Opfer vor:

> In solchen Zeiten unverständlicher Verlorenheit, wie elend war mein Leben, von dem seinen getrennt, wie schmerzlich das Aufwachen zur Erkenntnis schmachvollen Irrens. Ich büßte mehr als er litt. Welch eine Leere, wenn ich zur Besinnung kam. Welch eine Fülle, wenn ich bei ihm war, mir selbst zurückgegeben, u. nicht

---

[70] Vgl. den Abdruck in Kraus, *Briefe an Sidonie Nádherný*, Bd. 1, 783–784.
[71] Kraus war von dem 1903 erschienen Werk *Geschlecht und Charakter* nachweislich »elektrisiert«. Er suchte die Bekanntschaft des Autors, bot die *Fackel* als Publikationsort für einen stellenweisen Abdruck der Thesen an. Anders als Weininger begriff Kraus jedoch die hier postulierte Triebverfallenheit der Frau als positives Energiepotential, das einer übermächtigen kapitalistischen Abrichtung der Gesellschaft und deren Moralisierungstendenzen entgegenwirken könnte. Vgl. Rothe, *Karl Kraus*, 183–184. Man sollte indes aus einzelnen Äußerungen von Kraus keine vorschnellen Schlüsse in Hinblick auf sein Frauenbild ziehen: Vgl. Schmölzer, Hilde (2015): *Welches Frauenbild hatte Karl Kraus*, in: *dieStandard.at* ›kultur, 21.032015, http://diestandard.at/2000013 256926/Welches-Frauen bild-hatte-Karl-Kraus [letzter Zugriff 11.06.2015].

mehr mein besseres Selbst, das er, was immer geschehen mochte, stets erkannte u. das ihm unverloren blieb, zu verleugnen getrieben war.

Das Nachwort mündet in einer Eloge der Schreiberin auf den Dahingegangenen, in der sie, durch das Einnehmen seiner Perspektive und mittels einer in sprachlichen Superlativen betriebenen Stilisierung ihrer Liebesgeschichte, eine Form der Selbsterhöhung betreibt, die sie nach dem Durchschreiten des Kreises von öffentlich eingestandener Sünde und öffentlich geübter Reue und Buße am Ende als jenes vollkommen entsühnte Wesen erscheinen lässt, das sich ein Recht erworben hat, an der Seite von Karl Kraus auf dem Parnass der Weltliteratur in den Reigen jener ›Großen Paare‹ zu treten, für die nicht einmal der Tod das Ende ihrer Liebe bezeichnen kann:

> Welch tiefe Freude, diesem edlen, starken, gütigen, immer bereiten, immer verzeihenden, mir nichts versagenden Herzen wieder Glück geben zu dürfen u. Zuflucht u. Geborgenheit dort zu finden. Denn nie gab ein Herz mehr Liebe und Glückseligkeit als der Reichtum des seinen, nie empfing ein Mensch mehr Liebe als ich, nie wurde einem Weib glühender gehuldigt. Trotz meiner Irrtümer standen sich zwei Seelen niemals näher, gab es nie wahreres Verständnis, nie heiligere Freundschaft, nie höhere Liebe, unermeßlicher von Jahr zu Jahr, durch Leid vertieft, getrennt nur durch den Tod – aber nahe in alle Ewigkeit. – Grenzenlos wie sein Verzeihen ist meine Reue; und nie mehr wird wieder sein liebevolles Wort in mein gepeinigtes, zerrissenes Herz dringen, meine bittern Thränen bleiben ungelöscht in Augen, die sein geliebtes, gütiges Lächeln nie mehr sehen werden. Es sagte mir, bis zum letzten Atemzug, daß er nicht umsonst gekämpft habe für meine Seele, für seine Illusion, für unsere Liebe und Verbundenheit, und daß
>
> »Nicht Ziel, nur Rast ist's die das Glück sich gab,
> hält einmal dieser Schlitten vor dem Grab.«
>
> Janovice, am 11. Sept. 1936

Bibliografie

Andermann, Kerstin/Eberlein, Undine (Hg.) (2011): *Gefühle als Atmosphären. Neue Phänomenologie und philosophische Emotionstheorie*, Berlin.

Anz, Thomas: *Emotional Turn? Beobachtungen zur Gefühlsforschung*, in: http://www.literaturkritik.de/public/rezension.php?rez_id=10267 [letzter Zugriff 26.03.2015].

Aristoteles (1985): *Nikomachische Ethik, auf der Grundlage der Übersetzung von Eugen Rolfes*, hg. von Günther Bien, Hamburg.

Aristoteles (1995): *Über die Seele*, mit Einleitung, Übersetzung (nach W. Theiler) und Kommentar, hg. von Horst Seidl, Hamburg.

Bürger, Christa (1990): *Leben schreiben. Die Klassik, die Romantik und der Ort der Frauen*, Stuttgart/Weimar.

Canetti, Elias (2005): *Der neue Karl Kraus*, in Kraus, Karl: *Briefe an Sidonie Nádherný von Borutin. 1913-1936*, 2 Bde., Göttingen, 9–37.
De Laclos, Pierre Choderlos (2011): *Les Liaisons dangereuses*, Paris.
Dieckmann, Walther (2005): *Streiten über das Streiten. Normative Grundlagen polemischer Metakommunikation*, Tübingen.
Fischer, Jens Malte (2012): *Aus der »Liebestodesangst«. Die Briefe von Karl Kraus an Sidonie Nádherný von Borutin und die Geschichte ihrer Edition. Eine Miszelle zur Krausphilologie*, in: Kalka, Joachim (Hg.): *Editionen*, Göttingen, 61–72.
Frevert, Ute/u.a. (2011): *Gefühlswissen. Eine lexikalische Spurensuche in der Moderne*, Frankfurt a.M.
Funk, Wolfgang/Krämer, Lucia (Hg.) (2011): *Fiktionen von Wirklichkeit. Authentizität zwischen Materialität und Konstruktion*, Bielefeld.
Funk, Wolfgang/Krämer, Lucia: *Vorwort*, in: dies. (Hg.): *Fiktionen von Wirklichkeit. Authentizität zwischen Materialität und Konstruktion*, Bielefeld, 7–25.
Goethe, Johann Wolfgang (1977): *Aus meinem Leben. Dichtung und Wahrheit. Aristeia der Mutter*, Bd. 10, in: ders.: *Sämtliche Werke in 18 Bänden*. hg. von Ernst Beutler, Zürich/München.
Hämmerle, Christa: *»Mit Sehnsucht wartent...« Liebesbriefe im Ersten Weltkrieg – ein Plädoyer für einen erweiterten Genrebegriff*, in: https://www.history-of-emotions.mpg.de/de/texte/mit-sehnsucht-wartent-liebesbriefe-im-ersten-weltkrieg-ein-plaedoyer-fuer-einen-erweiterten-genrebegriff [letzter Zugriff 30.03.2015].
Hintermeier, Hannes: *Im Zweifel entscheide man sich für die Richtige. Sie hielt die »Fackel« am Leuchten: Karl Kraus schreibt Briefe an Sidonie Nádherný von Borutin*, in: *FAZ*, 25.11.2005, Nr. 275, L8.
Hurlebusch, Klaus (1995): *Divergenzen des Schreibens vom Lesen. Besonderheiten der Tagebuch- und Briefedition*, in: *Editio* 9, 18–36.
Knaller, Susanne/Müller, Harro (Hg.) (2006): *Authentizität. Diskussion eines ästhetischen Begriffs*, München.
Knaller, Susanne (2006): *Genealogie des ästhetischen Authentizitätsbegriffs*, in: dies./Müller, Harro (Hg.): *Authentizität. Diskussion eines ästhetischen Begriffs*, München, 17–36.
Koschorke, Albrecht (1999): *Körperströme und Schriftverkehr. Mediologie des 18. Jahrhunderts*, München.
Kraus, Karl (1916): *Notizen*, in: *Die Fackel*, 08.04.1916, Heft 418–422, 41–52.
— (1959): *Worte in Versen*, Bd. 7, in: ders.: *Werke*. 14 Bde., neu hg. von Heinrich Fischer, München.
— (1986): *Gedichte*, Bd. 9, in: ders.: *Schriften*, 20 Bde. hg. von Christian Wagenknecht, Frankfurt a.M.
— (2004): *Wiese im Park. Gedichte an Sidonie Nádherný*, hg. von Friedrich Pfäfflin, Frankfurt a.M./Leipzig.
— (2005): *Briefe an Sidonie Nádherný von Borutin. 1913-1936*, 2 Bde., neu hg. u. erg. von Friedrich Pfäfflin, Göttingen.
Landweer, Hilge/Renz, Ursula (Hg.) (2012): *Handbuch Klassische Emotionstheorien. Von Platon bis Wittgenstein*, Berlin/Boston, MA.
Lensing, Leo A. (2004): *Was weiß die Welt über Weiber? Als Gott gläubig wurde: Karl Kraus' Gedichte an Sidonie Nádherný*, in: *FAZ*, 01.11.2004, Nr. 255, 30.

Liebrand, Claudia (2004): ›*Maskencorrespondenz*‹. *Die Briefintrige im* ›*Maler Nolten*‹, in: Braungart, Wolfgang/Simon, Ralf (Hg): *Eduard Mörike. Ästhetik und Geselligkeit*, Tübingen, 31–53.
Meier, Franz (2008): *Die Verschriftlichung des Gefühls im englischen Briefroman des 18. Jahrhunderts*, in: Stauf, Renate/Simonis, Annette/Paulus, Jörg (Hg.): *Der Liebesbrief. Schriftkultur und Medienwechsel vom 18. Jahrhundert bis zur Gegenwart*, Berlin/New York, NY, 273–292.
Meyer-Sickendiek, Burkhard (2005): *Affektpoetik. Eine Kulturgeschichte literarischer Emotionen*, Würzburg.
Paulus, Jörg (2008): »*Simultanliebe*«, in: »*Schäfersekunden*«*. Liebesbriefkultur im Jean-Paul-Kreis*, in: Stauf, Renate/Simonis, Annette/Paulus, Jörg (Hg.): *Der Liebesbrief. Schriftkultur und Medienwechsel vom 18. Jahrhundert bis zur Gegenwart*, Berlin/New York, NY, 35–60.
Perler, Dominik (2011): *Transformationen der Gefühle. Philosophische Emotionstheorien 1270-1670*, Frankfurt a.M.
Pfäfflin, Friedrich (2004): *Nachwort: Janowitz, die* »*Wunderwiege meiner Lyrik*«, in: Karl Kraus: *Wiese im Park. Gedichte an Sidonie Nádherný*, hg. von Friedrich Pfäfflin, Frankfurt a.M./Leipzig, 95–108.
Pfäfflin, Friedrich (2005): *Literaturgeschichte als Detektivgeschichte: die Entdeckung der Veröffentlichung der Briefe von Karl Kraus an Sidonie Nádherný*, in: *Librarium* 48, 102–113.
Platon (1964): *Phaidros*, hg. und übers. von Wolfgang Buchwald, München.
Platon (⁶1969): *Symposion*, hg. und übers. von Franz Boll, München.
Pontzen, Alexandra: *Retuschen am Bild der Geliebten. Zur Neuausgabe von Karl Kraus' Briefen an Sidonie Nádherný*, in: http://www. literaturkritik.de/public/rezension. php?rez_id=9202 [letzter Zugriff 16.03.2015].
Rilke, Rainer Maria/Nádherný von Borutin, Sidonie (2007): *Briefwechsel. 1906-1926*, hg. u. komm. von Joachim W. Storck unter Mitwirkung v. Waltraud u. Friedrich Pfäfflin, Göttingen.
Rothe, Friedrich (2003): *Karl Kraus. Die Biographie*, München.
Schiller, Friedrich (1943): *Musenalmanach für das Jahr 1797. Tabulae Votivae*, in: ders.: *Schillers Werke*, Nationalausgabe, Bd. 1, *Gedichte*, hg. von Julius Petersen u. Friedrich Beißner, Weimar.
Schlich, Jutta (2002): *Literarische Authentizität. Prinzip und Geschichte*, Tübingen.
Schmölzer, Hilde: *Welches Frauenbild hatte Karl Kraus*, in: http://diestandard.at/2000013 256926/Welches-Frauenbild-hatte-Karl-Kraus [letzter Zugriff 17.08.2015].
Schwarz-Friesel, Monika (²2013): *Sprache und Emotion*, Tübingen/Basel.
Stauf, Renate/Simonis, Annette/Paulus, Jörg (Hg.) (2008): *Der Liebesbrief. Schriftkultur und Medienwechsel vom 18. Jahrhundert bis zur Gegenwart*, Berlin/New York, NY.
— (2013): »*[...] rette Dich, setze mich aus ans Ufer*«*. Aporien der romantischen Liebe im Briefwechsel zwischen Karoline von Günderrode und Friedrich Creuzer*, in: dies./Paulus, Jörg (Hg.): *SchreibLust. Der Liebesbrief im 18. und 19. Jahrhundert*, Berlin/Boston, MA, 165–187.
Stieg, Gerald (2004): *Karl Kraus als Landschaftslyriker*, in: Battiston-Zuliani, Régine (Hg.): *Funktion von Natur und Landschaft in der österreichischen Literatur*, Bern/u.a., 83–91.
Stock, Konrad (1995): *Grundlegung der protestantischen Tugendlehre*, Gütersloh, 40–57.

Tholen, Toni (2015): *Männlichkeiten in der Literatur. Konzepte und Praktiken zwischen Wandel und Beharrung*, Bielefeld.
Timms, Edward (1989): *Karl Kraus. Apocalyptic Satirist – Culture and Catastrophe in Habsburg Vienna*, Yale.
Wagnerová, Alena (2003): *Das Leben der Sidonie Nádherný. Eine Biographie*, Hamburg.
Wegmann, Nikolaus (1988): *Diskurse der Empfindsamkeit. Zur Geschichte eines Gefühls in der Literatur des 18. Jahrhunderts*, Stuttgart.
Winko, Simone (2003): *Kodierte Gefühle. Zu einer Poetik der Emotionen in lyrischen und poetologischen Texten um 1900*, Berlin.

Toni Tholen

Essayismus des Gefühls:
Anmerkungen zum *Liebe Schreiben* bei Musil und Kafka

Eine in der Geschlechterforschung weithin geteilte Einschätzung ist, dass der bürgerliche Geschlechterdiskurs seit dem 19. Jahrhundert mit einer dichotomisierenden Konnotierung von Emotionalität mit Weiblichkeit und von Rationalität mit Männlichkeit operiert.[1] Literaturwissenschaftliche Analysen zeigen aber auch an unterschiedlichen Autoren und ihren Texten auf, dass der dominante Diskurs durch die konkreten literarischen Repräsentationen männlicher Figuren und ihrer zuweilen höchst emotionalen Zustände und Handlungsweisen konterkariert wird.[2] Verstärkt werden die Reibungen zwischen Diskurs- und Einzeltextebene, wenn festgestellt wird, dass ganze epochale Abschnitte der Moderne durch Entemotionalisierung geprägt seien. Andreas Reckwitz behauptet in seinen kultursoziologischen Studien zum affektiven Selbst genau dies für große Abschnitte des 20. Jahrhunderts.[3] Um 1920 formiere sich eine Subjektordnung, in der es zu einer generellen Entemotionalisierung des Subjekts komme, die im Unterschied zur Affektkultur des 19. Jahrhunderts zu einer Angleichung des Geschlechtshabitus führe. Männliche wie weibliche Subjekte unterlägen seitdem einer Außenorientierung und Versachlichung. Einmal abgesehen von der grundlegenden Frage, ob man mit derart weitmaschigen Phaseneinteilungen Erkenntnisgewinne in Bezug auf die konkreten kulturellen und ästhetischen Repräsenta-

---

[1] Vgl. dazu und zum Folgenden den Forschungsüberblick in Tholen, Toni (2013): *Perspektiven der Erforschung des Zusammenhangs von literarischen Männlichkeiten und Emotionen*, in: ders./Clare, Jennifer (Hg.): *Literarische Männlichkeiten und Emotionen*, Heidelberg, 9–25.

[2] Vgl. dazu Hindinger, Barbara (2013): *»da bohr' ich mich in Leid und Qual hinein«. Männlichkeit und schmerzliche Emotionen in der Literatur des 18. und 19. Jahrhunderts*, in: Tholen, Toni/Clare, Jennifer (Hg.): *Literarische Männlichkeiten*, 109–140; Willms, Weertje (2013): *Zwischen Überschwang und Repression. Zum Zusammenhang von Männlichkeit und Emotionen im bürgerlichen Trauerspiel und im sozialen Drama*, in: Tholen, Toni/Clare, Jennifer (Hg.): *Literarische Männlickeiten*, 141–175.

[3] Vgl. Reckwitz, Andreas (2010): *Umkämpfte Maskulinität. Zur historischen Kultursoziologie männlicher Subjektformen und ihrer Affektivitäten vom Zeitalter der Empfindsamkeit bis zur Postmoderne*, in: Borutta, Manuel/Verheyen, Nina (Hg.): *Die Präsenz der Gefühle. Männlichkeit und Emotion in der Moderne*, Bielefeld, 57–77, insbesondere 62, 67–70.

tionen, Inszenierungen und Reflexionsmodi von Emotionen einzelner Abschnitte der Moderne erzielt, die über eine vage kultursoziologische Verortung hinaus gingen,[4] könnte das von Reckwitz heuristisch angesetzte Phasenmodell Anlass zu einem genaueren Blick darauf geben, ob Autoren der Moderne in ihrem Schreiben Prozesse der Entemotionalisierung in Gang setzen oder ob sie etwas ganz anderes tun.

Ich möchte im Folgenden zeigen, dass sie etwas ganz anderes, wesentlich Komplizierteres tun. Beziehen werde ich mich dabei auf zwei Autoren, die der *Klassischen Moderne* zugeordnet werden: Robert Musil und Franz Kafka. Gemäß den Dichotomien des bürgerlichen Geschlechterdiskurses gelten ja gerade männliche Autoren bzw. ihre Texte als Garanten der Entemotionalisierung qua Rationalisierung. Die von mir ausgewählten Autoren allerdings geben, so meine These, in ihren Texten zu erkennen, dass weder die einfache Kopplung von Männlichkeit und Rationalität noch die bloße Zuschreibung von Entemotionalisierung zu tragfähigen Erkenntnissen und Aussagen führt. Ich möchte vielmehr aufzeigen, dass die beiden Autoren in ihren Texten, sowohl im Roman (Musil) als auch in Briefen (Kafka), emotionsgebunden schreiben, Emotionen geradezu als Movens und Medium ihres Schreibens benötigen, und zwar nicht, indem sie sie als außerliterarisch bereits vorhandene psychische Zustände ästhetisch (re)artikulieren, sondern indem sie sie in ihrer konstitutiven Beweglichkeit, Flüchtigkeit und Uneindeutigkeit umkreisen, sie schreibend allererst erzeugen und damit sich selbst als Schreibende in Erfahrung bringen, aber dies lediglich im Modus des Ausprobierens und Projizierens, im Modus des stets abbrechenden, aufschiebenden und neu ansetzenden Versuchs. Ich werde diese Art des Schreibens *Essayismus des Gefühls* nennen, nicht zuletzt auch deshalb, weil das Phänomen des Essayismus – das Schreiben als Praxis des Experimentierens – um und nach 1900 in der europäischen Kultur und Literatur eine herausragende Bedeutung erlangt.[5]

Die umrissene These werde ich exemplarisch am Gefühl Liebe entwickeln. Dazu haben mich die Reflexionen eines soziologischen Klassikers verleitet. Georg Simmel, Zeitgenosse der Autoren der Klassischen Moderne, hat im Zusammenhang seiner Studien zur Philosophie und Soziologie der Geschlechter ein *Fragment über die Liebe* hinterlassen, in dessen Anhang sich höchst anregende Bruchstücke und Aphorismen finden. Einer davon lautet: »Die Liebe als Suchen, Versuchen. Wir suchen den anderen in uns, in unserem eigenen Gefühl. Dieses

---

[4] Vgl. zur Kritik an zu großflächigen Thesen zur Emotionalisierung oder Entemotionalisierung in der Moderne Frevert, Ute (2010): *Gefühlvolle Männlichkeiten. Eine historische Skizze*, in: Borutta, Manuel/Verheyen, Nina: *Die Präsenz der Gefühle*, 305–330, hier 317.

[5] Vgl. dazu Müller-Funk, Wolfgang (1995): *Erfahrung und Experiment. Studien zu Theorie und Geschichte des Essayismus*, Berlin, 161–267; Braungart, Wolfgang/ Kauffmann, Kai (Hg.) (2006): *Essayismus um 1900*, Heidelberg.

Suchen heißt Liebe. Wir lieben ihn nicht erst und dann suchen wir ihn.«[6] Liebe ist demnach nicht ein Gefühl, das sich als mentale Entität in Bezug auf einen geliebten Anderen einstellt und als solche zum *Ausdruck* gebracht wird, sondern eine Bewegung der Suche, eines Versuchens, mit anderen Worten: ein Essay. Es kommt Simmel offensichtlich nicht auf das Resultat der Suche bzw. die Verschmelzung zweier Liebender an. Das jedenfalls ist für ihn nicht Liebe. Diese kennzeichnet sich vielmehr durch eine konstitutive Spaltung, die je schon stattgefunden hat: »Diese [Liebe] ist schon Fernstellung, Gegenüber, Vorausgesetztheit des Fürsichseins – und zugleich der Versuch, dies zu überwinden. Das kann nicht gelingen [...].«[7] Liebe ist Spaltung und zugleich das Begehren und die Sehnsucht, sie zu überwinden. Platons im *Symposion* durch Aristophanes vorgetragener Mythos vom Kugelmenschen, der das Phänomen der Liebe erklären soll, wird von Simmel implizit aufgerufen und gleichzeitig revidiert.[8] Denn die im Mythos sich ereignende Wiedervereinigung der beiden getrennten Hälften gelingt nicht. Simmel schreibt der Liebe als Versuch ein Scheitern ein. Ist die Liebe zu Beginn des 20. Jahrhunderts Essay, so ist dem Essayismus nach Simmel das Scheitern eingeschrieben. Dieses steht mit dem, was Simmel »Fernstellung« und »Vorausgesetztheit des Fürsichseins« nennt, in einem unauflösbaren Zusammenhang. Lenken wir von hier aus den Blick auf die Literaten, so stellt sich die Aufgabe, das intrikate Verhältnis von Liebe, Essayismus und Scheitern an den Texten näher zu erörtern.

1   Musils Essayismus des Gefühls (der Liebe)

Ich beginne beim Konzept des Essayismus, wie es Musil in seinem Fragment gebliebenen Roman *Der Mann ohne Eigenschaften* für seinen Protagonisten Ulrich entwirft. Ulrich, auf der Suche nach dem rechten Leben, verpflichtet seine Existenz auf einen Essayismus, d.h. auf eine Lebensform in der Vorläufigkeit, innerhalb derer die Welt und das eigene Leben in kontemplativer Weise ansichtig werden, und zwar so, wie sie und wie das kontemplierende Ich sein *könnten*. Dem Essayismus Ulrichs ist von Beginn an eine utopische Ausrichtung eingeschrieben. Dementsprechend heißt es im Zusammenhang der näheren Bestimmung der Selbstmodellierung des männlichen Protagonisten:

---

[6] Simmel, Georg (1985): *Fragment über die Liebe. Aus dem Nachlaß [1921–22]*, in: ders.: *Schriften zur Philosophie und Soziologie der Geschlechter*, hg. von Heinz-Jürgen Dahme und Klaus Christian Köhnke, Frankfurt a.M., 224–280, hier 272.
[7] Ebd., 273.
[8] Vgl. Platon (1983): *Symposion*, in: ders.: *Sämtliche Werke 2*, hg. von Walter F. Otto, Ernesto Grassi und Gert Plamböck, Hamburg, 189c–191d.

> Utopie bedeutet das Experiment, worin die mögliche Veränderung eines Elements und die Wirkungen beobachtet werden, die sie zu jener zusammengesetzten Erscheinung hervorrufen würde, die wir Leben nennen. Ist nun das beobachtete Element die Exaktheit selbst, hebt man es heraus und läßt es sich entwickeln, betrachtet man es als Denkgewohnheit und Lebenshaltung und läßt es eine beispielgebende Kraft auf alles auswirken, was mit ihm in Berührung kommt, so wird man zu einem Menschen geführt, in dem die paradoxe Verbindung von Genauigkeit und Unbestimmtheit stattfindet. Er besitzt jene unbestechliche gewollte Kaltblütigkeit, die das Temperament der Exaktheit darstellt; über diese Eigenschaft hinaus ist aber alles andere unbestimmt. Die festen Verhältnisse des Inneren, welche durch eine Moral gewährleistet werden, haben für einen Mann wenig Wert, dessen Phantasie auf Veränderungen gerichtet ist; und vollends wenn die Forderung genauester und größter Erfüllung vom intellektuellen Gebiet auf das der Leidenschaften übertragen wird, zeigt sich, wie angedeutet worden, das verwunderliche Ergebnis, daß die Leidenschaften verschwinden und an ihrer Stelle etwas Urfeuerähnliches von Güte zum Vorschein kommt.[9]

Der Essayismus ist also eine – im Übrigen sehr männliche – Lebens- und Denkhaltung, die sich in einem Zwischen von (mathematisch-naturwissenschaftlicher) Exaktheit und Ungenauigkeit bzw. Unbestimmtheit ansiedelt.[10] Und gerade letzteres ist nötig, um die Realität des Inneren, die Welt der Gefühle, nicht aus der (Selbst-)Betrachtung zu exkludieren. Der berühmte Musil'sche »Möglichkeitssinn«[11] verankert sich in der Überzeugung des Mannes ohne Eigenschaften, dass die Welt nicht so fest ist, wie sie erscheint, und dass dies vor allem mit der Realität und der Zuwendung zu einer inneren Welt der Gefühle zu tun hat, die Ulrich freilich mit den Mitteln exakter Wissenschaft zu erkunden antritt.

Ein solcher Essayismus der Gefühle verbindet sich von Beginn an mit einer Suchbewegung, die eng mit dem Projekt der Selbsterfahrung des Protagonisten verbunden ist. Schon die Überschrift des für das Konzept des Essayismus zentra-

---

[9] Musil, Robert (1978): *Der Mann ohne Eigenschaften. Roman*, hg. von Adolf Frisé, Reinbek bei Hamburg, 247.

[10] Auf die männliche, ja phallische Dimension des Essayismus von Ulrich/Musil macht Wolfgang Müller-Funk nicht zu Unrecht aufmerksam. Vgl. Müller-Funk, *Erfahrung und Experiment*, 184. Es ist allerdings zu bezweifeln, dass er in allen Phasen und Variationen einer solchen phallisch-kaltblütigen Logik unterliegt, wie Müller-Funk es unterstellt. Vgl. zu den Männlichkeitskonzepten in Musils Roman nun ausführlich Boss, Ulrich (2013): *Männlichkeit als Eigenschaft. Geschlechterkonstellationen in Robert Musils Roman ›Der Mann ohne Eigenschaften‹*, Berlin. Interessant in diesem Zusammenhang ist allerdings auch, dass der Essay traditionell mit großer Selbstverständlichkeit als männliches Genre betrachtet wird. Vgl. dazu Hof, Renate (2008): *Engendering Authority. Das wiedererwachte Interesse am Essay*, in: dies./Rohr, Susanne (Hg.): *Inszenierte Erfahrung. Gender und Genre in Tagebuch, Autobiographie, Essay*, Tübingen, 209–229, hier 214.

[11] Musil, *Der Mann ohne Eigenschaften*, 16.

len Kapitels 62 macht das klar: *Auch die Erde, namentlich Ulrich, huldigt der Utopie des Essayismus.* Das Projekt zielt also direkt auf Ulrich selbst, auf seine Suche, und diese wird in dem Satz auf den Punkt gebracht: »Er [Ulrich] sucht sich anders zu verstehen; mit einer Neigung zu allem, was ihn innerlich mehrt [...].«[12] Die essayistische Suche nach dem Anderen in sich selbst mündet in der Fantasie des *anderen Zustands*. Bekanntlich wird dieser als ein fluidales Reich der Liebe und eine allozentrische Öffnung zur Welt konzipiert,[13] das im weiteren Verlauf des Romans durch das Zusammentreffen und -leben der beiden Geschwister Ulrich und Agathe konturiert, keineswegs aber gänzlich ausbuchstabiert wird. Die *Heilige[n] Gespräche*, die die beiden Geschwister, angeregt durch die Lektüre der Mystiker, über den anderen Zustand führen, haben nicht die Funktion, Ulrich als Liebenden darzustellen. Deshalb gehen auch Spekulationen über die mögliche Fortspinnung des intimen Verhältnisses zwischen den Geschwistern an der Sache vorbei. Der Roman geht nicht in der Psychologisierung seiner Protagonisten auf, sondern er bleibt seiner Selbstetikettierung als Experiment treu. Er ist schließlich Fragment geblieben, weil das Experiment nicht auf ein Ergebnis hin angelegt war, es nicht sein konnte. Was das für das Material von Ulrichs exakt-unexaktem Essayismus bedeutet, wäre noch zu klären.

Festzuhalten bleibt an dieser Stelle, dass Ulrich bei seinem Versuch, sich anders zu verstehen, im Verlauf der Gespräche und anderer Intimitäten mit Agathe nicht seine Liebe bzw. Liebesfähigkeit entdeckt, sondern Liebe als Gefühl, vielleicht als das wichtigste Gefühl überhaupt, experimentell umkreist, gemäß der essayistischen »Methodenlehre des Lebens«[14], welche einen Gegenstand bzw. ein Ding »in der Folge seiner Abschnitte [...] von vielen Seiten nimmt, ohne es ganz zu erfassen«[15].

Ganz wie bei Simmel ist bei Musil die Liebe das Gefühl, um das es vor allem in den späteren Passagen des Romans wesentlich geht.[16] Agathe ist dafür entscheidend, weil für Ulrich, ganz im Sinne der Simmel'schen Reflexion, dass wir den anderen in uns selbst, in unserem eigenen Gefühl suchen, die Schwester die Verkörperung des anderen in ihm selbst ist. Und darum weiß er auch selbst. Schon als er Agathe zum ersten Mal nach langer Zeit wiedersieht, ist ihm zumute, als trete er selbst zur Tür hinein. In einem der vielen, sich anschließenden

---

[12] Ebd., 250.
[13] »Allozentrisch sein heißt, überhaupt keinen Mittelpunkt mehr haben. Restlos an der Welt teilnehmen und nichts für sich zurücklegen.« (Ebd., 1407).
[14] Ebd., 784.
[15] Ebd., 250.
[16] Aus diesem Grund ist es auch nur folgerichtig, dass Matthias Luserke-Jaqui Musils *Mann ohne Eigenschaften* in seiner *Kleinen Literaturgeschichte der großen Liebe* ein eigenes Kapitel widmet. Vgl. Luserke-Jaqui, Matthias (2011): *Kleine Literaturgeschichte der großen Liebe*, Darmstadt, 133–142.

Gespräche sagt er ihr, dass sie seine »Eigenliebe«[17] sei. Und auch wenn solche Formulierungen in Richtung eines psychologischen Selbstexperiments, einer psychologischen Tiefenbohrung am eigenen Ich hin gedeutet werden können, ist damit nicht das gesamte Projekt des Musil'schen Essayismus des Gefühls beleuchtet. Das Experiment, auch wenn es um die (Selbst-)Liebe geht, bleibt ›kaltblütig‹, und das heißt erkenntnisorientiert. Und diese Orientierung verlangt nach der Einhaltung einer exakten Methodik, so vorläufig, umkreisend und ergebnisoffen sie auch sein mag.

Vollends deutlich wird der Rationalismus des Zugangs zur irrationalen inneren Welt der Gefühle in Ulrichs Tagebüchern. Agathe findet sie in einer Lade von Ulrichs Arbeitstisch und kann sich nicht zurückhalten, in ihnen zu lesen. Der erste Satz der Aufzeichnungen ist eine Frage: »Ist Liebe ein Gefühl?«[18] Ulrich geht in seinem Tagebuch in aller wissenschaftlichen Akribie vor, um diese Frage auseinanderzulegen. Dabei fällt zunächst auf, dass die Liebe eher einen allgemeinen »Zustand in der Welt«[19] ausdrückt als eine bestimmte an einem Individuum feststellbare Gefühlsdisposition. Interessant ist nicht nur, dass Ulrich den vollkommen selbstverständlich erscheinenden Sachverhalt, dass die Liebe ein Gefühl ist, und zwar ein starkes, bezweifelt, sondern auch, dass er im Folgenden versucht, Gründe dafür zu erarbeiten. Dies geschieht in der Weise, dass er Definitionen ausprobiert, dergestalt etwa, dass Liebe kein Gefühl, sondern eine »Ekstase«[20] sei. Das Verfahren in seinem Tagebuch gleicht einer wissenschaftlich operierenden Einkreisung des Phänomens.

Gleiches gilt auch für die ausführlichere Analyse des Gefühls. Nach der Beschäftigung mit der Geschichte der Gefühlspsychologie reflektiert Ulrich über die »Unsicherheit des Gefühls«[21]. Dabei kommt er zu dem Resultat: »Gefühle kommen nie rein, sondern stets bloß in annähernder Verwirklichung zustande. Und nochmals mit anderen Worten: Der Vorgang der Ausgestaltung und Verfestigung kommt niemals zu Ende.«[22] Diese Überzeugung wird dergestalt noch weiter erläutert, dass das Fühlen vom Gefühl unterschieden wird. Das Fühlen versteht Ulrich als »Anlage zu einem Gefühl«,[23] das sich aber nicht zu erfüllen brauche, es könne nämlich auch »als Ansatz zu einem anderen Gefühl«[24] dienen. Besser als hier lässt sich nicht zeigen, dass der Gegenstand der essayistischen Betrachtung diesem selbst angeglichen wird. Mit anderen Worten: Gegenstand

---

[17] Musil, *Der Mann ohne Eigenschaften*, 899.
[18] Ebd., 1123.
[19] Ebd., 1124.
[20] Ebd., 1130.
[21] Ebd., 1163.
[22] Ebd., 1169.
[23] Ebd., 1171.
[24] Ebd., 1171.

und Verfahren verschmelzen ineinander in der Formel: Es könnte auch anders sein!

Fragen wir von hier aus, welchen Grund es haben könnte, dass Ulrich die Liebe nicht als Gefühl bezeichnen möchte, so ließe sich spekulieren, dass die Liebe unter der Voraussetzung der konstitutiven *différance*,[25] die dem Gefühl im Akt des Fühlens eingeschrieben ist und somit seine »Unsicherheit«[26] begründet, sich gar nicht als Zustand einzustellen vermag. Auf der anderen Seite aber führt der Weg zur Behauptung eines anderen Zustands (in) der Liebe – und das ist das utopische Moment in Ulrichs Essayismus – wiederum nur über das Gefühl. Die hier erkennbare Aporie versucht Ulrich mit einer Konstruktion zu lösen: mit der Figur der Liebe »ohne Arme und Beine«, in der Liebe und Gefühl zusammenfallen:

> Wollten wir aber, wozu wir neigen, die zwischen allen Lieben bestehende Ähnlichkeit für ihre Ähnlichkeit mit einer Art von ›Urliebe‹ ansehen, die gleichsam ohne Arme und Beine in ihrer aller Mitte säße, so wäre es anscheinend der gleiche Fehler wie der Glaube an eine ›Urgabel‹. Und doch kennen wir das lebendige Zeugnis dafür, daß es solches Gefühl wirklich gibt. [...] Es ist ein anderes als das der wirklichen Welt. Ein Gefühl [...] ohne Begehren, [...] ein Gefühl, zu dem kein bestimmtes Verhalten und Handeln gehört, jedenfalls kein ganz wirkliches Verhalten: so wahrhaftig dieses Gefühl nicht von Armen und Beinen bedient wird, so wahrhaftig ist es uns immer wieder entgegengetreten und ist uns lebendiger als das Leben erschienen![27]

Mit anderen Worten: Die Bedingung dafür, dass Liebe als Gefühl wahrnehmbar wird, und zwar anders als in der wirklichen Welt, nämlich in Gestalt des *anderen Zustands*, ist, dass sie »ohne Arme und Beine« ist. Was metaphorisch klingt, ist buchstäblich gemeint und bedeutet: Liebe ist etwas, das sich nicht zwischen konkreten Individuen mit Armen und Beinen einstellt, sondern ein metaphysisches Konstrukt, oder soll man sagen: Phantasma? Liebe als das Andere in uns selbst, in unseren Gefühlen. So hatte es Simmel formuliert. Und so wird es auch in Ulrichs Tagebüchern simuliert. Das Andere in ihm projiziert sich als Teilhabe an der ›Urliebe‹, und diese ist apersonal. Damit aber bleibt Ulrich allein, für sich, als *Mann*, denn der Essayismus ist eine Lebens- und Denkform von Männern, insofern er eine Form des ›[D]azwischen‹ ist: »Ein Mann, der die Wahrheit will, wird Gelehrter; ein Mann, der seine Subjektivität spielen lassen will, wird viel-

---

[25] Ich beziehe mich auf Derridas Verwendung des Terminus als Bezeichnung für einen irreduziblen Aufschub, der jeder Präsenz eingeschrieben ist. Vgl. Derrida, Jacques (2004): *Die différance. Ausgewählte Texte*, hg. von Peter Engelmann, Stuttgart, 110–149.
[26] Musil, *Der Mann ohne Eigenschaften*, 1163.
[27] Musil, *Der Mann ohne Eigenschaften*, 1174.

leicht Schriftsteller; was aber soll ein Mann tun, der etwas will, das ›dazwischen‹ liegt?«[28]

Der männliche Essayismus, den Musil im *Mann ohne Eigenschaften* vorführt, ist einer, dem das von Simmel bescheinigte Scheitern in Sachen Liebe eingeschrieben ist. Agathe werden die Aufzeichnungen, die sie in Ulrichs Tagebüchern gelesen hat, nicht gefallen haben. Denn sie hätte dort auch lesen können: Die Liebe »ist schon Fernstellung, Gegenüber, Vorausgesetztheit des Fürsichseins – und zugleich der Versuch, dies zu überwinden. Das kann nicht gelingen [...].«[29] Wenn sie in der gestaltlosen Gestalt, »ohne Arme und Beine«, Fernstellung ist, nämlich als das metaphysische Konstrukt des autarken, für sich seienden Denkers Ulrich, der trotz der schweren Lebenskrise, die er sich selbst attestiert, mit einem »Rest von Unerschütterlichkeit«[30] zäh an sich selbst festhält, dann kann sie in der Tat nicht gelingen. Die wirkliche Öffnung zur Anderen, zum Anderen hin muss scheitern. Im skeptischen Blick der Figur der Schwester reflektiert der Roman und mit ihm sein Autor diesen Tatbestand. Was Musil in unübertroffener Weise literarisch darstellt, ist die Figuration von Liebe als Versuch und damit als ästhetisch-literarisches Gefühlsexperiment. In diesem Experiment ist die Wirklichkeit der Liebe immer als Möglichkeit kopräsent, aber eben als *mögliche* Wirklichkeit, die dem Schreibenden genau in dieser Modalität notwendig ist.

2   Kafka probiert die Liebe aus

»Liebste, mein Gott, wie lieb ich Dich!«[31] So gesteht Kafka Felice Bauer am 23. November 1912 seine Liebe. Der ganze lange Briefwechsel, der zwischen 1912 und 1917 stattfindet, kann als ein einziges großes Experimentieren mit dem Gefühl der Liebe betrachtet werden. Es handelt sich aus der Perspektive des schreibenden Kafka freilich um ein sehr ernstes Experiment, geht es doch um nicht weniger als um die Existenz des Mannes Kafka als solche. Seine Liebe und die erste literarische Veröffentlichung fallen in ein und dasselbe Jahr. Und der Briefschreiber macht seiner Geliebten ziemlich schnell klar, dass die Liebe mit all ihren denkbaren Konsequenzen (Ehe, Familie, gemeinsamer Haushalt) sein Schreiben zutiefst gefährdet. Es wäre jedoch zu vorschnell geurteilt, Kafka nicht ein wirkliches Ringen um die Liebe zu Felice und damit um das Ausleben der Liebe selbst zuzusprechen. Zu kurz greifen Deutungen, die behaupten, dass Kafka Felice benutzt habe, um sich seiner Schreibexistenz zu versichern, wenn

---

[28] Ebd., 254.
[29] Simmel, *Fragment über die Liebe*, 273.
[30] Musil, *Der Mann ohne Eigenschaften*, 257.
[31] Kafka, Franz (^{11}2009): *Briefe an Felice und andere Korrespondenz aus der Verlobungszeit*, hg. von Erich Heller und Jürgen Born, Frankfurt a.M., 116.

es bei Edgar Forster etwa heißt, Felice stütze als phantasmatische Figur Kafkas (Schreib-) Identität.[32] Forster kryptiert die Existenz Kafkas insgesamt und stuft sein Schreiben als eine Art Trauerprozess ein, der aus dem stets imaginierten Verlust der geliebten Person qua Selbstopferung entspringt. Er zieht dazu die berühmte Briefstelle heran, in der Kafka Felice von seiner Vorstellung berichtet, seine beste Lebensweise sei die, wie ein lebender Toter »mit Schreibzeug und einer Lampe im innersten Raume eines ausgedehnten, abgesperrten Kellers zu sein«[33] und mit niemandem auch nur im Entferntesten in Kontakt zu kommen. Dazu Forster:

> Auch hier taucht wieder die Beschwörung des Kryptischen auf, das nicht nur ihr [Felice], sondern letztlich auch ihm unzugänglich bleibt, dessen Faszinationskraft ihn aber anzieht und das er brillant anruft. Ihre Nähe tötet ihn, denn sie hemmt sein Schreiben. Der kränkelnde, magere Leib zeugt vom Leben: vom Schreibleben. Dieser Leib ist ein Schutzschild gegen Felice B., gegen seinen Vater, gegen jede Anstrengung, das heißt gegen jede Tätigkeit, die das Schreiben verhindert. Aber der Preis, den das Schreiben verlangt, nämlich die Abtötung dessen, was man schreibt, braucht ein Opfer. Indem Franz K. sich selbst opfert, schützt er sich, als Schreibender, vor Felice B., die als phantasmatische Figur seine Identität stützt.[34]

Eine solche Sicht auf Kafkas (Schreib-)Identität verstellt allerdings die Adressierungsdynamik, die die Briefe aufweisen und in der ein einzigartiger – keinesfalls nur phantasmatischer – Essayismus erkennbar wird, nämlich der, die Liebe zu (ver)suchen und sie zugleich als Versuch zu realisieren.

Reiner Stach weist in seiner Kafka-Biografie zu Recht darauf hin, dass Briefe *Ausdruck* einer Beziehung sind und diese darüber hinaus auch *erzeugen* und formen.[35] Im Falle Kafkas, so Stach weiter, ist es vor allem Nähe, die brieflich erzeugt wird und nach der Kafka sich in den Briefen immer wieder sehnt. Im Brief zum Jahreswechsel 1912–13 etwa ist zu lesen: »Aber die schönste 13 soll mich nicht hindern, Dich, meine Liebste, näher, näher, näher zur mir [zu] ziehn.«[36] Das Bedürfnis nach ganz konkreter Nähe wird im Schreibfluss gerade-

---

[32] Vgl. Forster, Edgar (1998): *Unmännliche Männlichkeit. Melancholie – ›Geschlecht‹ – Verausgabung*, Wien/Köln/Weimar, 133.
[33] Kafka, *Briefe an Felice*, 250.
[34] Forster, *Unmännliche Männlichkeit*, 133.
[35] Vgl. Stach, Reiner (³2014): *Kafka. Die Jahre der Entscheidungen*, Frankfurt a.M., 164. Stach wehrt im Übrigen zu Recht Positionen ab, die Kafka unterstellen, er habe gegen Felice, gerade im Anfangsstadium ihrer Beziehung, manipulative Techniken angewandt, die etwa denen des Kierkegaard'schen Verführers vergleichbar seien. Demgegenüber betont er die Ernsthaftigkeit seiner rückhaltlosen Zuwendung und Offenheit. Vgl. ebd., 158.
[36] Kafka, *Briefe an Felice*, 224.

zu erzeugt, die Angst davor stellt sich freilich auch ein: »Ich erschrecke, Liebste, wie ich mich an Dich hänge [...] Ich fürchte, wenn ich bei Dir wäre, ich ließe Dich niemals allein – und doch ist wieder mein Verlangen nach Alleinsein ein fortwährendes [...]«.[37] Genau in dieser Ambivalenz von Nähe- und Distanzwunsch richten sich die *Briefe an Felice* auf als ein einziger großer, fließender und zuweilen monströser Liebesessayismus, der nicht nur phantasmatisch aus einem Kellerloch heraus von einem lebenden Toten geführt wird, sondern ein sehr vitaler Akt der Formung einer Gefühlstextur ist.

Ich möchte diese Gefühlstextur im Folgenden unter vier Aspekten beschreiben und dabei ihre Friktionalität aufzeigen. Die vier Gefühlskomplexe, die die Liebesbeziehung (de)konstituieren, sind zum Ersten Geständnisse/Anrufungen, zum Zweiten ethopoietische Praktiken der Beziehungsstiftung, zum Dritten Zukunftsprojektionen in Bezug auf die Ehe und zum Vierten Quälereien. Mit diesen Aspekten wird kein Anspruch auf Vollständigkeit erhoben. Mit Sicherheit wären sie bei noch ausführlicherer Lektüre der Briefe leicht zu ergänzen.

1. Geständnisse/Anrufungen: Es gibt in den *Briefen an Felice* genügend Liebesgeständnisse Kafkas, Anrufungen und eine Weise des jubilatorischen epistolarischen Schreibens, das zunächst einmal als solches zu würdigen ist, ohne dabei schon auf die Kehrseite des Gefühlsüberschwangs und der emphatischen Zuwendung hinzuweisen. Am 9. Juli 1913 schreibt Kafka:

> Liebste Felice, wenn Du mir nicht schreiben kannst, schreib mir nicht, aber laß mich Dir schreiben und Tag für Tag wiederholen, was Du ebenso gut weißt, daß ich Dich liebe, soweit ich Kraft zur Liebe überhaupt habe, und daß ich Dir dienen will und muß, solange ich am Leben bin.[38]

Tag für Tag schreibend seine Liebe wiederholen zu wollen, ist ein starker Ausdruck dafür, dass der Schreibende liebt.[39] Und er wird in seiner Intensität noch durch das Versprechen lebenslanger Zuwendung und Hingabe gesteigert. Das Liebesgeständnis steht in engem Zusammenhang mit dem schon erwähnten Bedürfnis nach Nähe, das durch die räumliche Abwesenheit der Geliebten entsteht:

---

[37] Ebd., 145.
[38] Ebd., 425.
[39] Dass es nur begrenzt Sinn macht, in den *Briefen an Felice* ein ›Brief-Ich‹ vom ›Schreiber‹ zu unterscheiden, wie Bernhard Siegert es im Anschluss an Kittler vorgeschlagen hat, zeigt überzeugend Friederike Fellner. Sie macht darauf aufmerksam, dass der ›offene Pakt‹ der Zweiteilung in das sich nach realer Nähe sehnende Brief-Ich und in den Schreiber von Literatur »ins Wanken gerät«, vor allem auch deshalb, weil »die Macht über die Schrift [...] außer Kontrolle« gerät: »Das Leben durchkreuzt das Schreiben.« Fellner, Friederike (2008): *(Nicht-)Eingehängtsein – Franz Kafkas Zeichnung seiner Verbindung zu Felice Bauer*, in: Stauf, Renate/Simonis, Annette/Paulus, Jörg (Hg.): *Der Liebesbrief. Schriftkultur und Medienwechsel vom 18. Jahrhundert bis zur Gegenwart*, Berlin/New York, NY, 353–378, hier 359 u. 361.

»Woher kommt nur wieder diese Unruhe um Dich, dieses Gefühl nutzlosesten Aufenthaltes in Zimmern, in denen Du nicht bist, diese Bedürftigkeit nach Dir ohne Grenzen!«[40] Das Bedürfnis nach Nähe und das Zusammengehörigkeitsgefühl, welches im zweimaligen täglichen Schreiben erzeugt wird,[41] steigern sich zu Anrufungen der Geliebten, die sich geradezu aus dem Nur-Verbalen heraus zur körperlichen Geste formieren: »Laß mich Dir, Liebste, mit Küssen lieber statt mit Worten sagen, wie ich Dich liebe.«[42] Einen Höhepunkt erreichen die Liebesexaltationen im Bild des Tanzens:

> Liebste, meine Liebste, aus Liebe wollte ich, nur aus Liebe, mit Dir tanzen, denn ich fühle jetzt daß das Tanzen, dieses Sichumarmen und Sichdabeidrehn, untrennbar zur Liebe gehört und ihr wahrer und verrückter Ausdruck ist. Ach Gott, viel habe ich geschrieben in diesem Brief, aber mein Kopf ist ebenso voll von Liebe, wie von Mitteilbarem.[43]

In diesen stilistisch höchst kunstvollen Sätzen werden die Liebesinvokationen – als Anrufungen der geliebten Frau und der Liebe selbst – mit dem (tanzenden) Körper und Geist (»Kopf«) des Schreibenden in einer Einheit des Fühlens und des Verzücktseins aufgehoben. Lassen wir es dahin gestellt, wie man solche und ähnliche Passagen bewerten bzw. einordnen will: ob etwa als Obsession oder als artistische Verbalerotik. Wichtiger ist zu sehen, wie solche Passagen mit anderen zum Gefühlskomplex Liebe verflochten werden, denn nur so wird das ganze Kraftfeld von Annäherung und Distanzierung als ein höchst ambivalenter *Schreibraum der Ent-Fernung* sichtbar.[44]

2. Ethopoietische Praktiken: Was die *Briefe an Felice* nicht sehr offensichtlich zeigen, was aber in ihnen ständig anklingt, ist die Dimension des Sorgens und der Sorge. Das epistolarische Liebe-Schreiben Kafkas kann von daher auch als ethopoietische Praxis im Sinne Foucaults verstanden werden: als Sorge für sich und für den anderen bzw. hier auch für die andere.[45] Stach weist zu Recht darauf hin, dass Kafka das Tagebuch- und Briefschreiben u.a. als Mittel zur »Selbstformung«, als »reflektierte meditative Techniken« eingesetzt habe, in der Hoffnung, seine eigene Labilität, seine eigene Gefährdung zu überwinden.[46] In

---

[40] Kafka, *Briefe an Felice*, 168.
[41] Vgl. ebd., 194.
[42] Ebd., 202.
[43] Ebd., 203–204.
[44] Fellner spricht vom »konstituierende[n] Paradoxon der Gleichzeitigkeit von Nähe und Distanz.« Vgl. Fellner, *(Nicht-)Eingehängtsein*, 356. Der von mir verwendete Begriff der Ent-Fernung legt den Akzent stärker noch auf die Schreib-*Bewegung*.
[45] Vgl. für den Zusammenhang von Ethopoietik und Schreiben insbesondere Foucault, Michel (2007): *Über sich selbst schreiben*, in: ders.: *Ästhetik der Existenz. Schriften zur Lebenskunst*, hg. von Daniel Defert und François Ewald, Frankfurt a.M., 137–154.
[46] Stach, *Kafka*, 165.

der Tat lassen sich dafür Indizien in den Briefen selbst finden. Allerdings erschöpft sich die ethopoietische Praxis nicht in der Selbstformung, sondern sie fungiert auch als Mittel der Beziehungsstiftung. Mit anderen Worten: Es geht nicht nur um das labile Subjekt Kafka, sondern vielmehr um eine Sorgebeziehung, an der auch Felice beteiligt ist. Spricht Kafka in einem Brief vom 18./19. November 1913 von der Notwendigkeit einer »Sorge um sich selbst« angesichts der Ungewissheit, wie es »um einen steht«, wenn aus seinem stürmischen und »sumpfige[n] Innere[n]« Worte hervortreiben, die für ihn selbst »verhüllt« sind und deren Wirkung nicht abschätzbar ist, so richtet sich die Selbstsorge im Brief immer schon an die Adressatin.[47] Sie formt sich geradezu in der brieflichen Kommunikation. Um der in dem Brief fraglichen »Unendlichkeit des Gefühls«,[48] ihren Gründen und Abgründen nachzuspüren, bedarf es auch der Sorge Felices für Kafka, die dieser in ihren (leider nicht erhaltenen) Briefen findet. Wie viel sie ihm bedeutet haben müssen, wird an manchen seiner Kommentare gut deutlich, so wenn er etwa davon spricht, dass sie ihm eine »Hilfe zum Leben« sind: »Dann sind mir auch Deine Briefe jetzt, seitdem wir einander ruhig liebhaben unbedingt eine Hilfe zum Leben; jemand und nicht nur jemand sondern die Liebste sorgt für mich [...].«[49] Umgekehrt macht Kafka deutlich, dass Liebe für ihn bedeutet, Sorge nicht nur als Hilfe zur Selbstformung anzunehmen, sondern auch für die geliebte Andere zu sorgen: »[...] für jemanden sorgen zu können, ist mein geheimer, ewiger, vielleicht von niemandem in meiner Umgebung erkannter oder geglaubter Wunsch«.[50] Kafkas Umgang mit der Sorge bleibt in den Briefen aber ambivalent, ja widersprüchlich,[51] denn es gibt auch Briefpassagen, in denen der gesamte Praxiskomplex des Sorgens auf der Seite des bürgerlichen Lebens angesiedelt wird, des Lebens, das im Hinblick auf das Schreibenkönnen für ihn eine permanente Gefahr bildet und das er deshalb ablehnt:

> Die Sorgen um Dich und mich sind Lebenssorgen und gehören mit in den Bereich des Lebens und würden deshalb gerade mit der Arbeit im Bureau sich schließlich vertragen können, aber Schreiben und Bureau schließen einander aus, denn Schreiben hat das Schwergewicht in der Tiefe, während das Bureau oben im Leben ist.[52]

Kafka geht es hierbei nicht nur um die Ablehnung der Verantwortung für die materielle Versorgung einer Familie, sondern es geht ihm um die Form der Existenz

---

[47] Kafka, *Briefe an Felice*, 306.
[48] Ebd., 206.
[49] Ebd., 153.
[50] Ebd., 290.
[51] Fellner weist auch auf die Ambivalenz hin, betont allerdings zuvor im Anschluss an Stach ebenfalls die für einen Mann der damaligen Zeit ungewöhnliche Hingabebereitschaft. Vgl. Fellner, *(Nicht-)Eingehängtsein*, 370.
[52] Kafka, *Briefe an Felice*, 412–413.

schlechthin. Und dazu gehört vor allem der Kampf für das Leben in absoluter räumlich-intellektueller Abgeschiedenheit. Und das ist der Punkt, an dem die Gefühlstextur ihre ganze Friktionalität erweist. Die Reibungen und Risse zeigen sich in einer spezifischen Weise des Projizierens und des Quälens. Sie sind gleichwohl essentielle Bestandteile von Kafkas epistolarischem Liebe-Schreiben.

3. Zukunftsprojektionen: Die Briefe an Felice sind Versuche, die Abwesenheit beider Briefpartner in Anwesenheit zu verwandeln. Sie sind, wie schon ausgeführt, in einem permanenten Begehren nach Nähe geschrieben, und diese wird durch das ununterbrochene Korrespondieren immer wieder von neuem hergestellt. Die Nähe wird aber nicht nur momentan durchs Lesen, Schreiben und Fantasieren erzeugt, sondern auch durch die Projektion einer gemeinsamen Zukunft in der Lebensform der Ehe. Darin allerdings schlägt sie um in die Negativität. Dieses Umschlagen betreibt Kafka ziemlich planvoll. Er geht dabei einen Umweg über die Literatur. Im Brief vom 24. November 1912 schreibt Kafka für Felice ein Gedicht des chinesischen Dichters Jan-Tsen-Tsai (1716–97) ab:

> In tiefer Nacht
> In der kalten Nacht habe ich über meinem
> Buch die Stunde des Zubettgehens vergessen.
> Die Parfüms meiner goldgestickten Bettdecke
> sind schon verflogen, der Kamin brennt nicht mehr.
> Meine schöne Freundin, die mit Mühe bis dahin
> ihren Zorn beherrschte, reißt mir die Lampe weg
> Und fragt mich: Weißt Du, wie spät es ist?[53]

Es geht in dem Gedicht und auch in Kafkas Brief um das Zusammenleben zwischen Mann und Frau im Hinblick auf die Verteilung von (intellektueller) Arbeit und gemeinsamem Leben. Kafka deutet über das Gedicht, vermittelt in dem Brief vom November 1912, an, dass er in einer Beziehung mit Felice die Nachtzeit für seine Arbeit beanspruchen wolle, sie gehöre den Männern, sie sei Kafkas »kleine Möglichkeit des Stolzes«.[54] Kafka nimmt in den folgenden Briefen die Figuren des Gedichts und ihre möglichen Rollen im Alltag einer Partnerschaft wiederholt auf und spielt an ihnen mögliche Varianten der Beziehungsgestaltung durch. Er nutzt den Deutungsspielraum des Gedichts, um Felice mögliche Zukunftsszenarien aufzuzeigen. Dabei verstrickt er sie in ein abgründiges Spiel der Attribuierung von Macht und Ohnmacht der Geliebten gegenüber dem arbeitenden Mann. Heißt es an einer Stelle, die chinesische Frau habe letztendlich die Macht, dem Gelehrten die Lampe wegzunehmen, was erstens seiner Gesundheit, zweitens aber auch der Liebe nützlich sei, so wird an anderer Stelle deutlich, dass das Recht über die Lampe in einen ›Kampf‹ um sie zwischen Mann und

---

[53] Zitiert in Kafka, *Briefe an Felice*, 119.
[54] Ebd., 118.

Frau münden werde. Während die chinesische Frau in der Rolle einer Freundin nicht allzu sehr unter dem Kampf um die Lampe leide, sei er für sie in der Rolle der Ehefrau ein Kampf um ihr ganzes Dasein:[55] »Eine Ehefrau dagegen hätte immer recht, es wäre ja nicht ein Sieg, sondern ihr Dasein, das sie verlangte, und das der Mann über seinen Büchern ihr nicht geben kann [...].«[56] Kafka nimmt – hier unverkennbar in der Tradition des Kierkegaard'schen Verführers – eine eigene Projektion eines möglichen Ehelebens vor und verpflanzt sie auf dem Weg der brieflichen Adressierung in die Vorstellungswelt der geliebten Frau. Dabei reproduziert er zugleich die traditionelle Differenz zwischen Mann und Frau: Während das ›Dasein‹ der Frau ganz im Sein-für-andere aufgeht, hier vorgestellt im Eheleben, ist der Mann immer (auch) Sein-für-sich, und zwar in der Arbeit. Die Suggestion Kafkas geht noch einen Schritt weiter, insofern sie Felice eine mögliche Ehe ausreden will, da sie darin nur unglücklich werden könne. Kafka zieht sich am Ende des Briefes aber wieder darauf zurück, dass er ja nur ein Gedicht ausgelegt habe, ein »schreckliches Gedicht«, welches gleichwohl »alle Möglichkeiten«,[57] die im Herzen seien, versammle. Und er endet mit der Frage: »Was meinst Du, Liebste?«[58] Das Liebesgefühl wandert hier in einen Projektionsraum hinein, der zugleich ein Möglichkeitsraum ist, die Liebe durchzuspielen. Dabei werden die sich in der Zukunftsprojektion andeutenden emotionalen Friktionen noch mediatisiert durch den Umweg über das chinesische Gedicht und seine Deutung. In anderen Briefen schlagen sie aber massiv und direkt durch.

4. Quälereien: Die *Briefe an Felice* muten nicht selten monströs an, weil sie Liebe auch als ein Quälen vorführen. Kafka quält Felice zum einen über die fortgesetzte Projektionstätigkeit, zum anderen durch die zahlreichen *double binds*. Im Brief vom 2. Dezember 1912 nimmt die Projektion den Weg über die Insinuierung von Gedanken, die über eine Felice in den Mund gelegte, also fiktive wörtliche Rede in die Kommunikation[59] eingespielt werden:

> Wie weit ist von jenem Abend zu der Frage Deines Besuchers nach Deiner unglücklichen Liebe! Und da Erröten ein Bejahen ist, so bedeutete das Erröten in diesem Fall, selbst wenn Du es nicht wissen solltest, folgendes: ›*Ja, er liebt mich, aber es ist ein großes Unglück für mich. Denn er glaubt, weil er mich liebt, dürfe er mich plagen und dieses eingebildete Recht nützt er bis zum Äußersten aus. Fast*

---

[55] Vgl. zu den von Kafka durchgespielten Rollen der Liebenden, vor allem auch im Zusammenhang des chinesischen Gedichts, Fellner, *(Nicht-) Eingehängtsein*, 363–365.
[56] Kafka, *Briefe an Felice*, 262.
[57] Ebd., 263.
[58] Ebd.
[59] Es ist eine doppelte Kommunikation, denn zum einen bezieht sich Kafka auf einen tatsächlichen Besuch von Max Brod, der Felice Mitte November 1912 in Berlin aufgesucht hatte (vgl. Kafka, *Briefe an Felice*, 149, Anm. 2), zum anderen kommuniziert Kafka mit Felice vermittelt über den Bezug auf Brods Besuch bei Felice.

> *jeden Tag kommt ein Brief, in dem ich bis aufs Blut gequält werde [...]*‹ [Herv. T.T.].[60]

Es bleibt allerdings nicht nur bei der Insinuierungsstrategie, sondern wie um die Qual noch zu steigern, beendet Kafka den Brief mit einer direkten Adressierung der Geliebten: »Liebste Rednerin! Mein Leben ließe ich für Dich, aber das Quälen kann ich nicht lassen.«[61]

Was sich in diesem Satz schon ausdrückt, das ständige *double bind*, kommt an einer anderen Stelle noch deutlicher und mit aller Wucht zum Ausdruck. Der Brief vom 17. auf den 18. März 1913 setzt mit folgenden Zeilen ein:

> Du hast recht, Felice, ich zwinge mich in der letzten Zeit öfters, Dir zu schreiben, aber mein Schreiben an Dich und mein Leben sind sehr nahe zusammengerückt, und auch zu meinem Leben zwinge ich mich; soll ich das nicht?[62]

Der Satz ist beispielhaft für das *double bind*: Auf der einen Seite transportiert er die Botschaft des Zwangs, in dem Kafka sich befindet, indem er Leben und Schreiben an die Geliebte dicht zusammenrückt; auf der anderen Seite bringt er genau damit zum Ausdruck, wie sehr Felice ihn in Bann zieht. Die (rhetorische?) Frage an sie, ob er sich zu seinem Leben – und zwar in der engen Verschränkung mit dem Schreiben an Felice – zwingen soll, fungiert als Intensivierung der Ambivalenz, die in der Adressatin des Briefes hervorgerufen wird. Der Brief wird mit den folgenden Worten vollends zur Quälerei:

> Als ich im vollen Schreiben und Leben war, schrieb ich Dir einmal, daß jedes wahre Gefühl die zugehörigen Worte nicht sucht, sondern mit ihnen zusammenstößt oder gar von ihnen getrieben wird. Vielleicht ist es so doch nicht ganz wahr. Wie könnte ich aber auch, selbst bei noch so fester Hand, alles im Schreiben an Dich erreichen, was ich erreichen will: Dich gleichzeitig von dem Ernst der zwei Bitten überzeugen: ›Behalte mich lieb‹ und ›Hasse mich!‹[63]

Die Stelle liest sich wie ein schrittweiser – dekonstruktiver – Entzug im bekundeten Liebes-Gefühl selbst: Zunächst gibt es einen scheinbaren Idealzustand, in dem das ›wahre Gefühl‹ mit den Worten, die es artikulieren, eine – wenn auch stoßartig herbeigeführte – Einheit bildet. Dann aber ist davon die Rede, dass die Worte das Gefühl ›treiben‹. Es stellt sich die Frage, was damit gemeint ist. Treiben die Worte das Gefühl vor sich her? Heizen sie es an? Betreiben sie eine Intensivierung des Gefühls oder treiben sie ihm sogar das ›Wahre‹ aus? Der anschließende Satz legt Letzteres nahe: Was sich da im engen Zusammenhang von

---

[60] Kafka, *Briefe an Felice*, 149.
[61] Ebd.
[62] Ebd., 341.
[63] Ebd.

Leben und Schreiben ereignet, nennen wir es das Ereignis der Liebe, ist womöglich nicht ganz wahr.

Dann setzt Kafka neu an und gibt das Ziel seines epistolarischen Liebe-Schreibens eindeutig an: Er will Felice ganz eng an sich binden, dafür gibt es aber nur eine Form: die der denkbar stärksten Gefühlsambivalenz von Liebe und Hass. Die Anweisung an die Geliebte ist nichts anderes, als dass sie Kafka zugleich lieben und hassen soll. Das ist umso quälender, als Kafka im darauffolgenden Satz auch noch moniert, Felice befasse sich zu wenig mit ihm: »Daß Du nicht genug an mich denkst, das meine ich aber im Ernst.«[64] Diese wie andere Stellen in den *Briefen an Felice* zeigen auf, wie sehr das Schreiben in der Tat Gefühle nicht nur ausdrückt, sondern sie intensiviert, sie auffächert, sie buchstäblich zerreibt und in eine ausweglose Gegenläufigkeit ihrer Bestandteile treibt. Dass das Quälen der Anderen auch eine Form der Selbstquälerei ist, dürfte schon allein daraus ersichtlich sein, dass die im Akt des Schreibens in die Geliebte hineingelegte Gefühlsambivalenz die Externalisierung der eigenen ist. Kafka muss das tägliche Schreiben an die Frau, mit der er zeitweilig verlobt war, auch als eine Art von Selbstquälerei empfunden haben. Jedenfalls wird ihm in seinem epistolarischen Schreiben der eigene Abgrund zur Erfahrung geworden sein. Ein Abgrund, den Kafka selbst als einen »Kampf« zwischen zwei in ihm rivalisierenden Ichs beschreibt: »Daß zwei in mir kämpfen, weißt Du. [...] Über den Verlauf des Kampfes bist Du ja durch 5 Jahre durch Wort und Schweigen und durch ihre Mischungen unterrichtet worden, meistens zu Deiner Qual.«[65]

Der Kampf zwischen Ich und Ich im schreibenden Mann selbst zeigt aber auch, dass das (männliche) Lieben als ein Suchen und Versuchen, um die Formulierungen Simmels abschließend noch einmal aufzunehmen, von vornherein von einer »Fernstellung« des Suchenden heimgesucht wird, anders formuliert: von einer Positionalität (einem »Fürsichsein«) des schreibend Suchenden, die sich zwar in sich selbst zu verschieben vermag, indem sich der Schreibende wechselweise dem geliebten Objekt annähert und sich von ihm distanziert, sich und es in verschiedenen Rollen imaginiert und in Möglichkeiten des (Liebe-)Fühlens disseminiert, diesen Essayismus des Gefühls schließlich aber an das zurückbindet, was Musil dann doch sehr entschieden den »Rest von Unerschütterlichkeit«[66] nennt; im Falle Musils wie Kafkas eine Selbstadressierung, die es – bezogen auf das Musil'sche Romanfragment – dem männlichen Protagonisten in der schwersten Krise seines Lebens noch ermöglicht, zäh an sich selbst festzuhalten,[67] auch wenn er im fortdauernden Gespräch mit seiner

---

[64] Ebd.
[65] Ebd., 755.
[66] Musil, *Der Mann ohne Eigenschaften*, 257.
[67] Stärker zu gewichten wäre in der Tat, dass trotz aller Figurationen von Ich-Skepsis und Entpersönlichung, denen man im *Mann ohne Eigenschaften* an zahlreichen Stellen begegnet, auch Gegenfiguren am Werk sind, die die Persönlichkeit und Einzigartigkeit

Schwester Agathe über die Liebe mehr als einmal an die Grenze und damit an die Begrenztheit solcher Selbstbehauptung geführt wird. Die Männer der Moderne nähern sich der Liebe als dem »gesprächigste[n] aller Gefühle«[68] in ihren Texten, insbesondere in ihren Briefen, extensiv und experimentell, überwinden dabei die Selbstbezüglichkeit ihrer Rede aber nicht entscheidend.[69] Womöglich hat Simmel dies in seinen eigenen Fragmenten über die Liebe gespürt, als er von der Liebe als Versuch sprach, der nicht gelingen könne.

Bibliografie

Boss, Ulrich (2013): *Männlichkeit als Eigenschaft. Geschlechterkonstellationen in Robert Musils Roman ›Der Mann ohne Eigenschaften‹*, Berlin.
Braungart, Wolfgang/Kauffmann, Kai (Hg.) (2006): *Essayismus um 1900*, Heidelberg.
Derrida, Jacques (2004): *Die différance. Ausgewählte Texte*, hg. von Peter Engelmann, Stuttgart, 110–149.
Fellner, Friederike (2008): *(Nicht-)Eingehängtsein – Franz Kafkas Zeichnung seiner Verbindung zu Felice Bauer*, in: Stauf, Renate/Simonis, Annette/Paulus, Jörg (Hg.): *Der Liebesbrief. Schriftkultur und Medienwechsel vom 18. Jahrhundert bis zur Gegenwart*, Berlin/New York, 353–378.
Forster, Edgar (1998): *Unmännliche Männlichkeit. Melancholie – ›Geschlecht‹ – Verausgabung*, Wien/Köln/Weimar.
Foucault, Michel (2007): *Über sich selbst schreiben*, in: ders.: *Ästhetik der Existenz. Schriften zur Lebenskunst*, hg. von Daniel Defert und François Ewald, Frankfurt a.M., 137–154.
Frevert, Ute (2010): *Gefühlvolle Männlichkeiten. Eine historische Skizze*, in: Borutta, Manuel/Verheyen, Nina, *Die Präsenz der Gefühle. Männlichkeit und Emotionen in der Moderne*, Bielefeld, 305–330.

---

der Figur des Essayisten und seiner Denk- bzw. Schreibform allererst erkennbar machen. Vgl. als Diskussionsgrundlage die die neuere Musil-Forschung einbeziehenden Überlegungen in Stauf, Renate (2007): *Literatur und Erkenntnis: Musils Der Mann ohne Eigenschaften*, in: Berghahn, Cord-Friedrich/Stauf, Renate (Hg.): *Bausteine der Moderne. Eine Recherche*, Heidelberg, 253–270, hier 254–263: sowie Boss, *Männlichkeit als Eigenschaft*.

[68] »Man muß sich also selbst den Reim darauf bilden, daß Gespräche in der Liebe fast eine größere Rolle spielen als alles andere. Sie ist das gesprächigste aller Gefühle und besteht zum großen Teil ganz aus Gesprächigkeit.« Musil, *Der Mann ohne Eigenschaften*, 1219.

[69] Auf die vor allem von Männern inaugurierte Selbstbezüglichkeit der Liebe seit der Romantik weist schon Niklas Luhmann in einer unübertroffenen Formulierung hin, mit der er die »Asymmetrie der Geschlechter« im Liebescode romantischer Liebe erläutert: »Der Mann liebt das Lieben, die Frau liebt den Mann.« Luhmann, Niklas (1994): *Liebe als Passion. Zur Codierung von Intimität*, Frankfurt a.M., 172.

Hindinger, Barbara (2013): *»da bohr' ich mich in Leid und Qual hinein«. Männlichkeit und schmerzliche Emotionen in der Literatur des 18. und 19. Jahrhunderts*, in: Tholen, Toni/Clare, Jennifer (Hg.): *Literarische Männlichkeiten und Emotionen*, Heidelberg, 109–140.

Hof, Renate (2008): *Engendering Authority. Das wiedererwachte Interesse am Essay*, in: dies./Rohr, Susanne (Hg.): *Inszenierte Erfahrung. Gender und Genre in Tagebuch, Autobiographie, Essay*, Tübingen, 209–229.

Kafka, Franz ([11]2009*): Briefe an Felice und andere Korrespondenz aus der Verlobungszeit*, hg. von Erich Heller und Jürgen Born, Frankfurt a.M.

Luhmann, Niklas (1994): *Liebe als Passion. Zur Codierung von Intimität*, Frankfurt a.M.

Luserke-Jaqui, Matthias (2011): *Kleine Literaturgeschichte der großen Liebe*, Darmstadt.

Müller-Funk, Wolfgang (1995): *Erfahrung und Experiment. Studien zu Theorie und Geschichte des Essayismus*, Berlin.

Musil, Robert (1978): *Der Mann ohne Eigenschaften. Roman*, hg. von Adolf Frisé, Reinbek bei Hamburg.

Platon (1983): *Symposion*, in: ders.: *Sämtliche Werke* 2, hg. von Walter F. Otto, Ernesto Grassi und Gert Plamböck, Hamburg, 203–250.

Reckwitz, Andreas (2010): *Umkämpfte Maskulinität. Zur historischen Kultursoziologie männlicher Subjektformen und ihrer Affektivitäten vom Zeitalter der Empfindsamkeit bis zur Postmoderne*, in: Borutta, Manuel/Verheyen, Nina (Hg.): *Die Präsenz der Gefühle. Männlichkeit und Emotion in der Moderne*, Bielefeld, 57–77.

Simmel, Georg (1985): *Fragment über die Liebe. Aus dem Nachlaß [1921–22]*, in: ders.: *Schriften zur Philosophie und Soziologie der Geschlechter*, hg. von Heinz-Jürgen Dahme und Klaus Christian Köhnke, Frankfurt a.M., 224–280.

Stach, Reiner ([3]2014): *Kafka. Die Jahre der Entscheidungen*, Frankfurt a.M.

Stauf, Renate (2007): *Literatur und Erkenntnis: Musils Der Mann ohne Eigenschaften*, in: Berghahn, Cord-Friedrich/Stauf, Renate (Hg.): *Bausteine der Moderne. Eine Recherche*, Heidelberg, 253–270.

Tholen, Toni (2013): *Perspektiven der Erforschung des Zusammenhangs von literarischen Männlichkeiten und Emotionen*, in: Tholen, Toni/Clare, Jennifer (Hg.): *Literarische Männlichkeiten und Emotionen*, Heidelberg, 9–25.

Willms, Weertje (2013): *Zwischen Überschwang und Repression. Zum Zusammenhang von Männlichkeit und Emotionen im bürgerlichen Trauerspiel und im sozialen Drama*, in: Tholen, Toni/Clare, Jennifer (Hg.): *Literarische Männlichkeiten und Emotionen*, Heidelberg, 141–175.

SUSANNE KNALLER

Die Lust am Recht. Emotion, Recht und Literatur um 1900

1 Foucaults infame Menschen

Michel Foucault plante in den 1970er Jahren nach der Lektüre von Internierungsregistern und Bittbriefen aus dem 18. Jahrhundert eine Sammlung von Texten herauszugeben, die wie die knappen Polizeiberichte und die an den König gerichteten *lettres de cachet* von einfachen Menschen und ihrem ›infamen‹ Leben handeln. Diese ›wirklichen‹ Existenzen, in der Sprache der Register und Bittbriefe noch wirklicher geworden, üben eine Faszination auf Foucault aus, die er als eine auch nicht nachträglich in Worte zu fassende, intensive Emotionalisierung beschreibt:

> Ce n'est point un livre d'histoire. Le choix qu'on trouvera n'a pas eu de règle plus importante que mon goût, mon plaisir, une émotion, le rire, la surprise, un certain effroi ou quelque autre sentiment, dont j'aurais du mal peut-être à justifier l'intensité maintenant qu'est passé le premier moment de la découverte.[1]

Foucault wird von diesen für die Geschichte bedeutungslosen Rechtsfällen, ihrer Existenzwerdung durch wenige, dichte Worte, der ›Literatur‹, die sich in dieser Sprache auftut, in den Bann gezogen. Die an den französischen König zwischen 1660 und 1760 gerichteten Briefe mit der dringlichen Bitte um ein Urteil, eine Entscheidung, um eine Lösung für oft kleine, aber mitten ins Existentielle reichende ›Fälle‹ sind für Foucault rechtlich wie literarisch aufschlussreich. Zum einen zeigen sie das Recht noch in seiner direkten, körperlichen Gewalt des Souveräns (man tritt an ihn individuell und persönlich heran, er ist greifbar und phy-

---

[1] Foucault, Michel (1994): *La vie des hommes infâmes*, in: *Dits et écrits. 1954-1988*, Bd. III, hg. von Daniel Defert und François Ewald, Paris, 237–253, hier 237. Dt. Übers.: »Dies ist kein Geschichtsbuch. Die Auswahl, die man darin finden wird, hat als Regel nichts Bedeutenderes als meinen Geschmack, meine Lust, eine Emotion, das Lachen, die Überraschung, ein gewisses Erschrecken oder irgendein anderes Gefühl gehabt, dessen Intensität ich vermutlich schwer rechtfertigen könnte, jetzt, wo der erste Moment der Entdeckung vergangen ist.« Foucault, Michel (2003): *Das Leben der infamen Menschen*, in: *Dits et Ecrits. Schriften. Bd. III. 1976-1979*, hg. von Daniel Defert und François Ewald unter Mitarbeit von Jacques Lagrange, Frankfurt a.M., 309–332 (Übers. verändert S.K.).

sisch das Gesetz). Schon kurz danach wird das Recht zu einem administrativen Netz, in dem verschiedenartige Institutionen der Justiz, der Polizei, der Medizin und Psychiatrie einander stützen. »Et le discours qui se formera alors [...] se développera dans un langage qui prétendra être celui de l'observation et de la neutralité«[2] Zum anderen sind die Briefe auch Vorboten einer sich dann in der Literatur langsam vollziehenden Bewegung von Heldengeschichten zu solchen des Nicht-Exemplarischen, des Banalen, physisch und alltäglich Emotionalen. Foucault benennt damit auch eine historische Relation zwischen Recht und Literatur. In der Zeit, als das Recht in seine moderne Form der institutionellen und medialen Netzwerke überführt wird, übernimmt die Literatur die Aufgabe, das zur Sprache zu bringen, was im Recht unausgesprochen bleiben muss: das Infame, das ›Unwerte‹, das Affektive. Das gilt im 19. Jahrhundert für den Realismus und Naturalismus und für den modernen Roman des 20. Jahrhunderts. Während der langen Jahrhundertwende um 1900 zeichnet sich dabei eine für die Literatur bis heute wirksame und produktive Auseinandersetzung mit dem Recht ab.

Einen Schnittpunkt in dieser Konstellation von Recht und Literatur bildet, so lässt sich aus Foucaults Ausführungen herauslesen, der Aspekt des Wirklichen, welches das Recht immer in Sprache setzt – ein Umstand, der die Literatur generell und besonders am Recht interessiert. Während sich aber das moderne Recht Rationalisierung und Objektivierung als Ziel setzt, bekennt sich die moderne Literatur zu Sprache mit ihrer referentiellen, reflexiven wie materiellen Qualität. Literatur findet stets auf mehreren Realitätsebenen statt – die der empirischen Welt, der versprachlichten ›Fälle‹, der Schreibenden und Rezipierenden, der Sprache selbst. Die Literatur zeigt diese Relationen von Sprache und Text, die man zwischen Autonomie, Selbstverweis und unabdingbarem Wirklichkeitswert (Referenzen, Materialitäten, Empirie) verorten kann. Gleichzeitig ist die moderne Literatur geradezu durch die Aufdeckung dieser Spannungsverhältnisse zwischen Autonomie und Wirklichkeit bestimmt. Aus diesem Grund ist das Recht als System und als Prozess epistemologisch wie formal für die Literatur interessant: Das Recht bildet als modernes, funktional nicht ersetzbares, gesellschaftsbildendes System und in seinen Strategien der ›Rechtwerdung‹, der Legitimation, der Sprachverwendung, der grundlegenden und notwendigen Reibungsflächen zwischen systematischem Allgemeinheitsanspruch und individueller, irreduzibler Prozesshaftigkeit einen ergiebigen Grund für poetologische Fragestellungen.

Aber abgesehen vom Aufzeigen der epistemologischen, historischen und medialen Konfrontation von Recht und Literatur ist Foucaults Text auch ein Bei-

---

[2] Foucault, *La vie des hommes infâmes*, 250. Dt. Übersetzung: »Und der Diskurs, der sich nun ausbilden wird, [...] wird sich in einer Sprache entwickeln, die vorgeben wird, die Sprache der Beobachtung und Neutralität zu sein.« (Foucault, *Das Leben der infamen Menschen*, 328).

spiel dafür, und hier nähere ich mich dem Thema ›ästhetische Emotion‹ an, dass die genannten Schnittstellen von Emotionsszenarien begleitet und konstituiert werden, wie sie diese mitbedingen. Foucaults Reaktion lässt sich beschreiben als Folge einer besonderen Zusammenführung von kognitivem Stimuliert- und emotionalem Involviert-Sein, als psycho-physische Berührtheit. Grund dafür ist vor allem der Umstand, dass es sich um das besondere sprachliche Handeln und Kommunizieren im Kontext von Recht und seiner intrikaten Diskurse handelt. Recht wird hier zu einer Sprache, die Wirklichkeiten und Existenzen schafft, materialisiert, wie es umgekehrt von diesen konstituiert ist. Mit wenigen Bruchstücken werden ganze Leben und Fälle inszeniert und aufgeführt. Foucault nennt das eine ›Dramaturgie des Wirklichen‹. Diese Lust am Wirklichen, die Foucault hier erfasst, ist genau der Moment, der das Verhältnis von Literatur und Recht in je unterschiedlicher Form prägt. Auch deshalb, da sie beide – wie die *lettres de cachet* – von Wirklichkeit ›durchquert‹ sind und diese auch ausbilden (müssen). Das Kunstsystem wie das Recht sind von einer je besonderen konstruktiven autonomen Qualität, wie sie sowohl in ihrer Form als auch in ihren Inhalten und Konzepten stets ›wirklich‹ im materiellen wie referentiellen Sinn sind.

Dieses Spannungsverhältnis möchte ich als Ausgangspunkt für eine Skizze des komplexen Verhältnisses von Recht, Literatur und Emotion nehmen, das sich in den Jahrzehnten der langen Jahrhundertwende um 1900 auf besondere Weise herausbildet. Zum einen, da sich der rechtstheoretische Diskurs in eine Richtung bewegt, die mit den im 19. Jahrhundert begründeten, rationalen, positivistischen, begriffsjuristischen Ansätzen kritisch umgeht. Zum anderen findet wiederum die Literatur im Recht eine Spielwiese, auf der sie sich gesellschaftspolitischen wie poetologischen Fragen stellen kann und für die Emotionsszenarien zur Verfügung stehen. Recht wie Emotion sind dabei Momente, die es der Literatur ermöglichen, Gesellschaft wie poetologische Modelle kritisch zu befragen. Österreich, Deutschland und Frankreich dienen im Folgenden als Beispiele.

2   Recht und Literatur um 1900

Der sehr allgemeine, moderne Rechtsbegriff, von dem bei diesen Überlegungen und im Kontext der Jahrhundertwende zunächst ausgegangen werden kann und der die hier berücksichtigten Rechtssysteme bestimmt, enthält folgende große Fragen wie Prämissen: Recht basiert auf einem regulierten wie regulierenden Interagieren zwischen Individuen mit unterschiedlichen Kompetenzen und Zugehörigkeiten. Es ist notwendigerweise an Institutionen, Machtverhältnisse, Normierungen, Rationalisierungen gebunden, wie es von Individuen, Medien, Diskursformen, Praktiken abhängt und dadurch erst zu dem wird, was seine Funktion als modernes Recht ausmacht: das Zusammenleben und die Praktiken von Individuen in der Gesellschaft gerecht zu regeln. In diesem Zusammentreffen von notwendiger Allgemeinheit und Normativität des Gesetzes und dem unweigerlich kontingenten Prozessualen, das damit verbunden ist, liegt ein Moment des Rechts, das die Literatur in der Moderne interessiert. Zum einen ermöglicht der Rückgriff auf Rechtsdiskurse und Rechtsmotive das Aufzeigen der kulturellen und sozialen Besonderheiten von Institutionen, Individuen und ihren Handlungsformen samt ihren Paradoxien. Zum anderen erlaubt das Rechtsparadigma die Darstellung und Diskussion der damit verbundenen psychophysischen wie diskursiven Emotionsfragen. Denn die im Zusammenhang mit dem beschriebenen juridischen Reibungsverhältnis zu Tage tretenden Formen und Aspekte lassen sich ausdrücken über Emotions- und Gefühlseinbrüche der Handelnden, zeigen die Unumgänglichkeit von Emotion und Gefühl in den Interaktions- und Diskursformen rechtlichen Handelns sowie in rechtlicher und sozialer Kommunikation. Die Literatur nimmt also nicht nur auf das Recht bzw. ihr Verhältnis zum Recht Bezug, um epistemologische, soziale, kulturelle usw. Fragen poetologisch zu bearbeiten oder den poetischen Diskurs selbst als einen Teil dieser Verhältnisse auszudrücken. Literatur bringt also auch im Zusammenhang mit Recht eines ihrer konstantesten Anliegen zum Ausdruck: Emotion und Gefühl. Für die Moderne und im Kontext des hier untersuchten Zeitraums bilden die Formation, Handhabung und Zuschreibung von Emotionen und Gefühlen wichtige wirklichkeitskonstituierende Momente. Für Jacques Rancière liegt daher die Provokation des modernen Romans in der Teilhabe aller gesellschaftlichen Personen und Geschlechter an einer einzigen Wirklichkeit ohne Trennlinie zwischen ständisch markierten guten und schlechten Gefühlen. Die daraus resultierende Kreuzung zwischen einzelnem Mensch und den gesellschaftlichen und geschlechtlichen Identitäten ist genau jener Ort, an dem sich Rechtsmotive zeigen.[3]

Dafür ist die Zeit zwischen ca. 1880 bis zu den Faschismen der 1930er Jahre insofern brisant, da sich hier im französischen und deutschsprachigen Raum nachhaltige und besondere Textformen, Poetiken und Ästhetiktheorien herausbilden. Diese sind nicht nur Ausdruck einer literaturimmanenten Zielgerichtetheit, sondern auch neuer Wissens- und Wissenschaftsformationen. Die diversen Phasen von Realismus und Naturalismus mit ihren Entdifferenzierungen von Kunst und Wissenschaft sind dabei als eine relevante Folie zu verstehen. Eine zweite bilden die diversen avantgardistischen Bewegungen mit ihren Grenzverschiebungen zwischen Kunst und Nicht-Kunst. Für die Rechtstheorien wiederum bedeutet die lange Jahrhundertwende eine Zeit, in der sich der moderne Rechtsdiskurs mit seinen besonderen Praktiken und Vorgaben konsolidiert hat. Dazu gehören die Reine Rechtslehre, die moderne Rechtshermeneutik, die Rationalisierung und Positivierung der Rechtsfragen. Wie in der Kunst/Literatur sind dabei aber auch schon Gegendiskurse, Auflösungen, Neuordnungen usw. zu beobachten. In der Rechtstheorie und -wissenschaft zeigt sich das in neuen Begrifflichkeiten wie Rechtsgefühl, den regen Diskussionen um Naturrecht und

---

[3] Rancière, Jacques (2000): *Le partage du sensible. Esthétique et politique*, Paris, 16–17.

Positivismus, der neuen Hermeneutik, dem Starkwerden der Rechtssoziologie. Es besteht ein besonderes Interesse an Selbstreflexion, an Fragen zu Form, Sprache und Begriffen, zur Rolle des Individuums und zu den gesellschaftlichen und kulturellen Bedingtheiten.[4] Allgemein lässt sich feststellen, dass diese Zeit eine Phase starker und weitreichender Rechtsreformen ist.[5]

Das ist z.B. in Frankreich, Deutschland und Österreich der Fall. Dafür gibt es verschiedene Gründe: So sind gerade durch das rege kulturelle und künstlerische Leben in den Metropolen Paris, Wien und Berlin besonders spannungsreiche Auseinandersetzungen mit den modernen Rechtsverhältnissen zu erkennen. Dazu gehört nicht nur die neue urbane Welt, sondern auch die Provinz mit ihren Sehnsuchtszielen Stadt und Freiheit. Es geht also um Auflösungen und Neuordnungen mit all den verbundenen Utopien wie Unsicherheiten. Auch tritt das Verhältnis von Recht und Literatur vor allem in Deutschland und Österreich in eine neue Phase. Nach einer relativ engen Zusammenschau im 18. Jahrhundert, die auch noch in der ersten Hälfte des 19. Jahrhunderts merklich war, greifen im Zuge des Positivismus und der Verfachlichung[6] die Rechtstheorien und Jurisprudenz nun weniger auf Literatur zurück.[7] Noch bis zur Mitte des 19. Jahrhunderts bildeten Akten und Fallgeschichten ein Bindeglied zwischen den beiden Diskursen. Schon im 18. Jahrhundert entstehen, gleichsam als Nachfolger der von Foucault beschriebenen Textformen, semi-literarische Räubergeschichten und im französischen wie deutschsprachigen Raum die sogenannten Pitavalgeschichten, die bis in das 20. Jahrhundert beliebt waren und auch den Juristen als Fallbeispiele dienten.[8] Allerdings beginnt sich die Literatur selbst in gegenüber dem 18. und auch frühen 19. Jahrhundert modifizierter Form am Recht zu interessieren. Natürlich

---

[4] Als Beispiele seien Gustav Radbruch, François Gény, Raymond Saleilles, Julien Bonnecase, Rudolf von Jhering genannt.

[5] Vgl. Grossi, Paolo (2010): *Das Recht in der europäischen Geschichte*, München, 137–202; Henniger, Thomas (2009): *Europäisches Privatrecht und Methode. Entwurf einer rechtsvergleichend gewonnen juristischen Methodenlehre*, Tübingen, 113–148; Aragoneses, Alfons (2002): *Strafrecht im Fin de Siècle. Raymond Saleilles und die Strafrechtswissenschaft in Frankreich Ende des 19. Jahrhunderts*, in: *Ad Fontes. Europäisches Forum junger Rechtshistorikerinnen und Rechtshistoriker Wien 2001*, hg. von Birgit Feldner/u.a., Frankfurt a.M./u.a., 11–22.

[6] Vgl. Schönert, Jörg (1991): *Zur Einführung in den Gegenstandsbereich und zum interdisziplinären Vorgehen. Mit Beiträgen von Konstantin Imm und Wolfgang Naucke*, in: ders. (Hg.): *Erzählte Kriminalität. Zur Typologie und Funktion narrativer Darstellungen in Strafrechtspflege, Publizistik und Literatur zwischen 1770 und 1920*, Tübingen, 11–55, hier 37. Auch Frommel, Monika (1991): *Internationale Reformbewegung zwischen 1880 und 1920*, in: ebda., 467–496, hier 470–472.

[7] Vgl. Rückert, Joachim (1986): *Das »gesunde Volksempfinden« – eine Erbschaft Savignys?*, in: *Zeitschrift der Savigny-Stiftung für Rechtsgeschichte* 103, 199–247.

[8] Vgl. dazu Weiler, Inge (1998): *Giftmordwissen und Giftmörderinnen. Eine diskursgeschichtliche Studie*, Tübingen, 67–75.

gibt es weiterhin einen Ideenaustausch zwischen Literatur und Recht über ethische, rechtliche und moralische Fragen und auch die Sprache.[9] Aber als Folge der Reformbewegungen im Strafrecht, der Ausbildung der Kriminologie als Fachwissenschaft und des Interesses an öffentlichen Prozessen, die durch die neuen Massenmedien kolportiert werden können, greifen Autor/innen, Schriftsteller/innen gemeinsam mit Journalisten/innen in die Diskussionen um Rechtsverhältnisse, Rechtsreformen und Rechtspraktiken ein. Eine Konsequenz davon ist die Ausdifferenzierung von Genres in Publizistik wie Literatur, die sich mit Recht befassen. In Zeitschriften werden justizkritische Texte verfasst, die Täterrolle wird produktiv genutzt – die Schriftsteller selbst stilisieren sich als solche (etwa Jean Genet) bzw. lassen auch Täter zu Wort kommen.[10] Berühmt ist Zolas Intervention in der Dreyfuss-Affäre. Institutionen der Strafjustiz rücken in das Zentrum des Interesses der Schriftsteller. Es kann von einem Umbruch der Kriminalitätsdarstellung seit der zweiten Hälfte des 19. Jahrhunderts gesprochen werden. Hier hat ab 1900 das Affektive, haben Emotionsparadigmen eine wichtige Rolle inne. So etwa wenn – arbeitsteilig zwischen literarischen und juristischen Texten, wie Monika Frommel feststellt –, das ›Böse‹ interessant wird.[11] In der Frage nach der Entstehung von Kriminalität, der ›Verbrecherfigur‹ greifen Schriftsteller auf Konzepte der Jurisprudenz zurück, da diese psychische Determinanten und soziale Umstände nunmehr als relevant erkennen. Es geht um die Schuldfähigkeit des Einzelnen, um die Zurechnungsfähigkeit außerhalb von Selbstverantwortlichkeit.[12] Im Expressionismus ist Verbrechen schließlich nicht mehr Abweichung, sondern Folge der Gesellschaft und existentieller Unausweichlichkeiten. Das Außenseitertum wird stilisiert. Das zeigt sich etwa auch in den französischen neuen Räuber- und Jugendbandenromanen – die Romane der *apaches* – oder der beliebten Fantômas-Figur. Alain Fourniers *Le grand Meaulnes* (1913) ist ein literarisch originelles Beispiel dieser französischen Tendenz. Für die deutschsprachige Literatur ist die *Gruppe 1925* mit der Reihe *Die Außenseiter der Gesellschaft* zu nennen.[13]

Ein weitreichendes emotionsgeladenes Moment dieser Zeit stellt die über Zeitschriften und Literaten/Literatinnen ausgetragene Justizkritik dar. Anatole France, Émile Zola, Blaise Cendrars, Heinrich Mann, Karl Kraus nehmen sich

---

[9] Vgl. von Arnauld, Andreas (2009): *Was war, was ist – und was sein soll. Erzählen im juristischen Diskurs*, in: Klein, Christian/Martínez, Matías: *Wirklichkeitserzählungen. Felder, Formen und Funktionen nicht-literarischen Erzählens*, Stuttgart/Weimar, 14–50, hier 47.

[10] Vgl. Linder, Joachim (1991): *Strafjustiz, Strafrechtsreform und Justizkritik im ›März‹*, in: Schönert, *Erzählte Kriminalität*, 533–570, hier 565.

[11] Frommel, *Internationale Reformbewegung*, 487.

[12] Vgl. Schönert, *Einführung in den Gegenstandsbereich*, 47.

[13] Vgl. Petersen, Klaus (1981): *Die »Gruppe 1925«. Geschichte und Soziologie einer Schriftstellervereinigung*, Heidelberg.

Rechtsfälle wie Justizapparat in diversen Zeitschriften vor. Indem es zu einer Überschneidung von fachwissenschaftlichen, publizistischen und belletristischen Formen kommt, wird Literatur weniger ein Ort der Erkenntnis denn von Spezialwissen und Kritik.[14] Ein letztes Beispiel wäre die Dekonstruktion von in der rechts- und naturwissenschaftlichen kriminologischen Fachliteratur aufgebaute Typologie der Frau als prädestinierte Verbrecherin. Die Schriften von Cesare Lombroso, Erich Wulffen und Richard von Krafft-Ebing sind nur einige sehr einflussreiche Beispiele für eine – auf jahrtausendealte Topoi zurückgreifende – Verurteilung der Frau als Trieb- und Verbrecherwesen. Autoren wie Alfred Döblin und François Mauriac nehmen das beliebte Motiv der Frau als (Gift-)Mörderin auf, um es an Fragen der Emanzipation der Frau, der Kritik bürgerlicher Ehe- und Lebensformen, unterdrückter Sexualität, freier Berufs- und Partnerwahl anzubinden. Die Literatur konzentriert sich stark und vielfach gerade auf diese und noch mehr auf die täterorientierten Fragen der Schuldhaftigkeit, der Verbrechenstypologien usw., die je nachdem kritisch, unterhaltsam oder ideologisch eingesetzt werden.[15]

Anders gestaltet sich das Verhältnis Tat-Täter in der Jurisprudenz, besonders im Strafrecht. Nur scheinbar arbeitet die moderne Kriminologie, die damals entstand, täterorientiert. Vielmehr muss man mit Frommel von einer Richterzentriertheit sprechen. Denn mit der Verfachlichung und Verwissenschaftlichung der Justiz ist eine Stärkung der Straftatlehre einhergegangen, die den Richter in seiner Eigenschaft als Normgestalter und Rechtsfortbildner forciert.[16] Auf diese ›Subjektzentriertheit‹ berufen sich dann auch reformwillige Theorien der Rechtswissenschaft und streichen den Wert der Literatur heraus – wie etwa Gustav Radbruch und Franz von Liszt oder auch der Soziologe Karl Mannheim. Literatur wird hier, wie Schönert nachvollziehbar macht, zum ›Material‹, als empirischer Nachweis für Theorien verwendet.[17] Sie ist nicht mehr der Ort der gemeinsamen Sprache oder exklusiver Erkenntnis-, Ethik- und Moralfragen, sondern Archiv und Beispiel.

3   Recht, Emotion und Literatur um 1900

Für die Literatur wiederum ist das Recht nicht nur Archiv, sondern Ausgangspunkt ihrer epistemologischen, gesellschaftlichen wie poetologischen Interessen. Emotionsszenarien und Paradigmen spielen dabei – wie die Beispiele oben andeuten – eine gewichtige Rolle. Einen starken Anteil an literarischen Emotionen

---

14 Vgl. Schönert, *Einführung in den Gegenstandsbereich*, 48.
15 Vgl. Frommel, *Internationale Reformbewegung*, 492.
16 Was dabei außer Sicht gerät, ist der Gesichtspunkt strafprozessualer Aspekte. Ebd., 491–492.
17 Schönert, *Einführung in den Gegenstandsbereich*, 501.

hat der Rechtsbereich aus verschiedenen Gründen: Emotionen lösen nicht nur Rechtsfälle aus, die konkret als Geschichten und Motive in die Literatur Eingang finden (die Dreyfuss-Affäre, historische Attentate, die Mafia), oder als Motivbündel/Topoi gestaltet werden (Verbrechen aus Leidenschaft, Diebstahl aus Not), sie spielen notwendigerweise auch eine nicht unerhebliche Rolle in der Rechtspraxis, die literarisch ebenfalls interessant ist (man denke nur an Justizkrimis). Und schließlich haben eng mit Rechtsfragen zusammenhängende Wert-, Moral- und ethische Diskurse einen stark emotionsbasierten wie -generierenden Wert. Rechtsmotive und Emotionen eignen sich daher, epistemologische wie Fragen der gesellschaftlichen Interaktion in unterschiedlichen ästhetischen Programmen und Poetiken funktional einzusetzen. Dies ist in emotionsästhetisch orientierten Texten ebenso der Fall wie in solchen, die ethische, moralische und politische Anliegen verfolgen oder avantgardistisch-experimentelle Wege gehen. Daher interessieren im Zusammenhang mit dem Komplex Recht, Literatur und Emotion nicht nur Rechtsthemen und Rechtsvertreter (Übertretungen, Rechtsinstitutionen, Richter, Anwälte), bestimmte Topoi (Verbrechensmotive, Verbrechertypologien), formale Strategien des Spannungsaufbaus, juridisch markierte Gattungen und Textformen, rhetorische Stilmittel aus dem Kontext von Recht und Jurisprudenz und Begrifflichkeiten (Gesetz, Recht, Gerechtigkeit, Urteil, Tatbestand, Begründung, Schuld, Reue, Gewissen usw.). Recht, Emotion und Literatur treffen sich auch an theoretischen Diskursen wie methodologischen Schnittstellen (Textauslegung, Textverstehen, Begründungsverfahren).[18]

Im Gegensatz zur Literaturwissenschaft, deren Material Texte sind, die sich seit jeher mit Gefühlen auseinandersetzen, ist die Auseinandersetzung mit Emotion im juridischen Diskurs ambivalenter. Nicht aufgrund von theoretischen Divergenzen im Hinblick auf Emotionsbegriffe – diese finden sich auch in den Literatur- und Kulturwissenschaften. In den Rechtswissenschaften steht die Legitimität von Emotionen als relevante Kategorie noch immer in Frage. Zwei größere Linien können in diesem Zusammenhang genannt werden: Die schon vor allem im 19. Jahrhundert wichtigen Diskussionen um das sogenannte Rechtsgefühl und eine seit den 1980er Jahren erkennbare rechtswissenschaftliche und rechtsphilosophische Diskussion um *Law and Emotion*.[19] Im Kontext des hier unter-

---

[18] Vgl. Knaller, Susanne (2015): *Die emotionalen Gründe des Rechts in der Literatur – und umgekehrt. Vorschläge für einen interdisziplinären Austausch von Rechts- und Literaturwissenschaft*, in: Hiebaum, Christian/dies./Pichler, Doris (Hg.): *Recht und Literatur im Zwischenraum. Aktuelle inter- und transdisziplinäre Zugänge/Law and Literature In-Between. Contemporary Inter- and Transdisciplinary Approaches*, Bielefeld, 119–132.

[19] Vgl. dazu etwa: Bandes, Susan (Hg.) (1999): *The passions of law*, New York, NY.; Maroney, Terry (2006): *Law and Emotion: A Proposed Taxonomy of an Emerging Field*, in: *Law and Human Behavior* 30, 119–142; Posner, Eric A. (2000): *Law and the Emotions*, in: *Chicago. John M. Olin Law & Economics Working Paper* 103, 1–31.

suchten Zeitraums ist das Konzept des Rechtsgefühls relevant, bildet Schnittstellen zwischen Literatur und Recht.

Als sich Rudolf von Jhering 1874 gegen die positivistische Rechtstheorie wendet und für ein Recht des Lebens plädiert,[20] benennt er die von normativen Begriffslehren und mathematischen Kalkulationsstrategien ausgelassenen Wert- und Geltungsfragen, das Moralverständnis und die Perspektivität der Teilnehmer. In den Mittelpunkt rücken damit bis heute wirksam der Richter/die Richterin, ein Spannungsverhältnis zwischen Norm, Gesetz und Fall sowie zwischen Gesellschaft und Einzelnem in einem praktischen Bestimmungs-, Entscheidungs- und Handlungszusammenhang. ›Gefühl‹ in Rechtsgefühl meint also im 19. Jahrhundert einen an Urteile und Wertzuweisungen gebundenen Gegenbegriff zum Objektivitäts- und Kalkulierbarkeitsgebot der Begriffsjuristen und Positivisten, und er dient als Synonym für Subjektivität, Wertverständnis und Moralbewusstsein.[21] Beim Rechtsgefühl geht es über Rechtsfragen hinaus um Wert- und Erkenntnisurteile, Wahrnehmung und Welterfassen – ein Ansatz, der heute noch als Basis für die Relevanz von Gefühl in Rechtsfragen eingebracht werden kann.[22]

Heute wird unter Rechtsgefühl Intuition in der Entscheidungsfindung, subjektiver Gerechtigkeitssinn und Subjektivität ebenso verstanden wie ein Rechtsverständnis, mit dem auch Empathie verbunden ist.[23] Das Rechtsgefühl ist bis heute an eine Entscheidungsfindung und Praxis des Urteilens gebunden, die sich in der nachfolgenden Rechtsschöpfung insofern auswirken kann, als damit rechtsexterne Diskurse und ihre Vokabulare in Recht übersetzt werden müssen. So auch die der Emotionen und Gefühle. Jhering greift dieses Moment auf, wenn er in seinem berühmten Wiener Vortrag 1872 vom ›Kampf um das Recht‹

---

[20] von Jhering, Rudolf (1965 [1874]): *Der Kampf ums Recht. Ausgewählte Schriften mit einer Einleitung von Gustav Radbruch*, hg. von Christian Rusche, Nürnberg; Kalivoda, Gregor (2014): *Iudicium als Skandalon. Rechtsgefühl und Urteilsschelte*, in: Ueding, Gert/ders. (Hg.): *Wege moderner Rhetorikforschung. Klassische Fundamente und interdisziplinäre Entwicklungen*, Berlin/Boston, MA, 289–303, hier 293.

[21] Hänni, Julia Franziska (2011): *Vom Gefühl am Grund der Rechtsfindung. Rechtsmethodik, Objektivität und Emotionalität in der Rechtsanwendung*, Berlin, 125.

[22] Ebd. Neuere Ansätze finden sich auch in Kiesow, Rainer Maria/Korte, Martin (Hg.) (2005): *Emotionales Gesetzbuch. Dekalog der Gefühle*, Köln/Weimar/Wien.
Kraus, Wolfgang (2012): *Die Vereinbarkeit von Rechtsgefühl und Rechtspositivismus. Das Zusammenwirken von Rationalität und Emotionalität in der Rechtsfindung*, Salzburg, Univ. Diss. Lampe, Ernst-Joachim (Hg.) (1985): *Das sogenannte Rechtsgefühl*, Opladen. Meier, Christoph (1986): *Zur Diskussion über das Rechtsgefühl*, Berlin. Miranowicz, Monika Emilia (2009): *Gehirn und Recht. Wie neurowissenschaftliche Erkenntnisse das Dilemma zwischen Naturrecht und Positivismus überwinden können*, Berlin.

[23] Kraus, *Die Vereinbarkeit von Rechtsgefühl und Rechtspositivismus*, 37–40 und Kalivoda, *Iudicum als Skandalon*, 291 u. 293.

spricht. Sicherlich ist der damit verbundene ideale und ahistorische Allgemeinheitsanspruch des Rechts als gleichsam ewiger (anthropologischer) Wert keine aktuelle Position. Aber diese Vorstellung beschreibt die Zeit der Reformen um 1900. Typisch dafür ist auch ein weiterer Gesichtspunkt Jherings, nämlich die Vorstellung, dass die Verletzung von Recht (und Rechtsgefühl) Schmerz auslösen würde – nicht nur im moralischen, sondern auch im physischen Sinn.[24] Dieses existenzielle Moment des Rechts würde Recht erst als solches erfahren lassen. Darauf soll dann die Tat folgen, die Abwehr des Unrechts, der Widerstand.[25] Bei Foucault stößt man genau auf diese Berührung von Recht und Leben in den Bittbriefen wie in seiner eigenen Lektüreerfahrung. Jedoch kann diese ›Kontamination‹ im modernen Recht nicht als konstituierend gelten, deshalb muss Jhering am Ende auch auf die Synthese von Rechtssprache und Vernunft setzen. Denn mit der Öffnung des Rechts einhergehen würden eine Praxis ständiger Reformulierung des Rechts, eine Anpassung an Personen und ihre Leben, ein unabschließbares Interagieren von Prozessen und Texten, Institutionen und Einzelnen. Dem widerspricht die besondere Autonomie des Rechts und seiner Sprache. Bruno Latour hat darauf hingewiesen, dass das Recht streng auf einer sprachlichen ›Oberfläche‹ agieren muss. Betrachtet man es aus verschiedenen Interessensperspektiven, werde es unverständlich, paradox, kontingent. Oder anders ausgedrückt: »The Law is entirely present or absent«.[26] Gleichzeitig ist aber das Recht davon abhängig, dass es handelt und handeln lässt. Es ist ein Handlungs- und Kommunikationskomplex mit allen Implikationen eines Prozesses von Verstehen, Interpretieren, theoretischem und praktischem Umsetzen. Das bringt etwa Stanley Fish auf den Punkt mit folgender Definition:

> Nehmen wir an, dass ich recht habe mit dem Recht und dass es seine Aufgabe ist, eben die Autorität herzustellen, die es rückwirkend beschwört. Warum sollte dies so sein? Warum sollte Recht *diese* sich selbst-ausnehmende und vielleicht selbsttäuschende Form annehmen? Die knappe Antwort darauf lautet, dass es die Aufgabe des Rechts ist, zwischen uns und der Kontingenz zu stehen, aus der heraus seine eigenen Strukturen gebildet wurden [etwa durch die unumgängliche Auslegung].[27]

Dieses Spannungsverhältnis zwischen allgemeiner Norm/Autonomie und singulären Prozessen wird in den rechtswissenschaftlichen Diskursen der Jahrhun-

---

[24] Jhering, *Der Kampf ums Recht*, 229.
[25] Ebd., 230.
[26] Latour, Bruno (2010): *The Making of Law. An Ethnography of the Conseil D'État*, Malden, 255.
[27] Fish, Stanley (2004): *Recht will formal sein*, in: Lerch, Kent D. (Hg.): *Die Sprache des Rechts. Recht verstehen. Verständlichkeit, Missverständlichkeit und Unverständlichkeit von Recht*, Berlin/New York, NY, 84–137, hier 137. Vgl. dazu auch Vesting, Thomas (2011): *Die Medien des Rechts. Sprache*, Weilerswist.

dertwende mehr oder weniger stark diskutiert. Es findet in die rechtssoziologischen Überlegungen von Gustav Radbruch und Raymond Saleilles Eingang wie in die die französische Rechtstheorie revolutionierenden Auslegungskonzepte von François Gény.[28]

Auf den damit in Gang gesetzten Austauschprozess von wissenschaftlicher Theorie und juristischer Praxis wie auch einer Differenzierung von ›law in books‹ und ›law in action‹ der amerikanischen Realisten wie Roscoe Pound[29] soll hier nur verwiesen werden. Im hier interessierenden Zusammenhang ist wichtig, dass sich die Literatur um 1900 an diesen Schnittstellen platziert und die damit verbundenen Reibungsflächen poetologisch transformiert. Auf Basis der gängigen Emotionsfragen in Psychologie und Medizin (je nach Blickwinkel typologisierend oder vorurteilskritisch) interessieren die Literatur an diesen Schnittstellen ausdrucksstarke Emotionsmodelle und Gefühlsszenarien. Denn Emotionen haben diskursive wie lebensweltliche, praktische Relevanz. Emotionen implizieren epistemologisches wie Alltagswissen. Diese Form des Wissens geht über die Vorstellung einer rational steuerbaren Kompetenz und Kontrolle hinaus. Emotionsfragen zeigen (bis heute) auf, dass soziale und rechtliche, kulturelle und mediale Prozesse nicht hinreichend aus dem Blickwinkel sprachlich wie inhaltlich, institutionell wie kulturell fixierbarer Abläufe verstanden werden können.

Recht, so lässt sich nun ergänzend zur ersten Beschreibung weiter oben festhalten, ist ›selbstgenügsam‹, unumgänglich, Ereignis, nie direkt einsehbar oder beobachtbar, paradox zwischen Unabdingbarkeit und dem ständigen Prozess der Unabwägbarkeiten. Es ist an begründende Aussagen, Narrationen, Motive und Topoi gebunden, steht in einem paradoxalen Spannungsverhältnis zwischen Rationalisierung und praktischem Ereignis, in einem reziproken Prozess von innen (den eigenen Regeln und Grenzen) und außen (den systemfremden Regeln und Ereignissen – im Rechtskontext sind das Moral, Ethik, Emotion, Subjektivität, Sexualität, Physis etc.).

Auf diese für die Literatur stimulierenden Spannungsverhältnisse zwischen Normativität und Prozessualität soll im Folgenden nun genauer in der Auseinandersetzung mit Recht, Literatur und Emotion eingegangen werden

---

[28] Gény, François (1919 [1899]): *Méthode d'interpretation et sources en droit privé positif*, Paris. Saleilles, Raymond (1898): *L'individualisation de la peine*, Paris. Auch Bonnecase, Julien (1928): *Science du Droit et Romanticisme. Le conflit des conceptions juridiques en France de 1880 à l'heure actuelle*, Paris.

[29] Pound, Roscoe (1910): *Law in Books and Law in Action*, in: *American Law Review* 44, 12–36.

4 Reibungsflächen Autonomie/Normativität – Prozessualität

Ein besonderer Reiz für die Literatur liegt in dem Umstand, dass das Recht bedingende Termini und Metaphern wie Gesetz, Gerechtigkeit, Norm, Sachverhalt, Fall, Urteil usw. auf erklärende Diskurse angewiesen sind, oft ohne performative Strategien nicht in Sprache gesetzt werden können. Das lässt sich schon an dem Begriff Gerechtigkeit zeigen, eine absolute Bedingung für das Funktionieren des Rechts. Gerechtigkeit kann, und dazu braucht es keine Dekonstruktion oder Systemtheorie, niemals definiert oder in Sprache gesetzt werden, ohne weitere Versprachlichungen zur Begründung der Begründung nach sich ziehen zu müssen. Nicht umsonst verzichtet selbst die positive Rechtstheorie auf Versprachlichungen von Gerechtigkeit, verbannt letztere z.B. in den Moraldiskurs und in die praktische Philosophie. Derrida spricht daher – und er beruft sich dabei auf Pascal und Montaigne – von einer mystischen Autorität des Rechts.[30] Damit ist kein transzendentes Jenseits gemeint, sondern die Tatsache, dass es zur Legitimation von Recht keine Metaebene braucht, sondern legitime Fiktionen, rhetorische Verfahren, performative Sprachhandlungen, um funktionieren zu können. Dazu Pascal:

> [...] l'un dit que l'essence de la justice est l'autorité du législateur, l'autre la commodité du souverain, l'autre la coutume présente, et c'est le plus sûr. Rien suivant la seule raison n'est juste de soi, tout branle avec temps. La coutume est toute l'équité, par cette seule raison qu'elle est reçue. C'est le fondement mystique de son autorité. Qui la ramènera à son principe l'anéantit. Rien n'est si fautif que ces lois qui redressent les fautes.[31]

---

[30] Derrida, Jacques (1990): *Force de loi: ›Fondement mystique de l'autorité*, in: *Cardozo Law Review* 11, 920–1045, hier 936–937.

[31] Pascal, Blaise (1912): *Pensées et opuscules*, Édition L. Brunschvicg, Paris, 467. Dt. Übers.: »[...] der eine sagt, daß das Wesen der Gerechtigkeit in der Autorität des Gesetzgebers besteht, der andere dagegen, daß jenes, was dem Souverän zweckdienlich ist, dieses Wesen ausmacht; ein dritter schließlich meint, daß die Gerechtigkeit in den jeweils geltenden Gewohnheiten ihr Wesen hat. Diese Meinung ist wohl jene, die am ehesten zutrifft: folgt man nämlich der Vernunft, gibt es nichts, was von sich aus gerecht ist. Alles gerät mit der Zeit in Bewegung. Weil sie übernommen wird, bestimmt die Gewohnheit gänzlich die Gerechtigkeit: das ist der mystische Grund ihrer Autorität (ihrer Anerkennung und ihres Ansehens). Wer sie auf ihr Prinzip zurückführt, zerstört sie. Nichts ist so fehlerhaft wie diese Gesetze, welche die Fehler abstellen sollen« Pascal, Blaise (2012): *Gedanken*, Kommentar von Eduard Zwierlein, Berlin, 63. Derrida zitiert auch Montaigne: »Or les loix se maintiennent en crédit, non par ce qu'elles sont justes, mais par ce qu'elles sont loix. C'est le fondement mystique de leur autorité; elles n'en poinct d'autre.« de Montaigne, Michel (1965): *Les Essais de Michel de Montaigne*, hg. von Pierre Villey, Paris, 1072. Dt. Übersetzung: »Die Gesetze ge-

Die Literatur nimmt sich nun dieses mystischen Grundes an und führt vor, wie diese Autorität wirkt, welche Formen sie annehmen kann. Auf diese Weise zeigen sich dann auch Nichtausgesprochenes, nicht zur Sprache Gebrachtes oder für die Sprache Verbotenes: die Sprachlosigkeit derer, die die Rechtssprache nicht verstehen; die fehlenden Sprachmodi für jene Seiten, die die Rechtstexte nicht zulassen; die schweigsamen Übereinkünfte; die nicht mehr zur Sprache gebrachten Vor-Texte eines Urteils, einer Entscheidung; die verdeckten Aporien jedes Entscheidens; das Schweigen des Nichtwissens, und schließlich das Schweigen des Rechts über seine ›Gesellschaftlichkeit‹.[32]

Der Umstand, dass sich Recht nicht als Ganzes, sondern nur, wie Derrida überzeugend festhält, in seine einzelnen Textteile, in seine Phasen des Agierens, in seine Zwischenräume zerlegen lässt,[33] juristische Sprachhandlungen daher stets Spuren anderer Texte und Systeme enthalten[34], ist ein weiterer Aspekt, den die Literatur aufgreift. Das gelingt in der Reformzeit ab 1900 auch daher, da sich moderne Rechtslehre und Gegenbewegungen produktiv treffen. Denn langsam bildet sich ein Sprachbegriff heraus (etwa in Gény), mit dem juristische Textarbeit als eine Praxis zu verstehen ist, die Normen erst hervorbringt. Neuere sprachwissenschaftlich orientierte Positionen in der Rechtswissenschaft wie die von Christensen und Müller fassen Sprache als ein Drittes zwischen Allgemeinheit und Anwendung.[35] Damit lässt sich der Streit um die Verknüpfung von Gesetzestext (die Vorschrift, Geltung) und Rechtsnorm (die durch die Praxis erst

---

nießen ein dauerhaftes Ansehen und verfügen über einen Kredit, nicht etwa, weil sie gerecht sind, sondern weil sie Gesetze sind: das ist der mystische Grund der Autorität; es gibt keinen anderen [...].« Zit. in neuer Übersetzung von Alexander García Düttmann in: Derrida, Jacques (2014): *Gesetzeskraft. Der ›mystische Grund der Autorität‹*, Frankfurt a.M., 25.

[32] Ein notwendiges Schweigen, soll Recht Recht bleiben, wie Latour gegen die Vorwürfe von Bourdieu, das Recht verschweige seine Abhängigkeit von der Gesellschaft um seiner Macht willen, argumentiert. Vgl. Latour, *The Making of Law*, 259. Er bringt die paradoxale Situation des Rechts so auf den Punkt: »Yes, law is indeed autonomous compared to the social, for it is one of the means for producing the social defined as association, for arranging and contextualizing it. No, there is no domain, no territory that belongs to law, notwithstanding the claims of jurists served by the sociologists of systems, it does not form a sphere; without the rest holding it, law would be nothing. Yet it holds everything, in its own way.« (Ebd. 264).

[33] Derrida, *Force de loi*, 937.

[34] Ladeur, Karl Heinz (2012): *›Finding our text...‹. Der Aufstieg des Abwägungsdenkens als ein Phänomen der ›sekundären Oralität‹ und die Wiedergewinnung der Textualität des Rechts in der Postmoderne*, in: Augsberg, Ino/Lenski, Sophie-Charlotte (Hg.): *Die Innenwelt der Außenwelt der Innenwelt des Rechts. Annäherungen zwischen Rechts- und Literaturwissenschaft*, München, 187.

[35] Müller, Friedrich/Christensen, Ralph/Sokolowski, Michael (1997): *Rechtsarbeit ist Textarbeit*, Berlin, 25.

gesetzt wird) als ein Streit zwischen Verknüpfung von Empirie und Normtext verfolgen, der wiederum erst durch sprachliches Handeln zu Textualität wird. Damit werden formale und inhaltliche Reibungsflächen beobachtbar, in denen auch Emotionsszenarien und -paradigmen relevant und bestimmend werden. Denn der Streit kann nur durch rhetorische Abschlussstrategien oder kontingente Selektionen beigelegt werden. Er ist kein natürliches und auch kein streng rationales Verfahren.[36]

Begriffe und Prozesse stehen daher auch immer in einer jeweiligen Zeitstruktur. Sie gestalten sich damit in einem – im weiteren Sinn – narrativen Zusammenhang. Das gilt für das Urteil, die Entscheidung, die Begründung. Das gilt auch für die Festlegung von Regeln und Gesetzen. Sie konstituieren sich in einem reziproken Prozess von Referenzen auf Vergangenes, Gegenwart (des Äußerns, der Festlegung) und des Zukünftigen, also in einem nicht still zu stellenden Handlungsprozess. Reibungsflächen entstehen dadurch, dass Entscheidungen Tatfragen wie Rechtsfragen berücksichtigen und enthalten müssen. Also Vorgängiges im mehrfachen Sinn (die Tat, die Umstände, der Fall wie die Gesetze, das Regelwerk). Wo ist tatsächlich eine Entscheidung zu verorten?[37] Sie ist stets ein Moment des Bruchs, ein Zeitschnitt, wie das Anhalten der Beweisketten, der Auslegungen, der Begründungen zugunsten eines Urteils. Die damit entstehende Kontingenz, die Kollisionen und Konfrontationen mitsamt den unabdingbaren Emotionsszenarien sind literarisch extrem reizvoll. Denn in diesem Einebnen, Verketten, Unterbrechen des Prozesses, Abschließen stecken vielfältige Emotionspotentiale: Reibungsflächen zwischen Rechtsorganen und Rechtsfremden – aufgrund der Sprache, Macht, Zwang und ungleicher Verhältnisse (durch Stand, Gender, Alter, Bildung usw.).

Von dieser Perspektive aus gesehen ist es unabdingbar, die Folgen, die Rechtshandeln auslösen kann, zu bedenken. Denn es geht nie um die ›Schließung‹ einer Erzählung, ein definitives Ende, vielmehr gilt es, den Umstand zu beachten, dass Recht Handeln im Leben und in der Gesellschaft ist. Es geht auch darum, dass Recht wie Lebewesen, wie Akteure wirksam und handelnd ist.[38] Dass in diesem Sinne Worte nie unschuldig, rational, eindeutig oder abschließend sind. Auf diese Weise wird u.a. auch einsehbar, was Müller/Christensen im Rahmen ihrer strukturierenden Rechtslehre vorgeschlagen haben, nämlich den Unterschied zwischen rechtsförmiger Gewalt (legitim, unabdingbar) und gewaltförmigem Recht (illegitim):

> Recht und Gewalt können einander nicht abstrakt gegenübergestellt werden. Dadurch wäre entweder die Möglichkeit verstellt, in der Praxis des Rechts die

---

[36] Ebd., 87 u. 94.
[37] Vgl. Niehaus, Michael (2006): *Die Entscheidung vorbereiten*, in: Vismann, Cornelia/ Weitin, Thomas (Hg.): *Urteilen/Entscheiden*, München, 17–36, 22.
[38] Arnauld, *Was war, was ist*, 31.

Gewalt zu erkennen oder umgekehrt in der Praxis der Gewalt das Recht. Es würde die Möglichkeit verspielt, wirkliches Recht zu begreifen. Erst mit Blick auf die interne Verknüpfung von rechtsförmiger Gewalt mit gewaltförmigem Recht wird die Unterscheidung von legitimer und illegitimer Gewalt möglich.[39]

5 Emotionsszenarien – Anatole France und Blaise Cendrars als Beispiele

Anhand von zwei Texten – *L'affaire Cranquebille* von Anatole France und *L'or* von Blaise Cendrars möchte ich abschließend kurz auf zwei beispielhafte Möglichkeiten der poetologischen Umsetzung von Emotionsszenarien rund um die beschriebenen Reibungsflächen zwischen Norm/Autonomie und Prozessualität eingehen. Dass diese an Emotionsszenarien gebunden sind, erkennt auch André Gide in *Souvenirs de la cour d'assis* (1914), in denen er seine Beobachtungen von Gerichtsverhandlungen niederschreibt, indem er nicht nur ›Fallgeschichten‹ rekonstruiert (als Beobachter) und seine Erfahrung als Juror beschreibt (als Betroffener), sondern auch reflektiert. Emotional changiert er dabei zwischen Anziehung und Faszination (das Gerichtsgebäude zählt immer zu seinen bevorzugten Sehenswürdigkeiten einer Stadt) und Schrecken (die Angst vor dem Versagen der Wahrheit und der Gerechtigkeit). In all diese Emotionalitäten mischt sich auch eine Bewunderung für die Präzision der Sprache der Institution und ihrer Handelnden:

> J'ai vraiment admiré, à plus d'une reprise, la présence d'esprit du président et sa connaissance de chaque affaire; l'urgence de ses interrogatoires; la fermeté et la modération de l'accusation; la densité des plaidoiries, et l'absence de vain éloquence; enfin l'attention des jurés.[40]

Als roter Faden durch die Tage im Gericht zieht sich jedoch gerade aufgrund dieser Souveränität und Ernsthaftigkeit der Schrecken des Rechts, das Recht als Maschine: »Tout cela passait mon espérance, je l'avoue: mais rendait d'autant plus affreux certains grincements de la machine«.[41] Dieser Maschine fällt der fahrende Händler in der kurzen Parabel *L'affaire Cranquebille* von Anatole France zum Opfer. Der Text liest sich geradezu wie eine Abhandlung über die Konflikte und Spannungsverhältnisse des Rechts generell. Gleichzeitig verfügt

---

[39] Müller/Christensen/Sokolowski, *Rechtstext und Textarbeit*, 113.
[40] Gide, André (2009): *Souvenirs de la cour d'assis*, Paris, 12. ›Ich habe wirklich, und das mehr als einmal, die geistige Präsenz des Vorsitzenden und sein Wissen in jedem einzelnen Fall bewundert; die Beharrlichkeit seiner Verhöre; die Festigkeit und die Moderatheit der Anklage; die Dichte der Plädoyers und die Abwesenheit unnützer Rhetorik, und schließlich die Aufmerksamkeit der Juroren‹ (Übers. S.K.).
[41] Ebd. Dt. Übers.: ›All das überstieg meine Erwartungen, ich gebe das zu: aber es machte gleichzeitig gewisse Reibegeräusche der Maschine noch erschreckender‹ (Übers. S.K.).

France über einen durch die Ereignisse rund um die großen Justizfälle – die Affäre Dreyfuss als Beispiel – und seine Rechtskenntnisse geschärften Blick auf die besonderen französischen Verhältnisse. Zum einen geht es dabei um die Vorurteile gegenüber den Intellektuellen und Akademikern, den kritischen Stimmen. Dieser Haltung waren ja Dreyfuss wie Zola zum Opfer gefallen. In der Geschichte von France ist es ein Mediziner und Professor, der als Zeuge nicht ernst genommen wird und daher die falsche Verurteilung von Crainquebille nicht verhindern kann. Zum anderen zeigt France die starke Verbindung von französischem Recht und Administration auf, von exekutiven und politischen wie rechtlichen Institutionen. Der im Verhältnis zu Deutschland viel geringere Spielraum der französischen Richter und diese Verflechtungen bedingen die Rekonstruktion des Falles durch den Richter in der Geschichte wie auch – trotz besseren Wissens – den Vorrang der *raison d'état* vor der *raison des faits*. Gewählt wird mit der ungerechtfertigten Verurteilung nicht das kleinere Übel, sondern vermieden wird eine individuelle Positionierung zugunsten einer erwarteten Parteinahme. France baut diesen gewollten Justizirrtum darauf auf, dass er vorführt, wer welche Sprache zur Verfügung hat: Das Recht verfügt über die Performanz der Symbole (der Gerichtssaal, die Roben, die Zeremonie des Richters) und der unverständlichen Sprache; der Angeklagte über die ihm vom zugeteilten Anwalt in den Mund gelegten Worte, die er aber selbst nicht versteht; der Kläger (in Vertretung der Nation), ein wenig intelligenter Polizist, benützt nur die eingelernten Formeln des Amtshandelns; der nicht ernst genommene Zeuge legt mehrfach mündlich wie schriftlich eine klare Darlegung der Evidenzen vor, die aber nichts gelten. Der Richter konstruiert die Narration eines konstruierten Geschehens, des ›Falles‹, der, so wissen die Leserinnen und Leser aufgrund der beobachtenden, ironischen Sprache des Erzählers, zwar zum Fall wird, aber auf den Textbausteinen privilegierter Beteiligter aufbauend ›zurecht gerichtet‹ ist. Inmitten dieser Sprachwechsel steht der eine wichtige Satz, der dem Angeklagten letztendlich seine Existenz kosten wird: »Mort aux vaches«[42] (»Nieder mit den Bullen«). Ausgesprochen wird er jedoch vom Polizisten, der den Händler vergeblich anwies, seinen Gemüsekarren weiterzuschieben und die Straße nicht weiter zu blockieren. Der bestand nämlich auf seinem Recht, auf noch ausstehendes Geld zu warten. Das wird ihm nicht gewährt, woraus ein Disput entsteht, im Laufe dessen der Polizist vorgibt, die Beleidigung zu hören: Er spricht sie, indem er sie dem Händler unterstellt, aus, der Angeklagte wiederholt sie als Zitat zunächst ungläubig, später dann im guten Glauben, dass er bei Gericht mit einem Schuldeingeständnis besser davonkommt. Das ganze Unglück entsteht aufgrund der Inkompetenz des Polizisten, seine autoritäre Position souverän handhaben zu können, seiner Panik. Selbst der Angeklagte begibt sich in eine Situation konstruierten, fiktiven Sprachhandelns, durch das eine Konstellation entsteht, die das

---

[42] France, Anatole (1901): *L'Affaire Crainquebille*, Paris, 14.

Leben des Händlers neu aufstellt. Zunächst erstaunt die große Emotionslosigkeit, Gelassenheit des zu Haft Verurteilten. Diese resultiert aber aus seiner Verständnislosigkeit der Verhältnisse, die ihm niemand wirklich erklärt. Und aus dem Unwissen, dass sich danach nicht mehr einfach an das alte Leben anknüpfen lässt. Als er das letztendlich bemerkt, wird er der, zu dem ihn das Gericht schon gemacht hat: ein unhöflicher, wütender, respektloser Rüpel, der zu viel trinkt und sein Leben nicht im Griff hat. Als er am Ende versucht, die Situation mit dem Polizisten und dem beleidigenden Satz zu wiederholen, um zumindest im Gefängnis ein warmes Essen zu haben, wird er abgewiesen, gütig belehrt – das Zitat funktioniert dieses Mal nicht, und er vernimmt mahnende Sätze, die im Grunde an andere – den Richter, den Polizisten – gerichtet sein müssten. Es ist wieder ein unverständlicher Text:

> Que ce soye pour une idée ou pour autre chose, ce n'était pas à dire, parce que, quand un homme fait son devoir et qu'il endure bien des souffrances, on ne doit pas l'insulter par des paroles futiles… Je vous réitère de passer votre chemin.[43]

France zeigt in diesem kurzen, aber komplexen Text, von dem hier nur ein paar wenige Aspekte genannt werden konnten, jene emotionalen Momente, die Texte hervorrufen, die selbst weitere Emotionsszenarien auslösen. Recht zeigt sich dadurch an Lebensprozesse gebunden wie an seine Folgen. Ein Fall ist so zerlegbar: in seine Fakten (wozu auch Sprachhandeln gehört), in die Übersetzung dieser in von Kontexten und Diskursen konditionierte Texte, das Handeln mit diesen und die Folgen, die daraus entstehen – bis über das Urteil und den Abschluss des Falles hinaus. An keinem Punkt dieser Geschichte treffen sich Fakten und Sprachzeichen, finden die Kommunikationspartner eine gemeinsame Ebene. Feststellen lässt sich ein ständiger Ebenenwechsel an dessen entscheidenden Punkten ein Emotionsszenario konstruiert wird oder entsteht: Der überforderte Polizist mit seinem Schimpfwort, der aus dem Leben gefallene Händler mit seiner Wut, der belehrende Polizist mit seiner falschen Güte, die deplatziert ist, da er die Geschichte nicht kennt. Emotion ist hier im Text von Anatole France jener Moment, an dem Normsatz (etwa des Polizisten: ›Behindere nicht andere Verkehrsteilnehmer‹) und Existenz (›Ich muss das Gesetz durchsetzen und weiß nicht wie‹) aufeinandertreffen. Sie ist zu erkennen an der Hilflosigkeit des Polizisten (und an seiner Kampfbereitschaft, den Irrtum nicht aufzugeben) wie an dem sturen Beharren des Händlers, trotz der Gereiztheit des Polizisten auf seinem Recht der Bezahlung von Ware zu bestehen. Der einzige eindeutig rechtsbrüchige und klare Fall, den es in dieser Geschichte gibt, ist der, dass die Schuld-

---

[43] Ebd., 32. ›Sei es wegen eines Einfalls oder wegen etwas anderem, so etwas sagt man nicht, denn, wenn ein Mensch seine Pflicht tut und er Leiden ertragen muss, soll man ihn nicht mit unnötigen Worten beleidigen… Ich wiederhole nochmals, gehen Sie weiter‹ (Übers. S.K.).

nerin dem Händler das Geld nie geben wird. Auch später nicht, als sie die Gelegenheit dazu hätte. Dieser Umstand kommt aber nur in der Aussage des Händlers zur Sprache, ohne je zu einem juristisch relevanten Text werden zu dürfen.

Im Gegensatz dazu gibt es in Blaise Cendrars' *L'or* geradezu eine Fülle an juristisch ausgefeilten Texten von Seiten des Protagonisten. Es handelt sich dabei um einen historischen Fall, die Geschichte von General Johann August Sutner, dem berühmten Erschließer jener Landstriche, die später Kalifornien genannt werden. Zu großem Reichtum gekommen und offen für alle technischen und ökonomischen Erneuerungen, bietet seinen erfolgreichen Expansionen der Umstand Einhalt, dass auf seinem Land Gold gefunden wird. Danach setzt der historische Gold Rush ein und vernichtet alle seine kultivierten Länder, seine Bauten und modernen Maschinen zugunsten geduldeter rechtsloser Verhältnisse. Bis an das Ende seines Lebens wird sich Sutner obsessiv und auch den Verstand verlierend um sein Recht bemühen. Sohn und Tochter – zu Anwälten ausgebildet – fallen diesem Zwang zum Opfer, lassen sich mitreißen in den fanatischen Strudel. Am Ende wird auch Recht gesprochen – Sutner hat Anspruch auf große Entschädigungen und Anteilszahlungen –, aber die politische und juridische ›raison‹ ignoriert den Rechtsspruch.[44] Sutner stirbt am Ende auf den Stufen des Kapitols, dem Sitz des Kongresses, der seinen Fall endgültig bescheiden hätte können.

Anders als France greift Cendrars nicht zu einer ironisch gefärbten Parabel, sondern rekonstruiert einen historischen Fall in seinen Facetten in dokumentarisch markierter Knappheit, der er mit geradezu expressionistischen Einschüben eine starke emotionale Komponente gibt. Die personale Perspektive, die er wählt, bringt wie die Montage unterschiedlicher Textsorten (Briefe, Erzählung, Urteile) eine Einsicht in die sprachlichen Spannungsverhältnisse von Protagonisten und Recht. Es ist ein beständiger Austausch zwischen Schweigen (die erste Reaktion Sutners) und Überproduktion (durch unzählige Gerichtsverhandlungen, Akten, Briefe, Urteile). Über all dem liegen die Texte der Öffentlichkeit, der Zeitungen und Medien. Der Wut und Verletztheit des Generals steht die Präpotenz und Gier der Ökonomie und Politik gegenüber, die den Entwicklungen nicht Einhalt gebieten wollen. Wie im Falle des fahrenden Händlers vernichtet das Recht seine Existenz. Recht, Einzelner und Gesellschaft treffen sich nie auf einer Ebene gewaltlosen Einverständnisses.

Es kann aber auch anders kommen. Nämlich dann, wenn die Beteiligten versuchen, die vielen Ebenen und Texte, auch die, die nicht ausgesprochen werden, zu verstehen. Abschließend dazu ein Beispiel aus Denis Salas' wunderbarer Sammlung *Les 100 Mots de la Justice*. Dort findet man unter dem Eintrag *émotion* statt einer Definition folgende Erzählung:

---

[44] Cendrars, Blaise (2015): *L'Or*, Paris, 133.

Observons une audience de comparutions sur reconnaissance préalable de culpabilité [...]. C'est une audience de cabinet dans le bureau du procureur de la République en présence de l'avocat. Au terme de l'interrogatoire, le procureur fait une proposition de peine au prévenu. Soudain, à un mouvement, *un étonnement muet*, une vibration imperceptible dans l'espace, on devine qu'il passe quelque chose. C'est le prévenu qui ne peut répondre sous *l'effet d'un choc*. Est-ce le stress, l'effet paralysant de la comparution? Il marmonne quelque chose confusément. *Aucun son articulé ne sort de sa bouche*. Le procureur est *troublé*. L'avocat demande une suspension d'audience et se retire avec son client. Moment bref, décisif. Au retour dans le bureau, *l'avocat explique l'émotion* de cet homme: ce sursis lui offre une chance qu'il n'espérait plus alors qu'il a un casier judiciaire chargé. *Traduisant cette émotion, l'avocat remet en scène l'homme, efface l'image du récidiviste qui est dans le dossier. L'homme «contextuel» (ses émotions, sa famille, son image sociale...) peut échapper au stigmate institutionnel.* Voilà qu'il est restauré *comme sujet de parole*. Voilà qu'il accepte la peine dans le tremblement maitrisé plutôt que dans une acceptation lucide.[45]

---

[45] Salas, Denis (2011): *Les 100 mots de la justice*, Paris, 48–49. (Herv. S.K.) Dt. Übersetzung: ›Beobachten wir ein Strafbefehlsverfahren [...]. Es ist eine Kabinettsanhörung im Büro des Staatsanwalts in Gegenwart des Verteidigers. Am Ende des Verhörs macht der Staatsanwalt dem Angeklagten einen Vorschlag zum Strafausmaß. Plötzlich, aufgrund einer Bewegung, eines stummen Erstaunens, einer kaum merklichen Vibration im Raum, errät man, dass etwas im Gange ist. Es ist der Angeklagte, der unter der Wirkung eines Schocks nicht antworten kann. Ist es der Stress, der lähmende Effekt der Strafzumessung? Er murmelt etwas konfus. Kein artikulierter Laut kommt aus seinem Mund. Der Staatsanwalt ist verstört. Der Verteidiger bittet um eine Unterbrechung der Anhörung und zieht sich mit seinem Mandanten zurück. Ein kurzer, entscheidender Moment. Nach der Rückkehr in das Büro erklärt der Verteidiger die Emotion dieses Mannes: Die Bewährung bietet ihm eine Chance, auf die er nicht mehr gehofft hatte, da er bereits vorbestraft ist. Indem der Verteidiger diese Emotion übersetzt, setzt er den Menschen wieder in Szene, löscht das Bild des Rückfälligen aus dem Dossier. Der Mensch im Kontext (seine Emotionen, seine Familie, sein soziales Image…) kann dem institutionellen Stigma entgehen. So ist er als ein Subjekt der Sprache wiederhergestellt. So nimmt er die Strafe mehr mit einem gebändigten Zittern an, als mit klarem Bewusstsein‹ (Übers. S.K.).

Bibliografie

Aragoneses, Alfons (2002): *Strafrecht im Fin de Siècle. Raymond Saleilles und die Strafrechtswissenschaft in Frankreich Ende des 19. Jahrhunderts*, in: Felder, Birgit/u.a. (Hg.): *Ad Fontes. Europäisches Forum junger Rechtshistorikerinnen und Rechtshistoriker Wien 2001*, Frankfurt a.M./et. al., 11–22.

Bandes, Susan (Hg.) (1999): *The passions of law*, New York, NY.

Bonnecase, Julien (1928): *Science du Droit et Romanticisme. Le conflit des conceptions juridiques en France de 1880 à l'heure actuelle*, Paris.

Cendrars, Blaise (2015): *L'Or*, Paris.

Derrida, Jacques (1990): *Force de loi: ›Fondement mystique de l'autorité‹*, in: *Cardozo Law Review* 11, 920–1045.

— (2014): *Gesetzeskraft. Der ›mystische Grund der Autorität‹*, Frankfurt a.M.

Fish, Stanley (2004): *Recht will formal sein*, in: Lerch, Kent D. (Hg.): *Die Sprache des Rechts. Recht verstehen. Verständlichkeit, Missverständlichkeit und Unverständlichkeit von Recht*, Berlin/New York, NY.

Foucault, Michel (1994): *La vie des hommes infâmes*, in: *Dits et écrits. 1954-1988, Bd. III* hg. von Daniel Defert und François Ewald, Paris, 237–253.

— (2003): *Das Leben der infamen Menschen*, in: *Dits et Ecrits. Schriften. Bd.III. 1976-1979*, hg. von Daniel Defert und François Ewald unter Mitarbeit von Jacques Lagrange, Frankfurt a.M., 309–332.

France, Anatole (1901): *L'Affaire Crainquebille*, Paris.

Frommel, Monika (1991): *Internationale Reformbewegung zwischen 1880 und 1920*, in: *Erzählte Kriminalität. Zur Typologie und Funktion narrativer Darstellungen in Strafrechtspflege, Publizistik und Literatur zwischen 1770 und 1920*, in: Schönert, Jörg (Hg.): *Erzählte Kriminalität. Zur Typologie und Funktion narrativer Darstellungen in Strafrechtspflege, Publizistik und Literatur zwischen 1770 und 1920*, in Zusammenarbeit mit Konstantin Imm und Joachim Linder, Tübingen, 467–496.

Gény, François (1919 [1899]): *Méthode d'interpretation et sources en droit privé positif*, Paris.

Gide, André (2009): *Souvenirs de la cour d'assis*, Paris.

Grossi, Paolo (2010): *Das Recht in der europäischen Geschichte*, München, 137–202.

Hänni, Julia Franziska (2011): *Vom Gefühl am Grund der Rechtsfindung. Rechtsmethodik, Objektivität und Emotionalität in der Rechtsanwendung*, Berlin.

Henniger, Thomas (2009): *Europäisches Privatrecht und Methode. Entwurf einer rechtsvergleichend gewonnen juristischen Methodenlehre*, Tübingen, 113–148.

Kalivoda, Gregor (2014): *Iudicium als Skandalon. Rechtsgefühl und Urteilsschelte*, in: Ueding, Gert/ders. (Hg.): *Wege moderner Rhetorikforschung. Klassische Fundamente und interdiziplinäre Entwicklungen*, Berlin/Boston, MA, 289–303.

Kiesow, Rainer Maria/Korte, Martin (Hg.) (2005): *Emotionales Gesetzbuch. Dekalog der Gefühle*, Köln/Weimar/Wien.

Knaller, Susanne (2015): *Die emotionalen Gründe des Rechts in der Literatur - und umgekehrt. Vorschläge für einen interdisziplinären Austausch von Rechts- und Literaturwissenschaft*, in: Hiebaum, Christian/Knaller, Susanne/Pichler, Doris (Hg.): *Recht und Literatur im Zwischenraum. Aktuelle inter- und transdisziplinäre Zugänge/Law and Literature In-Between. Contemporary Inter- and Transdisciplinary Approaches*, Bielefeld, 119–132.

Kraus, Wolfgang (2012): *Die Vereinbarkeit von Rechtsgefühl und Rechtspositivismus. Das Zusammenwirken von Rationalität und Emotionalität in der Rechtsfindung*, Salzburg, Univ. Diss.

Ladeur, Karl Heinz (2012): *›Finding our text…‹. Der Aufstieg des Abwägungsdenkens als ein Phänomen der ›sekundären Oralität‹ und die Wiedergewinnung der Textualität des Rechts in der Postmoderne*, in: Augsberg, Ino/Lenski, Sophie-Charlotte (Hg.): *Die Innenwelt der Außenwelt der Innenwelt des Rechts. Annäherungen zwischen Rechts- und Literaturwissenschaft*, München.

Lampe, Ernst-Joachim (Hg.) (1985): *Das sogenannte Rechtsgefühl*, Opladen.

Latour, Bruno (2010): *The Making of Law. An Ethnography of the Conseil D'État*, Malden.

Linder, Joachim (1991): *Strafjustiz, Strafrechtsreform und Justizkritik im ›März‹*, in: Schönert, Jörg (Hg.): *Erzählte Kriminalität. Zur Typologie und Funktion narrativer Darstellungen in Strafrechtspflege, Publizistik und Literatur zwischen 1770 und 1920*. Tübingen, 533–570.

Maroney, Terry (2006): *Law and Emotion: A Proposed Taxonomy of an Emerging Field*, in: *Law and Human Behavior* 30, 119–142.

Meier, Christoph (1986): *Zur Diskussion über das Rechtsgefühl*, Berlin.

Miranowicz, Monika Emilia (2009): *Gehirn und Recht. Wie neurowissenschaftliche Erkenntnisse das Dilemma zwischen Naturrecht und Positivismus überwinden können*, Berlin.

Müller, Friedrich/Christensen, Ralph/Sokolowski, Michael (1997): *Rechtsarbeit ist Textarbeit*, Berlin.

Niehaus, Michael (2006): *Die Entscheidung vorbereiten*, in: Vismann, Cornelia/Weitin, Thomas (Hg.): *Urteilen/Entscheiden*, München, 17–36.

Pascal, Blaise (1912): *Pensées et opuscules*. Édition L. Brunschvicg, Paris.

— (2012): *Gedanken*, Kommentar von Eduard Zwierlein, Berlin.

Petersen, Klaus (1981): *Die »Gruppe 1925«. Geschichte und Soziologie einer Schriftstellervereinigung*, Heidelberg.

Posner, Eric A. (2000): *Law and the Emotions*, in: *Chicago. John M. Olin Law & Economics Working Paper* 103, 1–31.

Pound, Roscoe (1910): *Law in Books and Law in Action*, in: *American Law Review* 44, 12–36.

Rancière, Jacques (2000): *Le partage du sensible. Esthétique et politique*, Paris.

Rückert, Joachim (1986): *Das »gesunde Volksempfinden« – eine Erbschaft Savignys?*, in: *Zeitschrift der Savigny-Stiftung für Rechtsgeschichte* 103, 199–247.

Salas, Denis (2011): *Les 100 mots de la justice*, Paris.

Saleilles, Raymond (1898): *L'individualisation de la peine*, Paris.

Schönert, Jörg (1991): *Zur Einführung in den Gegenstandsbereich und zum interdisziplinären Vorgehen. Mit Beiträgen von Konstantin Imm und Wolfgang Naucke*, in: ders. (Hg.): *Erzählte Kriminalität. Zur Typologie und Funktion narrativer Darstellungen in Strafrechtspflege, Publizistik und Literatur zwischen 1770 und 1920*. Tübingen, 11–55.

Vesting, Thomas (2011): *Die Medien des Rechts. Sprache*, Weilerswist.

von Arnauld, Andreas (2009): *Was war, was ist – und was sein soll. Erzählen im juristischen Diskurs*, in: Klein, Christian/Martínez, Matías (Hg.): *Wirklichkeitserzählungen.*

Felder, Formen und Funktionen nicht-literarischen Erzählens, Stuttgart/Weimar, 14–50.

von Jhering, Rudolf (1965 [1874]): *Der Kampf ums Recht. Ausgewählte Schriften mit einer Einleitung von Gustav Radbruch*, hg. von Christian Rusche, Nürnberg.

Weiler, Inge (1998): *Giftmordwissen und Giftmörderinnen. Eine diskursgeschichtliche Studie*, Tübingen.

RITA RIEGER

Gegen die Langeweile: Tanz und Sprachhandlungen in Paul Valérys *L'Âme et la Danse*

Vom Großteil seiner Zeitgenossen wurde Paul Valéry als ein rationaler Dichter wahrgenommen. Die jüngere Forschung hingegen verweist auf die Rolle von Emotion, Empfinden und Körper in seiner Poetik.[1] Diesem Ansatz werde ich folgen, um aufzuzeigen, dass Langeweile eine paradigmatische Emotion der Moderne ist, die mit Valéry ästhetisch gedacht werden kann und für eine Poetik modernen Empfindens einsteht, die wiederum auf das Verhältnis von Geist, Körper und Weltbezug zurückwirkt. Dazu werde ich zunächst auf das spezifische Verhältnis von Schönheit, Emotion und Poiesis des französischen Dichters eingehen und nach einer kurzen historischen Kontextualisierung der Langeweile anhand des Dialoges *L'Âme et la Danse* (1921) Langeweile als ein Emotionsmodell der Moderne vorstellen. Denn in Paul Valérys Dialog werden unterschiedliche Nuancen von Langeweile reflektiert und theoretisiert. Damit wird der Langeweilediskurs erweitert, da *ennui* hier ein Movens für künstlerisches Handeln darstellt, das Hellsicht und emotionales Involviert-Sein zusammenführt und – dem Tanz vergleichbar – ständig neue Formen generiert. Geistige und körperliche Bewegung schließen sich im ästhetischen Kontext nicht aus, wie in den wahrnehmungs- und kunstkritischen Reflexionen Valérys, die unter dem Kürzel CEM[2] firmieren, deutlich wird. Das veränderbare Verhältnis von Körper, Geist wie Welt zeigt sich in Handlungen wie Tanzen oder Sprechen und fließt im ästhetischen Kontext in Valérys ›Poetik des Fühlens‹ zusammen.

---

[1] Siehe dazu Fischer, Miriam (2010): *Denken in Körpern. Grundlegung einer Philosophie des Tanzes*, Freiburg, 287–315. Zur doppelten Konzeption von Paul Valérys Poetik, die aus einer formalistischen und unpersönlichen Komponente einerseits und einer gefühlsorientierten andererseits besteht, vgl. Marx, William (2012): *Valéry: une poétique du sensible*, in: *Aisthesis* 5.1, 95–109, hier 105; sowie Vercruysse, Thomas (2012): *De Descartes à Athikté: métamorphoses du sensible chez Valéry*, in: *Aisthesis* 5.1, 29–48. Zu einem poietischen Verhältnis von Wahrnehmen, Schreiben und Lesen vgl. Köhler, Hartmut (1999): *Analogie bei Valéry*, in: Schmidt-Radefeldt, Jürgen (Hg.): *Paul Valéry. Philosophie der Politik, Wissenschaft und Kultur*, Tübingen, 161–175, hier 161.

[2] CEM steht für die Relation von Corps Esprit Monde – Körper Geist Welt.

1 Zu Paul Valérys ›Poetik eines rationalen Empfindens‹

In seinem *Discours sur l'Esthétique* (1937) spricht sich Paul Valéry für eine ›Wissenschaft des Fühlens‹ aus, um das Geheimnis aller Künste entdecken zu können.³ Seine allgemeinen Ausführungen zu ästhetischer Lust lassen Rückschlüsse auf sein Langeweile-Konzept und in weiterer Folge auf seine Poetik zu, weshalb beide kurz skizziert werden sollen. Die Lust (*le plaisir*) als Gegenstand ästhetischer Betrachtungen benennt Valéry als Störfaktor intellektueller Konstruktionen, da sie ihm wie alle Emotionen undefinierbar, unvergleichbar und unermesslich scheine. Zudem verweise die ästhetische Emotion auf die wechselseitige Abhängigkeit von Beobachter und Beobachtetem.⁴ Die Vorstellung eines vollkommenen Eintauchens oder Aufgehens des Lesers oder der Leserin im Werk erweist sich letztlich jedoch als suspekt, zumindest als ungenügend, wenn von einer theoretischen Beschäftigung mit Kunst ausgegangen wird.

Paul Valérys Konzept ästhetischer Emotion verbindet in der Folge körperliche Reaktionen mit einem der Emotion inhärenten Reflexionspotential, das erst den Kunstgenuss vervollständigt. Für den ästhetisch interessierten Menschen liege die Faszination von ästhetischer Emotion darin, das Rätsel der Verknüpfung von emotionalen, kognitiven und performativen bzw. kreativen Handlungen zu lösen. Dieses unentwirrbare Ineinander als Charakteristikum des Schönen, das zugleich Valérys Poetik des Empfindens beschreibt, fasst der Autor reduziert in seinen Notizen zusammen:

> La beauté réside dans l'impossibilité
> De séparer { - l'émotion de ce qui émeut
> Sans perte { - la forme du fond
>   { - La manière de faire de la chose faite et dans le renouvellement du désir par la satisfaction même. […]⁵

Für die Literatur spezifiziert Paul Valéry in *Poésie et Pensée Abstraite* (1939) dieses Wechselverhältnis von Inhalt und Form bzw. Schreibweise und Text anhand der Reziprozität von Sinn (*sens*) und klanglichem Sinneseindruck (*son*) genauer. Ausgehend von einer Abgrenzung poetischer Sprache von verbaler Alltagspraktik betont Valéry die Eigenschaft der poetischen Sprache, das Bedürfnis auszulösen, sie unabhängig von einem bestimmten Sinn zu wiederholen. Zudem

---

³ Vgl. Valéry, Paul (1957a): *Discours sur l'Esthétique*, in: ders.: *Œuvres I*, hg. v. Jean Hytier, Paris, 1294–1314, hier 1295–1296.
⁴ Vgl. ebd., 1298.
⁵ Valéry, Paul (1974): *Art et esthétique*, in: ders.: *Cahiers II*, hg. v. Judith Robinson, Paris, 921–983, hier 939. ›Die Schönheit liegt in der Unmöglichkeit / Einer Trennung / Ohne Verlust von / Emotion und dem, was berührt / Form und Inhalt / Art zu Machen und Gemachtem und in der Erneuerung des Verlangens durch die Erfüllung selbst. […]‹ (Wenn nicht anders vermerkt, stammen die dt. Übersetzungen von R.R.).

wird poetisches Verstehen als Substitutionsbewegung definiert, die ein sprachliches System von Lauten, Dauer und Zeichen durch etwas Nicht-Sprachliches wie Bilder oder Emotionen ersetzt. Eine verständliche Rede zeichne sich demnach durch eine Leichtigkeit aus, mit der die Worte zunächst in Nicht-Sprache verwandelt werden und dann in eine von der ursprünglichen Form abweichende Sprache transformiert werden.[6] Sinnorientierte Rede töte die Sprache als solche, formuliert Valéry geständnishaft über den Zweck seines Vortrags:

> Je l'ai émis pour qu'il périsse, pour qu'il se transforme radicalement en autre chose dans votre esprit; et je connaîtrai que je fus *compris* à ce fait remarquable que mon discours n'existe plus: il est remplacé entièrement par son *sens* – c'est-à-dire par des images, des impulsions, des réactions ou des actes qui vous appartiennent: en somme, par une modification intérieure de vous.[7]

Während Prosatexte – im Sinne von Texten, die auf die Kommunikation eines bestimmten Sinns ausgerichtet sind – von Umständen geprägt werden, die dem Text die Erscheinung, Richtung, Geschwindigkeit und ein bestimmtes Ende sowie ein definites Wort verleihen, richtet sich die Bewegung der poetischen Sprache wie auch des Tanzes auf nichts weiter als sich selbst. Mit denselben Mitteln der Lexik, Syntax, Klangfarbe etc. entstehen verschiedene Texte, so wie sich Gehen und Tanzen unterscheiden, wenngleich sie mit denselben Muskeln, Knochen und Sehnen ausgeführt werden.[8] Ein auf Verständnis zielender Sprachgebrauch konserviert weder die physisch wahrnehmbare Form der Rede noch den Sprechakt, wohingegen es der poetischen Sprache gelingt, sich selbst als Form Bedeutung zuzumessen. Eine abwechselnde Dominanz von Sinn (*sens*) und Klang (*son*) prägen Schreib- und Lektüreakt gleichermaßen. Die dadurch hervorgerufene Bewegung lässt die Adressatinnen und Adressaten in ein ›poetisches Universum‹ eintreten, das sie selbst verwandelt, indem es sie anstößt, unter je anderen Gesetzmäßigkeiten zu denken und zu handeln.[9] Diese Poetik des rationalen Empfindens, die statt des Produktes die Handlung und den Prozess hervorhebt,[10] steht dem Lebensüberdruss, dem *ennui*, entgegen und ergänzt den Langeweilediskurs zu Beginn des 20. Jahrhunderts um eine neue Facette. Ein kurzer historischer

---

[6] Vgl. Valéry, Paul (1957b): *Poésie et Pensée Abstraite*, in: ders.: *Œuvres I*, hg. v. Jean Hytier, Paris, 1314–1339, hier 1325.

[7] Ebd., 1331, Herv.i.O. ›Ich habe ihn hervorgebracht, damit er sterbe, damit er sich auf radikale Weise in eurem Geist in etwas anderes verwandle; und ich werde an der bemerkenswerten Tatsache, dass meine Rede nicht länger existiert, erkennen, dass ich *verstanden* wurde: sie wird vollständig durch ihren *Sinn* ersetzt – d.h. durch Bilder, Impulse, Reaktionen oder Handlungen, die Ihnen gehören: in Summe, durch eine innere Modifikation von Ihnen.‹

[8] Ebd., 1330.

[9] Vgl. ebd., 1326.

[10] Vgl. Vercruysse, *De Descartes à Athikté*, 46.

Überblick soll in Folge Gefühlslagen der Langeweile, korrespondierende Situationen ihres Auftretens und ihre Wirkung in der Moderne auffächern.

2 Langeweile als Paradigma der Moderne

2.1 ›Einfache Langeweile‹

Wenngleich *ennui* nicht einfach mit Langeweile übersetzt werden kann, gibt es neben den Abgrenzungen auch einige Überschneidungsbereiche in gängigen Definitionen der damit bezeichneten menschlichen Gefühlslagen.[11] Vielfach wird auf die etymologische Beziehung von *ennui* und Hass, Widerwille oder Ekel hingewiesen, die im französischen Sprachgebrauch die Vorstellung von Verdruss betont,[12] während im Deutschen der Zeitaspekt im Vordergrund steht. Als einer der grundlegenden Unterschiede wird die Ursache der Gefühlslage angegeben: Während *ennui* von äußeren Bedingungen unabhängig entsteht, lässt sich ›einfache Langeweile‹ auf konkrete Ursachen zurückführen und werde damit subjektiv unterschiedlich erfahren, *ennui* dagegen sei endogen motiviert.[13] Im modernen französischen Begriff *ennui* fallen ›einfache‹ und ›existentielle‹ Langeweile zusammen.

---

[11] Ab dem frühen Mittelalter konnotiert *ennui* zwei Extreme: Zum einen bezeichnet es eine Kleinigkeit, die Ärger oder Irritation verursacht, wie es die Provenzalischen Troubadours in ihren Liedern besingen. Gleichzeitig bezeichnet es bereits in der mittelalterlichen Epen- und Romanzendichtung auch einen tiefen Kummer. Vgl. Kuhn, Reinhard Clifford (1976): *The Demon of Noontide. Ennui in Western Literature*, Princeton, NJ, 5–6. Zu einem historischen Überblick der Begriffsverwendungen von *Langeweile*, *boredom* und *ennui* in Literatur, Philosophie sowie kulturwissenschaftlichen Studien im europäischen Kontext vgl. Breuninger, Renate/Schiemann, Gregor (Hg.) (2015): *Langeweile. Auf der Suche nach einem unzeitgemäßen Gefühl. Ein philosophisches Lesebuch*, Frankfurt a.M., 16–18. John Eastwood u.a. fassen unterschiedliche Ansätze der Erforschung von Langeweile zusammen und differenzieren dabei Langeweile in Zusammenhang mit psychodynamischen, existentiellen, erregungstheoretischen und kognitiven Theorien. Vgl. Eastwood, John D./u.a. (2015): *Von der richtigen Lenkung der Aufmerksamkeit*, in: ebd., 201–217, hier 209. Peter Toohey definiert Langeweile als sekundäre Emotion. Vgl. Toohey, Peter (2015): *Die Evolution der Langeweile*, in: ebd., 195–200, hier 198.

[12] ›Ennui‹ bzw. ›ennuyer‹ leiten sich von ›in odio esse‹ ab, woraus sich im Laufe der Zeit ›inodiare‹ und ›enoier‹ entwickelten. Vgl. Bellebaum, Alfred (1990): *Langeweile, Überdruss und Lebenssinn. Eine geistesgeschichtliche und kultursoziologische Untersuchung*, Opladen, 51.

[13] Für eine umfassende Definition von ›einfacher Langeweile‹, die sich von *ennui* bzw. existentieller Langeweile unterscheidet siehe Eastwood/u.a., *Ein unzeitgemäßes Gefühl*, 202–203.

2.2 ›Existentielle Langeweile‹

Ennui als moderne Langeweile steht noch in enger Beziehung zu älteren Bezeichnungen für vergleichbare Gefühle.[14] Am bedeutendsten für den Langeweilediskurs hält sich die Nähe zur Melancholie, der Schwarzgalligkeit, wenngleich Langeweile und Melancholie nur den Objektverlust teilen und Melancholie noch keine Vergleichgültigung bzw. Ungestimmtheit meint. Gemeinsam ist ihnen die existentielle Dimension, die zu einer Distanzierung zur Welt, zum Leben sowie zu den eigenen Handlungen führt. Während Melancholie dazu veranlasst, das eigene Handeln zu überdenken, führt *ennui* in die Leere.[15] Aus einer räumlichen Perspektive widerspricht diese Grenzenlosigkeit in der Leere einem anderen Symptom des *ennui*, dem Gefühl der Limitation, des Eingeengt-Seins, das auch als *horror loci* bezeichnet wird.[16] Existentielle Langeweile vereint somit gegensätzliche Empfindungen, grenzenlose Leere und damit unlimitierte Raumerfahrungen zum einen, äußerste Begrenzung zum anderen – dasselbe gilt für das Zeitempfinden, da Zeit einmal zu langsam vergeht und sich zu dehnen scheint, während Langeweile auch als ewig, der Zeit enthoben, wahrgenommen werden kann. Beides führt allerdings meist in eine Tatenlosigkeit. Zur Beschreibung existentieller Langeweile wird nach wie vor auf Reinhard Cliffort Kuhns Definition zurückgegriffen, der Langeweile »as the state of emptiness that the soul feels when it is deprived of interest in action, life, and the world (be it this world or another), a condition that is the immediate consequence of the encounter with nothingness, and has an immediate effect as disaffection with reality«[17] bestimmt.

Langeweile als Symptom der Moderne – »diese Erfahrung ohne Eigenschaften«[18] – wird schließlich noch mit physischem und intellektuellem Stillstand in einer sich permanent beschleunigenden Welt verglichen, sie zeige sich als Ursache und Wirkung eines Subjekts in der Krise.[19] Erst die moderne Verwendung von Langeweile verbindet die existentielle mit der temporalen Bedeutung, wie insbesondere der Langeweile-Diskurs des 19. Jahrhunderts veran-

---

[14] Vgl. Goodstein, Elizabeth S. (2015): *Signum der Moderne*, in: Breuninger, Renate/Schiemann, Gregor (Hg.): *Langeweile. Auf der Suche nach einem unzeitgemäßen Gefühl. Ein philosophisches Lesebuch*, Fankfurt a.M., 175–181, hier 179. Christof Rudek verweist mit knappen Definitionen noch auf andere teilweise synonym verwendete Begriffe, um dieses »seelische[ ] Unbefriedigtsein oder [diese] existentielle Schwermut« zu beschreiben, wie etwa *Weltschmerz, mal du siècle, Byronism* und *noia*. Vgl. Rudek, Christof (2010): *Die Gleichgültigen. Analysen zur Figurenkonzeption in Texten von Dostojewskij, Moravia, Camus und Queneau*, Berlin, 14–15.
[15] Vgl. Breuninger/Schiemann, *Ein unzeitgemäßes Gefühl*, 18–19.
[16] Vgl. Kuhn, *The Demon of Noontide*, 23.
[17] Kuhn, *The Demon of Noontide*, 13.
[18] Goodstein, *Signum der Moderne*, 176.
[19] Vgl. ebd., 175–176.

schaulicht, der sich durch eine Rhetorik subjektiver Erfahrungen angesichts einer als leer und bedeutungslos erfahrenen Zeit auszeichnet.[20] Langeweile führt in ihrer Gefühllosigkeit, der Nähe zum Nihilismus, Schopenhauers Pessimismus oder dem buddhistischen Gedankengut zu einer Auseinandersetzung »mit nichts oder mit dem Nichts«[21] und erweist sich um 1900 als privilegierter Themenkomplex, die Grenzen der Sprache aufzuzeigen. Während Schopenhauer und Kierkegaard als Theoretiker der Langeweile des 19. Jahrhunderts gelten, werden neben Johann Wolfgang von Goethe und Ludwig Tieck als hervorragende Autoren des *ennui* Gustave Flaubert und Charles Baudelaire genannt.[22] Paul Valéry hingegen gilt als einer jener Autoren, die zu einer Rationalisierung des Langeweile-Empfindens beigetragen haben und der mit *L'Âme et la Danse* Langeweile als ästhetische Emotion neu konturiert.

2.3 Ästhetische Langeweile

Langeweile scheint im Bereich der Kunst omnipräsent, sie mag dem künstlerischen Akt vorangehen, ihn begleiten oder ihm folgen. Valérys rationalistischer Langeweile-Begriff wurde vermutlich stark von Stéphane Mallarmés Reflexionen beeinflusst, der Poesie und *ennui* eng verknüpfte. Im Versuch, dieses unfassbare Gefühl sprachlich auszudrücken, verliert Poesie für Mallarmé ihre Leichtigkeit und führt den Dichter oder die Dichterin in den Rückzug, in die Einsamkeit.[23] Während Charles Baudelaires *ennui* Ohnmacht des Guten sei und damit einen moralischen Konflikt benenne, bezeichne Stéphane Mallarmés *ennui* die Ohnmacht des Schönen, die akzeptierte angstfreie Unfähigkeit, kreativ zu handeln.[24] Paul Valéry kann an diese Intellektualisierung der Langeweile und Entmystifizie-

---

[20] Vgl. Goodstein, *Signum der Moderne*, 177–178. Mit dem 19. Jahrhundert wird neben der anthropologischen Bedeutung erneut die Relation von Langeweile und künstlerischer Kreativität reflektiert, die bereits ab dem 18. Jahrhundert als *Spleen* oder Englische Krankheit in literarischen Werken Verbreitung fand. Historisch betrachtet wird die körperliche Komponente von Langeweile unterschiedlich stark betont: Während Baudelaire den physischen Aspekt von *ennui* durch den Begriff *spleen* abgrenzt, steht bei Flaubert und Sartre die Übelkeit (*nausée*) für die somatische Reaktion. Guy Sagnes differenziert *Spleen* und *ennui* weiter als Wahrnehmung versus Gefühl. *Spleen* zeige sich häufig im Außen, dabei sei die ursprünglich physiologische Konnotation mit gemeint. Mit *Spleen* werde die organische Wahrnehmung des Gefühls (*ennui*) bezeichnet. Vgl. Sagnes, Guy (1969): *L'ennui dans la littérature française de Flaubert à Laforgue (1848-1884)*, Paris, 61.

[21] Goodstein, *Signum der Moderne*, 175.

[22] Vgl. Breuninger/Schiemann, *Ein unzeitgemäßes Gefühl*, 18.

[23] Vgl. Sagnes, *L'ennui dans la littérature française*, 259.

[24] Vgl. ebd., 295.

rung der Welt²⁵ anknüpfen, seine Langeweile führt jedoch konträr zu Mallarmés Konzeption zu kreativem Handeln.²⁶ Dazu bedient sich Valéry des Tanzes, als Chiffre der künstlerischen Handlung,²⁷ als Bindeglied zwischen Kunst und Leben sowie zwischen Körper, Geist und Welt.

Ennui kann entweder Motiv eines künstlerischen Werkes sein, oder aber als *idée-force* bzw. Denkfigur die zeitliche und räumliche Struktur des Werkes formen und den Textrhythmus bestimmen.²⁸ Als *idée-force* kennzeichnet Langeweile eine Dynamik, die ein rein intellektuelles Konzept übersteigt. Langeweile gibt nicht einfach wieder, was bereits vorhanden ist, sondern modelliert aufgrund der ihr innewohnenden kreativen Kraft Geist und Realität der Menschen. Emotionen wie Liebe, Hass, Angst oder Neid vergleichbar, bildet *ennui* die Wahrnehmung von Situationen in Leben und Kunst gleichermaßen mit aus, wie am Beispiel von *L'Âme et la Danse* gezeigt werden soll.

3   *L'Âme et la Danse*: Am Anfang war die Langeweile

L'Âme et la Danse ist Platons *Gastmahl* nachempfunden, doch halten die Festgäste keine Lobesreden auf Eros, sondern diskutieren Merkmal und Wirkung des Tanzes sowie die Virtuosität der Tänzerinnen, um die Seele zu ergründen. Anstoß der Gespräche ist eine große Langeweile, wie der Beginn des Dialoges zeigt.

> Ô Socrate, je meurs!... Donne-moi de l'esprit! Verse l'idée!... Porte à mon nez tes énigmes aigües!... Ce repas sans pitié passe toute appétence concevable et toute soif digne de foi!... Quel état que de succéder à de bonnes choses, et que d'hériter

---

[25] Vgl. ebd., 308.
[26] Die Verbindung von Langeweile und Kunstproduktion geht auf eine lange Tradition zurück. Ohne an dieser Stelle genauer zwischen Melancholie und Langeweile zu differenzieren, führt Kuhn unterschiedliche Beispiele der europäischen Kunst an. Am bekanntesten sind sicherlich Albrecht Dürers *Melencolia*, die Muse, die durch Gedanken an die Sinnlosigkeit ihrer Tätigkeit ihrer Kräfte beraubt wird oder aber Goethes Konzeption, die die Langeweile als schwangere Muse entwirft. Auch Barbey D'Aurevilly charakterisiert das mit *ennui* verbundene Nichthandeln als fruchtbar. Vgl. Kuhn, *The Demon of Noontide*, 75–76.
[27] Zum Tanz als Chiffre des künstlerischen Aktes vgl. Brandstetter, Gabriele (1995): *Tanz-Lektüren. Körperbilder und Raumfiguren der Avantgarde*, Frankfurt a.M., 367 u. 381–385.
[28] Vgl. Kuhn, *The Demon of Noontide*, 5.

une digestion!... Mon âme n'est plus qu'un songe que fait la matière en lutte avec elle-même!....²⁹

Nach dem dramatischen Aufschrei ›ich sterbe!‹, der an eine Auslöschung der Existenz denken lässt, löst sich die für den Leser oder die Leserin noch unbekannte Bedrohung schon mit dem zweiten Ruf durch eine groteske Wende in ein verdrießlich-komisches Sättigungsgefühl auf. Die Tragik wird durch ein gewöhnliches Gefühl gebrochen, wenn der Ursprung der Langeweile Eryximachos' und seiner Freunde im Übermaß der Fülle situiert wird. Die Eingangsszene des Dialogs beschreibt demnach zunächst ›einfache Langeweile‹, die im monastischen Kontext als Dämon der Übersättigung bezeichnet wurde und verweist mit der drohenden Übelkeit auf die physiologische Komponente der Langeweile.

Im Verlauf der Gespräche Phaidros', Erixymachos' und Sokrates' werden all die unterschiedlichen Formen von Langeweile angesprochen. Als schwerste aller Krankheiten, als höchstes Gift des Lebens, bezeichnet schließlich Sokrates in *L'Âme et la Danse* den *ennui*. Dass es sich dabei nicht um einen vorübergehenden Zustand handelt, um eine Konsequenz zu starker körperlicher oder psychischer Verausgabung im Sinne von Erschöpfung oder um einen durch uninteressante Situationen verursachten Überdruss, wird im Gespräch der Festgäste bald verdeutlicht. Die hier gemeinte Langeweile ist existentieller Natur – »*l'ennui de vivre!*«³⁰ (›Lebensüberdruss‹), eine ›reine‹, ›absolute‹, ›perfekte‹ Langeweile, deren Ursache in einer gefühlskalten, rationalen und gemäßigten Betrachtung des Lebens selbst liege, wie Sokrates ausführt:

> J'entends, sache-le bien, non l'ennui passager; non l'ennui par fatigue, ou l'ennui dont on voit le germe, ou celui dont on sait les bornes; mais cet ennui parfait, ce pur ennui, cet ennui qui n'a point l'infortune ou l'infirmité pour origine, et qui s'accommode de la plus heureuse à contempler de toutes les conditions, – cet ennui enfin, qui n'a d'autre substance que la vie même, et d'autre cause seconde que la clairvoyance du vivant. Cet ennui absolu n'est en soi que la vie toute nue, quand elle se regarde clairement.³¹

---

²⁹ Valéry, Paul (1960): *L'Âme et la Danse*, in: ders.: *Œuvres II*, hg. v. Jean Hytier, Paris, 148–176, hier 148. »Oh Sokrates, ich sterbe!... Gib mir Geist! Schenk die Idee ein!... Halte mir deine scharfriechenden Rätsel an die Nase!... Diese Mahlzeit ohne Erbarmen übersteigt jeden begreiflichen Anreiz und jeden glaubwürdigen Durst!... Was für ein Zustand, Nachfolger zu sein guter Dinge, und eine Verdauung zu erben!... Meine Seele ist nur noch ein Traum, geträumt vom Stoff, der mit sich selber kämpft!...« (Valéry, Paul: (²1953): *Eupalinos oder der Architekt. Eingeleitet durch ›Die Seele und der Tanz‹*, übertr. v. Rainer Maria Rilke, Wiesbaden, 5).
³⁰ Valéry, *L'Âme et la Danse*, 167.
³¹ Ebd. »Ich meine, verstehe mich gut, nicht die vorübergehende Unlust; nicht die Unlust aus Müdigkeit, oder den Überdruß, dessen Keim sichtbar ist, oder jenen anderen, des-

Als Gegenteil der Lebenslust äußert sich *ennui* in einer Unfähigkeit, das Leben zu erreichen. *Ennui* ist unüberwindbare Trennung, eine Unstimmigkeit zwischen Bewusstsein und Existenz verbunden mit dem Gefühl, weder Lust noch Leidenschaften (seien sie positiv oder negativ) könnten diese Distanz überbrücken und die Dinge dem Subjekt wieder annähern.[32] Diese Charakterisierung kennzeichnet in *L'Âme et la Danse* insbesondere Sokrates: Sich langweilen bedeutet ihm, für immer unfähig zu sein, den Freuden und Leiden des Lebens zu begegnen. Schon im Vorhinein weiß er, dass keine kulturelle Veranstaltung, keine Begegnung oder kein Gespräch in der Lage sein werden, die Langeweile zu beenden. Jede Situation, jedes einem Zweck untergeordnete Ereignis führen zu einer resignierten Distanzierung.

Aufgrund der Loslösung von einem konkreten Objektbezug und des Andauerns von existentieller Langeweile über eine längere Zeitspanne hinweg kann in diesem Fall auch von Stimmung gesprochen werden.[33] *Ennui* und existentielle Langeweile sind sodann weniger intentional gerichtete Gefühle – wie beispielsweise ›einfache‹ Langeweile, die sich als ein Unlust-Gefühl auf uninteressante Gegenstände, öde Situationen oder monotone Tätigkeiten bezieht –, als vielmehr Stimmungen, die sich durch die Unbekanntheit ihrer Ursache und ihrer Intention auszeichnen.[34] Die Unbestimmtheit kann somit als ein Charakteristikum von *ennui* im Sinne existentieller Langeweile herangezogen werden: Objekte und deren Relationen werden nicht länger bewertet, die Urteilskraft gehe verloren, es komme zu einer »Vergleichgültigung«, die sich in einem »fahlen Ungestimmtsein« des Subjekts äußere.[35] Die Loslösung der Ursache des *ennui* von äußeren

---

sen Grenzen man kennt; sondern jenen vollkommenen Überdruß, jenen reinen Überdruß, den Überdruß, der nicht aus dem Unglück oder der Hinfälligkeit stammt, und der sich mit der Lage verträgt, die man als die glücklichste betrachten kann, – den Überdruß, mit einem Wort, dessen Stoff das Leben selbst abgibt und dessen Nebenursache in der Hellsichtigkeit des Lebenden beruht. Dieser absolute Überdruß ist an sich nichts als das ganz nackte Leben, wenn es sich deutlich ins Auge faßt.« (Valéry, *Die Seele und der Tanz*, 34–35).

[32] Vgl. Sagnes, *L'ennui dans la littérature française*, 83.

[33] Zu einer emotionspsychologischen Differenzierung von Emotion und Stimmung siehe Winko, Simone (2003): *Kodierte Gefühle. Zu einer Poetik der Emotionen in lyrischen und poetologischen Texten um 1900*, Berlin, 77–78. »Während Emotionen in der Regel als mentaler Zustand betrachtet werden, der nur über eine kurze Zeit andauert, intensiv empfunden wird, der abrupt einsetzt, einen Auslöser hat und auf ein Objekt gerichtet ist, gilt das für Stimmungen nicht. Sie werden als lang anhaltende Zustände aufgefaßt, die meist unbewußt verlaufen, aber bewußt gemacht werden können, deren Auslöser unspezifischer und deren Objektbezüge unklarer sind oder die sich auf gar keine Objekte richten.« (Ebd., 77); sowie Breuninger/Schiemann, *Ein unzeitgemäßes Gefühl*, 13–14.

[34] Vgl. Breuninger/Schiemann, *Ein unzeitgemäßes Gefühl*, 13.

[35] Ebd.

Umständen oder der Qualität von Objekten bringt es mit sich, dass *ennui* endogen gesehen wird. Folgt man Anz' Emotionsdefinition in seinem Reiz-Reaktions-Schema, handelt es sich daher weder bei Sokrates' *ennui* noch bei Phaidros' Enthusiasmus streng genommen um Emotionen, da sie primär keine Reaktionen darstellen.[36] Vielmehr sind sie an die bereits vorhandene innere Verfasstheit des Subjekts gebunden. Man könnte sie daher – auch unter Berücksichtigung des längeren Andauerns und des fehlenden Objektbezuges – als Stimmungen bezeichnen.

Schließlich ist an *ennui* noch ein Gefühl der Entfremdung gebunden, das zur konstitutiven Bedeutungsleere führt.[37] Dass es sich bei dieser inneren Verfasstheit des fühlenden Subjekts jedoch nicht nur um ein rein psychisches Phänomen handelt, verdeutlichen die bereits erwähnten physischen Auswirkungen und die besonders im 19. Jahrhundert gebräuchliche Bezeichnung der Langeweile als Malaise. Demzufolge ließe sich in *L'Âme et la Danse* der nach dem Festmahl von den Gästen angestoßene Dialog über die Seele als Zerstreuungsversuch deuten, nicht an das physische Trägheitsgefühl erinnert zu werden. Auch Sokrates' Vorgehen, durch eine Reihe von Fragen seine Unkenntnis des Tanzes zu verdecken, diente dann der eigenen Stabilisierung durch eine Aufmerksamkeitslenkung, die von der Sprachlosigkeit weg und zu einem anderen Vergnügen, der Tanzbetrachtung, hinführt.[38]

Zwar scheinen auf den ersten Blick die ›einfache‹ oder ›existentielle‹ Form der Langeweile bezeichnend für Sokrates' Gemütszustand. Im Wechselverhältnis der Reden tritt hingegen eine Verknüpfung von Entfremdung und kreativem Handeln immer stärker zum Vorschein. Der *ennui* kennzeichnet dadurch, wie eingangs erwähnt, nicht nur einen existentiellen Zustand, sondern auch einen poetischen, und fungiert in seiner Verknüpfung mit Handlungen als ästhetische Emotion. Anhand dieser wird deutlich, dass es primär weniger um ein Fühlen geht, als um eine neue Haltung gegenüber einer Erfahrung, in der Fühlen und re-

---

[36] Thomas Anz (2012): *Gefühle ausdrücken, hervorrufen, verstehen und empfinden. Vorschläge zu einem Modell emotionaler Kommunikation mit literarischen Texten*, in: Poppe, Sandra (Hg.): *Emotionen in Literatur und Film*, Würzburg, 155–170, hier 166–167. Für eine Emotionsanalyse auf unterschiedlichen Ebenen des literarischen Werkes siehe Anz, Thomas (2007): *Kulturtechniken der Emotionalisierung. Beobachtungen, Reflexionen und Vorschläge zur literaturwissenschaftlichen Gefühlsforschung*, in: Eibl, Karl/Mellmann, Katja/Zymner, Rüdiger (Hg.): *Im Rücken der Kulturen*, Paderborn, 207–239, hier 220–235.

[37] Vgl. Kuhn, *The Demon of Noontide*, 12.

[38] In seiner Rede *Philosophie de la Danse* (1936) beschreibt Paul Valéry das Vorgehen des Philosophen als ureigenes Spiel der Fragen, das, der sprachkünstlerischen Rede nicht unähnlich, dazu diene, seine technische Unwissenheit und seine Verlegenheit angesichts des Tanzes zu verbergen. Vgl. Valéry, Paul (1957c): *Philosophie de la Danse*, in: ders.: *Œuvres I*, hg. v. Jean Hytier, Paris 1390–1403, hier 1395.

flexive Distanz zusammenfallen und zweckfreie Handlungen angestoßen werden. Verdeutlicht wird diese Ästhetisierung des *ennui* in *L'Âme et la Danse* noch durch eine Alternanz argumentativer Textpassagen und performativer Sequenzen. Während Sokrates eine Analogie zwischen Tänzerin und Leben zieht, antwortet Phaidros mit einer emotional aufgeladenen Replik, die nicht nur als Metapher für die Worte Sokrates' einsteht, sondern auch den Eintritt der Tänzerinnen beschreibt:

SOCRATE

[...] Elle [la vie] est une femme qui danse, et qui cesserait divinement d'être femme, si le bond qu'elle a fait, elle y pouvait obéir jusqu'aux nues. [...]

PHEDRE

Miracle !... Merveilleux homme !... Presque un vrai miracle ! À peine tu parles, tu engendres ce qu'il faut !... Tes images ne peuvent demeurer images !... Voici précisément, – comme si de ta bouche créatrice, naissaient l'abeille, et l'abeille, et l'abeille, – voici le chœur ailé des illustres danseuses !... L'air résonne et bourdonne des présages de l'orchestique !... Toutes les torches se réveillent... Le murmure des dormeurs se transforme, et sur les murs de flammes agités, s'émerveillent et s'inquiètent les ombres immenses des ivrognes !... Voyez-moi cette troupe mi-légère, mi-solennelle ! – Elles entrent comme des âmes ![39]

In seinen Ausführungen zum Sinn des Lebens zieht Sokrates Parallelen zwischen Leben und Tanz und beschreibt die Bewegungen der Tänzerin mit einer Anspielung auf Stéphane Mallarmés Diktum ›die Tänzerin ist keine Frau, die tanzt‹.[40]

---

[39] Valéry, *L'Âme et la Danse*, 151. »SOKRATES: [...] Das Leben ist eine Frau, welche tanzt und die auf göttliche Weise aufhören würde, Frau zu sein, dürfte sie dem Sprung, den sie getan, nachgeben bis in die Wolken. [...] / PHAIDROS: Wunder!... Wunderbarer Mann!... Beinah ein wirkliches Wunder! Kaum daß du zu sprechen beginnst, zeugst du das Notwendige!... Deine Bilder können nicht Bilder bleiben!... Eben jetzt, als ob aus deinem schöpferischen Mund die Biene zur Welt käme, und Biene um Biene – eben jetzt der geflügelte Chor der berühmten Tänzerinnen!... Die Luft widerhallt und dröhnt von den Anzeichen von Tanz und Spiel!... Alle Fackeln wachen auf... Das Murmeln der Schläfer verwandelt sich; und auf den Mauern, die von Flammen zucken, staunen und beunruhigen sich die ungeheuren Schatten der Trunkenen!... Sieh einer mir diese Truppe an, halb leicht, halb feierlich! – Wie Seelen treten sie ein!« (Valéry, *Die Seele und der Tanz*, 10–11).

[40] »A savoir que la danseuse *n'est pas une femme qui danse,* pour ces motifs juxtaposés qu'elle *n'est pas une femme,* mais une métaphore résumant un des aspects élémentaires de notre forme, glaive, coupe, fleur, etc., et *qu'elle ne danse pas,* suggérant, par le prodige de raccourcis ou d'élans, avec une écriture corporelle ce qu'il faudrait des paragraphes en prose dialoguée autant que descriptive, pour exprimer, dans la rédaction: poème dégagé de tout appareil du scribe.« (Mallarmé, Stéphane (1945): *Crayonné au théâtre,* in: ders.: *Œuvres Complètes. Texte établi et annoté par Henri Mondor et G. Jean-Aubry,* hg. v. Henri Mondor, Paris 291–351, hier 304, Herv.i.O.). »Dass nämlich

Dies alles in einer scheinbar emotionslosen, abwechselnd argumentativen und bildlich beschreibenden Rede. In Phaidros Kommentar springt hingegen die Aufregung des Redners sofort ins Auge. Seine Replik besteht einzig aus Ausrufen, die, um die Spannung und die Geschwindigkeit zu erhöhen, immer wieder durch Auslassungspunkte oder Gedankenstriche unterbrochenen werden. Die Tänzerinnen selbst werden metaphorisch als Bienen vorgestellt, deren Summen sich auf der klanglichen Text-Ebene in der Häufung von Nasalen, Lateralen und Zischlauten spiegelt. Auf der semantischen Ebene zieht Paidros eine Parallele zwischen den Tänzerinnen und Sokrates und verweist damit auf die performative Kraft der Sprache. Im Aufeinanderfolgen dieser konträr konzipierten Textstellen, die einmal die Sprache zugunsten des Sinns in den Hintergrund drängen, das andere Mal die Aufmerksamkeit auf das sprachliche Material, die Emotionalität und die Form der Rede lenken, zeigt sich Paul Valérys Poetik des Empfindens. Das Verhältnis von Körper, Geist und ihre Referenz auf die Welt ändern sich je nach Gestaltung bzw. Wahrnehmung des Textes. Dabei können Körper und Geist in ihrer Beweglichkeit als leicht wahrgenommen werden, die daran geknüpften Wertungen jedoch einmal positiv, das andere Mal negativ ausfallen.

4 Schwere Gedanken und leichter Tanz: Zum Verhältnis von Körper, Geist und Welt

In *L'Âme et la Danse* wird Sokrates' rationale Klarsicht u.a. dadurch zum Ausdruck gebracht, dass er der Virtuosität der Tänzerinnen die Fremdheit der beobachteten Situation und den daran geknüpften Ekel gegenüberstellt: »Après tout, pourquoi tout ceci? – Il suffit que l'âme se fixe et se refuse, pour ne plus concevoir que l'étrangeté et le dégoût de cette agitation ridicule... Que si tu le veux, mon âme, tout ceci est absurde!«[41] Auch beklagt Sokrates seine zahlreichen, schnell aufeinanderfolgenden und ungeordneten Gedanken mit den Worten:

> die Tänzerin *keine Frau ist, die tanzt,* und zwar aus den gleichgestellten Gründen, *dass sie keine Frau ist,* sondern eine Metapher, in der sich ein Grundaspekt einer Formenerfahrung verdichtet: als Schwert, Kelch, Blume usw., und *dass sie nicht tanzt,* sondern im Wunder von Raffungen und Schwüngen durch Körperschrift vermittelt, was, schriftlich niedergelegt, ganzer Absätze von Prosa, sei diese nun dialogisch oder deskriptiv, bedürfte: ein von jeglichem Zutun des Schreibens losgelöstes Gedicht.« (Mallarmé, zit. in: Haitzinger, Nicole: *Körper/Schriften. Mallarmé und Broodthaers. Ein Gedanke zur Ausstellung »Un coup de dés. Bild Gewordene Schrift. Ein ABC der nachdenklichen Sprache«*, Generali Foundation Wien, online unter: http://www.corpusweb.net/krschriften-mallarmnd-broodthaers-4.html [16.12.2015]).

[41] Valéry, *L'Âme et la Danse*, 163. »Schließlich, wozu das alles? – Es genügt, dass die Seele stehenbleibt und sich weigert, um nichts zu gewahren, als das Befremdliche und

L'opulence rend immobile. Mais mon désir est mouvement, Éryximaque...
J'aurais besoin maintenant de cette puissance légère qui est le propre de l'abeille,
comme elle est le souverain bien de la danseuse....⁴²

Im Dialog sind Langeweile, Schwere und Fülle eng aneinander geknüpft und lassen das Subjekt handlungsunfähig und von der Welt getrennt zurück. Nicht nur, dass *ennui* in der Einsamkeit entsteht, er führt auch in die Einsamkeit, wenn sich das Subjekt weder für die Gegenwart noch für die Zukunft ereifern kann, wenn dem Dichter oder der Dichterin die Sprache fehlt.⁴³

Der Tanz und damit die Kunst im Allgemeinen stehen konträr zu reinem Ekel, tödlicher Klarsicht und unerbittlicher geistiger Schärfe, wie sie einer existentiellen Konzeption von *ennui* entsprechen. Unheilbar, kann dieser Lebensüberdruss nur durch Rauschzustände gemildert und vorübergehend ausgeblendet werden. Der Arzt des Festes nennt Leidenschaften wie Liebe oder Hass, Geldgier oder Machtgefühle als vorübergehende Linderungsformen, sie alle bilden attraktive Schattierungen des Lebens. Besonders jedoch eigne sich die durch Handlungen erzeugte Trunkenheit. Vor allem wenn es sich um Handlungen drehe, die den Körper in Bewegung setzten – denn dieser Zustand stünde einem unbeweglichen, melancholischen oder gelangweilten Beobachter diametral entgegen.⁴⁴ Konsequent folgt darauf hin Paidros' Frage:

Mais si, par quelque miracle, celui-ci se prenait de passion subite pour la danse?...
S'il voulait cesser d'être clair pour devenir léger; et si donc, s'essayant à différer
infiniment de lui-même, il tentait de changer sa liberté de jugement en liberté de
mouvement?⁴⁵

Was aber wäre gewonnen, tauschte der klarsichtige *ennuyeux* seine Urteilskraft gegen die Beweglichkeit einer Tänzerin?⁴⁶ Guy Sagnes sieht in diesem Tausch

---

Widerwärtige dieser lächerlichen Aufregungen...Du brauchst nur zu wollen, meine
Seele, und alles das ist unsinnig!« (Valéry, *Die Seele und der Tanz*, 28).

⁴² Ebd., 165. »Die Fülle macht unbeweglich. Aber mein Wunsch, Eryximachos, ist ganz
Bewegung... Ich bedürfte jetzt diese leichten Macht, die der Biene eigen ist, wie sie
das höchste Gut ist der Tänzerin ...« (Valéry, *Die Seele und der Tanz*, 32).

⁴³ Vgl. Sagnes, *L'ennui dans la littérature française*, 34.

⁴⁴ Vgl. Valéry, *L'Âme et la Danse*, 169.

⁴⁵ Ebd. »Aber wenn, durch irgendein Wunder, dieser von plötzlicher Leidenschaft für den
Tanz erfaßt würde?... Wenn er aufhören wollte, klar zu sein, um leicht zu werden; und
wenn er also, bei der Bemühung, von sich selber unendlich abzuweichen, versuchte,
seine Urteilsfreiheit in Bewegungsfreiheit zu verwandeln?« (Valéry, *Die Seele und der
Tanz*, 38).

⁴⁶ Die Verschwisterung der gedanklichen Schwere und körperlichen Leichtigkeit findet
im Kontext des ästhetischen Ennui-Diskurses weite Verbreitung: Baudelaire schreibt in
La Fanfarlo über eine ›mélancolie gracieuse‹, bezugnehmend auf Théophile Gautiers

einen unmöglichen überrationalen Sprung ins Unbekannte, da der Gelangweilte doch alles kenne. Der Gelangweilte würde seine Schwellenposition zwischen einer Haltung des melancholischen Gefühls und jener des philosophischen Pessimismus aufgeben.[47] Dadurch würde er jedoch Handlungsfreiheit erhalten und sich über eine Ästhetisierung dem Leben wieder annähern. So ist es die spielerisch scheinende Leichtigkeit der Worte, die *ennui* als ästhetische Emotion in Paul Valérys *L'Âme et la Danse* auszeichnet und den poetischen Zustand charakterisiert.

Der Tanz als Bewegungsfreiheit steht metaphorisch für den Akt der Verwandlung.[48] Aufgrund seiner Bewegtheit grenzt er sich von einer als statisch gedachten Urteilskraft ab. Das Tänzerische an Sokrates' Sprachhandlungen zeigt sich nun im Umgang mit für ihn unangenehmen Situationen: Er windet sich aus der Beklemmung, Phaidros' Frage beantworten zu müssen, mit einer weiteren Aufmerksamkeitslenkung heraus: »Alors il nous apprendrait d'un seul coup ce que nous cherchons à élucider maintenant… Mais j'ai quelque chose encore qu'il faut que je demande à Éryximaque.«[49] Während der Formenreichtum der Tänzerin, der sich in einer Vielzahl schnell wechselnder Bewegungen zeigt, positiv gesehen wird, lehnt Sokrates seinen eigenen Gedankenreichtum ab. Denn diese Fülle erzeuge Unbeweglichkeit und drückende Schwere, solange aus ihr keine Handlungen hervorgehen. Denn das Leben setze auf Veränderung und Spiel, weshalb sich die Menschen eine Vielzahl von Masken zulegten oder sich auch Erkenntnisfragen widmeten. All diese Handlungen implizieren Veränderung, somit Bewegung: »Connaître? Et qu'est-ce que connaître? – *C'est assurément n'être point ce que l'on est.* – Voici donc les humains délirant et pensant, introduisant dans la nature le principe des erreurs illimitées, et cette myriade de merveilles!...«[50]

Der *ennuyeux* sieht die Arbitrarität der Sprache, ihre Konventionalität, ihre tiefe Getrenntheit von den Dingen der Wirklichkeit und den daraus resultierenden, sich ständig wandelnden Weltbezug. Die Kehrseite liegt im wirklichkeitskonstituierenden Moment der Sprache. Dieses wiederum steht für den Lebenswillen ein, denn es sind die Irrtümer, illusionären Erscheinungen und

---

und Edgar Poes Lyrik von ›gracieuses Mélancolies‹ und ›les purs Désirs et les nobles Désespoirs‹. Vgl. Sagnes, *L'ennui dans la littérature française*, 51–52.

[47] Vgl. Ebd., 485.

[48] Vgl. Valéry, *L'Âme et la Danse*, 165.

[49] Ebd., 169. »Dann würde er uns mit einem Schlage beibringen, was wir eben aufzuklären versuchen … Aber ich muß Eryximachos noch etwas fragen.« (Valéry, *Die Seele und der Tanz*, 38–39).

[50] Ebd., 168, Herv.i.O. »Erkennen? Und was heißt erkennen? – *Ganz sicher, nicht sein, was man ist.* – Und so führen die Menschen, in einem Rausch des Denkens, in die Natur das Prinzip ihrer grenzenlosen Irrtümer ein, und diese Myriade von Wundern!...« (Valéry, *Die Seele und der Tanz*, 36–37).

getäuschten Wahrnehmungen – auch die Wirkung der dichterischen Sprache und des Tanzes –, die die Menschen bewegen und dem Lebensüberdruss entgegenwirken.

Der Dichterin und dem Tänzer gelingt es sodann, dem gegenwärtigen Augenblick Form zu geben. In einem längeren Exkurs in *L'Âme et la Danse*, in dem Sokrates die Tänzerin mit einer Flamme vergleicht, wird die beobachtete Tanzaufführung als In-Form-Bringen, als Sichtbar-Werden einer zeitlich festgelegten Handlung bezeichnet, die ihr Ende schon einschließt:

> Flamme est l'acte de ce moment qui est entre la terre et le ciel. […] Et flamme, n'est-ce point aussi la forme insaisissable et fière de la plus noble destruction? – ce qui n'arrivera jamais plus, arrive magnifiquement devant nos yeux! – ce qui n'arrivera jamais plus, doit arriver le plus magnifiquement qu'il se puisse![51]

Der Augenblick ermöglicht die Wahrnehmung einer Übereinstimmung zwischen Körper, Geist und Welt und deren wechselseitigen Relationen, denn im aktuellen Moment fließen körperliche Empfindungen, die Wahrnehmung der umgebenden Dinge mit der mentalen Tätigkeit zusammen.[52] Veranschaulicht wird dies in einer Passage, die die sich steigernde Geschwindigkeit im Bewegungsablauf Athiktés beschreibt:

> Et le corps qui est ce qui est, le voici qu'il ne peut plus se contenir dans l'étendue! – Où se mettre? – Où devenir? – Cet *Un* veut jouer à *Tout*. Il veut jouer à l'universalité de l'âme! Il veut remédier à son identité par le nombre de ses actes! Étant chose, il éclate en événements! – Il s'emporte! – Et comme la pensée excitée touche à toute substance, vibre entre les temps et les instants, franchit toutes différences, et comme dans notre esprit se forment symétriquement les hypothèses, et comme les possibles s'ordonnent et sont énumérés, – ce corps s'exerce dans toutes ses parties, et se combine à lui-même, et se donne forme après forme, et il sort incessamment de soi! Le voici enfin dans cet état comparable à la flamme, au milieu des échanges les plus actifs... On ne peut plus parler de «mouvement»... On ne distingue plus ses actes d'avec ses membres...[53]

---

[51] Ebd., 171. »Flamme ist der Akt dieses Augenblicks, der zwischen Erde und dem Himmel ist. […] Und Flamme, ist sie nicht auch die unfaßliche und stolze Gestalt der edelsten Zerstörung? – Das, was nie wieder geschehen wird, geschieht prunkvoll vor unseren Augen! – Das, was nie wieder geschehen wird, muß notwendig mit dem größten Prunk geschehen, der sich denken läßt!« (Valéry, *Die Seele und der Tanz*, 41–42).

[52] Vgl. Valéry, Paul (1973a): *Soma et CEM*, in: ders.: *Cahiers I*, hg. v. Judith Robinson, Paris, 1117–1149, hier 1141.

[53] Valéry, *L'Âme et la Danse*, 171–172. »Und der Körper, der das ist, was ist, auf einmal kann er sich nicht mehr halten im Raum! – Wohin sich werfen? – Wo werden? – Dieses *Eine* versucht das Spiel, *Alles* zu sein... Es will es spielend der Allgegenwärtigkeit der Seele gleichtun! Es sucht eine Abhilfe gegen sein Sich-selbst-gleich-sein durch

Während die Passage anhand der Bewegungsbeschreibung den zuvor gefassten Vergleich der Tänzerin mit einer Flamme veranschaulichen möchte, fällt unweigerlich die syntaktische Gestaltung ins Auge. Exklamationen und rhetorische Fragen, die die Argumentation unterstreichen, drücken etwa das Staunen des Beobachters aus. Alliterationen, Anaphern und Akkumulationen vermitteln einen repetitiven Eindruck, der sowohl auf Tanzbewegung als auf flackerndes Feuer zutreffen kann. Die durch Gedankenstriche oder Punkte markierten Pausen lassen sich als Wenden interpretieren, schließlich dominieren im Mittelteil Zischlaute, Frikative und Nasale, die die stärker und schwächer werdenden Geräusche sowohl der Flamme als auch der Tanzschritte oder des Atems der Tänzerin suggerieren.

In der Rezeption fallen all diese Elemente zusammen und prägen den poetischen Zustand, der mit einem Pendel in Bewegung verglichen wird, das zwischen den beiden Extremen der Form und des Inhalts hin und her schwingt.[54] Zum einen verlangt die ›Voix en action‹ Aufmerksamkeit, damit sind die wahrnehmbaren Elemente der Sprache wie der Klang, der Rhythmus, die Tonlage, die Bewegtheit der Rede gemeint. Für die Lektüre des Dialogs lässt sich diese Liste noch um die Typografie, die Anordnung der Schriftzeichen am leeren Blatt Papier erweitern. Zugleich wird die Rezeption mit dem anderen Extrem assoziiert, das den Sinn der Sprachhandlung bezeichnet und sich in den Bedeutungen, den hervorgebrachten Bildern, evozierten Ideen, den hervorgerufenen Gefühlen und Erinnerungen manifestiert: Indem performative Textpassagen mit argumentativen oder deskriptiven alternieren, treten die poetische Sprache und der Diskurs über den Tanz beziehungsweise die Langeweile abwechselnd hervor. Während die Wahrnehmung der Form auf die Sprache, die Schrift und den Augenblick der Lektüre verweist, werden Gedanken, Vorstellungen, Gefühle und Bilder durch die Erinnerung und damit durch Referenzialisierbares angestoßen.[55] Langeweile löst poetisches Handeln aus und lenkt die Aufmerksamkeit zugleich auf eine Metaebene ästhetischer Emotion, auf der Reflexion und Empfinden zusammenfallen.

die Zahl seiner Akte! Das Ding, das es ist, bricht aus in Ereignisse! – Es gerät außer sich! – Und wie der erregte Gedanke an jede Substanz rührt, zittert zwischen Zeit und Augenblick und alle Unterschiede überspringt; und wie in unserem Geist sich symmetrisch die Vermutungen ausbilden, und wie die Möglichkeiten sich ordnen und gezählt werden, – so übt dieser Körper sich in allen seinen Teilen, findet neue Zusammenstellungen mit sich selbst, gibt sich Gestalt um Gestalt und geht unaufhörlich aus sich hinaus!... Nun hat er endlich den Zustand erreicht, der der Flamme vergleichbar wird, mitten in einem Wechsel, der ganz Handlung ist... Unmöglich, noch von ›Bewegung‹ zu sprechen... Die Glieder sind nicht mehr von den Akten zu unterscheiden...« (Valéry, *Die Seele und der Tanz*, 43).

[54] Vgl. Valéry, *Poésie et Pensée Abstraite*, 1332.
[55] Vgl. ebd., 1332.

5 Fazit

Abschließend lässt sich festhalten, dass in *L'Âme et la Danse* der *ennui* im Verhältnis von Textproduktion und -rezeption in seiner ganzen Bandbreite als ›einfache‹, ›existentielle‹ oder ›ästhetische‹ Langeweile auf unterschiedlichen Ebenen thematisiert wird: als Motiv einer Geschichte, als Anstoß der Handlungen auf Figurenebene, im Sinne einer Denkfigur als Strukturelement des Textes oder als moderner Modus des Empfindens, der ein Moment der Reflexion miteinschließt und in Paul Valérys Poetik auf das Wechselspiel von Sinn- und Klanggestalt der Sprache verweist. Schließlich kann Langeweile auch an der Schnittstelle von Kunst und Leben auftreten und den poetischen Zustand hervorbringen, der in Analogie zum Tanz als unregelmäßig, instabil, unwillentlich, zerbrechlich und zufällig definiert wird,[56] und das jeweilige Verhältnis von Körper, Geist und Weltbezug im Augenblick der Handlung aktualisiert.

Bibliografie

Anz, Thomas (2007): *Kulturtechniken der Emotionalisierung. Beobachtungen, Reflexionen und Vorschläge zur literaturwissenschaftlichen Gefühlsforschung*, in: Eibl, Karl/Mellmann, Katja/Zymner, Rüdiger (Hg.): *Im Rücken der Kulturen*, Paderborn, 207–239.
— (2012): *Gefühle ausdrücken, hervorrufen, verstehen und empfinden. Vorschläge zu einem Modell emotionaler Kommunikation mit literarischen Texten*, in: Poppe, Sandra (Hg.): *Emotionen in Literatur und Film*, Würzburg, 155–170.
Bellebaum, Alfred (1990): *Langeweile, Überdruss und Lebenssinn. Eine geistesgeschichtliche und kultursoziologische Untersuchung*, Opladen.
Brandstetter, Gabriele (1995): *Tanz-Lektüren. Körperbilder und Raumfiguren der Avantgarde*, Frankfurt a.M.
Breuninger, Renate/Schiemann, Gregor (Hg.) (2015): *Langeweile. Auf der Suche nach einem unzeitgemäßen Gefühl. Ein philosophisches Lesebuch*, Frankfurt a.M.
Eastwood, John D./Frischen, Alexandra/Fenske, Mark J./Smilek, Daniel (2015): *Von der richtigen Lenkung der Aufmerksamkeit*, in: Breuninger, Renate/Schiemann, Gregor (Hg.): *Langeweile. Auf der Suche nach einem unzeitgemäßen Gefühl. Ein philosophisches Lesebuch*, Frankfurt a.M., 201–217.
Fischer, Miriam (2010): *Denken in Körpern. Grundlegung einer Philosophie des Tanzes*, Freiburg.
Goodstein, Elizabeth S. (2015): *Signum der Moderne*, in: Breuninger, Renate/Schiemann, Gregor (Hg.): *Langeweile. Auf der Suche nach einem unzeitgemäßen Gefühl. Ein philosophisches Lesebuch*, Frankfurt a.M., 175–181.
Köhler, Hartmut (1999): *Analogie bei Valéry*, in: Schmidt-Radefeldt, Jürgen (Hg.): *Paul Valéry. Philosophie der Politik, Wissenschaft und Kultur*, Tübingen, 161–175.

---

[56] Vgl. Valéry, *Poésie et Pensée Abstraite*, 1321.

Kuhn, Reinhard Clifford (1976): *The Demon of Noontide. Ennui in Western Literature*, Princeton, N.J.

Mallarmé, Stéphane (1945): *Crayonné au théâtre*, in: ders.: *Œuvres Complètes. Texte établi et annoté par Henri Mondor et G. Jean-Aubry*, hg. v. Henri Mondor, Paris, 291–351.

Marx, William (2012): *Valéry: une poétique du sensible*, in: *Aisthesis* 5.1, 95–109.

Rudek, Christof (2010): *Die Gleichgültigen. Analysen zur Figurenkonzeption in Texten von Dostojewskij, Moravia, Camus und Queneau*, Berlin.

Sagnes, Guy (1969): *L'ennui dans la littérature française de Flaubert à Laforgue (1848-1884)*, Paris.

Toohey, Peter (2015): *Die Evolution der Langeweile*, in: Breuninger, Renate/Schiemann, Gregor (Hg.): *Langeweile. Auf der Suche nach einem unzeitgemäßen Gefühl. Ein philosophisches Lesebuch*, Frankfurt a.M., 195–200.

Valéry, Paul: (^{2}1953): *Eupalinos oder der Architekt. Eingeleitet durch ›Die Seele und der Tanz‹*, übertr. v. Rainer Maria Rilke, Wiesbaden.

— (1957a): *Discours sur l'Esthétique*, in: ders.: *Œuvres I*, hg. v. Jean Hytier, Paris, 1294–1314.

— (1957b): *Poésie et Pensée Abstraite*, in: ders.: *Œuvres I*, hg. v. Jean Hytier, Paris, 1314–1339.

— (1957c): *Philosophie de la Danse*, in: ders.: *Œuvres I*, hg. v. Jean Hytier, Paris, 1390–1403.

— (1960): *L'Âme et la Danse*, in: ders.: *Œuvres II*, hg. v. Jean Hytier, Paris, 148–176.

— (1973a): *Soma et CEM.*, in: ders.: *Cahiers I,* hg. v. Judith Robinson, Paris, 1117–1149.

— (1974): *Art et esthétique*, in: ders.: *Cahiers II,* hg. v. Judith Robinson, Paris, 921–983.

— (1995): *Rede über die Ästhetik*, in: ders.: *Werke. Frankfurter Ausgabe in 7 Bänden, Bd. 6. Zur Ästhetik und Philosophie der Künste*, hg. von Jürgen Schmidt-Radefeldt, Frankfurt a.M., 217–242.

Vercruysse, Thomas (2012): *De Descartes à Athikté: métamorphoses du sensible chez Valéry*, in: *Aisthesis* 5.1, 29–48.

Winko, Simone (2003): *Kodierte Gefühle. Zu einer Poetik der Emotionen in lyrischen und poetologischen Texten um 1900*, Berlin.

Mandy Becker

Im Wartesaal: Zu einer epochenspezifischen Stimmung der Weimarer Republik

In der Literatur der Weimarer Republik stellt der Wartesaal einen weit verbreiteten Topos dar. Die mit ihm verbundene epochenspezifische Emotionskonstellation zwischen Resignation, Hoffen und Bangen, die in den Romanen der Zeit in einer Handlungsunfähigkeit der Figuren zum Ausdruck kommt, soll im folgenden Beitrag an unterschiedlichen Erzähltexten und im Kontext der Diskurse der Zeit untersucht werden. Es soll gezeigt werden, dass sich aufgrund der Komplexität dieser nur schwer in Sprache übertragbaren Stimmung des Wartens und der damit verbundenen Emotionen und Gefühle ein prototypisches Szenario herausbilden konnte, das Einzug in die inner- wie außerliterarische Emotionskodierung hielt. Die vielfältigen Variationen in der Literatur, von denen hier – mit Tucholsky, Baum, Kästner und Keun – nur einige angeführt werden, zeugen von der Herausbildung eines epochen- und mentalitätsspezifischen Topos, der nach seiner diskursiven Etablierung mit jeweils verschiedenen Inhalten erweitert und angereichert wurde.

1 Einleitung

Bereits 1924 weist der Berliner Publizist Kurt Tucholsky in seinem Gedicht *Die Deplacierten*[1] auf die Defizite der Zeit hin. Er hält dabei eine bestimmte, der Weimarer Republik eigene Stimmung fest.»Uns haben sie, glaub ich, falsch geboren«, heißt es, »[v]on wegen Ort und wegen Zeit« (V 1). Mithilfe rhetorischer Fragen an die »Mama« wird im Verlauf des Gedichts die Unzulänglichkeit der Gegenwart in Deutschland herausgestellt. Hätte man nicht lieber »fünfzig Jahr zurück?« (V 6) oder auf den »Sunda-/Eiländchen 1810?« (V 9–10) geboren werden können? »Warum nicht in Australien hausend? […] Warum nicht erst im Jahr Zweitausend?« (V 13, 15). Jede andere Zeit, jeder andere Ort scheint passender und lebenswerter zu sein, als das Deutschland der zwanziger Jahre. Die Erklärung mag man, mit Verweis auf die Folgen des Inflationsjahres 1923, in der angespannten sozialen Lage sehen. In seiner zeit- und kulturkritischen Polemik rekurriert Tucholsky mit »Brotkarten. Morde. Grenzen. Pleiten. / Und alles aus-

---

[1] Tucholsky, Kurt (2006): *Gedichte in einem Band*, hg. von Ute Maack und Andrea Springler, Frankfurt a.M./Leipzig, 516.

gerechnet wir.« (V 19–20) auf die vier großen Themen der Zeit: Versorgung, soziale Spannung, außenpolitische Belange im zerbrochenen Europa und wirtschaftliche Einbrüche infolge von Krieg und Krisenjahr. Im weiteren Verlauf versichert das Sprecher-Ich, seine Frau dürfe überall auf der Welt Kinder bekommen, nur in diesem Deutschland dürfe sie es nicht. Diese Zeit sei nicht dafür da, in ihr Wurzeln zu schlagen oder größere Pläne zu schmieden. Sie wird als Ausnahmezustand wahrgenommen: Man kann nur warten, dass sie vorüber geht.

Acht Jahre später scheint sich noch nichts geändert zu haben. In seinem Gedicht *Heute zwischen Gestern und Morgen* (1932)[2] beschreibt Tucholsky den eben genannten Spannungszustand noch einmal. Das Gefühl des »immer dazwischen!« (V 4) herrscht weiterhin vor. Hier heißt es:

> Wie Gestern und Morgen
> sich mächtig vermischen!
> Hier ein Stuhl – da ein Stuhl –
> und wir immer dazwischen!
> Liebliche Veilchen im März –
> Nicht mehr.
> Proletarier-Staat mit Herz –
> Noch nicht.
> Noch ist es nicht so weit.
> Denn wir leben –
> denn wir leben
> in einer Übergangszeit –! (V 1–12)

Tucholsky bemüht hier das als Redensart bekannte Bild des Zwischen-den-Stühlen-Sitzens. Es beschreibt die unangenehme Lage, keine von zwei angestrebten Möglichkeiten oder Sachen zu erhalten und sich daher »in seinen Hoffnungen betrogen«[3] zu sehen. Tucholsky nutzt es wiederum für den diachronen Zusammenhang. Sein Wir, das Kollektiv der Deplatzierten, sitzt zwischen zwei Zeiten. Zwischen gestern und morgen, zwischen »Nicht mehr« (V 6) und »Noch nicht« (V 8). Da sich hier im Jetzt aber kein Stuhl befindet, muss der Versuch, sich in die neue Zeit zu setzen, in der Schwebe oder auf dem Hosenboden enden. Den gesuchten Halt finden sie nicht, Entspannung ist ihnen nicht beschieden: Der Dichter beschreibt hier die »Übergangszeit« (V 12) als einen unmöglichen, resp. unerträglichen Ist-Zustand. Obwohl das Soll – der Sozialdemokrat Tucholsky erträumte eine linke Revolution[4] – klar im Text ersichtlich ist, ist es

---

[2] Ebd., 973.
[3] Röhrich, Lutz (1992): *Das große Lexikon der sprichwörtlichen Redensarten*, Bd. 3, Freiburg i.Br., 1581.
[4] *Gestern zwischen Heute und Morgen* erschien (unter Tucholskys Pseudonym Peter Panter) in der radikaldemokratischen Wochenzeitung *Die Weltbühne*. Schon vor Ausbruch des ersten Weltkrieges hatte er im Kaiserreich seine Haltung gefestigt, nach der

»[n]och [...] nicht so weit« (V 9). Das Gedicht ist in seinem Grundton zwar zuversichtlich; schließlich impliziert es am Ende jeder Strophe, *dass* ein Übergang vonstattengehen wird. Das kollektive Wir verharrt allerdings zwischen den Stühlen und bleibt trotz Appell passiv: Es will nicht zurück, und es kann nicht nach vorn.

Die hier angesprochene Stimmung mit den emotionalen Begleiterscheinungen lässt sich vielerorts im zeitgenössischen Diskurs aufspüren und findet sich auch in lyrischen und narrativen Texten der Neuen Sachlichkeit, die hier besonders interessieren. Es handelt sich um die Gefühlslage ebendieser Deplatzierten, Verunsicherten, In-der-neuen-Zeit-nicht-Angekommenen, die sich als epochenspezifische Emotionskonstellation zwischen rückwärtsgewandter Wehmut und zukunftsgewandter Anspannung in die Texte eingeschrieben hat. Wir finden sie insbesondere an der Figur des Kriegsheimkehrers exemplifiziert, aber auch an anderen neusachlichen Prototypen, wie etwa der Neuen Frau. Dabei bedingt die Stimmung, wie in diesem Artikel gezeigt werden soll, auf Figurenebene verschiedene Formen der Inaktivität, ja der Handlungshemmung, und liegt in unterschiedlichen Ausprägungen vor. Da die komplexe Stimmung semiotisch nur schwer übertragbar ist, hat sich das Bild des Wartens (resp. des Wartesaals) als Kodierung für das Emotionsphänomen herausgebildet. Die vielfältigen Variationen in der Literatur der Zwischenkriegszeit – nicht nur bei Kurt Tucholsky, sondern auch bei Vicky Baum, Erich Kästner und Irmgard Keun, um hier nur einige Autoren[5] zu nennen – zeugen von der Herausbildung eines epochen- und mentalitätsspezifischen Topos.

2   Zur Stimmung des Wartens

Das Auftreten der Stimmung des Wartens scheint seinen Ursprung auf den ersten Blick in einer fundamentalen Verunsicherung nach dem Ersten Weltkrieg zu haben. Mit der Kriegsniederlage, dem Zusammenbruch des Kaiserreichs und der Gründung der ersten deutschen Republik haben sich im Leben der Menschen tiefgreifende Veränderungen ergeben. Die Demokratisierung zwingt den Einzelnen plötzlich zu einer konkreten Positionierung innerhalb des politischen und sozialen Spektrums und damit zur Wertung einer Umwelt, die ihm wohl verwirrend und disparat erscheint und die jene zu Zeiten der Monarchie an Komplexität weit übersteigt. Politische Lager spalten die Nation, wirtschaftliche Krisen ziehen soziale Not und Konkurrenz nach sich. Der Einzelne sieht sich un-

---

ein emanzipatorischer Geist mit etablierter Macht unvereinbar sei. Vgl. Weyergraf, Bernd (2004): *Kurt Tucholsky*, in: *Metzler Autorenlexikon*, hg. von Bernd Lutz und Benedikt Jeßing, Stuttgart/Weimar, 746–748, hier 747.

[5] Mit Nennung der männlichen Funktionsbezeichnung ist immer auch die weibliche Form mitgemeint.

ter Druck, denn der Übergang von der Kriegs- in die Friedensgesellschaft erfordert permanente Entscheidungsprozesse, zwingt zu Anpassungsstrategien, zu Re-Priorisierung, zur Bildung neuer Ordnungskriterien. Zwar bedeuten zunehmende Wahlmöglichkeiten mehr Freiheit, aber auch mehr Verantwortung. Und das Verlassen vorgefertigter Bahnen schließt eben immer auch die Möglichkeit zu scheitern mit ein.[6]

Dabei arbeiten Überforderung und Irritation einem ohnehin schon vorherrschenden Gefühl der Unberechenbarkeit der Zukunft zu. Die Verunsicherung – so Reinhart Koselleck – hat ihren Ursprung in der seit der Aufklärung vorherrschenden Erfahrung der Beschleunigung. Seit die eigene Zeit nicht mehr länger nur als Anfangs- oder Endpunkt, sondern als »Übergangszeit«[7] gedacht werden kann, etabliert sich die Vorstellung einer linearen, auf Fortschritt ausgerichteten Entwicklung. Dieses neue Zeitverständnis koppelt sich an zwei Erkenntnisse, nämlich einerseits, dass sich die Zukunft grundsätzlich von der Gegenwart unterscheiden und andererseits, dass sich die Zeit in immer kürzeren Abständen wandeln werde.[8] Selbst die nächste Zukunft erscheint vor diesem Hintergrund in höchstem Maße ungewiss, ist sie doch nicht länger aus den Erfahrungen der Vergangenheit ableitbar. Dies verweist auf zweierlei: Erstens bestätigen der Kriegsausgang und die Krisenhaftigkeit der jungen Republik nur ein weiteres Mal die Unvorhersagbarkeit der Zukunft, für die es keine Anpassungsstrategien gibt. Zweitens zeigt sich aber auch die Antizipation einer baldigen Zustandsänderung, d.h. eines irgendwie gearteten Endes der Krise. Konsequent werden – wie eingangs schon kurz am Gedicht *Die Deplacierten* gezeigt – sowohl der Vergangenheit als auch der Zukunft Wertigkeiten zugesprochen, während das Jetzt ihnen gegenüber herabgewürdigt wird. Konsequent bildet sich bei vielen eine adventistische Geisteshaltung heraus: ein Ausharren im unzureichenden Zustand, bei gleichzeitiger Erwartung der Zustandsänderung.

Helmut Lethen spricht in diesem Zusammenhang von einem Moment »sozialer Desorganisation«, in dem »[v]ertraute Orientierungsmuster [...] keine Geltung mehr« haben und in denen »die Gehäuse der Tradition zerfallen«.[9] Siegfried Kracauer bestätigt diese Einschätzung. In seinem Essay *Die Wartenden*[10], der 1922 in der Frankfurter Zeitung erscheint, sucht der Soziologe und Kolumnist

---

[6] Vgl. Luhmann, Niklas (1989): *Individuum, Individualität, Individualismus*, in: ders.: *Gesellschaftsstruktur und Semantik*, Bd. 3, Frankfurt a.M., 149–258, hier 234.
[7] Koselleck, Reinhart (1992): *Vergangene Zukunft. Zur Semantik geschichtlicher Zeiten*, Frankfurt a.M., 328.
[8] Vgl. ebd., 329.
[9] Lethen, Helmuth (1994): *Verhaltenslehre der Kälte. Lebensversuche zwischen den Kriegen*, Frankfurt a.M., 7.
[10] Kracauer, Siegfried (1922): *Die Wartenden*, in: *Frankfurter Zeitung* (12. März), zitiert nach: Kracauer, Siegfried (1977): *Das Ornament der Masse. Essays*, Frankfurt a.M., 106–119.

eine Erklärung für die geistige Haltung seiner Zeitgenossen. Er definiert die titelgebende Gruppe als eine Gemeinschaft von Menschen, die, ohne voneinander zu wissen, ein kollektives Los teilen, nämlich den Verlust von sinnstiftenden religiösen Erfahrungen. In ihrer *geistigen Obdachlosigkeit*[11] bilden die »Schicksalsgefährten«[12] keine Gemeinschaft mehr, sondern vielmehr eine aus Vereinzelten bestehende Masse, frei von Traditionen und verbindenden Werten. Da ihnen im »Chaos der Gegenwart«[13] die Sinnfälligkeit ungewollt abhandengekommen ist, machen sie eine limbische Erfahrung: Sie wollen ihr Leben wieder einem Sinn zuführen, in der Religion Halt suchen, doch »die Pforte, durch die sie Einlaß begehren«[14], öffnet sich ihnen nicht. Kracauer nutzt eine Raummetapher zur Verdeutlichung des unzureichenden Zustands, in dem sich die Sinnsuchenden befinden. Gequält vom eigenen »Nicht-glauben-Können«,[15] müssen sie in einem vorgelagerten Zwischenreich, quasi an der Schwelle zur Sinnstiftung, auf das Sich-Öffnen der Tore warten. Bis ihnen aufgeschlossen wird, verbleiben sie also – zur Untätigkeit gezwungen – in einem angespannten aber passiven Zustand.

Obwohl Kracauer sich hier auf den religiösen Kontext beschränkt, lässt sich seine Zeit-Diagnose verallgemeinern, denn in diesen Zeilen findet die Verunsicherung breiter Gesellschaftsschichten Beschreibung. Gerade der Bruch mit Traditionslinien hat die Menschen zu geistig Obdachlosen und somit zu Wartenden gemacht.[16] Sie suchen nach neuen Werten und Strukturen. Kracauer stellt fest, dass seine Zeitgenossen diesem Zustand der geistigen Obdachlosigkeit auf zweierlei Arten entgehen. In ihrer Suche wendet sich die erste Gruppe von den Toren der Sinnstiftung ab und ›weltlichen Götzen‹ zu: ein Verhalten, das Kracauer in einer Unfähigkeit zur Distinktion zwischen Wertlosem und Werthaltigem begründet sieht und als »Verzweiflungstat des Relativismus«[17] ablehnt. Angebote kurzfristiger ›Sinnstiftung‹ bieten sich in der Weimarer Republik etwa in Form politischer und esoterischer Lehren an.[18] Diese Ersatzreligionen formu-

---

[11] Vgl. Kracauer, Siegfried (1971): *Die Angestellten. Aus dem neusten Deutschland (1930)*, Frankfurt a.M., 91.
[12] Kracauer, *Ornament der Masse*, 106.
[13] Ebd., 107.
[14] Ebd.
[15] Ebd., 108.
[16] »Die Tradition hat ihre Macht über sie verloren, Gemeinschaft ist ihnen von Anbeginn nicht Wirklichkeit, sondern nur noch Begriff, sie stehen außerhalb von Form und Gesetz als abgesplitterte Partikelchen im verrinnenden Zeitstrom irgendwie sich behauptend.« Ebd., 108.
[17] Ebd., 109.
[18] Sinnstiftende Bestrebungen der Zeit waren etwa kommunistische Vereinigungen, die anthroposophische Lehre Steiners oder der Formglaube des George-Kreises. Vgl. ebd., 109–113. Auch der ›Glanz‹ der in der Weimarer Republik neu entstehenden Pop- und Angestelltenkultur wird vielen geistig Obdachlosen zum Abgott. Vgl. Kracauer, *Die Angestellten*, 91–92.

lieren konkrete weltliche Ziele und lassen so die Menschen auf eine Veränderung der Zustände hoffen, wie beispielsweise anhand der sehnsüchtigen Haltung in Tucholskys Gedicht *Heute zwischen Gestern und Morgen* klar ersichtlich ist. Die Mitglieder der zweiten Gruppe versuchen nicht, das Vakuum in sich zu füllen, sondern verbleiben im Limbus.[19] Kracauer gesteht ihnen eine innere Haltung zu, da sie sich nicht nur dem weltlichen ›Götzendienst‹, sondern auch dem prinzipiellen Skeptizismus (Abkehr von beliebigen Formen der Sinnstiftung) und der Kurzschluss-Religiosität (Hinwendung zu jeglichem religiösen Angebot) verwehren. Diese Weiterwartenden sind bereit, sich weder der Leere noch der Lehre zu verschließen. Sie sind zwar offen für eine sinnfällige Lebensausrichtung, erkennen aber die gesellschaftlichen Schwächen der Zeit und sind daher für die allzu einfachen Lösungen der esoterischen und politischen Zirkel nicht empfänglich. In ihrem angespannten Zustand sind sie immer bereit zum großen, Distanz überbrückenden »Sprung«.[20] Dieser Sprung käme der Besinnung auf eine Werte-Gemeinschaft gleich, d.h. er würde das Ende der Vereinzelung und die Vereinigung mit Gleichgesinnten bedeuten. Für beide Gruppen postuliert Kracauer also eine auf die Zukunft ausgerichtete Grundhaltung der Wartenden: Sie erwarten eine Zustandsänderung.

Auch der Zeitgenosse Roman Hoppenheit postuliert in seinem Beitrag *Der gewendete Weltschmerz* (1930) innere Leere. Dabei sieht er in der neusachliche Schreibweise nur einen Ausdruck »unverhüllte[r] Resignation«[21] vor der Zeit. Die betont ruhige Haltung der Neusachlichen sei nur die »logische Folge« im Umgang mit einem »Geschick, dem man sich innerlich schon unterlegen fühlt«.[22] Hoppenheit weist auf die »unveränderte Wesenseinheit von nach außen hin sehr verschieden auftretenden Begriffs- und Gefühlswerten«[23] hin, die in einem Bogen von der Empfindsamkeit über die Ästhetik des Fin de siècle und das Pathos des Expressionismus, bis hin zur Nüchternheit der Neuen Sachlichkeit reiche. Letztlich seien alle diese Formen »nur verschiedene zeitliche Maskierungen des ein und selben – Weltschmerzes«.[24] Die neusachliche Kühle sei

---

[19] »Er wartet, und sein Warten ist ein *zögerndes Geöffnetsein* in einem allerdings schwer zu erläuterndem Sinne. Es mag sich leicht ereignen, daß ein solchermaßen Wartender auf dem einen oder anderen Weg die Erfüllung findet. Indessen wird man in diesem Zusammenhang vornehmlich jener Menschen zu gedenken haben, die nach wie vor heute noch vor verschlossenen Türen harren, die also, wenn sie das Warten auf sich nehmen, jetzt und hier Wartende sind.« Kracauer, *Ornament der Masse*, 116, Herv.i.O.
[20] Ebd., 118.
[21] Hoppenheit, Roman (1930): *Der gewendete Weltschmerz*, in: *Die Tat* 22, Nr. 1, 380–384, hier 383.
[22] Ebd., 383.
[23] Ebd., 381.
[24] Ebd.

»[l]etzten Endes doch nur innere Leere, eine große seelische Müdigkeit«, ihre Ästhetik eine »seelische Schwäche«.[25] Mitunter werde:

> diese Leere zum quälenden Druck, der sich umsetzt in eine matte Aktivität, in Sehnsucht nach Fülle und Erfülltsein. So entsteht aus eben der ›sachlichen‹ Ruhe die Unruhe, die auf die Jagd nach Abenteuern hetzt und treibt, mit denen die Leere gefüllt werden soll und die ›innere Kühle‹ gehitzt![26]

Da aber die Neusachlichen per se unfähig seien, die innere Leere zu füllen, sei ihre Bewegung zwecklos. So muss auch im Hoppenheit'schen Sinne gewartet werden, allerdings nicht aus einer Hoffnung heraus, sondern aus Resignation. Denn Hoppenheit erwartet keine baldige Zustandsänderung.

Schenkt man beiden Glauben, so lässt sich die Stimmung – als Reaktion auf den Bruch mit Altbekanntem – zwischen zwei Polen verorten, nämlich zwischen der Resignation an der Zeit einerseits und der Suche nach Sinn andererseits. Dabei liegt auf Seiten der Resignation eine »weltschmerzlerische[] Haltung« zugrunde, die aus der »Ungesättigtheit« des Gefühls hervorgeht.[27] Sie ist an der Vergangenheit orientiert und äußert sich in Passivität und Abgeklärtheit. Möglich ist hier auch eine rückwärtsgewandte wehmütige Haltung. Auf Seiten der auf die Zukunft ausgerichteten Suche nach Obdach liegt eine Anspannung vor: Die Annahme einer Zustandsänderung bringt eine konkrete Erwartungshaltung mit sich, welche erfüllt oder enttäuscht werden kann. Die Unsicherheit gegenüber der Zukunft konstituiert sich so aus der Gleichzeitigkeit von Hoffnung und Befürchtung. An dieser Stelle seien zwei Varianten des Wartens vorgestellt, die an die verschiedenen Ausprägungen der Stimmung geknüpft sind und die uns auch in den nachfolgenden Textanalysen begegnen werden: Einerseits das konkrete (transitive) Erwarten, bei dem das Eintreffen eines bestimmten Umstands erhofft oder befürchtet wird, und andererseits das unkonkrete (intransitive) Warten, das einem erwartungsfreien ›Aussitzen‹ der unliebsamen Zwischenzeit gleichkommt.

Insgesamt kennzeichnet die Epochenstimmung einen oben bereits mit Tucholsky angedeuteten unsicheren Schwebezustand. Beide Ausprägungen – nicht zielgerichtetes Warten und zielgerichtetes Er-Warten – halten in die Literatur der Neuen Sachlichkeit Einzug. Die Frage nach dem *Wie* soll im folgenden zweiten Teil beantwortet werden, in welchem ich mich zunächst der emotionalen Kodierung der Stimmung des Wartens und dann der beispielhaften Analyse einiger Ausschnitte aus neusachlichen Zeitromanen widme.

---

[25] Ebd., 383.
[26] Ebd., 384.
[27] Ebd.

3   Emotionskodierung und Einfühlung

Bei der Beschreibung der inneren Haltung des Wartenden versagt Kracauer in seinem Artikel *Die Wartenden* zuletzt das Vokabular. Er räumt ein, dass man über die Innerlichkeit des Wartenden – sein Changieren zwischen Anspannung und Ruhe – nichts aussagen könne. Dies ist vielleicht die interessanteste Stelle seines Textes. Wie kann man ein so spezifisches wie komplexes Gefühl benennen? Und wie kann es vor dem Hintergrund der ›kalten‹ und pathosbefreiten neusachlichen Ästhetik überhaupt zur Darstellung bzw. Verhandlung von Gefühlen kommen?

Über die Kodierung von Emotionen und Stimmungen hat sich Simone Winko ausführlich geäußert.[28] Sie geht davon aus, dass der Kodierung bestimmter Emotionen in Texten ein gemeinsames Wissen von Autor und Leser zugrunde liegt, durch welches die Leser zur Identifikation und Dechiffrierung eingesetzter Kodes fähig sind. Insbesondere dann, wenn Autor und Leser Zeitgenossen sind, teilen sie Wissen über das Auftreten, den Verlauf und den angemessenen Ausdruck von Emotionen. Autoren können so emotionale Ausdrucksweisen nutzen, die als

---

[28] Der Abgrenzung der Begriffe ›Emotion‹ und ›Stimmung‹ legt Winko den allgemeinen *psychologischen* Forschungskonsens zugrunde: »Die wesentlichen Unterscheidungen zwischen Stimmung und Emotion [...] werden in der Dauer und Intensität, dem Verlauf und der Intentionalität gesehen. Während Emotionen in der Regel als mentaler Zustand betrachtet werden, der nur über eine kurze Zeit andauert, intensiv empfunden wird, der abrupt einsetzt, einen Auslöser hat und auf ein Objekt gerichtet ist, gilt das für Stimmungen nicht. Sie werden als lange anhaltende Zustände aufgefaßt, die meist unbewußt verlaufen, aber bewußt gemacht werden können, deren Auslöser unspezifischer und deren Objektbezüge unklarer sind oder die sich auf gar keine Objekte richten. Stimmungen werden von körperlichen, motivationalen, kognitiven und emotionalen Zuständen hervorgerufen.« Winko, Simone (2003): *Kodierte Gefühle. Zu einer Poetik der Emotionen in lyrischen und poetologischen Texten um 1900*, Berlin, 77. Winko verweist darauf, dass sich Emotion und Stimmung nicht immer »trennscharf voneinander unterscheiden lassen« und dass »Stimmungen [auch] als spezielle Manifestationsform von Emotionen« verstanden werden können. Ebd, 78. Vgl. auch Hielscher, Martina (1996): *Emotion und Textverstehen. Eine Untersuchung zum Stimmungskongruenzeffekt*, Opladen, 17–18; vgl. auch Schmidt-Atzert, Lothar (1996): *Lehrbuch der Emotionspsychologie*, Stuttgart, 23–25. Für das Anliegen dieses Artikels, sich einer *epochenspezifischen* Stimmung zu nähern, erscheint es sinnvoll, neben einer (individual-)psychologischen Perspektive auch soziologische Überlegungen zu berücksichtigen, da Emotionen als sozial und kulturell geprägt gelten. Vgl. Winko, *Kodierte Gefühle*, 81–90; vgl. auch Heller, Agnes (1981): *Theorie der Gefühle*, Hamburg, 126; Vester, Heinz-Günter (1991): *Emotion, Gesellschaft und Kultur. Grundzüge einer soziologischen Theorie der Emotion*, Opladen, 69–97; Gerhards, Jürgen (1988): *Soziologie der Emotionen. Fragestellungen, Semantik, Perspektiven*, Weinheim/München, 195, 208–210; u.a.

authentisch und situationsangemessen wahrgenommen werden; Leser bringen lebensweltliche und/oder literarisch angeeignete Erfahrungen ein und können so eine bestimmte emotionale Ausdrucksweise dekodieren.[29] Neben einfachen Emotionswörtern eignen sich besonders Metaphern zur angemessenen Kodierung von Emotionen, da hier komplexe, schwer in Worten ausdrückbare Befindlichkeiten über einfache, konkrete, unmittelbar aus der Lebenswelt stammende Bilder ausgedrückt werden können.

Da die Herausbildung von spezifischen Emotionskodes in einer Gesellschaft auch von historischen Begebenheiten beeinflusst wird, können sich veränderte soziale Konstellationen, bspw. im Rahmen einer Krise, auf kulturelle Praktiken oder Wahrnehmungsmuster auswirken und so die Ausbildung neuer Emotionskodes nach sich ziehen.[30] Laut Winko kann eine ›neue‹ Emotionskodierung an dreierlei Bereichen ansetzen, nämlich erstens durch die Vermittlung neuartiger, d.h. zuvor unbekannter Emotionen (1), »die als repräsentativ für die Gegenwart aufgefasst werden«, zweitens durch den Einsatz neuartiger Inhalte und Themen (2), die »die gegenwärtige Erfahrungswelt besonders prägen«, oder auch drittens durch die Verwendung neuer »Präsentationsformen« (3).[31] Bei ihrer Untersuchung der Lyrik um 1900 kommt Winko zu dem Schluss, dass sich bei der Etablierung neuer Kodes stets höchstens in zwei der drei Bereiche Innovationen finden, da sonst die Anschlussfähigkeit für die Rezipienten nicht gewährleistet ist. Diese Beobachtung bestätigt sich auch bei der emotionalen Kodierung der Warte-Stimmung in der Weimarer Republik. Auch hier liegen die Innovationen in zwei Bereichen: Nicht nur ist die Stimmung des Wartens (1) selbst neu und komplex, sie wird auch auf Inhaltsebene (2) durch ein neuartiges Bild repräsentiert, welches Teil der modernen Lebenswirklichkeit ist, nämlich durch das Bild des Wartesaals. Beide, sowohl die Stimmung als auch das sie kodierende Bild des Wartesaals, sind Ausdruck der schnelllebigen und kosmopolitischen Lebensweise in der Moderne und als solche nicht tradiert.

Handelt es sich um eine neuartige Stimmung wie im Fall der Warte-Stimmung, stellt sich die Frage, wie es überhaupt zur Kodierung kommen kann. Die Texte müssen schließlich so verfasst sein, dass die Stimmung vom Leser wieder als solche erkannt und dekodiert werden kann. Wie aber lässt sich eine Neukodierung bewerkstelligen, wenn für eine unbekannte Stimmung noch keine Basis-Metapher,[32] anders gesagt: noch kein kollektives Wissen, vorliegt? Dieser Frage nach Neukodierung mag man sich nähern, indem man nach dem emotiona-

---

[29] Vgl. Winko, *Kodierte Gefühle*, 141.
[30] Winko verweist beispielhaft auf die Herausbildung einer »moderne[n] Gefühlssprache« im Zusammenhang mit der gesellschaftlichen Umstrukturierung um 1800, wodurch »Intimität« und »Innerlichkeit« zu leitenden Emotionen mit einem komplexen Netz an Kodierungen geworden seien. Vgl. ebd., 86–87.
[31] Ebd., 383.
[32] Vgl. ebd., 105–108.

len Potenzial von Texten im Allgemeinen fragt. Katja Mellmann stellt heraus, dass noch nicht kodierte Emotionen und Stimmungen über »emotive Tropen«[33] Eingang in den Text finden können, die diesen durch eine – der verwendeten, bildhaften Sprache inhärente – »›fühlende‹ Komponente«[34] anreichern. Auf diese Weise arbeitet die moderne Literatur mit einer Vielzahl sinnlicher Eindrücke, die dem Leser das ›Einfühlen‹[35] in den Text, d.h. die ›sinnliche Vorstellung‹ einer »potentiell erlebbaren Emotion im Rahmen der internen Kommunikationssituation eines Werkes« ermöglichen.[36] Mellmann betont, dass sich die »emotionale[] Bedeutung« von Texten nicht im »emotionalen Reizpotential«[37] der Texte, d.h. nicht in der »emotionalen Reaktion des Rezipienten« beim Lesen, erschöpft, sondern auch im dem Text inhärenten Angebot zur Einfühlung liegt. Da die Vermittlung der so definierten emotionalen Bedeutung eines Textes über den Einsatz von bildhafter Sprache erfolgt, kann der Leser durch die Dechiffrierung eine Vorstellung generieren, sich in die beschriebene Situation einfühlen. Dabei muss sich der Leser nicht vorstellen, die handelnde oder angesprochene Figur im Text zu sein, er oder sie kann allerdings bestimmte Stimmungen der Figur nachempfinden.

Die Kodierung bestimmter »komplexe[r] und schwer benennbare[r] Emotionen« erfolgt vielfach über die Verwendung sogenannter »prototypischer Szenarien«[38], die die tradierten Quell-Bereiche der Metaphern ablösen und so neue Basis-Metaphern schaffen können.[39] Die *prototypischen Szenarien* können durch eben genannte *emotive Tropen* emotionale Bedeutungen schaffen. Sie zeichnen

---

[33] »Die Rede von ›emotiven Tropen‹ zielt auf ein grundlegenderes Übertragungsverhältnis: nämlich auf die Übertragung von einem sinnlich konkreten Quell- oder Bildbereich [...] über das *tertium comparationis* des damit korrelierenden ›Gefühls‹ auf eine im Ganzen inkommensurable Textbedeutung, die [...] durch diese ›fühlende‹ Komponente angereichert wird.« Mellmann, Katja (2015): *Literaturwissenschaftliche Emotionsforschung*, in: Zymner, Rüdiger (Hg.): *Handbuch Literarische Rhetorik*, Berlin/Boston, MA, 173–192, hier 186.

[34] Ebd., 186

[35] Vgl. zum Begriff der Einfühlung auch Mellmann, Katja (2006): *Emotionalisierung. Von der Nebenstundenpoesie zum Buch als Freund. Eine emotionspsychologische Analyse der Literatur der Aufklärungsepoche*, Paderborn, 116–120.

[36] Mellmann, *Emotionsforschung*, 185.

[37] Ebd.

[38] Ebd., 188. Vgl. zu prototypischen bzw. paradigmatischen Szenarien auch Anz, Thomas (2007): *Kulturtechniken der Emotionalisierung. Beobachtungen, Reflexionen und Vorschläge zur literaturwissenschaftlichen Gefühlsforschung*, in: Eibl, Karl/Mellmann, Katja/Zymner, Rüdiger (Hg.): *Im Rücken der Kulturen*, Paderborn, 207–239, hier 224–225; vgl. auch Voss, Christiane (2004): *Narrative Emotionen. Eine Untersuchung über Möglichkeiten und Grenzen philosophischer Emotionstheorien*, Berlin/New York, NY, 219–221.

[39] Vgl. Winko, *Kodierte Gefühle*, 368–382.

sich aber auch durch bestimmte »situative Konstellationen in Hinblick auf Zeit, Raum und Figuren«⁴⁰ aus, die für die Konstitution eines Emotionskodes – bzw. Emotions-Topos – wirksam werden können. Werden die *prototypischen Szenarien* von der Leserschaft angenommen, d.h. für eine angemessene und pointierte Versinnbildlichung einer bestimmten Stimmung gehalten, können sie zu Vorlagen für die Einfühlung werden, ja sogar die außerliterarische Kodierung von Emotionen prägen.⁴¹ Die Häufung des Wartesaal-Topos in der Literatur der neuen Sachlichkeit legt eine ›erfolgreiche‹ Kodierung der Warte-Stimmung nahe.

Die Romane der Neuen Sachlichkeit nehmen das schon außerliterarisch aufgetretene Motiv des Wartens und des Schwebezustands im ›Dazwischen‹ auf und fügen beide im Topos des Wartesaals zusammen. Interessanterweise wird durch die Nutzung eines räumlichen Bildes die dem Raum inhärente Atmosphäre⁴² aufgerufen, die die Leser aus eigener Erfahrung kennen und in die sie sich daher leichter einfühlen können. Das Vorstellen der räumlichen Atmosphäre, das Einfühlen, wie es ist, in einem Wartesaal zu sitzen, auf eine unsichere Zukunft zu warten, korreliert mit der gesamtgesellschaftlichen Stimmung, die aus dem eigenen Erleben und dem Diskurs bekannt ist. Durch die Einfühlung in das prototypische Szenario wird es den Lesern so erleichtert, die eigentlich hinter dem Wartesaal-Topos stehende Stimmung aufzuschließen.

Gleichzeitig erfolgt die Aufladung des Topos mit diversen übergreifenden Raumkonzepten, die den Wartesaal, als Nicht-Ort⁴³, kennzeichnen. Zu erwähnen sei hier nur kurz die Vorstellung vom Wartesaal als typisch modernem semiöffentlichen Schwellen- und Übergangsraum, der als Ort zwischen dem ungeschützten Draußen und dem mehr oder weniger behaglichen Drinnen eine Grenze bildet, die im Kommen und Gehen eigentlich permanent überschritten wird. Der Wartesaal – egal ob im Hotel oder Bahnhof – soll als Transitraum nicht zum Verweilen einladen. Ihm ist die Atmosphäre des Unbehausten eigen: das Gefühl der Fremdheit, der Beziehungslosigkeit, der Unruhe, der Kälte. Er stellt in seiner Mischung aus Öffentlichkeit und Privatheit, den typischen modernen urbanen Raum dar und ist per Definition erinnerungslos, der Aufenthalt in ihm folgenlos.⁴⁴

Im Falle der Warte-Stimmung liegt daher ein reziprokes Verhältnis vor: Das *prototypische Szenario* im Wartesaal ist entstanden aus dem Bedürfnis, eine be-

---

⁴⁰ Mellmann, *Emotionsforschung*, 188.
⁴¹ Vgl. ebd., 184–185 u. 189.
⁴² Vgl. zum Atmosphäre-Begriff: Böhme, Gernot (1995): *Atmosphäre. Essays zur neuen Ästhetik*, Frankfurt a.M.
⁴³ Vgl. zum Begriff des Nicht-Orts: Augé, Marc (1994): *Orte und Nicht-Orte. Vorüberlegungen zu einer Ethnologie der Einsamkeit*, Frankfurt a.M.
⁴⁴ Vgl. zur Semantik öffentlicher Räume: Lehnert, Gertrud (2011): *Einsamkeiten und Räusche. Warenhäuser und Hotels*, in: dies. (Hg.): *Raum und Gefühl. Der Spatial Turn und die neue Emotionsforschung*, Bielefeld, 151–172.

stimmte Stimmung einzufangen und zu kodieren. Im gleichen Moment ist die Kodierung so vage, dass sie mit diversen Inhalten gefüllt werden kann und dem Leser so verschiedene Möglichkeiten der Einfühlung bietet. Immerhin gibt es einerseits verschiedene Orte, die einen Wartesaal-Charakter aufwiesen, andererseits vielfältige Optionen, wie der Wartesaal mit Bedeutung oder Stimmungen aufgeladen werden kann. Er ist damit ein geeignetes Bild zur Kodierung der komplexen und teilweise auch divergierenden Warte-Stimmung. Der Wartesaal wird so zum Symbol und kodiert verschiedene emotionale Ausprägungen der Stimmung – zwischen Resignation und Anspannung.

4 Warten und Wartesaal in den Romanen der Neuen Sachlichkeit

In der Literatur der Neuen Sachlichkeit kommt es zu einer auffälligen Häufung des Motivs des Wartens. Nicht nur Kurt Tucholsky und Erich Kästner verhandeln die Warte-Stimmung. In Vicky Baums Kolportage-Roman *Menschen im Hotel* (1929) stolpern wir genauso über Menschen an der Schwelle wie im Frühwerk Irmgard Keuns.[45] Die Verwendung des Bildes *Wartesaal* unterscheidet sich allerdings, wie im Folgenden aufgezeigt werden soll. Da die Stimmung selbst einem Changieren zwischen rückwärtsgewandter Resignation und zukunftsgewandter Anspannung zwischen Hoffen und Befürchten gleichkommt, finden wir sie in den Texten in unterschiedlichen ›Mischverhältnissen‹ und unter verschiedenen Prämissen vor.

Die uns heute als typisch neusachlich bekannten Zeitromane und Zeitstücke erscheinen mehrheitlich erst gegen Ende der Weimarer Republik. Anhand zeitgenössischer Dokumente zeigt Sabina Becker auf, dass sich deren Aufkommen auf ein »gewandelte[s] Rezeptionsverhalten der Leserschaft«[46] gründet. »Ange-

---

[45] Baum, Vicky (2011 [1929]): *Menschen im Hotel*, Köln (im Folgenden zitiert als MiH); Kästner, Erich (2012 [1932]): *Fabian. Die Geschichte eines Moralisten*, München (im Folgenden zitiert als *Fabian*); Keun, Irmgard (1932/1999): *Das kunstseidene Mädchen*, München (im Folgenden zitiert als KsM). Ohne Anspruch auf Vollständigkeit seien hier nur einige weitere Werke genannt, die das Warten thematisieren: Franz Kafka: *Das Schloß* (1922), Irmgard Keun: *Gilgi eine von uns* (1931), Joseph Roth: *Hotel Savoy* (1924), Lion Feuchtwanger: *Wartesaal-Trilogie – Erfolg* (1930), *Die Geschwister Oppermann* (1933), *Exil* (1940), Klaus Mann: *Der Vulkan* (1939), Anna Seghers: *Transit* (1948 [1944]), usw. Dass leeres Warten ein seit der Jahrhundertwende und über die Exilliteratur hinaus beliebtes Motiv ist, zeigt Lothar Pikulik. Pikulik erhebt das »existentielle Dauer-Warten« gar zur »Daseinsform der Moderne«. Pikulik, Lothar (1997): *Warten, Erwartung. Eine Lebensform in End- und Übergangszeiten*, Göttingen, 14.
[46] Becker, Sabina (2000): *Neue Sachlichkeit, Bd. 1: Die Ästhetik der neusachlichen Literatur (1920-1933)*, Köln/Weimar/New York, NY, 150.

sichts der sich wandelnden Realität sowie einer veränderten Realitätserfahrung« werden Forderungen nach »Aktualität und Realitätsbezug«[47] laut: Das wirkliche Geschehen solle dargestellt werden und zwar so, dass es hinsichtlich seines Wahrheitsgehalts vom Leser kontrolliert werden könne.[48] Die Erfüllung dieser Erwartung, also die Schilderung zeitgenössischer Ereignisse ohne zu viel »Phantasie«[49], wirkt folgerecht auf das Rezeptionsverhalten zurück: eine referenzorientierte Lesart war verbreitet und wurde häufig auch, etwa durch autobiografische Markierungen der Autoren, gefördert.[50]

Es sollen nachfolgend exemplarisch Texte betrachtet werden, in denen der Topos vom Wartesaal zur Kodierung einer Stimmung eingesetzt wird. Daher sollen noch einmal die beiden oben angesprochenen Ausprägungen der Stimmung Beachtung finden. Einerseits finden wir den Wartesaal als Kode für eine resignative Stimmung, die beispielsweise Einzug in die Romane Erich Kästners und Vicky Baums hielt. Andererseits finden wir das Bild auch zur Verdeutlichung der Stimmung der geistig Obdachlosen ›vor den Toren der Sinnstiftung‹, etwa bei Irmgard Keun. Betrachten wir zunächst den Roman *Fabian. Die Geschichte eines Moralisten* (1932) von Erich Kästner, der hier die Warte-Stimmung und auch den Topos des Wartesaals von seinem zur (Selbst-)Reflexion neigenden Protagonisten explizit nennen und erklären lässt. Nach allgemeinen Überlegungen soll dann das Augenmerk auf zwei Figuren im Wartesaal liegen: Doktor Otternschlag in *Menschen im Hotel* und Doris in *Das kunstseidene Mädchen*, deren beider Geschichten im prototypischen Szenario des Wartesaals und der damit verbundenen Stimmung des ›Dazwischen‹ enden.

5   Erich Kästner: Fabian

In seinem 1931 erschienenen Roman *Fabian. Die Geschichte eines Moralisten* lässt Erich Kästner seinen Protagonisten Jakob Fabian durch Berlin streifen. Fabian ist 32 Jahre alt, Germanist und arbeitet als Werbefachmann für eine Ziga-

---

[47] Ebd., 152–153.
[48] Panter, Peter (= Kurt Tucholsky) (1925): *Babbitt*, in: *Die Weltbühne* 21, I, Nr. 18, 665–669, hier 665.
[49] Wedderkopp, Hermann von (1926): *Wandlungen des Geschmacks*, in: *Der Querschnitt* 6, Nr. 7, 497–505, hier 499.
[50] Bei Kästner ist die Selbstparallelisierung zu Protagonist Fabian im Text wie im Nachwort zu erkennen: Er verweist auf seine »Erfahrungen am eigenen Leibe« (*Fabian*, 239). Wiederholt äußert er, er selbst, »[d]er Autor«, sei der »Moralist« (*Fabian*, 239, 240). Auch Tucholsky verdeckt die Autorinstanz in seinen Gedichten nicht. Deren Appelle decken sich mit der politischen Agenda des Autors (welche schon durch die Wahl seiner Publikationsmedien, später auch durch seine Rolle als (Mit-)Herausgeber der linksorientierten *Weltbühne* ersichtlich wird).

rettenmarke. Als ironischer Beobachter hält er an verschiedenen Orten der Stadt das verrohte und unmoralische Verhalten seiner Mitbürger fest und hofft auf eine Wende zur Anständigkeit. Das Ausbleiben ebendieser Wende bestätigt ihn in seiner pessimistischen Weltsicht. Episodisch begegnet er der Schlechtigkeit von Welt und Zeitgenossen und bündelt diese, als prototypischer neusachlicher Beobachter, wie ein Brennglas. Im sechsten Kapitel des Romans findet sich eine Szene, in der Fabian mit seinem Freund Stephan Labude durch das nächtliche Berlin spaziert. Sie setzen ein zuvor in einer Tanzdiele angerissenes Gespräch fort, in welchem Fabian die Gründe für seinen mangelnden Ehrgeiz erläuterte. Hier nun gibt er eine Erklärung für seine abwartende Haltung der Zeit gegenüber:

> Fabian legte die Hand auf die Schulter seines Freundes. ›Als ich vorhin sagte, ich verbrächte die Zeit damit, neugierig zuzusehen, ob die Welt zur Anständigkeit Talent habe, war das nur die halbe Wahrheit. Daß ich mich so herumtreibe, hat noch einen anderen Grund. Ich treibe mich herum, und ich warte wieder, wie damals im Krieg, als wir wußten: Nun werden wir eingezogen. Erinnerst du dich? Wir schrieben Aufsätze und Diktate, wir lernten scheinbar, und es war gleichgültig, ob wir es taten oder unterließen. Wir sollten ja in den Krieg. [...] Die nächste Zukunft hatte den Entschluß gefaßt, mich zu Blutwurst zu verarbeiten. Was sollte ich bis dahin tun? Bücher lesen? An meinem Charakter feilen? Geld verdienen? Ich saß in einem großen Wartesaal, und der hieß Europa. Acht Tage später fährt der Zug. Das wußte ich. Aber wohin er fuhr und was aus mir werden sollte, das wußte kein Mensch. Und jetzt sitzen wir wieder im Wartesaal, und wieder heißt er Europa! Und wieder wissen wir nicht, was geschehen wird. Wir leben provisorisch, die Krise nimmt kein Ende.‹[51]

Der Protagonist erklärt hier seinem Freund die Gründe für seine Handlungshemmung. Bereits als Jugendlicher in den Kriegsjahren hatte Fabian die Sinnlosigkeit jeglichen Ehrgeizes erkannt: In einer Situation, in der das eigene Leben durch die Entscheidungen anderer determiniert wurde, trugen Bemühungen nur ›scheinbar‹ Früchte und waren daher sinnentleert. Fabian erlebte sich selbst als unwirksam, seine Biografie als fremdbestimmt (»Wir sollten ja in den Krieg«) und insofern sowohl als perspektiv- als auch als alternativlos. Ehrgeiz und Ziele erschienen angesichts der Pläne der »nächste[n] Zukunft«, ihn zu »Blutwurst zu verarbeiten«, lächerlich und unnötig. Fabian handelte daher nicht mehr, ihm blieb nur noch, auf eine in höchstem Maße unsichere Zukunft – ja, auf den vermeintlichen Tod – zu warten. Die resignierte Stimmung, in der er sich vor seinem Dienst an der Front befand, tritt nun in der Weimarer Republik erneut auf. Fabian »warte[t] wieder«.

Die Gleichsetzung beider Situationen – kurz vor dem Eingezogenwerden und nun in der späten Weimarer Republik – verdeutlicht nicht nur die anhaltende

---

[51] *Fabian*, 61–62.

Krisenhaftigkeit und somit die permanente Verunsicherung Fabians, sondern stellt auch eine Übertragungsleistung der Figur dar. Fabian parallelisiert beide Situationen für sich, auf Basis seiner damaligen und jetzigen Stimmung. Die Gleichsetzung erfolgt über einen Wie-Vergleich (»wie damals im Krieg«) und über die Kodierung der beiden Stimmungen mit ein und demselben Bild: dem Bild des »Wartesaal[s]«. Damit nutzt Kästner das traditionelle Verfahren, komplexe Emotionen durch Parallelisierung mit einer als bekannt vorausgesetzten, konkreten Erfahrung – hier dem Warten im Wartesaal – darzustellen.[52] Die Metaphorisierung erfolgt innerhalb der Figurenrede, wodurch es dem Autor möglich wird, eine ausführliche Erklärung der Relation zwischen Stimmung und bildspendendem Bereich (*tertium comparationis*) einzubringen und so die (De-)Kodierung der Emotion durch den Leser zu erleichtern. Anhand von biografischen Fakten erläutert die Figur das Zustandekommen der ›Warte-Stimmung‹ und schafft so einerseits gemeinsames Wissen über die Stimmung, rekurriert andererseits aber auch auf die Lebenserfahrung der zeitgenössischen Leser. In seiner Beschreibung dehnt er die individuelle Erfahrung sowohl in temporärer als auch in räumlicher Hinsicht aus. So ist nicht nur die Stimmung wiederkehrend und »nimmt kein Ende«, sondern auch der Wartesaal selbst weitet sich aus. Für Fabian wird der ganze Kontinent Europa zum Übergangsraum, in welchem die Warte-Stimmung eine gewisse Universalität erhält. Der Zustand des ›Dazwischen‹ ist überall.

Durch die Dopplung des Warte-Motivs erscheint Fabians Handlungshemmung erlernt: Wieder resigniert er an der Zeit, die er als Provisorium wahrnimmt. Wieder reagiert er auf die krisenhaften Lebensumstände mit Passivität. Wieder ist er unfähig, Pläne zu machen, da unklar ist, »was geschehen wird«. Erneut erlebt er sich als fremdbestimmt und unwirksam, die Zukunft als unsicher. So kann er nicht handeln, sondern sich nur noch verhalten, nur noch beobachten. Fabians Handlungsunfähigkeit zeigt auch seine geistige Obdachlosigkeit an: Ohne Intention, sein Leben einer Sinnstiftung zuzuführen, bleibt ihm nur das Warten auf eine unbestimmte Zukunft. Dabei ist seiner Haltung eine Verlorenheit inne, wie sie für die Kriegsheimkehrer-Figuren typisch ist. Zwar kehrt er aus der Initialkatastrophe des 20. Jahrhunderts heim, allerdings ist er körperlich

---

[52] Vgl. Winko, *Kodierte Gefühle*, 107 u. 359.

und seelisch versehrt.[53] Die Fragen nach dem Wohin und dem Wozu kann er nicht beantworten.[54]

Befeuert wird seine Stimmung durch den provisorischen, aber auch redundanten Charakter der Zeit, in der aufkeimende Hoffnungen stets wieder enttäuscht werden. Im jungen zwanzigsten Jahrhundert ist Fabian der häufige Wechsel zwischen Hoffnung und Enttäuschung bereits mehrfach begegnet, sodass sich sein Hoffen nun höchstens in einer korrupten Hoffnung erschöpft, deren stetiger Begleiter die Angst vor erneuter Enttäuschung ist. Die Wiederkehr der Warte-Stimmung ist nicht nur Ausdruck einer vorgeahnten Geschichtswiederholung, sondern auch eines unter vielen Anzeichen des repetitiven Charakters des Romans:[55] Als Fabian sich das letzte Mal in der Stimmung befand, steuerte die Zeit auf Krieg und Vernichtung zu. Er wartete auf den Zug, der ihn in die Ungewissheit transportieren sollte. Die jetzige, als Provisorium wahrgenommene Zeit scheint auch nur diese Destination zu kennen. Resigniert erklingen die Gedanken des Protagonisten: »Wann gab es wieder Krieg? Wann würde es soweit sein?«[56] Damit ist der Kästner'sche Roman nur eines von vielen Zeugnissen der Zeit, die das »Bewusstsein[] zwischen Kriegen zu leben«[57] artikulieren. Die einzige Erwartung, die Fabian hegt, liegt in der Vorahnung weiterer Unruhen, d.h. einer Verlängerung bzw. Verlagerung der Krise. Damit steht Fabians Stimmung der Hoppenheit'schen Betrachtungsweise nahe. Er wartet zwar, die von Kracauer beschriebene innere Anspannung vor den Toren einer Sinnstiftung ist allerdings bereits verflogen und Fatalismus gewichen. Fabian bereitet sich auf den gesellschaftlichen Niedergang vor. Konsequent folgt auf Fabians Zeit-Diagnose eine Szene, in der er und Labude in den Kugelhagel einer politisch motivierten Schießerei geraten.

---

[53] Fabian hat bezeichnenderweise ein chronisches Herzleiden davongetragen: »Das Herz schlug wie verrückt. Es hämmerte unterm Jacket. Es schlug im Hals. Es pochte unterm Schädel. Er blieb stehen und trocknete die Stirn. Dieser verdammte Krieg! Dieser verdammte Krieg! Ein krankes Herz dabei erwischt zu haben, war zwar eine Kinderei, aber Fabian genügte das Andenken.« *Fabian*, 63. Vgl. auch die Bedeutung von »Herzeleid« (mhd. herzeleit): großer seelischer Kummer, tiefes Leid.

[54] »»Ich kann vieles und will nichts. Wozu soll ich vorwärtskommen? Wofür und wogegen? [...] nichts hat Sinn. [...] Wozu soll ich Geld verdienen? Was soll ich mit dem Geld anfangen? Um satt zu werden, muß man nicht vorwärtskommen. [...]««, *Fabian*, 53.

[55] Der Roman verarbeitet die Redundanz der Zeit auf formaler und auf inhaltlicher Ebene. Sein repetitiver Charakter zeigt sich nicht nur in diachroner Hinsicht, etwa in Rekurrenz auf Fabians Vergangenheit, sondern auch in synchroner. So findet sich Fabian auf seinen Streifzügen durch den riesigen Wartesaal immer wieder an den gleichen – meist öffentlichen – Orten wieder und trifft wiederholt auf die gleichen typenhaften Figuren.

[56] *Fabian*, 63–64.

[57] Lethen, *Verhaltenslehren*, 7.

Die Charakterisierung des Wartesaals als raumübergreifend und allgemeingültig erfolgt durch eine Figur, die als Repräsentant des Kollektivs der Kriegsheimkehrer anzusehen ist. Seine fatalistische Stimmung wird mit historischen Eckdaten begründet, die seine eigene Biografie nicht nur mit der des Autors Erich Kästner[58], sondern auch mit denen weiter Teile der Gesellschaft parallelisiert. Fabian wird so zu einem Gewährsmann – nicht nur für die Warte-Stimmung, sondern auch für den repetitiven Charakter der Geschichte. Der Wartesaal erscheint so letztendlich als Ort, aus dem es kein Entkommen gibt. So wird der Raum – und das heißt in diesem Falle die ganze fiktionale Welt – mit einer trübseligen Stimmung aufgeladen.

Konrad Paul Liessmann weist darauf hin, dass in der Moderne Emotionen beim Leser nicht mehr allein durch Gefühlsdarstellungen auf Figurenebene geweckt werden, sondern im Gegenteil auch gerade aus der »Vorenthaltung einer ästhetischen Bewegtheit entstehen.«[59] Er bezeichnet diese neue Programmatik als »Ästhetik der Erstarrung«[60], in der die Rezipienten gerade durch das Miterleben von Passivität gerührt werden. Folgt man diesem Gedanken, so werden sich die Leser in die durch Fabian beschriebene Stimmung einfühlen, vielleicht das Gefühl des Stillstands und Nicht-Vorankommens imaginieren. Dabei wird die Dekodierung der Metapher Wartesaal über das sensitive *tertium comparationis* durch die Welterfahrung der Leser erleichtert: *Im Wartesaal fühlt man sich kalt, unbehaglich, ungeschützt, deplatziert. So fühlt sich auch unsere Jetzt-Zeit an.*

6   Vicky Baum: Doktor Otternschlag

Eine andere Ausprägung der Stimmung, die über den Topos des Wartesaals kodiert wird, lässt sich in Vicky Baums Roman *Menschen im Hotel* (1929) finden. Hier ist der Wartesaal durch eine Hotelhalle ersetzt, in der sich der kriegsversehrte Doktor Otternschlag aufhält. Während die anderen Hotelgäste Abenteuer erleben und im Laufe des Romans aufsteigen oder fallen, verharrt Otternschlag als Einziger im Schwebezustand. Bereits zu Beginn des Romans wird verdeutlicht, dass Otternschlag seit Jahren auf etwas wartet, worauf genau bleibt aber im Verborgenen.[61] Sein Leben spielt sich in Hotels ab: Hier sitzt er

---

[58] Vgl. Fußnote 51.
[59] Liessmann, Konrad Paul (2011): *Leidenschaft und Kälte. Über ästhetische Empfindungen und das Pathos der Distanz*, in: Wennerscheid, Sophie (Hg.): *Sentimentalität und Grausamkeit. Ambivalente Gefühle in der skandinavischen und deutschen Literatur der Moderne*, Berlin, 22–36, hier 29.
[60] Ebd., 29.
[61] >»Der Mensch kann einen schwächen‹, sagte der Portier zum kleinen Georgi. ›Ewig das Gefrage wegen der Post. Seit zehn Jahren wohnt er jedes Jahr ein paar Monate bei uns,

mit steifen Beinen im Klubsessel und starrt mit »blindem Gesicht«[62] in die vornehme Halle. Auch hier ist die Handlungshemmung von Beginn an mit dem Wartesaal verbunden. Otternschlag verkörpert den Einsamen: Täglich läuft er an den Tresen des Portiers, um nach Post zu fragen, allerdings ist – bis er eines Tages Kringelein trifft – niemals ein Brief für ihn da. Auch zum Schluss des Romans ist er der Einzige, der noch immer in der Halle verweilt.

Durch die metonymische Verknüpfung des Wartesaals mit dem Dauergast Otternschlag wird der Topos vom Wartesaal bei Baum mit Bedeutung aufgeladen. Die eigentlich positiv wahrgenommene Atmosphäre einer Hotelhalle wird durch den bemitleidenswerten Zustand, insbesondere aber auch durch die physische Erscheinung Otternschlags verändert. Die Halle wirkt dadurch kälter und lebloser.

Bei Baum wird der Topos vom Wartesaal außerdem durch ein mortifizierendes Vokabular aufgeladen, das den wartenden Doktor Otternschlag näher charakterisiert. Er ist »eine versteinerte Statue der Einsamkeit und des Abgestorbenseins«, hat hängende »Hände aus Blei« und ein »Glasauge«, mit dem er auf alles Lebendige um ihn herum starrt, aber natürlich »nicht sehen kann«.[63] So dargestellt, wirkt er schon fast wie Inventar. In seinem passiven Status ist er dem Tod genauso nahe wie dem Leben und ist insofern ebenfalls Repräsentant eines Schwellenzustands. Davon zeugen auch seine Physiognomie (Otternschlag hat nur ein halbes Gesicht)[64] und seine plötzlich einsetzenden Dämmerzustände.[65] Bezeichnenderweise verfügt der ehemalige Militärarzt auch über einen Morphinvorrat, der es ihm erlauben würde, sein Leben jederzeit zu beenden.[66] Bisher war er, der »lebende[] Selbstmörder«[67], dazu allerdings noch nicht bereit.

> In der Halle sitzt Doktor Otternschlag und führt Selbstgespräche. ›Grauenhaft ist es‹, sagt er zu sich. ›Immer das gleiche. Nichts geschieht. Grauenhaft allein ist man. Die Welt ist ein gestorbener Stern, sie wärmt nicht mehr. In Rouge-Croix hat man zweiundneunzig verschüttete Soldaten eingemauert. Vielleicht bin ich einer

---

und noch nie ist ein Brief gekommen, und kein Hund hat nach ihm gefragt. Da sitzt so ein Mensch nun egal da herum und wartet – ‹«. MiH, 8.

[62] MiH, 7.
[63] MiH, 319.
[64] »Dieses Gesicht übrigens bestand nur aus einer Hälfte, einem jesuitenhaft verfeinerten und zugespitzten Profil, das mit einem außerordentlich schöngebauten Ohr unter dünngrauem Schläfenhaar abschloß. Die andere Gesichtshälfte war nicht vorhanden. Es gab da nur einen schiefen, ineinandergeflickten und zusammengelappten Wirrwarr, in dem zwischen Nähten und Narben ein Glasauge blickte.« MiH, 7.
[65] »Doktor Otternschlag, der eben noch einen Schimmer von Wärme und Interesse gezeigt hatte, schien am Einschlafen zu sein. Er hatte mehrmals am Tag solche Zustände des Erschlaffens, [...]« MiH, 26.
[66] Vgl. MiH, 250–253.
[67] MiH, 253.

von ihnen, sitze dort zwischen den anderen seit Kriegsschluß, bin tot und weiß es gar nicht [...]‹[68]

Otternschlags Stimmung begründet sich in seiner Unfähigkeit, die Gräuel des Krieges zu vergessen. Mehrfach äußert er den Gedanken, vielleicht ja schon im Jenseits zu sein. Wenn er sich als einen der in Rouge-Croix verschütteten Soldaten imaginiert, so bedeutet dies nicht nur ein Nicht-Wahrhabenwollen, ein nicht Ankommen in der Jetzt-Zeit, sondern stellt auch eine Analogie zwischen den beiden Zuständen her: Zwischen dem Ausharren in der Hotelhalle und dem Gefühl, bereits tot zu sein, besteht für Otternschlag kein Unterschied. Sein Nichtsmehr-Erleben bedeutet auch Nicht-Leben. Otternschlag ist ein lebendiger Toter.

Sein Zustand zwischen Diesseits und Jenseits korrespondiert mit der Verortung im Durchgangsraum, ›auf der Grenze‹. Versteht man die Hotelhalle mit Lehnert als Sonderform des Übergangsraums, die durch ihre exponierte Brückenstellung zwischen der Privatheit der Zimmer und der Öffentlichkeit der Straße, vor allem aber als repräsentativer Raum des über Erinnerungslosigkeit definierten Hotels fungiert, so ist sie die »in Szene gesetzte Schwelle«[69], die bestrebt ist, die »Prozesse des ständigen Wandels und der Vergänglichkeit ins Bewusstsein« zu rufen.[70] Insofern ist Otternschlag als Figur, die unmittelbar mit der Schwelle verknüpft ist, ein Beobachter dieses permanenten, ja fast schon gewöhnlichen Wandels. Er, der nicht vergessen kann, wird zum Zeuge der Ereignisse im Hotel, verbleibt aber selber – bis auf seinen Handlungsspielraum in Bezug auf seine eigene Lebensdauer – in seinem Handeln gehemmt.

So ist der Wartesaal-Topos bei Baum zwar auch als literarische Kodierung der epochenspezifischen Stimmung zu verstehen, er kodiert aber ein anders geartetes Mischverhältnis, nämlich die resignierte und rückwärtsgewandte Stimmung des Kriegsheimkehrers, der nicht vergessen kann. Otternschlag, noch immer nicht fähig zu sterben, wartet noch auf etwas Unbestimmtes. Da aber nicht klar wird, worauf, ist sein Warten nicht zielgerichtet. Da er auch unfähig ist, in der neuen Zeit anzukommen, verbleibt er im unbehausten Zustand. Der Wartesaal (noch dazu eines Hotels) wirkt als Zwischenquartier, durch Verweis auf Otternschlags Zustand als Limbus. Die auf die Zukunft gerichtete Spannung ist verringert, da sie nicht zielgerichtet ist. Zur Behebung der geistigen Obdachlosigkeit, d.h. zum Einfügen in die neuen Ordnungsmuster der Republik, ist die Figur unfähig und unwillig.

Ähneln sich beide Kriegsheimkehrer-Figuren auf den ersten Blick nicht wirklich, so sind sie dennoch in ihrer Aktionsform verwandt. Beide sind auf ihre jeweiligen Wartesäle beschränkt und bewegen sich in ihnen zirkulär. So ist nicht nur das an Hospitalismus-Symptome erinnernde Pendeln Otternschlags zwischen

---

[68] MiH, 319.
[69] MiH, 253.
[70] Lehnert, *Warenhäuser und Hotels*, 167.

Klubsessel und Portiertresen auffällig, sondern auch Fabian steuert in zirkulärer Bewegung immer wieder gleiche Orte an. Insofern wirken sie gefangen, unfähig ihren Wartesaal zu verlassen. Mit der nachfolgenden Figur, der Protagonistin Doris aus Irmgard Keuns Roman *Das kunstseidene Mädchen* (1932), teilen sie die Wiederkehr in den Wartesaal nach enttäuschter Erwartung ebenso wie den Beobachterstatus. Der Topos des Wartesaals kodiert bei Keun, wie gezeigt werden soll, eine Stimmung, die aus einem zielgerichteten Warten, also einem (transitiven) Erwarten hervorgeht.

7   Irmgard Keun: Doris

Erzählt wird die Geschichte von Doris, einem Mädchen geringer Bildung aus kleinbürgerlichen Verhältnissen, das, nach dem Verlust ihrer Anstellung als Sekretärin und einem kurzen Intermezzo am Theater, mit einem gestohlenen Pelzmantel der rheinischen Provinz entflieht, um in Berlin ihr Glück zu machen und »ein Glanz«[71] zu werden. Gleich auf den ersten Seiten des Romans wird ein Schreibprozess der Protagonistin in Gang gesetzt: Doris, die über diverse Referenzen auf die Weimarer Popkultur in Form von Filmtiteln, Künstlern und Etablissements als typische Rezipientin eingeführt wird, schafft ein tagebuchartiges Zeitdokument, welches inhaltlich und auch stilistisch an das neue Medium Film anknüpft.[72] In einem kinematografischen, episodenhaften Stil erzählt der Text aus Sicht der Protagonistin von deren Streifzügen durch Berlin und ihren Träumen von einem filmreifen Happy End. Aus der Erfolgsstory wird allerdings die Geschichte ihres sozialen Abstiegs in der Hauptstadt – wenngleich immer wieder von hoffnungsvollen Episoden unterbrochen.

Doris ist eine Repräsentantin der Neuen Frau. Die Erschütterung durch den Traditionsbruch ist für diese Gruppe nicht im selben Maße zu postulieren, wie für die oben genannte Alterskohorte der um 1900 Geborenen. Dennoch äußert sich die Erfahrung des Lebens in der Krise in der Warte-Stimmung, fühlen auch sie sich deplatziert und geistig obdachlos. Figuren vom Typus Neue Frau finden

---

[71] »Ich will so ein Glanz werden, der oben ist. Mit weißem Auto und Badewasser, das nach Parfüm riecht, und alles wie Paris. Und die Leute achten mich hoch, weil ich ein Glanz bin […]. Ich werde ein Glanz, und was ich dann mache, ist richtig – nie mehr brauch ich mich in acht nehmen und nicht mehr meine Worte ausrechnen und meine Vorhabungen ausrechnen […] nichts kann mir mehr passieren an Verlust und Verachtung, denn ich bin ein Glanz.« KsM, 34.
[72] »Aber ich will schreiben wie Film, denn so ist mein Leben und wird noch mehr so sein. […] Und wenn ich später lese, ist alles wie Kino – ich sehe mich in Bildern.« KsM, 6; »Ich machte mir einen Traum und fuhr mit einem Taxi eine hundertstundenlange Stunde hintereinander immerzu – ganz allein und durch lange Berliner Straßen. Da war ich ein Film und eine Wochenschau.« KsM, 94.

sich in zahlreichen Romanen der Zeit. Beispielhaft sei hier nur auf Flämmchen in *Menschen im Hotel* oder auch auf Cornelia Battenberg in *Fabian* verwiesen. Neben dem Leben in der Übergangszeit der Weimarer Republik befindet sich die Neue Frau auch hinsichtlich ihres Lebensalters und ihres sozialen Status an der Schwelle.[73] Insbesondere aufgrund ihrer Berufstätigkeit, die mit dem Austritt aus der Schule beginnt und mit dem Eintritt in die Ehe endet, werden sie als Übergangswesen begriffen.[74] In fiktionalen Texten zeigt das Verhalten der jungen Frauen den Schwellencharakter an: Er äußert sich im Rollenspiel, d.h. dem »Oszillieren zwischen festen Identitätspositionen«.[75] Cordula Seger postuliert etwa anhand der Figur Flämmchen, sie sei die »Gestaltwerdung des Übergangs«, da sie weder bezüglich »Lebensphase, gesellschaftlicher Stellung noch räumlicher Zugehörigkeit verortet« sei. Sie spiegele in ihrer »performt[en] Liminalität [...] soziale Realität«.[76] Darin sei sie auch den Protagonistinnen der frühen Keun-Romane verwandt, mit denen sie »die Schauplätze und Figurationen des Übergangs«[77] teile.

Als Repräsentantin der Neuen Frau ist Doris Grenzgängerin. Die pikareske Figur[78] versteht sich auf das ›System des Männerfangs‹[79] und passt ihre Persönlichkeit der Erwartung ihres gut betuchten Gegenübers an. Sie ist auf dieses Verhalten verfallen, da sie die Permanenz der eigenen finanziellen Abhängigkeit er-

---

[73] Gemeint sind die Schwelle vom Mädchen zur Frau, vom Fräulein zur Ehefrau sowie die als Übergangsstadium zwischen Schule und Ehe geltende Berufstätigkeit. Vgl. hierzu den sehr informativen Aufsatz: Volkening, Heide (2007a): *Working Girl – Eine Einleitung*, in: dies./Biebl, Sabine/Mund, Vera (Hg.): *Working Girls. Zur Ökonomie von Liebe und Arbeit*, Berlin, 7–22, hier 19.

[74] Vgl. Kracauer, Siegfried (1990): *Mädchen im Beruf* 1932, in: ders.: *Schriften, Bd. 5.3: Aufsätze 1932–1965*, hg. von Inka Mülder-Bach, Frankfurt a.M., 60–66, hier 62.

[75] Seger, Cordula (2013): *Kunstseidene Mädchen im Wartesaal der Gesellschaft. Die junge Frau am Übergang: Vicky Baums Menschen im Hotel im Spiegel zeitgenössischer Literatur*, in: Blumesberger, Susanne/Mikota, Jana (Hg.): *Lifestyle – Mode – Unterhaltung oder doch etwas mehr? Die andere Seite der Schriftstellerin Vicky Baum (1888–1960)*, Wien, 60–81, hier 66.

[76] Ebd., 60.

[77] Ebd., 61.

[78] Vgl. zu Doris als Pikara: Barndt, Kerstin (2003b): *Sentiment und Sachlichkeit. Der Roman der Neuen Frau in der Weimarer Republik*, Köln/Weimar/Wien, 184–194; Detering, Heinrich (1994): *Les vagabondes: le retour des héroïnes picaresques dans le roman allemand*, in: *Etudes littéraires* 3, 26, 29–43; vgl. zum Verhältnis von Pikareskem und Kinematografie: Heilmann, Robert B. (1969): *Variationen über das Pikareske (Felix Krull)*, in: Heideneich, Helmut (Hg.): *Pikarische Welt. Schriften zum Europäischen Schelmenroman*, Darmstadt, 278–293, hier 283.

[79] Vgl. Keun, Irmgard (1932): *Das System des Männerfangs*, in: *Der Querschnitt* 12, Nr. 4, 259–261.

kannt hat, der auch durch Arbeit keine Abhilfe zu schaffen ist.[80] Doris' Traum vom ›Glanz‹ ist durch Eingliederung in die Masse der Angestellten nicht zu verwirklichen, daher bricht sie aus der vorgegebenen Bahn aus und streunt herum, auf der Suche nach etwas Besserem. Ihre Liminalität deckt sich mit ihrer Verortung auf der Straße und im Wartesaal, der – und hier sei noch einmal auf die Raumeigenschaften des Schwellenraums verwiesen – zum Sinnbild der weiblichen »Existenz im Durchgang«[81] wird. Doris ist nicht nur geistig, sondern über weite Teile des Buches buchstäblich obdachlos: Bezeichnenderweise lautete der Arbeitstitel des Romans auch bis ins Frühjahr 1932 hinein *Mädchen ohne Bleibe*[82].

In der Hoffnung auf ein Leben im ›Glanz‹ wird das Cinderella-Narrativ, ein Versprechen der illusorischen Filmwelt, aufgerufen: Filme wie *It* (US 1927) oder *Ella Cinders* (US 1926) stellen eine moderne Variante des Märchens dar, in der die unsichere Lebenslage einer jungen Frau ihr Ende in der Ehe mit einem gutbetuchten Mann findet.[83] Ernst Bloch beschreibt das Narrativ als Darstellung »vorgetäuschte[r] Lebensläufe [...] empor zu Geld und Glanz«, dabei führt der Weg in den (auch finanziell) sicheren Ehehafen über den Kniff des »unmöglichen Zufalls«:[84]

---

[80] »Ich denke ja gar nicht daran. Kommt denn unsereins durch Arbeit weiter, wo ich keine Bildung habe und keine fremden Sprachen außer olala und keine höhere Schule und nichts. [...] Man hat 120 mit Abzügen und zu Hause abgeben und von leben. Man ist ja nicht mehr wert, aber man wird kaum satt von trotzdem. Und will auch bißchen nette Kleider, weil man sonst ja noch mehr ein Garnichts ist. Und will auch mal ein Kaffee mit Musik und ein vornehmes Pfirsich Melba in hocheleganten Bechern – und das geht doch nicht alles von allein, braucht man wieder die Großindustrien, und da kann man ja auch gleich auf den Strich gehen. Ohne Achtstundentag.« KsM, 134–135.

[81] Seger, *Kunstseidene Mädchen*, 75.

[82] Das geht aus der Verlagsvorschau des Universitas-Verlags 1932 hervor. Vgl. Fleig, Anne (2005): *Dokumentation der Erstrezeption in Deutschland (1931–1933)*, in: Arendt, Stefanie/Martin, Ariane (Hg.): *Irmgard Keun 1905/2005. Deutungen und Dokumente*, Bielefeld, 61–130, hier 71.

[83] Vgl. Volkening, Heide (2007b): *Karriere als Komet: Working Girls jenseits des Happy Ends*, in: dies./Biebl, Sabine/Mund, Vera (Hg.): *Working Girls. Zur Ökonomie von Liebe und Arbeit*, Berlin, 204–224, hier 211. Es ist das Paradoxon der modernen Liebe im Zeitalter des Kapitalismus: Wenngleich die romantische Liebe für Interesselosigkeit und Indifferenz gegenüber Reichtümern steht, gilt sie »[i]n der populären Literatur jedoch [...] ironischerweise als etwas, das auf magische Weise, ohne kaltherzige Berechnung ökonomische Sicherheit und Überfluss verschafft« Vgl. Illouz, Eva (2003): *Der Konsum der Romantik. Liebe und die kulturellen Widersprüche des Kapitalismus*, Frankfurt a.M./New York, NY, 12.

[84] Bloch, Ernst (1985): *Das Prinzip Hoffnung*, in: ders.: *Gesamtausgabe*, Bd. 5.1: Kapitel 1–32, Frankfurt a.M., 407.

Arme Stenotypistinnen, die sich jede Kalorie für Seidenstrümpfe absparen, begegnen einem Angestellten, Liebe entspinnt sich, der Liebhaber spendet bescheidene Ausflüge, die ihm Gelegenheit geben, das edle Wesen seiner Geliebten zu entdecken, zuletzt aber entdeckt er sich selbst in ihr, nämlich als Chef in eigener Person, und führt die Braut heim – sounds like magic, doesn't it?[85]

Im Film beendet der unwahrscheinliche Zufall den Aufenthalt im Wartesaal. Final motiviert tritt das Happy End ein und schafft so einerseits der physischen Gefährdung der Figur, andererseits der unsicheren und angespannten Stimmung Abhilfe. Dabei bleibt ein fader Beigeschmack zurück: Kann der Wartesaal wirklich nur im Märchen verlassen werden? Welche Optionen den jungen Frauen in der Realität offen stehen, weiß Siegfried Kracauer in seiner soziologischen Studie *Die Angestellten* (1930): Hier postuliert er »Mädchen, die in die Großstadt kommen, um Abenteuer zu suchen, und wie Kometen durch die Angestelltenwelt schweifen«, könnten nur »auf der Straße oder im Hochzeitsbett enden«.[86] Welche Variante aber wen ereile sei »unberechenbar«.[87]

Irmgard Keuns Protagonistin findet sich im letzten Kapitel *Sehr viel Winter und ein Wartesaal* in der Halle des Bahnhofs Zoologischer Garten wieder, in dem sie zum Schutz vor der winterlichen Kälte untergekommen ist. Der Raum ist für Doris eine provisorische Bleibe. Immer wieder verlässt sie ihn, um auf der Straße herumzuwandern. Sie kommt allerdings stets in Ermangelung von Alternativen zurück (»Ich gehe mit dem Koffer und weiß nicht, was ich will und wohin. Im Wartesaal Zoo bin ich sehr viel.«)[88]. Der Raum wirkt karg, kalt und strahlt nichts Anheimelndes aus. Insbesondere die Begegnungen, die Doris im Wartesaal macht, vermitteln diesen Eindruck, definieren Doris als aus der Gesellschaft gefallene Figur und ordnen sie unterhalb des Proletariats an.[89]

Doris harrt an diesem Ort aus: Der Aufenthalt ist keine Entscheidung, kein Schritt auf ihrem Lebensweg. Er erscheint eher wie eine Pause, die Doris einlegt, um sich neu zu ordnen. Doris »sitzt« und wartet und überlegt: »Ich will nicht nach Hause, ich will nicht zu Tilli [...] – ich will nicht mehr, ich mag nicht mehr. Ich will keine Männer, die zu Weihnachten eingeladen werden. Ich will – ich will – was?«[90] Ein Weg zurück – etwa zur Mutter nach Köln, zu einem ihrer Liebhaber oder gar zur Berliner Freundin Tilli – ist keine Option. Doris verharrt

---

[85] Ebd., 407–408.
[86] Kracauer, *Angestellte*, 72.
[87] Ebd., 72.
[88] KsM, 105.
[89] So sitz sie beispielsweise an einem Tisch mit dem »schwulen Georg«, der später von der Polizei geholt wird. Sie selbst kann sich nur durch Unterschlupf bei der Toilettenfrau retten (KsM, 110–111). Von einem Kellner wird sie abwertend angeblickt (KsM, 105). Doris beschreibt den »unentschlossenen Gang« der Huren der ihrem eigenen gleicht (KsM, 106–107).
[90] KsM, 105.

im Wartesaal, weil sie zu keinem früheren Status ihres Lebens zurückkehren kann oder will. Sie erklärt es wie folgt: »[...] ich will nicht mehr, was ich mal hatte, weil es nicht gut war. Ich will nicht arbeiten [...]«.[91] Die Vergangenheit wird als defizitär dargestellt. Sobald Doris wissen wird, was sie will, wird sie nach vorne gehen, aber niemals zurück. Wenn Doris im Wartesaal pausiert, so ist dies – anders als bei Kästner oder Baum – zunächst kein Dauerverharren in einem unzureichenden Zustand. Doris resigniert nicht an der Vergangenheit und ist auch (noch) nicht fatalistisch gestimmt. Bis zuletzt wird ihr Ehrgeiz betont, weiter zu kommen. Mit »Korke im Bauch«[92] wird sie nicht untergehen. Damit ist die Atmosphäre im Raum angespannt.

Doris wartet nur vergleichsweise kurz und ist sich sicher, den Wartesaal bald in die eine oder andere Richtung zu verlassen. Die bei Kracauer allgemeingültigen Optionen für junge Frauen werden im Roman anhand von Doris exemplifiziert. Der Wartesaal – das Sinnbild der weiblichen »Existenz im Durchgang«[93] – erhält damit eine weitere Konnotation. Er wird nämlich zum Ort der Entscheidung. Den zwei durch Kracauer eröffneten Möglichkeiten stellt sich Doris zur Wahl. Ehebett oder Straße? – Soll sie mit Proletarier Karl gehen, der sie bittet, mit ihm in seiner Laube zu leben? Oder sich auf der Tauentzienstraße wie die anderen gefallenen Mädchen feilbieten. Doris' Geschichte wird durch Keun zwischen beiden Polen verhandelt: Noch hat sie ›Ehrgeiz‹ und will gerade deswegen ein einziges Mal anschaffen gehen, um sich auf diese Weise Startkapital für einen Versuch als Blumenverkäuferin zu verschaffen. Gerade ihre Entscheidung für die Straße führt allerdings zu einer Retardierung des sozialen Abstiegs der Figur. Als sie sich auf die Straße stellt, greift das Cinderella-Narrativ auch bei ihr: Ernst, ein einsamer Bürgerlicher, der von seiner Frau Hanne verlassen wurde, nähert sich Doris und nimmt sie mit zu sich, weil ihm seine Wohnung so groß und leer erscheint. Doris kommt so um die Prostitution herum: Sie verlässt den Wartesaal und tritt in einen eheähnlichen Zustand mit Ernst ein. Im Leben mit ihm wird Doris in der bürgerlichen Wohnung verortet, deren anheimelnde Atmosphäre in krassem Gegensatz zu der des Wartesaals steht. Der Text thematisiert mehrfach, dass sich Doris angekommen fühlt und benutzt Bilder der Wohligkeit und Gemütlichkeit, die sich mit Doris' Befindlichkeit decken.[94] Jedoch ist die ›Ehe‹ mit dem bürgerlichen Ernst nur ein weiterer Umweg, der vom Text als unmögliches Lebensmodell für Doris abgehandelt wird. Als ihr klar wird, dass Ernst ihre Gefühle ihm gegenüber nicht erwidern können wird, geht sie. Am Ende finden wir die autodiegetische Erzählerin wie-

---

[91] KsM, 163.
[92] KsM, 163.
[93] Seger, *Kunstseidene Mädchen*, 75.
[94] Doris fühlt sich bei Ernst zuhause (KsM, 153). Wohnliche Szenerie: Doris und Ernst im warmen Bett, draußen liegt der erste Schnee. (KsM, 154); Doris bestickt ein Kissen (KsM, 151), bemalt Kerzenhalter, stopft Ernsts Hemden, richtet den Tisch (KsM, 152).

der im Wartesaal des Bahnhof Zoo vor. Doris kommentiert: »Ich bin ja immer das Mädchen vom Wartesaal. [...] Jetzt geht ja die ganze Biesterei wieder los«.[95] Nach enttäuschter Erwartung muss sie nun wieder ausharren, ist auf die oben angeführten Entscheidungsmöglichkeiten zurückgeworfen. Welche Entscheidung sie treffen und wohin es Doris verschlagen wird, erfährt der Leser nicht. Der Roman endet in der Schwebe, im Zustand der Entscheidungslosigkeit. Damit konterkariert das offene Ende das Cinderella-Narrativ der Filme, denen Doris so lange glaubte. Die Utopie, ein ›Glanz‹ zu werden, endet damit in einer anderen Utopie, nämlich dem wörtlichen Nicht-Ort, *ou-topos*.[96]

Im offenen Ende korrespondiert der Roman mit anderen Texten der Zeit. Auch in Vicky Baums Roman *Stud. chem. Helene Willfüer* (1928) wird die »Befestigung in der Ehe in Aussicht«[97] gestellt und wieder zurückgenommen und auch Keuns Gilgi steht am Ende am Bahnsteig und fährt in die Ungewissheit, statt ihre große Liebe Martin zu heiraten.[98] Solche Enden verbleiben im Schwebezustand, brechen dadurch mit den final motivierten kinematografischen Klischees. Sie erzeugen damit die Offenheit und Unsicherheit, die von den Zeitgenossen in ihrer Bitte nach Authentizität gefordert wurde. Nicht umsonst waren alle drei hier genannten Romane Erfolgsromane, wurden noch in der Weimarer Republik mehrfach aufgelegt und von den Zeitgenossen stark wahrgenommen und diskutiert.[99] Gerade die ungewisse Endstimmung lässt für die Leser aufgrund ihrer Doppeldeutigkeit diverse Anknüpfungsmöglichkeiten zu, wodurch auch Identifikations- und Deutungsmöglichkeiten potenziert werden.

Ebenso verhält es sich mit dem Einfühlungspotential der offenen Enden. Die Entscheidungssituation im Wartesaal lädt nämlich diesen Raum mit einer bestimmten emotionalen Atmosphäre auf. Wenn Doris' Filmbüchlein am Scheideweg endet, so ist dies eine melodramatische Konstruktion, die Kerstin Barndt – mit Verweis auf Peter Brooks[100] – als typisch neusachlich bezeichnet. Hier liegt – und dies ist keine Ausnahme im Zeitroman – eine »existentiell[e] Entschei-

---

[95] KsM, 157.
[96] Macho, Thomas (2004): *Die unsachliche Zukunft: Zwischen Rhetorik der Innovation und Krise der Utopie*, in: Baßler, Moritz/van der Knaap, Ewout (Hg.): *Die (k)alte Sachlichkeit. Herkunft und Wirkungen eines Konzepts*, Würzburg, 283–287, hier 286.
[97] Seger, *Kunstseidene Mädchen*, 63.
[98] Vgl. Keun, Irmgard (2006 [1931]): *Gilgi eine von uns*, München, 259–262.
[99] Vgl. hierzu Kerstin Barndts ausführliche Beschäftigung mit der zeitgenössischen Rezeption aller drei Romane: Barndt, Kerstin (2003b): *Sentiment und Sachlichkeit. Der Roman der Neuen Frau in der Weimarer Republik*, Köln/Weimar/Wien.
[100] »What we most retain from any consideration of melodramatic structures is the sense of fundamental bipolar contrast and clash.« Brooks, Peter (1985): *The Melodramatic Imagination. Balzac, Henry James Melodrama, and the Mode of Excess*, New York, NY, 36.

dungssituation« auf Figurenebene vor, welche die »emotionale Kraft«[101] des Textes ausmacht. Gerade vor dem Hintergrund der real existierenden Krise und dem politischen Positionierungsdruck in der Weimarer Republik erschienen die emotionalen Konflikte für die Leser besonders relevant zu sein. Die an den Scheideweg geführten Figuren dienen nicht nur zur Identifikation, auch die melodramatisch verdichteten Situationen führen in ihrer dualistischen Struktur zur Nachempfindung.[102]

Wenn im letzten Absatz des Romans noch einmal alle Wahlmöglichkeiten durch die Protagonistin referiert werden,[103] so wird dem typischen Changieren der Warte-Stimmung zwischen Hoffen und Bangen Ausdruck verliehen. Da nur sechs Seiten zwischen Doris' Abschied vom trauten Heim und dem Ende des Romans liegen, ist davon auszugehen, dass sich beim Leser zusätzlich zur angespannten Erwartung, wohin Doris' Reise führen wird, noch eine Enttäuschung über das ›knapp verpasste‹ Happy End beimischen wird. So verbleibt er oder sie beim Zuklappen des Buches selbst in der Schwebe der Warte-Stimmung.

8 Fazit

Die Narration fiktiver emotionstypischer Szenarien in Film und Literatur prägen unsere eigene »narrative Strukturierung von Emotionen im realen Leben«[104]. So kann die Kodierung der Stimmung mithilfe eines prototypischen Szenarios, in welchem Figuren in einem mit bestimmten Eigenschaften ausgestatteten Raum einer bestimmten Atmosphäre ausgesetzt sind, einen leicht zu dekodierenden Emotionskode schaffen. Dieser kann Einzug in die außerliterarische Sprache finden, etwa in Form einer neuen emotionalen Basis-Metapher. Im Falle des Wartesaals liegt m. E. dieser Umstand – zumindest epochenspezifisch – vor. Die Ko-

---

[101] Barndt, Kerstin (2003a): *Eine von uns? Irmgard Keuns Leserinnen und das Melodramatische*, in: Fänders, Walter/Karrenböck, Helga (Hg.): *Autorinnen der Weimarer Republik*, Bielefeld, 137–162, hier 147.

[102] Vgl. Barndt, *Melodramatik*, 138–139. Barndt bezieht sich auf den Leserbrief der Stenotypistin E. Th., die sich 1932 im Rahmen der Vorwärts-Diskussion um Irmgard Keuns *Gilgi – eine von uns* (1931) über deren realistische Gefühlsdarstellung geäußert hatte: Vgl. *Kunst/Kitsch/Leben? Die Diskussion um ›Gilgi‹*, in: *Vorwärts* 509 (28. Oktober 1932). Barndts Beobachtungen zur Melodramatik lassen sich auch auf *Das Kunstseidene Mädchen* übertragen. Diskussion um Gilgi ist nachzulesen bei: Fleig, *Erstdokumentation 1931–33*, 84–112.

[103] »Ich will – will – ich weiß nicht – ich will zu Karl. [...] Wenn er mich nicht will – arbeiten tu ich nicht, dann geh ich lieber auf die Tauentzien und werde ein Glanz. Aber ich kann ja auch eine Hulla [Name einer Doris bekannten Hure, Anm. MB] werden [...].« KsM, 163.

[104] Voss, *Narrative Emotionen*, 227.

dierung der Stimmung, die sich in einem komplexen Emotionsgemenge zwischen Resignation und Erwartung äußerte und die durch Tucholsky und andere Zeitgenossen als ein ›Dazwischen‹ beschrieben wurde, konnte durch den Topos des Wartesaals knapp und prägnant und vor allem wiederaufrufbar erfolgen.

Aufgrund der häufigen Verwendung des Topos – auch im nicht-literarischen Diskurs – ist davon auszugehen, dass die Verortung von Figuren im Wartesaal von der Leserschaft für eine geeignete ›Versinnbildlichung‹ der epochenspezifischen Stimmung gehalten wurde. Gerade in der »Ästhetik der Erstarrung«[105] der Neuen Sachlichkeit zeigt sich auch ein seit langem vorherrschendes Wechselspiel von Gegensätzen. Die Darstellung einer resignativen Stimmung durch das Bild einer kalten Bahnhofshalle wird zwar der neusachlichen Programmatik gerecht, steigert zugleich aber durch sein Einfühlungspotenzial die emotionale Betroffenheit beim Leser. Durch Einfühlung in die Atmosphäre des Raumes und Gleichsetzung mit der eigenen Stimmung konnte die Dekodierung erfolgen.

Bibliografie

Anz, Thomas (2007): *Kulturtechniken der Emotionalisierung. Beobachtungen, Reflexionen, und Vorschläge zur literaturwissenschaftlichen Gefühlsforschung*, in: Eibl, Karl/Mellmann, Katja/Zymner, Rüdiger (Hg.): *Im Rücken der Kulturen*, Paderborn, 207–239.
Augé, Marc (1994): *Orte und Nicht-Orte. Vorüberlegungen zu einer Ethnologie der Einsamkeit*, Frankfurt a.M.
Barndt, Kerstin (2003a): *Eine von uns? Irmgard Keuns Leserinnen und das Melodramatische*, in: Fänders, Walter/Karrenböck, Helga (Hg.): *Autorinnen der Weimarer Republik*, Bielefeld, 137–162.
— (2003b): *Sentiment und Sachlichkeit. Der Roman der Neuen Frau in der Weimarer Republik*, Köln/Weimar/Wien.
Baum, Vicky (2011 [1929]): *Menschen im Hotel*, Köln.
Becker, Sabina (2000): *Neue Sachlichkeit. Bd. 1: Die Ästhetik der neusachlichen Literatur (1920–1933)*, Köln/Weimar/New York, NY.
Bloch, Ernst (1985): *Das Prinzip Hoffnung*, in: ders.: *Gesamtausgabe*, Bd. 5.1: Kapitel 1–32, Frankfurt a.M.
Böhme, Gernot (1995): *Atmosphäre. Essays zur neuen Ästhetik*, Frankfurt a.M.
Brooks, Peter (1985): *The Melodramatic Imagination. Balzac, Henry James Melodrama, and the Mode of Excess*, New York, NY.
Detering, Heinrich (1994): *Les vagabondes: le retour des héroïnes picaresques dans le roman allemand*, in: *Etudes littéraires* 3, 26, 29–43.
Fleig, Anne (2005): *Dokumentation der Erstrezeption in Deutschland (1931-1933)*, in: Arendt, Stefanie/Martin, Ariane (Hg.): *Irmgard Keun 1905/2005. Deutungen und Dokumente*, Bielefeld, 61–130.

---

[105] Liessmann, *Leidenschaft und Kälte*, 29.

Gerhards, Jürgen (1988): *Soziologie der Emotionen. Fragestellungen, Semantik, Perspektiven*, Weinheim/München.
Heilmann, Robert B. (1969): *Variationen über das Pikareske (Felix Krull)*, in: Heideneich, Helmut (Hg.): *Pikarische Welt. Schriften zum Europäischen Schelmenroman*, Darmstadt, 278–293.
Heller, Agnes (1981): *Theorie der Gefühle*, Hamburg.
Hielscher, Martina (1996): *Emotion und Textverstehen. Eine Untersuchung zum Stimmungskongruenzeffek*t, Opladen.
Hoppenheit, Roman (1930): *Der gewendete Weltschmerz*, in: *Die Tat* 22, Nr. 1, 380–384.
Illouz, Eva (2003): *Der Konsum der Romantik. Liebe und die kulturellen Widersprüche des Kapitalismus*, Frankfurt a.M./New York, NY.
Kästner, Erich (2012 [1932]): *Fabian. Die Geschichte eines Moralisten*, München.
Keun, Irmgard (1932): *Das System des Männerfangs*, in: *Der Querschnitt* 12, Nr. 4, 259–261.
— (1999 [1932]): *Das kunstseidene Mädchen*, München.
— (2006 [1931]): *Gilgi eine von uns*, München.
Koselleck, Reinhart (1992): *Vergangene Zukunft. Zur Semantik geschichtlicher Zeiten*, Frankfurt a.M.
Kracauer, Siegfried (1971 [1930]): *Die Angestellten. Aus dem neuesten Deutschland*, Frankfurt a.M.
— (1977): *Das Ornament der Masse. Essays*, Frankfurt a.M.
— (1990): *Mädchen im Beruf*, in: ders.: *Schriften, Bd. 5.3: Aufsätze 1932–1965*, hg. von Inka Mülder-Bach, Frankfurt a.M., 60–67.
Lehnert, Gertrud (2011): *Einsamkeiten und Räusche. Warenhäuser und Hotels*, in: dies. (Hg.): *Raum und Gefühl. Der Spatial Turn und die neue Emotionsforschung*, Bielefeld, 151–172.
Lethen, Helmut (1994): *Verhaltenslehren der Kälte. Lebensversuche zwischen den Kriegen*, Frankfurt a.M.
Liessmann, Konrad Paul (2011): *Leidenschaft und Kälte. Über ästhetische Empfindungen und das Pathos der Distanz*, in: Wennerscheid, Sophie (Hg.): *Sentimentalität und Grausamkeit. Ambivalente Gefühle in der skandinavischen und deutschen Literatur der Moderne*, Berlin, 22–36.
Luhmann, Niklas (1989): *Individuum, Individualität, Individualismus*, in: ders.: *Gesellschaftsstruktur und Semantik*, Bd. 3, Frankfurt a.M., 149–258.
Macho, Thomas (2004): *Die unsachliche Zukunft: Zwischen Rhetorik der Innovation und Krise der Utopie*, in: Baßler, Moritz/van der Knaap, Ewout (Hg.): *Die (k)alte Sachlichkeit. Herkunft und Wirkungen eines Konzepts*, Würzburg, 283–287.
Mellmann, Katja (2006): *Emotionalisierung. Von der Nebenstundenpoesie zum Buch als Freund. Eine emotionspsychologische Analyse der Literatur der Aufklärungsepoche*, Paderborn, 116–120.
— (2015): *Literaturwissenschaftliche Emotionsforschung*, in: Zymner, Rüdiger (Hg.): *Handbuch Literarische Rhetorik*, Berlin/Boston, MA, 173–192.
Panter, Peter (= Kurt Tucholsky) (1925): *Babbitt*, in: *Die Weltbühne* 21, I, Nr. 18, 665–669.
Pikulik, Lothar (1997): *Warten, Erwartung. Eine Lebensform in End- und Übergangszeiten*, Göttingen.

Röhrich, Lutz (1992): *Das große Lexikon der sprichwörtlichen Redensarten*, Bd. 3, Freiburg i.Br.
Schmidt-Atzert, Lothar (1996): *Lehrbuch der Emotionspsychologie*, Stuttgart.
Seger, Cordula (2013): *Kunstseidene Mädchen im Wartesaal der Gesellschaft. Die junge Frau am Übergang: Vicky Baums Menschen im Hotel im Spiegel zeitgenössischer Literatur*, in: Blumesberger, Susanne/Mikota, Jana (Hg.): *Lifestyle – Mode – Unterhaltung oder doch etwas mehr? Die andere Seite der Schriftstellerin Vicky Baum (1888–1960)*, Wien, 60–81.
Tucholsky, Kurt (2006): *Gedichte in einem Band*, hg. von Ute Maack u. Andrea Springler, Frankfurt a.M./Leipzig.
Vester, Heinz-Günter (1991): *Emotion, Gesellschaft und Kultur. Grundzüge einer soziologischen Theorie der Emotion*, Opladen.
Volkening, Heide (2007a): *Working Girl – Eine Einleitung*, in: dies./Biebl, Sabine/Mund, Vera (Hg.): *Working Girls. Zur Ökonomie von Liebe und Arbeit*, Berlin, 7–22.
— (2007b): *Karriere als Komet: Working Girls jenseits des Happy Ends*, in: dies./Biebl, Sabine/Mund, Vera (Hg.): *Working Girls. Zur Ökonomie von Liebe und Arbeit*, Berlin, 204–224.
Voss, Christiane (2004): *Narrative Emotionen. Eine Untersuchung über Möglichkeiten und Grenzen philosophischer Emotionstheorien*, Berlin/New York, NY.
Wedderkopp, Hermann von (1926): *Wandlungen des Geschmacks*, in: Der Querschnitt 6, Nr. 7, 497–505.
Weyergraf, Bernd (2004): *Kurt Tucholsky*, in: *Metzler Autorenlexikon*, hg. von Bernd Lutz u. Benedikt Jeßing, Stuttgart/Weimar, 746–748.
Winko, Simone (2003): *Kodierte Gefühle. Zu einer Poetik der Emotionen in lyrischen und poetologischen Texten um 1900*, Berlin.

3   Zur Reziprozität von Kunstformen, technischen Medien und Emotion

HERMANN KAPPELHOFF UND MATTHIAS GROTKOPP

Das Kino und die ästhetische Refiguration gesellschaftlicher Austauschprozesse: Medienästhetische Neuordnungen des Verhältnisses von Affektivität und sozialer Lebenswelt bei Eisenstein und Vertov

An den Ursprüngen der Filmtheorie und der von theoretischen Reflexionen geleiteten Filmpraxis steht die Frage nach der ebenso evidenten wie begrifflich schwer zu fassenden Emotionalisierung durch audiovisuelle Formen. So heißt es bei Hugo Münsterberg: »to picture emotions must be the central aim of the photoplay.«[1] Und obwohl Münsterberg auf der allgemeinen Annahme aufbaut, dass die Mechanismen von filmtechnischen Gestaltungsmitteln und mentalen Prozessen grundlegend analog und somit die dargestellten Gefühle von Figuren eine wichtige Bezugsgröße sind, so geht er doch darüber hinaus. Er schreibt, dass ›to picture‹ eben nicht bedeutet, vorab gegebene Fühlende ins Bild zu setzen und zu repräsentieren, sondern Gefühle als Bildformen selbst hervorzubringen: »Not the portrait of the man but the picture as a whole has to be filled with emotional exuberance.«[2]

Daher begriffen die Vertreter der historischen Avantgarden und zuvorderst die russischen Theoretiker und Praktiker der Montage auf jeweils verschiedene Art und Weise das filmische Bild als Medium einer technisch manipulierbaren Gestaltung der Gefühle. Während einige Protagonisten, wie etwa Wsewolod Pudowkin[3], an einer einfachen, vorgängigen Analogie von filmischen und mentalen emotionalen Prozessen festhielten und auf eine Optimierung von Erzählprozessen zielten, proklamierten andere die radikale Veränderung der Wahrnehmungspotentiale des Menschen. Auf Letztere beziehen wir uns mit der Aussage, dass die in der spezifischen Bewegungsdimension des filmischen Bildes gründenden Affektmodulationen ›ästhetische Emotionen‹ in einem ganz bestimmten Sinne darstellen, der sie nicht einfach als eine Klasse der Emotionen unter anderen den alltagspsychologisch vorgängigen Emotionen hinzufügt. Sie sollen stattdessen – so die übergreifende These, die im Folgenden ausgearbeitet werden soll

---

[1] Münsterberg, Hugo (1916): *The Photoplay. A Psychological Study*, New York, NY/London, 112.
[2] Ebd., 122.
[3] Vgl. Pudowkin, Wsewolod I. (1983 [1949]): *Über die Montage*, in: ders.: *Die Zeit in Großaufnahme. Aufsätze, Erinnerungen, Werkstattnotizen*, Berlin, 329–349.

– als eine spezifische, historisch kontingente und sozial wie medial konstituierte Dimension menschlicher Affektivität begreifbar gemacht werden. In anderen Worten: Die Möglichkeiten des Films, ein Wahrnehmen, Fühlen und Denken zu gestalten, sind nicht allein durch die mentalen Prozesse der individuellen Psychologie gegeben. Die Verlaufsgestalten der bewegten Bilder (und Töne) ermöglichen neue Formen des Verstehens und Empfindens, übertragen neuartige Bewegungen und Affekte auf die Zuschauer.[4]

Mit Dziga Vertov soll dazu einleitend verdeutlicht werden, inwiefern diese Dimension von Affektivität immer auch als Utopie der medialen Neuordnung von Sprache und anderen Symboltechniken, von Wahrnehmungs- und Verkehrsweisen des alltäglichen Lebens ausformuliert wurde und damit als eine Frage des Verhältnisses zwischen dem Politischen und dem Ästhetischen erscheint. Es war aber ganz besonders Sergej Eisenstein, der in der filmischen Gestaltung der Gefühle einen Beitrag zur historischen und politischen Arbeit an den Körpern der Zuschauer sah. Der Hauptteil dieses Beitrags soll sich seiner Theorie der filmischen Montage als Arbeit an affektiven und intellektuellen Prozessen, als unmittelbarem Eingriff in das Leben der Gesellschaft widmen.[5]

1 Wahrnehmen, Fühlen und Denken: Utopie Kino

Wenn man die theoretischen Bestimmungen und die praktischen Versuche der Emotionalisierung der Zuschauer durch filmische Bilder in der sowjetischen Avantgarde verstehen und einordnen will, muss man deren materialistische[6] Prämisse ernst nehmen: Emotionen und Kino sind nicht losgelöst von den spezifischen medialen Bedingungen des Films zu verstehen. D.h., es ist von der Bewegungsdimension und der Zeitlichkeit filmischer Wahrnehmung als einer ästhetischen Erfahrungsform auszugehen. Diese Konzeption von Emotionalisierung als medialer und ästhetischer Erfahrung bezeichnet demnach keine bloße Übertragungsfunktion zwischen im Film dargestellten, in einer vorfilmischen Welt aufgefundenen und repräsentierten Gefühlen und einer je individualpsychologisch zu rekonstruierenden affektiven Reaktion der Zuschauer auf jene; noch bezeichnet sie eine unter Nichtbeachtung des Films zu definierende Klasse ästhetischer Emotionen – wie Bewunderung von Werk und Künstler, Neugier, Inte-

---

[4] Mit Nennung der pluralen bzw. männlichen Funktionsbezeichnung ist immer auch die weibliche Form mitgemeint.

[5] Vgl. Eisenstein, Sergej M. (1988 [1924]): *Montage der Filmattraktionen*, in: ders.: *Das dynamische Quadrat. Schriften zum Film*, hg. von Oksana Bulgakova und Dietmar Hochmuth, Köln/Leipzig, 17–45.

[6] Ders. (2006 [1925]): *Zur Frage eines materialistischen Zugangs zur Form*, in: ders.: *Jenseits der Einstellung. Schriften zur Filmtheorie*, hg. von Felix Lenz und Helmut H. Diederichs, Frankfurt a.M., 41–49.

resse, Bewegtheit, Ergriffenheit u.v.m. –, die schließlich am einzelnen Gegenstand wiedererkannt würden.

An dieser Stelle eignet sich die Auseinandersetzung mit Vertov und Eisenstein auch, um ein Schlaglicht auf die Probleme der aktuellen Forschungstendenzen zum Verhältnis von Affektivität und Kognition im Film zu werfen: Sei es im Rückgriff auf evolutionär herausgebildete, physiologisch ›festverdrahtete‹ Schemata[7] oder auf spekulative Verstehensmuster, so oder so tendieren die meisten Ansätze dazu, die perzeptiven, affektiven und kognitiven Prozesse der Filmwahrnehmung zwischen der Blackbox eines abbildlichen Repräsentationsverhältnisses und dem Passepartout bewertender Artefaktemotionen[8] zum Verschwinden zu bringen. Gerade bei Eisenstein wird sich zeigen, dass selbst dort, wo er seine Operationen aus biologisch gegebenen, physiologischen Gesetzmäßigkeiten herleitet, diese von ihm immer als *medientechnische* Operationen gedacht werden, die nicht von der Spezifizität der filmischen Wahrnehmung zu lösen sind.

Wenn sich das Folgende also auf audiovisuell modulierte Gefühle als ›ästhetische Emotionen‹ bezieht, dann soll darunter das konkrete, sinnlich-affektive Erleben des Wahrnehmens filmischer Bilder verstanden sein. Es meint das reflexive Wahrnehmen dieses sinnlichen Erlebens, das Entfalten der unterschiedlichen Sinneseindrücke und affektiven Prozesse zu einem Gegenstand in einem sich zeitlich entfaltenden Gefühl für die eigene Wahrnehmung einer konkreten Sache. Wir sprechen mit John Dewey von ästhetischen Erfahrungen als Sinnkonstruktionen, die immer einen Subjektivierungsakt – verstanden als eine Erfahrung der Einheit des Gefühls für sich selbst – miteinschließen.[9]

Die Frage nach der Emotionalisierung ist also unmittelbar auf ein Verständnis von filmischen Bildern bezogen, nach dem sich die Temporalität des audiovisuellen Bildes und die Prozessualität der Wahrnehmung des Films miteinander

---

[7] Es sei hier nur auf einige zentrale Publikationen verwiesen, die in den letzten zwei Jahrzehnten das Spektrum an Annahmen über Schemata als Rahmungen filmischer Rezeptionsprozesse enorm erweitert haben: Vgl. Tan, Ed S. H. (1996): *Emotion and the structure of narrative film. Film as an emotion machine*, Mahwah; Plantinga, Carl/ Smith, Greg M. (Hg.) (1999): *Passionate Views. Film, Cognition and Emotion*, Baltimore, MD; Smith, Greg M. (2003): *Film Structure and the Emotion System*, Cambridge, MA; Anderson, Joseph D./Fisher Anderson, Barbara (2005): *Moving Image Theory. Ecological Considerations*, Carbondale; Grodal, Torben K. (2009): *Embodied Visions. Evolution, Emotion, Culture, and Film*, Oxford. Problematisch ist an diesen Ansätzen zum einen, dass die in Anschlag gebrachten affektiven Dynamiken und perzeptiven Schemata derart tief in physiologischen Prozessen verortet sind, dass sich kaum noch zwischen biologischen Arten, geschweige denn zwischen Epochen, Kulturen und Gesellschaften unterscheiden lässt und zum anderen, dass sie immer noch die Identität von filmischem Bild und im Bild repräsentierter Wirklichkeit voraussetzen.

[8] Tan, *Emotion and the structure of narrative film*, 64–66.

[9] Dewey, John (1980 [1934]): *Kunst als Erfahrung*, Frankfurt a.M.

verschränken. In dieser Perspektive wird dem filmischen Bild das Vermögen zugeschrieben, die Bewegung beliebiger Körper als eine Expressivität zur Geltung zu bringen, die unmittelbar die Körper der Zuschauer zu affizieren vermag. In den Begrifflichkeiten der neueren Filmphänomenologie kann man von zwei Wahrnehmungsakten sprechen, die das filmische Bild konstituieren: eine Wahrnehmung, die in der Bildproduktion selbst zum Ausdruck kommt, und eine, die als körperlicher Prozess des Wahrnehmens, Fühlens und kognitiven Erschließens audiovisueller Sinnesdaten zu einer Erfahrung von Zuschauern wird.[10]

Diesem Verständnis folgend entfaltet sich das filmische Bild als eine räumliche Bewegungsfiguration in der Zeit – und wird zugleich in der sich ausfaltenden Bewegung zur Erfahrung spezifischer Temporalitäten, indem es unterschiedliche Rhythmen, Wiederholungsmuster und Zeitgestalten ausbildet. Von den russischen Formalisten[11] bis zur aktuellen Deleuze-Rezeption wird die Idee des filmischen Bildes als Zeitbild ausgeformt.[12] Dieses lässt sich begreifen als eine dynamische Struktur im Übergang zwischen der Temporalität des Bewegungsbildes und der Zeitstruktur kognitiver Operationen.

Die historische und politische Dimension dieses Verständnisses enthüllt sich dann, wenn man die dahinterstehende These genauer fasst. Diese ließe sich etwa so formulieren: Indem sie sich der Körper der Zuschauer, ihrer Sinnestätigkeit, ihrer Verstandesoperationen und ihrer Affektskripte bemächtigen, greifen filmische Bewegungsbilder auf die Bedingungen der Wahrnehmung selber zu. Mit dem Film trete – so schrieb Georg Lukács noch vor dem Ersten Weltkrieg – historisch ein Modus ästhetischer Erfahrung in Erscheinung, der sich radikal von den symbolischen Repräsentationsformen der Literatur und der Kunst unterscheide; im Kino werde der Körper zum Movens der Reflexion, »das Lebendige der Natur«[13], die Bewegtheit der Materie selbst werde unmittelbar zur künstlerischen Form. Wenig später führt Münsterberg diese Idee weiter aus: Filmische

---

[10] »the moving picture [...] as the expression of experience by experience«; Sobchack, Vivian (1992): *The Address of the Eye. A Phenomenology of Film Experience*, Princeton NJ, 3. Vgl. dies. (2004): *Carnal Thoughts. Embodiment and Moving Image Culture*, Berkeley, CA; Merleau-Ponty, Maurice (2003 [1961]): *Das Auge und der Geist. Philosophische Essays*, hg. von Christian Bermes, Hamburg; Morsch, Thomas (2011): *Medienästhetik des Films. Verkörperte Wahrnehmung und ästhetische Erfahrung im Kino*, München.

[11] Mukařovský, Jan (2005b [1966]): *Die Zeit im Film*, in: *Poetika Kino. Theorie und Praxis des Films im russischen Formalismus*, hg. von Wolfgang Beilenhoff, Frankfurt a.M., 368–377.

[12] Deleuze, Gilles (1997 [1983]): *Das Bewegungs-Bild. Kino I*, Frankfurt a.M.; ders. (1997 [1983]): *Das Zeit-Bild. Kino II*, Frankfurt a.M.; Rodowick, David Norman (1997): *Gilles Deleuze's time machine*, Durham/London.

[13] Lukács, Georg (1978 [1913]): *Gedanken zu einer Ästhetik des Kinos*, in: *Kino-Debatte. Texte zum Verhältnis von Literatur und Film 1909–1929*, hg. von Anton Kaes, Tübingen, 112–118, hier 115.

Bewegungsfigurationen müssten in Relation zu den Körpern der Zuschauer gedacht werden; sie setzten sich unmittelbar in den mentalen Bewusstseins- und physiologischen Empfindungsbewegungen fort.[14] Damit ist zweierlei angesprochen, zum einen ein prominenter medientheoretischer Topos und zum anderen ein bestimmtes Denken des Ästhetischen.

Ersteres betrifft die Vorstellung, dass in medientechnischen Dispositiven die apriorischen Bedingungen des Verstehens, Erkennens und Urteilens zu rekonstruieren sind.[15] Auf dieser Linie sind Medientechniken zum paradigmatischen Bezugspunkt der kulturhistorischen Forschung als Rekonstruktion einer Geschichte des Wissens geworden.[16] Die audiovisuellen Medien betreffen in dieser Perspektive die ›Konstruktion und Transformation von Perzeptionsverhältnissen‹, d.i. die Konstruktion von Raum, Zeit und Bewegung als konstitutive Bedingungen der Wahrnehmung. Doch nicht nur Wissenskonstruktionen, auch Praktiken der Subjektivierung, der Entfaltung von Selbstbezügen und Subjektpositionen werden in diesem Sinne funktional auf Medientechniken bezogen. Das Kino erscheint in dieser Perspektive als eine – kulturell und historisch situierbare – Medienpraxis der Subjektivierung, als ›Laboratorium‹ technisch animierter Sinnesoperationen, Empfindungsprozesse und Gefühle.[17]

Letzteres wird in der aktuellen Theoriebildung mit den Thesen Jacques Rancières identifiziert. Demnach ist der Film nicht nur eine weitere verspätete Kunst unter den Künsten, sondern er erfüllt das politische Programm moderner Ästhetik. Der Film ist die Kunst, in der in ein und demselben Zuge alles, was das physisch-sinnliche Leben der Gemeinschaft ausmacht, alles, »was sie fühlt«, unmittelbar Gedanke und alles, »was sie denkt«, unmittelbar Gefühl sein kann.[18] In diesem Sinne ist der Film zum Medium einer Neuordnung der Relationen von »Technik, Kunst, Denken und Politik«[19] geworden und zum Medium einer Sichtbarmachung des geschichtlichen Grundes unseres Wahrnehmungsvermögens, unserer Empfindungs- und Denkweisen.

---

[14] Münsterberg, *Photoplay*.
[15] Engell, Lorenz/Hartmann, Frank/Voss, Christiane (Hg.) (2013): *Körper des Denkens. Neue Positionen der Medienphilosophie*, München.
[16] Kittler, Friedrich (1985): *Aufschreibesysteme 1800/1900*, München; ders. (1986): *Grammophon Film Typewriter*, Berlin.
[17] Guattari, Félix (1977): *Die Couch des Armen*, in: ders.: *Mikro-Politik des Wunsches*, Berlin, 82–99; Holl, Ute (2002): *Kino, Trance und Kybernetik*, Berlin; Kappelhoff, Hermann (2004): *Matrix der Gefühle. Das Kino, das Melodrama und das Theater der Empfindsamkeit*, Berlin.
[18] Rancière, Jacques (2003): *Die Geschichtlichkeit des Films*, in: *Die Gegenwart der Vergangenheit. Dokumentarfilm, Fernsehen, Geschichte*, hg. von Eva Hohenberger und Judith Keilbach, Berlin, 230–246, hier 241.
[19] Ebd., 230.

Diese Vorstellung von Kunst als einer Idee des Ästhetischen, welche die Einheit von Empfinden, Wahrnehmen und Denken realisiert, meint nicht zuletzt auch eine Idee von einer Verbindung von Poetik und Politik. Als solche hat sie sich historisch in zwei utopischen Entwürfen der Kunst ausformuliert, die einander komplementär und doch widerstreitend auftreten: die Möglichkeit der Sichtbarmachung der Bedingungen der alltäglichen Wahrnehmung einerseits und die Mobilisierung absolut neuer Wahrnehmungsweisen, absolut neuer und den Bedingungen der Massengesellschaft entsprechenden Erfahrungsdimensionen andererseits.

In Bezug auf das sowjetische Montagekino der 1920er Jahre, das sich explizit in den Dienst der kommunistischen Revolution stellte, ist dabei von einem unumwunden affirmativen Begriff von unmittelbar affektiver Mobilisierung zur Bildung eines emanzipatorischen Ideals kollektiver Identität auszugehen. Es folgte einem Kalkül filmästhetischer Verfahren, das nicht auf »das Durchsetzen persönlichen Geschmacks oder die Suche nach einem perfekten Stil für den sowjetischen Film« zielt, sondern sich »klassenmäßig nützlicher Einwirkungen und eines klaren Erfassens der utilitaristischen Ziele des Kinos in der Sowjetrepublik« widmet.[20]

Die Wurzeln dieses Kalküls sind dabei extrem heterogen, speist es sich doch gerade aus der Aufhebung herkömmlicher Hierarchien – in Bezug auf die Gesellschaft wie auf die Künste. Mit den porös gewordenen Grenzen zwischen den Medien und Gattungen wird plötzlich der Moment der unmittelbaren Wirkung der Clownerie, des Zirkus und der Farce zu einem Vorbild für ein neues politisches Pathos.[21] Zugleich schlägt das sprachskeptische Erbe der Romantik um in das Versprechen einer neuen, internationalen Sprache der Körper und Gesten – die eben nicht mehr allein den Zurichtungen der menschlichen Wahrnehmung ausgesetzt ist,[22] sondern sich in der spezifischen Bewegungsdimension des filmischen Bildes als artifizielle, ästhetisch und medial hergestellte und somit veränderbare Realität des Wahrnehmens, Empfindens und Sprechens zeigt.[23]

Wie noch genauer zu zeigen sein wird, verbinden sich Ästhetik und Kino in den Konzepten Vertovs und Eisensteins in der Idee einer neuen Visualität, in der sich Wahrnehmen, Empfinden und Denken als Einheit vollzieht. Rancière rekapituliert diese Vorstellung, die von Beginn an eng mit dem Kino verbunden wurde, als die Idee vom Film als der Kunst, welche die Einheit »eines anschaulichen

---

[20] Eisenstein, *Montage der Filmattraktionen*, 45.
[21] Ders. (1988 [1923]): *Montage der Attraktionen*, in: ders.: *Das dynamische Quadrat. Schriften zum Film*, hg. von Oksana Bulgakova und Dietmar Hochmuth, Köln/Leipzig, 10–16.
[22] Vgl. Vertov, Dziga (1973 [1923]): *Kinoki – Umsturz*, in: ders.: *Schriften zum Film*, hg. von Wolfgang Beilenhoff, München, 11–24.
[23] Vgl. Balázs, Béla (1982 [1924]): *Der sichtbare Mensch oder die Kultur des Films*, Berlin/Budapest/München.

Modus des Denkens und eines denkenden Modus der anschaulichen Materie realisiert«.[24]

Vertov hat dieser Vorstellung in seinem Film *Čelovek s kinoapparatom* (*Der Mann mit der Kamera*, SU 1929) eine präzise kinematografische Formulierung gegeben. Der Film sei, so steht es auf den Schrifttafeln zu Beginn, die Zusammenfassung des Tagebuches eines Kameramanns. Und dann wird das Publikum direkt adressiert – »Achtung Zuschauer!«[25] –, um anschließend mit den Erläuterungen der Schrifttafeln fortzufahren: Dieser Film sei ein Experiment in kinematografischer Kommunikation realer Geschehnisse – ohne die Hilfe von Zwischentiteln; ohne die Hilfe einer Geschichte; ohne die Hilfe des Theaters. Der Film sei eine experimentelle Arbeit, die darauf abhebe, eine wahrlich internationale Sprache des Kinos zu schaffen, die auf der radikalen Trennung von der Sprache des Theaters und der Literatur basiere. So steht am Anfang, dem Prolog von *Čelovek s kinoapparatom*, die Konstruktion eines Raums, der strikt getrennt ist von jedem repräsentativen Zeichengefüge; sei es das der Bühnen des Dramas oder der imaginären Räume der Literatur; seien es die Abbildungen der Malerei. Stattdessen spannt sich zwischen der riesenhaften Kamera – die in der ersten Einstellung frontal gezeigt wird, als sei sie auf das Publikum gerichtet, und die von dem Kameramann bestiegen wird, als erklimme er, ausgerüstet mit Stativ und Kamera, ein Felsmassiv – und dem Projektor – auch dies eine am menschlichen Maß gemessen übergroße Maschine, die fachmännisch bedient wird – ein multiperspektivisches Raumbild auf. Man sieht ein Kino, dessen Architektur an das Theater erinnert. Aber die Positionen des Sehens und Zeigens, des Wahrnehmens, Empfindens und Sprechens sind neu und anders angeordnet. Das Publikum, das durch die Seitentüren einströmt, ist Teil einer sich über sich selbst beugenden Spiegelung der Realität des Kinos und eines realen Publikums.

Dargestellt sind nicht Szenen und Impressionen sozialen Lebens, sondern das Erlebnis der kinematografischen Kommunikation selbst als ästhetische Erfahrungsform, mit der sich die Positionen des Sehens und Wahrnehmens sowie Empfindens, des Sprechens, Denkens und Handelns bestimmen und in Relationen beschreiben lassen, die nicht den bestehenden sozialen und kulturellen Beziehungsfigurationen entsprechen.

In der ersten Sequenz nach dem Prolog ist, so könnte man formulieren, das Erwachen einer jungen Frau inszeniert: Konkret aber meint das hier die sichtbare Trägheit einer Hand, eines Arms, der schlaff auf der Bettdecke ruht, die Blöße der Haut des Halses, eine sich aus dieser Trägheit aufbauende Dynamik der Blicke (man sieht ein altes und ein modernes Gemälde; beide zeigen Gesichter, die fasziniert auf etwas schauen). In der Montage dieses Körpers werden dessen ei-

---

[24] Rancière, *Die Geschichtlichkeit des Films*, 241.
[25] Vertov, Dziga (2000): *Man with a Movie Camera*, DVD-Edition bfi, London 2000, 00:01:48.

gene Bewegungen als Zeitlichkeit des Erwachens greifbar, die wiederum verkoppelt wird mit Bildern anderer schlafender Körper, den leeren Straßen und dunklen Öffnungen weit aufgestoßener Fenster, den im Wind sich wiegenden Bäumen auf verwaisten Uferpromenaden. Sie fügen sich zu einem Ensemble von Körpern, die allesamt dem Erwachen zutreiben, weil das Tageslicht die Hüter ihres Schlafes, die Träume der reglosen Häuser und bewegten Bäume, der verlassenen Straßencafés, der Jungen auf harten Parkbänken und der Mädchen hinter weit geöffneten Fenstern, verblassen lässt. Das Erwachen der Stadt wird als eine Zeitlichkeit inszeniert, in der die Körper, die Maschinen, Gerätschaften und Architekturen der Stadt so vielfältig ineinander verwoben sind wie die Körperglieder, Instrumente und Bewegungen der Musiker des Sinfonieorchesters, in dessen Darstellung die Montagekonstruktion des Prologs ihren Abschluss findet. Tatsächlich zeigt der Prolog die Stummfilmmusiker zunächst noch als starre, bewegungslose Anordnung von Figuren, die wie Plastiken aus dem schattigen Licht des nun verdunkelten Auditoriums herausmodelliert sind. Erst das Aufleuchten der Projektorlampe versetzt sie in dynamisch ineinandergreifende Bewegungen, ein spielendes Orchester im Abglanz der über ihnen hell erleuchteten Leinwand.

In der Konstruktion des Prologs ist das Kino selbst als träumerische Selbstspiegelung der kinematografischen Kommunikation entworfen: Als ein Ort, an dem sich die Zeitlichkeit von aus dem Schlaf auftauchenden Körpern mit der trägen Dauer der Häuser und Straßen, dem Wind in den Bäumen und der auf den Trubel des Tages wartenden Vergnügungscafés zu einer Dynamik des Erwachens verbindet, die noch die Empfindungen und Gedanken der Zuschauer in sich aufnimmt. Denn deren Empfindungsdynamik ist nicht die Erfahrung eines in sich versunkenen Betrachters vor dem Bild; sie ist vielmehr ganz und gar Teil der Bewegung des Bildes, Teil der zeitlichen Struktur des Bewegungsbildes und durch dessen Struktur als Empfindungsgestalt – als eine spezifische Affektdynamik – geformt.

Die Sitzreihen im Auditorium, die sich in Vertovs Film einladend aufklappen, von der unsichtbaren Hand der Maschinen bewegt, bringen die in den Kinosaal hereinströmenden Zuschauer dergestalt in eine Position, von der aus sich die soziale Lebenswelt als integraler Körper eines multiperspektivischen Ineinanders der Kräfte der Materie, Menschen und Maschinen anschauen und beschreiben lässt. Beschreiben nicht in den Relationen des Wissens der Ökonomie oder der Soziologie, sondern in der lebensweltlichen Erfahrung arbeitender, kommunizierender, liebender und hassender, schlafender und erwachender, atmender, hungriger, essender Individuen: in Affekten, Wahrnehmungen und Gedanken, die sich unmittelbar als kinematografische Bilder realisieren. Die kinematografischen Bilder sind immer schon, wie man mit Deleuze sagen könnte, Perzepte, Affekte und Konzepte, die als solche von den Zuschauern am eigenen Leibe als Erfahrungen zu verwirklichen sind.[26]

Und wenn wir die Schlafenden in ihrer wachsenden Unruhe beobachten, dann meinen wir dieses multiperspektivische Ineinander in Gestalt ihrer Träume als eine utopische Kollektivität zu sehen. Utopisch deshalb, weil wir uns eine Kollektivität, die in dieser Weise sich selbst gewahr ist, eben nicht als unsere reale Welt vorstellen können. Das Kino schafft einen Raum, in dem die Relationen, die unsere Realität konstituieren, als kontingente Relationen einsehbar und beschreibbar werden; sie ließen sich in jedem Fall auch ganz anders entwerfen und beschreiben. Die Utopie betrifft das Kino als einen Ort, von dem aus sich eine Ordnung des Wahrnehmbaren, eine Form des Kommunizierens entwerfen lässt, die nicht die unsrige ist, obwohl sie wie unsere Welt aussieht.

Man könnte dies mit Stanley Cavells Begriff der ›Abfolge automatischer Weltprojektionen‹[27] zu fassen versuchen: Bilder, die sich im Fingieren eines körperlich-sinnlichen Dabei-Seins als eine unseren alltäglichen Gewohnheiten entsprechende Weltwahrnehmung präsentieren, die aber keinesfalls einen Ort in unserer Alltagswelt bezeichnen. Bilder, die vielmehr die perzeptiven, affektiven und kognitiven Prozesse und Relationen unserer Alltagserfahrung dramatisieren und dabei Räume, Positionen und Relationen entwerfen, zu denen es von unserer Welt aus keinen Zugang geben kann, weil die Leinwand uns von ihnen abschirmt.

Das Kino erscheint als Raum, in dem unsere Welt als die einer ganz anderen Gemeinschaft sichtbar werden kann, als die Möglichkeit, neue Verbindungen zwischen Wahrnehmungen, Empfindungen und Denkweisen herzustellen. Wie kaum ein anderer Filmemacher steht Sergej Eisenstein für den Versuch der Instrumentalisierung dieser Utopie des Kinos als politischer Praxis.

2 Ein neues Pathos: Sergej Eisenstein

Zu den, in verschiedenen Variationen überlieferten, Ursprungserzählungen der sowjetischen Montage-Schule gehören die experimentellen Kollagen Kuleschows und anderer, die aus Bruchstücken vorgefundener Filme neue Zusammenhänge von Raum und Zeit, Kausalität und Sinn schufen.[28] Der Schritt zur filmischen Darstellung abstrakter Begriffe und Operationen schien geebnet, die Frage nach der fundamentalen Ebene filmischer Bedeutungsproduktion

---

[26] Vgl. Deleuze, *Bewegungs-Bild*; ders.: *Zeit-Bild*; Kappelhoff, *Matrix der Gefühle*.
[27] Vgl. Cavell, Stanley (1979): *The World Viewed. Reflections on the Ontology of Film*. Enlarged Edition, Cambridge MA/London, 72.
[28] Vgl. Pudowkin, Wsewolod (1983 [1926]): *Filmregisseur und Filmma*terial, in: ders.: *Die Zeit in Großaufnahme. Aufsätze, Erinnerungen, Werkstattnotizen*, Berlin, 225–288; ders. (1983 [1940]): *Kuleschows Studio*, ebd., 565–571.

schien beantwortet: Es war die technische Manipulierbarkeit des Filmstreifens als Träger von für sich gesehen neutralen Teilansichten der Wirklichkeit. Genau hierauf beruht das Missverständnis, das die Rezeption Eisensteins bis heute prägt, nämlich dass sich die dialektische Montage, mit ihren Prinzipien von Gegensatz und Konfliktkonstruktion, im Wesentlichen auf die repräsentierte Gegenständlichkeit der Bilder bezieht. Was man gemeinhin ›intellektuelle‹ oder ›abstrakte‹ Montage nennt,[29] meint häufig nichts anderes als die Kopplung unterschiedlicher Bildinhalte, die ihrer symbolischen Bedeutung nach verbunden werden. Eisensteins Montagekonzept erscheint so als eine Art Bildersprache, die der instrumentellen Vermittlung von Weltanschauungen dient.

Diese Vorstellung hat wenig mit dem ästhetischen, aber viel mit dem ideologischen Programm zu tun, mit dem Eisenstein seine Arbeit explizit verband. Bezogen auf dieses ideologische Programm – die Mobilisierung der Zuschauermassen im Dienste der sozialistischen Revolution – scheint Eisenstein tatsächlich den Film als instrumentelle Sprache der Propaganda und der politischen Agitation entworfen zu haben.

Andererseits gibt es kaum einen Filmemacher, der so radikal wie Eisenstein jedes Problem als ästhetisches Formproblem begriff und in Analogie zu den anderen Künsten (der Musik, der Malerei, der Grafik, dem Theater) entwickelte. Lässt man sich von diesen ausschweifenden Überlegungen leiten, dann entfaltet sich ein ästhetisches Programm, das in der ideologischen Funktion weder seine Begründung noch sein Ziel findet. Eisenstein entwickelt ein Konzept kinematografischer Bildlichkeit, ein ›Denken der Bilder‹, in dem sich die affektiven und die kognitiven, die energetischen und die materiellen Austauschprozesse der Gesellschaft verbinden.

Dass es im Kino primär um Bewegung gehe, war bereits in den Zeiten der Avantgarden eine Plattitüde. Auch die Einsicht, dass diese Bewegung sich in besondere Weise auf die Affekte der Zuschauer beziehe, war durchaus Bestand des gemeinen Verständnisses von Kino. Und noch die Verbindung von beidem, von ›Motion‹ und ›Emotion‹, ist den Vorstellungen von der Gefühlsmaschine Kino implizit, die in eben dieser diskursiven Formation ihre erste theoretische Ausgestaltung fand. Es handelt sich durchaus um den avantgardistischen Minimalkonsens im Verständnis der neuen Kunst, auf den sich Eisenstein umstandslos berufen konnte.[30] Und doch verbirgt sich in jeder einzelnen dieser Selbstverständlichkeiten – Bewegung, Emotion und die Verbindung beider im kinematografischen Bild – ein vertracktes theoretisches Problem, das den Begriff der Bewegung selber betraf und immer noch betrifft.

---

[29] Vgl. z.B. Joyce, Mark (1996): *The Soviet Montage Cinema of the 1920s*, in: *An Introduction to Film Studies*, hg. von Jill Nelmes, London/New York, NY, 417–450, insb. 422–424 u. 433–436.

[30] Eisenstein, *Montage der Filmattraktionen*, 17.

2.1 Dimensionen kinematografischer Bewegung

Die meisten Konzepte der Filmanalyse – seien sie semiotischer, texttheoretischer oder kognitivistischer Art – setzen implizit ein Verhältnis von einem vorab gegebenen Raum und sich darin naturhaft und objektiv vollziehender Bewegungen voraus: Von bewegenden Subjekten und bewegten Objekten über das Schwanken von Blättern im Wind bis hin zu wechselnden Lichtverhältnissen. In dieser Voraussetzung ist das kinematografische Bild auf das Engste mit unserer Alltagswahrnehmung verschränkt. Beide beziehen sich auf einen Raum, der jeder Bewegung, die wir sinnlich erfassen, notwendig vorausliegt. Man kann diesen apriorisch gegebenen Raum als eine erste Ebene des kinematografischen Bildraums begreifen. Nur sollte man diesen Sachverhalt nicht – wie es häufig geschehen ist – mit den Vorstellungen von Abbildlichkeit und realistischer Reproduktion gleichsetzen. Bewegung bedeutet hier die Verlagerung von Objekten und die Aktionen von Subjekten innerhalb eines apriorisch gegebenen Raumes. Eine intentionale Richtung, einen Sinn erfährt diese Bewegung in der Logik der fiktiven Handlung der Protagonisten. Wir sprechen deshalb vom ›Handlungsraum‹.

Für Eisenstein bildet diese Ebene des filmischen Bewegungsbildes lediglich den Ausgangspunkt, das Material der Montagekunst, keineswegs ihren Zweck. In seiner Perspektive bezeichnet der Handlungsraum den gegebenen Rahmen, die Grenzen des alltäglichen Wahrnehmungsbewusstseins. Diese Rahmung ist Ausdruck einer spezifischen historischen Konstellation, spezifischer Macht- und Herrschaftsverhältnisse. Filmkunst aber beginnt dort, wo diese vorgefundene Rahmung unserer Sinneswelt überschritten und »[...] der Zusammenprall unterschiedlicher filmischer Dimensionen der Bewegung und der Schwankung [...]«[31] organisiert wird. Das filmische Bild als Handlungsraum wäre selbst noch kein Bewegungsbild, sondern schließt in sich die Bewegung ein, die im Spektrum ihrer unterschiedlichen Dimensionen herauszulösen, zu gewinnen ist.

Tatsächlich gibt es eine Bewegung, die sich gar nicht auf der Ebene des Handlungsraums vollzieht, sondern in der Darstellungsform selbst liegt. Das ist die Bewegung des Schnitts in einem etwas weiteren Sinne: zum einen die Wahl und die Festlegung eines Ausschnitts, die Kadrierung; zum anderen die Veränderung dieses Ausschnitts, sei es im diskontinuierlichen Schnitt, sei es in der kontinuierlichen Verschiebung einer beweglichen Kamera, der fließenden Rekadrierung. In beidem realisiert sich ein und dieselbe Bewegung, die vorderhand keine Entsprechung auf der Ebene des Handlungsraums hat. Sie scheint ganz auf der Ebene des Darstellungsvorgangs und der medialen Form zu liegen: In Kadrierung und Rekadrierung, in Plansequenz, Schnitt und Montage formieren sich

---

[31] Eisenstein, Sergej M. (1988 [1929]): *Die vierte Dimension im Film*, in: ders.: *Das dynamische Quadrat. Schriften zum Film*, hg. von Oksana Bulgakova und Dietmar Hochmuth, Köln/Leipzig, 90–108, hier 105.

rhythmische Bewegungsmuster, die eine eigene Dimension des Dargestellten bezeichnen.

Der Raum ist hier keine apriorische Gegebenheit der Alltagswahrnehmung mehr: Die räumlichen Koordinaten unserer Wahrnehmung stellen vielmehr selbst ein Element der Bewegungskomposition dar, sind in das kinematografische Bewegungsbild hineingezogen worden. In diesem Sinne ist das berühmte Zitat Erwin Panofskys zu verstehen, der von der »Dynamisierung des Raums« und der »Verräumlichung der Zeit« spricht.[32]

Mit Blick auf die Kamera und die Montage ist der Raum selbst eine Funktion der Komposition, ein Raumkonstrukt, ein Raumbild, ein Effekt der Bewegungsfiguration: Als solcher will er selbst in seiner Komponiertheit als etwas Dargestelltes wahrgenommen, d.h. auf Intention, sinnhafte Struktur und Ausdruck bezogen sein. Auf dieser Ebene setzt für Eisenstein die Kunst der Montage an. Sie löst die unterschiedlichen Aspekte der Bewegung aus ihren gegebenen Verhältnissen heraus und ordnet sie zu einem neuen Bewegungsbild an, das einem eigenen Bewegungsgesetz, einer eigenen Rhythmik folgt.

Mit Blick auf seine Kollegen der russischen Schule spricht Eisenstein von der ›orthodoxen Montage‹, die sich in ihren Konstruktionen an einer Logik der Dominanten ausrichtet: Dies kann eine Montage sein, die das Bildsujet als dominante Größe ausweist (und somit dem konventionellen Verständnis von intellektueller Montage entspricht), oder eine, die auf die wechselnden Rhythmen und das Tempo der Objektbewegungen zielt; eine Montage, die sich an den Bewegungsrichtungen der Bildobjekte, oder eine, die sich an der Dauer der Einstellung orientiert.

Angelehnt an dieses Konzept der Dominante entwickelt Eisenstein – als Spezifikum seiner Montagetheorie – drei grundlegende Dimensionen der Bewegung: Und es sind die kategorialen Unterscheidungen zwischen diesen drei Dimensionen von Bewegung, auf die sich in der Folge die Idee der dialektischen Gegensatzkonstruktion bezieht. Eisenstein bestimmt die Montage als ein System von Konfliktbildungen zwischen den unterschiedlichen Dimensionen von Bewegung, deren Spektrum in der Konstruktion des kinematografischen Bildes auseinandergelegt ist. Er orientiert sich dabei nicht zufällig immer wieder am Vorbild der musikalischen Komposition: sind ihm doch die unterschiedlichen Dimensionen des Bewegungsbildes im gleichen Sinne Material der Komposition eines visuellen Wahrnehmungserlebens in der Zeit, wie die musikalische Komposition ein akustisches Erleben in der Zeit strukturiert.

Die erste Dimension des Bewegungsbildes ist durch die *metrische Montage* bezeichnet, die sich auf die Einstellungslängen und Schnittfrequenzen bezieht. In ihr verhält sich die Bewegung ähnlich wie Takt und Notenlänge im musika-

---

[32] Panofsky, Erwin (1993 [1936]): *Die ideologischen Vorläufer des Rolls-Roys-Kühlers & Stil und Medium im Film*, Frankfurt a.M., 22.

lischen Gefüge, sie bringt das kinematografische Bild als eine räumliche Figuration überhaupt erst hervor. Sie artikuliert eine Räumlichkeit, die das Dargestellte nicht mehr begründet, sondern als eine Figuration aus dieser Bewegung entsteht. Das Metrum verweist hier auf keine kognitiv erschließbare Dimension des Bildes. Es bringt vielmehr das Pulsieren des Bildobjekts »mit dem ›Pulsieren‹ des Publikums in Einklang.«[33] Im Metrum überträgt sich der artifizielle Pulsschlag des kinematografischen Bildes auf den Wahrnehmungsapparat der Zuschauer. Eben darin bildet es den Grund eines Bildraums, der beides, Leinwandbild und Zuschauerwahrnehmung, in sich einschließt.

Die zweite Dimension ist durch die *rhythmische Montage* bezeichnet. Diese gründet sich in der Anordnung der unterschiedlichen Objektbewegungen im Bild und deren rhythmischer Organisation. Das kann mit Blick auf die Proportionen der zeitlichen Längen unterschiedlicher Bewegungen in den einzelnen Einstellungen geschehen oder mit Blick auf diese Bewegungen als Gegensätze zwischen verschiedenen Einstellungseinheiten. Entscheidend für das spezifische Verständnis des Eisenstein'schen Modells ist nun die Gegensatzbildung zwischen den je verschiedenen Dimensionen der Bewegung. Diese Gegensätze können sich wiederum auf gegenläufige Richtungen, auf unterschiedliche Längen oder auf die Wechsel unterschiedlicher Rhythmiken beziehen.

Eisenstein erläutert diese Gegensatzanordnung, in diesem Fall der Gegensatz zwischen der metrischen und der rhythmischen Montage, an einem Beispiel aus seinem Film *Bronenosec Potjomkin* (*Panzerkreuzer Potemkin*, SU 1925).

> Als klassisches Beispiel kann die »Treppe von Odessa« dienen. Dort durchbricht die »rhythmische Trommel« der herabsteigenden Soldatenstiefel jede Konvention der Metrik. Sie taucht außerhalb von Intervallen auf, die von einem Takt vorgeschrieben sind, und zwar jedesmal in einer anderen Einstellungsauflösung. Das letztliche Anwachsen der Spannung ist durch ein *Umschalten* des Schrittrhythmus der die Treppe herabsteigenden Soldaten in eine andere, neue Bewegungsart – in das nachfolgende Intensitätsstadium derselben *Aktion* – den die Treppe herabstürzenden Kinderwagen – gegeben. Hier fungiert der Kinderwagen in Bezug auf die Stiefel als direkter Stadienbeschleuniger. Das »Herabsteigen« der Beine geht in das »Herabrollen« des Kinderwagens über.[34]

Als dritte Dimension des kinematografischen Bewegungsbildes benennt Eisenstein die *tonale Montage*. Diese bezieht sich auf die Klangfarben und Atmosphären, die Valeurs des Lichts, die Rhythmik der grafischen Muster und die Intensitäten der piktoralen Ausführungen. Die tonale Montage präpariert die kompositorischen Modulationen des Bildes auf der Ebene des Lichts und des Fotografischen (Bildaufteilungen, Brennweiten, Schärfegrade) als eine eigenständige Dimension der Bewegung heraus. Es sind, wie Eisenstein schreibt,

---

[33] Eisenstein, *Die vierte Dimension im Film*, 98.
[34] Ebd., 99–100.

Vibrationen, »räumlich nicht meßbare Veränderungen[, die] ihrem emotionalen Klang nach kombiniert«[35] werden. Die Wechsel in den Lichtvaleurs, den Rhythmen der grafischen Zeichnung, den Intensitäten des Malerischen der Bildkomposition bestimmen also eine eigene Dimension des Bewegungsbildes, die man als »melodisch-emotional bezeichnen« könnte.[36]

Die tonale Montage organisiert Gegensatzkonstruktionen von Klangeinheiten, Atmosphären, Intensitäten. Die Synthese aber, in der sich diese Konfliktbildungen auflösen, eröffnet eine weitere Dimension der Bewegung. Das Gegeneinander von Intensitäten (Helligkeit vs. Dunkelheit, weiche Kontur vs. harte Kontraste, ruhige vs. unruhige grafische Muster etc.) erschließt einen Wahrnehmungsbereich, den Eisenstein als *Obertonmontage* bezeichnet.

Er spricht in diesem Zusammenhang von einer primären und einer sekundären Dominante: Während die primäre Dominante gleichsam die Tonlage – die Moll- oder Dur-Tonart – des Films in seiner Gänze prägt, schalten sich die Einheiten der sekundären Dominante als gegensätzliche emotionale Lagen gliedernd, zuspitzend, abschwächend, abflachend, kontrastierend ein. Die Obertonmontage bildet Intensitätsverkettungen, die sich nur als Modulationen des Erregungsprozesses auf Seiten der affektiven Resonanzen der Zuschauer realisieren. Sie verwirklicht sich als eine spezifische Tonart des Wahrnehmens und Empfindens, als Wahrnehmung und Empfindung der Zuschauer.

Diese letzte Dimension der Bewegung lässt sich also weder auf der Ebene des Dargestellten noch auf der Ebene der Darstellungsform oder Darstellungstechnik fassen. Sie tritt uns weder in den formalen Einheiten des Films – gleichwie wir sie definieren – noch im repräsentierten Geschehen als ein greifbares Objekt entgegen. Denn an keinem Punkt lässt sich diese Bewegung als Bild ablösen von der »dialektischen Entwicklung«,[37] von dem Prozess eines Werdens, in dem der Film für seine Zuschauer als Bild erst Gestalt annimmt. Nicht die Leinwand, sondern die Wahrnehmung des Zuschauers bezeichnet den Ort, an dem die vierte Dimension der Bewegung sich verwirklicht, an dem sie zur Realität wird.

Die Obertonmontage lässt das kinematografische Bild als ein zeitliches Gefüge greifbar werden, das sich wie ein Musikstück immer nur als Ganzes, immer nur in der konkreten Dauer eines realen Wahrnehmungsakts verwirklicht. Sie bezeichnet jene Dimension der Bewegung, in der sich die Kompositionsstruktur aus allen ikonografischen, technischen, materiellen und symbolischen Gegebenheiten als etwas ganz und gar Neues und Eigenes, als die Dauer der Empfindung der Zuschauer herauslöst.

---

[35] Ebd., 102.
[36] Ebd., 106.
[37] Ebd., 95–96.

So handelt es sich keineswegs um einen verwirrenden formalistischen Positivismus, sondern um den Versuch, diese letzte Dimension der Bewegung zu beschreiben, wenn schließlich alle Elemente des filmischen Bildes, ob sie nun der abbildlichen, symbolisch-ikonografischen oder der technisch-strukturellen Ebene (Rhythmus, Dominanten, Metrum) des Bildes angehören, in größter Vermischung aufeinander bezogen werden. Eisenstein strebt danach, die vierte Dimension als ein Zusammenwirken aller Gegensatzebenen der Montage mit Blick auf das Ganze des Films greifbar werden zu lassen.

Mit der übergreifenden Kompositionsstruktur des Bewegungsbildes rückt eine Dimension des filmischen Bildes in den Blick, die sich weder als Bewegung im Raum noch als räumliche Bewegungsfiguration vollzieht: Es ist die Zeit, in der sich der Film für den Zuschauer als eine Welt enthüllt, deren Logik, deren Sinnlichkeit und deren Empfindungsweisen spezifischen Gesetzen folgen, die sich von denen der Alltagswahrnehmung kategorial unterscheiden; die Zeit, in der sich diese Logik als eine spezifische Weise des Sehens, Hörens, Empfindens der Welt in jedem Moment kinematografischen Wahrnehmens enthüllt und verändert. Das kinematografische Bild ist als Bild immer nur greifbar in der Zeit, in der es sich als Wahrnehmung eines leibhaft gegenwärtigen Zuschauers verwirklicht.

2.2 Das Band zwischen Leinwandbild und Zuschauerkörper

Für Eisenstein ist von größter Bedeutung, dass der Übergang vom Leinwandbild zur Wahrnehmung des Publikums nur eine weitere Stufe in der Entfaltung einer einzigen Bewegung darstellt, die sich im kinematografischen Bild in dialektischen Sprüngen vollzieht.

> Der Übergang von einer metrischen zu einer rhythmischen Technik ergab sich aus dem Konflikt zwischen der Länge eines Abschnitts und der Bewegung innerhalb der Einstellung. Der Übergang zur tonalen Montage ergibt sich aus dem Konflikt zwischen dem rhythmischen und dem tonalen Element eines Abschnitts. Und schließlich die Oberfilmmontage – aus dem Konflikt zwischen dem tonalen Element eines Abschnitts (dem dominanten) und dem Obertonelement [der sekundären Dominante, E. v. H.K./M.G.].[38]

In der Montage von Gegensätzen entsteht zwischen den unterschiedlichen Dimensionen der Bewegung ein Kontinuum der dialektischen Transformation, mit der die Bewegung im Bild über die Bewegung des Bildes zur Bewegtheit des Publikums wird. Dieses Kontinuum gründet sich für Eisenstein in einer doppelten Äquivalenz zwischen den psycho-physischen Prozessen der Zuschauersubjekte und den Bewegungen des filmischen Bildes. Während etwa Béla Balázs die Affektmodellierung im Kino ausgehend von einer physiognomischen Aus-

[38] Ebd., 104–105.

druckstheorie versteht, die das Bild als mediale Verwirklichung der Expressivität des menschlichen Gesichts begreift,[39] setzt Eisenstein – das Erbe der Meyerhold'schen Biomechanik[40] – bei der Schauspielkunst und dem Körper in Bewegung an. Dabei handelt es sich um zwei Seiten einer Medaille, um zwei Ausprägungen eines theoretischen Paradigmas, das sich im späten 19. und frühen 20. Jahrhundert in Psychologie, Sprachtheorie, Ästhetik und philosophischer Anthropologie unter dem Begriff der Ausdrucksbewegung entwickelte.[41] Der Körper in Bewegung, die mimische Bewegtheit des Gesichtes und die Bewegtheit des filmischen Bildes haben dort ihren gemeinsamen Nenner, wo eine spezifische Dimension der Bewegung gemeint ist, die nicht nur als Ortsveränderung oder gestisches Bedeuten und nicht nur als Sukzession von Zuständen begriffen werden kann. Der Zuschauer erfasst in der wahrgenommenen Bewegungsfiguration im Ganzen eine Ausdrucksfigur, die er in eine Emotion, eine Empfindungsbewegung transformiert und buchstäblich am eigenen Leib realisiert.

Eisenstein denkt also die psychische und kognitive Aktivität des Zuschauers als höhere Formen der Nerventätigkeit, die letztlich auf der gleichen Ebene der Materie zu verorten sind wie die motorische Aktivität. In diesem Sinne definiert Eisenstein den Film als »eine kraft ihrer formalen Besonderheiten auf Bewußtsein und Gefühl des Zuschauers gerichtete Anordnung von Schlagbolzen.«[42] Montage meint in dieser Perspektive die komplexe Fügung verschiedener Erregungselemente, die sich zu einem »emotionalen Gesamteffekt summieren.«[43] Filmgestaltung ist die »[...] Bearbeitung *dieses Zuschauers in einer gewünschten Richtung* mittels einer Folge vorausberechneter Druckausübungen auf seine Psyche.«[44]

Noch der »summarische [...] Einwirkungseffekt«[45] der Montage als Ganzes verwirklicht sich im letzten als Ausdruck. Das meint »jenes besondere ›Empfinden‹ eines Abschnitts, das der Abschnitt insgesamt auslöst.«[46] In dieser Perspektive ist die emotionale Antwort der Zuschauer selbst noch Bestandteil des montierten Bewegungsaggregats und die Montage eine Kopplung gegensätzlicher Ausdrucksbewegungen, die in sich je spezifische Affektantworten der Zuschauer

---

[39] Balázs, *Der sichtbare Mensch*, 51–58.
[40] Meyerhold, Wsewolod E. (1979 [1925]): *Der Lehrer Bubus*, in: ders.: *Schriften*, Bd. 2, Berlin, 84–87; vgl. Eisenstein, *Montage der Filmattraktionen*, 39.
[41] Vgl. Kappelhoff, Hermann/Bakels, Jan-Hendrik (2011): *Das Zuschauergefühl. Möglichkeiten qualitativer Medienanalyse*, in: *Zeitschrift für Medienwissenschaft* 5.2, 78–95, hier 84–85. Hierunter zählen u.a. Theodor Lipps, Wilhelm Wundt, Georg Simmel, Karl Bühler und Helmuth Plessner.
[42] Eisenstein, *Montage der Filmattraktionen*, 17.
[43] Ebd., 26. Vgl. Eisenstein, *Die vierte Dimension im Film*, 93.
[44] Eisenstein, *Montage der Filmattraktionen*, 17, Herv.i.O.
[45] Eisenstein, *Die vierte Dimension im Film*, 93.
[46] Ebd.

einschließt. So ist mit dem montierten Bewegungsbild einerseits ein Parcours physiologischer Reize, Wirkungen und Effekte entworfen, der von den Zuschauern durchlaufen wird. Andererseits ist dieses Bild die Matrix eines Prozesses permanenter Rückkopplungen, in der eben diese Wirkungen und Effekte als Ausdrucksfigur aufgenommen und als Zuschaueremotion verwirklicht werden.

Letztlich bezieht die Montage sich auf die »Kopplung und Anhäufung von [...] notwendigen Assoziationen in der Psyche des Zuschauers [...].«[47] Sie provoziert und verkoppelt auf der Ebene des kinematografischen Bildes Zuschauerreaktionen und -assoziationen; faktisch werden nicht Erscheinungen, sondern Assoziationsketten miteinander gekoppelt, die für den jeweiligen Zuschauer mit einer konkreten Erscheinung zusammenhängen. Das leibhafte Ich-Bewusstsein des Zuschauers bezeichnet den Gegenstand der Montagekonstruktion: »Der Grundstoff der Filmkunst ist der Zuschauer.«[48]

Erst auf Grundlage dieses Gedankens ist der Bezug der Montage auf die Ebene der filmischen Repräsentation – die Gegenständlichkeit der Alltagswahrnehmung so gut wie die symbolischen Register des Ikonografischen und des Pathetischen – genauer zu erfassen. Die filmische Repräsentation betrifft die vorfilmisch gegebene Realität der alten Bewusstseinsordnung: das Dispositiv der alltäglichen Wahrnehmung, die Ordnung des Symbolischen und die alte Pathetik der Religion und der Kunst. Montage ist das (Re-) Arrangement vorhandener Kopplungen zwischen Repräsentationen, Ausdrucksformen und affektiven Bewertungen des Zuschauers. Das filmische Bild vollzieht sich als eine dialektische Transformation zwischen drei Ebenen: die der dinglich-abbildhaften Repräsentation, die der technisch-materiellen Realität des kinematografischen Bildes und, fest damit verknüpft, die der psycho-physischen Sensation, der Emotionen und des Denkens der Zuschauer.

Das ist allerdings etwas völlig anderes als eine Montage der abstrakten Bildideen, die der Zuschauer zu entschlüsseln hätte. Vielmehr ist in Eisensteins Montagekonzept ein Typus des Bewegungsbildes entworfen, das in seiner Struktur und Form immer schon als ein sich zu vollziehendes Wahrnehmen und Empfinden konstruiert und gleichsam als Storyboard eines konkret sich ereignenden Sehens und Hörens gedacht wird. Es begreift das kinematografische Bild als eine zeitliche Struktur, die sich im leibhaft gegenwärtigen Sehen und Hören von Zuschauern als eine spezifische Wahrnehmungswelt verräumlicht.

Insofern er den Film als ein in seiner Gänze gesehenes und gehörtes, gedachtes und empfundenes Bild umgreift, schließt der kinematografische Bildraum das Wahrnehmungsempfinden der Zuschauer selbst als immanente Struktur mit ein. Bezogen auf diese Immanenz hat Eisenstein von der vierten und der

---

[47] Eisenstein, *Montage der Filmattraktionen*, 19.
[48] Ebd., 17–18.

fünften Dimension des filmischen Bildes gesprochen: das ist die der Zeit und die des Denkens.[49]

Das Band aber, welches das Bild mit den Körpern, die symbolische Struktur mit den Affekten der Zuschauer verbindet, ist die Bewegung in ihren unterschiedlichen Dimensionen: Zwischen den physiologischen Reiz-Reaktionsschemata und den mimetischen Akten der Ausdruckswahrnehmung entfaltet die Montage das Spektrum dieser Dimensionen als eine Stufe um Stufe sich vollziehende Transformation der Bewegung. Die verschiedenen Dimensionen des Bewegungsbildes beschreiben letztlich nichts anderes als deren unterschiedliche Aggregatstufen: von der vorfilmischen, unserer Alltagswahrnehmung gegebenen Bewegung über die artifiziellen Konstrukte metrischer Einheiten von Schnittfrequenz und Länge bis hin zur rhythmischen Anordnung, die zum tonalen Vibrieren im Wahrnehmungsempfinden der Zuschauer wird; von der Obertonmontage über die Wahrnehmung der Zeitlichkeit der filmischen Komposition zur Denkform, die einen Empfindungsgegensatz bewältigt.[50]

> Die Verbindung [zwischen den grob-physiologischen Obertonklängen und den intellektuellen Prozessen, E. v. H.K./M.G.] ergibt sich hier aus der Tatsache, daß es keinen prinzipiellen Unterschied mehr zwischen der Motorik des Ins-Wanken-Bringens eines Menschen unter dem Einfluß einer grob-metrischen Montage [...] und dem intellektuellen Prozeß in ihm gibt, denn der intellektuelle Prozeß ist eine ebensolche Erschütterung, sie vollzieht sich jedoch nur in den Zentren der höheren Nerventätigkeit.[51]

Das Denken setzt da ein, wo dem ›summarischen Montageeffekt‹ das Vermögen antwortet, die »[...] Wahrnehmungen auf einen ›gemeinsamen Nenner‹ zu bringen [...]«, das heißt, »in sich ein neues *Empfinden* herauszuarbeiten«.[52] Die Syntheseleistung der Zuschauer, die dialektische Aufhebung, besteht darin, eine neue Denkform zu entwickeln, die dem Sehen, Hören und Empfinden des Films zu entsprechen vermag. Im selben Zug, wie der Zuschauer die je eigene Wahrnehmungsweise der filmischen Welt in seinem eigenen Sehen realisiert, verwirklicht er die räumlichen Figurationen als eine spezifische Empfindungsweise, als eine Art und Weise des Wahrnehmens, die nicht die Seine ist. Er realisiert in der Dauer des Films dessen sinnliche Ordnung als ein entstehendes, wachsendes, als ein ihn ergreifendes Gefühl. Er realisiert sie als die Figur eines Weltempfindens, als ein spezifisches physisch-sinnliches In-der-Welt-Sein.[53]

Die Zuschauer produzieren buchstäblich am eigenen Leibe die Ich-Form eines Empfindens, das sich auf der Folie des ästhetischen Wahrnehmungspro-

---

[49] Vgl. Eisenstein, *Die vierte Dimension im Film*, 96 u. 104–108.
[50] Ebd.
[51] Ebd., 107–108.
[52] Ebd., 96, Herv.i.O.
[53] Vgl. Sobchack, *The Address of the Eye*, 4 u. passim.

zesses abzeichnet als ein radikales Nicht-Ich; nämlich als das Profil der emotionalen Wechsel, Intensitätssteigerungen und -abflachungen, der konfliktuellen Ballungen der Gegensätze und deren explosiver Auflösungen. Die Zuschauer müssen aus dem Prozess ihres Wahrnehmungsempfindens eine Figur dieses Empfindens, das Bild eines Selbst formen, das ihr bestehendes Selbstbild übersteigt.

Die verschiedenen Dimensionen der Bewegung bezeichnen letztlich Stufen im Transformationsprozess der Bewusstseinsform selbst. Die Bewegungsgegensätze des Bildes vollziehen sich als widerstreitende Impulse auf der Ebene der Affektökonomie der Zuschauer und werden als Bewusstseinsform dieses emotionalen Konfliktes zum Denken: von der Stereotypie der Alltagswahrnehmung, den automatisierten Affektmustern, den symbolischen Ordnungen des ›alten Pathos‹ der Religion und der Kunst über die Metrik des Schnitts, die Montage der Rhythmen, die Modulationen tonaler Atmosphären und den Wechsel der Empfindungsqualitäten hin zu Ausdrucksfiguren einer neuen Pathetik – von den Peripetien gegensätzlicher Tonlagen emotionaler Prozesse zu den Reliefs eines neuen Denkens.

Das neue Pathos[54] bezieht sich keineswegs auf neue ikonografische Formeln, sondern auf die summarischen Montageeffekte, die die Zuschauer in die Figur eines ›Ich-Sehe‹, ›Ich-Empfinde‹ überführen müssen. Dieses Ich entspricht freilich nicht dem des einzelnen Zuschauers. Es bezeichnet eine Art und Weise des Empfindens und Denkens, in das sich die Masse des Kinopublikums teilt, ein buchstäblich gemeinschaftliches Fühlen und Denken: ein in Massen geteiltes Fühlen, das im selben Moment ein Denken des Gesellschaftlichen und ein Denken, das im selben Moment eine in Massen geteilte Selbstempfindung, eine Anschauung des Sozialen ist. Für Eisenstein ist das kinematografische Bewegungsbild in seinen unterschiedlichen Stadien und Transformationsstufen unmittelbar zum Bestandteil des affektiven und intellektuellen Lebens der Gesellschaft geworden. Für ihn schließt der kinematografische Bildraum den Film und die Zuschauer mit ein: ein Bewegungsimpuls, der auf die träge Physis einer Masse trifft, deren Selbstbewusstsein sich gleichsam als dialektischer Sprung aus der Kollision zwischen drängendem Filmimpuls und beharrenden Affektreaktionen erhebt.

In dieser Perspektive sind Filme weder als Texte noch als narrative Strukturen, »Gebilde aus ›Histörchen‹ oder ›Liebesschwarten‹ mit ›Story‹«,[55] zu begreifen. Es sind vielmehr Aggregate, die einen spezifischen Modus des Sehens und Hörens, Empfindens und Verstehens als Zuschauererfahrung installieren, vorstrukturieren, ermöglichen. Eisenstein hat das Kino als einen Bildraum ent-

---

[54] Vgl. auch: Eisenstein, Sergej M. (2006 [1939]): *Das Organische und das Pathos*, in: ders.: *Jenseits der Einstellung. Schriften zur Filmtheorie*, hg. von Felix Lenz und Helmut H. Diederichs, Frankfurt a.M., 202–237.
[55] Eisenstein, *Montage der Filmattraktionen*, 25.

worfen, in dem die Kopplungen zwischen den symbolischen Registern kultureller Weltauslegung und der an die individuelle Leiblichkeit gebundenen Affektivität unmittelbar zum Gegenstand der Umarbeitung werden.

Das ist der Grund, warum Eisenstein seine Montagetheorie gegen die formalistischen Modelle der ›orthodoxen‹ Schule abzuheben sucht. Jene verbleiben auf der Ebene der filmischen Form, der repräsentierten Bewegung, der ikonografischen Motive und der mechanistisch-technischen Bewegung des Apparats. Die dialektische Montage aber legt in ihren Gegensatzkonstruktionen die unterschiedlichen Dimensionen der Bewegung auseinander, um schließlich eine Bewegung freizusetzen, die unmittelbar eine Innervation im Leben der Gesellschaft, unmittelbar sozialer Stoffwechselprozess ist.

3   Fazit

Im ersten Teil seines monumentalen Filmessays *Histoire(s) du cinéma* (F 1998) stellt Jean-Luc Godard die Traum-Fabrik des sowjetischen Kinos der Traumfabrik Hollywoods gegenüber. Dabei assoziiert er spielerisch ein Bild Lenins mit dem Wort »usine« (Fabrik) und das Bild eines Industriegebäudes mit riesigem Schornstein mit dem Wort »rêve« (Traum): Nicht die Herstellung von Träumen war das Telos dieser Traum-Fabrik, sondern die Herstellung einer neuen Art und Weise der Einbindung individueller Körper in die gesellschaftlichen Austauschprozesse, die Herstellung einer neuen Idee, eines neuen ›Traums von Fabrik‹, von Arbeit, Körper und Denken. ›Montage‹ war der Begriff für dieses Neue, und zwar gerade als weltanschaulicher Modus und nicht als filmische Technik.

Und mit großer Melancholie stellt Godard fest, dass Eisenstein – wie andere vor und nach ihm – diese Idee von Montage gesucht, aber doch nie ganz gefunden habe und dass der Kommunismus sich auf dieser Suche buchstäblich erschöpft und den politischen und ästhetischen Irrweg in den stalinistischen ›Sozialistischen Realismus‹ genommen habe.[56] Dieser erscheint als Rückfall in eine Idee von kinematografischer Anschauung des Sozialen, die sich auf die scheinbar technisch gegebene Dimension der Abbildung, der Repräsentation zurückzieht, statt das Feld der Möglichkeiten der Erfahrung sozialer Realität als etwas zu begreifen, das es immer nur in den konkreten ästhetischen Operationen, Interventionen und poetischen Konzeptionen zu erschließen gilt. Nicht die technisch definierte Apparatur, sondern die Exploration der Möglichkeiten dieser Apparatur durch die Filme macht das Kino zu einem Medium,[57] macht das Verhältnis

---

[56] Vgl. Godard, Jean-Luc (1992): *Le montage, la solitude et la liberté*, in: ders.: *Godard par Godard*, hg. von Alain Bergala, Bd. 2, Paris 1998, 242–248.
[57] Vgl. Cavell, *World Viewed*, 32.

von individuell verkörperter Affektivität und sozialer Lebenswelt zum Gegenstand einer medienästhetischen Rekonfiguration.

Die Zuschaueraktivität, die Eisenstein in seinen Texten entwirft, ist gerade mit Blick auf die aktuelle Diskussion um das Verhältnis von Emotion und Medien höchst instruktiv: Während viele Ansätze gegenwärtiger Filmtheorie[58] die affektive Dimension der Zuschaueraktivität auf individualpsychologische Reaktionsmodelle alltäglicher Verhaltensweisen zurückführen, entwirft Eisenstein das filmische Bewegungsbild als energetisches Modell gesellschaftlicher Austauschprozesse gerade in Absetzung zur Psychologie. Seine Verweise auf wissenschaftlich verbürgte Gesetzmäßigkeiten zielen immer auch auf die Möglichkeit, diese Reaktionsmodelle zu transformieren. Er nimmt sich »die berühmten Tänze der Urmenschen in ihren Raubtierfellen« zum Vorbild, um den Umschlag von »abbildend-darstellerischen Tendenzen« in die Funktionale, in den »maximalen emotionalen Effekt beim Publikum«[59] zu betonen: Wenn jegliche Weltanschauung als Verhältnis zu den Erscheinungen unmittelbar eine körperliche Bereitschaftshaltung, ein Tätigkeitsvermögen oder Trägheitsverhalten ist, dann kann dieses nicht nur dargestellt werden, sondern im Zuschauer aktiviert oder überwunden, transformiert, trainiert und erzogen werden.[60]

Herrscht in den frühen, manifestartigen Texten noch tendenziell eine akkumulative Idee des Empfindens vor, weicht diese ab den späten 1920er Jahren zunehmend den Fragen übergreifender kompositorischer Prinzipien. Gemeinsam ist ihnen, dass das Intellektuelle im Film für Eisenstein nicht die Reinheit des abstrakten Verstehens meint; es ist gerade die Synthese aus »emotionalem, dokumentarem und absolutem Film,«[61] d.h. aus der »physiologisch empfindbaren Form,«[62] der sinnlichen Anschauung gesellschaftlicher Wirklichkeit und den Prozessen abstrakter Logik. Deleuze formuliert dies so:

> Es geht darum, dem geistigen Prozeß seine »emotionale Fülle« oder seine »Passion« zurückzuerstatten. [...] Aus diesem Grund erinnert Eisenstein unablässig daran, dass das »intellektuelle Kino« das »sinnliche Denken« oder den »emotionalen Verstand« zum Korrelat hat und anders keine Gültigkeit besitzt. [...] Der höchsten Höhe des Bewußtseins im Kunstwerk korreliert [...] die tiefste Tiefe des Unterbewußtseins.[63]

---

[58] Siehe Fußnote 7.
[59] Eisenstein, *Montage der Filmattraktionen*, 32.
[60] Ebd, 34–42.
[61] Eisenstein, Sergej. (1988 [1929b]): *Perspektiven*, in: ders.: *Das dynamische Quadrat. Schriften zum Film*, hg. von Oksana Bulgakowa und Dietmar Hochmuth, Köln/Leipzig, 58–71, hier 69.
[62] Ebd., 68.
[63] Deleuze, *Zeit-Bild*, 208.

In dieser Idee des Korrelats verbirgt sich die Pointe der Eisenstein'schen Konzeption: Der Film stellt nicht einfach nur neue kulturelle und symbolische Auslegungen des Gesellschaftlichen her, sondern er produziert die Veränderung der Art und Weise selbst, in der diese an die individuelle Leiblichkeit und Affektivität gekoppelt sind. In genau diesem Sinne also überführt Eisensteins Idee des Bewegungsbildes die moderne Utopie der Kunst – eine Kunst, die »der politischen Gemeinschaft jene Formen anschaulicher Gemeinschaft gibt, die, im Gegensatz zur Abstraktion des Gesetzes, die Menschen in lebendige Verbindung zueinander setzen«[64] – in eine Praxis kinematografischer Komposition.

Sowohl Eisenstein als auch Vertov können sich in ihren theoretischen Entwürfen und filmischen Praktiken auf die avantgardistische Utopie einer subjekthaften Kollektivität berufen, in der ›politische Ideologie‹ und ›ästhetisches Denken‹ ineinander übergehen. Das Ideal einer gesellschaftlichen Emanzipation und ästhetischen Selbstwahrnehmung ist in dieser Utopie direkt auf eine Vorstellung von Politik als unmittelbar affektiver Mobilisierung bezogen. Die Filmemacher der sowjetischen Avantgarde der 1920er verstanden diesen Konnex so, dass die spezifischen Formen kollektiver Identitätsbildung und politischer Subjektivierungsformen überhaupt erst durch die Adressierung des leiblichen Empfindens in spezifischen Kontexten hervorgebracht und vollzogen werden. Und zwar nicht indem einfach den bestehenden individuellen Gefühlsrepertoires ein medial transportiertes Objekt zur Verfügung gestellt würde, an dem sie sich realisieren könnten, sondern indem das Empfindungsvermögen der Zuschauer selbst zum Gegenstand, zum Bestandteil der filmischen Komposition wird. Nicht diese oder jene ›ästhetische Emotion‹ sollte hervorgerufen werden. Vielmehr war eine besondere Art und Weise des Fühlens, ein neuer Modus genuin kollektiver, politischer Gefühlslagen zu entwickeln.

Auch wenn wir uns heute, nach den Erfahrungen der Totalitarismen und Genozide, nicht mehr einfach auf diese Gemeinschaftsidee berufen können, verweisen die kinematografischen Experimente Vertovs und Eisensteins darauf, dass die Möglichkeiten der medialen Formen, unsere Modi des Wahrnehmens, Denkens und Fühlens zu gestalten, immer wieder neu zu entdecken sind und dass ihr Potential, einen Sinn für die gemeinsam geteilte Welt herzustellen, immer wieder neu zu realisieren ist.

Bibliografie

Anderson, Joseph D./Fisher Anderson, Barbara (2005): *Moving Image Theory. Ecological Considerations*, Carbondale.
Balázs, Béla (1982 [1924]): *Der sichtbare Mensch oder die Kultur des Films*, Berlin/Budapest/München.

[64] Rancière, *Die Geschichtlichkeit des Films*, 241.

Cavell, Stanley (1979): *The World Viewed. Reflections on the Ontology of Film*, enlarged edition, Cambridge, MA/London.

Deleuze, Gilles (1997 [1983]): *Das Bewegungs-Bild. Kino I*, Frankfurt a.M.

— (1997 [1985]): *Das Zeit-Bild. Kino II*, Frankfurt a.M.

Dewey, John (1980 [1934]): *Kunst als Erfahrung*, Frankfurt a.M.

Eisenstein, Sergej M. (1988 [1923]): *Montage der Attraktionen*, in: ders.: *Das dynamische Quadrat. Schriften zum Film*, hg. von Oksana Bulgakova und Dietmar Hochmuth, Köln/Leipzig, 10–16.

— (1988 [1924]): *Montage der Filmattraktionen* in: ders.: *Das dynamische Quadrat. Schriften zum Film*, hg. von Oksana Bulgakova und Dietmar Hochmuth, Köln/Leipzig, 17–45.

— (1988 [1929a]): *Die vierte Dimension im Film*, in: ders.: *Das dynamische Quadrat. Schriften zum Film*, hg. von Oksana Bulgakova u. Dietmar Hochmuth, Köln/Leipzig, 90–108.

— (1988 [1929b]): *Perspektiven*, in: ders.: *Das dynamische Quadrat. Schriften zum Film*, hg. von Oksana Bulgakova u. Dietmar Hochmuth, Köln/Leipzig, 58–71.

— (2006 [1925]): *Zur Frage eines materialistischen Zugangs zur Form*, in: ders.: *Jenseits der Einstellung. Schriften zur Filmtheorie*, hg. von Felix Lenz u. Helmut H. Diederichs, Frankfurt a.M., 41–49.

— (2006 [1939]): *Das Organische und das Pathos*, in: ders.: *Das dynamische Quadrat. Schriften zum Film*, hg. von Oksana Bulgakova u. Dietmar Hochmuth, Köln/Leipzig, 202–237.

Engell, Lorenz/Hartmann, Frank/Voss, Christiane (Hg.) (2013): *Körper des Denkens. Neue Positionen der Medienphilosophie*, München.

Godard, Jean-Luc (1998 [1992]): *Le montage, la solitude et la liberté*, in: ders.: *Godard par Godard*, hg. von Alain Bergala, Bd. 2, Paris, 242–248.

Grodal, Torben K. (2009): *Embodied Visions. Evolution, Emotion, Culture, and Film*, Oxford.

Guattari, Félix (1977): *Die Couch des Armen*, in: ders.: *Mikro-Politik des Wunsches*, Berlin, 82–99.

Holl, Ute (2002): *Kino, Trance und Kybernetik*, Berlin.

Joyce, Mark (1996): *The Soviet Montage Cinema of the 1920s*, in: Nelmes, Jill (Hg.): *An Introduction to Film Studies*, London/New York, NY, 417–450.

Kappelhoff, Hermann (2004): *Matrix der Gefühle. Das Kino, das Melodrama und das Theater der Empfindsamkeit*, Berlin.

—/Bakels, Jan-Hendrik (2011): *Das Zuschauergefühl. Möglichkeiten qualitativer Medienanalyse*, in: *Zeitschrift für Medienwissenschaft* 5 (2), 78–95.

Kittler, Friedrich (1985): *Aufschreibesysteme 1800/1900*, München.

— (1986): *Grammophon Film Typewriter*, Berlin.

Lukács, Georg (1978 [1913]): *Gedanken zu einer Ästhetik des Kinos*, in: *Kino-Debatte. Texte zum Verhältnis von Literatur und Film 1909–1929*, hg. von Anton Kaes, Tübingen, 112–118.

Merleau-Ponty, Maurice (2003 [1961]): *Das Auge und der Geist. Philosophische Essays*, hg. von Christian Bermes, Hamburg.

Meyerhold, Wsewolod E. (1979 [1925]): *Der Lehrer Bubus*, in: ders.: *Schriften*, Bd. 2, Berlin, 84–87.

Morsch, Thomas (2011): *Medienästhetik des Films. Verkörperte Wahrnehmung und ästhetische Erfahrung im Kino*, München.
Mukařovský, Jan (2005b [1966]): *Die Zeit im Film*, in: *Poetika Kino. Theorie und Praxis des Films im russischen Formalismus*, hg. von Wolfgang Beilenhoff, Frankfurt a.M., 368–377.
Münsterberg, Hugo (1916): *The Photoplay. A Psychological Study*, New York, NY/ London.
Panofsky, Erwin (1993 [1936]): *Die ideologischen Vorläufer des Rolls-Roys-Kühlers & Stil und Medium im Film*, Frankfurt a.M.
Plantinga, Carl/Smith, Greg M. (Hg.) (1999): *Passionate Views. Film, Cognition and Emotion*, Baltimore, MD.
Pudowkin, Wsewolod I. (1983 [1926]): *Filmregisseur und Filmmaterial*, in: ders.: *Die Zeit in Großaufnahme. Aufsätze, Erinnerungen, Werkstattnotizen*, Berlin, 225–288.
— (1983 [1940]): *Kuleschows Studio*, in: ders.: *Die Zeit in Großaufnahme. Aufsätze, Erinnerungen, Werkstattnotizen*, Berlin, 565–571.
— (1983 [1949]): *Über die Montage*, in: ders.: *Die Zeit in Großaufnahme. Aufsätze, Erinnerungen, Werkstattnotizen*, Berlin, 329–349.
Rancière, Jacques (2003): *Die Geschichtlichkeit des Films*, in: Hohenberger, Eva/ Keilbach, Judith (Hg.): *Die Gegenwart der Vergangenheit. Dokumentarfilm, Fernsehen, Geschichte*, Berlin, 230–246.
Rodowick, David Norman (1997): *Gilles Deleuze's time machine*, Durham/London.
Smith, Greg M. (2003): *Film Structure and the Emotion System*, Cambridge, MA.
Sobchack, Vivian (1992): *The Address of the Eye. A Phenomenology of Film Experience*, Princeton, NJ.
— (2004): *Carnal Thoughts. Embodiment and Moving Image Culture*, Berkeley, CA.
Tan, Ed S. H. (1996): *Emotion and the structure of narrative film. Film as an emotion machine*, Mahwah, NJ.
Vertov, Dziga (1973 [1923]): *Kinoki – Umsturz*, in: ders.: *Schriften zum Film*, hg. von Wolfgang Beilenhoff, München, 11–24.

SABINE FLACH

»Die Welt, das sind unsere Empfindungen, sie besteht aus unseren Empfindungen«.[1] Fühlen, Wahrnehmen, Denken – Avantgarde als Laboratorium der Wahrnehmung

»Wir könnten zeigen, daß die Kunst die zentrale Emotion ist [...], die sich hauptsächlich in der Großhirnrinde löst. Die Emotionen der Kunst sind geistige Emotionen. Statt sich in geballten Fäusten und Zittern zu äußern, lösen sie sich hauptsächlich in Phantasiebildern.«[2]

1   Avantgarde als Suchbewegung – »Technik der Gefühle«[3]

Der Kunsthistoriker Nicolai Punin formuliert im Jahr 1919 folgenden Anspruch an die Kunst:

> Wir möchten nicht (nur), daß die Wissenschaft in unserer Welt sich entwickelt und aufblüht; unter den vorliegenden sozialen Gegebenheiten möchten wir zunächst und zuallererst einmal, daß unser gesamter Blick auf die Welt, all unsere gesellschaftlichen Bedingungen und all unsere künstlerische, technische und gesellschaftliche Kultur sich entsprechend dem Grundsatz der Wissenschaft strukturiert und ordnet.[4]

Punin charakterisiert hier für die künstlerische Kultur eine Tendenz, die für die Vertreter der Avantgarde als symptomatisch gelten sollte: die Arbeit an einer

---

[1] Nikolai Kulbin zitiert nach: Malewitsch, Kasimir S. (1991): *Malewitsch: Künstler und Theoretiker*, hg. und übers. von Erhard Glier, Weingarten, 74.
[2] Wygotski, Lev (1976): *Psychologie der Kunst*. Psychologische Dissertation (1925), Dresden, 246.
[3] Ebd., 288.
[4] Punin, Nicolai (1920): *First Cycle of Lectures for the In-Service Training of Drawing Teachers*, St. Petersburg. Hier zitiert nach: Douglas, Charlotte (2004): *Wilhelm Ostwald und die Russische Avantgarde*, in: Miltiadis Papanikolaou (Hg.): *Licht und Farbe in der Russischen Avantgarde. Die Sammlung Costakis aus dem Staatlichen Museum für zeitgenössische Kunst Thessaloniki*. Eine Ausstellung des staatlichen Museums für zeitgenössische Kunst Thessaloniki, der Berliner Festspiele und des Museums moderner Kunst Stiftung Ludwig Wien in Zusammenarbeit mit der griechischen Kulturstiftung Berlin, [Ausst.-katalog] Köln, 30–40, hier 31.

Kunst und einem Kunstbegriff, der sich neu, universell, anti-naturalistisch sowie anti-idealistisch gegen die Übernahme traditionell erprobter, in den Bild-Archiven der Vergangenheit verwalteter künstlerischer Praktiken und Verfahren ebenso wandte wie gegen die Teleologie des konventionellen historiografischen Gedankens von der Entwicklung und Ablösung ikonografischer Codes und Motive. Gleichsam resultierend aus dieser Suche nach einer neuen Kunst verband sich der neue Kunstbegriff mit der (Wieder-)Entdeckung der Natur- bzw. genauer mit den Wahrnehmungs- und Lebenswissenschaften und ihren Methoden als Analogie und Bezugspunkt für das künstlerische Arbeiten.

Die Programmatik der Avantgarde-Künstler gründete auf dem Versuch, eine systematische und umfassende Untersuchung der künstlerischen Kultur zu leisten, die durch eine Analyse der Methoden und Mechanismen der Kunstproduktion einerseits sowie der Analyse einzelner Werke andererseits gelingen sollte. Es ging um eine Erforschung der Funktion der Einzelelemente, um sodann die in ihnen wirkenden *Gesetze* zu begründen. Die Ziele dieser Forschungen lagen in der künstlerischen Erneuerung und der Begründung einer *neuen Kunst*, die durch die Nivellierung überkommener kultureller Konventionen und Kulturtechniken, der Überwindung von Wahrnehmungsgewohnheiten und einer Elementarisierung, d.h. einer Rückführung der künstlerischen Produktivität auf ihre grundlegenden Strukturen und Einheiten zur Freilegung ihrer Wirkkräfte, erreicht werden sollte.[5] So schrieb etwa Kasimir Malewitsch 1926:

> Der akademische Naturalismus, der Naturalismus der Impressionisten, der Cézanneismus, der Kubismus usw. – dies alles sind gewissermaßen nichts als dialektische Methoden, die an sich den eigentlichen Wert des Kunstwerks in keiner Weise bestimmen. Eine gegenständliche Darstellung – an sich (das Gegenständliche als Zweck der Darstellung) ist etwas, was mit Kunst nichts zu tun hat, […].[6]

Diese Suche nach den Grundelementen der Kunst diente also der Aufklärung über Wahrnehmungs- und Empfindungsweisen des Menschen. Neu war jedoch, dass *die Kunst selbst*, als Verwalterin dieser Wahrnehmungsweisen, zum Objekt der Recherche wurde[7], wie etwa Ivan Kljun formuliert:

---

[5] Vgl. Groys, Boris/Hansen-Löve, Aagen (Hg.) (2005): *Am Nullpunkt. Positionen der russischen Avantgarde*, Frankfurt a.M.

[6] Malewitsch, Kasimir S. (1980): *Die gegenstandslose Welt. Teil II Suprematismus*, in: ders.: *Die gegenstandslose Welt*, hg. von Hans M. Wingler. Vorwort von Stephan von Wiese, Mainz/Berlin, (Neue Bauhausbücher 11), 66.

[7] Hier zeigt sich eine Differenz zu den Forschungen um 1800. Dort war die Erforschung des komplexen Prozesses visueller Wahrnehmung eingebettet in die wissenschaftliche und künstlerische Auseinandersetzung mit Naturphänomenen. Vgl. Dürbeck, Gabriele u.a. (Hg.) (2001): *Wahrnehmung der Natur – Natur der Wahrnehmung. Studien zur Geschichte visueller Kultur um 1800*, Dresden.

> Die Kunst ist ein Mittel der künstlerischen Einwirkung auf unseren psychophysischen Apparat, und zwar – nach der Rolle zu urteilen, die sie in unserer Kultur gespielt hat – ein sehr starkes Mittel. Künstlerisches Schaffen und künstlerische Wahrnehmung.[8]

In diesem Sinne wurde die Avantgarde eine *Suchbewegung* für die umfassende Konstruktion einer neuen Aisthesis, für die Emanzipierung des menschlichen Wahrnehmungs- und Empfindungsvermögens von überlieferten Repräsentations- und Kunstsystemen zugunsten neuer, überraschender Konstellationen und Fusionen der Sinne: Kunst wurde zu einem Experiment, in dem Sinneskulturen und Wahrnehmungsweisen des Menschen umfassend analysiert werden sollten. Dem methodischen Instrumentarium der Kunst wird dabei eine besondere Erkenntnisleistung zugesprochen. Das Ziel lag in der nicht einfach zu lösenden Anstrengung, die nicht messbaren Faktoren künstlerischer Kultur bestimmbar und kommunizierbar zu machen und dies unter der Voraussetzung, das je spezifisch Künstlerische *nicht* in Wissenschaft aufgehen zu lassen, sondern es gerade als das der Kunst angemessene Instrumentarium der Analyse zu verwenden. Demzufolge zielte das Interesse der künstlerischen Forschungen darauf ab, bestimmte Methoden der Kunst, die *im Experiment verwendet werden, dort selbst* zu erforschen.

Die künstlerische Tätigkeit hat damit – und dies gilt es im Folgenden zu zeigen – einen ebenso entscheidenden wie autonomen Anteil an jenem Schauplatz, den Otniel Dror für die Physiologie als die ›emotionale Wende‹[9] bezeichnet hat. Die Einführung bzw. Rückgewinnung der Gefühle und Emotionen in den Wissenschaften ermöglichte es, bislang vernachlässigte Formen der Wissensgewinnung durchzusetzen wie auch gänzlich neue Erkenntnisansprüche zu erheben. Neue experimentelle Verfahren sollten die Gefühle nicht nur in einen Experimentablauf integrieren, sondern diese wurden erst durch unterschiedliche labortechnische Manipulationen sichtbar, die gemessen, aufgezeichnet und somit zugänglich und kontrollierbar gemacht werden sollten. Gefühle werden also in den Wissenschaften zu einem Untersuchungsgegenstand und Erkenntnisobjekt.

Die künstlerische Praxis nimmt diese Entwicklung in den Wissenschaften nicht nur auf und kommentiert sie – im Sinne einer tradierten humanistischen Kompetenz der Verwaltung und Mahnung –, sondern bearbeitet die ihr ganz eigenen Potentiale des Vermögens, über Wahrnehmungsweisen, Empfindungen

---

[8] Staatliches Archiv für Literatur und Kunst, Leningrad (LGALI:F.244, Op.1, D.33, L.43ob), hier zitiert nach: Karassik, Irina (1991): *Das Institut für Künstlerische Kultur. GINChUK*, in: Klotz, Heinrich (Hg.): *Matjuschin und die Leningrader Avantgarde*, München/Stuttgart, 40–58, hier 45.

[9] Dror, Otniel (2004): *Affekte des Experiments. Die emotionale Wende in der angloamerikanischen Physiologie (1900-1940)*, in: Schmidgen, Henning/Geimer, Peter/Dierig, Sven (Hg.): *Kultur im Experiment*, Berlin, 338–372.

und Gefühle Aussagen zu treffen und damit einen eigenen wissenschaftlichen Beitrag mit Dignität zu leisten. Wahrnehmung, Denken und Fühlen werden also weder als gegeben vorausgesetzt, noch – da in einem unzugänglichen Bereich vermutet – als schlicht unerschließbar vernachlässigt. Erst mit und durch die Kunst und ihre je spezifische Weise der Erfahrung werden – so die These – die Bereiche Fühlen, Wahrnehmen und Denken erfahrbar – jedoch nicht in der der Kunst per se attestierten generellen Unverfügbarkeit alles Künstlerischen, sondern es ist vielmehr die Kunst selbst, die eine ausgereifte *Schulung* der Wahrnehmung in ausgeklügelten Theorien, Überlegungen und Produkten vornimmt, um sie genau an diesem Ort einer Untersuchung zu unterziehen. Es geht also um die *Kunst* der Wahrnehmung, des Denkens und Fühlens und wiederum vermittels der Kunst wird genau jener Ort etabliert, an dem diese Untersuchung in der Kunst vollzogen werden kann. Dabei wurden Zusammenhänge nicht nur mit den neuen, technisch präformierten Visualisierungstechniken,[10] sondern vor allem mit den Erkenntnisinteressen der zeitgenössischen physiologischen und psychotechnischen Wahrnehmungstheorien, die an Konzepte des Immateriellen, Unbewussten und Nicht-Sichtbaren anknüpften, gesucht.

Gleichzeitig mit diesem entwickelt sich ein Feld, in dem eine Kognitionsforschung avant la lettre immer größere Bedeutung gewinnt. Mit der Frage danach, wie das Gehirn funktioniert und wie Gedanken sichtbar gemacht werden können, rückt das Gedankenexperiment – als Verbindung von wissenschaftlichen, künstlerischen, medientechnischen und sakralen bzw. prärationalen Aspekten – ins Zentrum des wissenschaftlichen und künstlerischen Interesses. In den theoretischen Reflexionen zum Gedankenexperiment wird deutlich, dass dieses – von Künstlern[11] wie von Wissenschaftlern – als Wissenschaft angesehen wurde, als experimentell messbares Phänomen des Geistes.

Einher ging damit das Verfahren der Abstraktion, das – so die These der folgenden Ausführungen – als *bestimmendes Dispositiv*, als *missing link* der Interferenzen zwischen Wissenschaften und Künsten, gelten kann. Abstraktion wird in diesem Sinne zu einem Schlüsselphänomen, um diese *neue Kunst* und ihr Bemühen, zu einem *neuen Sehen* zu gelangen, zu verstehen. Dieses neue Sehen meint weder nur die naturalistische Wiedergabe der Umwelt noch lediglich den Versuch einer Darstellung der Optik. Vielmehr verbindet sich im neuen Sehen der Sehsinn mit allen anderen Sinnen zur »allseitigen Entwicklung der Wahr-

---

[10] Vgl. Flach, Sabine (2005): *›Experimentalfilme sind Experimente mit der Wahrnehmung‹ oder: Das Sichtbarmachen des Unsichtbaren. Visualisierungstechniken im künstlerischen Experiment am Beispiel der Arbeiten von Leopold Survage, Viking Eggeling und Walter Ruttmann für die UfA*, in: *Jahrbuch zur Kultur und Literatur der Weimarer Republik* 9, 195–221.

[11] Mit der maskulinen Form von Künstler bzw. Wissenschaftler wird in diesem Beitrag die feminine Form miteinbezogen.

nehmungsfähigkeiten des Menschen«.[12] Es wird als äußeres Sehen mit mentalen Bildern in Zusammenhang gebracht, und lässt die Frage nach der Funktion der Wahrnehmung mit jener nach den Funktionen des Gehirns und der Nerven verbinden. Der Überzeugung, dass es in der Natur Phänomene gibt, die sich der Wahrnehmungsfähigkeit des Auges entziehen, wird nicht nur mit der Entwicklung immer empfindlicherer technischer Aufzeichnungsgeräte begegnet. Als Konsequenz entsteht durch die Abstraktion eine »genuine Deutung von Realität«[13], die eine eigene Weise des Erkennens impliziert und so die Legitimation für die neue Kunst bietet. Sie besteht nun gerade nicht in der Restituierung einer normativen Mimesislehre; Abstraktion macht vielmehr aufmerksam auf tiefgreifende Veränderungen im Wirklichkeitsbezug. Innovationen in den Künsten legen einen Fokus auf Wahrnehmungsveränderungen und konfigurieren so nicht nur das Verhältnis von Aisthesis und Ästhetik neu, sondern etablieren Kunst als Wissenschaft. Abstraktion steht für eine durch verschiedene Entwicklungen begünstigte, sinnlich nicht mehr in bekannter Weise verfügbare, entmaterialisierte Objektwelt.

Darüber hinaus wird sie nicht nur verstanden als Abkehr vom Paradigma der Naturnachahmung, sondern als neuer Geist, als eine synchrone Verschränkung von künstlerischen Verfahren, wissenschaftlichen Entdeckungen und Kultur- und Medien-Techniken. Abstraktion als Methode definiert und konstituiert sich als eine an experimentellen Tätigkeiten, automatisierten Bildverfahren und Aufschreibsystemen sowie industriellen Entwicklungen ausgebildete Denk- und Darstellungsform.

2   Kunst als Erkenntnis des Erlebens – Wassily Kandinsky

>>Der Künstler ist nur ein Aufnahmeorgan, ein Registrierapparat für Sinnesempfindungen«[14]

»Dieses Erleben der ›geheimen Seele‹ der sämtlichen Dinge, die wir mit unbewaffnetem Auge, im Mikroskop oder durch das Fernrohr sehen, nenne ich den ›inneren Blick‹. Dieser Blick geht durch die harte Hülle, durch die äußere ›Form‹

---

[12] Matjuschin, Michail: *Künstlerischer Werdegang*, Leningrad, Privatarchiv, Manuskript, hier zitiert nach: Karassik, Irina: *GINChUK*, 44.
[13] Boehm, Gottfried (1990): *Abstraktion und Realität. Zum Verhältnis von Kunst und Kunstphilosophie in der Moderne*, in: *Philosophisches Jahrbuch* 97, 227.
[14] Cézanne, Paul (1980): *Über die Kunst. Gespräche mit Gasquet. Briefe*, hg. von Walter Hess, Mittenwald.

zum Inneren der Dinge hindurch und läßt uns das innere ›Pulsieren‹ der Dinge mit unseren sämtlichen Sinnen aufnehmen.«[15]

Ich möchte das Kapitel mit folgenden Bemerkungen von Wassily Kandinsky beginnen:

> Mein Buch ›Über das Geistige in der Kunst‹ und ebenso ›Der blaue Reiter‹ hatten hauptsächlich zum Zweck, diese unbedingt in der Zukunft nötige, unendliche Erlebnisse ermöglichende Fähigkeit des Erlebens des Geistigen in den materiellen und in den abstrakten Dingen zu wecken. Der Wunsch, diese beglückende Fähigkeit in den Menschen, die sie noch nicht hatten, hervorzurufen, war das Hauptziel der beiden Publikationen. Die beiden Bücher wurden und werden oft mißverstanden. Sie werden als ›Programm‹ aufgefasst und ihre Verfasser als theoretisierende, in Gehirnarbeit sich verirrt habende ›verunglückte‹ Künstler gestempelt. Nichts lag mir aber ferner, als an den Verstand, an das Gehirn zu appellieren. Diese Aufgabe wäre heute noch verfrüht gewesen und wird sich als nächstes, wichtiges und unvermeidliches Ziel in der weiteren Kunstentwicklung vor die Künstler stellen. Dem sich gefestigt und starke Wurzeln gefasst habenden Geist kann und wird nichts mehr gefährlich sein, also auch nicht die viel gefürchtete Gehirnarbeit in der Kunst – sogar ihr Übergewicht über den intuitiven Teil des Schaffens nicht, und man endet vielleicht mit der gänzlichen Ausschließung der ›Inspiration‹.[16]

Wassily Kandinsky formuliert in diesen Bemerkungen zum einen eine Prognose im Hinblick auf die Bedeutung, die die künstlerische ›Gehirnarbeit‹ im Verhältnis zu den angestammten künstlerischen Methoden wie Intuition und Inspiration erhalten soll, zum anderen vor allem aber eine Kritik an unterschiedlichen Entwicklungen in Wissenschaften und Künsten, die sich seit dem 19. Jahrhundert vollziehen.

Die dynamische Entwicklung moderner Wissenschaft, Kunst und Technik, ihre Ausdifferenzierung in einzelne, klar voneinander abgegrenzte Entitäten führte zu einer Spezialisierung und Professionalisierung der einzelnen künstlerischen und wissenschaftlichen Disziplinen, zu einer Ausdifferenzierung unterschiedlicher autonomer Sachbereiche und ihrer zugeordneten Rationalitätstypen.

1928 entwickelt Kandinsky in der Bauhaus-Zeitschrift *Kunstpädagogik* in Bezug auf die sich im Bauhaus ausbreitenden Diskussionsfragen ›Warum Kunst?‹ und ›Warum eine Kunst-Theorie?‹ eine Infragestellung dieser Spezialisierungen und ihrem Nutzen:

---

[15] Kandinsky, Wassily (1963): *Essays über Kunst und Künstler*, hg. von Max Bill, Bern, 193.
[16] Wassily Kandinsky zitiert nach Max Bill. Kandinsky, Wassily (1952): *Über das Geistige in der Kunst*, hg. von Max Bill, Bern, 5–6.

Das einflussreiche Erbe des 19. Jahrhunderts – die extreme Spezialisierung und das darauf folgende Zersetzen – belastet die sämtlichen Gebiete unseres heutigen Lebens und zwingt auch die Fragen des Kunstunterrichts immer tiefer in eine Sackgasse. Es ist erstaunlich, wie wenig Konsequenzen aus den Ereignissen der letzten Jahrzehnte gezogen wurden und wie selten der Verstand für den inneren Sinn der großen ›Verschiebung‹ zu bemerken ist. Dieser innere Sinn, oder die innere Spannung der weiteren Entwicklung sollte zur Grundlage jedes Unterrichts gelegt werden; die Zerstückelung wird allmählich durch *Verbindung* ersetzt. [...] Merkwürdigerweise werden noch heute junge Leute auf die veraltete und innerlich tötende Weise zu Fachmenschen erzogen [...]. Der Unterricht besteht in der Regel in einem mehr oder weniger gewaltsamen Anhäufen von Einzelkenntnissen, welche die Jugend sich aneignen soll und mit welchen sie außerhalb ihres ›Faches‹ nichts anfangen kann. Selbstverständlich bleibt dabei die Fähigkeit der Verbindung, mit anderen Worten die Fähigkeit des synthetischen Beobachtens und Denkens so wenig berücksichtigt, daß sie größtenteils verkümmert.[17]

Kandinsky versteht diese extreme Spezialisierung als etwas, das es zu bekämpfen gilt, als eine dicke Mauer, die uns vom synthetischen Schaffen trennt.[18] Sein Plädoyer gegen die Spezialisierung zielt auf die trotz der Dominanz des wissenschaftlichen Positivismus und der analytischen Theoriemodelle nicht vollständig gekappten Verbindungslinien zwischen Künsten und Wissenschaften. Kandinsky optiert dabei keinesfalls für eine unreflektierte Vereinigung, sondern vielmehr dafür, das Augenmerk auf die Spuren zu lenken, die beide Bereiche verbinden, und auf die vielleicht gerade durch die Spezialisierung möglich gewordenen Konvergenzphänomene zu achten, mit denen die Entwicklungen des 19. Jahrhunderts zunächst positiv gewendet, dann ergänzt und somit genutzt werden können.

Wir sollen also das Erbe des letzten Jahrhunderts weiter ausnützen (Analyse=Zersetzung) und gleichzeitig durch die synthetische Einstellung so ergänzen und vertiefen, daß die Jugend die Fähigkeit bekommt, bei scheinbar weit voneinander liegenden Gebieten eine lebendige, organische Verbindung zu empfinden und zu begründen (Synthese=Verbindung). Dann würde die Jugend die starr gewordene Atmosphäre des ›entweder-oder‹ verlassen und sich in die biegsame, lebendige Atmosphäre des ›und‹ begeben – Analyse als Mittel zur Synthese.[19]

---

[17] Kandinsky, Wassily (1955b): *Kunstpädagogik*, in: ders.: *Essays über Kunst und Künstler*, hg. von Max Bill, Stuttgart, 113–117, hier 114.
[18] Kandinsky, Wassily (1955c): *Der Wert des theoretischen Unterrichts in der Malerei*, in: ders.: *Essays über Kunst und Künstler*, hg. von Max Bill, Stuttgart, 79–85, hier 82.
[19] Ebd., 115. Bereits in seinem Aufsatz *Über die Formfrage* von 1912 argumentiert Kandinsky in ähnlicher Weise: »Der innere Inhalt des Werkes kann entweder einem oder dem anderen von zwei Vorgängen gehören, die heute (ob nur heute? Oder heute nur besonders sichtbar?) alle Nebenbewegungen in sich auflösen. Diese zwei Vorgänge

Im Zentrum seiner Ausführungen steht als Ersatz zur Spezialisierung des 19. Jahrhunderts der Synthese-Gedanke, der idealerweise das 20. Jahrhundert bestimmen sollte. Mit Hilfe der Synthese sollte es möglich sein, das Ineinandergreifen von wissenschaftlichen Entdeckungen, technischen Erfindungen, religiösen, mystischen und mythischen Entwicklungen und künstlerischen Neuerungen zu begreifen und zu bearbeiten; vielmehr noch: Künste und Künstler nehmen in diesem Ensemble eine herausragende Stellung ein, nicht nur in der praktischen, sondern auch in der theoretischen Arbeit.

Obwohl oder gerade *weil* Kandinsky sich nicht gegen die Vorstellungen von Kunst als göttlicher Sprache und dem Künstler als geniehafter Existenz wendet, ist es ihm unter diesem Aspekt des Synthese-Gedankens möglich, die Ablehnung der Künstlertheorie als eine Haltung, die der Vergangenheit angehört, zu bewerten, denn »die meisten Schriften über Kunst sind von Leuten verfasst, die keine Künstler sind: daher alle die falschen Begriffe und Urteile (Delacroix)«.[20]

Diese künstlerische Erkenntnisfunktion setzte Wassily Kandinsky *absolut*. Im Folgenden soll nun gezeigt werden, dass und wie Kandinsky ein Primat *der Kunst* vor der Wissenschaft formulierte, das heißt, dass es ihm darum ging aufzuzeigen, dass subjektive Entscheidungen objektiven Verfahrensweisen vorangehen bzw. vielmehr noch: diese allererst begründen können und es zudem die Kunst ist, die Intuition, Inspiration und Kalkül vereint. Somit ist explizit die Kunst für ihn jene privilegierte Zone, in der die aus den empiristisch orientierten Lebenswissenschaften ausgeschlossenen Vermögen, wie etwa die Einbildungskraft oder die Fantasie, Auskunft über Wahrnehmungsbedingungen geben können. Vielmehr noch: Die Kunst ist jener Bereich, in dem sich die Interaktion von äußeren und inneren Formen der Wahrnehmung erklären lässt und es somit nach

---

sind: 1. Das Zersetzen des seelenlos-materiellen Lebens des 19. Jahrhunderts, d.h. das Fallen der für einzig feste gehaltenen Stützen des Materiellen, das Zerfallen und Sichauflösen der einzelnen Teile. 2. Das Aufbauen des seelisch-geistigen Lebens des 20. Jahrhunderts, welches wir miterleben und welches sich schon jetzt in starken, ausdrucksvollen und bestimmten Formen manifestiert und verkörpert. Diese zwei Vorgänge sind die zwei Seiten der ›heutigen‹ Bewegung.« Kandinsky, Wassily (1912a): *Über die Formfrage*, in: ders./Marc, Franz (Hg.): *Der Blaue Reiter*, München, 74–100, hier 99. Für Kandinsky ist das 19. Jahrhundert die Epoche des Materialismus, man verfolge – so der Künstler – rein praktische Bestrebungen und orientiert sich an Äußerem. »Das 19. Jahrhundert zeichnete sich als eine Zeit aus, welcher innere Schöpfung fern lag. Das Konzentrieren auf materielle Erscheinungen und auf die materielle Seite der Erscheinungen mußte die schöpferische Kraft auf dem Gebiete des Inneren logisch zum Sinken bringen, was scheinbar bis zum letzten Grad des Versinkens führte.« Kandinsky, Wassily (1912b): *Über Bühnenkomposition*, in: ders./Marc, Franz (Hg.): *Der Blaue Reiter*, München, 103–113, hier 106.

[20] Zitat von Eugène Delacroix in Kandinsky, Wassily/Marc, Franz (Hg.) (1912): *Der blaue Reiter*, München, 20.

Kandinsky durch die Analyse der Methoden der Kunst – erneut – zu einer produktiven Zusammenarbeit von Kunst und Lebenswissenschaft kommen sollte.

Die gängige Frage nach der Empirie im Künstlerischen bzw. Ästhetischen sekundierte Kandinsky durch die weitaus weniger selbstverständlichen Fragen nach dem *künstlerischen bzw. ästhetischen Anteil im Empirischen*.

Dazu betont Kandinsky den *Prozess* der Entstehung eines wissenschaftlichen oder künstlerischen Werks, die »Untersuchungsverfahren«[21], wie er es formuliert, *nicht* das Endprodukt. Die Bedeutung eines Kunstwerks verlagerte sich von der Abbildung eines Gegenstands auf dem materiellen Bildträger hin zu einer Analyse der Elemente der Kunst, zu denen nicht nur die rein messbaren, sondern auch alle nicht-messbaren Faktoren zählten. Als Konsequenz liegt das Selbstverständnis der künstlerischen Aufgaben nicht in der Verwaltung und Organisation sichtbarer Phänomene, sondern moderne Kunst wird zum Produzenten des zuvor Nicht-Darstellbaren, dem Vermögen, das zuvor Nicht-Sichtbare sichtbar zu machen. Das Interesse an einer Erforschung der Wahrnehmungsmodalitäten und einer Neukoordination der Sinnestätigkeit bildete also ein Fundament aus, das die Methoden der Kunst von ihrer spekulativen Sphäre entpflichten sollte, um auf diese Weise ihre Erkenntnisfunktion zurückzugewinnen.

Ausgangspunkt für Kandinskys Theorie war zunächst die genaue Bestimmung der Opposition von Analyse und Synthese, einer Opposition, mit der er das Verhältnis von Kunst und Wissenschaft bestimmte. Dazu beschäftigte er sich mit dem Phänomen der Ausdifferenzierung und Spezialisierung von Kunst und Wissenschaft, wie sie besonders das 19. Jahrhundert kennzeichnet.

Dieses war für Kandinsky die Zeit der extremen Spezialisierung, die auf Klassifizierungsstrategien beruhte:

> Fast das ganze 19 (sic!) Jahrhundert war eine mehr oder weniger ruhige Arbeit am Ordnen. Das Ordnen geschah auf der Basis der Absonderung, Zerteilung. Zur selben Zeit ist die Spezialisierung Ursache und Folge geworden. Die Spezialisierung führte zur Ordnung. Die Ordnung – zur Spezialisierung.[22]

Das Verfahren der Spezialisierung ist für Kandinsky die *Analyse*, mit der eine Zersetzung der Schnittstellen zwischen Kunst und Wissenschaft ausgelöst wird. Die Analyse bedingt also Zuordnung und Entscheidung. Das 19. Jahrhundert ist für Kandinsky das Zeitalter des ›Entweder-Oder‹.

Kandinskys Idee der Synthese von Kunst und Wissenschaft entsteht durch die Vorstellung der Vereinigung des Bewussten und des Unbewussten, des Intuiti-

---

[21] Kandinsky, Wassily (2002): *Über die Arbeitsmethode der Synthetischen Kunst*, in: *Trajekte. Zeitschrift des Zentrums für Literaturforschung* 4, 4–8, hier 8. Erstmals auf Deutsch veröffentlicht und mit einem Kommentar von Karlheinz Barck versehen.

[22] Kandinsky, Wassily (1927): *UND. Einiges über Synthetische Kunst*, in: *i10. Internationale Revue* 1, 4–10, hier 4, [Herv.i.O.].

ven, der Inspiration. Sie bestimmen die grundlegende Auffassung der Kunsttheorie Kandinskys *vor* Logik und rationaler Berechnung.

In diesem Sinne wird im Folgenden Kandinskys Kunsttheorie als explizites Wissen, mit dem er das Verhältnis von Wissenschaft und Kunst sowohl neu perspektiviert als auch neue Wissenschaften gründet, definiert.[23] Kunst wird so als eine Forschungsdisziplin etabliert, der ein spezifisches *Wissen* eigen ist, das sich in der Auswahl spezieller Methoden der Arbeitsweise ebenso konkretisieren lässt wie in der Wahl des Materials, spezifischer Formaspekte, konkreter Raum-Zeit-Verhältnisse usw. Gerade indem Kandinsky die ›traditionellen‹ Methoden künstlerischer Arbeit nicht negiert (wie es etwa für Theo van Doesburg gilt), sondern sie vielmehr protegiert und in seinen schriftlichen Äußerungen zur Kunsttheorie erhebt, führt er neue Methoden in die wissenschaftliche Arbeit ein, die diese nachhaltig bestimmen sollen.

An dieser Stelle liest sich Kandinskys Theorie wie eine Korrespondenz mit der zeitgenössischen Philosophie, so wie es sich etwa auch bei Paul Valéry lesen lässt: auch dieser formulierte, dass die Trennung zwischen Kunst und Wissenschaft lediglich aus einer Perspektive heraus behauptet werden kann, die nicht den Entstehungsprozess der Dinge in den Blick nimmt, sondern einzig die Endprodukte einander gegenüberstellt, wodurch nun nicht notwendig das Werk selbst interessant wird, sondern der Zwischenbereich, der sich aus dem Aufeinandertreffen unterschiedlicher Bereiche ergibt: »J'ai à combiner les termes suivantes, peinture, architecture, mathématiques, mécanique, physique et mécanismes...«[24] schreibt er nach dem Abschluss seiner *Introduction à la méthode de Léonard de Vinci*, mit der er die Distinktion zwischen Kunst und Wissenschaft explizit zurückweist und vielmehr den Zwischenbereich, die flexible Zone der Unentschiedenheit wählt. Diese Entstehung von Kunstwerken bezeichnet Valéry als »Embryonalzustand«, der auch den Kern seiner theoretischen Reflexion bildet, denn:

»In diesem Zustand löst sich nämlich der Unterschied zwischen Wissenschaftler und Künstler auf. Man findet nichts anderes mehr als das Spiel der Erregung, der Aufmerksamkeit, der Zufälle und der mentalen Zustände.«[25]

---

[23] Ich wende mich dabei gegen Forschungen zu Kandinsky, wie jüngst etwa wieder Rainer Zimmermann, für die der Gedanke, dass Kandinsky wissenschaftliche Vernunft vom Gefühl her determiniert, ebenso abzulehnen ist wie der Tatsache, dass Kandinsky die wissenschaftlichen Forschungen nicht genügend rezipiert hat, um sie bewerten zu können, Rechnung zu tragen ist. Gerade die Voranstellung künstlerischer Verfahrensweisen ist der Punkt, um den es bei Kandinsky geht. Wie, werde ich im Folgenden zeigen.

[24] Valéry, Paul (1957a): *Introduction biographique*, in: ders.: *Œuvres*, Bd. 1, Paris, 22.

[25] Paul Valéry (1989): *Werke, Bd 4: Zur Philosophie und Wissenschaft*, hg. von Jürgen Schmidt-Radefeldt, Frankfurt a.M., 257. Entgegen der Maschinenverehrung, die exemplarisch den Futurismus kennzeichnet, kann Valéry sich dennoch als Ingenieur be-

Im Zentrum der Beobachtungen steht also nicht mehr das Resultat. Wie bei Kandinsky hat sich auch bei Valéry das Feld hin zu feineren Differenzen verschoben, die allein »après les variation d'un fond commun« gemacht werden sollen, »par ce qu'ils en conservent et ce qu'ils en négligent, en formant leurs langages et leurs symboles«[26].

Für Kandinsky hingegen wird mehr noch als bei Valéry ein Synthese-Gedanke zur Grundlage der Überwindung der das 19. Jahrhundert prägenden Polarisierung des Künstlers und des Wissenschaftlers. Kandinsky sucht nach beide Bereiche prägenden, konstruktiven Gesetzen des Umgangs mit den Elementen sowie konstruktiven und kombinatorischen Verfahrensweisen. Der tragende Grund der schon weiter erwähnten Synthese-Formen ist das in Wissenschaft und Kunst vermutete schöpferische Verfahren, das auf der gleichzeitigen Isolation und Kombination von Elementen beruht.

Mit der Idee der Synthese werden jedoch nicht nur die Spezialisierung des 19. Jahrhunderts und die damit einhergehende Abwehr kreativer Verfahrensweisen durch die Wissenschaft kritisiert, sondern ebenso die Künste selbst. Hier stellt sich Kandinsky gegen eine reine Bezugnahme auf die äußere Natur, auf Naturwiedergabe als Prinzip, mit der die Kunst nur wenig über die bloß mechanische Naturnachahmung hinausgehen würde. An die Stelle einer autonomen Kunst der Expression tritt für ihn eine abhängige Kunst der Repräsentation.

An dieser Stelle kann wieder auf die Methode der Intuition zurückgekommen werden. Durch die für die Avantgardekünste prägende grundsätzliche Neuordnung der Sinne und der Bedingungen der Wahrnehmung kann die – bis dahin ganz im subjektiven Empfinden des Künstlers verortete – Intuition wieder für die

---

zeichnen: »En vérité, un poème est une sorte de machine à produire l'état poétique au moyen des mots.« (Ders. [1957c]: *Poésie et pensée abstraite*, in: ders.: *Œuvres*, Bd. 1, Paris, 1314–1339, hier 1337). Und – wie gleichsam im Gegenzug – beschreibt er die Mathematik als eine *strenge Kunst*. »Les Mathématiques sont infectées par l'idée ancienne qu'elles sont science de la quantité – Ce qui est deux fois faux, n'étant pas science et ne s'occupant pas de la quantité plus nécessairement que d'autre chose. Elles sont exercice, et comparable à la danse. Il s'agit de parler et d'écrire un langage conventionnel dont les règles sont plus sévères que du langage ordinaire« (Ders. [1974], *Cahiers*, Bd. 2, Paris, 788, Notiz von 1916).

[26] Valéry, Paul (1957b): *Introduction à la méthode de Léonard de Vinci*, in: ders.: *Œuvres*, Bd. 1, Paris, 1157–1158. An dieser Stelle könnte man Valéry durchaus als eine Art *spiritus rector* für eine Wissenschaftsgeschichtsschreibung sehen, die – sich seit gut zwei Jahrzehnten erst – wieder – formierend, ebenfalls ein Plädoyer dafür hält, nicht die Ergebnisse, sondern die Praktiken und Wege zu analysieren; exemplarisch seien hierfür Wissenschaftler wie etwa Hans-Jörg Rheinberger oder Bruno Latour genannt. Vgl. zu den Anmerkungen über Valéry auch: Wegener, Mai (2003): »*Tout le reste est ... littérature.*« *Valéry und die Frage nach der Wissenschaft*, in: *Trajekte. Zeitschrift des Zentrums für Literaturforschung* 6, 38–44.

wissenschaftliche Arbeit nutzbar gemacht werden.[27] Vielmehr noch: Auf diese Weise *wandern* für Kandinsky genuin künstlerische Verfahrensweisen in die Wissenschaften ein, wie etwa neben Intuition auch Inspiration, worin auch ihre Subversivität liege.

Im März 1921 veröffentlichte Wassily Kandinsky zur Gründung der Russischen Akademie der künstlerischen Wissenschaften seinen Text *Über die Arbeitsmethode der synthetischen Kunst*, im Jahr 1927 den Artikel *UND. Einiges über synthetische Kunst*.[28] In dem Text von 1921 schreibt er, dass die Grundlage der synthetischen Kunst die experimentelle Laborarbeit mit den entsprechenden Methoden sei, da »die Beobachtung von gleichzeitigem und alternierendem Wirken zweier Elemente verschiedener Künste am genauesten und korrektesten im Labor durchgeführt werden kann.«[29]

Unter synthetischer Kunst versteht Kandinsky »eine Kunst, deren Werke mit den Mitteln verschiedener Künste geschaffen werden«.[30] Beobachten ließ sich, so Kandinsky, bislang nur eine völlige Unbestimmtheit, Ungenauigkeit und vielfältige Auslegbarkeit der Termini, sodass – so seine Konklusion – eine Wissenschaft von synthetischer Kunst als eine Methode, mit der den komplexen Phänomenen der Moderne begegnet werden kann, *vor* seiner Theorie *nicht* existierte. Auf der Grundlage von »größerer oder von größtmöglicher Abstraktion«[31] soll es daher nicht darum gehen, Werke zu untersuchen, die von verschiedenen Künsten *gemeinsam* geschaffen worden sind, sondern vielmehr um Fälle, in denen die Elemente der einzelnen Künste in einem Werk nach dem Prinzip der *Parallelführung* verbunden sind. D.h., dass *Konstruktion* als *Kontrastierung* den Fokus der synthetischen Kunst bildet, da hier eine Kunstform die anderen unterstützt, interpretiert und akzentuiert; in den Worten Kandinskys: »Das Prinzip der [...] arithmetischen Addition soll ein Mittel der einen Kunst mit einem parallelen Mittel der anderen Kunst oder der anderen Künste verstärken.«[32]

---

[27] Vgl. zum Ausschluss der Einbildungskraft aus wissenschaftlichen Arbeitsweisen die Ausführungen in Daston, Lorraine (2001): *Wunder, Beweise und Tatsachen. Zur Geschichte der Rationalität*, Frankfurt a.M. Lorraine Daston sieht die systematische Ausgrenzung der Einbildungskraft in der entscheidenden Umbruchsphase um die Mitte des 19. Jahrhunderts, als sich die neuen Ideale und wissenschaftlichen Verfahren etablierten, die Daston mit einem Streben nach wissenschaftlicher Objektivität in Verbindung bringt. Hier trennen sich demnach auch die Figuren des Künstlers und des Wissenschaftlers; die Einbildungskraft wird – so Daston – zur spezifischen Kompetenz des Künstlers.

[28] Kandinsky, *UND. Einiges über synthetische Kunst*, 4–10.

[29] Kandinsky, Wassily (2002): *Über die Arbeitsmethode der Synthetischen Kunst*, in: *Trajekte. Zeitschrift des Zentrums für Literaturforschung* 4, 4–8, hier 6.

[30] Ebd.

[31] Ebd.

[32] Ebd., 5.

Einer Wissenschaft der Kunst, deren Grundlage die synthetische Kunst ist, eröffnen sich dann folgende Möglichkeiten:

- eine Verwendung der Elemente der einzelnen Künste auf der Grundlage ihrer Verwandtschaft im allgemeinen,
- Anwendung – neben dem Prinzip der Parallelität – jenes machtvollen Konstruktionsverfahrens, mit welchem die einzelnen Künste in ihren Gebieten ständig operieren, nämlich des Prinzips der *Kontrastierung*.[33]

Die Wissenschaft der Kunst sieht sich dann vor diese klar definierten Aufgaben gestellt:

- die Untersuchung der Eigenschaften der einzelnen Elemente der jeweiligen Künste auf analytischem Wege,
- die Untersuchung des Prinzips der Verbindung von Elementen und schließlich der Gesetzmäßigkeiten dieser Verbindungen sowohl innerhalb als auch außerhalb eines Werks – Fragen also der *Konstruktion*,
- die Untersuchung der Unterordnung der einzelnen Elemente wie auch des Konstruktionsprinzips unter den das Werk insgesamt organisierenden Aspekt der Kompositionsidee.[34]

In einem zweiten Teil der Untersuchung der Elemente der Kunst muss die Erforschung der Werke »im Sinne ihrer analytischen Zerlegung und des Versuchs, zu bestimmen, warum in einem gegebenen Werk diese oder jene Elemente zur Anwendung«[35] kommen, im Zentrum stehen. Diese Arbeit hängt für Kandinsky unlösbar mit Fragen der *Konstruktion* zusammen, da die Elemente in den jeweiligen Werken nicht isoliert, sondern in *Kombination* zur Anwendung kommen. Diese Kombinationen erlangen insofern Bedeutung, als dass sie – über ihren summarischen Wert hinaus – den absoluten Wert der Elemente verändern und den relationalen Wert erweisen.

Das Ziel von Kandinskys Untersuchung der Eigenschaften der Elemente der Kunst ist die Erkundung ihrer Wirkung auf den Menschen, die sodann mit den Untersuchungen zu physischen, psychischen und physiologischen Dispositionen des Menschen verbunden werden soll. An dieser Stelle setzt dann auch für ihn eine Zusammenarbeit »mit Vertretern der positiven Wissenschaften«[36] ein.

In seinem weiter oben erwähnten Text *UND. Einiges über synthetische Kunst* aus dem Jahr 1927 formuliert Kandinsky, dass die große Synthese, die von der Kunst ausgeht, es ermöglichen wird, die gemeinsamen Wurzeln von Kunst und Wissenschaft zu finden:

---

[33] Ebd., 6.
[34] Ebd.
[35] Ebd., 6–7.
[36] Ebd. Damit meint Kandinsky die empirischen Naturwissenschaften.

> Vom Gebiete der Malerei gingen noch weitere Anregungen aus und von hier aus
> wurden noch festere Mauern des vergangenen Jahrhunderts erschüttert und teils
> bereits vernichtet. Diese Anregungen verlassen den Boden der Kunst und greifen
> viel weiter um sich herum. Die fast providenziell festgelegten Unterschiede zwi-
> schen Kunst und Wissenschaft (besonders der ›positiven‹) werden konsequent un-
> tersucht und es wird ohne besondere Mühe klar, dass die Methoden, das Material
> und die Behandlung desselben keine wesentlichen Unterschiede auf beiden Gebie-
> ten aufweisen. [...] Denselben prinzipiellen Wert hat eine andere Anregung und
> die daraus folgende Arbeit, die ebenso von der Malerei ausgingen – das Fallen der
> Mauer zwischen Kunst und Technik [...].[37]

Das Konzept der ›Großen Synthese‹, das in Kandinskys Kunsttheorie die Rede vom ›Großen Geistigen‹ ablöst, sieht also eine Verbindung der nach wie vor eigengesetzlich wirkenden Bereiche Kunst, Wissenschaft und Technik vor: »Nie waren sie so stark miteinander verbunden und nie so stark voneinander abgegrenzt. [...]. Hier fängt die große Epoche des Geistigen an, die Offenbarung des Geistes«.[38] In der Idee gemeinsamer grundlegender Gesetze geht es um konstruktive Gesetze, d.h. um solche des Umgangs mit Elementen, z.B. kombinatorische Verfahrensweisen.

In diesem Kontext der Synthese von Kunst und Wissenschaft spielt die Problematik des Verhältnisses von Verstand (Logik) und Gefühl (Intuition, Inspiration) die dominante Rolle. Die Grundlage der Synthese ist das in allen Bereichen – also Kunst, Wissenschaft und Technik – zu beobachtende schöpferische Verfahren, das auf Isolation und Kombination von den jeweiligen formalen, inhaltlichen, konzeptuellen Einheiten und Elementen beruht. Denkweise und schöpferische Arbeit sind für Kandinsky in allen Bereichen gleich, sodass er ein allgemeines Schöpfertum konstatieren kann:

> Der in der Zeit der Zersetzung entstandene Aberglaube, es gäbe verschiedene Ar-
> ten des Denkens und also auch der schöpferischen Arbeit, ist vom Standpunkte
> des ›und‹ definitiv abzulehnen: Die Denkensart und der Prozess der schöpferi-
> schen Arbeit unterscheiden sich auf verschiedensten Gebieten der menschlichen
> Tätigkeit nicht im geringsten voneinander – sei es Kunst, Wissenschaft, Technik
> usw.[39]

Es geht also in Kandinskys Synthese-Gedanken um eine gemeinsame Struktur des Schöpferischen, die er an gemeinsamen Verfahren der Konstruktion und analytisch-synthetischen Methoden festmacht, für die er immer wieder der Kunst

---

[37] Kandinsky, Wassily, *UND. Einiges über synthetische Kunst*, 9.
[38] Kandinsky, Wassily (1980a): *Rückblicke*, in: ders.: *Die Gesammelten Schriften, Bd. 1 (Autobiographische, ethnographische und juristische Schriften)*, hg. von Hans Konrad Roethel u. Jelena Hahl-Koch, Bern, 27–50, hier 45.
[39] Kandinsky, *Kunstpädagogik*, 115.

das Primat zuspricht.⁴⁰ Die notwendigen Parameter zum Gelingen einer ›Großen Synthese‹ von Kunst und Wissenschaft formuliert Kandinsky deutlich 1939 in dem Text *Der Wert eines Werks der konkreten Kunst*:

> Misstrauen Sie der reinen Vernunft in der Kunst und versuchen Sie nicht, die Kunst zu ›verstehen‹, indem Sie dem gefährlichen Weg der Logik folgen. Weder die Vernunft noch die Logik können Kunstfragen austreiben, aber ständige Korrekturen von seiten des ›Irrationalen‹ sind unerlässlich. Das ›Gefühl‹ ist es, welches das ›Hirn‹ korrigiert.⁴¹

Diese Abhandlung Kandinskys, in der er sich zum Verhältnis von gegenständlicher und abstrakter Kunst äußert, zum Zusammenspiel von Logik, Vernunft und Irrationalem, zum paradoxen Verhältnis von Vermehrung und Verminderung in der Kunst, von Illusion und Realität sowie zur Kraft der Genauigkeit, liest sich wie eine Zusammenfassung seiner Theorien und Ideen. Auch dieser Text – wie viele andere in der Kunsttheorie Kandinskys – dient letztlich der Erörterung des für ihn wichtigen Verhältnisses von Kunst und Wissenschaft, dem Vergleich ihrer Gegenstände, Materialien, Techniken, aber vor allem ihrer *Arbeitsmethoden*, mit dem Ziel, die Vermögen des künstlerischen Wissens für die Erkenntnis von elementaren Ordnungsprinzipien der Wahrnehmungstätigkeit voranzutreiben. Das Zentrum von Kandinskys Reflexionen bilden jedoch die *Farbe*, ihre Wirkung und die *psychophysischen Bedingungen ihrer Wahrnehmung*:

> Legen Sie neben einen Apfel noch einen Apfel. Sie werden deren zwei haben. Durch diese einfache Addition kommt man zu Hunderten, Tausenden von Äpfeln, und die Vermehrung endet nie. Arithmetisches Verfahren. Die Addition in der Kunst ist rätselhaft. Gelb + gelb = gelb. Geometrische Progression. Gelb + gelb + gelb + gelb....= grau. Das Auge ermüdet von zuviel gelb: physiologische Begrenzung. So wird die Vermehrung zur Verminderung und endigt bei null.⁴²

Unmissverständlich besteht die Synthese für Kandinsky in der Durchsetzung der bisher von der Kunst verwalteten intuitiven, inspiratorischen und mystischen Potenzen gegenüber der Wissenschaft:⁴³

> Mein Rat geht deshalb dahin, der Logik in der Kunst zu misstrauen. Und auch anderswo vielleicht. Zum Beispiel in der Physik, wo gewisse neue Theorien einige

---

⁴⁰ Vgl. dazu Zimmermann, Reinhard (2002): *Die Kunsttheorie von Wassily Kandinsky*, 2 Bde., Berlin, hier Bd. 1, 208 u. 211.
⁴¹ Kandinsky hatte die Abhandlung *Der Wert eines Werks der Konkreten Kunst* für *XXᵉ Siècle* verfasst. Hier zitiert nach Kandinsky, Wassily (1955a): *Essays über Kunst und Künstler*, hg. von Max Bill, Stuttgart, 223–238, hier 223.
⁴² Ebd., 223.
⁴³ Vgl. dazu Zimmermann, *Die Kunsttheorie von Wassily Kandinsky*, Bd. 1, 212.

Beweise geliefert haben vom Ungenügen der ›positiven‹ Methoden. Man beginnt vom ›symbolischen Charakter der physikalischen Substanzen‹ zu sprechen. Die Welt scheint der ›Tätigkeit unbegreiflicher Modell-Symbole‹ unterworfen. In meiner Eigenschaft als Nicht-Gelehrter, sondern als Künstler, könnte ich vielleicht die Frage stellen: »Sind wir am Vorabend des Bankrotts der rein ›positiven‹ Methoden angelangt? Zeigt sich nicht die Notwendigkeit, sie durch unbekannte (oder vergessene) Methoden zu vervollständigen, durch Methoden, die das ›Unterbewußte‹, das ›Gefühl‹ rufen, die man oft mystische nennt?«[44]

In diesem Sinne kann Kandinsky dann auch Kritik an der Unzulänglichkeit aller Theorie im konkreten Prozess der Werkschöpfung üben; er formuliert für die Kunst ein unantastbares »Plus«[45], ein »X«[46], das, so die These, genau die Momente des künstlerischen Wissens, nämlich Inspiration und Intuition, bezeichnen würde, mit denen sich gleichermaßen die Entwicklung eines höheren Bewusstseins und neuer Wahrnehmungsweisen verbinden, aus denen heraus sich dann das abstrakte Kunstwerk entwickelte. »Der Urheber des Werks ist also der Geist. Das Werk existiert also abstrakt vor seiner Verkörperung, die den menschlichen Sinnen das Werk zugänglich macht.«[47]

Aus diesen neuen Wahrnehmungsweisen heraus lassen sich auch Kandinskys Interesse für Okkultes, für Religion und Theosophie und seine Beschäftigung mit Gedankenfotografien erklären, die mit gesteigerten sinnlichen und geistigen Fähigkeiten begründet werden. Kandinsky schließt nicht aus, dass das, was in der Gegenwart über das Gefühl und die Befolgung des Prinzips der inneren Notwendigkeit erreicht wird, in Zukunft lehrbuchartig erfasst werden kann. Zum Tragen kommt dann die Idee einer umfassenden Kunstlehre, für die Kandinsky den Begriff ›Kunstwissenschaft‹ einführt. Über eine umfassende Analyse, die zur Synthese führen soll, stellt sich diese Kunstwissenschaft der Aufgabe, über die Grenzen der Kunst hinweg in die Einheit des Menschlichen und des Göttlichen zu führen. Vorrangig bleiben dabei die durch die Kunst entwickelten und angewendeten Verfahren, vielmehr noch: Das Ziel dieser Auslotung liegt für Kandinsky im Synthese-Gedanken von Kunst und Wissenschaft, den er – sofern sich die Wissenschaft Methoden der Kunst anzueignen vermag – für die nahe Zukunft der schöpferischen Arbeit prognostiziert. Dies formuliert er als ein Resümee in einem Brief von 1937:

---

[44] Kandinsky, Wassily: *Der Wert eines Werks der Konkreten Kunst*, zitiert nach Kandinsky, *Essays über Kunst und Künstler*, 245–246.
[45] Kandinsky, Wassily (1912c): *Über das Geistige in der Kunst*, München, 70.
[46] Kandinsky, Wassily (1969): *Interview mit Charles André Julien, 10 Juli 1921*, in: *Revue de l'art* 5, 71–72, hier 72.
[47] Kandinsky, Wassily (1980): *Mein Werdegang*, in: ders.: *Die gesammelten Schriften*, Bd.1, hg. von Hans Konrad Roethel u. Jelena Hahl-Koch, Bern, 51–59, hier 53.

Es scheint, nur in der Kunst und in der Wissenschaft ist eine unlöschbare Sehnsucht gut zu heißen, wenn sie ›unzweckmäßig‹ bleibt, da der ersehnte letzte Zweck nie zu erreichen ist. Hier offenbart sich die Verwandtschaft der Kunst und der Wissenschaft mit der Religion. Ja, tatsächlich! Auch die Wissenschaft: sie hat es nicht anders angefangen [...], erlebte in den letzten paar Jahrhunderten ›jugendliche Verirrungen‹, indem sie nur an sich allein glaubte und in den ›Positivismus‹ verliebt war, in die ›exakte‹, ›strenge‹ Methode, die sie heute scheinbar zu enttäuschen anfangen, damit sie wieder zum ›Phantastischen‹ zurückkehrt. Die ›logische Berechnung‹ muß zurücktreten, um einen gewissen Platz der ›Phantastik‹ zu räumen. Vielleicht gehe ich mit dieser Behauptung zu weit und werde selbst phantastisch – mag sein, ich bleibe aber dabei.[48]

3 Quellen der Sichtbarkeit jenseits des Sichtbaren – Malewitsch

»Ich habe noch nie eine Bemerkung darüber gelesen, daß, wenn man ein Auge schließt und ›nur mit einem Auge sieht‹, man die Finsternis (Schwärze) nicht zugleich mit dem geschlossenen sieht.«[49]

»Schwebt! Die weiße Tiefe, die freie Unendlichkeit liegt vor Euch.«[50]

Kasimir Malewitsch schreibt im mit *Suprematismus* betitelten zweiten Teil seiner Bauhausschrift *Die gegenstandslose Welt* im Jahr 1927:

Als ich im Jahr 1913 in meinem verzweifelten Bestreben, die Kunst von dem Ballast des Gegenständlichen zu befreien, zu der Form des Quadrats flüchtete und ein Bild, das nichts als ein schwarzes Quadrat auf weißem Felde darstellte, ausstellte, seufzte die Kritik und mit ihr die Gesellschaft: ›Alles, was wir geliebt haben, ist verloren gegangen: Wir sind in einer Wüste ... Vor uns steht ein schwarzes Quadrat auf weißem Grund!‹ [....] Das Quadrat erschien der Kritik und der Gesellschaft unverständlich und gefährlich ... und das war ja auch nicht anders zu erwarten. Der Aufstieg zu den gegenstandslosen Höhen der Kunst ist mühselig und voller Qualen ... aber dennoch beglückend. Das Gewohnte bleibt immer weiter und weiter zurück ... Immer tiefer und tiefer versinken die Umrisse des Gegenständlichen; und so geht es Schritt um Schritt, bis schließlich die Welt der gegenständlichen Begriffe – ›alles was wir geliebt hatten – und wovon wir lebten‹ un-

---

[48] Wassily Kandinsky in einem Brief an Hans Thiemann vom 08.12.1937. Hier zitiert nach: Zimmermann, *Die Kunsttheorie von Wassily Kandinsky*, Bd. 2, 385.
[49] Wittgenstein, Ludwig (1984): *Zettel*, in: ders.: *Werkausgabe*, Bd. 8, hg. von G.E.M. Anscombe u. Georg Henrik von Wright, Frankfurt a.M., 419.
[50] Malewitsch, Kasimir S.: *Suprematismus*. Hier zitiert nach der deutschen Ausgabe: Gaßner, Hubertus/Gillen, Eckhart (Hg.) (1979): *Zwischen Revolutionskunst und Sozialistischem Realismus: Dokumente und Kommentare. Kunstdebatten in der Sowjetunion von 1917 bis 1934*, Köln, 79–81, hier 81.

> sichtbar wird. [....] das beglückende Gefühl der befreienden Gegenstandslosigkeit riß mich fort in die ›Wüste‹, wo nichts als die Empfindung Tatsächlichkeit ist ... – und so ward die Empfindung zum Inhalte meines Lebens. Es war dies kein ›leeres Quadrat‹, was ich ausgestellt hatte, sondern die Empfindung der Gegenstandslosigkeit.[51]

Das Quadrat wird also zum äußeren Zeichen einer künstlerischen Haltung, in der Empfindung nicht mehr mit einem Gegenstand der Wirklichkeit assoziiert wird, der sie allererst hervorruft, sondern es geht in diesen künstlerischen Recherchen nunmehr um die Empfindung selbst; als Bedingung des Vermögens der Wahrnehmung. Malewitschs Interesse lag nicht mehr im Erfassen und der Wiedergabe eines Gegenstandes begründet, der eine Empfindung im Betrachter hervorruft, sondern der Wahrnehmungsakt selbst, die Empfindung als solche sollte analysiert, in den Schriften theoretisch beschrieben, im malerischen Werk praktisch begründet werden, um zu einer umfassenden Analyse der Empfindung als Wahrnehmung zu gelangen, wie er sie an den am Leningrader Staatlichen Institut für Künstlerische Kultur (GINChUK) erarbeiteten Tafeln zur Theorie der Malerei erörterte.[52]

Malewitsch war bereits seit 1918, während seiner Tätigkeit an den Ersten Kunstwerkstätten Moskau (SWOMAS), die 1920 in die VChUTEMAS (Höhere Künstlerisch-Technische Werkstätten) umbenannt wurden,[53] daran interessiert, eine künstlerische Tätigkeit zu entwickeln, deren Ziel eine Reflexionsform war, mit der das Künstlerische als Wissenschaft verstanden wurde, die wiederum über Künstlerisches reflektiert werden konnte, um diese Ergebnisse sodann in einer neuen Unterrichtsform als pädagogische Praxis umzusetzen und später in andere Wissensbereiche zu diffundieren. Diese neue Form der künstlerischen Tätigkeit und ihre Vermittlung sollten idealerweise gänzlich ohne außerkünstlerische Einflüsse und Bezugnahmen geschehen.[54]

Dieses neue Selbstverständnis künstlerischer Praxis macht es zudem möglich, »geschmäcklerischen Methoden vom Typ ›gefällt – gefällt nicht‹ eine wissen-

---

[51] Malewitsch, Kasimir S. (1980): *Die gegenstandslose Welt*, hg. von Hans M. Wingler. Vorwort von Stephan von Wiese, Mainz/Berlin, 66.

[52] Zur Geschichte der Tafeln und Malewitschs – fehlgeschlagenen – Anstrengungen, sich am Bauhaus zu etablieren, vgl. ausführlich: Malewitsch (1980), *Die gegenstandslose Welt*. Malewitsch war zunächst Leiter des Museums für Künstlerische Kultur in Leningrad, das 1924 auf sein Bestreben hin in das GINChUK, – Staatliches Institut für Künstlerische Kultur – welches ein Forschungsinstitut war, umgewandelt wurde. Das GINChUK gliederte sich in fünf Abteilungen; Malewitsch war der Leiter der formaltheoretischen Abteilung. Das Institut wurde 1926 aufgelöst.

[53] Um 1920 gründete sich um Malewitsch ebenso die Gruppe UNOWIS – Verfechter der neuen Kunst.

[54] Vgl. dazu: Khan-Magomedov, Selim Omarovič (1990): *Vhutemas. Moscou 1920–1930*, 2 Bde., Paris.

schaftliche Herangehensweise gegenüber [zu stellen]«, mit der »die alte Vorstellung vom Maler [schwindet] und an dessen Stelle der Maler als Wissenschaftler [tritt]«, schreibt Malewitsch und beschreibt damit eine der signifikanten Forderungen des GINChUK an den Künstler und die progressive künstlerische Tätigkeit.[55] Malewitsch formulierte in diesem Sinn folgende Aufgabenstellung für die institutionelle Forschungsarbeit:

> Das Institut für künstlerische Kultur ist eine Einrichtung, in der wissenschaftliche Forschungsarbeit verrichtet wird auf dem Gebiet der wissenschaftlichen Begriffsbestimmungen verschiedener Arten künstlerischen Schaffens. Das Institut für künstlerische Kultur hat zum Ziel: A) wissenschaftliche Erforschung (Analyse) und wissenschaftliche Formulierung verschiedener Kulturarten im Bereich der Kunst.
> B) wissenschaftliche Erforschung auf dem Gebiet der Einwirkung vorhandener Kulturarten auf den Menschen und seine Abhängigkeit und Verhaltensweise gegenüber dieser oder jener auf ihn einwirkenden Art, 1. in seinem Bewusstsein, 2. am Grad seiner organisch-physischen Veränderungen, 3. in seiner Psyche.
> C) wissenschaftliche Formulierung (formal wie theoretisch) dieser oder jener Erscheinung auf dem Gebiet der Kunst, der Schaffung der Art; die Gründe des Aufbaus, das System seines Aufbaus. Erforschung des Prozesses der Einwirkung der zusätzlichen Elemente auf ihn. Spektralanalysen; die Ideologie einer jeden Kunstart, aller Verhaltensweisen des Menschen.[56]

Mit diesen Charakterisierungen ist eine entscheidende Wende für das Bild des Künstlers vollzogen: Seine Tätigkeit wird als eine wissenschaftliche verstanden, die – nicht mehr vornehmlich oder ausschließlich der ästhetischen Erfassung der Welt verpflichtet – nun forschend vorangeht und somit *Grundlagenforschung explizit aus der künstlerischen Arbeit heraus* – und vornehmlich für den Zusam-

---

55 Malewitsch, Kasimir S.: *Notizbuch*, hier zitiert nach Shadowa, Larissa A. (1978): *Das Staatliche Institut für Künstlerische Kultur (GINChUK) in Leningrad*, in: *Probleme der Geschichte der sowjetischen Architektur. Sammelband wissenschaftlicher Artikel*, Moskau, Heft 4, 26. Siehe zum weiteren Verlauf des Zitats das Kapitel Umkehrungen. Das Notizbuch befindet sich im Malewitsch-Archiv im Stedelijk Museum in Amsterdam. Vgl. Wiese, Stephan von (1980): *Vorwort. Zwei Standpunkte: Kasimir Malewitsch und das Bauhaus*, in: Malewitsch, Kasimir S.: *Die gegenstandslose Welt*, hg. von Hans M. Wingler. Vorwort von Stephan von Wiese, Mainz /Berlin, XVII, Anm. 10.
56 Das Manuskript lautet weiter: »Schlußfolgerungen und Methoden der pädagogisch-wissenschaftlichen ...« An dieser Stelle bricht das Manuskript ab. Es handelt sich bei diesen Notizen um Formulierungen, die in ein von Malewitsch in Berlin hinterlassenes Notizbuch von einer anderen Person in deutscher Sprache eingetragen wurden, wobei davon auszugehen ist, dass Malewitschs Originalformulierungen gefolgt wurde. Das Notizbuch befindet sich im Malewitsch-Archiv im Stedelijk Museum in Amsterdam. Vgl. Wiese, *Vorwort*, XII–XIII.

menhang der Erforschung der Sinnes- und Wahrnehmungstätigkeit des Menschen – erbringen sollte.

»Der Suprematismus ist [...] eine neue Methode des Wissens, dessen Inhalt die eine oder andere Empfindung sein kann«, schreibt Kasimir Malewitsch in einem Brief an Konstantin Roschdestwenskij.[57] Damit kommentiert Malewitsch die Veränderung, die dem Suprematismus in seinem eigenen Werk als auch für alle anderen künstlerischen Zusammenhänge zukommt. Von einem System der Malerei entwickelt sich der Suprematismus hin zu einer wissenschaftlichen Methode, in der genau *über* bzw. *mit* Malerei (und später der Architektur) das Potential angelegt ist, Aussagen zu treffen, die für die Wahrnehmungswissenschaft relevant sind. Von großer Bedeutung ist es hier, dass die Malerei Auskünfte geben kann über spezifische Formen der Wahrnehmung und Empfindung, die sich *gerade nicht* versprachlichen lassen.

Suprematismus beruht für Malewitsch auf der Überzeugung, dass sich nur durch die bildende Kunst seelische Zustände und Empfindungen ausdrücken lassen bzw. es nur auf diesem Weg möglich ist, ihnen einen allerersten Ausdruck zu geben. Suprematismus ist für ihn das Reich reiner Empfindungen, das sich durch malerische Elementarisierungsprozesse[58] erreichen lässt, in denen es also darum geht, durch Prozesse der stetigen Zerlegung jene Faktoren zu entbergen, die dem Auge verborgen bleiben mussten, da sie durch Konventionen und Repräsentationen der Darstellung überlagert waren.

Um zu diesem Ort der reinen Empfindung zu gelangen, plädiert Malewitsch für ein ›Optisch-Unbewusstes‹, avant la lettre, das sich für ihn in der Malerei durch den Einsatz von Verfahren der Objektreduktion ergibt. Einher geht dieser Prozess mit der Betonung der Intuition und Inspiration als Fähigkeiten, die zum einen den Künstler als eine auf spezielle und ansonsten unzugängliche Weise empfindende Person kennzeichnen. Zum anderen ermöglicht die Erforschung von Empfindungen und Emotionen den Künsten, Inspiration und Intuition als jene Bereiche zu markieren, die den Wahrnehmungs- und Lebenswissenschaftlern aufgrund ihrer auf das 19. Jahrhundert zurückgehenden analytischen Haltung nun fehlten und die als eine genuine Fähigkeit der Kunst verstanden werden müssen. Einbildungskraft, Introspektion und das Vermögen der Intuition und Inspiration werden zu unabdingbaren Grundlagen, psychophysischen Bedingungen der Wahrnehmung und Empfindungen.

Diese spezifisch künstlerischen Fähigkeiten sind dabei weniger irrational, willkürlich oder emotional, sondern eher sensitiv, vorrational und unterschwel-

---

[57] Hier zitiert nach: Malewitsch (1979), *Suprematismus*, 80.
[58] Siehe zum Begriff der Elementarisierung Münz-Koenen, Inge (2004): *Kreuzwege und Fluchtpunkte. Malevics Reise nach Berlin*, in: Asholt, Wolfgang/u.a. (Hg.): *Unruhe und Engagement. Blicköffnungen für das Andere. Festschrift für Walter Fähnders zum 60. Geburtstag*, Bielefeld, 193–219.

lig[59]: Betont wird die Energetik einer speziellen Sensibilität, die sich durch die Rezeption ›reiner‹, im Vor- oder Unbewussten liegender Sinneseindrücke ergibt. Der Künstler wird somit zum *révélateur*, enthüllt also das der dinglichen Welt Entzogene und stellt es durch das suprematistische Verfahren der Objektzerlegung dar.

Gegenstand dieser Diskussionen waren häufig Wertigkeit und Wirkung der Farbe, denn es stand nichts Geringeres auf dem Spiel, als durch einen stetigen Vergleich von künstlerischer und wissenschaftlicher Praxis und anhand eines sich etablierenden epistemologischen Apriori der Wahrnehmungsfähigkeit die psychophysischen Bedingungen des Zusammenhangs von Empfinden, Wahrnehmen und Denken zu definieren.

Mit dem Rückgriff auf das Bild des Malers als *révélateur* nimmt Malewitsch Bezug auf einen Begriff der Malkunst, der sich an jenen der Lebenskunst anbinden lässt. Dann jedoch wird die alte griechische Bezeichnung für Kunst rehabilitiert, nach der Kunst – also das *zoon* – immer schon etwas Lebendiges ist. Das Bild ist dann kein statisches Ab-Bild mehr, sondern ihm eignet eine permanente Prozessualität und Potentialität, ein Eigenleben, das sich immer dort zeigt, wo keine Sprache mehr hinreicht – in jenem schmalen Zwischenfeld zwischen Signifikat und Signifikant, welches erst eine Projektionsfläche bieten kann für das, was in reiner Form zur Erscheinung kommen soll.

In der Kunsttheorie Malewitschs hat die Kunst das größere Vermögen, jene die Sinne des Menschen affizierenden Ereignisse zu vermitteln, weil sie neben den rationalen bzw. kalkulierbaren Aspekten – die sie mitunter durch reines Handwerk beherrscht – auch über das unverzichtbare Potential einer ästhetischen Erfahrung verfügt, die sich mit Fantasie und Einbildungskraft, d.h. mit *bildnerischem Denken* verbindet. Es geht also um zwei Formen der Sinnlichkeit: um ein *äußeres* Sehen, das sich z.B. mit dem Impressionismus in Verbindung bringen lässt, und um ein *inneres* Sehen, dessen Fähigkeit der anschaulichen Vorstellung erforscht werden sollte. Die Frage nach dem Zusammenspiel von Sehen, Wahrnehmen und Denken verband sich also unauflösbar mit der Wirkung von Emotionen und Einbildungskraft.

In diesem Sinne können die hier vorgestellten theoretischen Erörterungen, die sich strikt aus der Kunst heraus entwickeln lassen, als eine Kunstphilosophie gelten, die ihre Aufgabe darin sieht, konkrete Aussagen über Wahrnehmungsprozesse zu erlangen. Damit erhält sie eine Aktualität für die bis heute über Wahrnehmungen anhaltenden Diskussionen.

Relevant wurde – wie am Beispiel von Kandinsky und Malewitsch gezeigt werden konnte – die Optimierung des konstruktiven Vermögens künstlerischer Forschung. Dies hatte zur Folge, dass die künstlerische Praxis nicht mehr an ein

---

[59] Vgl. Groys, Boris/Hansen-Löve, Aagen (Hg.) (2005): *Am Nullpunkt. Positionen der russischen Avantgarde*, Frankfurt a.M., 237.

Apriori des Sichtbaren gebunden war: Sichtbarkeit wurde zugunsten des Denkbaren zurückgestellt. Zurückgewiesen wurde somit die Überzeugung, dass Sichtbarkeit allein Wahrheit oder Erkenntnis vermittelt.[60]

Bibliografie

Boehm, Gottfried (1990): *Abstraktion und Realität. Zum Verhältnis von Kunst und Kunstphilosophie in der Moderne*, in: *Philosophisches Jahrbuch* 97, 225–237.

Cézanne, Paul (1980): *Über die Kunst. Gespräche mit Gasquet, Briefe*, hg. von Walter Hess, Mittenwald.

Daston, Lorraine (2001): *Wunder, Beweise und Tatsachen. Zur Geschichte der Rationalität*, Frankfurt a.M.

Douglas, Charlotte (2004): *Wilhelm Ostwald und die Russische Avantgarde*, in: Miltiadis Papanikolaou (Hg.): *Licht und Farbe in der Russischen Avantgarde. Die Sammlung Costakis aus dem Staatlichen Museum für zeitgenössische Kunst Thessaloniki. Eine Ausstellung des staatlichen Museums für zeitgenössische Kunst Thessaloniki, der Berliner Festspiele und des Museums moderner Kunst Stiftung Ludwig Wien in Zusammenarbeit mit der griechischen Kulturstiftung Berlin*, [Ausst.-katalog] Köln, 30–40.

Dror, Otniel (2004): *Affekte des Experiments. Die emotionale Wende in der angloamerikanischen Physiologie (1900-1940)*, in: Schmidgen, Henning/Geimer, Peter/Dierig, Sven (Hg.): *Kultur im Experiment*, Berlin, 338–372.

Dürbeck, Gabriele/Gockel, Bettina/Koller, Susanne B. (Hg.) (2001): *Wahrnehmung der Natur – Natur der Wahrnehmung. Studien zur Geschichte visueller Kultur um 1800*, Dresden.

Flach, Sabine (2005): *›Experimentalfilme sind Experimente mit der Wahrnehmung‹ oder: Das Sichtbarmachen des Unsichtbaren. Visualisierungstechniken im künstlerischen Experiment am Beispiel der Arbeiten von Leopold Survage, Viking Eggeling und Walter Ruttmann für die UfA*, in: *Jahrbuch zur Kultur und Literatur der Weimarer Republik* 9, 195–221.

Gaßner, Hubertus/Gillen, Eckhart (Hg.) (1979): *Zwischen Revolutionskunst und Sozialistischem Realismus: Dokumente und Kommentare. Kunstdebatten in der Sowjetunion von 1917 bis 1934*, Köln.

Groys, Boris/Hansen-Löve, Aagen (Hg.) (2005): *Am Nullpunkt. Positionen der russischen Avantgarde*, Frankfurt a.M.

Kandinsky, Wassily (1912a): *Über die Formfrage*, in: ders./Marc, Franz (Hg.): *Der Blaue Reiter*, München, 74–100.

— (1912b): *Über Bühnenkomposition*, in: ders./Marc, Franz (Hg.): *Der Blaue Reiter*, München, 103–113.

— (1912c): *Über das Geistige in der Kunst*, München.

---

[60] Vgl. Reck, Hans Ulrich (1999): *Kunst als Kritik des Sehens. Zu Problemen des Bildbegriffs in (der Sicht) der Kunst*, in: Breidbach, Olaf/Clausberg, Karl (Hg.): *Video ergo sum. Repräsentation nach innen und außen zwischen Kunst- und Neurowissenschaften, Interface* 4, Hamburg, 235–257, hier 238.

— (1927): *UND. Einiges über Synthetische Kunst*, in: *i10. Internationale Revue* 1, 4–10.
— (1952): *Über das Geistige in der Kunst*, hg. von Max Bill, Bern.
— (1955a): *Essays über Kunst und Künstler*, hg. von Max Bill, Stuttgart.
— (1955b): *Kunstpädagogik*, in: ders.: *Essays über Kunst und Künstler*, hg. von Max Bill, Stuttgart, 113–117.
— (1955c): *Der Wert des theoretischen Unterrichts in der Malerei*, in: ders.: *Essays über Kunst und Künstler*, hg. von Max Bill, Stuttgart, 79–85.
— (1963): *Essays über Kunst und Künstler*, hg. von Max Bill, Bern.
— (1969): *Interview mit Charles André Julien, 10 Juli 1921*, in: *Revue de l'art* 5, 71–72.
— (1979): *Suprematismus*, in: Gaßner, Hubertus/Gillen, Eckhart (Hg.): *Zwischen Revolutionskunst und Sozialistischem Realismus: Dokumente und Kommentare. Kunstdebatten in der Sowjetunion von 1917 bis 1934*, Köln, 79–81.
— (1980a): *Rückblicke*, in: ders.: *Die Gesammelten Schriften, Bd. 1 (Autobiographische, ethnographische und juristische Schriften)*, hg. von Hans Konrad Roethel u. Jelena Hahl-Koch, Bern, 27–50.
— (1980b): *Mein Werdegang*, in: ders.: *Die Gesammelten Schriften, Bd. 1: Autobiographische, ethnographische und juristische Schriften*, hg. von Hans Konrad Roethel u. Jelena Hahl-Koch, Bern, 51–59.
— (2002): *Über die Arbeitsmethode der Synthetischen Kunst*, in: *Trajekte. Zeitschrift des Zentrums für Literaturforschung* 4, 4–8.
Khan-Magomedov, Selim Omarovič (1990): *Vhutemas. Moscou 1920–1930*, 2 Bde., Paris.
Karassik, Irina (1991): *Das Institut für Künstlerische Kultur. GINChUK*, in: Klotz, Heinrich (Hg.): *Matjuschin und die Leningrader Avantgarde*, München, 40–58.
Klotz, Heinrich (Hg.) (1991): *Matjuschin und die Leningrader Avantgarde*, München/Stuttgart.
Malewitsch, Kasimir S. (1979): *Suprematismus*, in: Gaßner, Hubertus/Gillen, Eckhart (Hg.): *Zwischen Revolutionskunst und Sozialistischem Realismus. Dokumente und Kommentare. Kunstdebatten in der Sowjetunion von 1917–1934*, Köln, 79–81.
— (1980): *Die gegenstandslose Welt*, hg. von Hans M. Wingler, Vorwort von Stephan von Wiese, Mainz/Berlin, (Neue Bauhausbücher 11).
— (1991): *Malewitsch: Künstler und Theoretiker*, hg. und übers. von Erhard Glier, Weingarten.
Münz-Koenen, Inge (2004): *Kreuzwege und Fluchtpunkte. Malevics Reise nach Berlin*, in: Asholt, Wolfgang/u.a. (Hg.): *Unruhe und Engagement. Blicköffnungen für das Andere. Festschrift für Walter Fähnders zum 60. Geburtstag*, Bielefeld, 193–219.
Punin, Nicolai (1920): *First Cycle of Lectures for the In-Service Training of Drawing Teachers*, St. Petersburg.
Reck, Hans Ulrich (1999): *Kunst als Kritik des Sehens. Zu Problemen des Bildbegriffs in (der Sicht) der Kunst*, in: Breidbach, Olaf/Clausberg, Karl (Hg.): *Video ergo sum. Repräsentation nach innen und außen zwischen Kunst- und Neurowissenschaften, Interface* 4, Hamburg, 235–257.
Shadowa, Larissa A. (1978): *Das Staatliche Institut für Künstlerische Kultur (GINCHUK) in Leningrad*, in: *Probleme der Geschichte der sowjetischen Architektur. Sammelband wissenschaftlicher Artikel*, Moskau, Heft 4, 26.
Valéry, Paul (1957a): *Introduction biographique*, in: ders.: *Œuvres*, Bd. 1, Paris, 11–72.

— (1957b): *Introduction à la méthode de Léonard de Vinci*, in: ders.: *Œuvres*, Bd. 1, Paris, 1153–1199.
— (1957c): *Poésie et pensée abstraite*, in: ders.: *Œuvres*, Bd. 1, Paris, 1314–1339.
— (1974), *Cahiers*, hg. von Judith Robinson, Bd. 2, Paris.
— (1989), *Werke, Bd 4: Zur Philosophie und Wissenschaft*, hg. von Jürgen Schmidt-Radefeldt, Frankfurt a.M.
Wegener, Mai (2003): *»Tout le reste est ... littérature.« Valéry und die Frage nach der Wissenschaft*, in: *Trajekte. Zeitschrift des Zentrums für Literaturforschung* 6, 38–43.
Wiese, Stephan von (1980): *Vorwort. Zwei Standpunkte: Kasimir Malewitsch und das Bauhaus*, in: Malewitsch, Kasimir: *Die gegenstandslose Welt*, hg. von Hans M. Wingler. Vorwort von Stephan von Wiese, Mainz/Berlin, V–XIX.
Wittgenstein, Ludwig (1984): *Werkausgabe, Bd. 8: Bemerkungen über die Farben, über Gewißheit, Zettel, vermischte Bemerkungen*, hg. von G. E. M. Anscombe u. Georg Henrik von Wright, Frankfurt a.M.
Wygotski, Lev (1976): *Psychologie der Kunst. Psychologische Dissertation (1925)*, Dresden.
Zimmermann, Reinhard (2002): *Die Kunsttheorie von Wassily Kandinsky*, 2 Bde., Berlin.

ELISABETH FRITZ

La volonté de chance: Schockierende Bilder in der Zeitschrift *Documents* und das Erkenntnispotenzial des Zufalls

1931 malt sich der Künstler Fernand Léger eine Kinoerfahrung aus, die einen »solch gewaltigen Schock« auslösen würde, dass das Publikum »wie vor einer schrecklichen Naturkatastrophe aus dem Saal fliehen und verzweifelt um Hilfe schreien« würde.[1] Dieser überwältigende Effekt solle gerade nicht dadurch hervorgerufen werden, dass der Film besonders außergewöhnliche und erschreckende Gegenstände zeige oder dass das Material speziell bearbeitet wurde. Die Radikalität lag für Léger vielmehr in der Vorstellung des Aufzeigens der unbearbeiteten und unspektakulären Realität eines »Vierundzwanzigstundenfilm[s] mit irgendeinem Paar«, das »pausenlos auf den Streifen« gebannt und »[o]hne Schnitt und Retusche auf die Leinwand projiziert« würde.[2] Das besondere Potenzial »das Wahre mit all seinen Risiken« wortwörtlich ans Licht zu bringen, verortet der Künstler im Medium des Films selbst und seiner Fähigkeit alle Details »mit unerbittlich forschenden Linsen« aufzuzeichnen und zu zeigen.[3]

Während wirkungsästhetische Konzeptionen des Schreckens in der Antike, Neuzeit und Aufklärung die Kraft der Emotionalisierung durch die Kunst vor allem im Hinblick auf motivische oder gattungstheoretische Fragen diskutieren, werden diese im Begriff des Schocks in der Moderne nicht nur als zentrale Erfahrung des reizüberflutenden städtischen Lebens bestimmt, sondern auch als gezieltes künstlerisches Verfahren der Avantgarden verstanden, wie es das eben zitierte Vorhaben von Léger zeigt.[4] Die Vorstellung, dass es gerade das Medium mit seinen spezifischen Produktions- und Rezeptionsbedingungen ist, welches erschreckende Affekte und Effekte bei der Betrachtung auslösen kann, wird schließlich bei Walter Benjamin konkret ausformuliert. So kulminiert seine Zu-

---

[1] Léger, Fernand (1971): *Über den Film*, in: ders.: *Mensch. Maschine. Malerei*, Bern, 194–198, hier 198. [Orig.: *À propos du cinéma*, in: *Plans* 1 (1931), 80–84.]
[2] Ebd.
[3] Ebd., 197–198.
[4] Für eine Übersicht zu ästhetischen Theorien des Schreckens u.a. bei Aristoteles, Lukrez, Pseudo-Longinus, Gotthold Ephraim Lessing, Immanuel Kant, Edmund Burke, Friedrich Schlegel, Charles Baudelaire und Walter Benjamin vgl. Zelle, Carsten (2006): *Schrecken/Schock*, in: Barck, Karlheinz/u.a. (Hg.): *Ästhetische Grundbegriffe*, Bd. 5, Stuttgart/Weimar, 436–446.

sammenführung von Baudelaires Poetologie, Georg Simmels soziologischer Diagnose zum Geistesleben des modernen Großstadtmenschen und Sigmund Freuds psychoanalytischem Verständnis des Schocks als ein Durchbrechen der subjektiven Schutzmechanismen gegen Reizüberflutung im Medium des Films und dessen ästhetischer Erfahrung als »Chock«.[5] Im Gegensatz zu Kontemplation und Konzentration bei der Betrachtung von Kunstwerken steht bei Benjamin der Film für das Prinzip der Zerstreuung, welches vor allem taktile Qualitäten in der Wahrnehmung hervorrufe und im Kinosaal eine Vielzahl von Lesarten in der »zerstreute[n] Masse« des Publikums ermögliche.[6] Im Bruch mit den üblichen Wahrnehmungskonventionen sowie in der Öffnung für unterschiedliche Zuschreibungen von Bedeutung, die erst durch die Betrachterin oder den Betrachter aufgrund konkreter visuell-körperlicher Erfahrung und nicht durch interpretierendes Entschlüsseln einer Botschaft zustande kommen, birgt der Schock sein epistemologisches Potenzial. Indem die künstlerischen Medien nicht fiktional, repräsentativ oder illusionistisch eingesetzt werden, sondern durch Momente des Störens, Erschreckens und Konfrontierens ästhetische wie moralische Normen überschreiten, werden Prozesse der medialen Wissensgenerierung aufgezeigt. Dieses Erkenntnismoment wird dabei gerade durch die ästhetische Stimulation von Affekt und Irritation provoziert und nicht durch dekonstruktives Aufdecken oder rationales Verstehen.

Bei Léger und Benjamin wird der Schock somit durch die Referenz auf ein bestimmtes Medium und seine Eigenschaften als ästhetische Kategorie definiert. Der Diskurs kann dabei in einem breiteren Kontext der sprunghaften Vermehrung, Reproduktion und Zirkulation visueller Medien – und insbesondere von Fotografie und Film – im frühen 20. Jahrhundert verortet werden, womit eine neue Bestimmung des Verhältnisses von Bildern zu Sprache, Erkenntnis und Evidenz einhergeht.[7] Im Umfeld der sogenannten Dissidenten des Surrealismus, zu denen unter anderem Georges Bataille, Carl Einstein, Michel Leiris und Georges-Henri Rivière zählten, wird genau zu dieser Zeit der durch Bilder generierte Schock- und Verstörungseffekt sowie die durch diesen ermöglichte Kritik gängiger Wissensordnungen zum Prinzip einer Zeitschrift, die unter dem Titel *Documents. Doctrines, Archéologie, Beaux-Arts, Ethnographie* bzw.

---

[5] Ebd., 444; vgl. Benjamin, Walter (1974): *Über einige Motive bei Baudelaire [1939/1940]*, in: ders.: *Gesammelte Schriften*, Bd. I.2, Frankfurt a. M., 607–653.

[6] Benjamin, Walter (1977 [1936]): *Das Kunstwerk im Zeitalter seiner technischen Reproduzierbarkeit*, Frankfurt a.M., 36–41; vgl. dazu auch Fritz, Elisabeth (2014): Authentizität – Partizipation – Spektakel. Mediale Experimente mit »echten Menschen« in der zeitgenössischen Kunst, Köln/Weimar/Wien, 225–226.

[7] Vgl. Lindner, Ines (2002): *Demontage in* Documents, in: Andriopoulos, Stefan/Dotzler, Bernhard J. (Hg.): *1929. Beiträge zur Archäologie der Medien*, Frankfurt a.M., 110–131, hier 110–111.

Documents. Archéologie, Beaux-Arts, Ethnographie, Variétés[8] in insgesamt 15 Ausgaben von 1929–1930 erschienen ist.[9] Diese unterscheidet sich dabei stark von anderen zeitgenössischen Kunstzeitschriften, wie etwa die *Gazette des Beaux-Arts*, welche von Georges Wildenstein verlegt wurde, der auch als Financier von *Documents* fungierte.

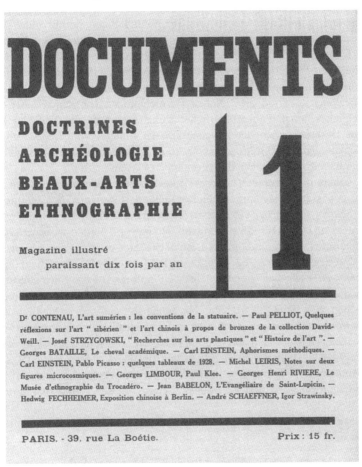

Abb. 1: Titelblatt von *Documents: Doctrines, Archéologie, Beaux-Arts, Ethnographie* 1 (1929).

---

[8] Der leicht veränderte Untertitel wurde ab der vierten *Documents*-Ausgabe von 1929 verwendet.
[9] Sämtliche in diesem Aufsatz angeführten Zitate und Bilder aus der Zeitschrift Documents sind dem zweibändigen Nachdruck entnommen: Hollier, Denis (Hg.) (1991): *Documents, année 1929 et 1930*, 2 Bde., Paris.

Wie bereits das Titelblatt der ersten Ausgabe von 1929 zeigt (Abb. 1) erinnert die Gestaltung vielmehr an populärwissenschaftliche Zeitschriften oder die illustrierte Massenpresse als an ein Publikationsmedium der »Schönen Künste«.[10] Im Untertitel werden neben den *Beaux-Arts* auch die *Archéologie* und *Ethnographie* als gleichermaßen beanspruchte Rubriken des Periodikums angeführt. Diese Aufzählung deutet darauf hin, dass hier Objekte unterschiedlichster Epochen und Kulturen sowie aus der Hoch- und Populärkultur ohne Angabe einer bestimmten ästhetischen Hierarchie – eben wie ›Dokumente‹ – behandelt werden sollen. Die darunter abgedruckte Auflistung der einzelnen Beiträge bestärkt die Selbstdarstellung als ein durch heterogene Vielfalt und unverbundenes Nebeneinander unterschiedlichster Themen wie wissenschaftlicher Fachbereiche gekennzeichnetes Periodikum: Neben Besprechungen von sumerischer, sibirischer, chinesischer und mittelalterlicher Kunst verweisen die Titel der Artikel auch auf Besprechungen der zeitgenössischen Malerei von Picasso und Paul Klee, des ethnografischen Museums *Trocadéro*, der Musik Igor Strawinskys sowie von methodischen Fragen der vertretenen Wissenschaften.

Die unsystematische und hierarchielose Zusammenstellung an Texten steht dabei in gewissem Widerspruch zur Bezeichnung *Doctrines* im Untertitel noch vor der Spezifizierung der vertretenen Disziplinen Archäologie, Bildkünste und Ethnografie, und muss als Anspielung auf den bewusst pseudo-wissenschaftlichen bzw. metareflexiven Charakter des Blattes gedeutet werden. Von Michel Leiris auch als »Kriegsmaschine gegen vorgeprägte Meinungen«[11] bezeichnet, verstand sich *Documents* nämlich gerade nicht als Plattform für die Formulierung von Aussagen und Ansichten mit Anspruch auf Allgemeingültigkeit, sondern es geht darin neben dem Studium und der Gegenüberstellung unterschiedlichster Objekte vielmehr um eine anti-doktrinäre und anti-idealistische Kritik von Wissenschaft und ihren Methoden sowie um das Aufbrechen ihrer bisherigen Klassifizierungssysteme. Dass das Einbeziehen von Erschreckendem, Ungewissem und Abstoßendem hierbei gezielt als aggressives ebenso wie humorvolles Mittel dienen sollte, formuliert bereits Michel Leiris' in der Vorankündigung von *Documents*:

---

[10] Ähnliches kann in Bezug auf die von Batailles Kontrahenten André Breton bereits seit 1924 herausgegebene Zeitschrift *La Révolution Surréaliste* festgestellt werden. Vgl. Kranzfelder, Ivo (2005): *»Nur die Versuchung ist göttlich«. Zum Gebrauch der Photographie durch die Surrealisten*, in: Schneede, Uwe M. (Hg.): *Begierde im Blick: Surrealistische Photographie*, Ausst.-Kat. Hamburger Kunsthalle, Ostfildern-Ruit, 15–22, hier 17.

[11] Leiris, Michel ([2]1981): *Von dem unmöglichen Bataille zu den unmöglichen Documents*, in: ders.: *Das Auge des Ethnographen. Ethnologische Schriften II*, Frankfurt a.M., 67–76, hier 71. [Orig.: *De Bataille l'impossible à l'impossible Documents*, in: *Critique* 195–196 (1963), 685–693.].

Es sollen hier im Allgemeinen die beunruhigendsten Phänomene beleuchtet werden, deren Konsequenzen noch nicht definiert sind. Der bisweilen absurde Charakter der Resultate und Methoden dieser verschiedenen Forschungen wird keineswegs verheimlicht, wie es die Rücksicht auf die Regeln der Wohlausgewogenheit immer gebietet, sondern soll bewusst, sowohl aus Hass auf die Seichtheit als auch Humor, unterstrichen werden.[12]

Abb. 2 (li.): Abbildung zum Artikel *Le gros orteil* von Georges Bataille, in: *Documents* 6 (1929), 301. Foto: Jacques-André Boiffard

Abb. 3 (re): Abbildung zum Artikel *Bouche* von Georges Bataille, in: *Documents* 5 (1930), 298. Foto: Jacques-André Boiffard

Der beunruhigende Charakter der in der Zeitschrift behandelten Phänomene wird in *Documents* nicht zuletzt durch das zahlreich eingestreute Bildmaterial deutlich. Die Abbildungen sind sehr oft großformatig und ganzseitig abgedruckt, darunter auch als Querformate, so dass die Leserin oder der Leser die Zeitschrift im Gebrauch um 90 Grad drehen muss. Sie zeigen dabei neben den diskutierten Kunstobjekten auch vermeintlich harmlose Gegenstände oder Körperteile, die durch ihre Großaufnahme und Unvermitteltheit jedoch erschreckend grausam und ekelhaft wirken. Das trifft zum Beispiel auf die von Jacques-André Boiffard stammenden Fotografien zu, die in Batailles Texte *Der große Zeh* und *Mund* eingefügt wurden (Abb. 2 und 3).[13] Der irritierende Charakter derselben wird zudem durch eine wissenschaftlich-objektivierend klingende Bildunterschrift (*Großer Zeh, weibliches Subjekt, 24 Jahre*) bzw. eine eher poetisch-literarisch

---

[12] Ebd.
[13] Bataille, Georges (1929): *Le gros orteil*, in: *Documents* 6, 297–302; ders.: *Bouche* (1930), in: *Documents* 5, 298–300.

anmutende Legende (... *der Schrecken und das Leid machen aus dem Mund das Organ herzzerreißender Schreie*) noch verstärkt.[14]

Abb. 4: Abbildung zum Artikel *Abattoir* von Georges Bataille, in: *Documents* 6 (1929), 328. Foto: Eli Lotar.

Dabei ist es gerade die Abweichung des Individuellen von gängigen Schönheits- und Darstellungsnormen, die den Detailaufnahmen einen »Eindruck aggressiver Ungehörigkeit« verleiht, machen sie doch deutlich, dass »jede individuelle Form [...] von diesem Standardmaß ab[weicht] und [...] daher bis zu einem gewissen Grade ein Monstrum [ist]«, wie Bataille in einem späteren Text in *Documents* über *Die Abweichungen der Natur* ausführt.[15] Während die Bilder von Mund und Zeh somit gerade aufgrund der Annäherung des Alltäglichen und Banalen an das Monströse und Bedrohliche schockieren, erhalten umgekehrt die tatsächlich von Grausamkeit und makabrem Handeln zeugenden Fotografien der Pariser Schlachthöfe in *La Villette* von Eli Lotar – in der sorgfältigen Aneinanderreihung von abgetrennten Rinderfüßen (Abb. 4) oder in den von Blut verschmierten und

---

[14] Die Übersetzung der Bildunterschriften stammt von Markus Sedlaczek in: Didi-Huberman, Georges (2010): *Formlose Ähnlichkeit oder die Fröhliche Wissenschaft des Visuellen nach Georges Bataille*, München, 74 u. 72. [Orig.: *Gros orteil, sujet féminin, 24 ans* bzw. *... la terreur et la souffrance atroce font de la bouche l'organe des cris déchirants.*].

[15] Bataille, Georges (1994): *Die Abweichungen der Natur*, in: Gaßner, Hubertus (Hg.): *Elan vital oder Das Auge des Eros*, Ausst.-Kat. Haus der Kunst, München, 504–505, hier 504. [Orig.: *Les Ecarts de la nature*, in: *Documents* 2 (1930), 79–83.] Bataille entwickelt hier seine Überlegungen anhand von Illustrationen aus dem gleichnamigen, 1775 von Nicolas-François und Geneviève Regnault publizierten, medizinischen Werk über körperliche Fehlbildungen bei Menschen und Tieren.

an abstrakte Gemälde erinnernden Innenhöfen (Abb. 5) – ihre erschütternde Wirkung aufgrund ihrer formalen Ästhetik.[16] Der Charakter des Tabubruchs wird durch die ästhetisch ›unangemessene‹ Behandlung ebenso bedingt wie durch die Zusammenführung dieser äußerst heterogenen Gegenstände im vereinheitlichenden Medium der Schwarz-Weiß-Fotografie.

Abb. 5: Abbildung zum Artikel *Abattoir* von Georges Bataille, in: *Documents* 6 (1929), 330. Foto: Eli Lotar.

Basierend auf dem schockierenden Moment klingt im obigen Zitat von Michel Leiris, dass die Konsequenzen der Behandlung der ›beunruhigendsten Phänomene‹ noch nicht definiert seien, ein weiteres zentrales Prinzip des redaktionellen Programms von *Documents* an: das Unvorhersehbare und Zufällige. So geht es in der Zeitschrift nicht zuletzt um eine Kritik an der naturwissenschaftlichen Vorstellung von Kausalität und deterministischer Bestimmung. In diesem Sinn ist auch der aussagekräftig betitelte Text *Crise de la causalité* des Physikers und Wissenschaftstheoretikers Hans Reichenbach zu verstehen, welcher im zweiten Heft erschien. Dort wird die Reduktion und Darstellung der weltlichen Phänomene und Ereignisse auf einen mit einem Uhrwerk vergleichbaren Mechanismus als falsche Idealisierung kritisiert und stattdessen das Modell eines sich unendlich wiederholenden Würfelwurfes, dessen Ausgang reiner Zufall ist, vor-

---

[16] *Documents* 6 (1929), 330–331. Dies wird zusätzlich durch eine Abbildung aus einem Musikfilm über die Pariser Revue-Tänzerinnen des Moulin Rouge verstärkt, die in der gleichen Ausgabe am Ende der Zeitschrift abgedruckt ist und die Beine der Frauen auf ganz ähnliche Weise durch einen Vorhang fragmentiert und ›abgeschnitten‹ zeigt, wie jene der Rinder.

geschlagen.¹⁷ Dass gerade das zufällige und verstörende ›Hingeworfensein‹ der Dinge, welches in *Documents* insbesondere im Umgang mit dem Bildmaterial deutlich wird, methodologischen und epistemologischen Charakter hat, soll im Folgenden anhand von drei Aspekten aufgezeigt werden: Dafür wird zunächst die Orientierung an der Archäologie als Leitwissenschaft der Zeitschrift und das von dieser übernommene topologische Verfahren des vergleichenden Bildarrangements diskutiert. Im Anschluss soll der in diesem Zusammenhang stehende sprach- und textkritische Charakter von *Documents* anhand der Sektion des *Dictionnaire critique* und der Theorien von Carl Einstein aufgezeigt werden. Im letzten Abschnitt wird schließlich ausgehend von Georges Batailles Nietzsche-Rezeption das erkenntniskritische ebenso wie -fördernde Potenzial der ästhetischen Emotion des Schocks als *volonté de chance* beschrieben.

1 ›Wildes‹ Sehen im topologischen Bildtableau

Dass die Archäologie auf dem Titelblatt von *Documents* neben *Beaux-Arts* und der *Ethnographie* als Wissenschaft an erster Stelle steht, erklärt sich nicht nur durch die alphabetische Ordnung der Disziplinen. Vielmehr sind archäologische Konzepte und Verfahren als zentraler Einfluss für das methodische Selbstverständnis der Zeitschrift und ihrer medialen Besonderheiten zu verstehen.¹⁸ Auch in der oben genannten Vorankündigung von Michel Leiris wird betont, dass die angestrebte Untersuchung der »irritierendsten, noch nicht klassifizierten Kunstwerke sowie bestimmte[r], bis jetzt vernachlässigte[r] heteroklite[r] Schöpfungen« so erfolgen solle »wie in der Archäologie«.¹⁹ Das archäologische Paradigma bezieht sich hierbei nicht nur auf ein neues Interesse an älteren, außereuropäischen oder bisher unbeachteten Kulturen sowie auf die Erweiterung von räumlichen und zeitlichen Einschränkungen der klassischen Kunstwissenschaft. Es geht vor allem auch um die mit der Archäologie verbundene methodische Neuorientierung und ein anderes Wissenschaftsverständnis. Mit dem Vordringen in unbekannte Gegenden, die Suche nach Erkenntnis im Unbekannten und die Angewiesenheit auf Verfahren, die allein auf materiellen Artefakten unabhängig von schriftlichen Quellen basieren, beansprucht diese Disziplin ein neues Verhältnis zur Evidenz des Objekts und eine inhaltlich unvoreingenommene An-

---

[17] Reichenbach, Hans (1929): *Crise de la Causalité*, in: *Documents* 2, 105–108, hier 108: »Le déterminisme qui a déformé le cours du monde en le rendant semblable au mécanisme d'une montre est une fausse idéalisation. Ce cours du monde doit plutôt être comparé à un jeu de dés indéfiniment répété.«

[18] Vgl. Meister, Carolin (2004): *Documents: Zur archäologischen Aktivität des Surrealismus*, in: Ebeling, Knut/Altekamp, Stefan (Hg.): *Die Aktualität des Archäologischen in Wissenschaft, Medien und Künsten*, Frankfurt a.M., 283–305.

[19] Leiris, *Von dem unmöglichen Bataille*, 71.

näherung an dieses. Unvorhergesehenes, Unbestimmbarkeit und Leerstellen sowie eine zufällige Entdeckung der Forschungsgegenstände sind dabei konstitutive Elemente bei der Generierung von Wissen, ebenso wie die in diesem Zusammenhang entwickelten visuellen Systematisierungsverfahren. So wird bei der archäologischen Untersuchung von gefundenen Objekten das Zusammenstellen von Bildtableaus zu einem wichtigen Instrument, die für *Documents* von entscheidendem Einfluss waren, wie Carolin Meister gezeigt hat.[20]

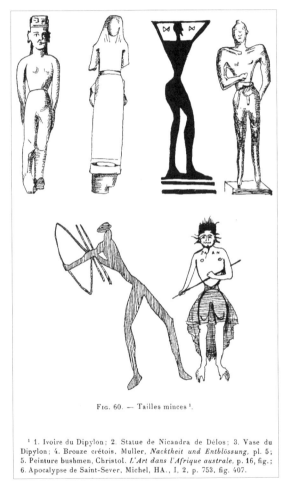

Abb. 6: Waldemar Deonna (1912): *L'Archéologie. Sa valeur, ses méthodes*, Paris, Bd. 2, Fig. 60.

---

[20] Meister, *Documents*, 286–289.

Georges Bataille war unter anderem mit dem 1912 von Waldemar Deonna publizierten dreibändigen Theoriewerk *L'Archéologie. Sa valeur, ses methodes* vertraut, worin Gegenstand, Methoden, Ziele und Möglichkeiten der Archäologie diskutiert werden und eine übergreifende Kunstwissenschaft vertreten wird, die kein Objekt und keine Form als Ausdruck des menschlichen Geistes ausschließt.[21] Deonnas formanalytisch ausgerichtete Methode findet ihren Ausdruck in Bildtafeln mit Zeichnungen aus unterschiedlichsten Kontexten, deren Vergleichbarkeit auf einem einzigen formalen Kriterium beruht, wie etwa einer dreieckigen Kopfform, einer rechteckigen Körperform oder einer schmalen Taille (Abb. 6).[22]

So stammen die in Bezug auf letztere genannten Artefakte, wie die Bildlegende erläutert, aus Orten wie Athen, Delos, Kreta, Südafrika und Süd-West-Frankreich. Auf eine zeitliche Einordnung mittels Datierung wird dabei gänzlich verzichtet, wobei sich bei Kenntnis einzelner Objekte eine breite Streuung von prähistorischen, antiken bis zu mittelalterlichen Kulturen ergibt. Die verschiedenen Trägermedien und künstlerischen Techniken der ursprünglichen Figuren – darunter eine Elfenbeinschnitzerei, Skulpturen aus Marmor und Bronze, bemalte Keramik, Höhlenmalerei sowie eine illustrierte Handschrift – werden durch die Vereinheitlichung im Medium Zeichnung ebenso negiert wie ihre unterschiedlichen Größen oder Darstellungszusammenhänge, aus denen sie herausgelöst wurden, etwa eine Szene der Jagd oder der Apokalypse.

Die Auswahl von Ausschnitt und Format sowie die Zusammenstellung der Motive als Serie sind somit höchst selektiv, um ein Maximum an Evidenz und Anschaulichkeit zu erzeugen. Ein solcher assoziativer Vergleich wird dabei erst durch das mediale Verfahren der Visualisierung ermöglicht. Durch das vergleichende Sehen wird ein Raum des Wissen aufgespannt, in dem auch Unvorhersehbares – oder ›Unvorherdenkbares‹ – ermöglicht wird. Im Gegensatz zu theoretisch vorgeprägten Konzepten und inhaltlich bestimmten Kategorien *typo*logischer Verfahren wird hier die *Topologie* zum bestimmenden Prinzip, also ein Denken, dass Zusammenhänge über räumlich-formale Relationen abbildet, die allein durch die visuelle Darstellung bestimmt sind und nicht durch mimetische oder symbolische Repräsentation. So geht es in topologischen Verfahren darum, »[...] *die Entsprechungen im Verschiedenen zu beschreiben* oder um die Identifikation einander ähnlicher Strukturen.«[23] Die Topologie als Methode des Ne-

---

[21] Deonna, Waldemar (1912): *L'Archéologie. Sa valeur, ses methodes*, 3 Bde., Paris.

[22] Deonna, *Archéologie*, Bd. 2, fig. 39 (*Tête triangulaire*), fig. 43 (*Corps rectangulaires*), fig. 60 (*Tailles minces*); vgl. dazu auch ähnliche von der Archäologie angeregte Ansätze in der zeitgenössischen Kunstwissenschaft im Umfeld der Wiener Schule sowie in Aby Warburgs Bilderatlas *Mnemosyne*. Meister, *Documents*, 289–291 u. 294.

[23] Günzel, Stephan (2007): *Raum – Topographie – Topologie*, in: ders. (Hg.): *Topologie. Zur Raumbeschreibung in den Kultur- und Medienwissenschaften*, Bielefeld, 13–29, hier 21, Herv.i.O.

beneinander und der Gleichzeitigkeit – im Gegensatz etwa zur *Chrono*logie als ein kausales Nacheinander – beinhaltet dabei immer das Moment des zufälligen Zusammentreffens.[24] Auch Deonna erkennt, dass seine topologischen Bildvergleiche vom Zufall bestimmt sind. Er spricht zwar vom bewussten und unbewussten Fortbestehen von charakteristischen Formen in der Entwicklung der Menschheit durch *survivance* und *imitation*, dennoch stellt er fest, dass es niemals auszuschließen ist, dass formale Ähnlichkeiten zufällig und spontan auftreten. Im Gegensatz zur Konzeption von kontinuierlichen Entwicklungslinien und einer kausalen gegenseitigen Beeinflussung der Stile hält er fest, dass der ›holprige‹ Weg der Kunst letztlich vor allem durch das Prinzip spontan auftretender Gemeinsamkeiten bestimmt ist: »l'art évolue suivant une marche qui n'est pas regulière mais cahotante. [...] Mais surtout, un grand principe se découvre: celui des similitudes spontanées«.[25]

Das Spiel zwischen scheinbar offensichtlicher Ordnung und spontan eingetretener Ähnlichkeit, das einen kausalen Zusammenhang oder gemeinsamen Ursprung von Formen suggeriert, wurde von Georges Bataille direkt für *Documents* übernommen. In einem Bildarrangement bringt er zum Beispiel auf zwei gegenüber liegenden Seiten Abbildungen von neuesten Arbeiten Paul Klees mit einem Blatt aus der irländischen Buchmalerei des Mittelalters einerseits sowie der Vorder- und Rückseite einer undatierten russischen Münze andererseits zusammen (Abb. 7).[26]

So wirken die visuellen Gemeinsamkeiten – wie die hieratische Gesichtsform oder die Darstellung von Körperlichkeit als ›Strichmännchen‹ – zunächst überzeugend, dennoch wird die Struktur der Evidenz aufgebrochen, da keine klare Aussage aus der gezeigten ›Topo-Logik‹ getroffen werden kann, die im Sinne eines sprachlich ausformulierten Argumentationsganges funktionieren würde. Vielmehr ermöglicht die Absurdität und Willkürlichkeit der durch das Bildtableau postulierten Nähe erst die Öffnung des Blicks für solche Ähnlichkeiten, die auf der Basis tatsächlich vorhandener Zusammenhänge gar nicht begründbar und somit auch nicht sichtbar würden.

---

[24] Umgekehrt ist auch im etymologischen Ursprung des Begriffs ›Kontingenz‹ in der lateinischen Bedeutung von ›con-tangere‹ das räumliche Zusammenfallen von zwei zeitlich unvorhergesehenen Ereignissen durch Berührung angedeutet. Vgl. Art. *kontingent/Kontingenz* (2000), in: *Enzyklopädie Philosophie und Wissenschaftstheorie*, Bd. 2, Stuttgart/Weimar, 455. Interessant ist in diesem Zusammenhang auch, dass einer der zahlreichen Ausdrücke für Zufall im Französischen *contretemps* ist, also ein Ereignis, dass sich wortwörtlich gegen die Zeit und ihre Logik eines zeitlichen kontinuierlichen Verlaufes stellt.

[25] Deonna, *Archéologie*, Bd. 1, 4.

[26] Vgl. Meister, *Documents*, 295–296.

310   *La volonté de chance*

Tableau récent de Paul Klee : Clown.
Galerie Flechtheim.

Psautier irlandais. Saint-John's Collge Library, Cambridge.
(D'après O. E. Saunders, *English Illumination*.)

A. - Droit de la Bractéate

B. - Revers

Tableau récent de Paul Klee.
Fou en transes. — Berlin Galerie Flechteim.

Bractéate d'or. Provient du sud de la Russie. Époque indéterminée. —
Collection Schlumberger.

Abb. 7: Abbildungen auf Doppelseite in: *Documents* 5 (1929), 286–287

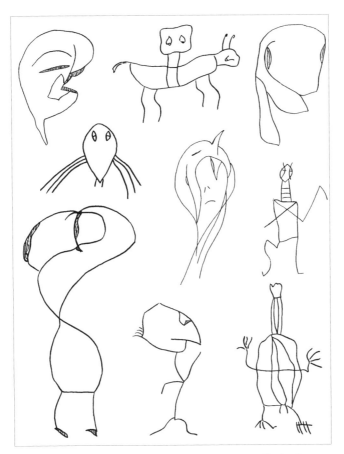

Abb. 8: Abbildung zum Artikel *L'art primitif* von Georges Bataille, in: *Documents* 7 (1930), 394.

In seinem Text *L'art primitif* in der siebenten Ausgabe von *Documents* im Jahr 1930, wo Bataille die eben erschienene gleichnamige Publikation von Georges-Henri Luquet bespricht, beschreibt er den zufällig entdeckenden Blick – im Gegensatz zu einem von bestimmten Erwartungen ausgehenden, gezielt suchenden Blick – näher.[27] Dieser liege nicht nur der Rezeption, sondern bereits der Produktion jeglicher kreativer Gestaltung zugrunde, wie Bataille auf den anthropologischen Theorien Luquets aufbauend anhand der Aquarell- und Ritzzeichnungen von Kindern unterschiedlicher kulturelle Kontexte darlegt (Abb. 8).

---

[27] Bataille, Georges (1930): *L'art primitif*, in: *Documents: Archéologie, Beaux-Arts, Ethnographie, Variétés* 7, 389–397.

So würden zu Beginn jedes künstlerischen Ausdrucks keine figurativen Intentionen stehen, sondern einfach die Lust, eine Fläche mit dem eigenen Gekritzel zu bedecken, Markierungen darauf zu erschaffen und dadurch den Bildträger zu verändern oder auch ihn zu zerstören. Aus diesem Trieb zum Zeichen bzw. Zeichnen, der zunächst vor allem ein Destruktionstrieb sei, stelle sich erst allmählich ein bewusstes ›Lesen‹ der mehr oder weniger zufällig beim Kritzeln geschaffenen Formen ein. Als Figuren werden lesbare Strukturen erkannt, entsprechend weiter ergänzt und in ähnlicher Weise wiederholt. Die Ähnlichkeit von Zeichnung und abgebildetem Gegenstand wird also eher beiläufig entdeckt und darauf aufbauend gezielt erzeugt. In diesem Modell entsteht das Bild somit *vor* dem Gedanken – es dient nicht einfach der Illustration, sondern eher der Produktion desselben. In dieser kindlichen oder ›wilden‹ Annäherung eines rein formal interessierten Blicks wird die eigentliche Kraft des Visuellen greifbar, da das Bild quasi vor den eigenen Augen geschaffen bzw. geboren wird.[28] Der enge Bezug von Sehen und Wissen ist im Französischen bereits in der semantischen Nähe der Begriffe *savoir* und *voir* verankert. Im unmittelbaren Bezug von Denken und Bild wird die durch kulturelle Normen und somit vor allem durch Sprache und Wissen geprägte Wahrnehmung herausgefordert oder entfremdet. Ähnlich wie beim *Objet trouvé* des Surrealismus, dem man nicht gezielt, sondern plötzlich und unerwartet begegnet, liegt für Bataille die Faszination dieser Art der Erfahrung von Objekten bzw. Darstellungen vielmehr im Erstarren vor der Ungewöhnlichkeit, Monstrosität oder Formlosigkeit eines Gegenstandes als in seiner normativen Schönheit oder einem repräsentativen Realitätsbezug.[29]

In *Documents* findet eine Übernahme von archäologischen Verfahren der offenen Begegnung mit Untersuchungsgegenständen sowie der topologischen Methode der Aneignung statt. Deren Transformation ins Absurde oder Unlesbare kann als Kritik an logischen, nicht zuletzt sprachlich bedingten Ordnungen verstanden werden. Dabei wir die Evidenz des Bildtableaus so weit ins Assoziative und Willkürliche gesteigert, um das affektive Potenzial der Bilder gegen die Vorstellungen von Kausalität einzusetzen. Dem zeitlich-narrativen Argumentie-

---

[28] Didi-Huberman, Georges (1994): *Pensée par image, pensée dialectique, pensée altérante. L'enfance de l'art selon Georges Bataille*, in: *Les Cahiers du Musée National d'Art Moderne* 50, 4–29, hier 10: »[...] une incomparable puissance, celle de voir naître une image.«

[29] Vgl. Hollier, Denis (1994): *Der Gebrauchswert des Unmöglichen: Schönheit wird unwiederbringlich oder gar nicht sein*, in: Elan vital, Ausst.-Kat., 76–89, insbes.: 82–84. [Orig.: La valeur d'usage de l'impossible, in: ders. (Hg) (1991): *Documents, année 1929 et 1930*, Bd. 1, Paris, VII–XXXIV.] Denis Hollier verweist hier auch auf James Cliffords Untersuchung zu den gemeinsamen Prinzipien des Surrealismus und der Ethnografie: Clifford, James (1988): On ethnographic surrealism, in: ders.: The *predicament of culture. Twentieth-century ethnography, literature, and art*, Cambridge, MA, 117–151.

ren von Zusammenhängen wird eine räumlich-visuelle Ordnung entgegengestellt. Durch die Bilder bzw. ihre Gegenüberstellung findet eine Unterbrechung oder Störung der auf logischer Lesbarkeit beruhenden Wahrnehmung statt, die insofern ›schockierend‹ ist als hier gewohnte Erklärungsmechanismen nicht greifen und das Subjekt andere ›Verarbeitungsprozesse‹ finden muss.

2 Begriffskritik durch Illustrationen mit ›halluzinatorischen Kräften‹

Von dem mit Bezug auf Luquet ausformulierten ›kindlichen Blick‹ spricht Georges Bataille bereits in seinem Eintrag *Cheminée d'usine* im sogenannten *Dictionnaire critique*, das als Rubrik ab der zweiten Ausgabe von *Documents* fixer Bestandteil der Zeitschrift im Bereich *Chronique* war.[30] Gegen die Vorstellung antretend, die Aufgabe eines derartigen Nachschlagewerkes sei es, Standarddefinitionen herzustellen, erweisen sich die Einträge im *Kritischen Wörterbuch* als überraschend unausgewogen, abweichend, beunruhigend, undurchdacht, unvollständig und widersprüchlich. In zwei bis sieben Stichworten pro Heft finden sich Beobachtungen, Paraphrasen, Anekdoten und Reflexionen sowie Auszüge aus Nachschlagewerken oder Zeitungsausschnitten zu Begriffen wie zum Beispiel ›Architektur‹, ›Materialismus‹, ›Unglück‹, ›Absolut‹, ›Mund‹, ›Schwelle‹, ›Schöngeist‹, ›Engel‹ und ›Wolkenkratzer‹. Eine individuelle und assoziative Ordnung stört hier als radikal anderes Prinzip die rationale Logik des Wörterbuchs. Die in einem solchen üblicherweise getroffene Selektion und Definition bestimmter Stichworte wird ins Absurde gesteigert, um aufzuzeigen, dass die systematische Ordnung nach dem Alphabet ausreicht, um Vollständigkeit und Vergleichbarkeit einer konstitutiv fragmentarischen und arbiträren Auswahl zu suggerieren.

Die Begriffskritik ist dabei nicht nur in der Form des Wörterbuchs abgebildet, sondern wird auch in den Einträgen selbst direkt thematisiert, etwa in Batailles genanntem Artikel *Schornstein*. Dabei bringt er am Beispiel des kindlichen Blicks die Unvereinbarkeit von Wahrnehmung und Versprachlichung auf den Tisch, indem er kritisiert, dass durch das Wissen um die Funktion eines Schornsteins bzw. Versuche, diesen darauf aufbauend begrifflich zu definieren,

---

[30] Vgl. die deutschsprachige Übersetzung des *Dictionnaire critique*: Kiesow, Rainer Maria/Schmidgen, Henning (Hg.) (2005): *Kritisches Wörterbuch. Beiträge von Georges Bataille, Carl Einstein, Marcel Griaule, Michel Leiris, u.a.*, Berlin. Ab der vierten Ausgabe von 1929 wird das Beiwort *critique* gestrichen und das Wörterbuch in zwei Spalten gesetzt. Ab diesem Heft wird zudem im Untertitel von *Documents* der Begriff *Doctrines* durch *Variétés* ersetzt. Ebd., 143. In Anlehnung an die Übersetzung von Kiesow und Schmidgen wird hier im Folgenden vom ›Kritischen Wörterbuch‹ gesprochen, wobei anzumerken ist, dass *Dictionnaire* durchaus mehrdeutig ist und auch mit ›Lexikon‹ übersetzt werden könnte.

die Monstrosität seiner eigentlichen Form von einem Erwachsenen im Gegensatz zum Kind nicht mehr erkannt werden könne: »Diese Art, kindlich oder *wild* zu sehen, ist durch eine gelehrte Art des Sehens ersetzt worden, die es erlaubt, einen Fabrikschornstein für eine *Konstruktion aus Stein* zu halten, *die eine Röhre bildet, welche dazu bestimmt ist, in großer Höhe Rauch abzulassen*, das heißt für eine Abstraktion.«[31] Als Alternative zu derartigen, vermeintlich objektiven Sach-Definitionen, wie man sie in einem Wörterbuch erwarten würde, beschreibt Bataille stattdessen subjektive Erinnerungen aus seiner Kindheit und führt weiter aus, dass der Sinn des *Kritischen Wörterbuchs* »genau darin [besteht], den Irrtum von Definitionen dieser Art deutlich werden zu lassen.«[32] Daher sei es, um einen Schornstein als visuelles Phänomen und in all seiner Imaginations- und Symbolkraft bestimmen zu können, »logischer, sich an den kleinen Jungen zu wenden, der von ihm in dem Augenblick erschreckt wird, [...] und nicht an einen Techniker, der notwendigerweise blind ist.«[33] Hier wird konkret angesprochen, dass der Weg der begrifflich-rationalen Annäherung blind macht gegenüber einem eigentlichen, affektiv-sinnlichen Sehen, das vielmehr auf Schock und Erstaunen beim Anblick der Mächtigkeit und Bedrohung eines rauchenden Schlotes beruht als auf technischem Wissen. Verbildlicht und kontextualisiert wird dieses einbrechende Gewaltmoment der visuellen Wahrnehmung einerseits durch Batailles Beschreibung im Text, der Assoziationsfelder zu Schmutz, Albträumen und Ekel eröffnet, so wie andererseits durch die Rahmung mit dem im gleichen Heft vorhergehenden Artikel *Schlachthof* und den nachfolgenden *Krustentiere* und *Metamorphose*.[34]

Zwischen den Artikeln sind zudem Fotografien eben jener Objekte abgebildet – der blutverschmierte Innenhof mit Kadaverresten eines Schlachthofes (Abb. 5), Detailansichten eines Garnelen- bzw. Krebskopfes sowie eine Momentaufnahme eines im Zusammenbruch befindlichen Schornsteines – welche diese monströs und gefährlich erscheinen lassen. Entfalten diese Bilder an sich schon eine eher abschreckende und irritierende Wirkung, wird dieser Effekt durch ihr Zusammentreffen und die dadurch erzeugten Bezugnahmen sowie die unerklärliche Begründung der Auswahl gerade dieser Begriffe und ihrer kritischen Definitionen verstärkt.

Die Idee für ein *Kritisches Wörterbuch* als dekonstruktives Unternehmen in *Documents* dürfte nicht von Georges Bataille, sondern von dem deutschen

---

[31] Bataille, Georges (2005c): *Fabrikschornstein*, in: ebd., 33–37, hier 36, Herv.i.O. [Orig.: *Cheminée d'usine*, in: *Documents* 6 (1929), 329–332].
[32] Ebd.
[33] Ebd., 37.
[34] Bataille, Georges (2005d): *Schlachthof*; Baron, Jacques (2005): *Krustentiere*; Griaule, Marcel/Leiris, Michel/Bataille, Georges (2005): *Metamorphose*, in: Kiesow/Schmidgen, *Kritisches Wörterbuch*, 33–40. [Orig.: *Abattoir*; *Crustacés*; *Métamorphose*, in: *Documents* 6 (1929), 329–334.].

Kunsthistoriker Carl Einstein gestammt haben.[35] Einstein kam 1928 von Berlin nach Paris, wo er Kontakt zu Georges Wildenstein aufnahm, dem er – gleichzeitig zu Georges Bataille – das Verlegen einer neuartigen Kunstzeitschrift vorschlug, die neben ausführlichen Studien, auch eine *Chronique* mit Rezensionen und Ausstellungshinweisen sowie ein *dictionnaire des idéologies* enthalten sollte.[36] Carl Einsteins Kritik an der sprachlichen Darstellungsfähigkeit bzw. der Unzulänglichkeit von Begriffen, visuelle Phänomene vollständig erfassen zu können, erlangt in seinen Beiträgen in *Documents* dabei einen strengeren methodologischen Anspruch als in den eher assoziativ-essayistischen Texten von Bataille.[37] Schon in Einsteins Beitrag in der ersten Zeitschriftenausgabe, der programmatisch mit *Methodische Aphorismen* betitelt ist, spricht sich Einstein gegen Logik und Gültigkeit in der Wissenschaft als »Ergebnis willkürlicher Forderungen« aus, welche »behext« von einem »Fetisch der Vereinheitlichung« wäre.[38] Im Gegensatz dazu könnten Künstler und Kunstwerk durch »konkrete Bedeutung« und eine »willkürliche und halluzinatorische Seite […] vor dem Mechanismus einer konventionellen Realität und dem Schwindel einer eintönigen Kontinuität [bewahren]«.[39] In dem etwas späteren Text *Anmerkungen zum Kubismus* führt der Kunsthistoriker weiter aus, dass Sprache bei der Vermittlung von visuellen Eindrücken – insbesondere in der Kunstwissenschaft respektive bei der Versprachlichung von Kunsterfahrung – zum Scheitern verurteilt ist, da Bild und Sprache völlig unterschiedliche Konzepte von Zeitlichkeit voraussetzen würden:

> Was die pedantische Methode betrifft, die darin besteht, die Bilder zu beschreiben, so stellen wir fest, daß aufgrund der Sprachstruktur die simultane Kraft des

---

[35] Kiesow, Rainer Maria/Schmidgen, Henning (2005): *Nachwort*, in: dies., *Kritisches Wörterbuch*, 97–122, hier 105. Die Konzeption eines derartigen Wörterbuches findet sich bereits 1917/1918 in der von Einstein mit Carl Sternheim und Gottfried Benn geplanten *Encyclopädie zum Abbruch bürgerlicher Ideologien*.

[36] Ebd., 98–99.

[37] Vgl. dazu auch Fleckner, Uwe (2005): *Der Kampf visueller Erfahrungen. Surrealistische Bildrhetorik und photographischer Essay in Carl Einsteins Zeitschrift »Documents«*, in: *Begierde im Blick*, Ausst.-Kat., 23–31; Kiefer, Klaus H. (1994): *Die Ethnologisierung des kunstkritischen Diskurses: Carl Einsteins Beitrag zu »Documents«*, in: *Elan vital*, Ausst.-Kat., 90–103; Rumold, Rainer (2004): *»Painting as Language. Why not?« Carl Einstein in Documents*, in: *October* 107, 75–94.

[38] Einstein, Carl (1996a): *Methodische Aphorismen*, in: ders.: *Werke. Band 3. 1929-1940*, Berlin, 532–536, hier 535. [Orig.: *Aphorismes méthodiques*, in: *Documents* 1 (1929), 32–34.].

[39] Ebd., 536.

Bildes geteilt und der Eindruck durch die Heterogenität der Wörter zerstört wird.[40]

Konsequenterweise macht Einstein daher selbst auch niemals Bildbeschreibungen, sondern setzt vielmehr eine Bildrhetorik ein, die unabhängig und zusätzlich zu seinen kunsthistorischen Texten als ›simultane Kraft‹ operiert. Seinen kurzen Beitrag *Exposition de sculpture moderne*, der eine kritische Auseinandersetzung mit neo-klassizistischen Tendenzen in der zeitgenössischen Kunst enthält, bebildert Einstein zum Beispiel nicht allein mit den Werken der von ihm »mit Sympathie«[41] unter anderen angeführten Künstler Constantin Brancusi oder Jacques Lipchitz, sondern auch mit einer chinesischen Bronzeverzierung sowie einer zufällig entdeckten ›Skulptur‹, genauer gesagt einem an ein Gesicht im Profil erinnernden anthropomorphen Kieselstein, der laut Bildunterschrift am Strand aufgesammelt wurde und aus der *Coll. Carl Einstein* stammt (Abb. 9).[42]

Abb. 9: Abbildung zum Artikel *Exposition de sculpture moderne* von Carl Einstein, in: *Documents* 7 (1929), 392.

[40] Einstein, Carl (1996c): *Anmerkungen zum Kubismus*, in: ders.: *Werke. Bd. 3, 1929–1940*, Berlin, 546–553, hier 546. [Orig.: *Notes sur le cubisme*, in: *Documents* 3 (1929), 146–155.].
[41] Einstein, Carl (1929): *Exposition de sculpture moderne*, in: *Documents* 7, 391–395, hier 391: »Nous citons avec sympathie Lipschitz [!], Laurens, Brancousi [!] et Giacometti.«
[42] Ebd., 392.

Nur ein offener oder ›wilder‹ Blick im oben beschriebenen Sinn kann die Wahrnehmung einer solchen ›Skulptur‹ überhaupt zulassen. In einem Text über André Masson spricht Einstein in diesem Zusammenhang auch von »halluzinatorischen Kräften«.[43] Dieses imaginative Moment liegt für Einstein in einem sprachlich unvermittelten und somit aktiv gestaltenden Sehen, das Formen und Affekte der Rezeption selbst erzeugt und nicht einfach als Prädisposition aufzeichnet. Darin sieht der Kunsthistoriker eine Möglichkeit,

> das, was man Realität nennt, mit Hilfe nicht angepaßter Halluzinationen zu erschüttern, um so die Werthierarchien des Wirklichen zu verändern. Halluzinatorische Kräfte schlagen eine Bresche in die Ordnung mechanischer Abläufe; sie schieben »a-kausale« Blöcke in diese Realität, die man absurderweise für die einzig bestehende hält.[44]

In diesem verstörenden Moment der spontanen, ›a-kausalen‹ Wahrnehmung liegt für Einstein somit das Potenzial für andere, nicht-begrifflich konstruierte Modelle von Wirklichkeit und deren Erkenntnis. So könne die Einzigartigkeit und Besonderheit einer Sache bzw. ihrer sinnlichen Erfahrung niemals durch die Abstraktion einer Beschreibung erfasst werden, da diese immer auf Konventionen und Metaphern zurückgreifen müsse. In Einsteins Wörterbuch-Eintrag *Nachtigall* wird dementsprechend erläutert, dass es sich dabei in nur seltenen Fällen um einen Vogel handle, sondern vielmehr um einen Gemeinplatz, da man »mit Hilfe von Wörtern weniger einen Gegenstand als eine verschwommene Meinung« bezeichne und diese »Versteinerungen […] in uns mechanische Reaktionen hervorrufen« würden.[45]

Gegen die von Einstein kritisierte ›mechanische Reaktion‹ wird im *Kritischen Wörterbuch* eine affektive Reaktion gestellt, die insbesondere durch das Bildmaterial der Rubrik erzeugt wird. Die in das *Dictionnaire* ab seiner dritten Ausgabe integrierten Bilder erweisen sich als ähnlich willkürlich, unvollständig und unpassend wie die Auswahl der Begriffseinträge, wie oben bereits angedeutet wurde. Sie beziehen sich zwar direkt oder assoziativ auf die Begriffseinträge, funktionieren aber nicht als Illustrationen oder Erläuterungen von deren Inhalten, so wie es in solchen Nachschlagewerken üblich wäre. Auf einer Doppelseite zwischen den Einträgen des Wörterbuches der fünften *Documents*-Ausgabe von 1929 sind zum Beispiel Abbildungen eines Kamelkalbes mit seiner Mutter, einer Berliner Pelzausstellung, eines um ein Krokodil geschlungenen

---

[43] Einstein, Carl (1996b): *André Masson. Eine ethnologische Untersuchung*, in: ders.: *Werke. Bd. 3. 1929–1940*, Berlin, 539–543. [Orig.: André Masson: *étude ethnologique*, in: *Documents* 2 (1929), 93–102.].
[44] Ebd., 539.
[45] Einstein, Carl (2005): *Nachtigall*, in: Kiesow/Schmidgen, *Kritisches Wörterbuch*, 8–10, hier 8. [Orig.: *Rossignol*, in: *Documents* 2 (1929), 117–118.].

Pythons, eines aus den Pariser Schlagzeilen bekannten Mörders vor Gericht sowie eines Plakates und einer Filmaufnahme des zeitgenössischen amerikanischen Tonfilms zu sehen (Abb. 10). Durch die Angabe von Seitenzahlen oder direkte Zitate aus den Lemmata des Wörterbuches werden die Bilder in ihren Beschriftungen zwar den Einträgen *Kamel, Mensch, Reptilien, Unglück* sowie *Talkie*[46] zugeordnet, dennoch wird mit dem logischen Zusammenhang von Bild und Text gebrochen bzw. werden gerade nicht erläuternde Darstellungen oder besonders typische Exemplare der genannten Begriffe gezeigt. Vielmehr wird durch die Bildzusammenstellung ein breites Feld an Assoziationen zwischen diesen unterschiedlichen Bereichen eröffnet, wobei gerade das Grausame, Brutale und Extreme als verbindende Elemente betont werden. Durch die Konfrontation von Kamel und Pelzträgerin wird auf die »Millionen Tiere[], die der Mensch jedes Jahr abschlachtet« hingewiesen, wie dieser im gleichnamigen Artikel näher bestimmt wird.[47] Die sich tödlich um den Kopf des Krokodils gewundene Schlange wird dem Mörder Crépin gegenübergestellt, der »nachdem er seine Geliebte und seinen Rivalen mit Gewehrschüssen getötet hatte und sich dann mit einem dritten Schuß aus seiner Waffe selbst umbringen wollte, wobei er Nase und Mund verlor«, wie man aus dem Eintrag *Unglück* erfährt.[48]

Die Tatsache, dass der Verbrecher infolge ertaubte, eröffnet wiederum einen makabren Bezug zu den beiden Filmreferenzen, die als Beispiel für den Tonfilm und dessen im Text diskutierten besonderen Potenzial zur sinnlichen Anregung angeführt werden. Dass die gezeigte Schauspielerin zudem im Pelz zu sehen ist, schließt schließlich den Bogen zurück zu Kamel und Kürschnerausstellung, ohne dass ein derartiger logischer Zusammenhang der Begriffe respektive Abbildungen tatsächlich hergestellt werden könnte. In manchen Fällen scheint das Bildmaterial den Texteinträgen sogar vorauszugehen und dazu zu dienen, möglichst entlegene Bedeutungsfacetten eines Begriffes zu entfalten, wenn zum Beispiel Abbildungen eines mit Kleid und Perlenkette angezogenen Schimpansen sowie eines Fisches auf der Jagd nach kleineren Fischen dem Artikel *Raum* zur Seite gestellt werden und es in dem Text entsprechend in Frage gestellt wird, »daß ein Affe in Frauenkleidern nur eine der Teilungen des Raumes sei« oder »daß es unpassend ist zu behaupten, der Raum könne zu einem Fisch werden, der einen anderen vertilgt«.[49]

---

[46] Hiermit ist die gerade neu verbreitete Technologie des Tonfilms gemeint.
[47] O. A. (2005): *Mensch*, in: Kiesow/Schmidgen, *Kritisches Wörterbuch*, 25–28, hier 25. [Orig.: *Homme*, in: *Documents* 5 (1929), 275.].
[48] Bataille, Georges (2005b): *Unglück*, in: Kiesow/Schmidgen, *Kritisches Wörterbuch*, 28–29, hier 29. [Orig.: *Malheur*, in: *Documents* 5 (1929), 275–278.].
[49] Bataille, Georges/Dandieu, Arnaud (2005): *Raum*, in: Kiesow/Schmidgen, *Kritisches Wörterbuch*, 47–51. [Orig.: *Espace*, in: *Documents* 1 (1930), 41–44.].

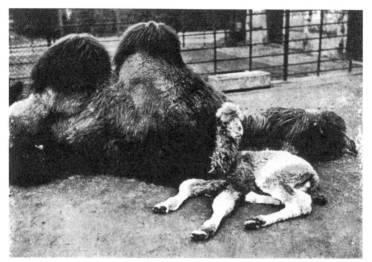

Chameaux. - Jardin zoologique d'Amsterdam (p. 275).

"¿des millions d'animaux que l'homme massacre... " (p. 275).
Renards argentés à l'Exposition de la Fourrure, à Berlin (1928).

320   *La volonté de chance*

Crocodile et python. Inde (p. 278)

Le meurtrier Crépin aux Assises de l'Oise (p. 278)

Cliché publicitaire du film sonore
" Les nouvelles vierges " (p. 278)

Betty Compson dans le film parlant
". Weary River " (p. 278)

Abb. 10 (li. u. re.): Doppelseite mit Abbildungen zu den Artikeln *Chameau, Homme, Malheur, Reptiles* und *Talkie*, in: *Documents* 5 (1929), 276–277.

Wenn die gezeigten Bilder des *Dictionnaire* als Illustrationen verstanden werden können, dann in dem Sinn, dass sie dessen Willkür und Abwegigkeit veranschaulichen und mit ihren ›halluzinatorischen Kräften‹ – im Sinne Einsteins – ›a-kausale‹ Blöcke in die Realität und deren mechanische Ordnungsmodelle schlagen können. In einem der bekanntesten Lemma, jenem zum Begriff *Form-*

los [*Informe*] benennt Bataille die Funktion des Wörterbuches letztlich darin, »nicht mehr den Sinn, sondern die Verrichtungen der Wörter [zu] verzeichnen.«[50] Diese ›Verrichtungen‹ [*besognes*] spielen auf den aktiven Produktionsprozess von Darstellungen an. Das ›Gestaltlose‹, Unmögliche oder Monströse als Ausdruck des Nicht-Klassifizierbaren oder Anti-Kategorialen setzt dabei die Idee der repräsentativen Ähnlichkeit außer Kraft und stellt stattdessen die Beziehung zwischen Inhalt und Form durch eine assoziative bzw. affektive Verbindung her. Wie der Schock wird dadurch die gewohnte Ordnung von Zeichen und Bezeichneten unterbrochen, wodurch jedoch gerade in diesem Moment der Verstörung neue Bedeutungsebenen freigesetzt werden, die auf das Abwegige im menschlichen Bewusstsein abzielen.

3 Zufall und Erkenntnis oder *Der Wille zur Chance*

Die zwangsläufige Selektivität, die beunruhigende Unvollständigkeit und die Störung der geläufigen symbolischen Ordnung sowie das gegenseitige Einschreiben und Überschreiben der Bild- und Textinhalte im *Kritischen Wörterbuch* eröffnen somit die Möglichkeit des offenen oder auch zufälligen Blickes, wie ihn Bataille und Einstein theoretisch beschrieben haben. Gegen die vermeintliche Objektivität von Begriffsdefinitionen wird eine radikale und ›schockierende‹ Subjektivität gesetzt. Dass das Irren und die Fehlerhaftigkeit in jedem Wörterbuch nicht nur unumgänglich, sondern vor allem menschlich ist, wird nicht zuletzt dadurch unterstrichen, dass sich gerade das Stichwort *Mensch* in zwei verschiedenen Ausgaben von *Documents* findet – es kommt also doppelt und jeweils mit völlig unterschiedlichen Definitionen und zudem ohne Angabe von Autoren vor.[51] Dass das Irren im Sinne eines unerwarteten Ereignisses oder einer Abweichung von standardisierten Vorgängen der Wissenserzeugung jedoch auch »der Mutterschoss des Erkennens« sein kann, bemerkte Friedrich Nietzsche, der für Georges Batailles Philosophie von zentralem Einfluss war.[52] In seinem 1995 erschienenen Buch *La ressemblance informe ou le gai savoir visuel selon Georges Bataille* hat Georges Didi-Huberman in diesem Zusammenhang die Bedeutung des Bildmaterials in *Documents* näher untersucht.[53] Die beschriebene unmittelbare Erfahrung von Bildern als eine Form der Wissensaneig-

---

[50] Bataille, Georges (2005e): *Formlos*, in: Kiesow/Schmidgen, *Kritisches Wörterbuch*, 44–45, hier 44. [Orig.: *Informe*, in: *Documents* 7 (1929), 382.].
[51] O. A. (2005): *Mensch*, in: Kiesow/Schmidgen, *Kritisches Wörterbuch*, 15 u. 25–28. [Orig.: *Homme*, in: *Documents* 4 (1929), 215 u. 5 (1929), 275.].
[52] Friedrich Nietzsche zit. n.: Schmidgen, *Nachwort*, 109.
[53] Didi-Huberman, Georges (2010): *Formlose Ähnlichkeit oder die Fröhliche Wissenschaft des Visuellen nach Georges Bataille*, München [Orig.: *La ressemblance informe, ou Le gai savoir visuel selon Georges Bataille*, Paris 1995.].

nung hat Didi-Huberman in Anlehnung an Nietzsches Konzept einer ›fröhlichen Wissenschaft‹[54] als *gai savoir visuel* – also eine ›fröhliche Wissenschaft des Visuellen‹ – auf einen theoretischen Begriff gebracht. Nietzsches freie Sammlung von Aphorismen sollte das Leben selbst mit all seinen gleichzeitigen und widersprüchlichen Perspektiven als maximale Freiheit des Denkens abbilden. Gerade in der Verstricktheit von unterschiedlichen Bedeutungen sieht er das Erkenntnispotenzial der ›fröhlichen Wissenschaft‹, die sich auch auf unerwartete und unbekannte Erfahrungen von Wissen einlässt. Didi-Huberman stellt in der bildlichen Fülle und den damit verbundenen Widersprüchen in *Documents* einen ähnlichen epistemologischen Anspruch fest. Er spricht von den dort abgebildeten ›Dokumenten‹ als *non-savoir*, da man diese nicht mit den üblichen Konzepten von Wissen erfassen könne, sondern diese vielmehr schockartig als Unfall oder Zufall in konventionelle Ordnungsmodelle von Welt einbrächen:

> Die Verbindung dieser Motive [...] erlaubt uns meiner Ansicht nach zu erfassen, was ich den springenden Punkt der ganzen *Fröhlichen Wissenschaft* bei Bataille bezeichnen würde: *die Souveränität des Zufalls.*[...] Das ist auch das letztendliche Ziel seiner nicht-stabilisierten Haltung im Bereich der Erkenntnis mit seinem Versuch, eine notwendigerweise transgressive Erkenntnis des *Nichtwissens* hervorzubringen, eine Erkenntnis als Zufall/Unfall/Akzidens des Wissens [...].[55]

Der Kern der ›fröhlichen Wissenschaft des Visuellen‹ kann somit in der Bereitschaft verortet werden, die souveräne Überlegenheit des Zufälligen zuzulassen und sich auf den Zusammenstoß mit dem Irritierenden, Verstörenden und Unvermuteten einzulassen. Bataille selbst hat auf diesen Zusammenhang von Zufall, Schock und Erkenntnis hingewiesen, indem er seine Auseinandersetzung *Sur Nietzsche* in Anlehnung zu und Abgrenzung von dessen ›Willen zur Macht‹ mit *Volonté de chance* betitelt hat.[56] Das Buch stellt dabei weniger eine Abhandlung *über* Nietzsche als eine poetische Beschreibung von Batailles eigener Philosophie dar, die von Nietzsche angeregt wurde bzw. über diesen hinausgehen möchte. Der ›Wille zum Zufall‹ ist letztlich als Überwindung des ›Willens zur Macht‹ zu verstehen, da die *chance* mit ihrem zufälligen und inkohärenten Moment

---

[54] Nietzsche, Friedrich (2013 [1882/1887]): *Die fröhliche Wissenschaft*, Hamburg.
[55] Didi-Huberman, *Formlose Ähnlichkeit*, 340–341, Herv.i.O.
[56] Bataille, Georges (2005a): *Nietzsche und der Wille zur Chance*, Berlin. [Orig.: *Sur Nietzsche. Volonté de chance*, Paris 1945.] Die deutsche Übersetzung von *chance* als ›Chance‹ ist dabei nicht unproblematisch, da der französische Begriff auch Bedeutungsebenen wie ›Glück‹ und ›Zufall‹ beinhaltet, während mit dem deutschen Ausdruck eher eine glückliche Gelegenheit oder besondere Erfolgsaussichten verbunden werden.

[...] ein überraschendes Gleichgewicht herbeiführen [kann]: diesen göttlichen Zustand der Ausgewogenheit, der in unerschrockenem und unaufhörlichem Freimut, die tiefe, seiltänzerisch gewagte Disharmonie zum Ausdruck bringt [...].⁵⁷

Im Paradox des Verzichts auf das Wollen an sich, also der Abwesenheit von Zweck und Ziel des menschlichen Strebens nach Wissen, entfalte sich die souveräne Freiheit, tatsächlich *alle*, auch die nicht-denkbaren, unvorhersehbaren und nicht-abbildbaren Möglichkeiten des Erkennens zu erfahren.

In den bereits 15 Jahre vor Batailles theoretischer Auseinandersetzung mit Nietzsche entstandenen *Documents* wird das Verständnis einer wortwörtlich zufallenden Erkenntnis bzw. Erfahrung des Visuellen in verschiedenen Texten thematisiert, aber vor allem durch das integrierte Bildmaterial als gezieltes ästhetisches Verfahren eingesetzt. Bei der beschriebenen Anlehnung an die Archäologie als einer Wissenschaft, in welcher der Zufall konstitutiv für die Bestimmung und methodologische Verortung des Forschungsgegenstandes ist, bei Batailles Vorstellung von der nachträglichen ›Entdeckung‹ der Form in der kindlichen Zeichnung und Einsteins Beschreibung der ›halluzinatorischen Kräfte‹ zur Betrachtung von Kunstwerken sowie bei der Begriffskritik im *Dictionnaire* handelt es sich um Modelle der visuellen, prälogischen Erfahrung der Dinge, die vor dem Konzept oder der Theorie kommt und dadurch das sinnlich-affektive Rezipieren vor das geistig-rationale stellt. Im radikalen Angriff auf kausale, logische und geschlossene Wissensmodelle werden Vorstellungen von Unvorhersehbarkeit, Unmittelbarkeit und Kontingenz als Leitprinzipien mit all ihren Widersprüchlichkeiten versinnbilichlicht. Die ›schockierende‹ visuelle Begegnung als verstörende und unvorhersehbare Erfahrung wird in der Zeitschrift als ästhetisches Verfahren eingesetzt, um in die traditionelle Wissenschaft und ihre Begriffsdefinitionen einzubrechen. Mit der Sichtbarmachung und extremen Inszenierung der Willkür und Künstlichkeit von Formen der logischen oder repräsentativen Darstellung, die die Individualität und Unvergleichbarkeit der einzelnen Dinge immer nur verkürzen, verschlüsseln und relativieren kann, wird schließlich Kultur an sich als unabschließbarer, emotional aufgeladener Zeichenprozess ausgewiesen. In diesem Prozess sind alle Möglichkeiten offen, die allein dann ausgeschöpft werden können, wenn man sich auf den riskanten Seiltanz des Unvorhersehbaren oder ›Unvorherdenkbaren‹ einlässt. Schockierende, monströse und irritierende Erfahrungen werden dabei als positiv und besonders effektiv ausgewiesen, da sie durch ihre affektive Ansprache konventionelle ästhetische und moralische Ordnungen verstören und dabei neue Räume von Erkenntnis aufspannen können.

---

⁵⁷ Bataille, *Nietzsche*, 26.

Bibliografie

Art. kontingent/Kontingenz (2000): in: *Enzyklopädie Philosophie und Wissenschaftstheorie*, Bd. 2, Stuttgart/Weimar, 455.
Baron, Jacques (2005): *Krustentiere*, in: Kiesow, Rainer Maria/Schmidgen, Henning (Hg.): *Kritisches Wörterbuch. Beiträge von Georges Bataille, Carl Einstein, Marcel Griaule, Michel Leiris, u.a.*, Berlin, 37–38.
Bataille, Georges (1930): *L'art primitif*, in: *Documents* 7, 389–397.
— (1994): *Die Abweichungen der Natur*, in: Gaßner, Hubertus (Hg.): *Elan vital oder Das Auge des Eros*, Ausst.-Kat. Haus der Kunst, München, 504–505.
— (2005a): *Nietzsche und der Wille zur Chance*, Berlin.
— (2005b): *Unglück*, in: Kiesow, Rainer Maria/Schmidgen, Henning (Hg.): *Kritisches Wörterbuch. Beiträge von Georges Bataille, Carl Einstein, Marcel Griaule, Michel Leiris, u.a.*, Berlin, 28–29.
— (2005c): *Fabrikschornstein*, in: Kiesow, Rainer Maria/Schmidgen, Henning (Hg.): *Kritisches Wörterbuch. Beiträge von Georges Bataille, Carl Einstein, Marcel Griaule, Michel Leiris, u.a.*, Berlin, 33–37.
— (2005d): *Schlachthof*, in: Kiesow, Rainer Maria/Schmidgen, Henning (Hg.): *Kritisches Wörterbuch. Beiträge von Georges Bataille, Carl Einstein, Marcel Griaule, Michel Leiris, u.a.*, Berlin, 33.
— (2005e): *Formlos*, in: Kiesow, Rainer Maria/Schmidgen, Henning (Hg.): *Kritisches Wörterbuch. Beiträge von Georges Bataille, Carl Einstein, Marcel Griaule, Michel Leiris, u.a.*, Berlin, 44–45.
—/Dandieu, Arnaud (2005): *Raum*, in: Kiesow, Rainer Maria/Schmidgen, Henning (Hg.): *Kritisches Wörterbuch. Beiträge von Georges Bataille, Carl Einstein, Marcel Griaule, Michel Leiris, u.a.*, Berlin, 47–51.
Benjamin, Walter (1974 [1939/1940]): *Über einige Motive bei Baudelaire*, in: ders.: *Gesammelte Schriften*, Bd. I.2, Frankfurt a.M., 607–653.
— (1977 [1936]): *Das Kunstwerk im Zeitalter seiner technischen Reproduzierbarkeit*, Frankfurt a.M., 36–41.
Clifford, James (1988): *On ethnographic surrealism*, in: ders.: *The predicament of culture. Twentieth-century ethnography, literature, and art*, Cambridge, MA, 117–151.
Deonna, Waldemar (1912): *L'Archéologie. Sa valeur, ses méthodes*, 3 Bde., Paris.
Didi-Huberman, Georges (1994): *Pensée par image, pensée dialectique, pensée altérante. L'enfance de l'art selon Georges Bataille*, in: *Les Cahiers du Musée National d'Art Moderne* 50, 4–29.
— (2010): *Formlose Ähnlichkeit oder die Fröhliche Wissenschaft des Visuellen nach Georges Bataille*, München.
Einstein, Carl (1929): *Exposition de sculpture moderne*, in: *Documents* 7, 391–395.
— (1996a): *Methodische Aphorismen*, in: ders.: *Werke, Band 3: 1929-1940*, Berlin, 532–536.
— (1996b): *André Masson. Eine ethnologische Untersuchung*, in: ders.: *Werke, Band 3: 1929-1940*, Berlin, 539–543.
— (1996c): *Anmerkungen zum Kubismus*, in: ders.: *Werke. Band 3. 1929-1940*, Berlin, 546–553.

— (2005): *Nachtigall*, in: Kiesow, Rainer Maria/Schmidgen, Henning (Hg.): *Kritisches Wörterbuch. Beiträge von Georges Bataille, Carl Einstein, Marcel Griaule, Michel Leiris, u.a.*, Berlin, 8–10.
Fleckner, Uwe (2005): *Der Kampf visueller Erfahrungen. Surrealistische Bildrhetorik und photographischer Essay in Carl Einsteins Zeitschrift »Documents«*, in: Schneede, Uwe M. (Hg.): *Begierde im Blick: Surrealistische Photographie*, Ausst.-Kat. Hamburger Kunsthalle, Ostfildern-Ruit, 23–31.
Fritz, Elisabeth (2014): *Authentizität – Partizipation – Spektakel. Mediale Experimente mit »echten Menschen« in der zeitgenössischen Kunst*, Köln/Weimar/Wien.
Gaßner, Hubertus (Hg.) (1994): *Elan vital oder Das Auge des Eros*, Ausst.-Kat. Haus der Kunst, München.
Griaule, Marcel/Leiris, Michel/Bataille, Georges (2005): *Metamorphose*, in: Kiesow, Rainer Maria/Schmidgen, Henning (Hg.): *Kritisches Wörterbuch. Beiträge von Georges Bataille, Carl Einstein, Marcel Griaule, Michel Leiris, u.a.*, Berlin, 38–40.
Günzel, Stephan (2007): *Raum – Topographie – Topologie*, in: ders. (Hg.): *Topologie. Zur Raumbeschreibung in den Kultur- und Medienwissenschaften*, Bielefeld, 13–29.
Hollier, Denis (Hg.) (1991): *Documents, année 1929 et 1930, 2 volumes*, Paris. [Reprint in 2 Bde.].
— (1994): *Der Gebrauchswert des Unmöglichen: Schönheit wird unwiederbringlich oder gar nicht sein*, in: Gaßner, Hubertus (Hg.): *Elan vital oder Das Auge des Eros*, Ausst.-Kat. Haus der Kunst, München, 76–89.
Kiefer, Klaus H. (1994): *Die Ethnologisierung des kunstkritischen Diskurses: Carl Einsteins Beitrag zu »Documents«*, in: Gaßner, Hubertus (Hg.): *Elan vital oder Das Auge des Eros*, Ausst.-Kat. Haus der Kunst, München, 90–103.
Kiesow, Rainer Maria/Schmidgen, Henning (Hg.) (2005): *Kritisches Wörterbuch. Beiträge von Georges Bataille, Carl Einstein, Marcel Griaule, Michel Leiris, u.a.*, Berlin.
Kranzfelder, Ivo (2005): *»Nur die Versuchung ist göttlich«. Zum Gebrauch der Photographie durch die Surrealisten*, in: Uwe M. Schneede (Hg.): *Begierde im Blick: Surrealistische Photographie*, Ausst.-Kat. Hamburger Kunsthalle, Ostfildern-Ruit, 15–22.
Léger, Fernand (1971): *Über den Film*, in: ders.: *Mensch. Maschine. Malerei*, Bern, 194–198.
Leiris, Michel (^{2}1981): *Von dem unmöglichen Bataille zu den unmöglichen Documents*, in: ders.: *Das Auge des Ethnographen. Ethnologische Schriften II*, Frankfurt a.M., 67–76.
Lindner, Ines (2002): *Demontage in Documents*, in: Andriopoulos, Stefan/Dotzler, Bernhard J. (Hg.): *1929. Beiträge zur Archäologie der Medien*, Frankfurt a.M., 110–131.
Meister, Carolin (2004): *Documents: Zur archäologischen Aktivität des Surrealismus*, in: Ebeling, Knut/Altekamp, Stefan (Hg.): *Die Aktualität des Archäologischen in Wissenschaft, Medien und Künsten*, Frankfurt a.M., 283–305.
Nietzsche, Friedrich (2013 [1882/1887]): *Die fröhliche Wissenschaft*, Hamburg.
o. A. (2005): *Mensch*, in: Kiesow, Rainer Maria/Schmidgen, Henning (Hg.): *Kritisches Wörterbuch. Beiträge von Georges Bataille, Carl Einstein, Marcel Griaule, Michel Leiris, u.a.*, Berlin, 15 u. 25–28.
Reichenbach, Hans (1929): *Crise de la Causalité*, in: *Documents* 2, 105–108.

Rumold, Rainer (2004): *»Painting as Language. Why not?« Carl Einstein in Documents*, in: *October* 107, 75–94.
Schneede, Uwe M. (Hg.) (2005): *Begierde im Blick: Surrealistische Photographie*, Ausst.-Kat. Hamburger Kunsthalle, Ostfildern-Ruit.
Zelle, Carsten (2006): *Schrecken/Schock*, in: Barck, Karlheinz/u.a. (Hg.): *Ästhetische Grundbegriffe*, Bd. 5, Stuttgart/Weimar, 436–446.

Quelle sämtlicher Abbildungen:

Hollier, Denis (1991) (Hg.): *Documents, année 1929 et 1930, 2 volumes*, Paris. [Reprint in 2 Bde.].

ANKE HENNIG

Die Kinoidee Osip Briks und das ›emotionale Szenarium‹

Im Mittelpunkt der folgenden Überlegungen steht die Konzeption des Kinoszenariums, wie sie Osip Brik 1936 in dem Sammelband *Wie wir am Kinoszenarium arbeiten (Kak my rabotaem nad kinoscenariem)*[1] beschreibt.[2] Briks Standpunkte im Hinblick auf den Stellenwert und die Eigenständigkeit des Drehbuchs stehen dabei dezidiert den Positionen der Kinodramaturgie der 1930er-Jahre entgegen, weshalb seine noch in den 1920er-Jahren verankerten Ansätze als veraltet kritisiert werden. Nach einer ersten Darstellung dieser Kontroverse soll näher auf ein Beispiel eingegangen werden, das Brik anhand einer eigenen Arbeit, dem Szenarium *Potomok Čingiz Chana (Der Erbe Čingiz Chans*, dt. Verleihtitel: *Sturm über Asien)*, diskutiert. Er lenkt dabei die Aufmerksamkeit speziell auf das Ende, an dem bedeutende Unterschiede zwischen den Drehbuchkonzepten der 1920er- und 1930er-Jahre anschaulich werden. Abschließend wird ein Aspekt in der Szenarientheorie Briks erörtert, der ebenfalls im Widerspruch zum Konzept der Kinodramaturgie der 1930er-Jahre steht, jedoch auf ein Problem hinweist, welches in den zwanziger Jahren noch nicht behandelt werden konnte: Das Fehlen einer theoretischen Auseinandersetzung mit dem Film in seinem Verhältnis zur Realität. Den historischen Ort dieses Problems zu bestimmen, ist äußerst schwierig, da gerade in seiner Ungelöstheit die Voraussetzung für die Existenz der Theorie der Kinodramaturgie selbst liegt. Die Relevanz dieser Problemlage

---

[1] Brik, Osip (1936): *Iz teorii i praktiki scenarista. Kak my rabotaem nad kinoscenariem (Aus Theorie und Praxis des Szenaristen. Wie wir am Kinoszenarium arbeiten)*, Moskau, 41–53.

[2] Teile des vorliegenden Artikels wurden 2010 unter folgendem russischen Titel veröffentlicht: *Kak my rabotaem nad kinoscenariem. Vzgljady O. Brika v kontekste kinodramaturgii 1930ych godov (Wie wir am Kinoszenarium arbeiten. Die Ansichten O. Briks im Kontext der Kinodramaturgie der 1930er-Jahre)*, in: Vekšin, Georgij (Hg.): *Poetika i fonostilistika. Brikovskij sbornik. Vypusk 1. Materialy meždunarodnoj naučnoj konferencii »I-e Brikovskie čtenija: Poetika i fonostilistika«, Moskovskij gosudarstvennij universitet pečati, Moskva, 10–12 fevralja 2010 goda (Poetics and Phonostylistics. Osip Brik: In memoriam. Volume 1. Papers of the Ist Osip Brik International Colloquium held at the Moscow State University of Printing Arts, February 10–12, 2010)*, Moskau, 402–406. Einige der in diesem Beitrag zitierten unselbständigen Schriften können nur ohne Seitenangaben angeführt werden. Übersetzung des vorliegenden Beitrages sowie der in Klammern gesetzten Autorentitel und Zitate von Julia Riedl.

kommt besonders in der viel diskutierten Streitfrage über Existenz oder Inexistenz einer *Kinoidee* zum Ausdruck. An dieser Stelle lässt sich abschließend zeigen, dass sich im Gegensatz zur Kinodramaturgie der 1930er-Jahre, die davon ausgeht, dass die Idee im Szenarium die Idee des Films sein muss, die Kinoidee auf einem engen Spannungsverhältnis zwischen einer Literarizität des Szenariums und der kinematografischen Ästhetik basiert. In solchen Zwischenräumen werden rezeptive Emotionen und Erfahrungswerte (des Regisseurs beim Lesen des Szenariums) als für den Film produktive frei, die zum Beispiel am Konzept eines emotionalen Drehbuchs verhandelt werden.

1 Kontroversen zwischen den Szenarientheorien der 1920er- und 1930er-Jahre

Brik konzentriert sich in seiner Polemik besonders auf umstrittene Positionen in der Szenarientheorie: Konkret ist das die Frage, ob das Szenarium ein eigenständiges künstlerisches Werk darstellt oder nicht und ob das Szenarium demzufolge als literarisches Werk anerkannt werden kann. In den Worten Briks ist das Szenarium das Projekt eines zukünftigen Filmes.[3] Für ihn folgt daraus, dass es selbst kein künstlerisches Werk darstellt, sondern nur die Vorstufe eines solchen, und zwar des Films. Dies entspricht der Szenarientheorie der 1920er-Jahre, in der das Szenarium als *Halbfabrikat* charakterisiert wurde und als eines der Stadien im Entstehungsprozess eines Filmes galt.[4] Brik nimmt daher 1936 nicht mehr die radikalste Position ein, der zufolge dem Szenarium, wiewohl es das Projekt eines Filmes bestimme, keinerlei determinierende Kraft innewohne, so dass nicht einmal das Sujet eines Filmes vom Szenarium vorbestimmt werde, sondern de facto aus dem fertigen Film abgeschrieben werden müsse.[5] Dem folgend, besteht Brik weiterhin darauf, dass das Szenarium im Film aufgehe, d.h. dass es sich im Film auflöse und seine materielle Realisation einzig und allein im Film finden könne und in keiner Weise eigenständig als ein literarischer Text. Doch die Kinodramaturgie entwickelte sich in eine andere Richtung[6] (und auch die Position Briks

---

[3] Brik, *Iz teorii i praktiki scenarista* (*Aus Theorie und Praxis des Szenaristen*), 43.
[4] Tret'jakov, Sergej (1925): *Scenarnoe chiščničestvo* (*Der dramaturgische Raubbau*), in: *Kinožurnal ARK* 10, o.S.
[5] Brik, Osip (1927): *Po suščestvu scenarnogo krizisa* (*Zum Wesen der Szenariumskrise*), in: *Sovetskoe kino* 8-9.
[6] »Die Kinodramaturgie wurde als Grundlage der Filmproduktion und als Herzenssache des Schriftstellers anerkannt. Literarische Monatsschriften fingen an, Szenarien zu drucken.« Otten [Potašinskij], Nikolaj (1936): *Prevraščenija odnogo scenarija (Die Transformationen eines Szenariums)*, in: *Iskusstvo kino* 9, 7–11, hier 7.

selbst änderte sich alsbald)[7]: Man rief das Szenarium zur Grundlage des Films aus und sprach ihm eine Eigenständigkeit gegenüber der Kinodramaturgie zu. Im Vorwort des Sammelbandes *Wie wir am Kinoszenarium arbeiten* wird gerade dieser Punkt von Ivan Popov abgehandelt. Brik selbst hatte als Beispiel die architektonische Zeichnung genannt, die nicht zu den Werken der Malerei zu zählen sei, da sie lediglich eine Stufe des Schaffensprozesses in der Architektur darstelle. Popov hält ihm in seinem Vorwort das Lesedrama entgegen, das sich im 19. Jahrhundert entwickelte und, wenngleich es nur ein Stadium im kreativen Prozess des Theaters darstelle, in der Folge tatsächliche Autonomie erlangte.[8] Ungeachtet der Unterschiede zwischen den Künsten, Malerei, Architektur, Theater und Film sind zwei Punkte in dieser Diskussion von allgemeinem Interesse. Einerseits ignoriert Brik mit seiner Position die zeichenhafte Natur der Sprache, die gerade darin besteht, dass alle Medien zum Inhalt ihrer arbiträren Zeichen werden können. Speziell diese Indifferenz in Bezug auf ihren Inhalt ist für die Sprache charakteristisch und wurde oft als Grund dafür angeführt, dass zwischen den Künsten einzig und allein die Sprache eine Synthese zu schaffen vermag. Andererseits kann man Brik auch aus der Perspektive der Geschichte der bildenden Künste nicht zustimmen, da diese die Autonomisierung der einzelnen (Vor)Stadien des kreativen Prozesses beginnend mit dem 18. Jahrhundert bestätigt. D.h. in der modernen bildenden Kunst kann die Skizze eben gerade als eigenständiges Werk angesehen werden. Maßgeblich sind nun genau diese zwei

---

[7] Brik, Osip (1938): *O kritike scenarija (Über die Kritik des Szenariums)*, in: *Gazeta Kino*, 17.05.1938, o.S. Zwei Jahre später übernahm er bereits das Konzept der Eigenständigkeit des Szenariums und verlangte eine »Kritik des Szenariums«. Gerade in der Kritik muss das Szenarium seine Form der Materialisation oder Verwirklichung finden, die in einer Reihe mit dem Film stehen muss (in dem sich das Szenarium beim Drehen auflöst). Ende der 30er-Jahre beeinflusst die Erfolglosigkeit eines Films bereits nicht mehr die positive Beurteilung des Szenariums. Beispiele hierfür sind *Das Privatleben Petr Vinogradovs* (Častnaja žizn' Petra Vinogradova) von Lev Slavin (der Ende der 30er-Jahre bereits nicht mehr für die Literarizität seiner Szenarien kritisiert wird) und *Der Lehrer* (Učitel') von Evgenij Gabrilovič, dessen Szenarien als große Werke galten, obwohl die gleichnamigen Filme sich dessen nicht rühmen konnten. Vgl. Wejsfel'd, Il'ja (1939): *V sporach ob ›Učitel'e‹ (In Diskussionen über den Film ›Der Lehrer‹)*, in: *Iskusstvo kino* 2, o.S.

[8] Im Jahr 1938 verwendet Brik das gleiche Beispiel eines Theaterstücks: »Das Szenarium ist ein eigenständiges kreatives Werk, das der Regisseur gemeinsam mit dem Autor auf der Leinwand realisiert. [...] Das Szenarium ist einem Theaterstück gleichzustellen, das sich einer eigenständigen literarischen Existenz erfreut, außerhalb und bis zur Realisation. Der Verweis auf die Kinospezifik hat hiermit nichts zu tun: Das Theater ist nicht minder spezifisch«. Brik, *O kritike scenarija (Über die Kritik des Szenariums)*, o.S.

Aspekte, und zwar, dass im Szenarium 1) die Beziehung zweier Künste geregelt[9] und 2) die Rolle der einzelnen Stadien und Elemente des künstlerischen Prozesses bestimmt werden müssen.

Die Beziehung zwischen Literatur und Film in den dreißiger Jahren ist von einer klaren Vorherrschaft der Literatur gekennzeichnet.[10] Die Zweifel im Hinblick auf das historische Überleben der Literatur im Vergleich zur überwältigenden Ausdruckskraft des Kinos, die in den 1920er-Jahren von Boris Ėjchenbaum geäußert worden waren,[11] werden von einem großen Optimismus abgelöst, so etwa in den Worten Gor'kijs:»Dennoch scheint mir, der Literat wisse ein wenig mehr als der Regisseur. Er hat einen weiteren Blick.«[12] Als führende Kunst sind die Möglichkeiten der Literatur unbegrenzt und schließen, wie es Gor'kij hier ausdrückt, sogar die Fähigkeit zu sehen ein, die beim Schriftsteller umfassender entwickelt sei als beim Regisseur. Am Schluss werde ich nochmals auf diesen Punkt eingehen. Das Problem liegt hierbei, wie paradoxal dies auch klingen mag, nicht an der Metaphorik eines literarischen Sehens.[13] Das Problem besteht eher darin, dass das sowjetische Kino seine Eigenständigkeit in Bezug auf die Literatur und Kinodramaturgie gerade deshalb verlor, weil es unter keinen Umständen von seinen formalistischen Ansichten abrücken wollte, d.h. sich nie für seinen Inhalt interessierte,[14] keinen eigenen referentiellen Verweis auf die Welt aus-

---

[9] So schreibt er beispielsweise über die Szenarien von Majakovskij, sie wären Versuche, »Szenarien zu schaffen, in denen sich zwei Systeme von Ausdrucksmitteln vereinigen sollten«. Brik, Osip (1940a): *Majakovskij – scenarist* (*Majakovskij als Szenarist*), in: *Iskusstvo kino* 4, 8–9, hier 9.

[10] Dies führt zu ständigen Aufrufen von Schriftstellern zur Arbeit im Kino, die sich gleichermaßen ständig als erfolglos erweist. Beispielsweise begrüßt Brik in seinem Artikel *Za kinodramaturgiju* (*Für die Kinodramaturgie*) zwar den Aufruf der Schriftsteller, indem er für ihre Umorientierung in Kinodramaturgen stimmt. Im Artikel *O kritike scenarija* (*Über die Kritik des Szenariums*) konkretisiert er seine Ansicht dann dahingehend, dass er unter einem Schriftsteller keinen Literaten versteht, sondern das Prinzip der Autorschaft (ungeachtet dessen, wer sie erfüllt, Schriftsteller oder Kinodramaturg). Brik, Osip (1933a): *Za kinodramaturgiju* (*Für die Kinodramaturgie*), in: *Gazeta Kino*, 04.07.1933, o.S.; Brik, *O kritike scenarija* (*Über die Kritik des Szenariums*), o.S.

[11] Ėjchenbaum, Boris (1926): *Iskusstvo li kino?* (*Ist das Kino eine Kunst?*), in: *Gazeta Kino*, 09.03.1926, o.S.

[12] Gor'kij, Maksim (1938): *Scenarij iz žizni pervobytnogo obščestva* (*Ein Szenarium aus dem Leben der Urgesellschaft*), in: *Iskusstvo kino* 6, 40–41, hier 36.

[13] Zu den postphysischen Konzepten des Sehens siehe: Glanc, Tomaš (1999): *Videnie russkich avangardov* (*Die Vision der russischen Avantgarden*), Prag.

[14] Dagegen versteht Brik das Thema vom Ende des Werkes aus, nicht »wovon das Werk handelt«, sondern »weshalb es dem Zuseher gezeigt wird«. Brik, Osip (1933b): *O zanimatel'nosti* (*Über die Unterhaltsamkeit*), in: *Gazeta Kino*, 04.06.1933, o.S.

arbeitete und dem Sehen als der visuellen Substanz der Einstellung keine Beachtung schenkte.

Die Beziehung zwischen Literatur und Kino in den 1930er-Jahren wurde sorgfältig in den Diskussionen rund um die Literaturverfilmung ausgearbeitet. Ich möchte hier drei Positionen nennen. Die älteste von ihnen geht von der Identität des Werks und der Medien aus und lehnt es aufgrund dessen ab, die Möglichkeit einer Beziehung zwischen zwei Künsten in einem Werk anzuerkennen. Das Vorkommen zweier Künste in einem Werk zerstöre seine Identität, weshalb von einer Literaturverfilmung prinzipiell abgesehen werden müsse.[15] Aus demselben Grund folge aus der Notwendigkeit des Szenariums im Produktionsprozess eines Filmes keinesfalls, dass es ein eigenständiges Werk sei. Diesen Standpunkt vertrat zum Beispiel Pudovkin, und im Artikel Briks ist er ebenfalls anzutreffen. Jedoch wird diese Sichtweise bereits Anfang der 1930er-Jahre von einem anderen Konzept abgelöst, in dem Literatur und Kino einen Dualismus bilden, der sich in einem dialektischen Verhältnis zwischen Drehbuch und Film ausdrückt. Diese Sichtweise wurde erstmals von Michail Šnejder formuliert,[16] und tatsächlich ist diese für die Kinodramaturgie über den gesamten Zeitraum ihrer Existenz grundlegend, nämlich bis zum Ende der Sowjetunion. Ich werde auf seine Position etwas später zurückkommen. Hier wird der Gedanke zum Ausdruck gebracht, dass sich der unüberbrückbare Unterschied zwischen Drehbuch und Film nicht nivellieren lässt,[17] dementgegen soll dieser bis zu einem klaren Widerspruch vorangetrieben werden, damit der Konflikt der beiden Werke eine dialektische Form annehmen kann. Wie ich am Schluss zeigen möchte, entwickelt er sich als eine Dialektik der Form und des Inhalts, des Materials und des Ausdrucks, wobei zum Pol des Films die Form und die Ausdruckskraft gehören, und zum Pol des literarischen Szenariums der Inhalt und die Referenzialität. Die Bemerkungen Briks bezüglich der Notwendigkeit einer Kinoidee im kinodramaturgischen Schaffensprozess müssen in ebendiesem Kontext verstanden werden.

Die dritte Position möchte ich nur aus dem Grund nennen, da sie von Valentin Turkin im selben Sammelband *Wie wir am Kinoszenarium arbeiten*

---

[15] »[…] der literarische Gegenstand verarmt und auf jeden Fall verliert die Kinematographie«. Lučanskij, Michail (1935): *Chižina starogo Luvena* (*Die Hütte des alten Luven*), in: *Sovetskoe kino* 12, 40–44, hier 40.

[16] »Über das Szenarium, das in sich das Bild einschließt, wird aus dem Stoff der Realität ein Filmwerk. Über das Bild, das in sich das Szenarium einschließt, wird aus dem Kinomaterial Realität.« Šnejder, Michail (1934b): *Avtorskij scenarij* (*Das Autorenszenarium*), in: *Sovetskoe kino* 7, 6–18, hier 16. Nachfolgend zitiert als Šnejder, *Avtorskij scenarij* (*Das Autorenszenarium*) 2, einfache Seitenzahl.

[17] »Ein gutes literarisches Szenarium muss den Leser wie ein vollwertiges künstlerisches Werk in seinen Bann ziehen. Genau dann sehe ich als Regisseur in ihm das zukünftige Bild.« – Trauberg, Il'ja (1938): *Kakim dolžen byt' scenarij* (*Wie ein Szenarium sein muss*), in: *Iskusstvo kino* 6, 13–14, hier 13.

formuliert wird, in dem auch der Artikel Briks abgedruckt ist. Laut Turkins Theorie bilden Literatur, Kinodramaturgie und Kino eine Dreiheit, in der die zwei konkreten Künste Literatur und Kino über ein drittes Element in Beziehung zueinander gebracht werden. Hier werden die ersten Elemente einer gemeinsamen Dramaturgie angedacht, die infolge Inhaltsformen bereitstellt, welche sich später sowohl in der Literatur als auch im Theater und Kino konkretisieren. Den Höhepunkt ihrer Verbreitung erreicht diese Theorie in der zweiten Hälfte der 1940er-Jahre.[18] Obwohl die Arbeit Briks an *Potomok Čingiz Chana* ein kanonisches Beispiel einer solchen Dreiheit darstellt,[19] steht diese Theorie bereits in keinem Zusammenhang mehr mit den Ansichten Briks.[20]

Zur zweiten Frage Briks, und zwar, welches der zwei Werke – Szenarium oder Film – als vollwertiges Werk verstanden und welches lediglich als Stadium des anderen angesehen werden soll, sind einige Vorbemerkungen nötig. Die schon erwähnte führende Rolle der Literatur in den 1930er-Jahren erklärt sich in erster Linie durch die historischen Leistungen der Literatur, d.h. ihre Fähigkeit zur Schaffung und Aktualisierung der Geschichte (in ihrer stalinistischen Version). Der unüberwindbare Nachteil des Kinos besteht in den Worten Alexander Dovženkos darin, dass seine Herkunft nicht in den Tiefen der Jahrhunderte ver-

---

[18] Vgl. o. A. (1943): *O zadačach sovetskoj kinodramaturgii. Sbornik materialov soveščanija po voprosam kinodramaturgii, Ijul' 1943* (*Über die Aufgaben der sowjetischen Kinodramaturgie. Sammlung von Unterlagen der Kinodramaturgiekonferenz, Juli 1943*), Moskau.

[19] »Das bedeutet nicht, dass keine originellen Autoren und eigenständigen Sujets gebraucht werden. Es bedeutet nur, dass solche ›unoriginellen‹ Filmwerke wie *Mat'* (*Die Mutter*) von Zarchi oder *Potomok Čingiz Chana* (*Der Erbe Čingiz Chans*) von Brik bis zum heutigen Tag ein wirklich großes Ereignis in der Kinodramaturgie darstellen, wohingegen sich aus der überwältigenden Masse der ›originellen‹ Kinostücke nur sehr wenige über ein mittleres Niveau hinausbewegen, und der Großteil von Ihnen stellt weder ein kinodramaturgisches noch sonstiges Werk dar.« – Turkin, Valentin (1936): *O kinoinscenirovke literaturnych proizvedenii* (*Über die Kinoinszenierung von literarischen Werken*), in: Brik, Osip (Hg.): *Kak my rabotaem nad kinoscenariem*, Moskau, 107–146, hier 121.

[20] Im Artikel, der zusammen mit Oleg Leonidov über ihr gemeinsames Projekt zur Verfilmung von *Evgenij Onegin (Eugen Onegin)* geschrieben wurde, polemisieren sie gegen die dramaturgischen Überarbeitungsmethoden, um ein literarisches Werk auf die Leinwand zu übertragen. Ihre Position kommt der von Michail Blejman nahe, wie er sie in Bezug auf sein Szenarium *Putešestvie v Arzrum* (*Reise nach Arzrum*) beschrieb. Leonidov und Brik lehnen sich an das erste Konzept an, das die Identität des Werkes zu wahren versucht. Die Besonderheit ihres Ansatzes besteht darin, dass sie diese Identität in der Struktur des Autorenstils (in der Stimme oder im Stift des Autors), aber nicht im Sujet oder in der Fabel suchen. Vgl. Brik, Osip/Leonidov, Oleg (1999 1937]): *K ėkranizacii »Evgenija Onegina«* (*Zur Verfilmung von »Eugen Onegin«*), nachgedr. in *Kinovedčeskie zapiski* 42, 246–250.

borgen liegt, wie bei allen übrigen Künsten, sondern lediglich einen 40-jährigen Existenzzeitraum aufweist. Dass dies den epischen Stimmungen der 1930er-Jahre nicht entspricht, versteht sich von selbst. Dieselbe Geschichtsarmut kann man in den sukzessiven Medienwechseln beobachten, denen der Film unterworfen ist. Der Stummfilm beendete nach dem historisch unbedeutenden Zeitraum von nur 30 Jahren sein Dasein und das Ende der Tonfilmära wurde bereits in den 1930er-Jahren mit ersten Farbfilmexperimenten eingeläutet. Hieraus wird die Charakteristik des Films verständlich, der in den Worten Dovženkos eine »illusorische Fixierbarkeit«[21] aufweist. Er verstand unter der illusorischen Fixierbarkeit einerseits die fortschreitende Zerstörung des Filmstreifens, d.h. das materielle Verschwinden des Filmwerks und andererseits die Unmöglichkeit, ihn zu aktualisieren, d.h. die strikte mediale Verankerung des Films in der Epoche seines Entstehens. Es zeichnet sich also eine Situation ab, in der der Film einer Theaterinszenierung viel ähnlicher ist als der zeitlosen Beständigkeit der Architektur. Hier ist es nicht unbedingt notwendig, an das heutige Ende der Filmgeschichte im Anschluss an die Entwicklung der digitalen Medien zu erinnern, dasselbe kann bereits über die vergangenen Transformationen im Bereich der visuellen Medien mit dem Aufkommen von Video oder Fernsehen gesagt werden, ein Ende, das bereits in den Büchern Jeremija Joffes *Sintetičeskaja istorija iskusstv* (*Die synthetische Geschichte der Künste*), 1933, und *Sintetičeskoe izučenie iskusstv i zvukovoe kino* (*Das synthetische Studium der Künste und der Tonfilm*), 1937, gegenwärtig ist. Die Anzahl der verlorengegangenen Filme, die durch die filmografischen Arbeiten Ven'jamin Višnevskijs dokumentiert werden, bestätigen diese Situation.

Gerade hier gewinnt die Frage ihren Sinn, welche der zwei Materialisierungen – Szenarium oder Film – als Werk betrachtet werden soll, und welche die Rolle einer illusionären Scheinform einnimmt.

Grundsätzlich kann hier zwischen zwei Prozessen unterschieden werden, aus denen sich zwei verschiedene Perspektiven auf den Status des Films und des Szenariums abzeichnen. Das ist zum einen der Entstehungsprozess des Werkes, d.h. seine Genese, und zum anderen die historische Entwicklung der Künste. Brik thematisiert beide, ohne sie voneinander zu unterscheiden. Das ist nur einer der Punkte, wo man mit Staunen feststellt, dass der Formalist Brik die Errungenschaften des Formalismus nicht beachtet, der die Genese des Werkes und die Geschichte der Kunst streng voneinander abgrenzt. Brik setzt voraus, dass im Entstehungsprozess des Kinowerks der Film das Szenarium aufnimmt, dass das Szenarium infolgedessen konzeptionell im Film verschwindet und schließlich materiell »im Papierkorb landet«.[22] Dies bestätigt sich zweifellos hunderte Male

---

[21] Dovženko, Aleksandr (1935): *Za bol'šoe iskusstvo. Vystuplenie na vsesojuznom soveščanii rabotnikov kinematografii* (*Für die große Kunst. Rede auf der gesamtsowjetischen Konferenz der Arbeiter der Kinematografie*), Moskau, 36.
[22] Brik, *Iz teorii i praktiki scenarista* (*Aus Theorie und Praxis des Szenaristen*), 46.

in der Genese eines Filmwerkes. So wurde zum Beispiel lediglich ein Viertel der Kinoszenarien der 1930er-Jahre publiziert, obwohl unter den Bedingungen der Zensur bereits kein einziges mehr im Papierkorb landete, sondern ein Großteil der Texte in den Archiven der Behörden aufbewahrt wurde und daher bis zum heutigen Tag existiert. Hier ist bereits der Übergang zur Ebene der Geschichte implizit, wobei zu erwähnen ist, dass auch eine Reihe von Szenarien zu verlorenen Filmen immer noch bestehen. Als Beispiel nenne ich nur *Bežin lug* (*Bežinwiese*) von Turgenev, Ržeševskij und Ėjzenštejn, dessen Szenarium man noch lesen kann,[23] während der Film verlorenging. Zu diesem Perspektivenwechsel, – nach dem bereits nicht mehr der Film seinen Platz in der geschichtlichen Entwicklung der Künste findet, sondern sein Szenarium – hatte die Situation Mitte der 1930er-Jahre beigetragen, in der die großen Werke des Montagekinos bereits nicht mehr in den Kinos zu sehen waren und noch kein Kinomuseum existierte. In dieser Situation stellte sich heraus, dass der Film seine Materialität nur im Kino realisieren kann, und dass die Dauer des Filmverleihs im Kino fast ebenso fiktiv wie die Dauer der Inszenierung einer Theateraufführung ist. Diese Situation wird erst durch die Erben des Films, d.h. durch neue Medien – Video und DVD – gravierend verändert, in denen für den Film erstmals diejenigen Bedingungen einer individuell aktualisierenden Rezeption zugänglich werden, die aus der Literatur bekannt sind. Um ein Resümee dieses Abschnitts zu ziehen: Der Medienwechsel von Stumm- zu Tonfilm zeigte, dass das Szenarium nicht nur eine Vorstufe des Films darstellt, sondern auch über sein historisches Schicksal entscheidet.

2   Die Frage des Endes

Im Folgenden möchte ich ganz kurz zeigen, worin sich Briks Beschreibung seiner Arbeit am Szenarium *Potomok Čingiz Chana* von den Gestaltungsansätzen eines Szenariums in den 1930er-Jahren unterscheidet. Das Wesentliche ist hier die Frage nach dem Ende: Brik bemerkt, dass das Ende seines Szenariums sich von Pudovkins Realisation unterscheidet. Anstatt mit dem ›Sturm über Asien‹, den Pudovkin filmte, schloss er sein Projekt mit der Ankunft des Titelhelden, des Mongolen Bair, dem ›Erben Čingiz Chans‹, in Moskau.[24]

Ich möchte in diese Diskussion eine dritte Interpretation des Endes einbeziehen, die vor kurzem der Komponist Bernd Schultheis mit seiner Filmmusik lieferte.[25] Erstens muss gesagt werden, dass Briks Ende besser als jenes von Pu-

---

[23] Ržeševskij, Aleksandr (1936): *Bežin lug* (*Bežinwiese*), Moskau.
[24] Brik, *Iz teorii i praktiki scenarista* (*Aus Theorie und Praxis des Szenaristen*), 52–53.
[25] Schultheis, Bernd (2008): *INOJ. Musik zu Vsevolod Pudovkin* Sturm über Asien (1928), UdSSR.

dovkin mit dem Filmtitel *Der Erbe Čingiz Chans* übereinstimmt. Das Szenarium schließt damit, dass sein Held am Ende seines Weges in seine symbolische Heimat gelangt, d.h. in die Hauptstadt der siegreichen Revolution, nach Moskau. Laut Briks Idee »würde das rote Moskau als [...] Symbol erschallen«[26] und die Metapher des ›Erben Čingiz Chans‹ realisieren. Der Protagonist würde in gerade jenes Land gelangen, wo das Volk zur Macht kam und wo er sich selbst als einer der Träger dieser Macht erweist. Das russische Volk nahm die Macht mit derselben Natürlichkeit an sich, mit der Bair, der junge Mongole, einem entflohenen Mönch ein Schreiben darüber abnahm, demzufolge sein Besitzer angeblich ein ›Erbe Čingiz Chans‹ sei. Aus genealogischer Sicht könnte es scheinen, dass Bair nicht der genetische Erbe Čingiz Chans sei, da er dieses Schreiben dem Mönch abnahm. Doch Brik entfaltet seine Metapher des ›Erben Čingiz Chans‹ auf historischem Wege. Das siegreiche Proletariat und revolutionäre Volk scheint aus historischer Perspektive der rechtmäßige Erbe der Macht zu sein. So muss auch die Ankunft des Mongolen Bair in Moskau verstanden werden. In der Hauptstadt der Revolution ist die Bestätigung des rechtmäßigen Übergangs der Macht auf das Volk bereits gegeben. Der Lauf der Geschichte führt von der Macht eines feudalen Kriegers (Čingiz Chans) zur Macht des Volkes. Der Ansatz Briks, demzufolge sich die Revolution als rechtmäßige Machtübernahme durch das Proletariat versteht, wird von Pudovkins Ende hingegen abgeschwächt.[27] Bei Pudovkin lässt sich der Charakter der unermesslichen Kraft zerstörender Naturgewalt aus dem Begriff der Revolution nicht auslöschen. Sie wird nicht zu einer rechtmäßigen, sondern bleibt eine elementare Naturgewalt – ein Sturm. Hier ist es nicht uninteressant, sich die Metaphorik des deutschen Filmtitels anzusehen. Der deutsche Titel *Sturm über Asien* entspricht dem Ende Pudovkins. Jedoch muss hier hinzugefügt werden, dass damit die Metapher des ›Mongolensturms‹ assoziiert wird. Der ›Mongolensturm‹ meint einen barbarischen Angriff unzivilisierter Kraft und wird der russischen Revolution zugeschrieben.

In seiner Filmmusik mit dem Titel *INOJ*, die Bernd Schultheis 2007 zu diesem Film schrieb, interpretiert er den ›Sturm über Asien‹ nicht in Verbindung mit Politik oder Geschichte von Machtformen. Vielmehr betont er als Gegengewicht dazu Natur, Landschaft, regionale und ethnografische Momente. Dementsprechend arbeitet die Musik mit Pudovkins anfangs langgedehnten Landschaftsaufnahmen anstelle der komprimierten, auf die Erzählung gekürzten, restaurierten Version aus dem Jahr 1948.

Einerseits verwendet die Musik für die letzte Szene ein Motiv aus dem Streichquartett No. 15 von Dmitrij Šostakovič mit seiner Vision des Todes und Trauermotiven. Zusätzlich setzt er eine Fanfare ein, die ein kurzes Motiv aus dem Lied *Naša zemlja* (*Unser Land*) von Dunaevskij spielt, das in Grigorij

---

[26] Brik, *Iz teorii i praktiki scenarista* (*Aus Theorie und Praxis des Sz*enaristen), 53.
[27] Ebd.

Aleksandrovs Film *Cirk* (*Zirkus*) gesungen wurde.[28] Die Tonlage der Fanfare ist dermaßen hoch gewählt, dass das komische Moment aus dem Film bewahrt bleibt und damit das Pathos der Schlussszene durchbricht. Durch die Einbeziehung von stalinistischen und spätsowjetischen Motiven in den »Sturm über Asien« wird er zur Allegorie auf die Geschichte des 20. Jahrhunderts mit seinen sozialen Umstürzen und totalitären Katastrophen. Der Film endet hier mit dem musikalischen Landschaftsmotiv, das bereits zu Beginn des Films erklang, bevor die Explosion einer Bombe den Einzug der Geschichte in die asiatische Steppe darstellte. Bereits zu Beginn des Films interpretiert die Musik diese Explosion nicht als Schlag auf die Pauke, sondern als weit entferntes Echo. Nach dem Sturm bleibt die Landschaft wiederum verlassen zurück und das Echo des Revolutionsgeschehens verebbt in der Ferne.

In diesem Fall hat das letzte Wort weder der Szenarist noch der Regisseur, sondern der Komponist. Diese Interpretierbarkeit des Werks verweist besonders auf ein ganz bestimmtes Problem seiner Struktur. Bereits 1934 kritisierte Valentin Turkin in seinem Buch über Szenariengestaltung die Szenarien Briks,[29] im Übrigen auch jene der anderen Formalisten, einschließlich seiner eigenen, für ihren Mangel an dramatischer Struktur. Der Fabelaufbau, den sie bevorzugten, weise stattdessen eine Tendenz in Richtung Anekdote auf, bilde oft eine zusammenhangslose Kette von Ereignissen und habe infolgedessen kein geschlossenes Ende. Einem bekannten Argument aus der formalistischen Sujettheorie zufolge kann die Fabel eines Abenteuerromans auf den Titelhelden unzählige Ereignisse einprasseln lassen und nie zu einem Ende finden, was auch den Nährboden für das sogenannte Pseudoende abgebe – mit einem Einstellungswechsel auf ein Landschaftsmotiv oder mit der Verwendung eines Symbols. Sogar für einen Fabelaufbau, der auf einem Konflikt basiert, bleibt diese Kritik zutreffend, da der Konflikt am Ende des Werkes behandelt werden muss. Am Beispiel der drei Schlüsse des Werkes von Brik, Pudovkin und Schultheis wird anschaulich, wie groß die Interventionsmöglichkeiten in die semantische Struktur eines Werks mit einem ›konfliktreichen‹ Fabelaufbau bleiben und wie zahlreich die Konfliktlösungsmöglichkeiten sind.[30]

---

[28] Vgl. Interview mit dem Komponisten auf der DVD: Schultheis, Bernd (2008): *INOJ. Musik zu Vsevolod Pudovkin* Sturm über Asien (1928), UdSSR.

[29] Turkin, Valentin (1934): *Sjužet i kompozicija scenarija* (*Sujet und Gestaltung des Szenariums*), Moskau, 96.

[30] In seinem Artikel *Postavščiki podsobnogo materiala* (*Lieferanten des Hilfsmaterials*) kritisiert Brik die Regisseure für ihre Ablehnung der Kinodramaturgie und ihre Werke für die »Abwesenheit eines geschlossenen dramaturgischen Aufbaus«. Brik, Osip/Leonidov, Oleg (1940): *Postavščiki podsobnogo materiala* (*Lieferanten des Hilfsmaterials*), in: *Zvezda* 7, hier 160. Inwieweit dieser eine Kritik Pudovkins und seine Interpretationen des Szenariums von Brik beinhaltet, ist unbekannt.

Gerade diese Tatsache führte Turkin zur Empfehlung eines dramaturgischen Aufbaus anstelle eines Fabelaufbaus, und die Kinodramaturgie der 1930er-Jahre befolgte diesen Rat. Davon zeugt nicht zuletzt selbst die Bezeichnung »Kinodramaturgie«, die sich Mitte der 1930er-Jahre konstituierte.

3 Die Filmidee

Der Hauptpunkt der Szenarientheorie Briks, der nicht ausschließlich ein Problem der 1930er-Jahre darstellt – ist gerade das von ihm angesprochene Thema der Kinoidee.[31] Ich habe bereits darauf hingewiesen, dass das sowjetische Kino in gewissem Sinne nicht von den formalistischen Positionen abweicht, wenn es den Film zu einem spezifischen Formensystem mit einer bestimmten Ausdruckskraft erklärt.[32] Hier ist wesentlich, dass das sowjetische Kino sich nicht um den Inhalt kümmert, den es ausdrückt und sich nicht mit Gestaltungen beschäftigt, die zur Montage des Films gehören. In diesem Zusammenhang sind zwei Fakten symptomatisch. Erstens erarbeitet das sowjetische Kino keine Theorien über das Sehen oder die filmische Visualität ebensowenig wie eine Aufnahmepoetik als genetische Basis einer Kinotheorie.[33] Mit anderen Worten – das Verhältnis von Film und Realität wird nicht theoretisch durchdacht, sondern als gegeben hingenommen. Zweitens entsteht daraus eine spezifisch sowjetische Erscheinung – die Kinodramaturgie, die in anderen Kinokulturen fehlt und die dem Film inhaltliche Formen zur Verfügung stellt. Die Kinodramaturgie der 1930er-Jahre arbeitet an der Bestimmung der Werksintention oder -idee und lokalisiert sie im Szenarium.[34] Der Szenarist bestimmt die Idee, und im Übrigen nicht nur die Idee des Szenariums, sondern eben auch die Idee des Filmes. Der Szenarist ist es, der lan-

---

[31] Brik, *Iz teorii i praktiki scenarista* (*Aus Theorie und Praxis des Szenaristen*), 46.
[32] Diese Tatsache kritisiert Brik in seinem Artikel *O zanimatel'nosti* (*Über die Unterhaltsamkeit*), in dem er gegen ein Verständnis der Unterhaltsamkeit als Vergnüglichkeit eintritt. Dort kritisiert er auch die Vagheit der Themen aus der Sicht ihrer Unterhaltsamkeit. Dieser Artikel stellt eine überaus interessante Beschreibung der Semantik des Kinos dar, nicht in seinem Entstehungsprozess, sondern gleichsam vom Ende angefangen, aus der Sicht seiner Rezeption. Vgl. Brik, *O zanimatel'nosti* (*Über die Unterhaltsamkeit*), o.S.
[33] Besonders augenfällig ist dies in den Texten Kulešovs. Vgl. Kulešov, Lev (1941): *Osnovy kinorežissury* (*Die Grundlagen der Kinoregie*), Moskau, 421–422; Kulešov, Lev (1987): *Glazet' ili videt'* (*Schauen oder sehen*), in: ders.: *Sobranie sočinenij v 3-ch tomach* (*Gesammelte Aufsätze in 3 Bänden*), Bd. 1, Moskau, 387.
[34] »[…] es braucht Zeit, um sich ein neues Denksystem anzueignen, welches das Kino darstellt. Ein kreatives Szenarium ist eine verdichtete und determinierende Form dieser Arbeit […].« Šnejder, Michail (1941): *Avtorskij scenarij* (*Das Autorenszenarium*), in: *Iskusstvo kino* 3, 30–33, hier 33. Nachfolgend zitiert als Šnejder, *Avtorskij scenarij* (*Das Autorenszenarium*) 3, einfache Seitenzahl.

ge Reisen durch die Sowjetunion unternimmt und nach dessen Eindrücken und Mikroempfindungen sich die Idee des Werkes herausbildet.[35] Ein vergleichbarer Prozess in der sowjetischen Filmtheorie der 1920er- und 1930er-Jahre wird von keinem Regisseur beschrieben. Der Regisseur setzt stattdessen die Idee des Szenaristen mit möglichst großer Ausdrucksfähigkeit um.[36] Die Kinoidee, über die Brik spricht, existierte in den 1930er-Jahren also nicht als Idee des Films oder Regisseurs. Sie hatte ihren Platz nur in den Lücken, die bei der Umsetzung der Idee in die Szenarienstruktur übrig blieben[37] und die jenen Interpretationsraum eröffnen, den man am Fall der drei Ideen bei *Der Erbe Čingiz Chans* sehen kann.

In den Dreißigerjahren kann sich die Kinoidee lediglich im oben genannten Fall eines Eintretens von Szenarium und Film in einen dialektischen künstlerischen Prozess entwickeln, wenn sich innerhalb des Dualismus der beiden zwei Pole abzeichnen, die eigenständig und am Anfang und Ende des künstlerischen Prozesses angesiedelt sind. Wenn man nochmals betrachtet, was Brik zur Frage der Entstehung einer rein kinematografischen Idee sagt, so kann man zum Schluss gelangen, dass er die Bildung einer Art hermeneutischen Zirkels vorschlägt. Seiner Beschreibung nach muss sich der Szenarist zur Findung der Kinoidee darauf konzentrieren, welche Art Film daraus werden soll. Brik nennt Kinosymphonien und -opern. Im Hinblick auf diese solle der Szenarist seine Idee bestimmen.[38] Das ist im wahrsten Sinne des Wortes ein hermeneutischer Zirkel, da der Szenarist nicht an das denken soll, was sich in der Welt Filmisches oder Visuelles findet, sondern er soll sozusagen ein zukünftiges Kino vorwegnehmen,[39] um seine Idee zu finden. Der Film bleibt hier im formalistischen Sinn

---

[35] Vgl. Popov, Ivan (1939): *Problemy sovetskoj kinodramaturgii* (*Probleme der sowjetischen Kinodramaturgie*), Moskau, o.S. 1940 gibt Brik diesem quasi recht: »Die grundlegende Sorge unserer Kinoproduktion ist der hohe Ideengehalt: die »Beseeltheit« der Kinoerzeugnisse – eine künstlerische Beseeltheit, und kein Umspielen der existierenden Standards wird von den Arbeitern der sowjetischen Kinematografie, unter anderem – in erster Linie – von den Kinodramaturgen gefordert.« Brik, Osip (1940b): *Učen'e – svet, a neučen'e – t'ma* (*Wissen ist Macht, Unwissen Ohnmacht*), in: Iskusstvo kino 10, 57–58, hier 58.

[36] »Die Arbeit an einem Stück oder Szenarium kann in zwei Prozesse geteilt werden – den künstlerischen Prozess (vorläufig) und den praktischen Umsetzungsprozess der künstlerischen Idee.« Škljarovič, A. (1933): *Problemy organizacii podgotovitel'nogo perioda* (*Probleme der Vorbereitungsperiode*), in: Sovetskoe kino 7, 27–30, hier 27.

[37] »Ein Szenarium muss dermaßen gedanklich und thematisch, dramaturgisch und kompositorisch abgeschlossen sein, dass der Regisseur nichts mehr ergänzen, zu Ende denken oder fertigschreiben muss.« Dzigan, Efim (1938): *Kollektiv i ličnost'[o scenarii]* (*Kollektiv und Persönlichkeit [über das Szenarium]*), in: Iskusstvo kino 7, 47.

[38] Brik, Iz teorii i praktiki scenarista (Aus Theorie und Praxis des Szenaristen), 46.

[39] In der Kinodramaturgie hingegen befreit sich das Szenarium vom »direkten Einfluss der Produktion«: Diese Tatsache konstatiert zum Beispiel Il'ja Trauberg. Trauberg, Il'ja (1939): *Rasskaz o velikom vožde* (*Erzählung vom großen König*), in: Iskusstvo

inhaltslos und verweist lediglich auf sich selbst. Dass diese Relativität keine rein kinematografischen Genres bildet, wird aus den Beispielen deutlich, die Brik anführt, wo Kinogattungen aus der Musik genommen werden – Kinosinfonie und -oper. Der Unterschied zwischen diesen beiden Genres ist allerdings kein kinematografischer, sondern eine musikalische Differenz, und zwar zwischen Sinfonie und Oper.

Eine Vorstellung von der Dialektik des Literarischen und Filmischen gibt die Beschreibung eines ›guten Szenariums‹, welche der ehemalige Avantgardist Ilja Trauberg 1938 gegeben hat. »Ein gutes literarisches Szenarium soll den Leser aufwühlen wie ein vollwertiges künstlerisches Werk. Gerade dann sehe ich als Regisseur in ihm den zukünftigen Film.«[40] Er macht den ästhetischen Eindruck zur Grundlage seines Urteils: Das Szenarium wird also nicht als vorweggenommener Film verstanden oder in ein Genre wie das der Oper oder Sinfonie eingeordnet, sondern wird als ein fiktionaler Text beschrieben, der mit literarischen Mitteln an die Vorstellungskraft des Regisseurs appelliert, um jene Welt in ihm zu evozieren, die er in den Film umsetzen soll.[41] Ein großer Teil der alltäglichen Komplikationen entspringt einer Diskrepanz, die sich hier zwischen dem auftut, was mit den literarischen Mitteln in einem Leser/einer Leserin als ästhetischer Eindruck evoziert werden kann, und dem, was mit filmischen Verfahren tatsächlich realisierbar ist. Dabei bleiben die technischen Möglichkeiten des Kinos die Grenze der Literarizität des Szenariums, obwohl diese immer (insbesondere in der Antizipation eines filmischen Zeitbildes) darüber hinausschießt. Die kritische Formel, ›dies dürfe man nicht schreiben, weil das Kino es nicht zeigen könne‹, nimmt über die gesamte Dauer des kinodramaturgischen Diskurses auf die technische Spezifik des Kinos Bezug. Was das Kino nicht zeigen könne oder vielmehr was zu zeigen ›unfilmisch‹ wäre, unterliegt dabei jedoch nicht immer rein technischen Grenzen.[42]

---

kino 1, 7–15, hier 13. Das Buch von Popov *Problemy sovetskoj kinodramaturgii* (*Probleme der sowjetischen Kinodramaturgie*) enthält bereits kein Kapitel mehr über die Produktionspraxis.

[40] Trauberg, *Kakim dolžen byt' scenarij* (*Wie ein Szenarium sein muss*), 13.

[41] Das Verhältnis von Wort und Bild wandelt sich damit von demjenigen Korrelationstypus, den Hansen-Löve als Transfiguration bezeichnet, zu jenem, den er Transposition nennt. Vgl. Hansen-Löve, Aage (1983): *Intermedialität und Intertextualität. Probleme der Korrelation von Wort- und Bildkunst – am Beispiel der russischen Moderne*, in: Schmid, Wolf/Stempel, Wolf-Dieter (Hg.): *Dialog der Texte. Hamburger Kolloquium zur Intertextualität*, Wien, 304.

[42] Otten kritisiert beispielsweise die von Katinov angefertigte Nachschrift zum Film *Krasnye d'javoljata* (*Rote Teufelchen*), die Šnejder im ersten Sammelband von Szenarien 1935 veröffentlicht hatte. Der Text folge methodisch ›eisernen‹ Metaphern und Imaginationen, die unmöglich im Film zu sehen gewesen sein konnten. Otten [Potašinskij], Nikolaj (1935): *Scenarij napečatan* (*Das gedruckte Szenarium*), in: *Sovetskoe kino* 11, 59–66, hier 62.

Ein Beispiel dafür stellt die Akzentuierung der Imagination in den ›emotionalen Drehbüchern‹[43] dar. In ihrer Form markieren die ›emotionalen Szenarien‹ dabei ein historisches Zwischenstadium[44] an der Wende zu den 30er Jahren, von dem hauptsächlich die Szenarien Aleksandr Ržeševskijs zeugen. Die Bezeichnung geht auf die Zeugnisse einer ästhetischen Leseerfahrung einiger Regisseure zurück. Sergej Ėjzenštejn und Vsevolod Pudovkin hatten Beispiele einer ästhetischen Erfahrung von Szenarien durch Regisseure geliefert und sich programmatisch zur Szenarienpoetik Ržeševskijs und zum Kunstwerkstatus seiner Szenarien geäußert. Vor allem Ėjzenštejn hatte in seiner Haltung zum Szenarium den ›emotionalen Infekt‹ (»ėmotional'noe zaraženie«) zu einer Forderung gemacht, aus der die Bezeichnung ›emotionales Szenarium‹ hervorgeht. Ėjzenštejn verallgemeinert die ästhetische Erfahrung der Regie zu einer Forderung an ihren Kunstwert. Als Zwischenstadium einer historischen kinodramaturgischen Entwicklung lassen sie sich deshalb bezeichnen, weil technische Anweisungen zur Aufnahme noch Teil des Textes sind, aber nicht mehr auf die faktische Beschreibung einer geplanten Aufnahme zielen, sondern auf die Vorstellung eines Lesers/einer Leserin. Ein Satz in einem Szenarium Ržeševskijs lautet beispielsweise »Und sich vollständig verwandelnd und wie ein Tier ›Uch…‹ durch die Zähne fauchend und irgendetwas Tonloses weiter flüsternd, schrecklich geworden, kroch der Alte als Bär aus der Einstellung […].«[45] Die technische Gegebenheit der Einstellung ist hier thematisiert, was in den späteren narrativen und dramatischen Szenarien Mitte der 1930er-Jahre nicht mehr geschieht. Die Aufnahme eines Verlassens der Einstellung ist jedoch technisch vollkommen unmöglich, sie kann bestenfalls durch eine leere Einstellung evoziert werden. Aus typologischer Sicht ist die Imagination, welche die emotionalen Szenarien ausbilden, jedoch eine eigenständige Form. Trotz der kurzen Debatte um 1930 herum lebt das Interesse daran deshalb immer wieder auf und die kinodramaturgische Theorie kehrt unablässig zu ihm zurück.

---

[43] Die Poetik des emotionalen Szenariums findet sich ausführlich beschrieben in Schwarz' Buch zu russischen und deutschen Stummfilmszenarien. Vgl. Schwarz, Alexander (1994): *Der geschriebene Film: Drehbücher des deutschen und russischen Stummfilms*, München.

[44] Aufgrund der Bezeichnung ›emotionales Szenarium‹ vergleicht Schwarz die Szenarien Ržeševskijs mit der expressionistischen Ästhetik Meyers. Da die Zusammenhänge zwischen dem deutschen Expressionismus und dem sowjetischen ›Monumentalismus‹ der späten 20er Jahre unerforscht sind, wäre eine Ausweisung der Szenarien Ržeševskijs als expressionistisch übereilt. Auch der Monumentalismus (ein Terminus Valentin Turkins) ist bisher unterbestimmt. Vorsichtigerweise könnte man die Szenarien Ržeševskijs erst einmal im Zusammenhang mit dem Monumentalismus betrachten.

[45] Ržeševskij, Aleksandr (1982 [1936]) *Bežin lug (Bežinwiese)*, in: *Žizn'. Kino*, Moskau, hier 217. Metamorphosen innerhalb der Einstellung sind bei Ržeševskij häufig und ebenfalls ein Problem für den Film.

Michail Šnejder, den ich bereits kurz als den Theoretiker einer dialektischen Kinodramaturgie erwähnt habe, legt seine Position zum ›emotionalen Szenarium‹ beispielsweise erstmals 1934 in dem Artikel *Das Autorenszenarium* dar. Der Artikel wurde mehrfach unter dem gleichen Titel wieder abgedruckt,[46] wobei Šnejder seine Position immer wieder auf den laufenden Diskurs hin konkretisiert. Von Anfang an sind aber zentrale Punkte erkennbar. Zu diesen zählt, dass Šnejder das Kinoszenarium und die Kinodramaturgie als den Ort der Kinoerfahrung betrachtet. Aus dieser Position heraus lehnt er das ›technische Szenarium‹[47] ab und kritisiert das ›emotionale Szenarium‹[48] gleichermaßen. Beide seien nur *für* das Kino, aber nicht *vom* Kino geschrieben. Das Insistieren auf dem Kino als Subjekt und dem Szenarium als dem Ort seiner Erfahrung schließt eine Unterscheidung von Produktion und Erfahrung ein. Die Produktion eines Films ist nicht die Erfahrung des Kinos, sondern nur ein Teil davon. Šnejder betrachtet Szenarium und Film als sich wechselseitig vervollständigende, aber voneinander unabhängige Gegenstände. Der Erfahrungsgegenstand des Szenariums macht die Filmproduktion zu Kunst und die Produktion des Films macht den Erfahrungsgegenstand des Szenariums zu einem Artefakt. Nicht das Szenarium selbst macht sich zum Kunstwerk, auch der Film schließt sich nicht selbstreflexiv zu einem Kunstwerk:

> Durch das Szenarium, das den Film in sich einschließt, wird das Material der Wirklichkeit ein Werk des Kinos. Durch den Film, der das Szenarium in sich einschließt, wird das Material des Kinos ein Faktum der Wirklichkeit.[49]

In Šnejders dialektischer Position sind der Kunstcharakter und der Werkcharakter so differenziert, dass sie sich nicht in einem der beiden Gegenstände überschneiden, sondern auf Film und Szenarium verteilen. Letzteres macht dabei aus dem Filmwerk ein Kunstwerk, und der Film macht aus der Ästhetizität des Textes ein Werk. In dieser Konstellation von Erfahrungsästhetik und Werkproduktion ist auch jene Dualität von Szenarium und Film enthalten, die diesem die Idee (Material der Wirklichkeit) und dem Film den technischen Komplex (Aus-

---

[46] Šnejder, *Avtorskij scenarij* (*Das Autorenszenarium*) 2, 6–18; ebenfalls ders. (1934a): *Avtorskij scenarij* (*Das Autorenszenarium*), in: *Dramaturgija kino*. Nachfolgend zitiert als Šnejder, *Avtorskij scenarij* (*Das Autorenszenarium*) 1, einfache Seitenzahl. *Pervyj sbornik scenariev* (Gesammelte Szenarien 1), Moskau, 7–22; außerdem Šnejder, *Avtorskij scenarij* (*Das Autorenszenarium*) 3, 30–33.

[47] Das technische Szenarium ist eine Mitte der 20er Jahre stark diskutierte Szenarienform, die sich noch vor der Entwicklung eines Technotextes streng an der Filmform orientiert. Hierzu, wie auch zum emotionalen Szenarium. Vgl. Schwarz, *Der geschriebene Film*, 264–268.

[48] Zur Charakterisierung des emotionalen Szenariums vgl. Schwarz, *Der geschriebene Film*, 304–315.

[49] Šnejder, *Avtorskij scenarij* (*Das Autorenszenarium*) 2, 16.

druck) zuordnet.⁵⁰ Dass der Film keine eigene Idee entwickelt, entspricht dieser Konstellation. Die Regie entwickelt keine ›Idee‹ und auch keine Kulturtechnik der ›Anschauung‹, die diesen idealistischen Strang der stalinistischen Ästhetik begleitet.⁵¹

Šnejders Kritik an der Szenarientechnik Ržeševskijs in den 30er Jahren beanstandet immer wieder, in ihr sei nicht die Einstellung des Films (*kadr*) gegeben, sondern die Einstellung der Wahrnehmung (*ustanovka*).⁵² Seine Kritik macht er an Ržeševskijs Verfahren des auratischen Epithetons⁵³ deutlich.

> »Das Epitheton ›erstaunlich‹ drückt, wie alle anderen Epitheta der Darlegung, nicht den Blickpunkt der Kamera aus, sondern seine Abwesenheit. [...] das emotionale Szenarium ersetzte den Kinoinhalt durch eine wörtliche Beschreibung desjenigen Eindrucks, den der Regisseur erreichen soll, irgendwie mit dem angebote-

---

⁵⁰ ›Realität‹ bezeichnet bei Šnejder in doppeldeutiger Weise die Mimesis der Realität im Szenarium und die Werkfaktizität des Films.

⁵¹ Die Konzentration auf die Semiosis und Hermeneutik der Filmbilder lässt den Status ihrer optischen Substanz gänzlich offen. Von einem großen Teil sowjetischer Filmbilder lässt sich kaum sagen, ob sie dokumentarisch oder fiktiv, imaginär oder modal, illusionistisch oder augentäuschend zu nennen wären. Dass sie trotzdem selten Verstehensprobleme aufwerfen, mag zur Festigkeit der ideologiekritischen Interpretationsparadigmen beigetragen haben. Eine Typologie der Bilder und eine Geschichte ihrer Wahrnehmungswerte ist noch ausständig.

⁵² Diese Kritik ist vor dem theoretischen Hintergrund Šklovskijs zu verstehen, der mit der künstlerischen Minimalbedingung des Empfindens einer Differenz (»raznostnoe oščuščenie«) die ›Einstellung der Wahrnehmung‹ zur Grundlage der ›Einstellung des Films‹ macht. Šklovskij, Viktor (1927): *Ich nastojaščee* (*Ihre Gegenwart*), Leningrad, 8.

⁵³ Ržeševskij umgibt fast alle Nomina mit der Aura eines Epithetons. Sie rücken den Referenten stets in eine unbestimmte Ferne und auratisieren das Bild (»obraz«). Beispiele sind »erstaunlich« (»izumitel'nyj«), »überraschend« (»neožidanno«), »irgendein« (»kakoj-to«) in: Ržeševskij, *Bežin lug* (*Bežinwiese*), in: *Žizn'. Kino*, 99 u. 128–129. Die Gegenstandslosigkeit des auratischen Epithetons ist zentrales Motiv aller Kritiken des emotionalen Szenariums. Vgl. Michajlov, A. (1931): *»Černaja« rabota Viktora Šklovskogo (o tom, kak ne nužno vospityvat' načinajuščich scenaristov)*(*Die »Schwarze« Arbeit Viktor Šklovskijs (wie man angehende Szenaristen nicht ausbilden soll*), in: *Proletarskoe kino* 4, 52–55, hier 54; Kapustin, A. (1932): *Ešče o professional'noj gordosti scenarista* (*Neues über den professionellen Stolz des Szenaristen*), in: *Proletarskoe kino* 19/20, 26–31, hier 29; Šnejder, *Avtorskij scenarij* (*Das Autorenszenarium*) 2, 12; Otten [Potašinskij], Nikolaj (1937): *Snova ob ėmocional'nom scenarii* (*Erneut über das emotionale Szenarium*), in: *Iskusstvo kino* 5, 30–35, hier 33; Šnejder, *Avtorskij scenarij* (*Das Autorenszenarium*) 3, 32; Krjučečnikov, Nikolaj (1960): *Stanovlenie literaturnogo scenarija kak idejno-chudožestvennoj osnovy fil'ma* (*Die Entstehung des literarischen Szenariums als ideelle und künstlerische Basis des Films*), Moskau, 22.

nen Material operierend. [...] Im Angebot, die Einstellung zu filmen ›Aber er ist schon nicht mehr in der Einstellung und wird nicht mehr gesehen‹, brachte das emotionale Szenarium [...seine] Methode der kinematografischen Blindheit nur zur letzten Offensichtlichkeit.«[54]

Unter dem Vorwurf des *Unfilmischen*, den Šnejder mit dem Verdikt der ›kinematografischen Blindheit‹ belegt, ist wohl zu verstehen, dass etwas, das sich nicht in der Einstellung befindet und nicht gesehen wird, auch nicht gezeigt werden kann.[55]

Šnejder behauptet, das emotionale Szenarium sei unfilmisch, unaufnehmbar und unsichtbar. »Es ist nie gelungen, auch nur ein einziges emotionales Szenarium aufzunehmen, weil es nie gelungen ist, es zu sehen.«[56] Otten, der das emotionale Szenarium am unnachgiebigsten diskreditiert,[57] wiederholt diesen Argumentationsstrang:

> [...] sie ersetzten die Darstellung der Wirklichkeit durch ihre Einstellung zu ihr. [...] Das emotionale Szenarium stellt sich ›prinzipiell‹ der Natur des Kinos entgegen, weil der Kinoapparat nur Erscheinungen aufnehmen kann [...] aber keine Einstellungen [...].[58]

Otten geht noch einen Schritt weiter und klagt das Montagekino der gleichen Negativität des Sehens an, das den Gegenstand der Aufnahme negiere, um erst in der Montage die Einstellung zu schaffen.[59] Die Propagierung des emotionalen Szenariums durch eine bestimmte Regie (Ėjzenštejn und Pudovkin) erklärt er damit, dass »das emotionale Szenarium sogar theoretisch nur mit den Mitteln des Montagekinos produziert werden kann, nur wenn man die Dramaturgie des Films am Schneidetisch findet«.[60] Das Montagekino und das emotionale Szenarium

---

[54] Šnejder, *Avtorskij scenarij* (*Das Autorenszenarium*) 1', Moskau, 12.
[55] Krjučečnikov übernimmt noch 1960 den gesamten Argumentationsgang Šnejders einschließlich der Zitate aus Ržeševskijs Szenarien. Vgl. Krjučečnikov, *Stanovlenie literaturnogo scenarija* (*Die Entstehung des literarischen Szenariums*), 22.
[56] Šnejder, *Avtorskij scenarij* (*Das Autorenszenarium*) 1, 12.
[57] In seiner regulären Form sei das emotionale Szenarium »analphabetischer grafomaner Wahn« (»bezgramotnyj grafomanskij bred«), dessen Muster sich in den Szenarien Mincs nachweisen ließen. Otten [Potašinskij], Nikolaj (1937): *Snova ob ėmocional'nom scenarii* (*Erneut über das emotionale Szenarium*), 33.
[58] Ebd.
[59] Auch Čirkov stellt einen Zusammenhang zur Gegenstandslosigkeit her. »Das Szenarium besteht aus wertenden gegenstandslosen Epitheta, die nicht in eine plastische Gestalt übersetzbar sind.« Čirkov, Alexandr (1939): *Očerki dramaturgii fil'ma* (*Grundriss der Filmdramaturgie*), Moskau, 18.
[60] Otten, *Snova ob ėmocional'nom scenarii* (*Erneut über das emotionale Szenarium*), 33.

entziehen sich der Natur des Kinos, der Aufnahme der »realen und echten sowjetischen Wirklichkeit«.[61]

Die stalinistische Kritik beschreibt das emotionale Szenarium durch eine affektive Wahrnehmung und beschreibt damit dessen Wirkungsästhetik. Zieht man die Schriften der Regie zu Rate, so ist hier wieder einmal von der Szenarienpoetik Ržeševskijs die Rede, denn was Ėjzenštejn und Pudovkin propagierten, war nichts anderes als die Szenarienpoetik Ržeševskijs. Das emotionale Szenarium bezeichnet hier zunächst die Tatsache, dass beide Regisseure ›emotional‹ auf die Texte Ržeševskijs reagierten, was noch nicht die Szenarienpoetik Ržeševskijs beschreibt, sondern nur besagt, dass die beiden Regisseure an ihr eine Emotion erfahren hatten. Die Spezifik der Poetik Ržeševskijs gerade im Vorhandensein einer Emotion seitens der Regie zu suchen und sie auch so zu bezeichnen, ist nur zum Teil gerechtfertigt. Einerseits handelt es sich im Falle von Ržeševskij um die einzige Szenarienpoetik, für die es Dokumente einer emotionalen Reaktion seitens der Regie gibt.[62] Andererseits haben beide Regisseure ästhetische Erfahrungen an ihr gemacht, die nicht lediglich emotionaler Natur waren. So geht die ästhetische Erfahrung der Regie auf die Aisthetik des ›leeren Augenblicks‹ im ›Moment‹ zurück, dessen Differenzialität und Negativität des Sehens mit der Montageästhetik übereinstimmt. Pudovkin schreibt: »Sein ›Moment‹ bezeichnet keinerlei sichtbare Form, [...] und er ist notwendig und dem Regisseur tief verständlich.«[63] Der ästhetischen Erfahrung des ›Moments‹ folgten Probleme in der filmischen Umsetzung. Der sowjetische Diskurs betrachtet den Abbruch der Dreharbeiten an *Prostoj slučaj* (*Der einfache Fall*) von Pudovkin als Scheitern[64] und schreibt es meist der mangelnden Technizität der

---

[61] Ebd.

[62] Pudovkin, Vsevolod (1928): *Filmregie und Filmmanuskript*, Berlin und Pudovkin, Vsevolod (1974 [1929]): *Sobranie sočinenij v trech tomach* (*Gesammelte Aufsätze in drei Bänden*), Bd. 1, Moskau, 75–78 u. 79–84; Ėjzenštejn, Sergej (1928): *O vidach scenariev. Zametki* (*Über die Szenariumsarten. Notizen*), [RGALI. Fond 1923; Register 2; Akte 784], 3. Ėjzenštejn, Sergej (1929): *O forme scenarija* (*Über die Form des Szenariums*), in: Kino i žizn' (*Kino und Leben*) 2, wiederabgedr. in: ders. (1964–1971): *Izbrannye proizvedenija v šesti tomach* (*Ausgewählte Werke in sechs Bänden*), Bd. 2, Moskau, 297–299. Višnevskij, Vsevolod (1982): *O tvorčestve A. Ržeševskogo* (*Über das Werk A. Ržeševskijs*), in: Ržeševskij, Aleksandr: *Žizn'. Kino* (*Leben. Kino*), Moskau, 358–362.

[63] Pudovkin, *Sobranie sočinenij v trech tomach* (*Gesammelte Aufsätze in drei Bänden*), 78.

[64] Otten, *Snova ob ėmocional'nom scenarii* (*Erneut über das emotionale Szenarium*), 32; Šumjackij, Boris (1999 [1937]): *Živye golosa: govorjat vydajuščiesja mastera otečestvennogo kinoiskusstva (30-e – 40-e gody). Iz neopublikovannogo* (*Lebendige Stimmen: Es sprechen die bedeutendsten Meister der sowjetischen Kinokunst [der 30er-40er-Jahre]. Aus den unveröffentlichten Werken*), Moskau, 36; Šklovskij, Viktor (1982): *Ob Aleksandre Ržeševskom i ego trudnoj sud'be* (*Über Aleksandr Ržeševskij und sein

Szenarien Ržeševskijs zu. Diese Zuschreibung ist mit Sicherheit falsch, denn die Texte Ržeševskijs sind in ihrer Technik sehr genau, wie zum Beispiel der konsequente Anschluss der Raumparameter an die bildproduzierenden filmischen Verfahren zeigt.

An diesem Punkt kann man auf die Position Briks zurückzukommen, der als Szenarist für Pudovkin gearbeitet hatte. Nach dem Abschluss der Arbeiten an *Sturm über Asien* hatte Pudovkin versucht, *Prostoj slučaj* (*Der einfache Fall*) von Ržeševskij zu verfilmen. Zusammenfassend möchte ich festhalten, dass Brik mit seiner Formulierung der Kinoidee auf einen Mangel des Films hinweist und seine Aufforderung zur Schaffung einer Filmidee kein Aufruf zur Kinodramaturgie ist, sondern an das Kino gerichtet ist. Man kann ihn also auch als ein implizites Statement zur Diskussion um das emotionale Szenarium lesen, welches den Grund des Scheiterns allerdings nicht in den Texten Rževškijs sieht, sondern im Fehlen einer Kinoidee. Sie kann nur außerhalb der Grenzen der Kinodramaturgie verwirklicht werden und wird erst Jahrzehnte später realisiert.

Bibliografie

Brik, Osip (1927): *Po suščestvu scenarnogo krizisa*, in: *Sovetskoe kino*, 8–9.
— (1933a): *Za kinodramaturgiju*, in: *Gazeta Kino*, 04.07.1933, o.S.
— (1933b): *O zanimatel'nosti*, in: *Gazeta Kino*, 04.06.1933, o.S.
— (1936): *Iz teorii i praktiki scenarista*, in: ders.: *Kak my rabotaem nad kinoscenariem*, Moskau, 41–53.
— (1938): *O kritike scenarija*, in: *Gazeta Kino*, 17.05.1938, o.S.
— (1940a): *Majakovskij – scenarist*, in: *Iskusstvo kino* 4, 8–9.
— (1940b): *Učen'e – svet, a neučen'e – t'ma*, in: *Iskusstvo kino* 10, 57–58.
—/Leonidov, Oleg (1999 [1937]): *K ėkranizacii »Evgenija Onegina«* (*Zur Verfilmung von »Eugen Onegin«*), nachgedr. in: *Kinovedčeskie zapiski* 42, 246–250.
—/Leonidov, Oleg (1940): *Postavščiki podsobnogo materiala*, in: *Zvezda* 7, o.S.
Čirkov, Aleksandr (1939): *Očerki dramaturgii fil'ma*, Moskau.
Dovženko, Aleksandr (1935): *Za bol'šoe iskusstvo* [vystuplenie na vsesojuznom soveščanii rabotnikov kinematografii], Moskau.
Dzigan, Efim (1938): *Kollektiv i ličnost'* [o scenarii], in: *Iskusstvo kino* 7, 47.
Ėjchenbaum, Boris (1926): *Iskusstvo li kino?*, in: *Gazeta Kino*, 09.03.1926, o.S.
Ėjzenštejn, Sergej (1928): *O vidach scenariev. Zametki*, [RGALI. Fond 1923; Register 2; Akte 784].
— (1929): *O forme scenarija*, wiederabgedr. in: ders.: *Izbrannye proizvedenija v šesti tomach*, Bd. 2, Moskau, 1964–1971.
Glanc, Tomaš (1999): *Videnie russkich avangardov*, Prag.

schweres Schicksal), in: Rževskij, Aleksandr: *Žizn'. Kino* (*Leben. Kino*), Moskau, hier 346.

Gor'kij, Maksim (1938): *Scenarij iz žizni pervobytnogo obščestva*, in: *Iskusstvo kino* 6, 40–41.
Hansen-Löve, Aage (1983): *Intermedialität und Intertextualität. Probleme der Korrelation von Wort- und Bildkunst – am Beispiel der russischen Moderne*, in: Schmid, Wolf/Stempel, Wolf-Dieter (Hg.): *Dialog der Texte. Hamburger Kolloquium zur Intertextualität*, Wien, 291–360.
Kapustin, A. (1932): *Ešče o professional'noj gordosti scenarista*, in: *Proletarskoe kino* 19/20, 26–31.
Krjučečnikov, Nikolaj (1960): *Stanovlenie literaturnogo scenarija kak idejno-chudožestvennoj osnovy fil'ma*, Moskau.
Kulešov, Lev (1941): *Osnovy kinorežissury*, Moskau.
— (1987): *Glazet' ili videt'*, in: ders.: *Sobranie sočinenij v 3-ch tomach*, 3 Bde., Bd. 1, Moskau.
Lučanskij, Michail (1935): *Chižina starogo Luvena*, in: *Sovetskoe kino* 12, 40–44.
Michajlov, A. (1931): *»Černaja« rabota Viktora Šklovskogo (o tom, kak ne nužno vospityvat' načinajuščich scenaristov)*, in: *Proletarskoe kino* 4, 52–55.
o. A. (1943): *O zadačach sovetskoj kinodramaturgii. Sbornik materialov soveščanija po voprosam kinodramaturgii, Ijul' 1943*, Moskau.
Otten [Potašinskij], Nikolaj (1935): *Scenarij napečatan*, in: *Sovetskoe kino* 11, 59–66.
— (1936): *Prevraščenija odnogo scenarija*, in: *Iskusstvo kino* 9, 7–11.
— (1937): *Snova ob ėmocional'nom scenarii*, in: *Iskusstvo kino* 5, 30–35.
Popov, Ivan (1939): *Problemy sovetskoj kinodramaturgii*, Moskau.
Pudovkin, Vsevolod (1928): *Filmregie und Filmmanuskript*, Berlin.
— (1929): *Sobranie sočinenij v trech tomach*, Bd. 1, Moskau.
Ržeševskij, Aleksandr (1936): *Bežin lug*, Moskau.
— (1982): *Bežin lug*, in: *Žizn'. Kino*, Moskau, o.S.
Schwarz, Alexander (1994): *Der geschriebene Film: Drehbücher des deutschen und russischen Stummfilms*, München.
Škljarovič, A. (1933): *Problemy organizacii podgotovitel'nogo perioda*, in: *Sovetskoe kino* 7, 27–30.
Šklovskij, Viktor (1927): *Ich nastojaščee*, Leningrad/Moskau.
Šklovskij, Viktor (1982): *Ob Aleksandre Ržeševskom i ego trudnoj sud'be*, in: Ržeševskij, Aleksandr: *Žizn'. Kino*, Moskau, 345–352.
Šnejder, Michail (1934a): *Avtorskij scenarij*, in: *Dramaturgija kino. Pervyj sbornik scenariev*, Moskau, 7–22.
— (1934b): *Avtorskij scenarij*, in: *Sovetskoe kino* 7, 6–18.
— (1941): *Avtorskij scenarij*, in: *Iskusstvo kino* 3, 30–33.
Šumjackij, Boris (1999 [1937]): *Živye golosa: govorjat vydajuščiesja mastera otečestvennogo kinoiskusstva (30-e – 40-e body). Iz neopublikovannogo*, Moskau.
Trauberg, Il'ja (1938): *Kakim dolžen byt' scenarij*, in: *Iskusstvo kino* 6, 13–14.
— (1939): *Rasskaz o velikom vožde*, in: *Iskusstvo kino* 1, 7–15.
Tret'jakov, Sergej (1925): *Scenarnoe chiščničestvo*, in: *Kinožurnal ARK* 10, o.S.
Turkin, Valentin (1934): *Sjužet i kompozicija scenarija*, Moskau.
— (1936): *O kinoinscenirovke literaturnych proizvedenii*, in: Brik, Osip (Hg.): *Kak my rabotaem nad kinoscenariem*, Moskau, 107–146.
Višnevskij, Vsevolod (1982): *O tvorčestve A. Ržeševskogo*, in: Ržeševskij, Aleksandr: *Žizn'. Kino*, Moskau, 358–362.

Wejsfel'd, Il'ja (1939): *V sporach ob ›Učitel'e‹*, in: *Iskusstvo kino* 2, 26–29.

Beiträgerinnen und Beiträger

Mandy Becker studierte von 2005 bis 2012 Germanistik und Geografie an der Ludwig-Maximilians-Universität München. Seit 2012 ist sie als Wissenschaftliche Mitarbeiterin im Rahmen des Forschungsprojekts »Historische Rezeptionsanalyse« am Seminar für deutsche Philologie der Georg-August-Universität Göttingen tätig. Ihr Promotionsprojekt umfasst eine Rezeptionsanalyse zum Frühwerk Irmgard Keuns.

Sabine Flach ist Professorin für Moderne und Gegenwartskunst an der Karl-Franzens-Universität Graz und Leiterin des Instituts für Kunstgeschichte. Sie ist Fakultätsmitglied an der School of Visual Arts, New York City. Von 2011-2013 war sie Professorin an der SVA - School of Visual Arts, New York City und von 2000-2010 Leiterin der Forschungsabteilung ›WissensKünste‹ am Zentrum für Literatur- und Kulturforschung in Berlin (ZfL). Ihre Forschungs- und Lehrschwerpunkte sind Kunst- und Kunsttheorien des 19., 20. u. 21. Jh.; Bild- und Medientheorien des 20. u. 21. Jh.; Epistemologie und Methodologie der Gegenwartskunst; Phänomenologie und Kunst; Kunst und Konzepte der Natur; Ästhetiken, Aisthesis und Medien des Embodiment. Sie veröffentlichte zahlreiche Publikationen zu Kunst der Moderne und Gegenwart. Neueste Bibliografie (Auswahl): (2015) (zus. mit Suzanne Anker) *The Glass Veil: Seven Adventures in Wonderland*; (Monografie, erscheint im Frühjahr 2016) *Studien zu Ästhetik, Aisthesis und Räumen der Verkörperung*.

Elisabeth Fritz studierte Kunstgeschichte und Soziologie in Wien und Paris. 2006–2008 Kuratorische Assistentin und Kunstvermittlerin in verschiedenen Kunstinstitutionen in Wien. 2008–2009 Universitätsassistentin am Institut für Kunstgeschichte der Universität Wien. 2009–2012 Stipendiatin am Doktoratsprogramm »Kategorien und Typologien in den Kulturwissenschaften«, Karl-Franzens-Universität Graz, dort 2012 Promotion. Publikation der Dissertation (2014) *Authentizität – Partizipation – Spektakel. Mediale Experimente mit ›echten Menschen‹ in der zeitgenössischen Kunst*. Seit 2012 wissenschaftliche Assistentin am Lehrstuhl für Kunstgeschichte der Friedrich-Schiller-Universität Jena. Dort u.a. Arbeit an einem Habilitationsprojekt über Konzepte und Repräsentationen der Geselligkeit in der französischen Kunst des 18. Jahrhunderts.

Nicola Gess ist Professorin für Neuere deutsche Literaturwissenschaft an der Universität Basel. Studium der Germanistik, Musikwissenschaft und Querflöte in Hamburg und Princeton, Promotion 2004 an der HU-Berlin und der Princeton

University, Habilitation 2012 an der Freien Universität Berlin. Davor wissenschaftliche Mitarbeiterin am Peter Szondi-Institut für Allgemeine und Vergleichende Literaturwissenschaft der FU Berlin, Gastdozentin für AVL an der LMU und der Universität Zürich sowie Akademische Rätin auf Zeit am Institut für Germanistik der Universität Regensburg. Derzeit Modulleiterin im Nationalen Forschungsschwerpunkt Eikones-Bildkritik an der Universität Basel, stellvertretende Sprecherin der Forschergruppe (Sinergia) »Ästhetik und Poetik des Staunens« an den Universitäten Zürich und Basel und Gründungsmitglied im Wissenschaftlichen Netzwerk »Hör-Wissen im Wandel. Zur Wissensgeschichte des Hörens in der Moderne«. Buchpublikationen: (2015) (Hg. zus. mit Christian Moser und Markus Winkler) *Primitivismus intermedial*; (2014) (Hg. zus. mit Sandra Janßen) *Wissens-Ordnungen. Zu einer historischen Epistemologie der Literatur*; (2013) *Primitives Denken. Wilde, Kinder und Wahnsinnige in der literarischen Moderne (Müller, Musil, Benn, Benjamin)*; (2012) (Hg.) *Literarischer Primitivismus*; (²2011) (Hg. zus. mit Tina Hartmann und Dominika Hens) *Gewalt der Musik. Literatur und Musikkritik um 1800*; *Barocktheater als Spektakel. Maschine, Blick und Bewegung auf der Opernbühne des Ancien Regime*; (2008) (Hg. zus. mit Tina Hartmann und Robert Sollich) *Barocktheater heute. Wiederentdeckungen zwischen Wissenschaft und Bühne*; (2005) (Hg. zus. mit Manuela Schulz und Florian Schreiner) *Hörstürze. Akustik und Gewalt im 20. Jahrhundert*.

Matthias Grotkopp ist Filmwissenschaftler und hat 2014 an der Freien Universität mit einer Arbeit zur filmischen Evokation des Schuldgefühls als Modus der Erfahrung von Gemeinschaft und Geschichtlichkeit promoviert. Ausgewählte Publikationen: (2015, im Erscheinen) *»There's still crime in the city« – THE WIRE als Netzwerkanalyse in Raum und Zeit*, in: Genre und Serie, hg. v. Thomas Morsch; (2011) *Ein Gespenst geht um in Hannover. Die Filme Christian Petzolds und das heimgesuchte Leben*; in: Zeitschrift für Fantastikforschung 1, 44–70; (2010) *Den Teufel im Leib und von der Geschichte betrogen: LE DIABLE AU CORPS*, in: Demokratisierung der Wahrnehmung? Das westeuropäische Nachkriegskino, hg. v. Kappelhoff, Hermann/Gross, Bernhard/Illger, Daniel, 212–227.

Anke Hennig unterrichtet gegenwärtig am Saint Martins College, University of the Arts, London. Ihre Forschungsschwerpunkte liegen in der Theorie des russischen Formalismus, Politik der linken Avantgarden und gegenwärtiger Poetik. Ihre jüngsten Publikationen behandeln das Verhältnis von Literatur und Film, Geschichte des Romans und spekulative Poetik. Publikationen: (2015) (zus. mit Armen Avanessian) *Present Tense. A Poetics*; (2014) *Metanoia. Spekulative Ontologie der Sprache*; (2010) *Sowjetische Kinodramaturgie*.

Günther A. Höfler ist in der Nähe von Peter Roseggers Waldheimat geboren, Literaturwissenschaftler am Institut für Germanistik der Karl-Franzens-Universität Graz mit Schwerpunkt Gegenwartsliteratur; Mitherausgeber der Dossier-Buchreihe über österreichische AutorInnen (zuletzt »Joseph Zoderer« 2010), Studien zur *literarischen Generation Y*, zur *Poetischen Gerechtigkeit*, zu *Wunschmaschine Stadt*.

Hermann Kappelhoff ist seit 2003 Professor für Filmwissenschaft an der Freien Universität Berlin. Er leitet die neu eingerichtete Kolleg-Forschergruppe »Cinepoetics – Poetologien audiovisueller Bilder« und war Sprecher des Exzellenzclusters Languages of Emotion der FU sowie Leiter des Teilprojekts »Die Politik des Ästhetischen im westeuropäischen Kino« im Sonderforschungsbereich 626 »Ästhetische Erfahrung im Zeichen der Entgrenzung der Künste.« Publikationen: (2013) (Hg. zus. mit David Gaertner und Cilli Pogodda) *Mobilisierung der Sinne. Der Hollywoodkriegsfilm zwischen Genrekino und Historie*; (2012) (Hg. zus. mit Anja Streiter) *Die Frage der Gemeinschaft. Das westeuropäische Kino nach 1945*; (2008) *Realismus. Das Kino und die Politik des Ästhetischen*; (2004) *Matrix der Gefühle. Das Kino, das Melodrama und das Theater der Empfindsamkeit*.

Susanne Knaller ist Professorin für Romanistik und Allgemeine und Vergleichende Literaturwissenschaft an der Karl-Franzens-Universität Graz; Habilitation 2002 an der Goethe-Universität Frankfurt, Leiterin des Forschungsbereichs AVL (Allgemeine und Vergleichende Literaturwissenschaft) und seit 2013 Leiterin des Zentrums für Kulturwissenschaften an der Universität Graz. Forschungsschwerpunkte: Ästhetische Theorien (18. bis 21. Jahrhundert), Geschichte und Theorie des Begriffs Authentizität, Realitätskonzepte in der Moderne, Law and Literature; Veröffentlichungen u.a.: (2015) *Die Realität der Kunst. Programme und Theorien zu Literatur, Kunst und Fotografie seit 1700*; (2015) (Hg. zus. mit Christian Hiebaum und Doris Pichler) *Recht und Literatur im Zwischenraum. Law and Literature in Between. Aktuelle inter- und transdisziplinäre Zugänge. Contemporary Inter- and Transdisciplinary Approaches*; (2013) *Realität und Wirklichkeit in der Moderne. Texte zu Literatur, Kunst, Film und Fotografie* (Anthologie und Datenbank) http://gams.uni-graz.at/context:reko; (2013) (Hg. zus. mit Doris Pichler) *Literaturwissenschaft heute – Gegenstand, Positionen, Relevanz*; (2007) *Ein Wort aus der Fremde. Geschichte und Theorie des Begriffs Authentizität*; (2003) *Zeitgenössische Allegorien. Literatur, Kunst, Theorie*.

Harro Müller lehrt seit 1991 Neuere Deutsche Literatur und Allgemeine und Vergleichende Literaturwissenschaft an der Columbia University in New York. Forschungsschwerpunkte: Theorie und Geschichte der Moderne, Kritische Theorie, Ästhetiktheorien, Historischer Roman und Historisches Drama seit Beginn des 19. Jahrhunderts. Neuere Buchpublikationen: (2011) (Hg. zus. mit Susanne Knaller) *Realitätskonzepte in der Moderne. Beiträge zu Literatur, Kunst, Philosophie und Wissenschaft*; (2009) (Hg.) *Gegengifte. Essays zu Theorie und Literatur der Moderne*; (2006) (Hg. zus. mit Susanne Knaller) *Authentizität. Diskussion eines ästhetischen Begriffs*; In den letzten Jahren u.a. Aufsätze zu Adorno, Büchner, Kluge, Nietzsche.

Jörg Paulus ist Privatdozent für Neuere Deutsche Literatur am Institut für Germanistik der TU Braunschweig, Mitarbeiter im Editionsprojekt *Richard-Wagner-Schriften, Historisch-kritische Gesamtausgabe* (Universität Würzburg/Akademie der Wissenschaften und der Literatur Mainz); Vorstandsmitglied der Internationalen Rilke-Gesellschaft, Mitherausgeber der *Blätter der Rilke-Gesellschaft*. Forschungsschwerpunkte: Theoretische Philologie, Wissenschaftstheorie der Germanistik, Kulturgeschichte des Liebesbriefs, Literatur um 1800 und um 1900. Ausgewählte Publikationen: (2013) *Philologie der Intimität. Liebeskommunikation im Jean-Paul-Kreis*; (2011) (Hg. zus. mit Eduard Berend) *Briefe an Jean Paul, Historisch-kritische Ausgabe*, Bd. 5; (2009) *»Theoretische Philologie« Annäherung an eine disziplinäre und methodische Leerstelle*, in: Berghahn, Cord Friedrich/Stauf, Renate (Hg.) *Philologie als Kultur. Die Germanisch-Romanische Monatsschrift 1909-2009*, 33–50; (2004) (Hg. zus. mit Dorothea Böck) *Briefe an Jean Paul, Historisch-kritische Ausgabe*, Bd. 2.

Hans-Georg Pott ist Univ.-Prof. i. R. für Neuere Germanistik an der Heinrich-Heine-Universität Düsseldorf. Buchveröffentlichungen (Auswahl): (2013) *Kontingenz und Gefühl*; (2008) *Eigensinn des Alters*; (2005) *Kurze Geschichte der europäischen Kultur*; (1995) *Literarische Bildung. Zur Geschichte der Individualität*; (1990) *Neue Theorie des Romans. Sterne – Jean Paul – Joyce – Schmidt*; (1984) *Robert Musil*; (1980) *Die schöne Freiheit*.

Rita Rieger ist Romanistin und hat 2013 mit einer Arbeit zu Liebesfigurationen im spanischen Roman um 1900 promoviert. Lehrbeauftrage am Institut für Romanistik der Karl-Franzens-Universität Graz, seit 2015 Universitätsassistentin am Zentrum für Kulturwissenschaften. Forschungsschwerpunkte: Tanz in Literatur und Film, Emotionsforschung, Literatur des 19.-21. Jh. Publikationen (Auswahl): (2015) *»L'Âme et la Danse«: Littérature et danse comme événement d'entre-espace*, in: *Variations* 23, 29–39; (2014) *Empezando por lo que fue: El Tango en »Las dos muertes de Gardel« de Horacio Vázquez-Rial*, in: Zubarik, Sabine (Hg.): *Tango Argentino in der Literaturwissenschaft*, 71–98; (2014) *Intensive Augenblicke – passionslos. Das Sich-Verlieben in Azoríns »Doña Inés«*, in: Herwig, Henriette/Seidler, Miriam (Hg.): *Nach der Utopie der Liebe? Literarische Liebesentwürfe und Beziehungsmodelle nach der romantischen Liebe*, 103–119.

Renate Stauf ist Professorin für Neuere deutsche Literatur am Institut für Germanistik an der TU Braunschweig und Herausgeberin der *Germanisch Romanischen Monatsschrift*. Forschungsgebiete: Literatur und Kulturgeschichte vom 18. Jahrhundert bis zur Gegenwart mit Schwerpunkten in der Aufklärung, in Klassik und Romantik, im deutschen Vormärz und in der europäischen Moderne, Kulturgeschichte des Briefs, insbesondere des Liebesbriefs. Zuletzt erschienen: (2015): *Poetische Zeitgenossenschaft. Heine-Studien*; (2014) (Hg. zus. mit Cord Friedrich Berghahn) *Wechselwirkungen. Die Herausforderung der Künste durch die Wissenschaften*; (2013) (Hg. zus. mit Jörg Paulus) *SchreibLust. Der Liebesbrief im 18. und 19. Jahrhundert*; (2008) (Hg. zus. mit Jörg Paulus) *Der Liebesbrief. Schriftkultur und Medienwechsel vom 18. Jahrhundert bis zur Gegenwart.*

Toni Tholen ist Professor für Literaturwissenschaft und Literaturdidaktik mit dem Schwerpunkt Literaturwissenschaft am Institut für deutsche Sprache und Literatur der Universität Hildesheim. Er forscht und lehrt u.a. im Bereich der Literaturtheorie und der Geschlechter- und Männlichkeitsforschung mit Schwerpunkten in der Literatur um 1800 sowie in der Literatur, Kultur und Bildung des 20. und 21. Jahrhunderts. Er ist Sprecher des Graduiertenkollegs »Gender und Bildung« sowie Mitglied des Herder-Kollegs – Zentrum für transdisziplinäre Kulturforschung der Universität Hildesheim. Publikationen: (2015) *Männlichkeiten in der Literatur. Konzepte und Praktiken zwischen Wandel und Beharrung*; (2013) (Hg. zus. mit Jennifer Clare) *Literarische Männlichkeiten und Emotionen.*

Auswahlbibliografie

Primärwerke

Aristoteles (1985): *Nikomachische Ethik, auf d. Grundl. d. Übersetzung von Eugen Rolfes*, hg. von Günther Bien, Hamburg.
— (1995): *Über die Seele*, mit Einl., Übers. (nach W. Theiler) und Komm., hg. von Horst Seidl, Hamburg.
— (2012): *Poetik*, Griechisch/Deutsch, Stuttgart.
Augé, Marc (1994): *Orte und Nicht-Orte. Vorüberlegungen zu einer Ethnologie der Einsamkeit*, Frankfurt a.M.
Balázs, Béla (1982 [1924]): *Der sichtbare Mensch oder die Kultur des Films*, Berlin/Budapest/München.
Bataille, Georges (1930): *L'art primitif*, in: *Documents* 7, 389–397.
— (1945): *Sur Nietzsche. Volonté de chance*, Paris.
— (1994): *Die Abweichungen der Natur*, in: Gaßner, Hubertus (Hg.): *Elan vital oder Das Auge des Eros*, Ausst.-Kat. Haus der Kunst, München, 504–505.
— (2005): *Nietzsche und der Wille zur Chance*, Berlin.
Baumgarten, Alexander Gottlieb (2007): *Ästhetik*, übers., mit einer Einf., Anm. u. Reg. und hg. von Dagmar Mirbach, 2 Bde., Hamburg.
Benjamin, Walter (1972): *Ursprung des deutschen Trauerspiels*, Frankfurt a.M.
— (1974): *Über einige Motive bei Baudelaire*, in: ders.: *Gesammelte Schriften*, hg. von Rolf Tiedemann und Hermann Schweppenhäuser, Frankfurt a.M., Bd. I.2, 605–653.
— (1977 [1936]): *Das Kunstwerk im Zeitalter seiner technischen Reproduzierbarkeit*, Frankfurt a.M., 36–41.
— (1991a): *Was ist das epische Theater?* (1), in: ders.: *Gesammelte Schriften*, hg. von Rolf Tiedemann und Hermann Schweppenhäuser, Frankfurt a.M., Bd. II.2, 519–531.
— (1991b): *Was ist das epische Theater?* (2), in: ders.: *Gesammelte Schriften*, hg. von Rolf Tiedemann und Hermann Schweppenhäuser, Frankfurt a.M., Bd. II.2, 532–539.
— (1991c): *Zum Bilde Prousts*, in: ders.: *Gesammelte Schriften*, hg. von Rolf Tiedemann und Hermann Schweppenhäuser, Frankfurt a.M., Bd. II.1, 310–324.
Bloch, Ernst (1985): *Das Prinzip Hoffnung*, in: ders.: *Gesamtausgabe*, Bd. 5.1: Kapitel 1–32, Frankfurt a.M.
Brecht, Bertolt (1967a): *Neue Technik der Schauspielkunst*, in: ders.: *Gesammelte Werke*, Bd. 15, Frankfurt a.M., 341–379.
— (1967b): *Über experimentelles Theater*, in: ders.: *Gesammelte Werke*, Bd. 15, Frankfurt a.M., 285–305.
Brik, Osip (1927): *Po suščestvu scenarnogo krizisa*, in: *Sovetskoe kino*, 8–9.
— (1936): *Iz teorii i praktiki scenarista*, in: ders.: *Kak my rabotaem nad kinoscenariem*, Moskau, 41–53.
— (1940a): *Majakovskij – scenarist*, in: *Iskusstvo kino* 4, 8–9.
— (1940b): *Učen'e – svet, a neučen'e – t'ma*, in: *Iskusstvo kino* 10, 57–58.

Burke, Edmund (²1759): *A philosophical enquiry into the origin of our ideas of the sublime and beautiful, with an introductory discours concerning taste, and several other additions*, London.
Cézanne, Paul (1960): *Cézanne, Geffroy et Gasquet. Suivi de Souvenirs sur Cézanne de Louis Aurenche. Et de Lettres inédites*, hg. von John Rewald, Paris.
— (1980): *Über die Kunst. Gespräche mit Gasquet, Briefe*, hg. von Walter Hess, Mittenwald.
Descartes, René (1650): *Les passions de l'âme*, Amsterdam.
— (1984): *Die Leidenschaften der Seele*, hg. u. übers. von Klaus Hammacher, Hamburg.
— (2006): *Les Météores/Die Meteore*, Faksimile der Erstausgabe 1637, hg., übers., eingel. u. komm. von Claus Zittel, Frankfurt a.M.
Dewey, John (1980 [1934]): *Kunst als Erfahrung*, Frankfurt a.M.
— (2005): *Art as experience*, New York, NY.
— (2008): *The Theory of Emotion*, in: Boydston, Jo Ann (Hg.): *The Early Works of John Dewey 1882–1898*, Bd. 4, Carbondale, 152–188.
Einstein, Carl (1929): *Exposition de sculpture moderne*, in: *Documents* 7, 391–395.
— (1996): *Methodische Aphorismen*, in: ders.: Werke, Band 3: 1929-1940, Berlin, 532–536.
Eisenstein, Sergej M. (1988): *Das dynamische Quadrat. Schriften zum Film*, hg. von Oksana Bulgakova u. Dietmar Hochmuth, Köln/Leipzig.
— (2006 [1925]): *Zur Frage eines materialistischen Zugangs zur Form*, in: ders.: *Jenseits der Einstellung. Schriften zur Filmtheorie*, hg. von Felix Lenz u. Helmut H. Diederichs, Frankfurt a.M., 41–49.
Geiger, Moritz (1913): *Beiträge zur Phänomenologie des ästhetischen Genusses*, in: *Jahrbuch für Philosophie und phänomenologische Forschung* I, H. 2, 567–684.
Kandinsky, Wassily (1912a): *Über die Formfrage*, in: ders./Marc, Franz (Hg.): *Der Blaue Reiter*, München, 74–100.
— (1912b): *Über Bühnenkomposition*, in: ders./Marc, Franz (Hg.): *Der Blaue Reiter*, München, 103–113.
— (1927): *UND. Einiges über Synthetische Kunst*, in: *i10. Internationale Revue* 1, 4–10.
— (1952): *Über das Geistige in der Kunst*, hg. von Max Bill, Bern.
— (1963): *Essays über Kunst und Künstler*, hg. von Max Bill, Bern.
— (1969): *Interview mit Charles André Julien, 10 Juli 1921*, in: *Revue de l'art* 5, 71–72.
— (1979): *Suprematismus*, in: Gaßner, Hubertus/Gillen, Eckhart (Hg.): *Zwischen Revolutionskunst und Sozialistischem Realismus: Dokumente und Kommentare. Kunstdebatten in der Sowjetunion von 1917 bis 1934*, Köln, 79–81.
Kant, Immanuel (1966 [1784]): *Ideen zu einer allgemeinen Geschichte in weltbürgerlicher Absicht*, in: *Werke in sechs Bänden*, Bd. 6, hg. von Wilhelm Weischedel, Darmstadt, 33–50.
Kiesow, Rainer Maria/Schmidgen, Henning (Hg.) (2005): *Kritisches Wörterbuch. Beiträge von Georges Bataille, Carl Einstein, Marcel Griaule, Michel Leiris, u.a.*, Berlin.
Lipps, Theodor (1903): *Grundlegung der Ästhetik*, Hamburg/Leipzig.
— (1980): *Die gegenstandslose Welt*, hg. von Hans M. Wingler, Vorwort von Stephan von Wiese, Mainz/Berlin, (Neue Bauhausbücher 11).
— (1991): *Malewitsch: Künstler und Theoretiker*, hg. u. übers. von Erhard Glier, Weingarten.
Merleau-Ponty, Maurice (1985): *L'œil et l'esprit*, Paris.

— (2003 [1961]): *Das Auge und der Geist. Philosophische Essays*, hg. von Christian Bermes, Hamburg.
Müller-Freienfels, Richard (1912): *Psychologie der Kunst. Eine Darstellung der Grundzüge*, Bd. I, Leipzig.
Nietzsche, Friedrich (1887): *Zur Genealogie der Moral*, Leipzig.
— (²1988): *Sämtliche Werke: kritische Studienausgabe in 15 Einzelbänden. 1. Die Geburt der Tragödie. Unzeitgemäße Betrachtungen I-IV. Nachgelassene Schriften 1870-1873*, hg. von Giorgio Colli u. Mazzino Montinari, München.
— (2013): *Die fröhliche Wissenschaft*, Hamburg.
Platon (1964): *Phaidros*, hg. u. übers. von Wolfgang Buchwald, München.
— (1983): *Symposion*, in: ders.: *Sämtliche Werke 2*, hg. von Walter F. Otto, Ernesto Grassi u. Gert Plamböck, Hamburg, 203–250.
Plessner, Helmuth (1976): *Die Frage nach der Conditio humana. Aufsätze zur philosophischen Anthropologie*, Frankfurt a.M.
— (1979): *Zwischen Philosophie und Gesellschaft*, Frankfurt a.M.
Pos, H[endrik] J[osephus] (1922): *Zur Logik der Sprachwissenschaft*, Heidelberg.
— (1923): *Kritische Studien über philologische Methode*, Heidelberg.
Pudowkin, Wsewolod I. (1983): *Die Zeit in Großaufnahme. Aufsätze, Erinnerungen, Werkstattnotizen*, Berlin.
Sartre, Jean Paul (1960): *Critique de la raison dialectique I: Théorie des ensembles pratiques*, Paris.
Scheler, Max (1960): *Die Wissensformen und die Gesellschaft. Gesammelte Werke*, Bd. 8, Bern/München.
— (⁵1966): *Der Formalismus in der Ethik und die materiale Wertethik. Gesammelte Werke*, Bd. 2, Bern/München.
— (⁶1973): *Wesen und Formen der Sympathie. Gesammelte Werke*, Bd. 7, Bern/München.
— (1978): *Das Ressentiment im Aufbau der Moralen*, hg. von Manfred S. Frings, Frankfurt a.M.
Simmel, Georg (1985): *Fragment über die Liebe. Aus dem Nachlaß [1921–22]*, in: ders.: *Schriften zur Philosophie und Soziologie der Geschlechter*, hg. von Heinz-Jürgen Dahme u. Klaus Christian Köhnke, Frankfurt a.M., 224–280.
Šklovskij, Viktor (1969): *Die Kunst als Verfahren*, in: Striedter, Jurij (Hg.): *Texte der russischen Formalisten*, Bd. I, München, 3–35.
Sloterdijk, Peter (2006): *Zorn und Zeit*, Frankfurt a.M.
Valéry, Paul (1957a): *Introduction biographique*, in: ders.: *Œuvres*, Bd. 1, Paris, 11–72.
— (1957b): *Introduction à la méthode de Léonard de Vinci*, in: ders.: *Œuvres*, Bd. 1, Paris, 1153–1199.
— (1957c): *Poésie et pensée abstraite*, in: ders.: *Œuvres*, Bd. 1, Paris, 1314–1339.
— (1960): *L'Âme et la Danse*, in: ders.: *Œuvres*, Bd. 2, hg. von Jean Hytier, Paris, 148–176.
— (1974), *Cahiers*, Bd. 2, hg. von Judith Robinson, Paris.
— (1989), *Werke, Bd 4: Zur Philosophie und Wissenschaft*, hg. von Jürgen Schmidt-Radefeldt, Frankfurt a.M.
Vertov, Dziga (1973 [1923]): *Kinoki – Umsturz*, in: ders.: *Schriften zum Film*, hg. von Wolfgang Beilenhoff, München, 11–24.
Volkelt, Johannes (1917): *Objektive Ästhetik*, in: *Zeitschrift für Ästhetik und allgemeine Kunstwissenschaft* XII, H. 4, 385–424.

— (1922): *Die Gefühlsgewissheit. Eine erkenntnistheoretische Untersuchung*, München.
— (⁴1923 [1897]): *Ästhetik des Tragischen*, München.
— (²1925): *System der Ästhetik*, Bd. II, München.
— (²1927): *System der Ästhetik*, Bd. I, München.
Wittgenstein, Ludwig (1984): *Werkausgabe, Bd. 8: Bemerkungen über die Farben, über Gewißheit, Zettel, vermischte Bemerkungen*, hg. von G. E. M. Anscombe u. Georg Henrik von Wright, Frankfurt a.M.

Sekundärwerke

Adamowsky, Natascha/u.a. (2011): *Affektive Dinge. Objektberührungen in Wissenschaft und Kunst*, Göttingen.
Andermann, Kerstin/Eberlein, Undine (Hg.) (2011): *Gefühle als Atmosphären. Neue Phänomenologie und philosophische Emotionstheorie*, Berlin.
Anderson, Joseph D./Fisher Anderson, Barbara (2005): *Moving Image Theory. Ecological Considerations*, Carbondale.
Angerer, Marie-Luise (2007): *Vom Begehren nach dem Affekt*, Zürich/Berlin.
Anz, Thomas/Stark, Michael (Hg.) (1982): *Expressionismus: Manifeste und Dokumente zur deutschen Literatur 1910-1920*, Stuttgart.
— (1998): *Literatur und Lust. Glück und Unglück beim Lesen*, München.
— (2004): *Erkenntnistheorie als Erlebnis- und Einfühlungstheorie in Wissenschaft, Philosophie und Ästhetik um 1900. Hinweise zu einem vernachlässigten Phänomen*, in: Christine Maillard (Hg.): *Littérature et théorie de la connaissance 1890–1935/Literatur und Erkenntnistheorie 1890–1935*, Strasbourg, 161–166.
— (2006): *Emotional Turn? Beobachtungen zur Gefühlsforschung*, in: literaturkritik.de, Schwerpunkt Emotionen 12, http://www.literaturkritik. de/public/rezension.php?rez_id=10267&ausgabe=200612, [19.10.2015].
— (2007): *Kulturtechniken der Emotionalisierung. Beobachtungen, Reflexionen, und Vorschläge zur literaturwissenschaftlichen Gefühlsforschung*, in: Eibl, Karl/Mellmann, Katja/Zymner, Rüdiger (Hg.): *Im Rücken der Kulturen*, Paderborn, 207–239.
— (2008): *Literaturwissenschaftliche Text- und Emotionsanalyse. Beobachtungen und Vorschläge zur Gefühlsforschung*, in: Gockel, Heinz/Schöll, Julia (Hg.): *Literatur und Ästhetik. Texte von und für Heinz Gockel*, Würzburg, 39–66.
Bachmann-Medick, Doris (2006): *Cultural Turns. Neuorientierungen in den Kulturwissenschaften*, Hamburg.
Bal, Mieke (2006): *Affekte als kulturelle Kraft*, in: Krause-Wahl, Antje/Oelschlägel, Heike/Wiemer, Serjoscha (Hg.): *Affekte. Analysen ästhetisch-medialer Prozesse*, Bielefeld, 7–19.
Barndt, Kerstin (2003b): *Sentiment und Sachlichkeit. Der Roman der Neuen Frau in der Weimarer Republik*, Köln/Weimar/Wien.
Böhme, Gernot (1995): *Atmosphäre. Essays zur neuen Ästhetik*, Frankfurt a.M.
Brandstetter, Gabriele (1995): *Tanz-Lektüren. Körperbilder und Raumfiguren der Avantgarde*, Frankfurt a.M.
Breger, Claudia/Breithaupt, Fritz (Hg.) (2010): *Empathie und Erzählung*, Freiburg i.Br.
Breithaupt, Fritz (2009): *Kulturen der Empathie*, Frankfurt a.M.

Breuninger, Renate/Schiemann, Gregor (Hg.) (2015): *Langeweile. Auf der Suche nach einem unzeitgemäßen Gefühl. Ein philosophisches Lesebuch*, Frankfurt a.M.
Bronfen, Elisabeth (2007): *Modernismus und Hysterie*, in: Wellbery, David E./u.a. (Hg.): *Eine neue Geschichte der deutschen Literatur*, Berlin, 911–917.
Butler, Judith (2004): *Precarious life: the powers of mourning and violence*, London.
Campe, Rüdiger/Weber, Julia (Hg.) (2014): *Rethinking Emotion. Interiority and Exteriority in Premodern, Modern and Contemporary Thought*, Berlin.
Curtis, Robin/Koch, Gertrud (Hg.) (2009): *Einfühlung. Zu Geschichte und Gegenwart eines ästhetischen Konzepts*, München.
Damasio, Antonio R. (2003): *Der Spinoza-Effekt. Wie Gefühle unser Leben bestimmen*, München.
— (2011): *Selbst ist der Mensch. Körper, Geist und die Entstehung des menschlichen Bewusstseins*, München.
De Sousa, Ronald (1987): *The Rationality of Emotion*, Cambridge, MA/London.
Didi-Huberman, Georges (1994): *Pensée par image, pensée dialectique, pensée altérante. L'enfance de l'art selon Georges Bataille*, in: *Les Cahiers du Musée National d'Art Moderne* 50, 4–29.
Dieckmann, Walther (2005): *Streiten über das Streiten. Normative Grundlagen polemischer Metakommunikation*, Tübingen.
Döring, Sabine (Hg.) (2009): *Philosophie der Gefühle*, Frankfurt a.M.
Douglas, Robinson (2008): *Estrangement and the Somatics of Literature. Tolstoy, Shklovsky, Brecht*, Baltimore, MD.
Dror, Otniel (2004): *Affekte des Experiments. Die emotionale Wende in der angloamerikanischen Physiologie (1900-1940)*, in: Schmidgen, Henning/Geimer, Peter/ Dierig, Sven (Hg.): *Kultur im Experiment*, Berlin, 338–372.
Edwards, Michael (2008): *De l'émerveillement*, Paris.
Eggs, Ekkehard (2000): *Logos, ethos, pathos. L'actualité de la rhétorique des passions chez Aristote*, in: Plantin, Christian/Doury, Marianne/Traverso, Véronique (Hg.): *Les émotions dans les interactions*, Lyon, 15–31.
Fauth, Søren R./Krejberg, Kasper Green/Süselbeck, Jan (Hg.) (2012): *Repräsentationen des Krieges. Emotionalisierungsstrategien in der Literatur und den audio-visuellen Medien vom 18. bis zum 21. Jahrhundert*, Göttingen.
Forster, Edgar (1998): *Unmännliche Männlichkeit. Melancholie – ›Geschlecht‹ – Verausgabung*, Wien/Köln/Weimar.
Frevert, Ute (2010): *Gefühlvolle Männlichkeiten. Eine historische Skizze*, in: Borutta, Manuel/Verheyen, Nina (Hg.): *Die Präsenz der Gefühle. Männlichkeit und Emotionen in der Moderne*, Bielefeld, 305–330.
— (2011): *Gefühlswissen. Eine lexikalische Spurensuche in der Moderne*, Frankfurt a.M.
Fritz, Elisabeth (2014): *Authentizität – Partizipation – Spektakel. Mediale Experimente mit »echten Menschen« in der zeitgenössischen Kunst*, Köln/Weimar/Wien.
Geitner, Ursula (1992): *Die Sprache der Verstellung. Studien zum rhetorischen und anthropologischen Wissen im 17. und 18. Jahrhundert*, Tübingen.
Gerhards, Jürgen (1988): *Soziologie der Emotionen. Fragestellungen, Semantik, Perspektiven*, Weinheim/München.
Gess, Nicola (2013): *Staunen als ästhetische Emotion. Zu einer Affektpoetik des Wunderbaren*, in: Baisch, Martin/Degen, Andreas/Lüdtke, Jana (Hg.): *Wie gebannt. Ästhetische Verfahren der affektiven Bindung von Aufmerksamkeit*, Freiburg, 115–132.

Grimm, Hartmut (2010): *Affekt*, in: Barck, Karlheinz/u.a. (Hg.): *Ästhetische Grundbegriffe. Studienausgabe*, Bd. 1, Stuttgart, 16–49.

Hämmerle, Christa: »*Mit Sehnsucht wartent...*« *Liebesbriefe im Ersten Weltkrieg – ein Plädoyer für einen erweiterten Genrebegriff*, in: https://www.history-of-emotions.mpg.de/de/texte/mit-sehnsucht-wartent-liebesbriefe-im-ersten-weltkrieg-ein-plaedoyer-fuer-einen-erweiterten-genrebegriff [letzter Zugriff 30.03.2015].

Heller, Agnes (1981): *Theorie der Gefühle*, Hamburg.

Hennig, Anke/u.a. (Hg.) (2008): *Bewegte Erfahrungen. Zwischen Emotionalität und Ästhetik*, Zürich.

Hielscher, Martina (1996): *Emotion und Textverstehen. Eine Untersuchung zum Stimmungskongruenzeffekt*, Opladen.

Hoffmann, Torsten (2006): *Konfigurationen des Erhabenen. Zur Produktivität einer ästhetischen Kategorie in der Literatur des ausgehenden 20. Jahrhunderts (Handke, Ransmayr, Schrott, Strauß)*, Berlin/New York, NY.

Hogan, Patrick Colm (2011): *Affective Narratology. The Emotional Structure of Stories*, Lincoln, NE.

Holl, Ute (2002): *Kino, Trance und Kybernetik*, Berlin.

Hoppenheit, Roman (1930): *Der gewendete Weltschmerz*, in: *Die Tat* 22, Nr. 1, 380–384.

Illmer, Susanne (2007): *Die Macht der Verführer. Liebe, Geld, Wissen, Kunst und Religion in Verführungsszenarien des 18. und 19. Jahrhunderts*, Dresden.

Illouz, Eva (2003): *Der Konsum der Romantik. Liebe und die kulturellen Widersprüche des Kapitalismus*, Frankfurt a.M./New York, NY.

Jäger, Ludwig (2004): *Wieviel Sprache braucht der Geist? Mediale Konstitutionsbedingungen des Mentalen*, in: Jäger, Ludwig/Linz, Erika (Hg.): *Medialität und Mentalität. Theoretische und empirische Studien zum Verhältnis von Sprache, Subjektivität und Kognition*, München, 15–42.

Jahraus, Oliver (2004): *Amour fou. Die Erzählung der Amour fou in Literatur, Oper, Film: zum Verhältnis von Liebe, Diskurs und Gesellschaft im Zeichen ihrer sexuellen Infragestellung*, Tübingen.

Jensen, Uffa/Morat, Daniel (Hg.) (2008): *Rationalisierungen des Gefühls. Zum Verhältnis von Wissenschaft und Emotionen 1880–1930*, München.

Kappelhoff, Hermann (2004): *Matrix der Gefühle. Das Kino, das Melodrama und das Theater der Empfindsamkeit*, Berlin.

—/Bakels, Jan-Hendrik (2011): *Das Zuschauergefühl. Möglichkeiten qualitativer Medienanalyse*, in: *Zeitschrift für Medienwissenschaft* 5 (2), 78–95.

Keen, Suzanne (2011) (Hg.): *Narrative and the Emotions I*. Special issue of *Poetics Today* 32.1.

Kerbrat-Orecchioni, Catherine (2000): *Quelle place pour les émotions dans la linguistique du XXe siècle? Remarques et aperçus*, in: Plantin, Christian/Doury, Marianne/Traverso, Véronique (Hg.): *Les émotions dans les interactions*, Lyon, 33–74.

Klausnitzer, Ralf (2007): *»... keine Ausflucht als die Liebe«. Die Emotionen der Philologen*, in: Bohnenkamp, Anne/Regener, Ursula (Hg.): *Eichendorff wieder finden. Joseph von Eichendorff 1788–1857*, Katalog des Freien Deutschen Hochstifts und des Frankfurter Goethe-Museum, Frankfurt a.M., 163–173.

Knaller, Susanne (2006): *Genealogie des ästhetischen Authentizitätsbegriffs*, in: dies./Müller, Harro (Hg.): *Authentizität. Diskussion eines ästhetischen Begriffs*, München, 17–36.

—/Müller, Harro (Hg.) (2006): *Authentizität. Diskussion eines ästhetischen Begriffs*, München.
Koppenfels, Martin von (2007): *Immune Erzähler: Flaubert und die Affektpolitik des modernen Romans*, München.
Koschorke, Albrecht (1999): *Körperströme und Schriftverkehr. Mediologie des 18. Jahrhunderts*, München.
Koss, Juliet (2009): *Über die Grenzen der Einfühlung*, in: Curtis, Robin/Koch, Gertrud (Hg.): *Einfühlung. Zu Geschichte und Gegenwart eines ästhetischen Konzepts*, München, 105–126.
Kövecses, Zoltán (1988): *The Language of Love. The Semantics of Passion in Conversational English*, London/Toronto.
Kreitler, Hans/Kreitler, Shulamith (1980): *Psychologie der Kunst*, Stuttgart.
Krüger, Hans Peter (2006): *Hassbewegungen. Im Anschluss an Max Schelers sinngemäße Grammatik des Gefühlslebens*, in: DZPhil 54, 867–883.
Kuhn, Reinhard Clifford (1976): *The demon of noontide. Ennui in Western literature*, Princeton, NJ.
Landweer, Hilge/Renz, Ursula (Hg.) (2012): *Handbuch Klassische Emotionstheorien. Von Platon bis Wittgenstein*, Berlin/Boston, MA.
Lethen, Helmut (1994): *Verhaltenslehren der Kälte. Lebensversuche zwischen den Kriegen*, Frankfurt a.M.
Liessmann, Konrad Paul (2009): *Ästhetische Empfindungen. Eine Einführung*, Wien.
— (2011): *Leidenschaft und Kälte. Über ästhetische Empfindungen und das Pathos der Distanz*, in: Wennerscheid, Sophie (Hg.): *Sentimentalität und Grausamkeit. Ambivalente Gefühle in der skandinavischen und deutschen Literatur der Moderne*, Berlin, 22–36.
Luhmann, Niklas (1994): *Liebe als Passion. Zur Codierung von Intimität*, Frankfurt a.M.
Luserke-Jaqui, Matthias (2011): *Kleine Literaturgeschichte der großen Liebe*, Darmstadt.
Maillard, Christine (Hg.) (2004): *Littérature et théorie de la connaissance 1890–1935/ Literatur und Erkenntnistheorie 1890–1935*, Strasbourg.
Mainberger, Sabine (2010): *Experiment Linie. Künste und ihre Wissenschaften um 1900*, Berlin.
Meier, Franz (2008): *Die Verschriftlichung des Gefühls im englischen Briefroman des 18. Jahrhunderts*, in: Stauf, Renate/Simonis, Annette/Paulus, Jörg (Hg.): *Der Liebesbrief. Schriftkultur und Medienwechsel vom 18. Jahrhundert bis zur Gegenwart*, Berlin/New York, NY, 273–292.
Mellmann, Katja (2006): *Emotionalisierung – Von der Nebenstundenpoesie zum Buch als Freund. Eine emotionspsychologische Analyse der Literatur der Aufklärungsepoche*, Paderborn.
— (2015): *Literaturwissenschaftliche Emotionsforschung*, in: Zymner, Rüdiger (Hg.): *Handbuch Literarische Rhetorik*, Berlin/Boston, MA, 173–192.
Menninghaus, Winfried (1999): *Ekel. Theorie und Geschichte einer starken Empfindung*, Frankfurt a.M.
Meyer-Sickendiek, Burkhard (2005): *Affektpoetik. Eine Kulturgeschichte literarischer Emotionen*, Würzburg.
Mikunda, Christian/Vesely, Alexander (2002): *Kino spüren: Strategien der emotionalen Filmgestaltung*, Wien.
Moebius, Stephan (Hg.) (^{2}2010): *Kultur*, 2. überarb. Aufl., Bielefeld.

Palmier, Jean-Pierre (2013): *Gefühlte Geschichten. Unentscheidbares Erzählen und emotionales Erleben*, München.
Paulus, Jörg (2008): *»Simultanliebe« in »Schäfersekunden«. Liebesbriefkultur im Jean-Paul-Kreis*, in: Stauf, Renate/Simonis, Annette/Paulus, Jörg (Hg.): *Der Liebesbrief. Schriftkultur und Medienwechsel vom 18. Jahrhundert bis zur Gegenwart*, Berlin/New York, NY, 35–60.
— (2013): *Philologie der Intimität. Liebeskorrespondenz im Jean-Paul-Kreis*, Berlin.
Perler, Dominik (2011): *Transformationen der Gefühle. Philosophische Emotionstheorien 1270-1670*, Frankfurt a.M.
Pikulik, Lothar (1997): *Warten, Erwartung. Eine Lebensform in End- und Übergangszeiten*, Göttingen.
Plantin, Christian (1999): *La construction rhétorique des émotions*, in: Rigotti, Eddo (Hg.): *Rhetoric and Argumentation. Proceedings of the International Conference Lugano, April 22-23, 1997*, Tübingen, 203–219.
Plantinga, Carl/Smith, Greg M. (Hg.) (1999): *Passionate Views. Film, Cognition and Emotion*, Baltimore, MD.
Poppe, Sandra (2012): *Emotionen in Literatur und Film*, Würzburg.
Pott, Hans-Georg (2013a): *Aufklärung über Religion. Max Scheler und die ›Logik des Herzens‹ – mit einem Ausblick auf Schleiermacher*, in: Feger, Hans (Hg.): *Das besondere Schicksal der Vernunft – The Fate of Reason. Contemporary Understanding of Enlightenment*, Würzburg, 115–130.
— (2013b): *Kontingenz und Gefühl. Studien mit/zu Robert Musil*, München.
Reckwitz, Andreas (2010): *Umkämpfte Maskulinität. Zur historischen Kultursoziologie männlicher Subjektformen und ihrer Affektivitäten vom Zeitalter der Empfindsamkeit bis zur Postmoderne*, in: Borutta, Manuel/Verheyen, Nina (Hg.): *Die Präsenz der Gefühle. Männlichkeit und Emotion in der Moderne*, Bielefeld, 57–77.
Sagnes, Guy (1969): *L'ennui dans la littérature française de Flaubert à Laforgue (1848-1884)*, Paris.
Scherer, Klaus R./Fontaine, Johnny J. R. (2013): *The global meaning structure of the emotion domain: Investigating the complementarity of multiple perspectives on meaning*, in: dies./Soriano, Cristina (Hg.): *Components of emotional meaning. A Sourcebook*, Oxford, 106–125.
Scheuer, Helmut/Grisko, Michael (Hg.) (1999): *Liebe, Lust und Leid. Zur Gefühlskultur um 1900*, Kassel.
Schmidt-Atzert, Lothar (1996): *Lehrbuch der Emotionspsychologie*, Stuttgart.
Schneede, Uwe M. (Hg.) (2005): *Begierde im Blick: Surrealistische Photographie*, Ausst.-Kat. Hamburger Kunsthalle, Ostfildern-Ruit.
Schneider, Ralf (2013): *New Narrative Dynamics? How the Order of a Text and the Reader's Cognition and Emotion Create its Meanings*, in: *Germanisch-Romanische Monatsschrift*, 63/1, 47–67.
Schwarz-Friesel, Monika (^{2}2013): *Sprache und Emotion*, Tübingen/Basel.
Smith, Greg M. (2003): *Film Structure and the Emotion System*, Cambridge, MA.
Solomon, Robert C. (2004): *Emotions, Thoughts and Feelings. Emotions as Engagements with the World*, in: ders. (Hg.): *Thinking about Feeling: Contemporary Philosophers on Emotions*, New York, NY/Oxford, 1–18.
Sontag, Susan (2003): *Regarding the pain of others*, New York, NY.

Stauf, Renate (2013): »*[...] rette Dich, setze mich aus ans Ufer«. Aporien der romantischen Liebe im Briefwechsel zwischen Karoline von Günderrode und Friedrich Creuzer*, in: dies./Paulus, Jörg (Hg.): *SchreibLust. Der Liebesbrief im 18. und 19. Jahrhundert*, Berlin/Boston, MA, 165–187.

—/Simonis, Annette/Paulus, Jörg (Hg.) (2008): *Der Liebesbrief. Schriftkultur und Medienwechsel vom 18. Jahrhundert bis zur Gegenwart*, Berlin/New York, NY.

Stegmaier, Werner (2012): *Nietzsches Umwertung (auch) der Affekte*, in: Landweer, Hilge/Renz, Ursula (Hg.): *Handbuch Klassische Emotionstheorien: Von Platon bis Wittgenstein*, Berlin, 525–546.

Süselbeck, Jan (2013): *Im Angesicht der Grausamkeit. Emotionale Effekte literarischer und audiovisueller Kriegsdarstellungen vom 19. bis zum 21. Jahrhundert*, Göttingen.

Szondi, Peter (1978): *Versuch über das Tragische*, in: ders.: *Schriften I*, Frankfurt a.M., 149–260.

Tan, Ed S. H. (1996): *Emotion and the structure of narrative film. Film as an emotion machine*, Mahwah, NJ.

Tebben, Karin (2011): *Von der Unsterblichkeit des Eros und den Wirklichkeiten der Liebe. Geschlechterbeziehungen – Realismus – Erzählkunst*, Heidelberg.

Tholen, Toni (2013): *Perspektiven der Erforschung des Zusammenhangs von literarischen Männlichkeiten und Emotionen*, in: ders./Clare, Jennifer (Hg.): *Literarische Männlichkeiten und Emotionen*, Heidelberg, 9–25.

— (2015): *Männlichkeiten in der Literatur. Konzepte und Praktiken zwischen Wandel und Beharrung*, Bielefeld.

Thomä, Dieter/Kaufmann, Vincent/Schmid, Ulrich (Hg.) (2015): *Der Einfall des Lebens. Theorie als geheime Autobiographie*, München.

Thürlemann, Felix (1998): *Staunen als erste Leidenschaft. Descartes bei Poussin*, in: Nischik, Reingard M. (Hg.): *Leidenschaften literarisch*, Konstanz, 87–100.

Vendrell Ferran, Íngrid (2008): *Die Emotionen. Gefühle in der realistischen Phänomenologie. Philosophische Anthropologie*, Bd. 6, Berlin.

Vester, Heinz-Günter (1991): *Emotion, Gesellschaft und Kultur. Grundzüge einer soziologischen Theorie der Emotion*, Opladen.

Voss, Christiane (2004): *Narrative Emotionen. Eine Untersuchung über Möglichkeiten und Grenzen philosophischer Emotionstheorien*, Berlin/New York, NY.

Wegmann, Nikolaus (1988): *Diskurse der Empfindsamkeit. Zur Geschichte eines Gefühls in der Literatur des 18. Jahrhunderts*, Stuttgart.

Wennerscheid, Sophie (Hg.) (2011): *Sentimentalität und Grausamkeit. Ambivalente Gefühle in der skandinavischen und deutschen Literatur der Moderne*, Berlin.

Willms, Weertje (2013): *Zwischen Überschwang und Repression. Zum Zusammenhang von Männlichkeit und Emotionen im bürgerlichen Trauerspiel und im sozialen Drama*, in: Tholen, Toni/Clare, Jennifer (Hg.): *Literarische Männlichkeiten und Emotionen*, Heidelberg, 141–175.

Winko, Simone (2003): *Kodierte Gefühle. Zu einer Poetik der Emotionen in lyrischen und poetologischen Texten um 1900*, Berlin.

Wierzbicka, Anna (1995): *Everyday Conceptions of Emotion: A Semantic Perspective*, in: *Everyday Conceptions of Emotion. An Introduction to the Psychology, Anthropology and Linguistics of Emotion*, Vol. 81, Dordrecht/Boston, MA/London, 17–47.

Zelle, Carsten (2006): *Schrecken/Schock*, in: Barck, Karlheinz/u.a. (Hg.): *Ästhetische Grundbegriffe*, Bd. 5, Stuttgart/Weimar, 436–446.

Zumbusch, Cornelia (2010): *Pathos: Zur Geschichte einer problematischen Kategorie*, Berlin.

Register

Abstraktion 272, 278, 279, 286, 296, 314, 317
Abweichung 25, 41, 42, 44, 45, 51, 52, 184, 304, 321
Admiration 26, 29, 33
Affekt 11, 15, 19, 75, 98, 106, 111, 300, 358, 360
Affektivität 18, 251, 252, 253, 270, 271, 272
Agency 94
Aggression 16, 125, 126, 134
Aisthesis 19, 44, 277, 279
Andere(n), der, die 117, 119, 120, 121, 163, 165, 167, 168, 172, 176, 297
Angst 7, 16, 126, 127, 170, 193, 234
Anrufungen 170, 171
Anspannung 221, 225, 226, 230, 234
Anthropologie, philosophische 115, 124, 126, 127, 266
Apollinische, das 78, 79, 80, 81, 82, 83, 84, 86, 87, 89, 90
Archäologie 300, 302, 306, 308, 323, 325
Ästhetische Emotion 7, 202, 206, 214, 251
Aufnahmepoetik 337
Ausdrucksbewegung 266
Automatisierung 38, 39, 48
Avantgarde 10, 19, 252, 272, 275, 276, 277, 295, 296, 297, 358
Balázs, Béla 256, 265, 266, 272, 355
Bataille, Georges 300, 302, 303, 304, 305, 306, 308, 309, 311, 312, 313, 314, 315, 318, 321, 322, 323, 324, 325, 355, 356, 359
Begriffskritik 313, 323
Benjamin, Walter 25, 35, 45, 46, 47, 48, 49, 50, 51, 52, 53, 54, 55, 57, 58, 73, 108, 299, 300, 324, 350, 355
Bewegung 10, 14, 18, 28, 44, 52, 69, 72, 163, 171, 180, 190, 197, 201, 203, 211, 213, 214, 215, 216, 225, 238, 254, 255, 258, 260, 261, 262, 263, 264, 265, 266, 268, 269, 270, 282, 350
Bewunderung 29, 32, 33, 193, 252
Bewusstseinsstrom 97, 102, 105
Bildtableau 306, 309
Blick, »Wilder« 306, 312, 317
Boiffard, Jacques-André 303
Buchdruck 94
Cavell, Stanley 259, 270, 273
Cendrars, Blaise 184, 193, 196, 198
Christentum 119, 122
Deleuze, Gilles 254, 258, 259, 271, 273, 274
Deonna, Waldemar 307, 308, 309, 324
Dialektik 46, 47, 50, 51, 53, 87, 98, 140, 331, 339
Dionysische, das 73, 78, 79, 80, 81, 82, 83, 84, 86, 87, 88, 89, 90
double bind 174
Eifersucht 7, 120, 141
Einbildungskraft 282, 286, 294, 295
Einfühlung 13, 14, 15, 19, 20, 25, 33, 45, 51, 63, 64, 65, 66, 70, 107, 127, 226, 228, 229, 230, 245, 359, 361
Einstein, Carl 300, 306, 313, 315, 316, 317, 321, 324, 325, 326, 356
Eisenstein, Sergej 251, 252, 253, 256, 259, 260, 261, 262, 263, 264, 265, 266, 267, 268, 269, 270, 271, 272, 273, 356
Emotion 7, 8, 10, 11, 15, 17, 18, 20, 21, 23, 25, 26, 28, 29, 30, 32,

34, 44, 46, 53, 55, 75, 76, 94, 106, 116, 118, 131, 136, 140, 158, 161, 178, 179, 181, 182, 185, 186, 189, 195, 197, 199, 201, 202, 203, 207, 210, 226, 228, 233, 246, 247, 249, 253, 260, 266, 271, 272, 273, 274, 275, 306, 344, 351, 356, 359, 360, 362, 363

emotionales Szenarium 340, 343

Emotionalisierung 8, 13, 18, 19, 21, 66, 68, 70, 74, 162, 179, 228, 245, 246, 251, 252, 253, 299, 358, 361

Emotionalität 10, 18, 20, 93, 94, 98, 102, 106, 109, 161, 187, 198, 199, 360

Emotionsszenario 195

Empfinden 15, 39, 40, 42, 44, 119, 201, 202, 203, 212, 217, 256, 266, 267, 268, 285, 295

Empfindung 15, 31, 66, 75, 119, 264, 292, 294, 361

Ennui 201, 205, 206, 207, 208, 209, 210, 211, 213, 214

Entemotionalisierung 161, 162

Episches Theater 45, 46, 47, 53

Erhabene, das 20, 28, 83, 118

Erkennbarkeit 47, 50, 53

Erkenntnis 12, 16, 27, 30, 32, 36, 39, 42, 44, 53, 60, 97, 101, 123, 141, 155, 177, 178, 185, 279, 289, 296, 300, 306, 317, 321, 322, 323

Erstaunen 27, 28, 30, 32, 43, 44, 53, 314

Essayismus 161, 162, 163, 164, 166, 167, 168, 169, 176, 177, 178

Ethik 98, 120, 122, 123, 128, 141, 156, 185, 189, 355, 357

Ethopoietische Praktiken 171

Experiment 164, 165, 166, 168, 257, 272, 277, 349

Fernstellung 163, 168, 176

Film 9, 11, 13, 17, 20, 21, 71, 74, 238, 240, 241, 243, 244, 252, 253, 254, 255, 256, 257, 258, 259, 260, 261, 262, 263, 264, 265, 266, 267, 268, 269, 270, 271, 272, 273, 274, 299, 300, 325, 328, 329, 330, 331, 332, 333, 334, 335, 336, 337, 338, 339, 340, 341, 346, 350, 351, 352, 356, 357, 360, 362, 363

Fotografie 13, 15, 17, 300, 305, 351

Foucault, Michel 7, 88, 91, 125, 171, 177, 179, 180, 181, 183, 188, 198

France, Anatole 184, 193, 194, 195, 196

Friktionalität 170, 173

Fühlen 17, 18, 25, 39, 42, 44, 49, 63, 65, 70, 123, 166, 201, 210, 228, 252, 269, 275, 278

Fundamentalismus 125

Gedächtnis 37, 47, 48, 49, 50, 51, 55, 101, 102

Gedankenexperiment 278

Gefühl 7, 8, 9, 11, 13, 17, 21, 64, 68, 75, 76, 81, 86, 89, 107, 108, 110, 118, 121, 126, 151, 162, 165, 166, 167, 168, 171, 175, 179, 182, 187, 198, 205, 206, 208, 209, 210, 213, 214, 216, 220, 222, 226, 229, 235, 237, 246, 253, 255, 266, 268, 284, 288, 289, 290, 292, 352, 359, 362

Essayismus des Gefühls 161, 162

Gefühlstextur 170, 173

Geist 10, 11, 19, 20, 88, 95, 118, 171, 201, 207, 212, 215, 221, 254, 273, 279, 280, 290, 357, 359, 360

Gemeinschaft 12, 117, 223, 224, 255, 259, 272, 350, 351

Gemüt 118, 119

Geschmack(surteil) 30, 118, 256
Geständnis 170
Gewalt 11, 27, 138, 179, 192, 350
Gewohnheit 31, 38, 190
GINChUK 277, 279, 292, 293, 297
Gleichheit 15, 121
Godard, Jean-Luc 270, 273
Idealistische Philologie 110, 112
Ideologie 61, 108, 133, 272, 293
Imagination 66, 124, 146, 243, 245, 314, 340
Instinkte 123
Interferenz zwischen Wissenschaft und Kunst 278
Irritation 25, 51, 222, 300
Jhering, Rudolf von 183, 187, 188, 200
Kafka 117, 161, 162, 168, 169, 170, 171, 172, 173, 174, 175, 176, 178, 230
Kampf 59, 62, 144, 173, 174, 176, 187, 188, 200, 315, 325
Kandinsky, Wassily 279, 280, 281, 282, 283, 284, 285, 286, 287, 288, 289, 290, 291, 295, 296, 298, 356
kinematografische Blindheit 343
Kino 11, 13, 15, 20, 21, 238, 251, 252, 254, 255, 256, 257, 258, 259, 260, 265, 269, 270, 271, 273, 274, 329, 330, 331, 332, 334, 337, 338, 339, 340, 341, 342, 344, 345, 346, 351, 360, 361
Kinodramaturgie 327, 328, 329, 330, 331, 332, 336, 337, 338, 341, 345, 350
Kinoszenarium 327, 329, 331, 341
Kommunikation, ästhetische 118
Komödie 83, 86, 148
Konkurrenz(streben) 120, 221
Kontrastgefühl 60, 67, 68, 69
Körper 10, 11, 19, 27, 28, 75, 151, 171, 201, 207, 215, 217, 252, 254, 255, 256, 257, 258, 266, 268, 270, 273, 359
Kuleschow, Lew 259
Kultur 13, 17, 18, 75, 76, 78, 81, 86, 88, 89, 101
Kunstwissenschaft 7, 62, 70, 73, 74, 290, 306, 308, 315, 357
Langeweile 18, 28, 201, 202, 203, 204, 206, 208, 209, 213, 216, 359
Leben 7, 13, 15, 18, 39, 40, 44, 48, 49, 50, 52, 58, 63, 69, 70, 73, 76, 77, 80, 81, 83, 84, 85, 86, 87, 88, 89, 90, 99, 100, 101, 102, 110, 112, 115, 116, 121, 133, 134, 138, 142, 144, 145, 146, 148, 150, 151, 153, 155, 156, 157, 159, 163, 164, 167, 169, 170, 172, 173, 175, 176, 179, 180, 181, 183, 187, 188, 192, 195, 196, 198, 205, 207, 208, 209, 211, 213, 214, 217, 221, 223, 232, 233, 235, 236, 237, 238, 239, 240, 242, 244, 252, 255, 269, 270, 322, 330, 344, 345, 350, 359
Léger, Fernand 299, 300, 325
Leiblichkeit 17, 70, 73, 270, 272
Leidenschaft(en) 9, 17, 20, 26, 27, 28, 30, 33, 44, 54, 56, 75, 90, 102, 124, 125, 126, 134, 146, 152, 164, 186, 209, 213, 235, 245, 246, 356, 361, 363
Leiris, Michel 300, 302, 305, 306, 313, 314, 324, 325, 356
Liebe 7, 9, 16, 18, 20, 21, 26, 27, 44, 106, 112, 116, 119, 122, 123, 124, 125, 126, 133, 134, 135, 137, 138, 139, 140, 141, 147, 148, 152, 153, 156, 158, 161, 162, 163, 165, 166, 167, 168, 169, 170, 171, 173, 174, 176, 177, 178, 239, 240, 241, 243, 246, 247, 352, 357, 360, 361, 362, 363

Literaturverfilmung 331
Lotar, Eli 304, 305
Luquet, Georges-Henri 311, 313
Lust 7, 9, 17, 19, 28, 75, 79, 80, 81, 82, 83, 84, 85, 87, 89, 118, 127, 137, 139, 141, 179, 181, 202, 209, 312, 358, 362
Macht 61, 120, 121, 125, 126, 173, 181, 192, 213, 261, 322, 335
Machttrieb 127
Malewitsch, Kasimir 275, 276, 291, 292, 293, 294, 295, 297, 298, 356
Männlichkeit 161, 162, 164, 169, 177, 178, 359, 362, 363
Materialität 14, 39, 40, 41, 138, 157, 334
Medien 11, 12, 13, 16, 17, 18, 20, 81, 94, 102, 112, 113, 119, 140, 150, 181, 184, 188, 196, 199, 249, 255, 256, 271, 279, 300, 306, 325, 329, 331, 333, 334, 349, 359
Mémoire involontaire 48, 50, 52
Missgunst 120
Mitgefühl 122, 123
Mobilisierung 256, 260, 272, 351
monströs 170, 174, 304, 314, 321, 323
Montage 196, 251, 252, 256, 257, 259, 260, 261, 262, 263, 264, 265, 266, 267, 268, 269, 270, 271, 273, 274, 337, 343
Münsterberg, Hugo 251, 254, 255, 274
Musil, Robert 11, 21, 46, 52, 55, 79, 161, 162, 163, 164, 165, 166, 167, 168, 176, 177, 178, 350, 352, 362
Natur 30, 31, 32, 36, 45, 80, 81, 82, 97, 116, 120, 123, 125, 126, 127, 128, 135, 138, 143, 144, 155, 158, 254, 276, 279, 285, 296, 304, 324, 329, 335, 343, 344, 349, 355

Neid 16, 120, 121, 141
Neue, das 29, 32, 36, 43
Neuheit 29, 31
Nietzsche, Friedrich 57, 59, 75, 76, 77, 78, 79, 80, 81, 82, 83, 84, 85, 86, 87, 88, 89, 90, 91, 119, 120, 128, 150, 306, 321, 322, 323, 324, 325, 352, 355, 357
Ökonomie, politische 125
ostranenie 37, 38, 41, 42, 43, 44, 54
Phänomenologie 70, 73, 93, 99, 100, 112, 113, 122, 139, 156, 254, 349, 356, 358, 363
phänomenologisch 66, 72, 96, 97, 99, 101, 102, 104, 106, 110, 115, 116, 119, 123, 124, 127
Politik 125, 126, 196, 255, 256, 272, 273, 335, 350, 351
Projektion 14, 173, 174
Pudowkin, Wsewolod 251, 259, 274, 357
Quälerei 170, 174, 175, 176
Rache 120
Rancière, Jacques 182, 199, 255, 256, 257, 272, 274
Rasse 120
Ratio(nalisierung) 162, 180, 181, 182, 189, 201, 202, 203, 206, 212
Recht 17, 18, 68, 169, 173, 174, 179, 180, 181, 182, 183, 184, 185, 186, 187, 188, 189, 190, 191, 192, 193, 194, 195, 196, 198, 199, 200, 351
Rechtsgefühl 68, 182, 186, 187, 188, 198, 199
Reichenbach, Hans 305, 306, 325
Reiz 7, 25, 28, 30, 32, 36, 43, 44, 45, 48, 49, 50, 53, 67, 190, 268
Religion 9, 20, 78, 121, 124, 128, 223, 267, 269, 290, 291, 360, 362
Repräsentation 20, 41, 66, 93, 109, 117, 118, 161, 162, 254, 267,

270, 277, 285, 294, 296, 297, 308, 349
Resignation 219, 224, 225, 230, 245
Ressentiment 17, 73, 115, 116, 117, 119, 120, 121, 122, 128, 357
Rezeption 8, 12, 64, 66, 216, 243, 254, 260, 295, 306, 311, 317, 334, 337
Sachlichkeit 96, 103, 221, 224, 225, 229, 230, 239, 243, 245, 246, 358
Schock 13, 17, 25, 48, 49, 51, 52, 53, 299, 300, 306, 314, 321, 322, 326, 363
Schrecken 17, 32, 33, 75, 79, 80, 83, 84, 85, 86, 89, 193, 299, 304, 326, 363
Sehen, »wildes« 314
Sichtbarkeit 291, 296
Simmel, Georg 14, 104, 113, 121, 162, 163, 165, 167, 168, 176, 177, 178, 266, 300, 357
Sinngesetze 115, 116, 118, 127
soma(tisch) 39, 42, 43, 44, 45, 51
Staunen 17, 25, 26, 27, 28, 29, 30, 31, 32, 33, 34, 35, 36, 41, 43, 44, 45, 46, 51, 53, 55, 56, 333, 359, 363
Stimmung 64, 70, 118, 150, 152, 209, 226, 228, 230, 233, 333
Störung 16, 313, 321
Substanz der Einstellung 331
Suprematismus 276, 291, 294, 297, 356
Surrealismus 41, 300, 306, 312, 325
Synthese 82, 188, 264, 271, 281, 282, 283, 285, 287, 288, 289, 290, 329
synthetische Kunst 286, 287
Tanz 8, 10, 17, 18, 19, 73, 82, 89, 201, 203, 207, 210, 211, 212, 214, 215, 216, 352, 358

Topologie 308, 325
Tragische, das 57, 58, 59, 60, 61, 62, 63, 67, 68, 69, 70, 76, 77, 81, 84, 85, 89, 118
Tragödie 32, 57, 63, 67, 72, 73, 74, 75, 76, 77, 78, 79, 80, 82, 83, 84, 85, 86, 87, 88, 89, 90, 127, 128, 357
Trieb 75, 185, 312
Triebregungen 123
Triebschicksal 124
Triebziele 125
Überraschung 27, 133, 179
Unterbrechung 25, 45, 46, 49, 51, 52, 53, 197, 313
Utopie 164, 165, 183, 243, 246, 252, 259, 272, 352
Valéry, Paul 201, 202, 206, 212, 214, 217, 284, 285, 297, 298, 357
Verfremdung 25, 26, 33, 34, 35, 36, 37, 38, 39, 40, 41, 42, 43, 45, 54, 55
Verleumdung 117, 119
Wahrnehmung 26, 38, 39, 40, 41, 42, 43, 44, 46, 49, 51, 100, 112, 154, 187, 207, 212, 215, 216, 252, 253, 254, 255, 256, 262, 264, 265, 267, 268, 274, 275, 276, 277, 278, 279, 282, 285, 289, 292, 294, 296, 300, 312, 313, 317, 342, 344, 350
Wahrnehmungstheorien 15, 278
Wahrnehmungsvermögen 255
Wartesaal 18, 219, 221, 227, 229, 230, 231, 232, 233, 234, 235, 236, 237, 238, 239, 240, 241, 242, 243, 244, 245, 247
Warte-Stimmung 227, 229, 230, 231, 233, 234, 235, 238, 244
Werte 60, 119, 120, 121, 122, 127, 223, 224
Wertfühle 122
Werturteile 69, 119, 120
Wesenheiten 123, 124

Wildenstein, Georges 301, 315
Wissen 7, 9, 11, 17, 20, 29, 30, 32, 36, 86, 87, 100, 117, 144, 193, 226, 227, 233, 284, 307, 308, 312, 313, 322, 323, 338, 350, 359, 360
Wunderbare, das 29, 31
Zufall 49, 93, 240, 241, 299, 305, 309, 321, 322, 323

9783825365561.3